Das Vertragsrecht Hongkongs und dessen zukünftige Entwicklung

Internationalrechtliche Studien

Beiträge zum Internationalen Privatrecht, zum Einheitsrecht und zur Rechtsvergleichung

Herausgegeben von Ulrich Magnus

Band 43

PETER LANG

Frankfurt am Main · Berlin · Bern · Bruxelles · New York · Oxford · Wien

Carola Reifenrath

Das Vertragsrecht Hongkongs und dessen zukünftige Entwicklung

Unter besonderer Berücksichtigung des englischen Common Law

PETER LANG
Europäischer Verlag der Wissenschaften

Bibliografische Information Der Deutschen Bibliothek
Die Deutsche Bibliothek verzeichnet diese Publikation in der Deutschen Nationalbibliografie; detaillierte bibliografische Daten sind im Internet über <http://dnb.ddb.de> abrufbar.

Zugl.: Hamburg, Univ., Diss., 2005

D 18
ISSN 0947-0395
ISBN 3-631-54594-0

www.peterlang.de

Meinem Vater

Danksagung

Ich möchte mich herzlich bei all jenen, insbesondere meiner Familie und Freunden, bedanken, die mir bei der Erstellung dieser Dissertation unterstützend zur Seite gestanden haben.

Dank der Großzügigkeit der Leitung der University of Hong Kong konnte ich als Außenstehende auf den Bestand der dortigen rechtswissenschaftlichen Bibliothek zurückgreifen. Einen tieferen Einblick in das Hongkonger Recht erhielt ich durch die Mitarbeiter der deutschen Auslandshandelskammer (GIC) in Hongkong.

Unerwartet habe ich ferner tatkräftige Hilfe bei der Erarbeitung insbesondere des umfangreichen englischen Fallrechts bei meinem Aufenthalt an der Universität Cambridge, hier besonders von den Mitarbeitern und dem Leiter der Squire Law Library, Mr. David Wills, erfahren.

Mein besonderer Dank gilt jedoch meinem Doktorvater, Herrn Prof. Dr. Magnus, der mich immer unterstützt, sowie Herrn Prof. Dr. Mankowski, der als Zweitgutachter konstruktive und hilfreiche Hinweise gegeben hat.

A. Inhaltsübersicht

B. Inhaltsverzeichnis

C. Literaturverzeichnis

Allott, Antony (1970)
New Essays in African Law
Butterworths, London, 1970

American Law Institute (1981)
Restatement Second of the Law of Contracts §§ 1 to 177
American Law Institute Publishers, St. Paul Minnesota, 1981

Arjunan, Krishnan/Nabi Baksh, Abdul Majid bin (2002)
Business Law in Hong Kong
LexisNexis Butterworths, Hong Kong, 2002

Atiyah, Patrick S./Bennion, F. A. R. (1961)
Mistake in the Construction of Contract (1961) 24 MLR 421
Stevens & Sons, London

Atiyah, Patrick. S. (1980)
Judges and Policy [1980] ILR 346
The Israel Law Review Association
The Faculty of Law, Hebrew University of Jerusalem, Jerusalem

Atiyah, Patrick S. (1986)
Essays on Contract
Clarendon Press, Oxford, 1986

Bailey, S. H. (2002)
Smith, Bailey and Gunn on the modern English legal system
4. Auflage, Sweet & Maxwell, London, 2002

Beale, Hugh G. (1999)
Chitty on Contracts: The Law of Contracts Volume 1 General Principles
28. Auflage, Sweet & Maxwell, London, 1999

Beatson, Jack (1974)
Duress as a Vitiating Factor in Contract [1974] CLJ 97
Cambridge University Press, Cambridge

Beatson, Jack (1991)
The Use and Abuse of Unjust Enrichment – Essays on the Law of Restitution
Clarendon Press, Oxford, 1991

Beatson, Jack (2002)
Anson's Law of Contract
28. Auflage, Oxford University Press, Oxford, 2002

Bernstorff, Christoph von (2000)
Einführung in das Englische Recht
2. Auflage, Beck, München, 2000

Blackstone, William (1836)
Commentaries on the laws of England, Band 1
19. Auflage, Law Booksellers and Publishers, London, 1836

Birks, Peter (2001)
An Introduction to the Law of Restitution
Clarendon Press, Oxford, 2001

Boyer, Benjamin (1998)
Promissory Estoppel: Requirements and Limitations of the Doctrine 98 U of PLR 459
University of Pennsylvania Law School, Philadelphia

Bridge, Michael (1989)
Mitigration of Damages in Contract and the Meaning of Avoidable Loss (1989) 105 LQR 398
Stevens & Sons Ltd, London

Brown, Ian (2001)
Commercial Law
Butterworths, London, 2001

Bueno de Mesquita, Bruce/Newman, David /Rabushka, Alvin (1985)
Forecasting Political Events – The Future of Hong Kong
Yale University Press, New Haven, 1985

Burrows, Andrew S. (1993)
The Law of Restitution
Butherworths, London1993

Capper, David (2000)
Damages for Distress and Disappointment – The Limits of Watts v Morrow (2000) 116 LQR 553
Stevens & Sons Ltd, London

Carter, J.W. (1991)
Waiver (of Contractual Rights) Distributed (1991) 4 JCL 59
Butterworths, London

Carver, Anne (1999)
Hong Kong Business Law
4. Auflage, Longman, Hong Kong, 1999

Chan, Johannes (1998)
A Search for Identity: Legal Development in the Hong Kong Special Administrative Region
since 1. July 1997, Präsentationspapier für die Konferenz „Hong Kong in China: A Year
Later“ 29—31-Oktober 1998

Chen, Albert (1985)
1997: The Language of the Law in Hong Kong (1985) 15 HKLJ 19
The Hong Kong Law Journal, Hongkong

Chen, Albert (1986)
Language, Law and the Case of Hong Kong
Faculty of Law and Centre of Asian Studies, University of Hong Kong, Hong Kong, 1986

Chen, Albert (1989)
Law in a Foreign Language: The case of Hongkong
in: Hong Kong - The Challenge of Transformation, Cheek-Milby, Kathleen/Mushkat, Miron
(Herausg.), University of Hong Kong, Hong Kong, 1989, S. 212

Chen, Albert (1997)
The Provisional Legislative Council of the SAR (1997) 27 HKLJ 1
The Hong Kong Law Journal, Hongkong

Ching, Frank (1999)
Cast Adrift
Far Eastern Economic Review, 16. Dezember 1999, S. 16

City University of Hong Kong (2003a)
Internetpage der City University of Hong Kong
Staff of the Law Department City University of Hong Kong
http://www.cityu.edu.hk/cityu/dpt-acad/slw.htm

City University of Hong Kong (2003a)
Internetpage der City University of Hong Kong
Courses der City University of Hong Kong (Bachelor of Laws)
http://www.cityu.edu.hk/cityu/dpt-acad/slw.htm

Coke, Robin (1983)
Divergences – England, Australia and New Zealand [1983] NZLJ 297
Butterworths, Wellington

Comte, Auguste (1975)
Abhandlung über den Geist des Positivismus, Seebrecht, Friedrich (Herausg.)
Meiner, Leipzig, 1975

Cross, Rupert (1969)
Recent Developments in the Practice of Precedent – The Triumph of Common Sense (1969) 43 ALJ 3
The Law Book Company Ltd, Sydney

Cross, Rupert/Harris, James William (1991)
Precedent in English Law
4. Auflage, Clarendon Press, Oxford, 1991

Cuthbert, Alexander (1987)
Hong Kong 1997: The Transition to Socialism – Ideology Discourse and Urban Spatial Structure
Environment and Planning D: Society and Space, Band 5, S. 123
Pion Ltd, London, 1987

Dawson, John P. (1947)
Economic Duress – An Essay in Perspective (1947) 45 Mich L Rev 253
University of Michigan, Ann Arbor

Dawson, Francis (1981)
Metaphors and Anticipatory Breach of Contract [1981] CLJ 83
Cambridge University Press, Cambridge

Department of Justice, The (2003)
Changing the Law – The Common Law
Homepage des Departments of Justice Hongkongs
http://www.info.gov.hk/justice/new/legal/index.htm

Department of Justice, The (2003)
Statistics and Tables
Homepage des Departments of Justice Hongkongs
http.//www.info.gov.hk/justice/new/depart/index.htm

Department of Justice, The (2003)
The Language of the Law – The Common Law
Homepage des Departments of Justice Hongkongs
http://www.info.gov.hk/justice/new/legal/index.htm

Epstein, Edward (1989)
China and Hong Kong: Law, Ideology, and the Future Interaction of the Legal Systems
in: The Future of the Law in Hong Kong, Wacks, Raymond (Herausg.)
Hong Kong University Press, Hongkong, 1989, S.37

Evans, Emrys D. M. (Herausg.) (1974)
Legal Education in Hong Kong
Hong Kong University Press, Hong Kong, 1974

Evans, Jim (1987)
Change in the Doctrine of Precedent During the Nineteenth Century
in: Precedent in Law, Laurence Goldstein (Herausg.)
Clarendon Press, Oxford, 1987, S. 66

Fisher, Michael (1996)
Contract Law in Hong Kong, Cases and Commentary
Sweet & Maxwell, Hong Kong, London, 1996

Fong-Chung Hsu, Berry (1992)
The Introduction of Common Law to Hong Kong
in: The Common Law System in Chinese Context – Hong Kong in Transition,
Sharpe, New York, 1992, S. 7

Friedmann, Daniel (1983)
Payment of Another's Debt (1983) 99 LQR 534
Stevens & Sons Ltd, London

Friedmann, Daniel (1995)
The Performance Interest in Contract Damages (1995) 111 LQR 628
Stevens & Sons Ltd, London

Fung, Daniel R. (2000)
Paradoxes of Hong Kong's Reversion: The Legal Dimension
in: Hong Kong the Super Paradox – Life after Return to China, Hsiung, James C. (Herausg.)
MacMillan, London, 2000, S. 111

Furmston, Michael (Herausg.) (2001)
Chesire, Fifoot & Furmston's Law of Contract
14. Auflage, Butterworths, London, 2001

Gardner, Simon (1992)
Trashing with Trollope: A Deconstruction of the Postal Rules in Contract (1992) 12 OJLS 170
Oxford University Press, Oxford

Garner, Bryan A. (Herausg.) (1999)
Black's Law Dictionary
7. Auflage, West Group, St. Paul, Minnesota, 1999

Halsbury's Laws of England, Band 9(1)
4. Auflage, Butterworths, London, 1998

Halsbury's Law of England, Band 13
4. Auflage, Butterworths, London, 2000

Halsbury's Law of England, Band 16
4. Auflage, Butterworths, London, 1992

Hamzah, Wan Arfah (1986)
The Use of Language Other Than English in Common Law Systems – The Malaysian
Experience Präsentationspapier für die Conference on the Common Law in Asia, University of Hong Kong, 15.-17. Dezember 1986, Faculty of Law, University of Malaya, Kuala Lumpur

Ho, Betty M. (1999)
Hong Kong Contract Law
2. Auflage, Butterworths Asia, Hong Kong, 1999

Holdsworth, William Searle (1903)
A History of English Law, Band 1
Methuen & Co, London, 1903
Holmes, Oliver Wendell (1953)

Holmes – Laski Letters The Correspondence of Mr. Justice Holmes and Harold J. Laski
1916 – 1935, Band II: 1926-1935, DeWolfe Howe, Mark (Herausg.)
Geoffrey Cumberledge, Oxford University Press, London 1953

Hudson, A.H. (1966)
Retractation of Letters of Acceptance (1966) 82 LQR 169
Stevens & Sons Ltd, London

Ibrahim, Ahmad (1976)
Post-1956 English Decisions. Are They Binding in Malaysia? (1976) 3 JMCL 303
University of Malaya, Kuala Lumpur

Jackson, David (1965)
Estoppel as a Sword (1965) 81 LQR 84
Stevens & Sons Ltd, London

Jayawickrama, Nihal (1987)
Law in the Language of the People – The Sri Lankan Experience
University of Hong Kong, Faculty of Law, Hongkong 1987

Jones, Gareth (1983)
The Recovery of Benefits Gained from a Breach of Contract (1983) 99 LQR 443
Stevens & Sons Ltd, London

Jones, Gareth (Herausg.) (2002)
Goff & Jones - The Law of Restitution
6. Auflage, Sweet & Maxwell, London, 2002

Kemenade, Willem van (1997)
China, Hong Kong, Taiwan Inc. The Dynamics of a New Empire
Alfred A. Knopf, New York, 1997

Lague, David (2003)
No Faith in The Article
Far Eastern Economic Review, 10. Juli 2003, S. 16

Lague, David/Lawrence, Susan (2003)
Tung in Trouble
Far Eastern Economic Review, 17. Juli 2003, S. 14

Law Commission, The (England) (1983)
Pecuniary Restitution on Breach of Contract
Law Com No 121, Her Majesty's Stationary Office, London, 1983

Law Commission, The (England) (1984)
Law of Contract - Minor's Contracts
Law Com No 134, Her Majesty's Stationary Office, London, 1984

Law Commission, The (England) (1991)
Privity of Contract: Contracts for the Benefit of Third Parties
Law Com Consultation Papers No 121, Her Majesty's Stationary Office, London, 1991

Law Commission, The (England) (1993)
Aggravated, Exemplary and Restitutionary Damages
Law Com Consultation Papers No 132, Her Majesty's Stationary Office, London, 1993

Lord Devlin (1976)
Judges and Lawmakers [1976] 39 MLR 1
Blackwell, London

Lord Reid (1972-1973)
The Judge as Law Maker JSPTL (1972-1973) 22.
Butterworths, London

Lord, Richard A. (1990)
Williston on Contracts: A Treatise on the Law of Contracts by Samuel Williston, Band 1
4. Auflage, Lawyers Cooperative Publishing, New York, 1990

Lord, Richard A. (1992)
Williston on Contracts: A Treatise on the Law of Contracts by Samuel Williston, Band 3
4. Auflage, Lawyers Cooperative Publishing, New York, 1992

Lord Wright (1936)
Ought The Doctrine of Consideration to be Abolished from the Common Law? (1936) 49 Harvard Law Review 1225
The Harvard Law Review Association, Cambridge, Mass.

Lorenzen, Earnest (1919)
Causa and Consideration in the Law of Contracts (1919) 28 Yale Law Journal 621
Yale Law Journal Company, New Haven

Maitland, Frederic William (1936)
Equity
Cambridge University Press, Cambridge, 1936

Maitland, Frederic William (1948)
The Forms of Action at Common Law
Cambridge University Press, Cambridge, 1948

McGregor, Harvey (1997)
McGregor on Damages
16. Auflage, Sweet & Maxwell, London, 1997

McKendrick, Ewan (2003)
Contract Law
5. Auflage, Palgrave Macmillan, New York, 2003

Megarry, R. E. (1943)
Consideration and Equitable Assignments of Legal Choses in Action
(1943) 59 LQR 58
Stevens & Sons Ltd, London

Miners, Norman (1991)
China: The Once and Future Souvereign
in: The Government and Politics of Hong Kong, Miners, Norman (Herausg.)
3. Auflage, Oxford University Press, Oxford, 1991, S. 3

Park, Andrew E. W. (1963)
The Sources of Nigerian Law
Sweet & Maxwell, London, 1963

Pasternak, Volker (1996)
Chinesisch als Rechtssprache in Hongkong
Peter Lang, Frankfurt/Main, 1996

Podmore, David (1971)
The Population of Hong Kong
in: Hong Kong: The Industrial Colony, Keith Hopkins (Herausg.)
Oxford University Press, Hongkong, 1971, S. 21

Posner, Richard A. (1988)
The Jurisprudence of Skepticism (1988) Mich L Rev 86.1 827
University of Michigan, Ann Arbor

Roberts-Wray, Kenneth (1966)
Commonwealth and Colonial Law
Stevens & Sons, London, 1966

Roebuck, Derek (1990)
The Background of the Common Law
2. Auflage, Oxford University Press, Oxford, 1990

Senger, Harro von (1994)
Einführung in das chinesische Recht
C.H. Beck, München, 1994

Simpson, Brian (1986)
The Common Law and Legal Theory
in: Legal Theory and Common Law, Twining, William (Herausg.)
Basil Blackwell, Oxford, 1986, S. 8

Sir Hale, Matthew (1971)
The History of the Common Law of England, Gray, Charles M. (Herausg.),
University of Chicago Press, Chicago, London, 1971

Slade, C. J. (1954)
The Myth of Mistake in the English Law of Contract (1954) 70 LQR 383
Stevens & Sons Ltd, London

Swan, John (1980)
The Allocation of Risk in the Analysis of Mistake and Frustration
in: Studies in Contract Law, Reiter/Swan (Herausg.)
Butterworths, Toronto, 1980, S. 181

Sykes, Edward (1993)
The Law of Securities
5. Auflage, The Law Book Co Ltd, Sydney, 1993

Thomas, Michael (1988)
The Development of a Bilingual Legal System in Hong Kong [1988] 18 Hong Kong Law Journal 15
Hong Kong Law Journal Ltd, Hong Kong

Ting, Wai (2000)
HKSAR's Relations with Its Chinese Sovereign
in: Hong Kong the Super Paradox –Life after Return to China, Hsiung, James C. (Herausg.)
MacMillan, 2000, London, S. 267

Treitel, Guenther (1988)
Remedies for Breach of Contract
Clarendon Press, Oxford, 1988

Treitel, Guenther (1997)
Damages for Breach of Warranty of Quality (1997) 113 LQR 188
London, Stevens & Sons Ltd

Treitel, Guenther (2003)
The Law of Contract
11. Auflage, Sweet & Maxwell, London, 2003

Tylor, T. H. (1948)
General Theory of Mistake in the Formation of Contract (1948) 11 MLR 257
The Modern Law Review, London, Oxford

Unbekannt (1999)
Hong Kong – Handbuch für Geschäftsreisende und Investoren
German Industry and Commerce Hong Kong, South China, Vietnam, Hongkong, 1999

University of Hong Kong (2003a)
Internetpage der University of Hong Kong;
Staff University of Hong Kong Law
http://www.hku.hk:8400/law/listStaffByDepartment.php

University of Hong Kong (2003b)
Internetpage der University of Hong Kong;
Courses (Bachelor of Laws) der University of Hong Kong
http://www.hku.hk/law/prog/llb_courses_offered_00-04.pdf

Ujejski, Tomasz (1989)
The Future of the English Language in Hong Kong Law
in: The Future of the Law in Hong Kong, Wacks, Raymond (Herausg.)
Hong Kong University Press, Hong Kong, 1989, S. 164

Viscount Radcliffe (1964)
Law and Order Law Society's Gazette (1964) 820
The Law Society's Hall, London

Wacks, Raymond (Herausg.) (1989)
The Future of the Law in Hong Kong,
Hong Kong University Press, Hong Kong, 1989

Wacks, Raymond (1993)
One Country, Two Grundnormen? The Basic Law and the Basic Norm
in: Hong Kong, China and 1997: Essays in Legal Theory, Wacks, Raymond (Herausg.)
Hong Kong University Press, Hongkong, 1993

Wacks, Raymond (Herausg.) (1999)
The New Legal Order in Hong Kong
Hong Kong University Press, Hongkong, 1999

Wedderburn, Kenneth William (1959)
Collateral Contracts [1959] CLJ 58
Cambridge University Press, Cambridge

Wesley-Smith, Peter (1986)
The Effect of de Lasala in Hong Kong (1986) 28 Mal LR 50
Faculty of Law, National University of Singapore, Singapore

Wesley-Smith, Peter (1989)
Understanding the Common Law
in: The Future of the Law in Hong Kong, Wacks, Raymond (Herausg.)
Hong Kong University Press, Hongkong, 1989, S. 15

Wesley-Smith, Peter (1993)
The Common Law of England in the Special Administrative Region
in: Hong Kong, China and 1997: Essays in Legal Theory, Wacks, Raymond (Herausg.)
Hong Kong University Press, Hongkong, 1993, S. 5.

Wesley-Smith, Peter (1998)
An Introduction to the Hong Kong Legal System,
3. Auflage, Oxford University Press, Hong Kong, 1998

Wesley-Smith, Peter (1999)
The Content of the Common Law in Hong Kong
in: The New Legal Order in Hong Kong, Wacks, Raymond (Herausg.)
Hong Kong University Press, Hongkong, 1999, S. 9

Williams, Glanville (2002)
Learning the Law
12. Auflage, Sweet & Maxwell, London, 2002

Yahuda, Michael (1996)
Hong Kong – China's Challenge
Routledge, London, 1996

Yash Ghai (1997)
Hong Kong's New Constitutional Order; The Resumption of Chinese Sovereignty and the

Basic Law
Hong Kong University Press, Hongkong, 1997

Ziegler, J.S. (Herausg.) (1973)
Law and Social Change
York University, Toronto, 1973

Zweigert, Konrad/Kötz, Heinrich (1996)
Einführung in die Rechtsvergleichung
3. Auflage, Mohr, Tübingen, 1996

D. Gesetzesverzeichnis

- Age of Majority (Related Provisions) Ordinance
- Amendmend and Reform (Consolidation) Ordinance
- Application of English Law Ordinance
- Apprenticeship Ordinance
- Arbitration Ordinance
- Balfour Declaration, 1926
- Bankruptcy Ordinance
- Basic Law
- Bürgerliches Gesetzbuch
- Bills of Exchange Ordinance
- Bills of Sale Ordinance
- Companies Ordinance
- Consolidated Practice Directions
- Contracts (Rights of Third Parties) Act
- Contracts for Employments Outside Hong Kong Ordinance
- Control of Exemption Clauses Ordinance
- Conveyancing and Property Ordinance
- District Court Ordinance
- Electronic Transaction Ordinance
- Infants Relief Act 1874
- Interpretation and General Clauses (Amendmend) Ordinance
- Law Amendmend and Reform (Consolidation) Ordinance
- Law of Property Act 1925

- Legal Practitioneers Ordinance
- Legitimacy Ordinances
- Limitation Ordinance
- Marine Insurance Act
- Marine Insurance Ordinance
- Married Person's Status Ordinance
- Misrepresentation Ordinance
- Money Lenders Ordinance
- New Territories Ordinance
- Official Languages (Amendmend) Ordinance
- Partnership Ordinance
- Practice Direction PD C 24.2 Endorsement in the Chinese Language to be Made on Court Documents
- Practice Direction PD Consolidated Practice Directions
- Powers of Attorney Ordinance
- Protection of Investors Ordinance
- Rules of the Supreme Court
- Sale of Goods Ordinance
- Securities (Insider Dealing) Ordinance
- Securities Ordinance
- Sino-British Joint Declaration on the Question of Hong Kong
- Statute of Westminster
- Supply of Services (Implied Terms) Ordinance
- Supreme Court Ordinance
- Trade Descriptions Ordinance

- Trade Union Ordinance
- Transfer of Business (Protection of Creditors) Ordinance
- Unconscionable Contracts Ordinance
- Unfair Contract Terms Act
- Unfair Terms in Consumer Contracts Regulation
- Verfassung der Republik Indien

E. Entscheidungsverzeichnis

- A.B. v South West Water Services [1993] QB 507
- Ad Media Ltd v Lei Cam Tong DCCJ 20320/2001 (15. Januar 2003) – unrep.
- Adams v Lindsell (1818) 106 ER 250
- Addis v Gramophone Co Ltd [1909] AC 488
- Afovos Shipping Co SA v Romano Pagnan & Filii [1983] 1 WLR 195
- Ajayi v R T Briscoe (Nigeria) Ltd [1964] 1 WLR 1326
- Aktion Maritime Corp Of Liberia v S. Kasmas & Brothers Ltd [1987] 1 Lloyd's Rep 283
- Alan Estates Ltd v WG Stores Ltd [1981] 3 WLR 892
- Alcoa Minerals of Jamaica Inc v Broderick [2000] 3 WLR 23
- Alfred C. Toepfer International GmbH v Itex Itagram Export SA [1993] 1 Lloyd's Rep 360
- Alfred McAlpine Construction Ltd v Panatown Ltd [2000] 3 WLR 946
- Alghussein Establishment v Eton College [1988] 1 WLR 587
- Allcard v Skinner (1887) 36 Ch D 145
- Allen v Robles [1969] 1 WLR 1193
- Allied Maples Group v Simmons & Simmons [1995] 1 WLR 1602
- Allied Marine Transport Ltd v Vale Do Rio Doce Navegacao SA The Leonidas D [1985] 1 WLR 925
- Always Win Ltd v Autofit Ltd and Citybase Property Ltd (Third Party) [1995] 2 HKC 48
- Amalgamed Investment & Property Co Ltd v Texas Commerce International Bank Ltd [1982] QB 8
- Amalgamed Investment Property v John Walker & Sons [1976] 3 All ER 509

- Anderson v Glass [1886] 5 WW & A'B 152
- Andre et Cie v Ets Michel Blanc & Fils [1979] 2 Lloyd's Rep 427
- Andrews Brothers Ltd v Singer & Singer & Co [1934] 1 KB 17
- Anglia Television Ltd v Reed [1972] QB 60
- Anheuser-Busch Incorporated v Budejovicky Budvar Narodni Podnik [2001] HKEC 757
- Annangel Glory Compania Naviera SA v Golodetz Middle East Marketing Co Ltd [1988] 1 Lloyd's Rep 45
- Anstalt Nybro v Hong Kong Resort Co Ltd [1980] HKLR 76
- Archbolds (Freightage) Ltd v S Spanglett Ltd [1961] 1 QB 374
- Archer v Cutler [1980] NZLR 386
- Arcos Ltd v EA Ronaasen & Son [1933] AC 470
- Arctic Shipping Co Ltd v Mobilia AB, The Tatra [1990] 2 Lloyd's Rep 51
- Argy Trading Development Co Ltd v Lapid Developments Ltd [1977] 1 WLR 444
- A Roberts & Co Ltd v Leicestershire County Council [1961] 1 Ch 555
- Arrowtown Assets Ltd v The Collector of Stamp Revenue [2002] 1 HKLRD 431
- A/S Awilco of Oslo v Fulvia SpA di Navigazione of Cagliari (The Chikuma) [1981] 1 WLR 314
- Asfar & Co v Blundell [1896] 1 QB 123
- Ashbury Railway Carriage & Iron Co v Riche (1875) LR 7 HL 653
- Associated Japanese Bank (International) Ltd v Credit du Nord SA [1989] 1 WLR 255
- Associated Newspapers Ltd v Bancks (1951) 83 CLR 322
- Atkinson v Ritchie (1809) 10 East 530

- Attorney General v Blake [2001] 1 AC 268
- Attorney General v Humphreys Estate (Queen's Gardens) Ltd [1987] HKLR 427
- Attorney General v Melhado Investments Ltd [1983] HKLR 327
- Attorney-General v Blake [2001] 1 AC 268
- Attorney-General v Guardian Newspapers Ltd (No 2) [1990] 1 AC 109
- Attwood v Lamont [1920] 3 KB 571
- Au Lung (No 1) v Lam Ho Ling and Another [1962] HKLR 434
- Australian Consolidated Press Ltd v Thomas Uren [1969] 1 AC 590
- Avery v Bowden (1855) 5 E & B 714
- Avon Finance Co Ltd v Bridger (1979) 123 SJ 705
- Aylesford v Morris (1873) LR 8 Ch App 300
- Azov Shipping Co Ltd v Baltic Shipping Co [1999] 2 Lloyd's Rep 159
- Bacon v Cooper (Metals) Ltd [1982] 1 All ER 397
- Bailey v Bullock [1950] 2 All ER 1167
- Bakhshuwen v Bakhshuwen [1952] AC 1
- Baltic Shipping Co v Dillon (1992-1993) 176 CLR 344
- Banco de Portugal v Waterloo & Sons Ltd [1932] AC 452
- Bank of Boston Connecticut v European Grain and Shipping Ltd [1989] AC 1056
- Bank of China (Hong Kong) Ltd v Fung Chin Kan [2003] 1 HKLRD 181
- Bank of China (Hong Kong) Ltd v Wong King Sing & Others [2002] 1 HKLRD 358
- Bank of Credit and Commerce International SA v Ali and Others [2001] 2 WLR 735
- Bank of Liverpool & Martins Ltd v Holland (1926) 43 TLR 29

- Bank of Nova Scotia v Hellenic Mutual War Risks Association (Bermuda) Ltd [1992] 1 AC 233
- Bannerman v White (1861) 142 ER 685
- Banque Financière De La Cité v Parc (Battersea) Ltd & Others [1998] 2 WLR 475
- Barclay v Messenger (1874) 43 LJ Ch 449
- Barclays Bank Plc v Glasgow City Council [1992] 3 WLR 827
- Barclays Bank Plc v Khaira [1992] 1 WLR 623
- Barclays Bank Plc v O'Brien [1993] 3 WLR 786
- Barrow v Scammel (1881) 19 Ch D 175
- Bartlett v Wells (1862) B & S 836
- Barton v Armstrong [1976] AC 104
- Baskomb v Beckwith (1869) LR 8 Eq. 100
- Batis Maritime Corp v Petroleos Del Mediterraneo SA, The 'Batis' [1990] 1 Lloyd's Rep 345
- Battley v Faulkner (1820) 3 B & Ald 288
- Baxter v Burfield (1746) 2 Stra 1266
- Beale v Kyte [1907] 1 Ch 564
- Beamish v Beamish 11 ER 735
- Beattie v Lord Ebury (1872) 7 Ch App 777
- Beauchamp v Winn (1873) LR 6 HL 223
- Behzadi v Shaftesbury Hotels Ltd [1992] Ch 1
- Bell v Lever Brothers Ltd [1932] AC 161
- Bell v Peter Browne & Co [1990] 1 QB 495
- Bence Graphics Ltd v Fasson UK Ltd [1998] QB 87
- Beoco Ltd v Alfa Laval Co Ltd [1995] QB 137

- Berkeley v Hardy (1826) 5 B & C 355
- Berry v Berry [1929] 2 KB 316
- Beswick v Beswick [1968] AC 58
- Betterbee v Davis (1811) 3 Camp 70
- Bettini v Gye (1876) 1 QBD 183
- Bewise Motors Co Ltd v Hoi Kong Container Services Ltd [1998] 2 HKLRD 645
- Bilbie v Lumley (1802) 2 East 469
- Bill Chao Keh Lung v Don Xia alias Xiaodong [2003] 680 HKCU 1
- Birmingham and District Land Co v L & N W Ry (1888) 40 Ch D 268
- Bisset v Wilkinson [1927] AC 177
- Blackburn v Mackey (1823) 1 Car & P 1
- Blackpool and Fylde Aero Club Ltd v Blackpool Borough Council [1990] 1 WLR 1195
- Bloomenthal v Ford [1897] AC 156
- Bloomer v Spittle (1872) LR 13 Eq 427
- Board of Trade v Cayzer, Irvine & Co [1927] AC 610
- Bognuda v Upton & Shearer Ltd [1972] NZLR 741
- Bolton v Mahadeva [1972] 1 WLR 1009
- Bookmakers Afternoon Greyhound Services Ltd v Wilfred Gilbert Staffordshire Ltd [1994] FSR 723
- Bostel Bros Ltd v Hurlock [1949] 1 KB 74
- Boulton v Jones (1857) 2 H & N 564
- Bowmakers Ltd v Barnet Instruments Ltd [1945] KB 65, [1944] 2 All ER 579
- Bowring-Hanbury's Trustee v Bowring-Hanbury [1943] 1 Ch 104

- BP Refinery (Westernport) Pty Ltd v President, Councillors & Ratepayers of Shire of Hastings [1978] 52 AJLR 20
- Bradbury v Morgan (1862) 1 H & C 249
- Branca v Cobarro (1947) 2 All ER 23
- Brandt's Sons & Co v Dunlop Rubber Co Ltd [1905] AC 454
- Bremer Handelsgesellschaft mbH v Vanden Avenne-Izegem PVBA [1978] 2 Lloyd's Rep 109
- Bremer Vulkan v South India Shipping Co [1981] AC 909
- Breuer v Wright [1982] 2 NZLR 77
- Bridge v Deacons [1984] 1 AC 705
- Brikom Investments Ltd v Carr [1979] QB 467
- Brinkibon Ltd v Stahag Stahl GmbH [1982] 2 WLR 264
- British and Beningtons Ltd v North Western Cachar Tea Co Ltd [1923] AC 48
- British and Commonwealth Holdings Plc v Quadrex Inc [1989] 1 QB 842
- British Columbia etc. Saw-Mill Co Ltd v Nettleship (1868) LR 3 CP 499
- British Crane Hire Corporation v Ipswich Plant Hire Ltd [1975] 1 QB 303
- British Motor Trade Association v Gilbert [1951] 2 KBD 641
- British Movietonews Ltd v London & District Cinemas Ltd [1952] AC 166, 185
- British Reinforced Concrete Co v Schleff [1921] 2 Ch 563
- British Russian Gazette and Trade Outlook Ltd v Associated Newspapers Ltd [1933] 2 KB 616
- British Steel Corporation v Cleveland Bridge Co Ltd [1984] 1 All ER 504

- British Telecommunications Plc v Sun Life Assurance Society Plc [1996] Ch 69
- British Telecommunications Plc v Ticehurst [1992] ICR 383
- British Westinghouse Electric Co Ltd v Underground Electric Rys Co of London Ltd [1912] AC 673
- Britvic Soft Drinks Ltd v Messer UK Ltd [2002] 1 Lloyd's Rep 20
- Broome v Cassell & Co Ltd [1972] AC 1027
- Brown v Dean (1833) 5 B & Ad 848
- Brown v Great Eastern Railway Co [1877] 2 QBD 406
- Brown v Knowsley BC [1986] IRLR 102
- Brownton Ltd v Edward Moore Inbucon Ltd [1985] 3 All ER 499
- Bulk Oil v Sun International [1984] 1 Lloyd's Rep 531
- Bullock v Lloyd's Bank [1955] 1 Ch 317
- Entscheidungen des Bundesgerichtshofes in Zivilsachen (BGHZ)
- Bunge Corporation v Tradax Export SA [1981] 1 WLR 711
- Business Computers Ltd v Anglo-African Leasing Ltd [1977] 2 All ER 741
- Butler Machine Tool Co Ltd v Ex-cell-o Corporation (England) Ltd [1979] 1 WLR 401
- Butterworth v Kingsway Motors [1954] 1 WLR 1286
- Button v Thompson (1869) LR 4 CP 330
- Byrne v Van Tienhoven (1880) 5 CPD 344
- C Itoh & Co Ltd v Wing On Cheong Emporium Ltd [1962] HKLR 1
- Caines v Smith (1846) 15 M & W 189
- Calebar Properties v Stitcher [1984] 1 WLR 287
- Callisher v Bischoffsheim (1870) LR 5 QB 449

- Camberra Investment Ltd v Chan Wai Tak [1989] 1 HKLR 568
- Canada and Dominion Sugar Co Ltd v Canadian National (West Indies) Steamships Ltd [1947] AC 46
- Cannon v Hartley [1949] Ch 213
- Caparo Industries Plc v Dickman [1990] 1 All ER 568
- Car and Universal Finance Co Ltd v Caldwell [1964] 2 WLR 600
- Care SS Cpn v Latin American SS Cpn [1983] QB 1005
- Carlill v Carbolic Smoke Ball Co [1893] 1 QB 256
- Carne and Another v Debono [1988] 1 WLR 1107
- Carnell v Harrison [1916] 1 Ch 368
- Carter v Hyde (1923) 33 CLR 115
- Cassell & Co Ltd v Broome [1972] AC 1027
- Castle v Wilkinson (1870) LR 5 Ch App 534
- Causer v Browne [1952] VLR S. 1
- CCC (London) Films Ltd v Impact Quadrant Films Ltd [1985] QB 16
- Cehave NV v Bremer Handelsgesellschaft [1976] QB 44
- Cellulose Acetate Silk Co Ltd v Widnes Foundry (1925) Ltd [1933] AC 20
- Centaline Property Agency Ltd v Lai Yuk Chun [2002] 2 HKLRD 241
- Centaline Property Agency Ltd v Lai Yuk Chun [2003] 1 HKLRD B8
- Central Insurance Co Ltd v Seacalf Shipping Corporation, The Aiolos [1983] 2 Lloyd's Rep 25
- Central London Property Ltd v High Trees House Ltd [1947] 1 KB 130
- Century Yachts Ltd v Xiamen Celestial Yacht Ltd [1994] 1 HKLR 385
- Chakki v United Yeast Co Ltd [1982] 2 All ER 446

- Chan Chi Tung v Lam Chor Kuen Kate HCA 3471/1991 (28. Oktober 1992) – unrep.
- Chan Hing Cheung v R [1974] HKLR 196
- Chan Ho Har Wane Daisy v The Clearwater Bay Golf and Country Club [1992] 2 HKC 604
- Chan Kam Ming (No 2) v Kwong Lin [1959] HKLR 544
- Chan Mei Ying & Others v Yick Fung Garment Factory Ltd [1987] 2 HKC 392
- Chan Wai Keung [1965] HKLR 815
- Chan Woon Hung v Associated Bankers Insurance Co Ltd [1993] 2 HKLR 127
- Chan Yat v Fung Keong Rubber Manufactory Ltd [1967] HKLR 364
- Chan Yiu Sing Peter v Lam Yat Wah [1990] 2 HKLR 92
- Chan Yock Kwong v Wong Hee Mao [1962] HKLR 480
- Chancery Lane Developments Ltd v Wade's Department Stores Ltd (1986) 53 P & CR 306
- Chandler v Webster [1904] 1 KB 493
- Chapelton v Barry Urban District Council [1940] 1 KB 532
- Chaplin v Hicks [1911] 2 KB 786
- Chaplin v Leslie Frewin (Publishers) Ltd [1966] 1 Ch 71
- Chappell & Co Ltd v Nestle Co Ltd [1960] AC 87
- Charles Duval & Co Ltd v Gans [1904] 2 KB 685
- Charles Rickards Ltd v Oppenhaim [1950] 1 KB 616
- Charter v Sullivan [1957] 2 QB 117
- Chatterton v Maclean [1951] 1 All ER 561
- Cheall v Association of Professional Executive Clerical and Computer Staff [1983] 2 AC 180

- Cheang Thye Phin v Lam Kin Sang [1929] AC 670
- Cheng Kwei Sheng and Others v Li Shek Tong [1976] HKLR 121
- Cheng Kwok Fai v Mok Yiu Wah Peter and Another [1990] 2 HKLR 440
- Cheuk Tze Kwok v Leung Yin King [1993] 2 HKLR 169
- Cheung Lai Wah & Others v The Director of Immigration [1998] 1 HKLRD 772
- Cheung Pik Wan v Tong Sau Ping [1986] HKLR 921
- Cheung Shuet Lee v Birkart – East Freight Ltd HCA 315A/1999 (24. Mai 2001) - unrep.
- China Everbright – IHD Pacific Ltd v Ch'ng Poh [2003] 2 HKLRD 594
- China Merchants Bank v Minvest International Ltd and Another [2002] 1 HKLRD A9
- Chinachem Investment Co Ltd v Chung Wah Weaving & Dyeing Factory Ltd [1978] HKLR 83
- Chinery v Viall (1860) 5 H & N 288
- Chingtung Futures Ltd v Arthur Lai Cheuk-Kwan [1992] 2 HKC 637
- Chiu Ming Kiang v William Lee Shung [1990] 2 HKC 248
- Choi Hon Ping v R [1965] HKLR 540
- Chow Ming Sze and Another v Lau Yuet Shueng and Another [1998] 57 HKCU 1
- Choy Bing Wing v Max Share Ltd [1993] 300 HKCU 1
- Christy v Row (1808) 1 Taunt 300
- Chu Kong Highway Engineering Co Ltd v Wong Cheung Sum CACV 264/1999 (11. Januar 2000) - unrep.
- Chun Lee Engineering Co Ltd v Aoki Corp Constr. Law List 19/1989 (3. Mai 1991) – unrep.

- Chung Chi Keung v Lee Ching Yee HCA 3056/1998 (22. Februar 2000) – unrep.
- Chung Mui Teck and Others v Hang Tak Buddhist Hall Associated Ltd HCA 4127/2000 (22. Dezember 2000) - unrep.
- CIBC Mortgages Plc v Pitt [1993] 3 WLR 802
- Citiline Properties Agency v Or Hei Bun Alfred [1993] 48 HKCU 1
- Citilite Properties Ltd v Innovative Development Co Ltd [1998] 2 HKLRD 705
- City Famous Ltd v Profile Property Ltd [1999] 3 HKLRD I5
- City Polytechnic of Hong Kong v Blue Cross (Asia-Pacific) Insurance Ltd [1995] 2 HKLR 103
- CJ. Simpson v London and North Western Railway Company (1876) 1 QBD 274
- Clark v Woor [1965] 1 WLR 650
- Clarke v Dickinson (1858) 27 LJQB 223
- Claude Neon Ltd v Hardie [1970] Qd R 93
- Clippens Oil Co Ltd v Edinburgh & District Water Trustees [1907] AC 291
- CN Marine Inc v Stena Line A/B, The Stena Nautica (No 2) [1982] 2 Lloyd's Rep 336
- CN Marine Inc v Stena Line A/B, The Stena Nautica (No 2) [1982] 2 Lloyd's Rep 336, 347.
- Coastal (Bermuda) Petroleum Ltd v VTT Vulcan Petroleum (No 2), The Marine Star [1994] 2 Lloyd's Rep 629
- Coastal International Trading Ltd v Maroil AG [1988] 1 Lloyd's Rep 92
- Cockerton v Naviera Aznar SA [1960] 2 Lloyd's Rep 450
- Collin v Duke of Westminster [1985] 1 QB 581
- Collins v Blantern (1767) 2 Wils KB 341

- Collins v Godefroy (1831) 1 B & Ad 951
- Combe v Combe [1951] 2 KB 215
- Commonwealth of Australia v Midford (Malaysia) Sdn Bhd [1990] 1 MLJ 475
- Compania Naviera General SA v Kerametal Ltd [1983] 1 Lloyd's Rep 373
- Compania Naviera Vasconzada v Churchill & Sim [1906] 1 KB 237
- Comsec Travel Ltd v Fok Hing Tours Co Ltd [2002] 1239 HKCU 1
- Consort Engineering Co Ltd v Leung Wai Ying alias Tommy Leung t/a Kiu Ming Co [2002] 536 HKCU 1
- Continental Grain Export Corp v STM Grain Ltd [1979]2 Lloyd's Rep 460
- Cooper v Mickelfield Coal and Lime Co (1912) 107 LT 457
- Cooper v Phibbs (1867) LR 2 HL 149
- Cooper v Southern Portland Cement Ltd (1972) 128 CLR 427
- Cooper v Tamms [1988] 1 EGLR 257
- Cornwall v Henson [1900] 2 Ch 298
- Cort v Ambergate etc Railway Company (1851) 17 QB 127
- Cotman v Brougham [1918] AC 514
- County Ltd v Girozentrale Securities [1996] 3 All ER 834
- Court Line Ltd v Aktiebolaget Gotaverken [1984] 1 Lloyd's Rep 283
- Coutts & Co v Browne-Lecky [1947] 1 KB 104
- Couturier v Hastie (1856) 5 HLR 673
- Crabb v Arun DC [1976] Ch 179
- Crane v Hegeman-Harris Co Inc [1939] 1 All ER 662
- Cranley v Hillary (1813) 2 M & S 120

- Craven-Ellis v Cannons Ltd [1936] 2 KB 403
- Creatiles Building Materials Co Ltd v To's Universe Construction Co Ltd [2003] 2 HKLRD 309
- Creswell v Potter [1978] 1 WLR 255
- Cricklewood Property & Investment Trust Ltd v Leighton's Investment Trust Ltd [1945] AC 221
- Cullinane v British 'Rema' Manufacturing Co Ltd [1954] 1 QB 292
- Cundy v Lindsay (1878) 3 App Cas 459
- Currie v Misa (1875) LR 10 Exch 153
- Curtis v Chemical Cleaning and Dyeing Co [1951] 1 KB 805
- Customs & Excise Commissioners v Diners Club Ltd [1989] 1 WLR 1196
- Cutler v McPhail [1962] 2 QB 292
- Cutter v Powell (1795) 6 TR 320
- D & C Builders Ltd v Rees [1966] 2 QB 617
- D & G Builders Ltd v Rees [1966] 2 QB 617
- D'Silva v Lister House Development Ltd [1971] Ch 17
- Dakin (H.) & Co Ltd v Lee [1916] 1 KB 566
- Dakin v Oxley (1864) 15 CB (NS) 646
- Damon Compania Naviera SA v Hapag-Lloyd International SA [1985] 1 WLR 435
- Dao Heng Bank Ltd v Ho Yin Yuk and Another [2003] 1 HKLRD 28
- Daulia Ltd v Four Millbank Nominees Ltd [1978] 2 WLR 621
- David Securities Pty Ltd v Commonwealth Bank of Australia (1992) 175 CLR 353
- Davies v Beynon-Harris (1931) 47 TLR 424

- Davies v London and Provincial Marine Insurance Co (1878) 8 Ch D 469
- Davis Contractors Ltd v Fareham Urban District Council [1956] AC 696
- De Bernardy v Harding (1853) 8 Ex 822
- De la Bere v Peason Ltd [1908] 1 KB 280
- De Lasala v De Lasala [1979] HKLR 214
- Deak Perera Far East Ltd v R Leslie Deak and Others [1990] 2 HKC 198
- Dearle v Hall (1823) 3 Russ 1
- Defries v Milne [1913] 1 Ch 96
- Deposit Protection Board v Dalia [1994] 2 AC 367
- Derry v Peek (1889) 14 App Cas 337
- Dick Bentley Productions Ltd v Harold Smith (Motors) Ltd [1965] 1 WLR 623
- Dickinson v Dodds (1876) 2 Ch D 463
- Dies v British and International Mining and Finance Corporation [1939] 1 KB 724
- Diners Club International v Ng Chi Sing and Ng Yan Kiang [1987] 1 HKC 78
- Director of Public Prosecutions v Turner [1974] AC 357
- Dixie Engineering Co Ltd v Vernaltex Co Ltd t/a Wing Wo Engineering Co [2003] 136 HKCU 1
- Dixon v Kennaway & Co [1900] 1 Ch 833
- Doherty v Allman (1878) LR 3 App Cas 709
- Donaldson v Donaldson (1854) Kay 711
- Doyle v Kaufman (1877) 3 QBD 7
- Doyle v Olby (Ironmongers) Ltd [1969] 2 QB 158

- Dufaur v Professional Life Assurance Co (1858) 25 Beav 599
- Dugdale and Yates (1976) 39 MLR 680
- Dunbar Bank Plc v Nadeem [1998] 3 All ER 877
- Dunlop Pneumatic Tyre Co Ltd v New Garage and Motor Co Ltd [1915] AC 79
- Dunlop Pneumatic Tyre Co Ltd v Selfridge & Co Ltd [1915] AC 847
- Durham Brothers v Robertson [1898] 1 QB 765
- Earl v Hector Whaling Ltd [1961] 1 Lloyd's Rep 459
- Eastwood v Kenyon (1840) 11 Ad & El 438
- Edgington v Fitzmaurice [1885] 29 Ch D 459
- Edler v Auerbach [1950] 1 KB 359
- Edwards v Carter [1893] AC 360
- Edwards v Skyways Ltd [1964] 1 WLR 349
- Elijah Saatori and Another v Cheung Chun Mo and Another CACV 41/1992 (25. November 1994) - unrep.
- Ellis Tylin Ltd v Co-operate Retail Services Ltd [1999] Build LR 205
- Ellis v Barker (1871) LR 7 Ch App 104
- Elpe International (Far East) Ltd v Hewlett Packard (Hong Kong) Ltd [1993] 40 HKCU 1
- Empresa Exportadora de Azucar v Industria Azucarera Nacional SA, The Playa Larga [1983] 2 Lloyd's Rep 171
- English Hop Growers v Dering [1928] 2 KB 174
- Entores Ltd v Miles Far East Corporation (1955) 2 QB 327
- Entores v Miles Far East Corporation, (1955) 2 QB 327
- Equitable Fire & Accident Fire Office Ltd v Ching Wo Hong [1907] AC 96
- Ernest v Nicholls (1857) 6 HCL 401

- Errington v Errington [1952] 1 KB 290
- Ertel Bieber & Co v Rio Tinto Co [1918] AC 260
- Esposito v Bowden (1857) [1843-1860] All ER 39
- Esso Petroleum Co Ltd v Mardon [1976] 2 WLR 583
- Esso Petroleum v Harper's Garage (Stourport) Ltd [1968] AC 269
- Eternalmin Enterprise Ltd v Tripleday Ltd Ching Chi Wai [1999] 559 HKCU 1
- Eurico SpA v Phillipp Brothers, The Epaphus [1987] 2 Lloyd's Rep 215
- Euro-Diam Ltd v Bathurst [1990] 1 QB 1
- European Asian Bank v Wo Ping Ching and Others [1986] HKLR 1198
- Evans v Llewellen (1787) 1 Cox CC 334
- Export Credits Guarantee Department v Universal Oil Products Co [1983] 1 WLR 399
- Faccenda Chicken v Fowler [1987] Ch 117
- Fal Bunkering of Sharjah v Grecale Inc of Panama [1990] 1 Lloyd's Rep 369
- Farley v Skinner [2001] 3 WLR 899
- Farquharson v Pearl Assurance Co Ltd [1937] 3 All ER 124
- Farrant v The Woodroffe School [1998] ICR 184
- Favelle Mort Ltd v Murray (1975-6) 133 CLR 580
- FC Shepherd & Co Ltd v Jerrom [1987] 1 QB 301.
- FDC Co Ltd v The Chase Manhattan Bank NA [1990] 1 HKLR 277
- Federal Commerce & Navigation Co Ltd v Molena Alpha Inc [1979] AC 757
- Felthouse v Bindley (1862) 11 CBNS 689.
- Fercometal SARL v Mediterranean Shipping Co SA [1989] AC 788

- Ferromin Ltd v Nittetsu Shoji Co Ltd [1999] 38 HKCU 1
- Fibrosa Spolka Akcyjna v Fairbarn Lawson Combe Barbour Ltd [1943] AC 32
- Finagrain SA Geneva v Kruse Hamburg [1976] 2 Lloyd's Rep 508
- Financial and Investment Services for Asia Ltd v Baik Wha International Trading Co Ltd [1985] HKLR 103
- Finch v Brook (1834) 1 Bing NC 253
- Finlay (James) & Co Ltd v NV Kwik Hoo Tong HM [1929] 1 KB 400
- Firestone Tyre & Rubber Co Ltd v Vokins & Co Ltd [1951] 1 Lloyd's Rep 32
- First National Bank Plc v Thomson [1996] Ch 231
- First National Reinsurance Co Ltd v Greenfield [1921] 2 KB 260
- Fisher v Bell [1961] 1 QB 394
- Fitzroy v Cave [1905] 2 KB 364
- Fleming v Bank of New Zealand [1900] AC 577
- Flower v London & North Western Railway Co [1894] 2 QB 65
- Flower v Sadler (1882) 10 QB 572
- Fong v Chilli [1968] 11 FLR 495
- Ford Motor Co v Armstrong (1915) 31 TLR 267
- Fortune Realty Co Ltd v Chan Hiu Yeung Dick, HCA 1582/2001 (21. Mai 2001) - unrep.
- Foster v Dawber (1851) 6 Ex 839
- Fowler v Midland Electricity Corporation for Power Distribution Ltd [1917] 1 Ch 656
- Fred Drughorn Ltd v Rederiaktiebolaget Transatlantic [1919] AC 203
- Freeth v Burr (1874) LR 9 CP 208
- Frost v Knight (1872) LR 7 Exch 111

- Furness Withy (Australia) Pty. Ltd v Metal Distributors (U.K.) Ltd (The Amazonia) [1990] 1 Lloyds Rep. 236
- G & Y Co Ltd v Kwok Kim Leung HCA 3586/1989 (2. Juli 1991) – unrep.
- Galloway v Galloway (1914) 30 TLR 531
- Galoo Ltd v Bright Grahame Murray [1994] 1 WLR 1360
- Gathercole v Smith (1881) 17 Ch D 1
- Gee Tai Trading Co Ltd v Sun Wah Oil & Cereals Ltd [1994] 1 HKLR 50
- Geelong Harbor Trust Commissioners v Gibbs Bright & Co [1974] AC 810
- Giant River Ltd v Asia Marketing Ltd [1990] 1 HKLR 297
- Gibbons v Proctor (1891) 64 LTR 594
- Gill & Duffus Landauer Ltd v London Export Corporation GmbH [1982] 2 Lloyd's Rep 627
- Gillet v Holt [2001] Ch 210
- Glasbrook Bros Ltd v Glamorgan County Council [1925] AC 270
- Glegg v Bromley [1912] 3 KB 474
- Global Tankers Inc v Amercoat Europa NV (1975) 1 Lloyd's Rep 666
- GLS Engineering Ltd v Sammon Yau HKC 3102/1990 (08. August 1990) - unrep.
- Golden Bay Realty Pte Ltd v Orchard Twelve Investments Pte Ltd [1991] 1 WLR 981
- Golden Harvest Co v JW International Co (A Firm) [1986] 1 HKC 118
- Golden Sand Marble Factory Ltd v Hunnewell Ltd [2001] HKEC 104
- Goldsworthy v Brickell [1987] 1 All ER 853.
- Gomez Nee David v Gomez [1985] 1 MLJ 27

- Goodman Corporation v Mataichi Kabushiki Kaisha [1959] HKLR 421
- Gordon & Another v Sellico Company Ltd & Another [1986] 18 HLR 19
- Gordon v Gordon (1821) 3 Swans 400
- Gore v Gibson (1845) 13 M & W 623
- Gorse v Durham County Council [1971] 1 WLR 775, 782.
- Goss v Chilcott [1996] AC 788
- Goss v Lord Nugent (1833) 5 B & Ad 58
- Grainger & Sons v William Lane Gough [1896] AC 325
- Grandco (Holdings) Ltd v Harbour Wealth Co Ltd HCA 2288/1998 (6. April 2000) – unrep
- Great Western Ry v Redmayne (1866) LR 1 CP 329
- Greater Nottingham Co-operative Society Ltd v Cementation Piling and Foundations Ltd [1989] 1 QB 71
- Greier (früher Braun) v Kujawa, Weston and Warne Bros (Transport) Ltd [1970] 1 Lloyd's Rep 364
- Gross v Lewis Hillman Ltd & Another [1970] Ch 445
- Guang Xin Enterprises Ltd v Kwan Wong Tan & Fong [2002] 2 HKLRD 319
- Guinness Plc v Saunders [1990] 2 AC 663
- Gyllenhammar & Partners International Ltd v Sour Brodogradevna Industrija [1989] 2 Lloyd's Rep. 403
- H Pasons (Livestock) Ltd v Uttley Ingham & Co Ltd [1978] 1 QB 791
- Hadley v Baxendale (1854) 9 Ex 341
- Hall v Warren (1804) 9 Ves Jun 605
- Hammon & Co v Bussey (1887) 20 QBD 79
- Hammond v Messenger (1838) 9 Sim 327

- Handley Page Ltd v Commissioners of Customs and Excise [1970] 2 Lloyd's Rep 459
- Hang Seng Credit Card Ltd & Others v Tsang Nga Lee [2000] 3 HKLR 33
- Happy Dynasty Ltd v Wai Kee (Zens) Construction & Transportation Co Ltd and Dyno Wesfarmers (HK) Ltd (Third party) [1998] 1 HKLRD 314
- Harbutt's "Plasticine" Ltd v Wayne Tank and Pump Co Ltd [1970] 1 QB 447
- Hardie and Lane Ltd v Chilton [1928] 2 KB 306, 318, 328, 335
- Hardman v Booth (1863) 1 H & C 803
- Hare v Nicoll [1966] 2 QB 130
- Hart v Hart (1881) 18 Ch D 670
- Hart v O'Connor [1984] 1 NZLR 754
- Hart v O'Connor [1985] 1 AC 1000
- Hartelid v Sawyer & McClockin Real Estate Ltd [1977] 5 WWR 481
- Hartley v Hymans [1920] 3 KB 475
- Hartley v Ponsonby [1857] 7 E & B 872
- Harvey v Facey [1893] AC 552
- Hazell v London Borough of Hammersmith and Fulham [1992] 2 AC 1
- Heaven & Kesterton Ltd v Etablissements Francois Albiac & Cie [1956] 2 Lloyd's Rep 316
- Hedley Byrne & Co Ltd v Heller and Partners Ltd [1963] 2 All ER 575
- Heilbut, Symons & Co v Buckleton [1913] AC 30
- Helstan Securities Ltd v Hertfordshire County Council [1978] 3 All ER 262
- Hennessy v Craigmyle & Co Ltd [1986] ICR 461

- Henry Kendall & Sons v William Lillico & Sons [1969] 2 AC 31
- Henthorn v Fraser (1882) 2 Ch 27
- Herkules Piling Ltd v Tilbury Construction Ltd (1992) 61 BLR 107
- Herne Bay Steam Boat Co v Hutton [1903] 2 KB 683
- Heyman v Darwins Ltd [1942] AC 356
- Hick v Raymond & Raid [1893] AC 22
- Hirachand Punamchand v Temple [1911] 2 KB 330
- Hirji Mulji v Cheong Yue Steamship Co Ltd [1926] AC 497
- Hiscox v Outhwaite [1991] 2 WLR 1321
- HKSAR v David Ma Wai Kwan [1997] HKLRD 761
- HKSAR v Ma Wai Kwan David [1997] HKLRD 761
- HKSAR v Yu Wai Chuen [2002] 2 HKLRD 347
- Ho Kam Chung v Benny Lau [1991] 256 HKCU 1
- Ho Wing Cheong and Others v Graham Margot and Another [1991] 1 HKLR 245
- Hochster v De La Tour (1853) 2 El & Bl 678
- Hockley and Papworth v Goldstein (1920) 90 LJKB 111
- Hodder & Tolley Ltd v Cornes [1923] NZLR 876
- Hodges v Smith (1599) Cro Eliz 623
- Hoenig v Isaacs [1952] 2 All ER 176
- Hoghton v Hoghton (1852) 15 Beav 278
- Holden Ltd v Bostock & Co Ltd (1902) 18 TLR 317
- Hollingworth v Southern Ferries Ltd, The Eagle [1977] 2 Lloyd's Rep 70
- Holman v Johnson (1775) 1 Cowp 341

- Holmes v Kerrison (1810) 2 Taunt 323
- Holt v Heatherfield Trust Ltd [1942] 2 KB 1
- Holwell Securities Ltd v Hughes [1974] 1 All ER 161
- Honck v Muller (1881) 7 QBD 92
- Hong Chi Mui v Tong Ching Co [1964] HKLR 146
- Hong Kong Advanced Knitwear Co v Chan Chak Man t/a Hong Kong Handicraft Co [1965] HKLR 355
- Hong Kong Clays & Kaolin Co Ltd v Director of Lands [1999] 1 HKLRD 527
- Hong Kong Fir Shipping Co Limited Kawasaki Kisen Kaisha Ltd [1962] 2 QB 26
- Hope v Hope (1857) 3 De GM & G 731
- Hopgood v Brown [1955] 1 All ER 550
- Horsfall v Thomas (1862) 158 ER 813
- Howard v Shirlstar Container Transport Ltd [1990] 1 WLR 1292
- Howe v Smith (1884) 27 Ch D 89
- Howell v Coupland (1876) 1 QBD 258
- Howell v Young (1826) 5 B & C 259
- Hsin Chong (Maintenance) Ltd v John Cheung Suen Yue [1981] HKLR 15
- Hua Rong Finance Ltd v Mega Capital Enterprises Ltd and Another [1998] 4 HKC 532
- Hughes v Liverpool Victoria Legal Friendly Society [1916] 2 KB 482
- Hughes v Metroplitan Railway Co (1877) 2 App Cas 439
- Hunt v Silk (1804) 5 East 449
- Huntoon Co v Kolynos (Inc) [1930] 1Ch 528
- Hurst v Bryk [2000] 2 WLR 740

- Hutton v West Cork Railway Co (1883) 23 Ch D 654
- Hyde v Wrench (1840) 3 Beav 334
- Hyundai Heavy Industries Co Ltd v Papadopoulos [1980] 1 WLR 1129
- Imperial Loan Co Ltd v Stone [1892] 1 QB 599
- In the Estate of Bocklehurst, Hall v Roberts [1978] 1 Ch 14
- Inchcape NRG Hong Kong Ltd t/a Gilman Office Automation v Hotel Amenities Interntional Ltd [2000] 404 HKCU 1
- Inche Noriah v Shaik Allie Bin Omar [1929] AC 127
- Indian Overseas Bank v Goh Teng Hoon [1988] 3 MLJ 372
- Industrial and Commercial Bank of China (Asia) Ltd v Tracker Investments Ltd and Another [2003] 551 HKCU 1
- Ingram v Little [1961] 1 QB 31
- Invercargill City Council v Hamlin [1996] 2 WLR 367
- Investors Compensation Scheme Ltd v West Bromwich Building Society [1998] 1 WLR 896
- Ionides v Pender (1874) LR 9 QB 31
- Ip Ming Wai v Chau Pui Sang Civ App 187/1992 (2. April 1993) – unrep.
- J Lauritzen AS v Wijsmuller BV, The Super Servant Two [1990] 1 Lloyd's Rep 1
- J Spurling v Bradshaw [1956] 1 WLR 461
- Jackson v Horizon Holidays Ltd [1975] 3 All ER 92
- Jackson v Royal Bank of Scotland Unrep. Lexis Transcript (28. Juni 2000) (CA England)
- Jan Albert (HK) Ltd v Shu Kwong Garment Factory Ltd [1990] 1 HKLR 317
- Janred Properties Ltd v Ente Nazionale Italiano per il Turismo [1989] 2 All ER 444

- Japan Leasing (Hong Kong) Ltd v Fully Well Investments Ltd HCMP 4359/1998 (11. Februar 2000) – unrep.
- Jarvis v Moy Davies Smith Vandervell & Co [1936] 1 KB 399
- Jarvis v Swans Tours Ltd [1973] QB 233
- Jeffryes v Agra & Masterman's Bank (1866) LR 2 Eq 674
- Jendwine v Slade (1797) 2 Esp 571
- Jill Spruce v The University of Hong Kong [1993] 2 HKLR 65
- John Bell & Co v Esselden 1954 (1) SA 147
- Johnson v Agnew [1980] AC 367
- Johnson v Boyes [1899] 2 Ch D 73.
- Johnson v Gore Wood & Co [2001] 2 WLR 72
- Johnson v Shrewsbury & Birmingham Railway (1853) 43 ER 358
- Johnson v Unisys Ltd [2001] 2 WLR 1076
- Jones v Broadhurst (1850) 9 CB 173
- Jones v Humphreys [1902] 1 KB 10
- Jones v Sherwood Computer Services Plc [1992] 1 WLR 277
- Jordan v Money (1845) 5 HLC 185
- Joscelyne v Nissen (1970) 2 QB 86
- Joseph Constantine Steamship Line Ltd v Imperial Smelting Corporation Ltd [1942] AC 154
- Joseph Trimble v George Hill (1879) 5 App Cas 342
- Kai Nam v Ma Kam Chan [1956] AC 358
- Kaines (UK) v Oesterreichische Warenhandelsgesellschaft Austrowaren Gesellschaft mbH [1993] 2 Lloyd's Rep 1
- Kamshan Holdings Ltd v Chan Tung Man [2000] 1 HRLRD 1
- Kao Lee & Yip v Edwards [1993] 1 HKC 314

- Kao Lee & Yip v Koo Hoi Yau Donald and Others [1994] 2 HKC 228
- Kao Lee & Yip v Koo Hoi Yau Donald and Others [2003] 2 HKC 113
- Kar Ho Development Co Ltd v Axis Investment Ltd [2001] 1 HKC 86
- Karsales (Harrow) Ltd v Wallis [1956] 1 WLR 936
- Kaufman v Gerson [1904] 1 KB 591
- Keates v The Earl of Cadogan (1851) 10 CB 591
- Kelsen v Imperial Tobacco Co Ltd [1957] 2 QB 334
- Kemp v Baerselman [1906] 2 KB 604
- Ken John Geissler and Another v Chan Kim Chung and Another [2002] 394 HKCU 1
- Kennard v Cory Brothers and Company Limited [1922] 2 Ch 1
- Kennedy v Panama Royal Mail Co (1867) LR 2 QB 580
- Kensland Realty Ltd v Whale View Investment Ltd & Another [2002] 1 HKLRD 87
- Kepong Prospecting Ltd v Schmidt [1968] AC 810
- Kesarmal s/o Letchman Das v Valliappa Chettiar (NKV) s/o Nagappa Chettiar [1954] 1 WLR 380
- Key Up Ltd v Lo Fook Lung & Another HCA 966/1990 – unrep.
- Khalid Panjang v Public Prosecutor (No 2) [1964] MLJ 108
- Kincheng Banking Corp v Kao Yu Kuei [1986] 1 HKC 212
- King v Victor Parsons & Co [1973] 1 WLR 29
- King's Norton Metal Co v Etridge, Merrett & Co Ltd (1897) 14 TLR 98
- Kishimoto Sangyo Co Ltd and Another v Akihiro Oba and Others [1996] 1 HKLR 196
- Kleinwort Benson Ltd v Lincoln City Council [1998] 3 WLR 1095
- Kleinwort Benson v Malaysia Mining Corporation Bhd [1989] 1 All ER 785

- Knox v Gye (1872) LR 5 HL 656
- Kong Yik Hang v Polypak Ltd [1974] HKLR 253
- Kou Lau Ru Ling v Tse Sui Luen and Others [2000] 18 HKCU 1
- Koufos v C Czarnikow Ltd [1969] 1 AC 350
- Kpoharor v Woolwich Building Society [1996] 4 All ER 119
- Krell v Henry [1903] 2 KB 740
- Kwei Tek Chao v British Traders & Shippers Ltd [1954] 2 QB 459
- Kyprianou v Cyprus Textiles Ltd [1958] 2 Lloyd's Rep 60
- L & D Associates v Chan Man Chon Magdalena [1987] 2 HKC 237
- L Schuler AG v Wickman Machine Tool Sales Ltd [1974] AC 235
- L'Estrange v F Graucob Ltd [1934] 2 KB 394
- La Salle Court Co-operative Building Society Ltd v HA Stewart [1966] HKLR 449
- Laing Management Ltd v Aegon Insurance Co (UK) Ltd (1998) 86 Build LR 70
- Lam Fung Ying v Ho Tung Sing and Another [1993] 2 HKC 436
- Lam Yuk Ming v Attorney General [1980] HKLR 815
- Lambert v Cooperative Insurance Society Ltd [1975] 2 Lloyds Rep 485
- Lambert v Lewis [1982] AC 225
- Lampleigh v Braithwait (1615) 80 ER 255
- Lancashire Loans Ltd v Black [1934] 1 KB 380
- Langridge v Levy (1837) 2 M & W 519
- Large Land Investments Ltd v Cheung Siu Kwai [2003]1 HKLRD 313
- Lau Kong Yung and Others v The Director of Immigration [1999] HKCFAR 300
- Lau Yeong Wood v The Standard Oil Co of New York [1908] HKLR 53

- Lau Ying Long & Another v Pao On and Others [1976] HKLR 892
- Lawrence v Hayes [1927] 2 KB 111
- Lazard Bros & Co Ltd v Fairfield Properties Co (Mayfair) Ltd (1977) 121 Sol.J. 793
- Leaf v International Galleries [1950] 1 All ER 693
- Lee Hoi Pang v Chan Shuen [1977-1979] 1 HKC 310
- Lee Kee Cheong v Empat Nombor Ekor (NS) Sdn Bhd & Others [1976] 2 MLJ 93
- Lee Tat Kwong v Choi Pui Kei & Another [1991] HKLY 165
- Lee Yu Cheung v Accelspeed Co Ltd DistCt 827/1982 (1. September 1982) – unrep.
- Lefevre v White [1990] 1 Lloyd's Rep 569
- Lempriere v Lange (1879) 12 Ch D 675
- Leonard v Pepsico (2000) 210 F 3d 88
- Les Affréteurs Réunis Société Anonyme v Leopold Walford (London) Ltd [1919] AC 801
- Leung Siu Ying v Chung Tat Ming and Others [2003[646 HKCU 1
- Leung Yee & Another v Ng Yiu Ming & Another [2001] 1 HKLRD 309
- Lewis v Averay [1971] 3 All ER 907
- Li Pui Chuen v Chan Kam Ming and Others [1961] HKLR 495
- Li Sau Ying v Kincheng Banking Corporation [2002] HKEC 1103
- Libyan Arab Foreign Bank Co v Bankers Trust Co [1989] 1 QB 728
- Liem Tjong Siun and Others v Law Chi Hung and Another HCA 516/1996 (30. Dezember 1996) – unrep.
- Linden Gardens Trust v Lenesta Sludge Disposals Ltd [1993] 3 WLR 408
- Lindsay Petroleum Co v Hurd (1874) LR 5 PC 221

- Link Brain Ltd v Fujian Finance Co Ltd [1990] 2 HKLR 353
- Lipkin Gorman v Karpnale Limited [1991] 2 AC 548
- Lippo Securities Ltd v G.A. Management Ltd and Another [2002] 125 HKCU 1
- Lister v Romford Ice and Cold Storage Co Ltd [1957] AC 555
- Liverpool City Council v Irwin [1977] AC 239
- Liversidge v Broadbent (1859) 4 H & N 603
- Lloyd's Bank Ltd v Bundy [1975] QB 326
- Lloyd's Bank Plc v Waterhouse [1991] Family Law 21
- Lo Wo & Others v Cheung Chan Ka Joseph & Another [2001] 3 HKC 70
- Locker and Woolf Ltd v Western Australian Insurance Co Ltd [1936] 1 KB 408
- Lockhart v Osman [1981] VR 57
- Lok Po Services Ltd & Others v Union Credit Management & Others [1995] HKLY 999
- Lombard North Central Plc v Butterworth [1937] QB 527
- Lombard Tricity Finance Ltd v Paton [1989] 1 All ER 916
- London Assurance Co v Mansel (1879) LR 11 Ch 363
- London Drugs Ltd v Kuehne & Nagel International Ltd [1992] 3 SCR 299
- London General Omnibus Co Ltd v Holloway [1912] 2 KB 72
- Long v Lloyd [1958] 2 All ER 402
- Lord Energy Ltd v Paul Chen and Another HCA 7124/1991 (4. Juni 1997) – unrep.
- Lordsvale Finance Plc v Bank of Zambia [1996] QB 752
- Lovell & Christmas v Beauchamp [1894] AC 607

- Lovelock v Franklyn (1846) 8 QB 371
- Lowther v Lord Lowther (1806) 13 Ves Jun 95
- Ludditt & Others v Ginger Coote Airways Ltd [1947] AC 233
- Lumley v Ravenscroft [1895] 1 QB 683
- Lumley v Wagner (1852) 42 ER 687
- Lynch v Director of Public Prosecutions for Northern Ireland [1975] 1 All ER 913
- Ma Ip Hung v Lai Chuen t/a Kin Hing Factory [1957] HKLR 32
- Ma Li Sha v Tsang Sui Sin [1992] 317 HKCU 1
- Mahomed Mehdi v Gov-Gen [1948] AIR Ind 100
- Mak's Construction Co Ltd v Sun Fook Kong (Civil) Ltd HCCT 20/2002 (30. Mai 2002) – unrep.
- Makin v Watkinson (1870) LR 6 Ex 25
- Malik v Bank of Credit & Commerce International SA [1998] AC 20
- Malins v Freeman (1837) 2 Keen 25
- Manchester Diocesan Council for Education v Commercial & General Investments Ltd (1970) 1 WLR 241
- Mannai Investment Co Ltd v Eagle Star Life Assurance Co Ltd [1997] AC 749
- Manser v Back (1848) 6 Hare 443
- Maple Flock Co Ltd v Universal Furniture Products (Wembley) Ltd [1934] 1 KB 148
- Marathon Electrical Mfg Corp v Mashreqbank PSC [1997] CLC 1090
- Marcan Shipping (London) Ltd v Polish Steamship Co, The Manifest Lipkowy [1989] 2 Lloyd's Rep 138
- Mardorf Peach & Co Ltd v Attica Sea Carriers Corporation of Liberia, The Laconia [1977] AC 850

- Maritime National Fish Ltd v Ocean Trawlers Ltd [1935] AC 524
- Maritime Transport Overseas GmbH v Unitramp Salen Rederierna AB, The Antaios [1981] 2 Lloyd's Rep 284
- Martin-Baker Aircraft Co Ltd v Canada Flight Equipment Ltd [1955] 2 QB 556
- Marwood v Charter Credit Corporation (1971) 29 DLR (3d) 563
- Maskell v Horner [1915] 3 KB 106
- Mason v The State of New South Wales (1959) 102 CLR 108
- Mass Mutual Asia Ltd v Lam King Mui DCCJ 16002/2000 (17. Juli 2001) – unrep.
- Master v Miller (1791) 4 Term Rep 320
- Masters v Cameron (1954) 91 CLR 353
- Matthews v Baxter (1873) LR 8 Exch 132
- McDonald v Dennys Lascelles Ltd (1933) 48 CLR 457
- McEllistrim v Ballymacelligott Co-operative Agricultural & Dairy Society [1919] AC 548
- McFarlane v EE Caledonia (No 2) [1995] 1 WLR 366
- McRae v Commonwealth Disposals Commission (1950) 84 CLR 377
- Meng Leong Development Pte Ltd v Jip Hong Trading Co Pte Ltd [1985] AC 511
- Mercantile Bank of London Ltd v Evans [1899] 2 QB 613
- Mercantile Union Guarantee Corporation v Ball [1937] 2 KB 498
- Mersey Steel and Iron Co v Naylor, Benzon & Co (1884) 9 App Cas 434
- Methwold v Walbank (1750) 2 Ves Sen 238
- Metropolitan Electric Supply Company, Limited v Ginder [1901] 2 Ch 799

- Metropolitan Water Board v Dick, Kerr & Co Ldt [1918] AC 119
- Metrowell Holdings Ltd v Periwin Development Ltd and Another [2001] 4 HKC 446
- Midland Bank Plc v Shephard [1988] 3 All ER 17
- Midland Bank Trust Co v Hett Stubbs & Kemp [1979] 1 Ch 384
- Miles v Wakefield MDC [1987] AC 539
- Milibow Assets Ltd v Dooyang Hong Kong Ltd [2001] 767 HKCU 1
- Millar's Karri and Jarrah Co v Weddel, Turner and Co (1909) 100 LT 128
- Mills v Dunham [1891] 1 Ch 576, 580
- Mills v Haywood (1877) 6 Ch D 196
- Milroy v Lord (1862) 4 De GF & J 264
- Mitchell v Homfray (1881) 8 QB 587
- Mitsubishi Heavy Industries Ltd v Gulf Bank KSC [1997] 1 Lloyd's Rep 343
- Mogul Steamship Co v McGregor, Gow & Co [1892] AC 25
- Mohammad Latif v Wing Chi Construction Engineering Co Ltd and Others [2003] 941 HKCU 1
- Momm v Barclays Bank International Ltd [1977] QB 79
- Monarch Steamship Co Ltd v Karlshamms Oljefabriker (A/B) [1949] AC 196
- Montefiore v Menday Motor Components Co [1918] 2 KB 241
- Moody v Cox and Hatt [1917] 2 Ch D 71
- Moorgate Mercantile Co Ltd v Twitchings [1975] 3 All ER 314
- Morgan v Manser [1948] 1 KB 184
- Morley v Loughnan [1893] 1 Ch 736
- Morris v Baron & Co [1918] AC 1

- Morton v Lamb (1797) 7 TR 125
- Moschi v Lep Air Services Ltd [1973] AC 331
- Moses v Macferlan (1760) 2 Burr 1005
- Motor Oil Hellas (Corinth) Refineries SA v Shipping Corp of India (The Kanchenjunga) [1990] 1 Lloyd's Rep 391
- Motors Co Ltd v Hoi Kong Container Services Ltd [1998] 2 HKLRD 645
- Mui Foon & Another v Land Development Corp [1999] 2 HKLRD H4
- Multiservice Bookbinding Ltd v Marden [1979] Ch 84
- Munro & Co Ltd v Meyer [1930] 2 KB 312
- Munro v Butt (1858) 8 E & B 735
- Murphy v Hurly [1922] 1 AC 369
- Mutual Life & Citizens' Assurance Co Ltd v Evatt (1968)42 ALJR 316
- Nang King Fong (No 1) v Fook Hong Chan [1961] HKLR 448
- Nash v Inman [1908]2 KB 1
- National Carriers Ltd v Panalpina (Northern) Ltd [1981] 2 WLR 45
- National Westminster Bank Plc v Morgan [1985] AC 686
- New Zealand Shipping Co v Société des Ateliers et Chantiers de France [1919] AC 1
- Ng Chee Chong t/a Maran Road Saw Mill v Austin Taylor & Co Ltd [1975] 1 Lloyd's Rep 156
- Ng Chek Kok v Kiu Wai Ming[1992] 1 HKLR 5
- Ng Shing Nam t/a Artland Decoration Co v Bestreps International Ltd [2000] 493 HKCU 1
- Nicholl v Ryder [2000] EMLR 632
- Nickoll & Knight v Ashton, Edridge & Co [1901] 2 KB 126
- Nicolene Ltd v Simmonds [1953] 1 QB 543

- Nikko Hotels (UK) Ltd v MEPC Plc [1991] 1 EGLR 103
- Nippon Yusen Kaisha v Pacifica Navegacion SA [1980] 2 Lloyd's Rep 245
- Nokes v Doncaster Amalgamed Colliers Ltd [1940] AC 1014, 1018f.
- Nordenfeldt v Maxim Nordenfeldt Guns & Ammunitions Co Ltd [1894] AC 535
- Norris v Southhampton City Council [1982] ICR 177
- North Central Wagon Finance Co v Brailsford [1962] 1 WLR 1288
- North Ocean Shipping Co Ltd v Hyundai Construction Co Ltd, The Atlantic Baron [1978] 3 All ER 1170
- North Ocean Shipping Ltd v Hyundai Construction Co Ltd (The Atlantic Baron) [1979] 1 QB 705
- Nutting v Baldwin [1995] 1 WLR 201
- O'Dea v All States Leasing Systems Pty Ltd (1983) 152 CLR 359
- O'Neil v Armstrong [1895] 2 QB 418
- Oakdown Ltd v Berstein and Co (a firm) (1985) 49 P 6 CR 282
- Occidental Worldwide Investment Corp v Skibs AS/Avanti, The Siboen and The Sibotre [1976] 1 Lloyd's Rep 293
- Ogilvie v Foljambe (1817) 3 Mer 53
- Ogle v Earl Vane (1868) LR 3 QB 272
- Oka Electronics Ltd v Manohar Chugh t/a Electric & Electronic Industries [1991] 2 HKC 1
- Olley v Marlborough Court Ltd [1949] 1 KB 532
- Olympia Sauna Shipping Co SA v Shinwa Kaiun Kaisha Ltd, The Ypatia Halcoussi [1985] 2 Lloyd's Rep 364
- Orakpo v Manson Investment Ltd [1978] AC 95
- Oresundsvaret Aktiebolag v Marcos Diamantis Lemos, The Angelic Star [1988] 1 Lloyd's Rep 122

- Oriental Air Transport Service Ltd v Cargocare Hong Kong [2001] 2 HKLRD 79
- OTB International Credit Card Ltd v Michael Au [1980] HKLR 296
- Overseas Tankship (UK) Ltd v Morts Dock & Engineering Co Ltd, The Wagon Mound [1961] AC 388
- Paal Wilson & Co A/S v Partenreederei Hannah Blumenthal [1983] 1 AC 854
- Pacific South (Asia) Holdings Ltd v Million Unity International Ltd [1997] 1 HKLRD 1238
- Pacol Ltd v Trade Line Ltd, The Henrik Sif [1982] 1 Lloyd's Rep 456
- Page One Records Ltd & Another v Britton and Others (trading as 'The Troggs') & Another [1967] 3 All ER 822
- Paget v Marshall (1884) 28 Ch D 255
- Pagnan SpA v Tradax Ocean Transportation SA [1987] 3 All ER 565
- Palmolive Co (of England) v Freedman [1928] 1 Ch 264
- Panoutsos v Raymond Hadley Corporation of New York [1917] 2 KB 473
- Pao On and Others v Lau Yiu Long [1980] AC 614
- Paradine v Jane (1647) Aleyn 26
- Parker v Jackson [1936] 2 All ER 281
- Parker v R (1962-3) 111 CLR 610
- Parker v South Eastern Railway (1877) 2 CPD 416
- Parkin v Thorold (1852) 16 Beav 59
- Partridge v Crittenden (1968) 1 WLR 1204
- Pasoe v Turner [1979] 1 WLR 431
- Patel and Another v Ali and Another [1984] 1 All ER 978
- Patrick v Russo-British Grain Export Co Ltd [1972] 2 KB 535

- Payne v Cave (1789) 3 T R 148
- Paynter v Williams (1833) 1 C & M 810
- Peek v Gurney (1873) LR 6 HL 377
- Pennsylvania Shipping Co v Compagnie Nationale de Navigation (1936) 155 LTR 294
- Pepsi-Cola International Ltd v Charles Lee [1974] HKLR 13
- Percival, Lim v London County Council Asylum etc Committee (1918) 87 LJ KB 677
- Performing Right Society Ltd v London Theatre of Varieties Ltd [1924] AC 1
- Petelin v Cullen (1975) 132 CLR 355
- Peter Lind & Co Ltd v Mersey Docks and Harbour Board [1972] 2 Lloyd's Rep 234
- Peter Persaud v Plantation Versailles Ltd [1970] 17 107
- Peters v Fleming (1840) 6 M & W 42
- Peters v Soame (1701) 2 Vern 428
- Peyman v Lanjani [1985] 2 WLR 154
- Pharmaceutical Society of Great Britain v Boots Cash Chemists (Southern) Ltd [1953] 1 QB 401
- Philips Hong Kong Ltd v Attorney General of Hong Kong [1993] 61 Build LR 41
- Photo Production Ltd v Securicor Transport Ltd [1980] AC 827
- Pilmore v Hood (1838) 5 Bing NC 97
- Pinnel's Case (1602) 5 Co Rep 117a
- Pioneer Shipping Ltd v BTP Tioxide Ltd, The Nema [1981] 3 WLR 292
- Piro v W Foster & Co Ltd (1943) 68 CLR 313
- Pitts v Hunt [1991] 1 QB 24

- Planché v Colburn (1831) 8 Bing 14
- Plevins v Downing (1876) LR 1 CPD 220
- Polaroid Far East Ltd v Bel Trade Co Ltd and Others [1990] HKLR 447
- Polhill v Walter (1832) 3 B 7 Ad 114
- Polyset Ltd v Panhandat Ltd [2002] 3 HKLRD 319
- Pordage v Cole (1669) 1 Wms Saund 319
- Port Jackson Stevedoring Pty Ltd v Salmond and Spraggon (Australia) Pty Ltd [1981] 1 WLR 138
- Postlethwaite v Freeland (1880) 5 App Cas 599
- Potter v Duffield (1874) LR 18 Eq 4
- Poussard v Spiers and Pond (1876) 1 QBD 410
- Prenn v Simmonds [1971] 1 WLR 1381
- Price v Strange [1978] Ch 337
- Pritchard v Merchants' and Tradesmen's Life Assurance Soc. (1858) 3 CB (NS) 622
- Procter & Gamble Philippine Manufacturing Corp. v Peter Cremer GmbH & Co (The Manilla) [1988] 3 All ER 843
- Produce Brokers Co Ltd v Olympia Oil and Cake Co Ltd [1917] 1 KB 320
- Professional Associates v Polytek Engineering Co Ltd [1986] HKLR 20
- Prosper Entertainment Ltd v Ng Yiu Kuen t/a Andy Production House [2002] 1497 HKCU 1
- Prosper Homes Ltd v Hambros Bank Executor & Trustee Co Ltd (1980) 39 P & CR 395
- Pye v British Automobile Commercial Syndicate Ltd [1906] 1 KB 425
- Quinn v Leathem [1901] AC 495
- R & H Hall Ltd v WH Pim (Junior) & Co Ltd (1927) 33 Com Cas 324

- R v Chan Wai Keung [1965] HKLR 815
- R v Choi Hon Ping [1965] HKLR 540
- R v Governor of Brockhill Prison, ex p Evans [1999] 2 WLR 103
- R v Howe [1987] 2 WLR 568
- R v Jennings (1966) 57 DLR (2d) 644
- Radford v de Froberville [1977] 1 WLR 1262
- Raffles v Wichelhaus (1864) 2 H & C 906
- Raiffeisen Zentralbank Österreich AG v Five Star Trading LLC [2001] 2 WLR 1344
- Ramsgate Victoria Hotel Co v Montefiore (1866) LR 1 Exch 109
- Rann v Hughes [1778] 101 ER 1014
- Rawlings v General Trading Co [1921] 1 KB 635
- Ray v Sempers [1974] AC 370
- RB Policies at Lloyd's v Butler [1950] 1 KB 76
- Re Art Reproduction Co Ltd [1952] Ch 89
- Re Badische Co Ltd [1921] 2 Ch 331
- Re Bank of Montreal v Butler (1990) 66 DLR (4. Serie) 664
- Re Bowden [1936] Ch 71, 74
- Re Brown's Estate, Brown v Brown [1893] 2 Ch 300
- Re Butlin's Settlement Trusts, Butlin v Butlin [1976] 1 Ch 251
- Re Casey's Patents, Steward v Casey [1892] 1 Ch 104
- Re Charge Card Services Ltd [1989] Ch 497
- Re Cleadon Trust [1939] 1 Ch 286
- Re Compania de Electricidad de la Provincia de Buenos Aires Ltd [1980] 1 Ch 146, 186

- Re Coomber Coomber v Coomber [1911] 1 Ch 723
- Re Cullwick [1918] 1 KB 646, 653
- Re Garnett, Gandy v Macauley (1885) 31 Ch D 1
- Re Goy & Co Ltd, Farmer v Goy & Co Ltd [1900] 2 Ch 149
- Re Hall & Barker (1878) 9 Ch D 538, 545
- Re Johnson [1932] 3 DLR 164
- Re L Sutro & Co and Heilbut Symons & Co [1917] 2 KB 348
- Re Marquis of Agelsey [1901] 2 Ch 548
- Re McArdle [1951] Ch 669
- Re McHenry, Barker's Claim [1894] 3 Ch 290
- Re Moore & Co and Landauer & Co [1921] 2 KB 519
- Re Pain, Gustavson v Haviland [1919] 1 Ch 38
- Re Parkins [1892] 3 Ch 510
- Re Pinto Leite & Nephews, ex p Visconde des Olivaes [1929] 1 Ch 221
- Re Romer and Haslam [1893] 2 QB 286
- Re Sandwell Park Colliery Co, Field v The Company [1929] 1 Ch 277
- Re Shipton, Anderson & Co and Harrison Bros' Arbitration [1915] 3 KB 676
- Re Walkers, Winser & Hamm and Shaw, Son & Co [1904] 2 KB 153
- Re Westerton, Public Trustees v Gray [1919] 2 Ch 104
- Redland Bricks Ltd v Morris & Another [1970] AC 652
- Reid v Rush & Tompkins Group Plc [1990] 1 WLR 212
- Richardson v Silvester (1873) LR 9 QB 34
- Richco International Ltd v Alfred C Toepfer International GmbH [1991] 1 Lloyd's Rep 136

- Richlam Trading Co Ltd v Ashley Trading Ltd HCA 11394/1999 (27. März 2001) – unrep.
- Riverlate Properties Ltd v Paul [1975] Ch 133
- Roberts v Gray [1913] 1 KB 520
- Robins v National Trust Co [1927] AC 515.
- Robinson v Harman (1848) 1 Ex 850
- Robinson, Fisher & Harding v Behar [1927] 1 KB 513
- Rock Refrigeration Ltd v Jones [1997] 1 All ER 1
- Rogers v Ingram (1876) 3 Ch D 351
- Rolled Steel Products Ltd v BSC [1985] 3 All ER 52
- Rookes v Barnard [1964] AC 1129
- Roscorla v Thomas [1842] 3 QB 234
- Rosemary Simmons Memorial Housing Association Ltd v United Dominions Trust Ltd [1986] 1 WLR 1440
- Rosenthal & Sons Ltd v Esmail [1965] 1 WLR 1117
- Ross v McCarthy [1970] NZLR 449
- Rossiter v Miller (1878) 3 App Cas 1124
- Routledge v McKay [1954] 1 WLR 615
- Rover International Ltd v Cannon Film Sales Ltd (No 3) [1989] 1 WLR 912
- Rowland v Divall [1923] 2 KB 500
- Royal Bank of Scotland Plc v Etridge (No 2) [2001] 3 WLR 1021
- Royal British Bank v Turquand (1856) 6 E & B 327
- Rozanes v Bowen (1928) 32 Lloyd's Rep 98
- Rust v Abbey Life Insurance Co [1979] 2 Lloyd's Rep 334
- Ruxley Electronics & Constructions Ltd v Forsyth [1996] AC 344

- RW Green Ltd v Cade Bros Farms [1978] 1 Lloyd's Rep 602
- Ryan v Mutual Tontine Westminster Chambers Association [1893] 1 Ch 116
- Ryder v Wombwell (1869) LR 4 Exch 32
- S Pearson & Son Ltd v Lord Mayor & Co of Dublin [1907] AC 351
- Sabah Shipbuilding v Houston Engineering and Equipment [1978] HKLR 550
- Samsung Hong Kong Ltd v Keen Time Trading Ltd [1998] 2 HKLRD 341
- Sang Lee Investment Co v Wing Kwai Investment Co (1983) 127 Sol Jo 410
- Saunders v Anglia Building Society (Gallie v Lee) [1971] AC 1004
- Scally v Southern Health and Social Services Board [1992] 1 AC 294, 303.
- Scancarriers A/S v Aotearoa International Ltd, The Barranduna [1985] 2 Lloyd's Rep 419
- Scandinavian Trading Tanker Co AB v Flota Petrolera Ecuatoriana [1983] QB 549
- Scarf v Jardine (1882) 7 App Cas 345
- Schindler Lifts (Hong Kong) Ltd v Ocean Joy Investments Ltd [2003] 1 HKC 438
- Schuldenfrei v Hilton (Inspector of Taxes) [1999] STC 821
- Scorer v Seymour-Johns [1966] 3 All ER 347
- Scott v Rayment [1868] LR 7 Eq 112
- Scott v Sebright (1886) 12 PD 21
- Scruttons Ltd v Midland Silicones Ltd [1962] 2 All ER 179
- Scruttons Ltd v Midlands Silicones Ltd [1962] AC 446

- Sea Wave Hair Design (WTS) Ltd v Choy Kwong Yiu & Others [1992] HKLY 451
- Seabridge Shipping Ltd v Antco Shipping Ltd, The Furness Bridge [1977] 2 Lloyd's Rep 367
- Seddon v North Eastern Salt Co Ltd [1905] 1 Ch 326.
- Semana Bachicha v Poon Shiu Man [2000] 2 HKLRD 833
- Sevin v Deslandes (1860) 30 LJ Ch 457
- Shadwell v Shadwell (1860) 9 CBNS 159
- Shamia v Joory [1958] 1 QB 448
- Shamrock SS Co v Storey & Co (1899) 16 TLR 6
- Shamsher Jute Mills Ltd v Sethia (London) Ltd [1987] 1 Lloyd's Rep 388
- Shanklin Pier Ltd v Detel Products Ltd [1951] 2 KB 854
- Shaon Lal Hiranand and Others v Dr. Hari Naroomal Harilela and Others HCAP 15/2000 (4. Juli 2001) – unrep.
- Shaw & Co v Moss Empires Ltd (1908) 25 TLR 190
- Shearson Lehman Hutton Inc v Maclaine Watson & Co Ltd [1989] 2 Lloyd's Rep 570
- Sheffield Nickel Co v Unwin (1877) 2 QB 214
- Sheldon v RHM Outhwaite (Underwriting Agencies) Ltd [1996] AC 102
- Shell (UK) Ltd v Lostock Garage Ltd [1977] 1 All ER 481
- Shepherd Homes Ltd v Sandham [1971] Ch 340
- Shing Shun Hang Land Investment Co Ltd v Siu Kwong Hong Ltd [1974] HKLR 340
- Shirlaw v Southern Foundries (1926) Ltd [1939] 2 KB 206
- Shop and Store Developments v IRC [1967] AC 472
- Shum Yip – UTC (HK) Co Ltd v Master Co [2000] 2 HKLRD 809

- Shun Kai Finance Co Ltd v Japan Leasing (Hong Kong) Ltd (In Creditors' Voluntary Liquidation) [2000] 758 HKCU 1
- Shun Shing Hing Investment Co Ltd v Attorney General [1983] HKLR 432
- Siew Soon Wah v Yong Tong Hong [1973] AC 836
- Silverpole Ltd v China Pride Investment Ltd [1995] 1 HKLR 48
- Simon Fireman v Golden Rice Bowl Ltd [1987] HKLR 981
- Simpson v Crippin (1872) LR 8 QB 14
- Simpson v London and North Western Railway Company (1876) 1 QBD 274
- Sinclair v Brougham [1914] AC 398
- Sir Lindsay Parkinson & Co Ltd v Commissioner of Works [1949] 2 KB 632
- Skeate v Beale (1840) 11 Ad & E 983
- Skelton v Collins (1965-6) 115 CLR 94
- Slater v Hoyle & Smith Ltd [1920] 2 KB 11
- Smeaton Hanscomb & Co v Sassoon I Setty Son & Co (No 1) [1953] 1 WLR 1468
- Smith and Snipes Hall Farm Ltd v River Douglas Catchment Board [1949] 2 KB 500
- Smith v Eric S Bush [1990] 1 AC 831
- Smith v Fawcett [1942] Ch 304
- Smith v Hughes (1871) LR 6 QB 597
- Smith v South Wales Swithgear Ltd [1978] 1 All ER 18
- Smith v William Charlick Ltd (1924) 34 CLR 38
- So Dakin (H.) & Co Ltd v Lee [1916] 1 KB 566

- Société des Hotels de Touquet Paris-Plage v Cummings [1922] 1 KB 451
- Solle v Butcher [1950] 1 KB 671
- Sotiros Shipping Inc v Sameiet Solholt [1983] 1 Lloyd's Rep 605
- South China Strategic Ltd v Celsion Corporation HCA 9963/2000 (7. August 2001) – unrep.
- Southern Foundries (1926) Ltd v Shirlaw [1940] AC 701
- Speedy Rich (Asia) Ltd v Leung Pui Shu and Ho Yuen Yeuk CACV 272/2000 (8. Februar 2001) – unrep.
- Spellman v Spellman [1961] 1 WLR 921
- Spencer v Harding [1870] LR 5 CP 561
- St. Enoch SS Co Ltd v Phosphate Mining Co [1916] 2 KB 624
- Staffordshire Area Health Authority v South Staffordshire Waterworks Co [1978] 1 WLR 1387
- Startup v Macdonald (1843) 6 M & G 593
- Steedman v Drinkle [1916] 1 AC 275
- Steinberg v Scala (Leeds) Ltd [1923] 2 Ch 452
- Steven v Bromley and Son [1919] 2 KB 722
- Stevenson v Basham (1922) 41 NZLR 255
- Stevenson v McLean (1880) 5 QBD 346
- Stilk v Myrick (1809) 2 Camp 317
- Stocks v Dobson (1853) 4 De GM & G 15
- Stocznia Gdanska SA v Latvian SS Co [1998] 1 WLR 574
- Storey v Fulham Stell Works (1907) 24 TLR 89
- Strong & Associates Ltd v Flywin Co Ltd [2000] 988 HKCU 1
- Stubbs v Holywell Railway Co (1867) LR 2 Exch 311

- Suisse Atlantique Societé d'Armement Maritime SA v NV Rotterdamsche Kolen Centrale [1967] 1 AC 361
- Sumpter v Hedges [1898] 1 QB 673
- Sun Hing Co v Brilliant Investment Co Ltd [1966] HKLR 310
- Sun Hung Kai Credt Ltd v Szeto Yuk Mei [1986] HKDCLR 1
- Sung Wai Kiu & Another v Wong Mei Yin [1997] HKLY 487
- Surrendra Overseas Ltd v Government of Sri Lanka [1977] 2 All ER 481
- Surrey Country Council v Bredero Homes Ltd [1992] 3 All ER 302
- Susan Buchanan v Janesville Ltd [1981] HKLR 700
- Susanto-Wing Sun Co Ltd v Yung Chi Hardware Machinery Co Ltd [1989] 2 HKC 504
- Sweet & Maxwell Ltd v Universal News Services Ltd [1964] 2 QB 699
- Swift v Winterbotham & Goddard (1873) LR 8 QB 244
- Syros Shipping Co SA v Elaghill Trading Co [1980] 2 Lloyd's Rep 390
- Tadcaster Tower Brewery Co v Wilson [1897] 1 Ch 705
- Tai Hing Cotton Mill Ltd v Kamsing Knitting Factory [1979] AC 91
- Tai Hing Cotton Mill Ltd v Liu Chong Hing Bank Ltd [1986] 1 AC 80
- Take Harvest Ltd v George H Liu [1993] AC 552
- Tamplin v James (1880) 15 Ch D 215
- Tang Siu Man v HKSAR [1998] 1 HKLRD 350
- Tankexpress A/S v Compagnie Financière Belge des Petroles SA [1949] AC 76
- Tate v Williamson (1866) 2 Ch App 55
- Taylor v Caldwell [1861-1873] All ER Rep 24
- Taylor v Laird (1856) 1 H & N 266

- Taylor v Webb [1937] 2 KB 283
- Teacher v Calder (1899) 1 F 39
- Television Broadcasts Ltd v Asia Television Ltd Privy Council App 28/1988 (28. Juni 1988) – unrep.
- Terrapin International Ltd v Inland Revenue Commissioners [1976] 1 WLR 665
- Thake v Maurice [1986] QB 644
- The Anathanasia Cominos [1990] 1 Lloyd's Rep 277
- The Attorney-General v Hui Kin Hong [1995] 1 HKCLR 227
- The Bank of East Asia Ltd v Tsien Wui Marble Factory Ltd &Others and Remo Riva and Others (Third Parties) [2000] 1 HKLRD 268
- The Brimnes, Tenax Steamship Co Ltd v The Brimnes (Owners) (1975) 1 QB 929
- The Great Preace Shipping Ltd v Tsavliris Salvage (International) Ltd [2003] QB 679
- The Hong Kong Housing Authority v Hung Pui and Luk Shun Chung HCA 403/1986 (3. April 1987) – unrep.
- The Incorporated Owners of Yee Fung Garden v Basic Tech Ltd and Another [2003] 58 HKCU 1
- The Jardine Engineering Corp Ltd and Others v Shimizu Corporation HCA 1/1992 (22. Dezember 1992) – unrep.
- The Ka Wah Bank Ltd v Low Chun Song and Others [1991] 1 HKC 241
- The Mihalis Angelos [1971] 1 QB 164.
- The Moorcock (1889) 60 LT 654
- The Owners of Cargo Lately and Another v the Owners and/or Demise Charterers of the Ship or Vessel "Mahkutai" [1994] 1 HKLR 212
- The State v Alan Woila [1978] PNGLR 99
- The State v Bisket Uranguae Pokia [1980] PNGLR 97

- The State v Sookraj Evans (1978-79) 23 WIR 189
- The Unique Mariner (No 2) [1979] 1 Lloyd's Rep 37
- THH and TWK v The Commissioner of Estate Duty HCMP 3173/1989 (23. Mai 1990) - unrep.
- Thomas Bates and Son Ltd v Wynham's (Lingerie) Ltd [1981] 1 WLR 505
- Thomas v Thomas [1842] 114 ER 330
- Thornton Springer v NEM Insurance Co Ltd [2000] 2 All ER 489
- Thornton v Shoe Lane Parking Ltd [1971] All ER 686
- Thoroughgood's Case (1584) 2 Co Rep 9a
- Three Rivers DC v Bank of England [1996] QB 292
- Tinn v Hoffman & Co (1873) 29 LT 271
- Tito v Waddell (No 2), Tito v Attorney-General [1977] 3 All ER 129
- TKI & Another v New Happy Ltd & Another [1994] HKLY 887
- Tool Metal Manufacturing Co Ltd v Tungsten Electric Co Ltd [1955] 1 WLR 761
- Torkington v Magee [1902] 1 KB 427
- Townshend v Stangroom (1801) 6 Ves 328
- Tradax Export SA v Dorada Compania Naviera SA, The Lutetian [1982] 2 Lloyd's Rep 140
- Trade and Transport Inc v Iino Kaiun Kaisha Ltd, The Angelia [1973] 1 WLR 210
- Trafalgar House Construction (Asia) Ltd & Another v The Owners and/or Demise Charterers of MV "Thor Scan" [1999] 2 HKLRD 136
- Trans Trust SPRL v Danubian Trading Co [1952] 2 QB 297
- Trendtex Trading Corporation v Credit Suisse [1980] 3 All ER 721

- Trident Engineering Co Ltd v Mansion Holdings Ltd & Another, HCCT 3C/1996 (15. Juni 2000) – unrep.
- Trollope v North West Metropolitan Regional Hospital Board [1973] 1 WLR 601
- Tsakiroglou & Co Ltd v Noblee Thorl GmbH [1962] AC 93
- Tsang Fan Hang v Hang Hing Construction Co Ltd [1981] 1 HKC 343
- Tsang Wing Lung v Tsang Lum [1993] 2 HKLR 22
- Tsoi Ka Lee & Another v Chong Chung Ting & Another [1997] HKLY 488
- Tung Guan Company Pte Ltd v Jih Dong Enterprises Co [1992] 2 HKLR 225
- Turnbull & Co v Duval [1902] AC 429
- Tweddle v Atkinson [1861] 1 B & S 393
- Twinkle Step Investment Ltd v Smart International Industrial Ltd [1999] 3 HKLRD 521
- UBC (Construction) Ltd v Sung Foo Kee Ltd [1993] 2 HKLR 207
- Union Bank of Hong Kong Ltd v Ng Yiu Hing [1975] HKLR 26
- Union Eagle Ltd v Golden Achievement Ltd [1997] 1 HKLRD 366
- Union of India v NV Reederij Amsterdam [1962] 2 Lloyd's Rep 336
- United Dominions Trust Ltd v Western [1976] 1 QB 513
- United Insurance Co Ltd v Chan Park Sang [1960] HKLR 267
- United Scientific Holdings Ltd v Burnley BC [1978] AC 904.
- United Shoe Machinery Co of Canada v Brunet [1909] AC 330
- United States of Amerika v Motor Trucks Ltd [1924] AC 196
- Universal Cargo Carriers Corporation v Citati [1957] 2 QB 401
- Universal Dockyard Ltd v Trinity General Insurance Co Ltd [1989] 2 HKLR 160

- Universe Tankship Inc of Monrovia v International Transport Worker's Federation [1982] 2 WLR 803
- Unter v Preston Corporation [1942] 1 All ER 200
- Van Den Esschert v Chappell [1960] WAR 114
- Van Lynn Developments Ltd v Pelias Construction Co Ltd [1969] 1 QB 607
- Van Praagh v Everidge [1903] 1 Ch 434
- Vandepitte v Preferred Accident Insurance Corp. of New York [1933] AC 70
- Victoria Laundry (Winsor) Ltd v Newman Industries Ltd [1949] 2 KB 528
- Vincent v Premo Enterprises (Voucher Sales) Ltd [1969] 2 QB 609
- Viro v R (1976-8) 141 CLR 88
- Vitol SA v Norelf [1996] AC 800
- Voyle v Hughes (1854) 2 Sm & G 18
- Wa Lee Finance Co Ltd v Staryork Investment Ltd and Others [2003] 518 HKCU 1
- Wales v Wadham [1977] 2 All ER 125
- Walker v Bradford Old Bank (1884) 12 QBD 511
- Wall v Rederiaktiebolaget Luggude [1915] 3 KB 66
- Wallis v Smith (1882) 20 Ch D 243
- Wallis, Son & Wells v Pratt & Haynes [1911] AC 394
- Walter & Sullivan Ltd v J Murphy and Sons Ltd [1955] 2 QB 584
- Walton Harvey Ltd v Walker & Homfrays Ltd [1931] 1 Ch 274
- Walton v Mascall (1844) 13 M & W 452
- Wan Moon Ling Wandy v Sino Gain Investment Ltd [1997] HKLRD 606
- Warner Bros Records Inc v Rollgreen Ltd [1976] QB 430

- Warner Brothers Pictures Incorporated v Nelson [1937] 1 KB 209
- Waterman v Fryer [1922] 1 KB 499
- Watkins v Watkins [1896] P 222
- Watts v Morrow [1991] 1 WLR 1421
- Watts v Spence [1976] 1 Ch 165
- Webster v Cecil (1861) 30 Beav 62
- Weinkellerei-Weineinkauf GmbH & Co v Arbuthnot Factors Ltd [1988] 1 WLR 150
- Welby v Drake (1825) 171 ER 1315
- Wellfit Investment Ltd v Poly Commence Ltd and Another [1997] 1 HKLRD 857
- Werderman v Societe Generale d'Electricite (1881) 19 Ch D 246
- Wertheim v Chicoutimi Pulp Co Ltd [1911] AC 301
- Westdeutsche Landesbank Girozentrale v Islington London Borough Council [1996] AC 669
- Wettern Electric Ltd v Welsh Development Agency (1983) 1 QB 796
- White & Carter (Councils) Ltd v McGregor [1962] AC 413
- White v John Warrick & Co Ltd [1953] 2 All ER 1021
- Whiteside v Whiteside [1950] Ch 65
- Whittington v Seale-Hayne (1900) 82 LT 39
- Wigan v Edwards [1973] 47 ALJR 586
- Wilding v Sanderson [1897] 2 Ch 534
- William Brandt's Sons & Co v Dunlop Rubber Co [1905] AC 454
- William Bros v ET Agius Ltd [1914] AC 510
- William Pickersgill & Sons Ltd v London & Provincial Marine & General Insurance Co Ltd [1912] 3 KB 614

- Williams v Moor (1843) 11 M & W 256
- Williams v Roffey Bros and Nicholls (Contractors) Ltd [1991] 1 QB 1
- Willis v Baddeley [1892] 2 QB 324
- Wilson v Kearse (1800) Peake Add Cas 196
- Wilson v Wallani (1880) 5 Ex D 155
- Wiluszynski v Tower Hamlets London Borough Council [1989] ICR 493
- Wing Hang Credit Ltd v Lee Bing Wai and Others HCA 9844/1999 (3. Februar 2000) – unrep.
- With v O'Flanagan [1936] 1 All ER 727
- WJ Alan & Co Ltd v El Nasr Export and Import Co [1972] 2 QB 189
- WL Thompson Ltd v Robinson (Gunmakers) Ltd [1955] Ch 177
- Wong Choi Kiu v Poon Pan Wo (t/a Thorough Construction Co) [1990] HKLY 501
- Wong Kam Ying v Man Chi Tai [1967] HKLR 201
- Wong Kwai On and Others v Leung Wing Cheong [1999] 2 HKLRD 779
- Wong Lai Fan v Lee Ha [1992] 1 HKLR 125
- Wong Lai Ha v Chung Sau Wah [1994] 2 HKC 646
- Wong Lai Ying and Others v Chinachem Investment Co Ltd [1980] HKLR 1
- Wong Shiu Hung v Kwok Sing Leung [1992] 2 HKC 369
- Wong Wai Chun v The China Navigation Co Ltd [1969] HKLR 471
- Wood v Scarth (1855) 2 K & J 33
- Wood v Scarth (1858) 1 F & F 293
- Woodar Investment Development Ltd v Wimpey Construction UK Ltd [1980] 1 WLR 277

- Workers Trust & Merchant Bank Ltd v Dojap Investment Ltd [1993] AC 573
- Wright v Wright (1948) 77 CLR 191
- Wu Chiu Kuen v Chu Shui Ching [1992] 29 HKCU 1
- Xenos v Danube etc Ry. (1863) 13 CBNS 824
- Yates Building Co Ltd v R Pulleyn and Sons (York) Ltd (1975) 119 Sol Jo 370
- Yeung Kwok Leung v Lam Cheuk Lai [1991] 2 HKLR 557
- Yeung Siu Hong v Chan Siu Mee Sandie [1992] 2 HKC 559
- Yeung Wai Hon and Others v Ho & Partners Architects Engineers & Development Consultants Ltd [2002] 2 HKLRD H 14 bzw. [2002] HKEC 659
- Yianni v Edwin Evans & Sons [1882] QB 438
- Yien Yieh Commercial Bank Ltd v Kwai Chung Cold Storage Co Ltd [1989] 2 HKLR 639
- Ying Fung Distillery Ltd v Kin Hing Godown Ltd and Others [1979] HKLR 50
- Youell v Bland Welch & Co Ltd, The Superhulls Cover Case (No 2) [1990] 2 Lloyd's Rep 431
- Young v Kitchin (1878) LR 3 Exch 127
- Young v Purdy [1997] PNLR 130
- Yu Tai Hing Land Agency Ltd v Leung Wing Yin HCA 393/1986 (6. August 1986) – unrep.
- Yuen Ching Yuen v Union Insurance Society of Hong Kong Ltd [1998] 2 HKC 294
- Yung Oi King v Beautcity Restaurant Ltd and Another 13 HKLJ 226

F. Abkürzungsverzeichnis

AC	The Law Reports Appeal Cases
ALJ	Australian Law Journal
ALJR	Australian Law Journal
ALR	Australian Law Reports
Build LR	Building Law Reports
Ch/Ch D	Law Reports Chancery Division
CLJ	Cambridge Law Journal
CLR	Commonwealth Law Reports
CPD	Common Pleas Division
HKLY	Hong Kong Law Yearbook, ab 1997 Hong Kong Law Reports & Digest Yearbook
ICR	Industrial Cases Reports
ILR	Israel Law Review
JCL	Journal of Contract Law
JMCL	Journal of Malaysian and Comparative Law
JSPTL	Journal of Society of Public Teachers of Law
KB	Law Reports King's Bench Division
Lloyd's Rep	Lloyd's Law Reports
LQR	Law Quarterly Review
LR Ch App	Law Reports Chancery Appeal Cases
LR CP	Law Reports Court of Common Pleas
LR Exch	Law Reports Court of Exchequer
LR HL	Law Reports English and Irish Appeal Cases before the House of Lords

LR PC	Law Reports Privy Council Appeals
LR QB	Law Report Court of Queen‘s Bench
LT	Law Times Reports
Mal LR	Malaya Law Review
Mich L Rev	Michigan Law Review
MLJ	Malayan Law Journal
MLR	Modern Law Review
NZLJ	New Zealand Law Journal
OJLS	Oxford Journal of Legal Studies
PD	Law Reports Probate Division
QB	Law Reports Queen’s Bench
STC	Simon’s Tax Cases
T R	Term Reports
U of PLR	University of Pennsylvania Law Review
WLR	Weekly Law Report

I. Die Briten sind gegangen – und mit ihnen das Common Law?

Am 30. Juni 1997 um Mitternacht wurde der Union Jack in der Kronkolonie Hongkong eingeholt und eine eigene sowie die chinesische Flagge gehisst. Hongkong bekam den Status einer Sonderverwaltungszone (Special Administrative Region) und wurde direkt der Zentralregierung der Volksrepublik China unterstellt mit dem Versprechen, einen hohen Grad an Autonomie[1] bewahren zu dürfen. Der Status Hongkongs gründet sich seither auf das Basic Law, die 'Miniverfassung'. Diese bildet den verfassungsrechtlichen Rahmen für die Aufrechterhaltung des wirtschaftlichen, sozialen und rechtlichen Systems, das bis zu diesem Datum in Hongkong existierte. Nach dem Wortlaut des Basic Law soll dieses System für weitere 50 Jahre nach dem Souveränitätswechsel in Hongkong Gültigkeit behalten und so sichergestellt werden, dass Hongkong ein von der Volksrepublik China unabhängiges wirtschaftliches, politisches, soziales und rechtliches Gefüge besitzt.[2] Dennoch war von Anfang an deutlich gemacht worden, dass die Sonderverwaltungszone Hongkong seit dem 1. Juli 1997 untrennbar und irreversibel zur Volksrepublik China gehört.[3]

Aus dem daraus resultierenden Spannungsfeld zwischen der Kontinuität Hongkongs und der Souveränität der Volksrepublik China ergibt sich die Frage, ob und, wenn ja, wie sich das Hongkonger Recht verändern wird. Dabei ist insbesondere fraglich, ob sich die Unveränderlichkeitszusage des Basic Law in ihrem politischen und rechtlichen Kontext realisieren lässt. Die vorliegende Arbeit hat es sich zum Ziel gesetzt, diese Frage zu

---

1 Artikel 2 des Basic Law: „The National People's Congress authorizes the Hong Kong Special Administrative Region to exercise a high degree of autonomy and enjoy executive, legislative and independent judicial power, including that of final adjudication, in accordance with the provisions of this Law."

2 Artikel 5 des Basic Law: „The socialist system and policies shall not be practised in the Hong Kong Special Administrative Region, and the previous capitalist system and way of life shall remain unchanged for 50 years."

3 Artikel 1 des Basic Law: „The Hong Kong Special Administrative Region is an inalienable part of the People's Republic of China."

beantworten und einen Ausblick zum Inhalt des englischen Common Law im zukünftigen Hongkonger Recht zu geben. Damit soll eine Prognose erstellt werden, nach der sich ausländische Rechtswissenschaftler und Praktiker bei der Bewertung des zukünftigen Rechts Hongkongs richten können, um einen Betrag zur Rechtssicherheit in Hongkong zu leisten.

Selbstverständlich ist im Rahmen der vorliegenden Arbeit eine solche Untersuchung nicht für das gesamte Hongkonger Rechtssystem möglich, weshalb eine Begrenzung vorgenommen werden muss. Da in den letzten Jahren bereits eine Vielzahl an rechtswissenschaftlicher Literatur über staatsrechtliche Themen veröffentlicht wurde, widmet sich diese Untersuchung dem Vertragsrecht, das in Kapitel II der Arbeit genauer definiert wird.

Die besondere Bedeutung des Vertragsrechts als Untersuchungsgegenstand gründet sich auf die Stellung Hongkongs als eines der freiesten Wirtschaftszentren der Welt, wo viele Verträge unterschrieben und Geschäfte abgeschlossen werden.[4] Werden Verträge heute und in Zukunft noch genauso geschlossen? Sind die Rechtsfolgen noch die gleichen wie bis zum 1. Juli 1997 oder sind Nachteile zu befürchten? Sind Veränderungen zu berücksichtigen oder vielleicht Vorteile zu erwarten?

Vor dem Souveränitätswechsel besaß die Stadt den umschlagsstärksten Containerhafen der Welt.[5] Die herausragende wirtschaftliche Stellung Hongkongs wird dadurch untermauert, dass es weiterhin eine besondere Bedeutung als Tor zum chinesischen Markt innehat. Gründe dafür waren und sind unter anderem der neutrale Grund, auf dem die Geschäfte abgeschlossen werden, der relativ weit verbreitete Gebrauch der englischen Sprache, eine starke westliche Ausprägung der Sitten im Geschäftsleben und, daraus resultierend, ein größeres kulturelles Verständnis für die andere Partei, eine frei konvertible Währung und gut ausgebildete Arbeitskräfte. Dazu kommt das auf dem englischen Common Law beruhende Rechtssystem mit seiner ausgeprägten Rechtssi-

---

4 Kemenade, Willem van (1997) S. 54 ff.

5 Unbekannt (1999) S. 7.

cherheit und einem hohen Vertrauen in die Gerichte Hongkongs.[6] Für Juristen und Kaufleute gleichermaßen interessant ist deshalb die Frage, ob der 1. Juli 1997 eingedenk der Zusage, rechtliche Kontinuität in Hongkong zu wahren, eine Veränderung in diesem Rechtssystem bewirkt hat.

Eine Untersuchung der Auswirkung des Souveränitätswechsels auf das Hongkonger Rechtssystem und insbesondere auf das Vertragsrecht ist zudem von besonderem Interesse, weil Hongkong politisch und rechtlich eine Sonderstellung einnimmt. Im Laufe der letzten Jahrzehnte hatte bereits eine Vielzahl von Staaten das ehemalige British Empire verlassen. Allerdings waren alle diese Länder in die Unabhängkeit entlassen, nicht dagegen, wie Hongkong, einem neuen Souverän unterstellt worden. Darüber hinaus steht dieser neue Souverän, die Volksrepublik China, in kultureller, politischer, soziologischer und nicht zuletzt auch in rechtlicher Hinsicht in diametralem Gegensatz zur ehemaligen Kolonialmacht Großbritannien.[7] Neben ihren konfuzianischen Wurzeln, die in der Hongkonger Gesellschaft durch die britische Herrschaft mehr und mehr zurückgedrängt wurden, baut die Volksrepublik China immer noch auf einer maoistisch-kommunistischen Ideologie auf, während Hongkong von europäisch-aufklärerischen und marktwirtschaftlichen Ideen geprägt ist.[8] Darüber hinaus darf in rechtlicher Hinsicht nicht vergessen werden, dass die Volksrepublik, trotz der kommunistischen Vergangenheit, aufgrund ihrer Geschichte den so genannten Civil-Law-Systemen zuzurechnen ist,[9] während Hongkong durch seinen Status als Kronkolonie zumindest bis zum 30. Juni 1997 das englische Common Law praktizierte.

---

6 Siehe zu diesen Standortfaktoren Bueno de Mesquita, Bruce/Newman, David/Rabushka, Alvin (1985) S. vii ff. sowie Yahuda, Michael (1996) S. 21 ff.

7 Wacks, Raymond (1993) S. 153 f.; Epstein, Edward (1989) S. 37 ff.

8 Nicht zu vergessen ist, dass die zur Kronkolonie gehörende Kolonialmacht auf einer konstitutionellen Monarchie basiert.

9 Dies zeigt sich auch daran, dass das Recht der Volksrepublik China verstärkt auf Gesetzesrecht als auf Fallrecht beruht. Ein wichtiger Faktor war hier der Einfluss des deutschen Rechts in der republikanischen Epoche Chinas von 1911 bis 1949. Siehe dazu Senger, Harro von (1994) S. 11 ff.

In dieser einzigartigen Situation schaute die Welt nach dem Souveränitätswechsel anfangs gebannt, nach einiger Zeit aber fast gelangweilt auf Hongkong, als dort nichts Dramatisches passierte, kein Einmarsch chinesischer Truppen (jedenfalls nicht zur Durchsetzung des Kriegsrechts o.ä.) erfolgte und auch politisch bzw. rechtlich keine großen Umwälzungen zu erwarten waren.[10] Dennoch ist die Situation in rechtlicher Hinsicht eine Besonderheit. Ein solcher Souveränitätswechsel mit der friedlichen Rückgabe eines Territoriums und der Zusicherung der Volksrepublik, für die nächsten 50 Jahre das 'kapitalistische' System mit seiner rechtlichen Ausprägung in Hongkong beizubehalten, erscheint einzigartig.[11]

> „[T]here is the striking fact that the constitutional arrangement...purports to guarantee that for half a century Hong Kong, with its capitalist, Common Law system, will become a region or the world's largest remaining socialist society. The matter of legal continuity under these conditions therefore takes on a special significance."[12]

Deshalb ist sowohl vor als auch nach dem 1. Juli 1997 zur rechtlichen Situation und Perspektive der früheren Kronkolonie und jetzigen Sonderverwaltungszone Hongkong eine Vielzahl rechtswissenschaftlicher Literatur, v.a. in Großbritannien, aber auch in Hongkong selbst, publiziert worden.[13] Hauptsächlich verfassungsrechtliche Fragen, die staatsrechtliche Seite der Übernahme, das Einwanderungsrecht und der Aufbau der Gerichtsbarkeit bildeten dabei den Gegenstand der Ausführungen. Anlass zu Befürchtungen für die Zukunft sahen die Autoren nur in be-

---

[10] Davon sind sicherlich einige Ausnahmen zu verzeichnen. So gibt es eine ständige Diskussion um das Aufenthaltsrecht von Chinesen der Volksrepublik (right of abode) in der Sonderverwaltungszone Hongkong. Darüber hinaus artikuliert sich eine neue Demokratiebewegung in Hongkong, seit es am 1. Juli 2003 zum 6. Jahrestags des Souveränitätswechsel zu einer Massendemonstration in Hongkong mit mehr als einer halben Million Teilnehmern gegen das neue, von Peking geforderte strenge Sicherheitsrecht in Hongkong kam. Siehe dazu Lague, David (2003) S. 16 ff. sowie Lague, David/Lawrence, Susan (2003) S. 14 ff.

[11] Parallel dazu erfolgte knapp zwei Jahre später der Souveränitatswechsel zwischen Portugal und der Volksrepublik China Macau betreffend.

[12] Wacks, Raymond (1993) S. 153 f.

[13] Beispielhaft seien hier aufgeführt: Yash Ghai (1997); Wacks, Raymond (1989) sowie Wacks, Raymond (1999).

grenztem Maße.[14] Schließlich hatte die Volksrepublik China zuerst in der Joint Declaration von 1984, dann im Basic Law zugestimmt, dass die Sonderverwaltungszone für 50 Jahre nach dem Souveränitätswechsel neben ihrer wirtschaftlichen und politischen Ordnung sowohl ihren freiheitlichen Lebensstil als auch ihr Rechtssystem beibehalten dürfe. Konkretisiert wird dies in Artikel 8 des Basic Law:

> „The laws previously in force in Hong Kong, that is, the Common Law, rules of equity, ordinances, subordinate legislation and customary law shall be maintained, except for those that are inconsistent with this Law or have been amended by the legislature of the Hong Kong Special Administrative Region."[15]

Nur hatte, beruhigt durch die scheinbare Eindeutigkeit des Wortlauts des Basic Law, selbst in Hongkong kaum jemand die Frage gestellt, was genau 'the laws previously in force' sind, und wie sich nunmehr die Zukunft des Rechtssystems gestalten würde. Zwar kann man die Interpretation and General Clauses Ordinance,[16] und für deren Auslegung wiederum die Application of English Law Ordinance[17] zur Definition dessen heranziehen, was Artikel 8 des Basic Law meint. Allerdings lässt sich damit der Umfang der Gesetzgebung recht genau, nicht aber das System des Fallrechts exakt festlegen. Die Schwierigkeit bei der Bestimmung ergibt sich dabei weniger aus den oben erwähnten Ordinances, sondern vielmehr daraus, dass das Basic Law in seiner Formulierung nicht eindeutig ist. So kann man annehmen, dass 'the laws previously in force' auf den Korpus an Entscheidungen abstellt, welcher genau zum Zeitpunkt des Souveränitätswechsels, am 30. Juni 1997 um 24.00 Uhr Anwendung fand. Das würde aber, nimmt man das Basic Law wörtlich, dazu führen, dass sich das Fallrecht Hongkongs nach dem Souveränitätswechsel

---

14 Epstein, Edward (1989) S. 37 ff.

15 Artikel 8 des Basic Law.

16 Interpretation and General Clauses Ordinance, Cap 1.

17 Application of English Law Ordinance, Cap 88, außer Kraft getreten am 1. Juli 1997. Trotz ihrer Unwirksamkeit muss die Application of English Law Ordinance weiterhin herangezogen werden, um den Umfang des Rechts, welches vor dem Souveränitätswechsel galt, zu bestimmen, da sie festlegte, welches Recht in Hongkong unter britischer Herrschaft Anwendung fand.

nicht mehr verändert bzw. weiter entwickeln kann. Die Erkenntnis, dass das Recht Hongkongs aufgrund des Wortlauts des Basic Law in seinem Zustand verharrt, den es zum Zeitpunkt des Souveränitätswechsels aufwies, wäre als Ergebnis dieser Arbeit die am wenigsten erstrebenswerte Lösung. Dies würde mit der Zeit zu einem völlig veralteten Rechtssystem führen, welches den Erfordernissen der Moderne nicht mehr gerecht wird.

Ausgehend von den Formulierungen des Basic Law und deren Interpretation wird deshalb im zweiten Teil der Arbeit die Frage untersucht, ob eine Veränderung im Hongkonger Fallrecht möglich und wahrscheinlich ist. Dabei wird geprüft, ob englische Entscheidungen weiterhin wie vor dem Souveränitätswechsel Bindungswirkung in Hongkong entfalten. Grundlagen sind hierbei rechtstheoretische Überlegungen und Vergleiche mit Staaten, die das Common Law praktizieren und aus dem ehemaligen British Empire ausgeschieden sind. Zumindest drei Quellen könnten ihren Einfluss in Hongkong geltend machen: das Recht Englands, das der Volksrepublik China und die Rechtsentwicklung in Hongkong selbst. Es ist schwierig, sich eine komplexere Mischung aus miteinander verwobenen sozialen und politischen Kräften vorzustellen, welche gemeinsam auf eine Rechtsordnung einwirken, zumal sie in ihren ideologischen, kulturellen und ethischen Dimensionen so unterschiedlich sind.[18] Deshalb werden in Kapitel II auch 'weiche' Faktoren, wie z. B. der Einfluss der Rechtssprache, berücksichtigt. Dieses Kapitel wird mit der These enden, dass das Hongkonger Recht 'englische' Entscheidungen (also die Entscheidungen des House of Lords sowie die Entscheidungen des Privy Council) zwar weiterhin als Präzedenzfälle für die Hongkonger Gerichtsbarkeit, jedoch ohne bindenden Charakter, anerkennt. Sie werden herangezogen, weil sie überzeugend, 'persuasive', sind.

Untersucht wird diese These anhand des dritten Kapitels der Arbeit, welches das Hongkonger Vertragsrecht beschreibt und auswertet. Dieser Teil ist mit neuen Entscheidungen der Gerichte Hongkongs unterlegt, die

---

18 Die Problematik von Recht und sozialer Veränderung ist von einigen Autoren behandelt worden. Einen Überblick bietet Ziegler, J.S. (1973).

mit anderen Entscheidungen des englischen Common Law verglichen werden. Durch dieses Vorgehen werden eine umfassende Darstellung des Vertragsrechts, wie es derzeit im Hongkong angewendet wird, erarbeitet und Abweichungen vom englischen Common Law herausgestellt.

Die Ergebnisse der theoretischen Untersuchung in Kapitel II werden mit denen des Kapitels III verglichen und zu einer einheitlichen Aussage und Prognose im letzten Kapitel der Arbeit zusammengefasst. An den in der Arbeit dargestellten Entscheidungen wird deutlich, dass die ehemalige Kronkolonie und nunmehrige Sonderverwaltungszone zwar durchaus eine eigenständige rechtliche Entwicklung nehmen kann. Allerdings wird auch erkennbar, dass die Gerichte Hongkongs weiterhin überzeugende englische Entscheidungen sowie die anderer Common-Law-Gerichtsbarkeiten heranziehen, wenn und soweit diese für die Urteilsfindung nützlich sind.

II. Theoretische Untersuchung der zukünftigen Entwicklung des Hongkonger Vertragsrechts auf der Grundlage des Basic Law

Wie bereits einführend dargestellt, ist die rechtliche Situation zum 1. Juli 1997 in Hongkong eine Besonderheit. Das Territorium ging vom Status einer europäischen Kronkolonie über in eine Sonderverwaltungszone der sozialistischen Volksrepublik China. Allerdings haben sowohl der alte als auch der neue Souverän Hongkong nicht in einem rechtlichen Vakuum zurückgelassen, sondern mit der Joint Declaration und dem Basic Law versucht, Stabilität und Kontinuität der Rechtsordnung in Hongkong zu gewährleisten. Nunmehr soll das Basic Law als Grundlage der Stabilität untersucht werden, um daraus Schlussfolgerungen für die zukünftige Entwicklung des Vertragsrechts Hongkongs ziehen zu können. Zur Analyse und Interpretation werden rechtstheoretische Überlegungen hinzugezogen; des Weiteren wird die Bedeutung des Präzedenzfallprinzips für die zukünftige rechtliche Entwicklung untersucht. Schließlich sollen zum besseren Verständnis die Erfahrungen anderer Common-Law-Staaten bei ihrem Ausscheiden aus dem ehemaligen British Empire vergleichend betrachtet sowie Faktoren wie Rechtssprache und juristische Ausbildung in der theoretischen Untersuchung berücksichtigt werden.

1. Bedeutung des Basic Law für die Entwicklung des Hongkonger Vertragsrechts nach dem 1. Juli 1997

Das Basic Law bildet nunmehr als so genannte 'Miniverfassung' Hongkongs die Grundlage des politischen, wirtschaftlichen, sozialen und rechtlichen Lebens der Sonderverwaltungszone Hongkong. Es stellt die allgemeinen Grundsätze auf, die für das Leben in Hongkong nach dem Souveränitätswechsel gelten sollen. Das Basic Law beruht auf Artikel 31 der Verfassung der Volksrepublik China. Zum besseren Verständnis soll nachfolgend ein kurzer Überblick gegeben werden, wie und warum es überhaupt zur Verabschiedung des Basic Law für die Sonderverwaltungszone Hongkong kam.

1.1. Entstehung des Basic Law auf der Grundlage der Hongkonger Rechtsgeschichte

Die Geschichte Hongkongs war seit jeher von Fremdbestimmung geprägt. Am 26. Januar 1841 okkupierten die Briten die Insel Hongkong, worauf ein Jahr später die Insel von der chinesischen Regierung offiziell durch den Vertrag von Nanjing an Großbritannien abgetreten wurde. Mit Beginn der Kolonialisierung begann ein fundamentaler Strukturwandel der einheimischen chinesischen Gesellschaft.[19] Zu dieser Zeit hatte die Kolonie ca. 90.000 Einwohner, welche hauptsächlich von Landwirtschaft und Fischfang lebten.[20] Die Europäer sahen in Hongkong vor allem einen Ausgangspunkt für den Handel mit China und einen strategisch günstigen Militärstützpunkt. Im Jahre 1898 pachteten sie zusätzlich die New Territories von China.[21]

Anfangs gab es für die neue Kolonie weder eine Verfassung noch ein zusammenhängendes Rechtssystem. Dies änderte sich im Jahre 1843 durch die 'Letters Patent', die Aufbau und Form der Regierung Hongkongs festlegten. Diese bildeten damit die ersten verfassungsrechtlichen Dokumente, die sich bis heute auf das Rechtssystem Hongkongs auswirken. Das zweite verfassungsrechtliche Dokument waren die 'Royal Instructions', die detaillierte Regelungen für den Executive Council[22] und allgemeine Regelungen für den Legislative Council trafen, wodurch der Legislative Council die Befugnis zur Schaffung eigener Gesetze für Hongkong erhielt.

---

19 Fong-Chung Hsu, Berry (1992) S. 7 ff.

20 Podmore, David (1971) S. 21 ff.

21 Carver, Anne (1999) S. 8. Die Bevölkerung, die zum Zeitpunkt des Vertrages, 1898, in den New Territories lebte, hat ihre Wurzeln v.a. in der Sung und Yüan-Dynastie, und das damals existierende Rechtssystem stützte sich auf die chinesische Kultur und Rechtstradition.

22 Der Executive Council stellt eine Art 'board of directors' für Hongkong dar. Er formuliert die in Hongkong gültige Politik, kann jedoch keine unabhängige Verwaltungtätigkeit ausüben. Er wird hauptsächlich beratend für den Chief Executive tätig. Sie dazu auch Wesley-Smith, Peter (1998) S. 30 f.

Eines der ersten Gesetze, das vom Legislative Council verabschiedet wurde, war die Supreme Court Ordinance[23] im Jahre 1844.[24] Diese Ordinance regelte den Aufbau des Gerichtswesens Hongkongs und stellte erstmals formell fest, dass englisches Recht in Hongkong Geltung hatte, da die Briten selbstverständlich auch ihr eigenes Rechtssystem mit nach Hongkong gebracht hatten. Das Common Law, welches sie in Hongkong einführten, gewährleistete eine gewisse Sicherheit und Modernität, die notwendig waren, um die Kolonie zu einer modernen Metropole zu entwickeln.[25] In Section 5 der Supreme Court Ordinance war statuiert, dass jenes englische Recht in Hongkong Anwendung finden sollte, das existierte, als die Kolonie eine eigene lokale Gesetzgebung erlangte, also am 5. April 1843.[26] Dieses englische Recht sollte umfassend gelten, mit Ausnahme der Fälle, in denen es unvereinbar mit den örtlichen Umständen war.[27]

Von 1846 bis 1966 wurde in Hongkong daraufhin das englische Recht des Stichtages 5. April 1843 angewandt. Das betraf allerdings nur die Gesetze (statutory law), während das englische Fallrecht, also richterliche Entscheidungen, ohne eine Stichtagsregelung bei der Entscheidungsfindung durch Hongkonger Gerichte berücksichtigt wurden, unabhängig davon, wann sie ergangen waren.[28] Neuere, modernere Gesetze,

---

23 Ordinances sind die formell verabschiedeten Gesetze Hongkongs, die den Acts des englischen Rechts entsprechen.

24 Supreme Court Ordinance 1844, Cap 4.

25 Siehe zur historischen Entwicklung Fong-Chung Hsu, Berry (1992) S. 7 ff.

26 Supreme Court Ordinance 1844, Cap 4 s 5: „Such of the laws of England as existed when the Colony obtained a local legislature, that is to say, on the 5th day of April 1843, shall be in force in the Colony, except so far as the said laws are inapplicable to the local circumstances of the Colony, or of its inhabitants, and except so far as they have been modified by laws passed by the said legislature."

27 Siehe dazu auch Wong Kam Ying v Man Chi Tai [1967] HKLR 201, 211. Das chinesische Gewohnheitsrecht spielte somit weiterhin eine große Rolle innerhalb der chinesischen Gemeinschaft. Dies betraf hauptsächlich Regelungen zu Ehe, Scheidung, Adoption und Erbrecht. Des Weiteren gab es Vorschriften im chinesischen Recht zur Gründung von Geschäftspartnerschaften, welche später parallel zur Partnership Ordinance, die auf englischem Recht beruhte, angewandt wurden.

28 Choi Hon Ping v R [1965] HKLR 540, 544 f.; R v Chan Wai Keung [1965] HKLR 815, 846. Die Entscheidungen des Judicial Committee of the Privy Council und des House

die währenddessen in England verabschiedet wurden, blieben dagegen unbeachtet. Die Juristen Hongkongs mussten nunmehr in England längst überalterte Gesetzestexte konsultieren, um herauszufinden, welches Recht an diesem Tage galt. Aufgrunddessen verabschiedete der Legislative Council Hongkongs immer mehr eigene Gesetze, die die englischen Gesetze mehr und mehr überflüssig machten. Diese neuen Gesetze gingen dem englischen Recht vor.[29]

Im Jahre 1966 änderte sich die Situation, als die Application of English Law Ordinance verabschiedet wurde, die in Section 3 (1) klarstellte, dass das englische Common Law und die Regeln der Equity insoweit in Hongkong gelten sollten, als sie auf die Umstände Hongkongs und seiner Einwohner anwendbar seien.[30] Hinweise auf den Stichtag des 5. April 1843 fehlten jedoch. Damit war konstatiert, dass Common Law und Equity in Hongkong Anwendung fanden und sichergestellt, dass alle Acts of Parliament Großbritanniens, unabhängig vom Zeitpunkt ihrer Verabschiedung, Geltung beanspruchten.[31]

Als die Zeit des Auslaufens des Pachtvertrages mit China bezüglich der New Territories näher rückte, entstanden Überlegungen, auf welcher rechtlichen Grundlage man die Rückgabe gestalten könne. Die darauf folgenden Verhandlungen zwischen Großbritannien und der Volksrepublik China führten zur 'Sino-British Joint Declaration on the Question of Hong Kong', welche im Jahre 1985 unterzeichnet wurde. Diese bildete die Basis für die Rückgabe des gesamten Territoriums der Kronkolonie, nicht allein der gepachteten New Territories, an die Volksrepublik China.[32] Auf ihrer Grundlage entstand das 'Basic Law of Hong Kong Special Administrative Region of the People's Republic of China', die so-

of Lords wurden in Hongkong als formal bindend betrachtet. Siehe dazu Wesley-Smith, Peter (1986) 28 Mal LR 50.

29 Carver, Anne (1999) S. 9.

30 Application of English Law Ordinance, Cap 88 s 3 (1). Dass es sich dabei um das Recht Englands handelte, geht aus der Überschrift des Gesetzes hervor: „To declare the extent to which English law is in force in the Colony."

31 Application of English Law Ordinance, Cap 88 s 4(1), (2).

32 Siehe dazu Miners, Norman (1991) S. 3 ff.

genannte 'Mini-Verfassung' der neuen Sonderverwaltungszone Hongkong. Diese legt in Artikel 5 fest:

> „The socialist system and policies shall not be practiced in the Hong Kong Special Administrative Region and the previous capitalist system and way of life shall remain unchanged for 50 years."

Nach dem Wortlaut des Basic Law soll bis zum Jahr 2047 auch Hongkongs Rechtssystem beibehalten werden,[33] damit das Wirtschaftsleben der Sonderverwaltungszone in Zukunft nach denselben rechtlichen und kommerziellen Prinzipien wie vor der Übergabe funktionieren kann.

1.2. Bewertung des Basic Law aus Sicht des Hongkonger Rechtssystems

Es soll nun anhand der Formulierungen des Basic Law untersucht werden, wo sich bezüglich des Rechtssystems überhaupt Unklarheiten ergeben und deshalb eine Prognose notwendig machen. Die Normen, nach denen sich die Entwicklung des Rechts in Hongkong nach dem 1. Juli 1997 richtet, finden sich v.a. in den Kapiteln I, II, III, und IV. Während die allgemeinen Grundsätze in Kapitel I niedergelegt wurden und Kapitel II das Verhältnis zwischen der Zentralregierung der Volkrepublik China und der Sonderverwaltungszone Hongkong regelt, hat Kapitel III die Rechte und Pflichten der Bürger Hongkongs zum Gegenstand. In Kapitel IV Abschnitt 3 wird auf die Gesetzgebung, in Abschnitt 4 auf das Gerichtswesen Hongkongs nach dem 1. Juli 1997 Bezug genommen.

1.3. Inhalt des Basic Law

Das Basic Law enthält eine Reihe von Artikeln, welche sich ausschließlich mit dem Rechtssystem und dem Inhalt des Rechts der Sonderverwaltungszone Hongkong befassen. So statuiert Artikel 18 in Kapitel II

---

33 Artikel 18, 8 des Basic Law.

des Basic Law,[34] welches Recht weiterhin in Hongkong gültig sein wird: nämlich das Basic Law, die Gesetze, welche von der Sonderverwaltungszone verabschiedet werden sowie „the laws previously in force in Hong Kong as provided for in Article 8 of this Law".[35]

In Kapitel I, Artikel 8 des Basic Law wird bestimmt, dass darunter das Common Law, die Regeln der Equity, Gesetze, untergesetzliche Regelungen und das regionale Gewohnheitsrecht, womit das Recht der chinesischen ethnischen Gruppe mit Wohnsitz in Hongkong gemeint ist,[36] zu verstehen sind.[37] Dieses Recht soll beibehalten werden („shall be maintained"), solange es nicht den Grundsätzen des Basic Law wider-

---

34 Artikel 18 des Basic Law: „The laws in force in the Hong Kong Special Administrative Region shall be this Law, the laws previously in force in Hong Kong as provided for in Article 8 of this Law, and the laws enacted by the legislature of the Region.
National laws shall not be applied in the Hong Kong Special Administrative Region except for those listed in Annex III to this Law. The laws listed therein shall be applied locally by way of promulgation or legislation by the Region.
The Standing Committee of the National People's Congress may add to or delete from the list of laws in Annex III after consulting its Committee for the Basic Law of the Hong Kong Special Administrative Region and the government of the Region. Laws listed in Annex III to this Law shall be confined to those relating to defence and foreign affairs as well as other matters outside the limits of the autonomy of the Region as specified by this Law.
In the event that the Standing Committee of the National People's Congress decides to declare a state of war or, by reason of turmoil within the Hong Kong Special Administrative Region which endangers national unity or security and is beyond the control of the government of the Region, decides that the Region is in a state of emergency, the Central People's Government may issue an order applying the relevant national laws in the Region."

35 Artikel 18 des Basic Law.

36 Nicht das gesamte, aber ein Teil des chinesischen Gewohnheitsrechts findet auch in Hongkong Anwendung. Chinesisches Recht und Sitten sind u.a. in der Legitimacy Ordinance, Cap 184 s 14 anerkannt. Auch in anderen Gesetzen ist deren Existenz anerkannt. So können die Gerichte z. B. gemäß Section 13 der New Territories Ordinance, Cap 97, dieses Recht anerkennen und vollstrecken, soweit es sich auf Grundstücke in den New Territories bezieht.

37 Artikel 8 des Basic Law: „The laws previously in force in Hong Kong, that is, the common law, rules of equity, ordinances, subordinate legislation and customary law shall be maintained, except for any that contravene this Law, and subject to any amendment by the legislature of the Hong Kong Special Administrative Region."

spricht. Darüber hinaus unterliegt es Veränderungen und Ergänzungen durch die Gesetzgebung der Sonderverwaltungszone Hongkong.

Weiterhin hat die Sonderverwaltungszone neben einer eigenen Gesetzgebung ein unabhängiges Gerichtswesen erhalten, welchem umfassende Entscheidungsbefugnis über alle in der Sonderverwaltungszone zu entscheidenden Fälle zukommt, ausgenommen für staatliche Hoheitsakte, wie Verteidigungsfragen und auswärtige Angelegenheiten.[38] Zu diesem Gerichtswesen haben alle Bürger Hongkongs nach dem Basic Law freien Zugang.[39] Durch das Basic Law wurde allerdings der Instanzenzug in Hongkong verändert. Das Judicial Committee des Privy Council, welches in England seinen Sitz hat, wurde für Berufungen aus Hongkong abgeschafft und durch ein neues oberstes Gericht, den Court of Final Appeal ersetzt. Diesem kommt nunmehr die Aufgabe zu, abschließend Recht zu sprechen.[40] Die Ausübung der richterlichen Tätigkeit hat nach dem Wortlaut des Basic Law unabhängig und frei von

---

38 Artikel 19 des Basic Law: „The Hong Kong Special Administrative Region shall be vested with independent judicial power, including that of final adjudication.
The courts of the Hong Kong Special Administrative Region shall have jurisdiction over all cases in the Region, except that the restrictions on their jurisdiction imposed by the legal system and principles previously in force in Hong Kong shall be maintained.
The courts of the Hong Kong Special Administrative Region shall have no jurisdiction over acts of state such as defence and foreign affairs. The courts of the Region shall obtain a certificate from the Chief Executive on questions of fact concerning acts of state such as defence and foreign affairs whenever such questions arise in the adjudication of cases. This certificate shall be binding on the courts. Before issuing such a certificate, the Chief Executive shall obtain a certifying document from the Central People's Government."

39 Artikel 35 des Basic Law: „Hong Kong residents shall have the right to confidential legal advice, access to the courts, choice of lawyers for timely protection of their lawful rights and interests or for representation in the courts, and to judicial remedies.
Hong Kong residents shall have the right to institute legal proceedings in the courts against the acts of the executive authorities and their personnel."

40 Artikel 82 des Basic Law: „The power of final adjudication of the Hong Kong Special Administrative Region shall be vested in the Court of Final Appeal of the Region, which may as required invite judges from other common law jurisdictions to sit on the Court of Final Appeal."

fremden Einflüssen zu erfolgen.[41] Die Richter Hongkongs sollen die Entscheidungen in Übereinstimmung mit dem nach Artikel 18 in der Sonderverwaltungszone anwendbaren Recht treffen. Sie dürfen dafür auch auf Präzedenzfälle aus anderen Common-Law-Gerichtsbarkeiten verweisen.[42]

1.4. Auswertung und mögliche Interpretationen des Basic Law

Allerdings stellt sich die Situation keineswegs so eindeutig dar, wie der Wortlaut des Basic Law annehmen lässt.

> „However, the theoretical question of continuity cannot, unfortunately, be settled so simply. The conditions imposed by the new rule of recognition amount to a break with the past; we should not be misled into regarding the terms of Article 8 as a means by which the law of the old order spontaneously becomes the law of the new."[43]

Hier ergibt sich die Fragestellung, was mit dem Wortlaut des Artikel 8 des Basic Law ausgedrückt werden soll, was unter der Formulierung 'the laws previously in force...shall be maintained' überhaupt zu verstehen ist. Zu diesen 'laws previously in force' zählen 'the Common Law, rules of equity, ordinances, subordinate legislation and customary law'.[44]

Eine Beschäftigung mit allen in Artikel 8 des Basic Law aufgeführten Punkten, Gesetzen, untergesetzlichem Recht und chinesischem Gewohnheitsrecht, würde jedoch über den Rahmen dieser Arbeit hinausge-

---

41 Artikel 85 des Basic Law: „The courts of the Hong Kong Special Administrative Region shall exercise judicial power independently, free from any interference. Members of the judiciary shall be immune from legal action in the performance of their judicial functions."

42 Artikel 84 des Basic Law: „The courts of the Hong Kong Special Administrative Region shall adjudicate cases in accordance with the laws applicable in the Region as prescribed in Article 18 of this Law and may refer to precedents of other common law jurisdictions."

43 Wacks, Raymond (1993) S. 169.

44 Artikel 8 des Basic Law.

hen. Da die Gesetzgebung der Sonderverwaltungszone im Basic Law unzweifelhaft zur Schaffung eigener Gesetze ermächtigt wird, wirft hauptsächlich das Common Law, die Basis des englischen Rechtssystems mit seinen Präzedenzfällen, Fragen auf. Hier gibt das Basic Law keine klarstellende weitergehende Aussage. Insofern ist eine Beschäftigung mit der Entwicklung in diesem Bereich von gesteigertem Interesse. War mit der Formulierung, das Common Law werde beibehalten, gemeint, dass das britische Fallrecht weiterhin unverändert in Hongkong Anwendung finden muss, ohne Rücksicht auf das historische Datum 1. Juli 1997 und obwohl der Privy Council als oberstes Appellationsgericht Hongkongs durch eine eigenes oberstes Gericht, den Court of Final Appeal abgelöst worden war? Bedeutet dies eine umfassende formale Bindungswirkung auch moderner englischer Entscheidungen, oder aber gilt die formale Bindungswirkung lediglich für solche englischen Entscheidungen, welche vor dem 1. Juli 1997 ergangen sind? Ist der Wortlaut des Basic Law gar nur als gut gemeinter Rat an die Richter zu verstehen, das altbewährte Rechtssystem Hongkongs, welches bisher Kontinuität und Stabilität gewährleistet hat, nicht aufzugeben, und verzichtet das Basic Law damit auf das Postulat einer formalen Bindungswirkung? Darf trotz Verwendung des Wortes 'maintained' eine Weiterentwicklung des Rechts in Hongkong durch die Hongkonger Richter erfolgen? Und wie ist es zu verstehen, dass in Artikel 84 des Basic Law den Hongkonger Gerichten erlaubt wird, auf Entscheidungen anderer Common-Law-Gerichtsbarkeiten zu verweisen, während englisches Recht nicht ausdrücklich erwähnt wird? Diese Fragen führten zu einer gewissen Unsicherheit im Umgang mit dem Common Law:

> „[D]espite the guarantees contained in the Joint Declaration and Basic Law, the Common Law of Hong Kong resides in an unsettling twilight zone."[45]

Aus den Formulierungen des Basic Law lassen sich verschiedene Szenarien für das Hongkonger Recht konstruieren. Zum einen kann angenommen werden, dass unter 'the laws previously in force' das gesamte

---

45 Wacks, Raymond (1993) S. 170.

englische Recht (sowie die eigene Hongkonger Gesetzgebung und das chinesische Gewohnheitsrecht) zu verstehen ist, und der Zusatz 'that is the Common Law, rules of equity, ordinances, subordinate legislation and customary law' nur eine exemplarische, nicht abschließende Aufzählung darstellt, die verdeutlichen soll, mit welchem Inhalt dieses Recht weiterhin Geltung beansprucht. In dieser Bedeutung müssen die Worte 'previously in force' lediglich als Beschreibung des Common Law als Institution verstanden werden. Auf den Zeitpunkt, an dem das Recht gültig war, kommt es dagegen nicht an. Aus diesem Grunde müsste dann auch das Datum 1. Juli 1997 für diese Interpretation ignoriert werden. Als Folge einer solchen Interpretation des Basic Law wäre entweder eine weiterführende, kontinuierliche Anwendung der Entscheidungen Englands in Hongkong, welche weiterhin formale Bindungswirkung beanspruchen, denkbar.[46] Die Gerichte Hongkongs wären gezwungen, englische Entscheidungen zu berücksichtigen, obwohl sie einem neuen Souverän, der Volksrepublik China, unterstehen.

Mit den gleichen Überlegungen kann auch argumentiert werden, dass die Hongkonger Gerichte keinerlei formaler Bindungswirkung englischer Entscheidungen mehr unterliegen, unabhängig vom Zeitpunkt der Entscheidungsfindung in England. Sie dürften dann vollständig von diesen Entscheidungen abweichen. Ob sie dies tun, steht aber immer noch in ihrem Ermessen. Selbstverständlich können englische Präzedenzfälle immer noch als 'persuasive' herangezogen werden.

Als letzte Möglichkeit lässt sich anführen, dass Hongkonger Gerichte lediglich die Entscheidungen Englands, welche vor dem Souveränitätswechsel dort getroffen wurden, als bindend akzeptieren müssen. Der Wortlaut des Basic Law lässt sich auch so interpretieren, dass die Worte

---

46 Für eine kontinuierliche Anwendung englischer Entscheidungen in Hongkong kann die Erfahrung des Hongkonger Gerichtswesens mit einer solchen Situation angeführt werden. Im Zeitraum von 1843 bis 1966 wandte Hongkong aufgrund der Supreme Court Ordinance zwar das englische Recht an, wie es am 5. April 1843 existierte; allerdings galt diese Stichtagsregelung nur für kodifiziertes Recht, nicht dagegen für das Case Law. Dieses fand weiterhin Anwendung, unabhängig vom Zeitpunkt seiner Entstehung..

'previously in force' eine völlig andere Bedeutung erhalten. Die Begriffe 'the laws' sind dann nicht mehr im Sinne eines Rechtssystems gemeint, sondern beziehen sich tatsächlich auf positives Recht, also Gesetze, Entscheidungen der Gerichtsbarkeit etc., wie es der Aufzählung in Artikel 8 des Basic Law entspricht. Legt man diese Interpretation zugrunde, kann nur das Recht gelten, was vor dem 1. Juli 1997,[47] dem Tag des Souveränitätswechsels, in Hongkong Anwendung fand. Dann hat man es mit einem statischen Recht zu tun. Einige wollen den Zeitpunkt, an dem das Recht eingefroren wird, sogar noch früher ansetzen:

> „The Basic Law attempts (unreasonably) to freeze, among other things, Hong Kong's law and legal system as they stood immediately prior to 4 April 1990 (when the Basic Law was adopted),..."[48]

In diesem Falle stellt sich die Frage, ob das Recht, welches zu einem bestimmten Zeitpunkt eingefroren wurde, weiterhin unverändert in Hongkong Anwendung finden muss, oder ob Hongkonger Richter dazu ermächtigt sind, dieses Recht nach ihrem Ermessen weiterzuentwickeln. Im ersten Fall würde das Hongkonger Recht statisch verharren, da eine eigenständige Weiterentwicklung nicht zulässig wäre. Es wäre eine Ironie der Geschichte, wenn alles, was die Engländer ihrer ehemaligen Kronkolonie in rechtlicher Hinsicht hinterlassen hätten, ein überaltertes, anachronistisches Rechtssystem englischer Prägung wäre – verbunden mit dem Zwang, dieses durch eigene Gesetzgebung, die sich ebenfalls bereits von der englischen Gesetzgebung entfernt hat, zu ersetzen. Alternativ kann natürlich auch vertreten werden, dass die Richter sozusagen auf den Stumpf des englischen Rechts, welcher bis zum 30. Juni 1997 geschaffen wurde und bindend gilt, ein eigenes Recht 'aufpfropfen'. Vom Wortlaut des Artikel 8 des Basic Law würde eine solche Stichtagsregelung durchaus getragen.

Wie aus diesen Überlegungen erkennbar wird, gibt das Basic Law keine eindeutige Antwort auf die Frage nach der zukünftigen Entwicklung des Rechts in Hongkong. Deshalb sollen obige Denkansätze als Ausgangs-

---

47 Oder besser: das Recht, was am 30. Juni 1997 um 24.00 Uhr in Hongkong galt.

48 Wacks, Raymond (1993) S. 169.

punkt für die Untersuchung der verschiedenen Entwicklungsmöglichkeiten des Common Law in Hongkong dienen.

2. Definitionen des Vertragsrechts unter Berücksichtigung von Common Law und Fallrecht

Bevor diese einzelnen Möglichkeiten sowohl auf ihre Zulässigkeit als auch auf ihre Wahrscheinlichkeit untersucht werden, muss eine Abgrenzung der Untersuchungsgegenstände vorgenommen werden. Zum einen bedarf der Begriff 'Common Law' einer Definition, da er sehr vielschichtig verwendet werden kann. Anschließend soll der Begriff Common Law in der Bedeutung, die er in der Arbeit erfährt, kurz beschrieben und historisch umrissen werden. In dieser Bedeutung werden die Regeln der Equity als ein Teilbereich des Common Law verstanden, weshalb auch der Begriff der Equity mit behandelt wird. Da das Basic Law nicht lediglich das Vertragsrecht behandelt, sondern das gesamte zukünftig in Hongkong geltende Recht zum Gegenstand hat, besteht darüber hinaus die Notwendigkeit der Abgrenzung des Komplexes des Vertragsrechts von anderen Rechtsgebieten.

2.1. Definitionen des Begriffs Common Law

Nach den Formulierungen des Basic Law wird das Hongkonger Rechtssystem auch weiterhin auf dem Common Law aufbauen.[49] Doch was genau ist das Common Law? Über den Begriff des Common Law herrschte schon immer Uneinigkeit. Einige Rechtswissenschaftler behaupten, es sei sehr wohl etwas Tatsächliches und könne nicht als 'a brooding omnipresence in the sky' bezeichnet werden.[50] Andere dagegen bezweifeln, dass es das Common Law überhaupt gibt. Der wohl bekannteste Angriff auf die Grundfesten des Common Law selbst stammt von Jeremy

49 Artikel 8 des Basic Law.

50 Holmes, Oliver Wendell (1953) S. 822.

Bentham. Er war der Ansicht, dass das Common Law eine Fiktion sei, welche willkürlich angewandt werde, wie Brian Simpson formuliert:[51]

> „Although his view of the matter wavered, his extreme and characteristic opinion was that the existence of the Common Law was 'a fiction from beginning to end', and a belief in its existence no more than 'a mischievous delusion'[52], a cover for judicial usurpation of arbitrary power. Of the expression 'Common Law' he wrote: 'In these two words you have a name pretended to be the name of a really existent object: - look for any such existent object – look for it till doomsday, no such object will you find.'[53] The Common Law was 'mock law', 'sham law', 'quasi-law', and in consequence the exercise of the judicial function an example of 'power everywhere arbitrary[54].“[55]

Dennoch scheint ein gesamtes Rechtssystem in zufriedenstellender Weise arbeiten zu können, ohne dass ein klarer Konsens über dessen Grundlage und Natur besteht. Da diese Arbeit (fast) ausschließlich die Entwicklung des Common Law in Hongkong in Gegenwart und Zukunft beschreibt, soll zumindest der Versuch gewagt werden, die Materie zu definieren bzw. abzugrenzen.

Der Begriff Common Law hat verschiedene Bedeutungen; jede davon lässt sich am besten durch negativen Vergleich darstellen. Dies bedeutet, dass eigentlich nur bestimmt werden kann, was das Common Law nicht ist.[56]

Zum einen ist es kein regional begrenztes Recht.[57] Es ist im gesamten Königreich England und Wales (nicht dagegen in Schottland) sowie im Bereich des Commonwealth anwendbar. Dies hat historische Hintergründe: Um 1066, als die Normannen England eroberten, begannen sie, ein zentralisiertes Rechtssystem in England aufzubauen, das für das ge-

---

51 Simpson, Brian (1986) S. 8, 16.

52 Bentham, Jeremy (1838-43) Bd. 4 S. 483; zitiert in Simpson, Brian, S. 8, 16.

53 Bentham, Jeremy (1838-43) Bd. 4 S. 483; zitiert in Simpson, Brian, S. 8, 16.

54 Bentham, Jeremy (1838-43) Bd. 4 S. 483; zitiert in Simpson, Brian, S. 8, 16.

55 Simpson, Brian (1986) S. 8, 16.

56 Williams, Glanville (2002) S. 23.

57 Williams, Glanville (2002) S. 23.

samte Land gelten sollte. Davor hatte jeder Lord das Recht und die Pflicht, ein eigenes Gericht mit eigener Rechtsprechung abzuhalten. Das Common Law, das so genannte 'gemeine Recht', setzte sich ab Mitte des 13. Jahrhunderts in England dann umfassend gegenüber den bis dahin bestehenden ungeschriebenen Regeln des Gewohnheitsrechts (county customs) durch. Nunmehr zogen im Auftrage des Königs reitende Richter (justices in eyre) durch das gesamte Königreich und sprachen Recht.[58] Der König von England bekam umfassende Autorität über die Royal Courts, welche noch heute Royal Courts of Justice in the Strand, London heißen.[59]

Zweitens grenzt der Begriff Common Law gesetzlich geschaffenes Recht (statutory law) aus.[60] Er wird oft synonym für das Konglomerat aus richterlichen Entscheidungen mit seiner Doktrin der stare decisis, dem Fallrecht (case law) verwendet. Fallrecht und Gesetzesrecht sind in ihrer Rechtsnatur (so denn überhaupt eine existiert[61]) sehr verschieden. Wird der Begriff Common Law in diesem Sinne aufgefasst, beinhaltet er sämtliches Recht, welches durch richterliche Entscheidung entstanden ist, unabhängig davon, von welchem Gericht diese Entscheidung gefällt wurde. Damit sind auch Entscheidungen in Equity, Kirchenrecht (ecclesiastical law), Seerecht (maritime law) oder Völkerrecht (international law) erfasst.[62]

Drittens kann der Begriff Common Law aber auch sehr eng definiert werden; nämlich danach, von welchem Gericht die Entscheidung ergangen ist.[63] Das Common Law war bis zum Inkrafttreten des Judicature Acts im Jahre 1873 eine Domäne der Common-Law-Gerichte (King's Courts). Entscheidungen in Equity wurden dagegen im Court of Chancery getroffen, Seerecht wurde im Court of Admiralty, Kirchenrecht in

---

58 Siehe dazu Roebuck, Derek (1990) S. 35 f.

59 Siehe dazu Roebuck, Derek (1990) S. 30 ff.

60 Williams, Glanville (2002) S. 23.

61 Posner, Richard A. (1988) Mich L Rev 86.1 827, 828. "The law is not a thing, and it has no nature."

62 Wesley-Smith, Peter (1989) S. 15 ff.

63 Bailey, S.H. (2002) S. 3 ff.

speziellen Kirchengerichten und Völkerrecht in internationalen Tribunalen entschieden. In dieser Bedeutung schließt der Begriff Common Law jede Entscheidung aus, die nicht in einem Common-Law-Gericht gefällt wurde. Mit dem Judicature Act wurden die Gerichte zusammengelegt. Dennoch weist das Common Law immer noch bestimmte Merkmale auf, die es von allen anderen oben dargestellten Typen unterscheidet; so ist z. B. Schadensersatz eine Rechtsfolge des Common Law, während die Vertragserfüllung nach den Regeln der Equity gewährt wird.

Viertens wird durch den Begriff Common Law ein gesamtes Rechtssystem mit seinen Besonderheiten der Gerichtsbarkeit, den verschiedenen Gerichtstypen für verschiedene Rechtsarten und seinem Fallrecht bezeichnet, welches sich grundlegend von dem kontinentaleuropäischen 'Civil-Law'-System mit seinen Grundlagen im römischen Recht unterscheidet.[64] Es stellt dann einen bestimmten Ansatz dar, nach dem ein gesamtes System versucht, rechtliche Fragestellungen zu lösen. Wird es so verstanden, umfasst es das gesamte Fallrecht und schließt auch das Gesetzesrecht mit ein.[65]

Diese Arbeit wird sich auf das Common Law in seiner zweiten Bedeutung, also das Fallrecht, welches auch Entscheidungen in Equity umfasst, konzentrieren.[66] Allerdings sollen kirchenrechtliche und völkerrechtliche Entscheidungen, welche auch zum Common Law in seiner zweiten Bedeutung gehören, nicht berücksichtigt werden, da sie im Zusammenhang mit dem Untersuchungsgegenstand des Vertragsrechts kaum eine Rolle spielen. Ebenso wird das kodifizierte Gesetzesrecht (ordinances, subordinate legislation) nur am Rande Erwähnung finden, da hier bei weitem weniger Unklarheiten über die Bedeutung der Formulierungen des Artikel 8 des Basic Law bestehen.

---

64 Bailey, S.H. (2002) S. 2 f.

65 Siehe zu diesen Abgrenzungen Wesley-Smith, Peter (1989) S. 15 ff.

66 Der Wortlaut des Artikel 8 des Basic Law ist insoweit etwas uneindeutig, da die Regeln der Equity grundsätzlich keiner Erwähnung mehr bedürfen. Werden sie dennoch extra aufgeführt, müssten der Vollständigkeit halber eigentlich auch die Entscheidungen der Kirchengerichte, der Seegerichte und der internationalen Tribunale genannt werden.

2.2. Entwicklung und Inhalte des angelsächsischen Fallrechts

Über Jahrhunderte wurde im Common Law nicht die Klage in der Form des deutschen Zivilprozessrechts als Mittel zur Durchsetzung eines Anspruchs herangezogen; es galt stattdessen ein Aktionensystem (system of Forms of Action oder Writ System), bei dem auf dem Rechtsinstitut des 'writ' aufbauend Ansprüche durchgesetzt werden konnten.[67] Allerdings musste ein gerichtliches Verfahren bis zur Zeit Edwards III (1327-77) nicht notwendigerweise mit einem 'writ' beginnen; zulässig war auch eine 'querela', eine Art informelle Beschwerde. Diese wurde jedoch im 14. Jahrhundert immer weiter zurückgedrängt, so dass man vor den King's Courts letztlich immer ein 'writ' benötigte.[68]

Ein 'writ' (das Geschriebene) war ein schriftlicher Befehl des Monarchen an einen seiner Gerichtsherren (sheriffs), bestimmte prozessuale Maßnahmen zur Erledigung eines Rechtsstreites zu ergreifen, wobei ein solcher 'writ' vom Kläger für jeden Einzelfall gesondert beantragt werden musste. Mitte des 13. Jahrhunderts kam es zu der Einführung von formularmäßigen 'writs', die bei typisierten Rechtsproblemen Rechtsschutz gewährleisteten; außerhalb der von den formularmäßigen 'writs' abgedeckten Typisierungen konnte ein Begehren jedoch nicht vor königlichen Gerichten durchgesetzt werden. Dies führte zu einer immensen Ausweitung der formularmäßigen 'writs', so dass man schon Mitte des 13. Jahrhunderts in England knapp fünfzig verschiedene 'writs' kannte, die dann im 14. Jahrhundert in 'register of writs' genannten Verzeichnissen zusammengefasst wurden.[69]

Das System der 'writs' war nur auf wenige Rechtsfolgen ausgerichtet. So konnte zwar Schadensersatz verlangt werden, nicht aber Vertragserfüllung oder ein Unterlassen von Handlungen. Weiterhin gab es im Common Law wegen des Formalismus des 'writ' keine Möglichkeit, nach den

---

67 Maitland, Frederic William (1948) S. 1.

68 Maitland, Frederic William (1948) S. 16.

69 Siehe dazu Roebuck, Derek (1990) S. 41 ff.

Grundsätzen der Fairness und 'reasonableness', vergleichbar mit Treu und Glauben im deutschen Recht, zu entscheiden.[70]

Bis zum Jahre 1873 wurden alle Verfahren im Common Law von drei 'Common Law Courts', dem Court of Exchequer, dem Court of Common Pleas und dem Court of King's Bench, durchgeführt. Die in ihnen getroffenen Entscheidungen wurden erst in halbamtlichen Sammlungen, später in den offiziellen Reports zusammengestellt und bilden die Grundlage des Common Law. Das von der Legislative geschaffene Gesetzesrecht (statutory law) stellte hingegen nur eine Rechtsquelle zweiten Ranges dar. Diese Rolle ändert sich jedoch langsam. Im 19. und 20. Jahrhundert ist eine zunehmende Akzeptanz kodifizierten Rechts erkennbar geworden.[71]

Die zweite Kategorie des Fallrechts wird 'Equity' genannt, was Billigkeit oder Gleichheit bedeutet.[72] Nach dem System der Equity konnten sich Kläger, die nach dem eingeschränkten 'writ' – System des Common Law kein Recht erhalten hatten, an den König als Garant von Recht und Billigkeit wenden und mit seiner Unterstützung den Gegner 'for the love of God and in the way of charity'[73] zu einem Verhalten zwingen, das zwar nicht den strengen Regeln des Common Law, jedoch den Geboten der Moral und des Gewissens entsprach.[74] Die Regeln der Equity sollen die vom Common Law gelassenen Lücken ausfüllen und generellen Rechtsschutz gewähren. Aus der Entscheidungspraxis des Chancellor, dem als höchsten Verwaltungsbeamten des Königs die Bittschriften vorgelegt wurden, bildete sich, an dem Vorbild des Common Law angelehnt, ein fester Regelkomplex, woraus sich die seit dem 15. Jahrhundert bekannte Equity entwickelte.[75] Das Gericht der Equity war bis zum Jahre 1875 der Court of Chancery, dem als Richter der Chancellor angehörte sowie der

---

70 Nach dem Common Law konnte ein Anspruch nur dann durchgesetzt werden, wenn er die Voraussetzungen des 'writ' erfüllte. Tat er dies nicht, bestand kein Anspruch auf Rechtsschutz. Anpassungen konnten nicht stattfinden.

71 Bailey, S.H. (2002) S. 3.

72 Williams, Glanville (2002) S. 24.

73 Maitland, Frederic William (1936) S. 4.

74 Maitland, Frederic William (1936) S. 4.

75 Roebuck, Derek (1990) S. 63 ff.

Master of Rolls als dessen ranghöchster Untergebener.[76] Seit mit der Veröffentlichung der Entscheidungen des Chancellor am Ende des 16. Jahrhunderts begonnen wurde, werden auch in der Equity Präzedenzfälle als Grundlage der Entscheidungsfindung herangezogen.[77]

Die Reform des Prozeß- und Gerichtsverfassungsrechts durch den Judicature Act 1873 bewirkte, dass die Common Law Courts und der Court of Chancery zu einem einheitlichen Gerichtssystem zusammengefasst wurden, wodurch sämtliche englische Gerichte alle Regeln des englischen Rechts, gleichgültig, ob sie dem Common Law oder der Equity entstammen, anwenden müssen. Weiterhin legte der Judicature Act 1873 fest, das jeder Gerichtsprozess durch einen 'writ of summons' eingeleitet werden muss, wodurch sich der Kläger nicht mehr auf einen bestimmten Klagetyp festzulegen brauchte und wodurch das alte 'writ' – System abgeschafft wurde. Durch den Judicature Act 1873 wurde das parallele Bestehen von Common Law und Equity jedoch keinesfalls aufgehoben. So ist die Geschäftsverteilung innerhalb des heute tätigen High Courts so geregelt, dass Equity – Probleme vor einer gesonderten Abteilung des Gerichtes, der Chancery Division, unter Auftreten von besonders in der Equity geschulten Anwälten schriftlich verhandelt werden, während Common-Law-Probleme an einer anderen Abteilung des Gerichts mündlich und streitig verhandelt werden.[78]

Diese Trennung von Common Law und Equity innerhalb des High Courts beruht auch darauf, dass die Regeln der Equity einige Besonderheiten aufweisen. Sie waren, wie bereits erwähnt, geschaffen worden, um Unrecht, dem nach dem Common Law nicht abgeholfen werden konnte, zu verhindern. Die Equity stellt immer noch ein Billigkeitsrecht dar und folgt bestimmten strengen Maximen, um nicht der Willkür Tür und Tor zu öffnen. Im Jahre 1615 stellte König James I. den Grundsatz 'Equity shall prevail' auf, welcher besagt, dass in Konfliktfällen zwischen den Common Law Courts und dem Chancellor die Equity-Regeln Vorrang ha-

---

76 Holdsworth, William Searle (1903) S. 213.

77 Carver, Anne (1999) S. 35.

78 Roebuck, Derek (1990) S. 68 f.

ben.[79] Die Zuständigkeit der Equity-Gerichte wurde aber auf diejenigen Fälle beschränkt, in denen das Common Law keinen ausreichenden Rechtsbehelf zur Verfügung stellen konnte. Sie soll deshalb die Lücken füllen, die das Common Law lässt. Somit werden die Regeln der Equity nur als ergänzender Rechtsschutz verstanden. Sie können die Normen des Common Law nicht außer Kraft setzen. Letztendlich ist Equity damit subsidiär zum Common Law. Daraus resultiert der Grundsatz 'Equity follows the law.'[80] Die Regeln der Equity gewähren aber nur dann Rechtsschutz, wenn derjenige, der ihn begehrt, sich ebenfalls recht und billig verhalten hat: 'He who seeks Equity must do Equity.'[81] Unter anderem wird dies dahingehend formuliert, dass derjenige, welcher Rechtsschutz aus Equity erhalten möchte, 'must come with clean hands'.[82] Letztendlich wird auch in Equity der Rechtsschutz nicht unbegrenzt gewährt: 'Delay defeats Equity' Dieser Grundsatz trägt dem Gedanken der Verwirkung Rechnung. Durch zu langes Warten kann somit ein Anspruch aus Equity verloren werden.[83]

2.3. Das Vertragsrecht als Untersuchungsgegenstand

Des Weiteren soll in dieser Arbeit das Vertragsrecht herangezogen werden, um auf seiner Grundlage die aufgestellten Thesen auf ihre Richtigkeit zu überprüfen. Zur Abgrenzung bedarf es ebenfalls einer Definition, obwohl sich der Inhalt des Vertragsrechts relativ genau bestimmen lässt:

> „The law of contract may be provisionally described as that branch of the law which determines the circumstances in which a promise shall be legally binding on the person making it."[84]

Schwieriger gestaltet sich dagegen die Abgrenzung zu anderen Rechtsgebieten, v.a. gegen die zahlreichen Rechtsgebiete des Handelrechts

---

79 Maitland, Frederic William (1936) S. 16.
80 Halsbury's Law of England (1992) Bd. 16 para 745.
81 Halsbury's Law of England (1992) Bd. 16 para 749.
82 Halsbury's Law of England (1992) Bd. 16 para 751.
83 Bernstorff, Christoph von (2000) S. 5.
84 Beatson, Jack (2002) S. 1.

(commercial law) oder auch des Wirtschaftsrechts (business law). Eine offizielle Definition und Abgrenzung zu oben genannten Rechtsgebieten existiert nicht, allerdings lassen sich aus Lehrbüchern zum englischen und Hongkonger Wirtschaftsrecht mit einer gewissen Regelmäßigkeit deren Inhalte erkennen.[85] Zum Wirtschaftsrecht zählen neben dem Vertragsrecht u.a. Versicherungsrecht, Arbeitsrecht, Bankrecht, Investitionsrecht etc. Andere Lehrbücher betrachten darüber hinaus das Kaufrecht (sale of goods) und Verbraucherkreditgeschäfte (consumer credit) als Bereiche des Handelsrechtes.[86] Das Vertragsrecht stellt neben diesen Bereichen eine eigene Kategorie dar. Einige Autoren betrachten das Recht der Stellvertretung als Teilbereich des Vertragsrechtes,[87] andere als eigenständigen Komplex.[88] Dieser Bereich soll jedoch keine Aufnahme in die Arbeit finden, um sie im Umfang etwas zu beschränken. Ebenfalls nicht behandelt wird das Wertpapierrecht (negotiable instruments). Was dieses betrifft, sind sich die Verfasser der gebräuchlichen Lehrbücher ebenfalls nicht einig, ob es in den Bereich des Vertragsrechts gehört oder nicht.[89] Dagegen wird die ungerechtfertigte Bereicherung (unjust enrichment oder auch restitution) als ein Teilgebiet des Vertragsrechts aufgenommen, da dies die moderne Entwicklung im englischen und im Hongkonger Common Law widerspiegelt.[90]

Es darf nicht angenommen werden, dass das Recht Hongkongs auch vor dem Souveränitätswechsel 1997 absolut identisch mit dem Englands war. Zwar baut es auf dem englischen Recht auf, da es für mehr als 150 Jahre bindend für Hongkong war. Eine Grenze fand die Anwendung des englischen Rechts aber dort, wo es für die örtlichen Verhältnisse der

---

85 Z. B. Carver, Anne (1999); Ho, Betty M. (1999).

86 Z. B. Brown, Ian (2001).

87 Beatson, Jack (2002) S. 663 ff.; Treitel, Guenther (2003) S. 705 ff.

88 Siehe Z.B. Brown, Ian (2001); Ho, Betty M (1999), die das Vertragsrecht in ihrem Lehrbuch nicht als eigenständige Kategorie aufführt.

89 Beatson hat das Wertpapierrecht in sein Lehrbuch mit aufgenommen, siehe Beatson, Jack (2002) S. 486 ff. Andere, z. B. Betty Ho (1999) erwähnen es auf dem Gebiet des Vertragsrechts nicht.

90 Professional Associates v Polytek Engineering Co Ltd [1986] HKLR S. 20, 39; Wa Lee Finance Co Ltd v Staryork Investment Ltd and Others [2003] 518 HKCU 1.

Kronkolonie und ihrer Einwohner in diesem völlig anderen Kulturkreis unpassend war.[91]

Darüber hinaus wird, in Teil III der vorliegenden Arbeit deutlich werden, dass v.a. innerhalb der letzten 20 Jahre, eine Vielzahl eigener Hongkonger Urteile geschaffen wurde, die mittlerweile als Präzedenzfälle für die Hongkonger Gerichte dienen und von diesen auch umfassend zitiert und zur Unterstützung ihrer Entscheidungen herangezogen werden. Es ist dabei selbstverständlich, dass bei Rechtsfragen, die offensichtlich waren und sich natürlicherweise stellten, wenn Menschen miteinander wie auch immer geartete rechtliche Beziehungen eingingen, noch vermehrt auf englische Präzedenzfälle zurückgegriffen wird. Diese haben sich einfach früh entwickelt und beanspruchen zum Teil noch heute Gültigkeit. In Hongkong werden sie bislang automatisch als Teil ihres Rechts anerkannt, so dass zum Teil in diesen Rechtsfragen gar keine eigenen Entscheidungen getroffen wurden.[92] Handelt es sich dagegen um Fragen, die naturgemäß erst ab Mitte des 20. Jahrhunderts auftauchten, etwa weil sie dem Gebiet des internationalen Handels entstammen, so sind verstärkt auch regionale Präzedenzfälle erkennbar. Hongkonger Fälle sind meist jüngeren Datums und beziehen sich oft auf detailliertere, modernere Rechtsfragen.

---

91 Gemäß Supreme Court Ordinance (No 12 of 1873) s 5, ehemals Section 3 of No 2 of 1846 war das Recht Englands auf Hongkong anwendbar, „except so far as the [laws of England as existed on 5 April 1843] are inapplicable to the local circumstances of the Colony or of its inhabitants, and except so far as they have been modified by laws passed by the [local] legislature. Später wurde dies in der Application of English Law Ordinance, Cap 88 s 3(1) festgeschrieben. Nach dem Souveränitätswechsel statuiert Artikel 8 des Basic Law, dass auch das chinesische Gewohnheitsrecht (customary law) weiterhin Anwendung finden soll. Es verweist damit auf die Application of English Law Ordinance. Das chinesische Gewohnheitsrecht betrifft zwar meist das Erb- und Familienrecht, hat aber auch andere Rechtsgebiete, wie das Vertragsrecht, tangiert.

92 Dies wird bei der Lektüre von Lehrbüchern des Hongkonger Vertragsrechts, wie z. B. Ho, Betty M. (1999) oder Arjunan, Krishnan/Nabi Baksh, Abdul Majid bin (2002) deutlich.

3. Rechtstheoretische Untersuchung der Bindungswirkung englischer Entscheidungen im Hongkonger Vertragsrecht

Oben war die Frage aufgeworfen worden, wie sich das Fallrecht in Hongkong seit dem Souveränitätswechsel entwickelt, worauf das Basic Law keine eindeutige und zufriedenstellende Antwort geben konnte. Dabei muss zuerst geklärt werden, ob bereits aufgrund rechtswissenschaftlicher Theorien eine Antwort gegeben werden kann. Möglicherweise lassen diese Theorien eine Abweichung der Entscheidungspraxis Hongkonger Gerichte vom englischen Fallrecht von vornherein gar nicht zu, so dass diese Theorien nicht nur zur Auslegung der Formulierungen des Basic Law dienen, sondern sogar eine eindeutige Antwort auf die Fragen, die das Basic Law aufwirft, geben können. Es soll mithin geprüft werden, ob rechtstheoretische Überlegungen überhaupt ein Abweichen von englischen Entscheidungen erlauben oder ob sie eine weitere kontinuierliche Anwendung englischer Entscheidungen in Hongkonger Gerichten zwingend vorschreiben. Anschließend wird der Frage nachgegangen, ob die Veränderung des Instanzenzuges im Hongkonger Gerichtswesen Auswirkung auf die Entscheidungsfindung der Hongkonger Gerichte hat.

3.1. Rechtstheoretische Grundlagen der Entwicklung des Fallrechts

Dafür müssen die grundlegenden rechtsgeschichtlichen Theorien des angelsächsischen Rechts betrachtet werden. [93] Das ist zum einen die

---

93 Bei den zu betrachtenden Theorien handelt es sich um solche, die eindeutig dem angelsächsischen Recht zuzuordnen sind. Aufgrund der Spezifiken des Common-Law-Systems konnten sie nur dort entstehen, während sich im Civil-Law-System Fragen wie die Zulässigkeit der Schaffung von Recht durch die Gerichte so gar nicht stellen. In letzterem System haben die Gerichte eine völlig andere Rolle; sie wenden gesetzlich geschaffenes Recht an. Theorien außerhalb des angelsächsischen Rechts sind deshalb nicht heranzuziehen, da Hongkong gemäß Artikel 8 des Basic Law das Recht beibehalten soll, das vor dem Souveränitätswechsel anwendbar war. Zur Bestimmung

Deklaratorische Therorie, zum anderen die Positivtische, Realistische oder auch Kreationstheorie.[94] Erstere Theorie ist die ältere; sie beruht auf naturrechtlichen Überlegungen. Die Kreationstheorie dagegen ist moderner und weist eine stärkere Distanz zu religiösem Gedankengut auf.

---

dieses Rechts muss die Untersuchung innerhalb des Systems vorgenommen werden und darf nicht auf Theorien eines anderen Rechtssystems verweisen.

94 Aufgrund der unterschiedlichen Bezeichnungen, die für diese Theorie herangezogen werden und der Konnotationen, mit denen diese Bezeichnungen verbunden sind, soll hier als Oberbegriff die Bezeichnung 'Kreationstheorie' eingeführt und verwendet werden. Dadurch soll, in Abgrenzung zur Deklaratorischen Theorie, deutlich gemacht werden, dass das Recht durch Richter geschaffen (kreiert) wird. Dieser Begriff wertet nicht wie die Bezeichnung 'Realistische Theorie' und vermittelt auch keine Assoziationen zum Positivismus eines August Comte, wie es die 'Positivistische Theorie' tut. Siehe dazu dessen „Abhandlung über den Geist des Positivismus" (1975).

3.1.1. Deklaratorische Theorie als Fundament angelsächsischer Rechtsentwicklung

Auf Sir William Blackstone[95] geht eine These zurück, die heute im angelsächsischen Recht als Deklaratorische Theorie (declaratory theory) bezeichnet wird.[96] Blackstone verfasste sein Hauptwerk, die 'Commentaries', als Analyse der damaligen Rechtsprechung. Seine Ausführungen dazu und zum Wesen des Rechts sind im Lichte der damals allgemein gültigen Meinung und natürlich der Religiosität zu sehen, die einen hohen Stellenwert in Philosophie und Ethik und damit auch in der Jurisprudenz einnahm. Bis in die 60er Jahre des 20. Jahrhunderts hinein war die Deklaratorische Theorie in der englischen Rechtswissenschaft und im Gerichtswesen absolut vorherrschend. Auch heute noch spielt sie eine wichtige Rolle, weshalb sie hier nicht ignoriert werden darf.

---

95 Sir William Blackstone gilt als Begründer der modernen englischen Rechtslehre. Er wurde 1723 geboren, erhielt eine liberale Ausbildung und wechselte im Alter von 15 Jahren bereits nach Oxford. Dort beschäftigte er sich mit den unterschiedlichsten Fächern, wie römischer und griechischer Dichtung, Mathematik, Logik und Architektur, entschied sich jedoch für die Rechtswissenschaft und wurde 1741 in Middle Temple aufgenommen. 1743 wurde er in die Society des All-Souls College gewählt. Im Jahre 1745 erhielt er den Bachelor of Civil Law, 1746 wurde er als Anwalt zugelassen. 1759 erhielt er den Titel eines Doktors des Rechts. Er begann mit dem Verfassen der Abhandlung: 'Lectures on the Laws of England' und hielt Vorlesungen darüber. Es folgten 'An Analysis of the Laws of England', welche als Einführung in das Recht für seine Studenten gedacht war, sowie weitere wissenschaftliche Ausführungen zum englischen Recht. Der Ruf der Vorlesungen Blackstones verbreitete sich rasch und er wurde gebeten, diese auch für George III., Prinz von Wales, zu halten. Er lehnte dieses Angebot zwar ab, sandte diesem jedoch zahlreiche schriftliche Exemplare seiner Vorlesungen. Im Jahre 1761 wurde er zum King's Councel ernannt. 1762 stellte er zahlreiche seiner Arbeiten zusammen und veröffentlichte diese unter dem Titel 'Law Tracts' in zwei Bänden. 1763 wurde er zum zweiten Kronanwalt ihrer Majestät (Solicitor-General of her Majesty) ernannt. Gleichzeitig wurde er Vorstandsmitglied (bencher) des Middle Temple. 1765 erschien der erste Band seiner 'Commentaries on the Laws of England', sein wohl berühmtestes Werk. Im Laufe der nachfolgenden vier Jahre erschienen die anderen drei Bände. Im Jahre 1770 nahm er das Angebot an, Richter am Court of the Common Pleas zu werden, eine Tätigkeit, die er langjährig ausübte, kurzzeitig unterbrochen von einem Amt als Richter am Gericht of King's Bench. Im Jahre 1780 starb er im Alter von 57 Jahren.

96 Blackstone benutzte diese Bezeichnung allerdings nicht. Sie bürgerte sich erst im Laufe der Zeit ein.

3.1.1.1. *Theoretische Grundlagen der Deklaratorischen Theorie*

Bereits im Jahre 1713 veröffentlichte Sir Matthew Hale[97] sein Lehrbuch 'The History of the Common Law of England'. Darin beschreibt er die Anfänge des Common Law, den Aufbau des Gerichtswesens mit den Aufgaben der jeweiligen Gerichte, das Verhältnis von Gesetz und Fallrecht etc. Unter anderem äußert er sich zur Bedeutung richterlicher Entscheidungen, allerdings ohne eine ausführliche Begründung seiner Ansicht zu geben:

> „It is true, the Decisions of Courts of Justice, tho' by Virtue of the Laws of this Realm they do bind, as a Law between the Parties thereto...yet they do not make a Law properly so called, (for that only the King and Parliament can do); yet they have a great Weight and Authority in Expounding, Declaring, and Publishing what the Law of this Kingdom is...; and tho' such Decisions are less than a Law, yet they are a greater Evidence thereof."[98]

Auch auf den Abhandlungen Hales aufbauend analysiert Blackstone im ersten Band seiner 'Commentaries' in Kapitel II das Wesen des Rechts im Allgemeinen.[99] Er definiert Recht und Gesetz als eine von einem höheren Wesen vorgegebene Richtschnur zum Handeln, an die sich der Mensch als niederes Wesen halten muss. Als dieses Höhere Wesen (Supreme Being) Universum und Materie aus dem Nichts heraus schuf, prägte es dieser Materie verschiedene Prinzipien ein, ohne welche die Materie aufhören würde zu existieren.[100]

> „When he put that matter into motion, he established certain laws of motion, to which all moveable bodies must conform. And, to descend from the greatest operations to the smallest, when a workman forms a clock,

---

97 Sir Matthew Hale lebte von 1609-76. Er war Richter am Court of Common Pleas (1654), Chief Baron of the Exchequer und Chief Justice of the Court of King's Bench. Hale ist unter anderem bekannt für seine wissenschaftlichen Abhandlungen auf dem Gebiet des Kriminalrechts. Sein wichtigstes Werk war 'History of the Common Law of England' (1713). Dieses wird als Pionierarbeit betrachtet.

98 Hale, Sir Matthew(1971) S. 45.

99 Blackstone, William (1836) Band 1 Section II S. 38 ff.

100 Blackstone, William (1836) Band 1 Section II S. 38.

> or other piece of mechanism, he establishes, at his own pleasure, certain arbitrary laws for its direction, - as that the hand shall describe a given space in a given time, to which law as long as the work conforms, so long it continues in perfection, and answers the end of its formation."[101]

Blackstone geht darüber hinaus und statuiert auch, dass nicht nur die inaktive Materie, sondern auch tierisches und pflanzliches Leben durch diese Gesetze geprägt sind, die zwar zahlreicher sind, aber dennoch genauso feststehend und unveränderlich.

> „...the method of animal nutrition, digestion, secretion, and all other branches of vital economy; are not left to chance, or the will of the creature itself, but are performed in a wondrous involuntary manner, and guided by unerring rules laid down by the great Creator."[102]

Dies ist die Erklärung, die Blackstone dem allgemeinen Begriff von Recht bzw. Gesetz (law) gibt: Es besteht aus Richtlinien zum Handeln, welche von einem Höheren Wesen aufgestellt wurden. Die Geschöpfe, die weder die Macht noch den Willen zum eigenständigen Denken haben, müssen diesen Gesetzen unveränderlich gehorchen, solange sie leben, denn ihre Existenz hängt von ihrem Gehorsam ab.[103]

Aber auch in einem engeren Sinne, so wie das Recht in der moderneren Zeit verstanden wird, ist es ein Ausdruck von Richtlinien; allerdings nicht mehr nur für allgemeine 'Handlungen', sondern für das menschliche Handeln im Besonderen.[104] Da auch der Mensch ein Geschöpf des Höheren Wesens und damit ein vollständig abhängiges Wesen ist, muss er denknotwendig auch den Gesetzen dieses Schöpfers unterliegen. Ein Wesen, welches vollkommen unabhängig ist, hat keine anderen Regeln zu befolgen, als diejenigen, die es sich selbst auferlegt. Jede Art von Abhängigkeit jedoch wird unausweichlich den 'Niederen' (inferior) verpflichten, den Willen desjenigen zu befolgen, von dem er abhängt. Die-

---

101 Blackstone, William (1836) Band 1 Section II S. 38.
102 Blackstone, William (1836) Band 1 Section II S. 38.
103 Blackstone, William (1836) Band 1 Section II S. 39.
104 Blackstone, William (1836) Band 1 Section II S. 39.

ses Prinzip kann mehr oder weniger ausgeprägt sein, je nachdem ob die Überlegenheit des einen und die Abhängigkeit des anderen größer oder kleiner, absolut oder begrenzt, ist.[105] Als Folge davon und da der Mensch vollumfänglich und in jeder Hinsicht von seinem Schöpfer abhängt, muss er in allen Punkten dem Willen seines Schöpfers folgen. Dieser Wille des Schöpfers ist das sogenannte Naturrecht. Als er den Menschen geschaffen und mit einem freien Willen versehen hat, legte er einige unveränderliche Gesetze über die menschliche Natur nieder, durch die der freie Wille bis zu einem gewissen Grade reguliert und eingeschränkt wird, und gab ihm außerdem Vernunft, damit er die Bedeutung dieser Gesetze erkennen könne.[106]

Betrachtet man den Schöpfer nur als ein Wesen mit unendlicher Macht (power), so wäre er fraglos in der Lage gewesen, seinem Geschöpf, dem Menschen, jegliche Gesetze vorzuschreiben, die ihm gefielen, wie ungerecht sie auch sein mögen. Da er nach Blackstone jedoch auch ein Wesen von unendlicher Weisheit (wisdom) ist, hat er nur solche Gesetze niedergelegt, die in denjenigen Rechtsbeziehungen gründeten, welche bereits vor der Schaffung von Prinzipien in der Natur der Dinge existierten. Das sind die ewigen und unveränderlichen Gesetze von Gut und Böse, welchen der Schöpfer selbst unterliegt und welche zu entdecken er den menschlichen Geist in die Lage versetzt hat, soweit sie für das menschliche Handeln von Belang sind.[107]

Darüber hinaus sieht Blackstone dieses Höhere Wesen, den Schöpfer, auch als ein Wesen von unendlicher Güte (goodness).[108] Deshalb hat er eine Verfassung und einen Rahmen ersonnen, damit der Mensch keine andere Hilfestellung zum Erkennen und Befolgen der Regeln des Rechts benötigt als seine Selbstliebe. Er hat die Gesetze des ewigen Rechts so eng und untrennbar mit dem Glück eines jeden Einzelnen verbunden, dass letzteres nicht ohne Rücksichtnahme auf ersteres erreicht werden kann, genauso wie die umfassende Beachtung des ersteren letzteres

105 Blackstone, William (1836) Band 1 Section II S. 39.
106 Blackstone, William (1836) Band 1 Section II S. 40.
107 Blackstone, William (1836) Band 1 Section II S. 40 f.
108 Blackstone, William (1836) Band 1 Section II S. 40.

nach sich zieht. Als Folge dieser gegenseitigen Verbindung von Gerechtigkeit und menschlichem Glück hat der Schöpfer das Recht nicht mit einer Vielzahl abstrakter Regeln und Prinzipien angereichert, sondern hat die Regeln des Gehorsams auf dieses eine Prinzip zurückgeführt, dass

> „the man should pursue his own true and substantial happiness."[109]

Diejenigen Handlungen, die den Menschen glücklich machen, stellen somit einen Teil des Naturrechts dar und werden durch dieses gutgeheißen. Diejenigen dagegen, die sich zerstörerisch auf das wirkliche Glück des Menschen auswirken, sind durch das Naturrecht untersagt. Dieses Naturrecht ist höherwertig als alle anderen Verpflichtungen. Es ist überall auf der Welt bindend, in allen Ländern und zu allen Zeiten: kein menschliches Recht besitzt, wenn es diesem Gesetz entgegensteht, irgendeine Gültigkeit,[110] und diejenigen Gesetze, die gültig sind, leiten ihre Wirksamkeit direkt oder indirekt von dem einen ursprünglichen Gesetz ab.[111]

Weiter führt Blackstone aus, dass der Mensch seinen Verstand bemühen muss, um diese Gesetze des Naturrechts zu erkennen. Da unser Verstand aber nicht klar und perfekt, sondern durch Emotionen und Vorurteile getrübt ist, muss ihm ein Führer zur Seite gestellt werden. Aus diesem Grunde ist das Naturrecht dem Menschen zugänglich gemacht worden, indem es ihm unmittelbar und direkt enthüllt wurde. Die Doktrinen, die so aufgestellt wurden, werden enthülltes (revealed) oder auch Göttliches (divine) Recht genannt. Sie befinden sich in den heiligen Schriften. Die in ihnen liegende Verpflichtung ist von gleicher Stärke und ewiger Gültigkeit wie die des Naturrechts.[112]

Basierend auf diesen Grundlagen kann festgestellt werden, dass vom Naturrecht und vom Göttlichen Recht alle menschlichen Gesetze abhän-

---

109 Blackstone, William (1836) Band 1 Section II S. 41.

110 Gültigkeit (validity) ist von Blackstone hier im Sinne einer moralischen bzw. heiligen Verpflichtung gemeint, denn es ist zweifelsfrei bekannt, dass auch Gesetze existierten und existieren, die eindeutig despotischen Charakter haben, jedoch im jeweiligen Staat Gültigkeit besitzen.

111 Blackstone, William (1836) Band 1 Section II S. 41.

112 Blackstone, William (1836) Band 1 Section II S. 42.

gen. Deshalb darf kein menschliches Recht diesen je widersprechen. Es gibt zwar einige Punkte, in denen sowohl das Naturrecht als auch das Göttliche Recht den Menschen seinem eigenen Willen überlassen, der jedoch zum Wohle der Gesellschaft gewisse Grenzen findet. Wäre der Mensch nicht gesellschaftlich mit anderen Individuen verbunden, würde er in einer Art Naturzustand leben, dann gäbe es gar keine Gelegenheit für die Schaffung irgendeines anderen Rechts als des Naturrechts bzw. des Göttlichen Rechts. Da der Mensch jedoch für die Gesellschaft geschaffen wurde, muss er auch eigene, menschliche Gesetze haben. Die menschlichen Gesetze haben aber nur eine deklaratorische Wirkung bezüglich der Aussagen des Naturrechts und des Göttlichen Rechts (divine law) und sind diesen untergeordnet.[113]

Nach Blackstone besteht das Recht deshalb aus einem ewig existierenden, unveränderlichen Korpus. Es wird nicht geschaffen, sondern hat ewigen Bestand. Ein Richter kreiert damit auch kein Recht, wenn er ein Urteil fällt, sondern enthüllt, entdeckt oder erklärt das Recht nur.[114] Dabei stützt sich Blackstone bereits grundsätzlich auf die Doktrin der stare decisis:

> „For it is an established rule to abide by former precedents, where the same points come again in litigation: as well as to keep the scale of justice even and steady, and not liable to waver with every new judge's opinion; as also because the law in that case being solemnly declared and determined, what was before uncertain, and perhaps indifferent, is now become a permanent rule, which is not in the breast of any subsequent judge to alter or vary from, according to his own private sentiments: he being sworn to determine, not according to his own private judgment, but according to the known laws and customs of the land; not delegated to pronounce a new law but to maintain and expound the old one. Yet this rule admits of exception, ...if it be clearly contrary to the divine law. But even in such cases the subsequent judge do not pretend to make a new law, but to vindicate the old one from misrepresentation. For if it be found that the former decision is manifestly absurd or unjust,

---

[113] Blackstone, William (1836) Band 1 Section II S. 43.

[114] Blackstone, William (1836) Band 1 Section II S. 69.

> it is declared not that such a sentence was bad law, but that it was not law; that is, that it is not the established custom of the realm, as has been erroneously determined[115]...Upon the whole, however, we may take it as a general rule, 'that the decisions of the courts of justice are the evidence of what is the Common Law."[116]

Blackstone meint, dass Recht durch einen Richter nicht geschaffen werden kann, da dies nicht in seiner Macht liege. Steht eine frühere Entscheidung dem wahren Göttlichen Recht (divine law) entgegen, dann muss selbstverständlich eine neue Entscheidung getroffen werden. Entscheidet aber ein höheres Gericht in einer Sache anders, dann hat es kein neues Recht geschaffen, sondern lediglich eine falsche Rechtswahrnehmung des niederen Gerichts revidiert. Er schafft damit kein neues Recht, sondern berichtigt lediglich eine Fehlinterpretation. Die fehlerhafte Entscheidung dagegen war keine falsches oder schlechtes Recht, sondern schlicht gar kein Recht. Es war irrigerweise jedoch für das wahre Recht, welches Teil des unveränderlichen und immerwährenden Korpus des Göttlichen Rechts ist, gehalten worden.[117]

3.1.1.2. Moderne Vertreter in Wissenschaft und Rechtsprechung

Blackstones Deklaratorische Theorie war über mehrere Jahrhunderte unumstritten die herrschende Meinung in der angelsächsischen Jurisprudenz.[118] Vor allem die Rückwirkung von Rechtsprechung liess sich damit erklären. Im 20. Jahrhundert spielte sie insbesondere im Zusammenhang mit den Entkolonialisierungsbemühungen der afrikanischen Staaten eine Rolle. So wird sie noch im Jahre 1963 von Andrew Park, wenn auch unter Einschränkungen, vertreten, um die Entwicklung des Rechtes von Nigeria nach Erreichen der Unabhängigkeit zu beschreiben und die fortgesetzte formale Bindungswirkung englischer Entscheidungen für die Gerichte Nigerias zu erklären.[119]

---

115 Blackstone, William (1836) Band 1 Section II S. 69 f.

116 Blackstone, William (1836) Band 1 Section II S. 71.

117 Blackstone, William (1836) Band 1 Section II S. 70.

118 Siehe dazu die Ausführungen S. 33 ff.

119 Park, Andrew E. W. (1963) S. 20 ff.

Ohne der Deklaratorischen Theorie eine ernsthafte Absage zu erteilen, wird sie auch von dem Hongkonger Rechtswissenschafter Peter Wesley-Smith in den 90er Jahren des 20. Jahrhunderts in Erwägung gezogen und wie folgt beschrieben:

> "The Common Law has an eternal quality; it awaits proper determination and application, and when expounded in relation to new fact situations its content is further revealed. The process is one of discovery and enlightenment, not of creation: the veil is gradually, incrementally lifted to expose a little more of the law each time a judge decides a case of first impression. Thus our understanding of the law improves and our ignorance dissipates as time and judicial adjudication go on, but the law remains the same. Judicial decisions do not necessarily represent the law, though they are cogent evidence of it, and when a court changes its mind it appears to correct a preciously unrecognized distortion of the true, unvarying law."[120]

Nicht nur die Rechtswissenschaft, auch die Gerichte vertraten die Deklaratorische Theorie vehement. So formulierte Lord Esher in Willis v Baddeley:

> „There is, in fact, no such thing as judge-made law, for the judges do not make the law, though they frequently have to apply existing law to circumstances as to which it has not previously been authoritatively laid down that such law is applicable."[121]

Aber auch in der Hongkonger Gerichtsbarkeit galt die Deklaratorische Theorie lange unangefochten. So erklärte Hogan CJ im Jahre 1965:

> "[O]f course every new statement of the law does not necessarily imply a change. It may merely indicate a new development or application of principles already embodied in the law."[122]

Damit vertritt er klar die These der Deklaratorischen Theorie, dass Recht sich möglicherweise entwickeln kann, dass dies aber nicht bedeutet,

---

120 Wesley-Smith, Peter (1993) S. 17.

121 Willis v Baddeley [1892] 2 QB 324, 326, per Lord Esher MR.

122 R v Choi Hon Ping [1965] HKLR 540, 544 f., per Hogan CJ.

dass es sich ändert. Es besteht aus Prinzipien, welche zusammengenommen einen unveränderlichen Korpus bilden. Präzise formulierte es Huggins J, ebenfalls im Jahre 1965:

> "The Common Law may develop but it cannot change."[123]

Sogar eine moderne Entscheidung des Hongkonger Court of Final Appeal nimmt auf die Deklaratorische Theorie Bezug, ohne sie in Zweifel zu ziehen:

> „The Interpretation, being an interpretation of the relevant provisions, dates from 1 July 1997 when the Basic Law came into effect. It declared what the law has always been. Compare the Common Law declaratory theory of judicial decisions."[124]

Folgt man dieser Theorie wäre die Frage nach der zukünftigen Entwicklung des Fallrechts in Hongkong bereits beantwortet. Die Deklaratorische Theorie lässt ein Abweichen von den Entscheidungen englischer Gerichte durch die Gerichte Hongkongs allein deshalb nicht zu, weil nur ein unveränderlicher Korpus besteht. Dieser Korpus mit den in ihm enthaltenen Entscheidungen ist räumlich und zeitlich untrennbar. Nach logischen Erwägungen kann er sich deshalb in England nicht von dem Hongkongs unterscheiden.[125] Die Deklaratorische Theorie zieht zwangsläufig eine

---

123 Chan Wai Keung [1965] HKLR 815, 846, per Huggins J.

124 Lau Kong Yung and Others v The Director of Immigration [1999] HKCFAR 300, 326.

125 Diese Aussage gilt allerdings nur, wenn man die Deklaratorische Theorie streng anwendet und konsequent mit der mittlerweile allgemein anerkannten Doktrin der stare decisis verbindet. Nach der Deklaratorischen Theorie können Richter irrtümlich falsche Entscheidungen treffen. Dann sind die anderen Gerichte aufgerufen, das wahre Recht zu ‚enthüllen', weshalb bei einer reinen Anwendung der Deklaratorischen Theorie ein Abweichen von höchstrichterlichen Entscheidungen durchaus denkbar ist und auch in Hongkong denkbar wäre. Kombiniert man die Deklaratorische Theorie allerdings streng mit der Doktrin der vertikalen stare decisis, dann ist ein Abweichen von höchstrichterlichen Entscheidungen ausgeschlossen. Auch wenn diese Entscheidungen nicht das wahre Recht repräsentieren, muss ihnen doch einheitlich gefolgt werden. Da diese Doktrin im angelsächsischen Raum jedoch mittlerweile absolut herrschende Meinung ist, muss die Frage nicht weiter untersucht werden, wie die Deklaratorische Theorie sich auswirken würde, wenn sie nicht in Kombination mit der Doktrin der stare decisis angewendet würde.

Uniformität des Korpus an Entscheidungen, gefunden durch die englischen Gerichte, nach sich. Als Folge davon müssten die Gerichte Hongkongs, auch der Court of Final Appeal, nach dem Souveränitätswechsel weiterhin die englischen Entscheidungen als formal bindend betrachten.

3.1.2. Kreationstheorie als modernes Gegenstück zur Deklaratorischen Theorie

Neben der Deklaratorischen Theorie hat eine andere, die Kreationstheorie, eine immer größere Bedeutung gewonnen. Modernere Strömungen im angelsächsischen Recht rücken von der Deklaratorischen Theorie mehr und mehr ab. Bereits in Texten aus den 60er und 70er Jahren des 20. Jahrhunderts wird letztere als Anachronimus bezeichnet:

> „Now for the second point, that the Common Law is of its nature immutable, and that dating it is therefore meaningless...The outdated theory that the Common Law is changeless and has been lodged, at least potentially, in the breasts of the judges applying it from time immemorial cannot be sustained today by any serious student of the subject. Park admits that 'the declaratory theory of the Common Law certainly is artificial', but goes on to say that ‚it is equally artificial to attempt to freeze the Common Law at a particular moment and to say that some developments have taken place and others have not'. But this is a misrepresentation of the real situation. Nigerian judges are as free as their English colleagues to develop the law received in their country."[126]

Nach der Kreationstheorie 'enthüllt' das Gericht das Recht nicht lediglich, sondern das Recht wird von Richtern bei der Entscheidungsfindung geschaffen. Verwirft ein Gericht eine frühere Entscheidung, dann ändert es das Recht. Es ist kein unveränderlicher Korpus, sondern kann zeitlich und räumlich getrennt wahrgenommen werden.[127]

---

126 Allott, Antony (1970) S. 67.
127 Wesley-Smith, Peter (1993) S. 18.

Bereits früh lassen sich Zweifel in der Gerichtsbarkeit über die Unveränderlichkeit des Rechts erkennen. So formulierte Lord Radcliffe schon im Jahre 1956:

> "No one really doubts that the Common Law is a body of law which develops in process of time in response to the developments of the society in which it rules. Its movement may not be perceptible at any distinct point of time, nor can we always say how it gets from one point to another; but I do not think that, for all that, we need abandon the conviction of Galileo that somehow, by some means, there is a movement that takes place."[128]

Die wichtigste, auch heute oft noch zitierte Aussage, die sozusagen den Beginn des Prozesses der Abschaffung der Deklaratorischen Theorie markierte, stammt von Lord Reid. Dieser setzte sich in seinem Aufsatz 'The Judge as Law Maker' ausführlich mit der Deklaratorischen Theorie auseinander und bezeichnete sie letztlich als Märchen.

> "There was a time when it was almost indecent to suggest that judges make law – they only declare it. Those with a taste for fairy tales seem to have thought that in some Alladin's case there is hidden the Common Law in all its splendour and that on a judge's appointment there descends on him knowledge of the magic words Open Sesame. Bad descisions are given when the judge has muddled the pass word and the wrong door opens. But we do not believe in fairy tales anymore. So we must accept the fact that for better or for worse judges do make law."[129]

Eine eingehende Auseinandersetzung der Gerichte mit den Konsequenzen dieser Erkenntnis erfolgte jedoch erst relativ spät. Das erste Mal, dass ein englisches Gericht sich mit der Kreationsheorie umfassend auseinandersetzen musste, war im Jahre 1998 anlässlich der Entscheidung Kleinwort Benson v Lincoln City Council.[130] Das House of Lords hatte zu entscheiden, ob Gelder, welche von einer Vertragspartei an eine

128 Lister v Romford Ice and Cold Storage Co Ltd [1957] AC 555, 591 f., per Radcliffe LJ.

129 Lord Reid JSPTL (1972-1973) 22.

130 Kleinwort Benson Ltd v Lincoln City Council [1998] 3 WLR 1095.

andere Partei aufgrund eines irrtümlichen Rechtsverständnisses (mistake of law) gezahlt wurden, zurückgefordert werden können. Grundsätzlich herrschte kein Zweifel darüber, dass ein solcher Anspruch existiert, wenn die Leistung aufgrund eines Tatsachenirrtums erfolgte. Auch bei einem Rechtsirrtum sollte nach Ansicht der Law Lords ein solcher Anspruch bestehen. Allerdings resultierte der Rechtsirrtum daraus, dass durch eine höchstrichterliche Entscheidung eine bis dahin praktizierte Rechtsansicht ungültig geworden war.[131]

Hier stellten sich das Problem der Rückwirkung richterlicher Entscheidungen und Fragen zur Anwendbarkeit der Deklaratorischen Theorie. Es stellte sich heraus, dass die Deklaratorische Theorie sich als äußerst unpraktisch erwies, da sie in ähnlichen Fällen einer Rückforderung von möglicherweise mehr als 100 Jahre zurückliegenden Leistungen Tür und Tor geöffnet hätte. Aus diesem Grunde zeigten sich die Richter äußert zögerlich bei der Anerkennung der Rückwirkung, hatten aber auch nicht die Courage, zugunsten der Verneinung einer Rückwirkung richterlicher Entscheidungen die Deklaratorische Theorie umfassend abzulehnen.[132]

---

131 In dieser Entscheidung vertraten die Richter die Meinung, dass es grundsätzlich möglich sein müsse, Gelder zurückzuverlangen, die aufgrund eines Rechtsirrtums gezahlt worden waren. Die Entscheidung Hazell v London Borough of Hammersmith and Fulham [1992] 2 AC 1 führte zu einer Änderung der vorher bestehenden Rechtspraxis. Sie erklärte einen bestimmten Vertragstyp für unwirksam. Fraglich war deshalb, ob dieser richterlichen Entscheidung Rückwirkung zukam und vor der Entscheidung gezahlte Gelder wieder zurückgefordert werden konnten. Ist das Recht zum Zeitpunkt T1 auf eine bestimmte Art definiert worden und wird es zum Zeitpunkt T2 anders definiert, dann wurden Gelder, welche aufgrund der Rechtslage zum Zeitpunkt T1 nach Meinung der Parteien völlig zu Recht gezahlt wurden, zum Zeitpunkt T2 aufgrund eines Rechtsirrtums gezahlt. Als Konsequenz der Deklaratorischen Theorie müsste die richterliche Entscheidung zum Zeitpunkt T2 Rückwirkung auf den Zeitpunkt T1 entfalten, da die Entscheidung zum Zeitpunkt T1 aufgrund der Unveränderlichkeit des Rechts falsch gewesen sei muss. Folgt man dem konsequent, lag bereits zum Zeitpunkt T1 ein Rechtsrirrtum vor. Deshalb müssten alle zwischenzeitlich gezahlten Summen rückgewährt werden, unabhänging davon, wie lange die Entscheidung zum Zeitpunkt T1 schon zurückliegt.

132 Kleinwort Benson Ltd v Lincoln City Council [1998] 3 WLR 1095.

Von den fünf Richtern des House of Lords, welche in der Sache zu entscheiden hatten, sprach sich Lord Lloyd of Berwick am unmissverständlichsten gegen die Anwendung der Deklaratorischen Theorie aus:

> „It follows that... the House of Lords is doing more than develop the law. It is changing the law, as common sense suggests... If this view of what happens is inconsistent with the declaratory theory of the Court's function, then it is time we said so. It always was a fairy tale."[133]

Auch Lord Browne-Wilkinson zeigte sich der Deklaratorischen Theorie gegenüber ablehnend.

> „The theoretical position has been that judges do not make or change law: they discover and declare the law which is throughout the same. According to this theory, when an earlier decision is overruled the law is not changed: its true nature is disclosed, having existed in that form all along. This theoretical position is, as Lord Reid said in the article "The Judge As Law Maker" (1972-1973) 12 J.S.P.T.L. (N.S.) 22, a fairy tale in which no one any longer believes. In truth, judges make and change the law. The whole of the Common Law is judge-made and only by judicial change in the law is the Common Law kept relevant in a changing world."[134]

Allerdings folgerte er aus der Ablehnung der Deklaratorischen Theorie nicht konsequent, dass damit auch eine Rückwirkung richterlicher Entscheidungen entfällt. Vielmehr verteidigte er, zumindest im Grundsatz, eine Rückwirkung dieser Entscheidungen, womit deutlich wird, dass er sich nicht ganz von der Idee der Deklaratorischen Theorie lösen wollte.[135]

---

133 Kleinwort Benson Ltd v Lincoln City Council [1998] 3 WLR 1095, 1133.

134 Kleinwort Benson Ltd v Lincoln City Council [1998] 3 WLR 1095, 1100.

135 Im vorliegenden Fall entschied sich Lord Browne-Wilkinson allerdings trotz seiner Akzeptanz einer Rückwirkung aus Zweckmäßigkeitsgründen dafür, einen Rechtsirrtum zu verneinen und die Berufung zu verwerfen: „...retrospection cannot falsify history: if at the date of each payment it was settled law that the local authorities had capacity to enter into swap contracts, Kleinworts were not labouring under any mistake of law at that date. The subsequent decision in Hazell could not create a mistake where no mistake existed at the time." Kleinwort Benson Ltd v Lincoln City Council [1998] 3 WLR 1095, 1100

> „But whilst the underlying myth has been rejected, its progeny – the retrospective effect of a change made by judicial decisions – remains....Once the higher court in the particular case has stated the changed law, the law as so stated applies not only to that case but also to all cases subsequently coming before the courts for decision, even though the events in question in such cases occurred before the Court of Appeal decision was overruled.“[136]

Lord Goff of Chieveley formulierte zwar die Erkenntnis, dass eine Rechtsentwicklung zwangsläufig stattfinden müsse, da sich auch die Zeit und mir ihr die gesellschaftlichen Umstände ändern. Allerdings wird deutlich, dass er zwar eine Entwicklung (development) des Rechts durch richterliche Rechtsfortbildung bejaht, allerdings keine Veränderung (change), wie es die anderen Lords in dieser Entscheidung taten.

> „[W]e all know that in reality, in the Common Law as in equity, the law is the subject of development of the judges – normally, of course, by appellate judges...It is universally recognised that judicial development of the Common Law is inevitable. If it had never taken place, the Common Law would be the same now as it was in the reign of King Henry II; it is because of it that the Common Law is a living system of law, reacting to new events and new ideas, and so capable of providing the citizens of this country with a system of practical justice relevant to the times in which they live. The recognition that this is what actually happens requires, however, that we should look at the declaratory theory of judicial decision with open eyes and reinterpret it in the light of the way in which all judges, Common Law and equity, actually decide cases today..."[137]

Eine Entwicklung (development) des Rechts, wie Lord Goff sie postuliert, geht durchaus mit den Prinzipien der Deklaratorischen Theorie konform, da sie beinhaltet, dass neue Entscheidungen retrospektiv wirken, das Recht aber unverändert lassen. Des Weiteren macht er in seiner Aussage deutlich, dass seiner Meinung nach die Deklaratorische Theorie keineswegs von der Kreationstheorie abgelöst worden sei. Letztere sei zwar grundsätzlich anerkannt, dies führe jedoch nicht dazu, dass der

---

136 Kleinwort Benson Ltd v Lincoln City Council [1998] 3 WLR 1095, 1100.

137 Kleinwort Benson Ltd v Lincoln City Council [1998] 3 WLR 1095, 1117 f.

Deklaratorischen Theorie keinerlei Bedeutung mehr zukomme. Vielmehr werde sie, wie sich aus obigen Aussagen erkennen läßt, weiterhin herangezogen, um bestimmte rechtliche Fragen, wie die der Rückwirkung zu klären. Es bedarf dafür lediglich einer neuen, modernen Interpretation. Grundsätzlich war die Entscheidung Kleinwort Benson v Lincoln City Council jedoch ein Meilenstein der Rechtstheorie. Zum ersten Mal äußerte sich das House of Lords so offen ablehnend gegenüber der bis dahin weitgehend vertretenen Deklaratorischen Theorie und gab zu erkennen, dass es durchaus einer moderneren Theorie zuneigt.

In diesem Zusammenhang soll nicht unerwähnt bleiben, dass auch das Department of Justice Hongkongs eher der Kreationstheorie anhängt.[138] Auf seiner Internetseite bekennt es sich eindeutig zur Doktrin der stare decisis und dazu, dass das Common Law durch Richter geschaffen wird. Allerdings formuliert es ebenso wie die Richter des House of Lords, dass der Kreativität der Gerichte Grenzen gesetzt sind. Weitreichende Veränderungen lassen sich auch nach Ansicht des Law Department nur durch die Gesetzgebung herbeiführen.

> „The Common Law is essentially judge-made law and is to be found primarily in the judgments of the courts of the HKSAR and other Common Law jurisdictions. While it is flexible and adaptable, the doctrine of precedent often makes it difficult for judges to change well-established legal doctrines. If significant, rather than incremental, changes need to be made to the law it is usually necessary to achieve these by way of legislation."[139]

Wie erkennbar ist, kann eine starke Tendenz weg von der Deklaratorischen Theorie hin zur Kreationstheorie in Rechtswissenschaft und Richterschaft beobachtet werden. Dennoch darf nicht behauptet werden, die Deklaratorische Theorie sei vollkommen obsolet und unzeitgemäß geworden. Immerhin hat das House of Lords noch im Jahre 1998 in der Entscheidung Kleinworts v Lincoln Council zwar der Kreationstheorie das

---

138 Homepage des Department of Justice Hongkongs unter der Überschrift "Changing the Law – The Common Law" http://www.info.gov.hk/justice/new/legal/index.htm

139 Homepage des Department of Justice Hongkongs unter der Überschrift "Changing the Law – The Common Law" http://www.info.gov.hk/justice/new/legal/index.htm

Wort gesprochen, die Deklaratorische Theorie jedoch keinesfalls rundweg abgelehnt.

3.1.3. Gegenüberstellung der Theorien und ihre Bewertung im Hinblick auf die Bindungswirkung

Da sich die Situation keineswegs so darstellt, dass eine der Theorien völlig unanwendbar ist, soll nunmehr eine Abwägung beider Theorien unter Beachtung ihrer Grundlagen und Auswirkungen vorgenommen werden. In den Ländern, welche das British Empire verlassen haben, war erkannt worden, dass hauptsächlich die Ablehnung der Deklaratorischen Theorie eine eigenständige Rechtsentwicklung ermöglichen würde:

> „It will further be noted, that unless as non-declaratory theory is adopted it will be virtually impossible for local courts ever to develop their own brand of Common Law, for a declaratory theory backed by a statutory reception would permanently tie the local development of the Common Law to that in England."[140]

Betrachtet man die Deklaratorische Theorie genauer, so muss es verwundern, dass sie im angelsächsischen Rechtsraum heute zum Teil immer noch so ernsthaft diskutiert und als rechtstheoretische Grundlage herangezogen wird.[141] Obwohl die Theorie seit geraumer Zeit in der Rechtswissenschaft und bei den Gerichten in die Kritik geraten ist, sind doch erst seit kurzem Ansätze erkennbar, die der Theorie die Anerkennung verweigern. Vor den oben dargelegten höchstrichterlichen Erklärungen wagte kaum ein Richter eine Kritik an der überkommenen Deklaratorischen Theorie in der Öffentlichkeit zu äußern. Eine Ausnahme bildete Lord Reid, welcher, wie bereits zitiert, die Deklaratorische Theorie als Märchen (fairy tale) bezeichnete.[142] Daneben hatte sich noch Lord Radcliffe eindeutig kritisch der Deklaratorischen Theorie gegenüber ge-

---

140 Ibrahim, Ahmad (1976) 3 JMCL 303, 305.

141 Es steht außer Zweifel, dass bei dieser Verwunderung auch die Ausbildung der Verfasserin im Rechtskreis des 'Civil Law' eine tragende Rolle spielt.

142 Lord Reid JSPTL (1972-1973) 22.

äußert, als er 1964 in der Law Society's Gazette folgende Aussage machte:

> „In this context there was never a more sterile controversy than that upon the question whether a judge makes law. Of course he does. How can he help it? The legislature and the judicial process respectively are two complementary sources of law-making."[143]

Erst sehr viel später, im Jahre 1999, hatte der Court of Appeal Englands einen Fall zu entscheiden, bei welchem der Theorienstreit erneut eine bedeutende Rolle spielte.[144] Die Kammer zeigte sich uneinheitlich, hauptsächlich wegen der Frage der Rückwirkung einer richterlichen Entscheidung. In diesem Zusammenhang wurde die Deklaratorische Theorie erneut als ‚Märchen' (fairy tale) bezeichnet.

> „The principle can be said to involve a fairytale, but it is a fairytale which is a long established foundation of judicial law-making within our Common Law system and if it is to be undermined or weakened this should be left to the legislature or possibly the House of Lords."[145]

Daraus läßt sich deutlich der Wunsch der Richterschaft erkennen, den Schritt von der Deklaratorischen Theorie zur Kreationstheorie endgültig zu vollziehen. Aus vielerlei strukturellen Gründen, v.a wegen des Problems der Rückwirkung richterlicher Entscheidungen, aber auch weil die Deklaratorische Theorie den Uniformitätsgedanken im Common Law stützt, geschieht dies recht zögerlich. Das kann allerdings kein Grund sein, einer Theorie anzuhängen, die nach herrschender Meinung veraltet und den heutigen Verhältnissen nicht angemessen ist.

Was die Rechtswissenschaftler betrifft, so finden sich dort ebenfalls Kritiker der Deklaratorischen Theorie. Patrick Atiyah ist einer der prominentesten unter ihnen. In seinem Aufsatz 'Judges and Policy'[146] untersuchte er die Theorie auf ihre Grundlagen und formulierte fünf Gründe, warum sie auch heute noch so vehement verteidigt wird: Zum einen sei es im-

143 Viscount Radcliffe (1964) Law Society's Gazette 820, 821.

144 R v Governor of Brockhill Prison, ex p Evans [1999] 2 WLR 103.

145 R v Governor of Brockhill Prison, ex p Evans [1999] 2 WLR 103, 113 f., per Woolf MR.

mer vorteilhafter für einen Richter, wenn er wegen seiner Verantwortung in einer besonders schwierigen Entscheidung auf ein 'höheres Prinzip' verweisen kann. Laut Atiyah kann dies als „shabby attempt to evade responsibility“[147] verstanden werden. Dennoch sei diese Verhaltensweise verständlich, da ein Richter in einigen Fällen durchaus unpopuläre Entscheidungen treffen müsse, die zu persönlichen Anfeindungen ihm gegenüber führen könnten.[148]

Zum zweiten entspräche es einem Rechtsprinzip und deshalb einer weitverbreiteten Meinung im angelsächsischen Recht, dass es Aufgabe der Gesetzgebung ist, Recht (Gesetze) zu schaffen, während die Aufgabe der Gerichte in der Interpretation bestimmter Fälle und Entscheidungen besteht. Da Richter nicht demokratisch gewählt werden, so die Argumentation, hätten sie auch kein Recht auf eine eigenständige Rechtsfortbildung, die im angelsächsischen Rechtsraum legislative Züge annimmt. Diese Überlegungen resultieren auch aus der Furcht der Richter vor der Reaktion der Öffentlichkeit, wenn sie in ihren nicht gewählten Positionen und der damit angeblich fehlenden demokratischen Legitimation Rechtsfortbildung betreiben.[149] Fraglich ist jedoch, ob ein demokratisches System die Kreation von Recht durch die Gerichte verbietet. Dies ist keineswegs der Fall. Die Judikative bildet ein starkes und wichtiges Gegengewicht zu den gewählten Gewalten Exekutive und Legislative. Durch dieses wird die Balance der Gewalten gewahrt. Ein unabhängiges Gerichtswesen, das politisch keine Rechenschaft schuldet, ist in einem modernen demokratischen Staat ebenso notwendig wie Parlament und Regierung. Dazu gehört auch die richterliche Rechtsfortbildung.[150]

Der dritte Grund dafür, dass die Deklaratorische Theorie noch immer so stark vertreten wird, liegt laut Atiyah darin, dass die Kreation von Recht durch die Richter eher im Verborgenen geschieht, während sie öffentlich

---

146 Atiyah, Patrick S. (1980) ILR 346.
147 Atiyah, Patrick S. (1980) ILR 346, 362.
148 Atiyah, Patrick S. (1980) ILR 346, 362.
149 Atiyah, Patrick S. (1980) ILR 363.
150 Atiyah, Patrick S. (1980) ILR 363 f.

eine solche Rechtsfortbildung verneinen.[151] Dies sei so, weil die Gerichte fürchteten, das Parlament könne ihre Rechtsetzungsmacht beschneiden, würde diese zu offenkundig. Hauptsächlich beruhe dies auf dem Gedanken, dass die Bevölkerung die Ehrfurcht vor dem Recht und ihren Vertretern schlechthin verlieren könnte, wenn der Anschein entstünde, das Recht sei nicht mehr gottgegeben, sondern könne willkürlich geschaffen und angewandt werden.[152] Laut Atiyah ist dies ein Irrtum: Nähmen die Richter sich offen und ehrlich das Recht, Entscheidungen ohne retroaktive Wirkung zu treffen, würde dies eher zu einer Akzeptanz von richterlicher Rechtsfortbildung innerhalb der Bevölkerung führen.[153]

Des Weiteren argumentiert Atiyah, dass viele Richter eine vereinfachte Sicht auf ihre kreative Rolle haben. Die Richter, welche das Recht eigentlich am besten kennen müssten, scheinen der Ansicht zu sein, dass es keinen Mittelweg zwischen einer sklavischen Befolgung des Rechts und einer reinen Willkür im Recht gebe.[154] Oft sei die Ansicht zu erkennen, dass eine Verabschiedung der Deklaratorischen Theorie zu einer vollständigen Aufgabe der Doktrin der stare decisis, also des Präzedenzfallprinzips oder sogar der Gewaltenteilung führen würde.[155] Es gibt laut Atiyah keinen Grund zu der Annahme, dass eine Nichtanerkennung der Deklaratorischen Theorie das Ende der Doktrin der stare decisis oder gar der Gewaltenteilung bedeuten würde.[156]

---

151 Atiyah, Patrick S. (1980) ILR 346, 365.

152 Lord Devlin (1976) 39 MLR 1, 11: „ Courts in the United States have begun to circumvent retroactivity by the device of deciding th case before them according to the old law while declaring that in future the new law will prevail...I do not like it. It crosses the Rubicon that devides the judicial and the legislative powers. It turns judges into undisguised legislators. It is facile to think that it is always better to throw off disguises. The need for disguise hampers activity and so restricts the power. Paddling across the Rubicon by individuals in disguise who will be sent back if they proclaim themselves is very different from bridging the river by an army in uniform and with bands playing."

153 Atiyah, Patrick S. (1980) ILR 346, 365.

154 Atiyah, Patrick S. (1980) ILR 346, 367.

155 Diese Auffassung mag aus der Entstehung der Deklaratorischen Theorie herrühren. Blackstone hat seine Ansichten über das Wesen des Common Law, wie oben schon darsgestellt, eng mit der Doktrin der stare decisis verbunden.

156 Atiyah, Patrick S. (1980) ILR 346, 367 f.

Das fünfte Argument, das oft für die Anwendung der Deklaratorischen Theorie ins Feld geführt wird, ist der Anspruch an die strenge Unparteilichkeit des Richters.[157] Wenn Richter aber nun selbst Recht schaffen oder verändern, dann könnte dies bedeuten, dass diese Unparteilichkeit nicht mehr gegeben ist, weil ein Richter eine Rechtsansicht der anderen vorziehen könnte.[158] Dennoch ist zuzugeben, dass genau dies auch jetzt schon geschieht: ein Richter zieht eine Rechtsansicht der anderen vor, solange er nur einen diese Ansicht unterstützenden Präzedenzfall vorweisen kann.[159]

Laut Atiyah mag ein Befolgen der Deklaratorischen Theorie, zumindest in der Öffentlichkeit, aus den besten und hehrsten Motiven geschehen. Er bezweifelt jedoch, dass in einer gut ausgebildeten, demokratischen Gesellschaft die Kundgabe einer Meinung in der Öffentlichkeit und das Vertreten einer entgegengesetzten Meinung im Privaten angemessen ist. Das sei nicht nur intellektuell unehrlich.[160] Es sei auch fraglich, ob es überhaupt notwendig ist. Es sei unwahrscheinlich, dass die Öffentlichkeit ein gesteigertes Vertrauen in das Justizwesen erlange, wenn deutlich werde, dass dieses über viele Jahre hinweg Falschinformationen verbreitet und 'Augenwischerei' betrieben habe.[161]

Aufgrund all dieser Argumentationen muss man zu dem Ergebnis kommen, dass die Deklaratorische Theorie hier nicht mehr vertreten werden kann. Sie ist nicht nur aus Gründen des gesellschaftlichen Fortschritts unanwendbar geworden. Zum einen stellt sie einen Denkansatz dar, der auf der Naturrechtsphilosophie des 18. Jahrhunderts und auf einer anderen religiösen Basis beruht, als sie heute besteht. In einer modernen, aufgeklärten Gesellschaft mit einer immer weiter schwindenden Religiosität ist sie mit dem heutigen Verständnis von Recht nicht mehr in Einklang zu bringen. Auch darf in einer Gesellschaft mit demokratischen Grundwerten kein Platz für die von Atiyah angeprangerte 'Heuchelei' bei

157 Atiyah, Patrick S. (1980) ILR 346, 368 f.
158 Atiyah, Patrick S. (1980) ILR 346, 369.
159 Atiyah, Patrick S. (1980) ILR 346, 369.
160 Atiyah, Patrick S. (1980) ILR 346, 369.
161 Atiyah, Patrick S. (1980) ILR 346, 360, 370.

der richterlichen Rechtsfortbildung sein. Darüber hinaus ist die Unterscheidung zwischen der Schaffung von Recht ohne rückwirkenden Charakter durch die Legislative und dem göttlich gegebenen, unveränderlichen und ewigen Common Law der Gerichte nicht logisch zu erklären. Ob eine bestimmte rechtliche Problematik durch einen Richter entschieden wird oder ob sie das Parlament passieren muss, ist eher eine zufällige Entscheidung. Besteht das Recht tatsächlich aus einem unveränderlichen Korpus, welcher gottgegeben ist, dann kann der Unterschied nicht aus der zufälligen Wahl des Mittels resultieren, durch das das Recht artikuliert wird.

Nachdem nunmehr die Deklaratorische Theorie als 'fairy tale' abgelehnt wurde, ist aufgrund ihrer Modernität und ihrer Distanz zu religiösen Grundlagen der Kreationstheorie der Vorzug zu geben. Da diese das Common Law nicht als einen einheitlichen Korpus betrachtet, sondern ihn zeitlich und räumlich trennen kann, steht es, zumindest aus rechtstheoretischen Überlegungen heraus, den Hongkonger Gerichten offen, von englischen Entscheidungen, abzuweichen. Sie können diese allerdings auch für ihre Entscheidungsfindung heranziehen, wenn sie dies für richtig halten.

3.2. Untersuchung der Bindungswirkung anhand der stare decisis - Doktrin

Da die rechtstheoretischen Überlegungen zu keinem eindeutigen und zwingenden Ergebnis geführt haben, sondern den Hongkonger Richtern die Möglichkeit der Abweichung von englischen Entscheidungen gewähren, soll nunmehr untersucht werden, ob die Doktrin der stare decisis, auch rule of precedent genannt, zu einem anderen Ergebnis führt. Sie könnte möglicherweise weitherhin eine formale Bindungswirkung englischer Entscheidungen auf Hongkonger Gerichte beinhalten.

3.2.1. Beschreibung und Definition der stare decisis - Doktrin

Die Doktrin der stare decisis wurde erst gegen Mitte des 19. Jahrhunderts allgemein anerkannt.[162] Davor bevorzugten die Gerichte eine reine Anwendung der Deklaratorischen Theorie, obwohl bereits Blackstone in seinen 'Commentaries' die Deklaratorische Theorie durchaus in Verbindung mit dem Präzendenzfallprinzip propagiert.[163] Die Richter berücksichtigten zwar bereits entschiedene Präzedenzfälle, sahen sich bei ihrer Rechtsprechung jedoch nicht zwingend an sie gebunden.[164] Die heutige Form der Doktrin läßt sich auf zwei Faktoren zurückführen. Zum einen wurde im Jahre 1865 durch den Council of Law Reporting damit begonnen, die Entscheidungen der Obergerichte offiziell zu veröffentlichen.[165] Darüber hinaus hat der Judicature Act 1873-1875 einen festen Instanzenzug geschaffen. Das Präzendenzfallprinzip hängt in seiner Durchsetzbarkeit stark davon ab, dass alle Gerichte untereinander in einer klaren Hierarchie bzw. einem eindeutigen Verhältnis zueinander stehen. Grundlage der Doktrin ist, dass die Gerichte bei ihrer Entscheidungsfindung an Entscheidungen des in der Hierarchie höher stehenden Gerichts zwingend gebunden sind (vertikale Doktrin der stare decisis).[166] Von dessen Entscheidungen dürfen sie nicht abweichen, ausgenommen, die Entscheidung wurde durch ein Gesetz außer Kraft gesetzt, durch ein höheres Gericht aufgehoben o.ä. Dies kann nur mit einer Hierarchie der Gerichte und einem entsprechenden Berichtswesen (reports) funktionieren.[167] Darüber hinaus existiert die Doktrin noch in einer anderen Ausprägung, welche besagt, dass sich ein Gericht auch an seine eigenen früheren Entscheidungen gebunden sehen kann,[168] womit eine gewisse Rechtssicherheit erzeugt werden sollte (horizontale Doktrin der stare decisis).[169] In dieser Form ist die Doktrin für die Betrachtungen der Hong-

---

162 Cross, Rupert/Harris, James William (1991) S. 7.
163 Blackstone, William (1836) Band 1 Section II S. 70.
164 Cross, Rupert/Harris, James William (1991) S. 24, 35.
165 Evans, Jim (1987) S. 66.
166 Cross, Rupert/Harris, James William (1991) S. 5.
167 Cross, Rupert/Harris, James William (1991) S. 24.
168 Beamish v Beamish 11 ER S. 735.
169 Cross, Rupert/Harris, James William (1991) S. 6.

konger Gerichtsbarkeit hier unerheblich. Vorliegend stellt sich die Frage, was die Abschaffung die Privy Council als oberstem Appella-tionsgericht für Hongkong bewirkt hat und ob die englischen Gerichte nunmehr, obwohl nicht mehr Teil des Instanzenzuges, dennoch formal bindende Präzedenzfälle für Hongkong schaffen können. Somit ist hier lediglich die hierarchisch geprägte, vertikale Doktrin der stare decisis relevant.

Da nun das Basic Law in Artikel 8 statuiert, dass 'the laws precviously in force in Hong Kong' beibehalten werden sollen (shall be maintained), muss angenommen werden, dass das englische Recht, welches aufgrund des Basic Law weiterhin anwendbar ist, die Theorie der stare decisis, also die Anwendung von Präzedenzfällen, beinhaltet. Damit müsste diese Doktrin auch in Hongkong weiterhin befolgt werden. Fraglich ist, ob dies tatsächlich so ist und welche Ausprägung die Theorie der stare decisis nach dem Souveränitätswechsel erfährt. So könnte diese Theorie beinhalten, dass englische Präzedenzfälle weiterhin für Hongkong bindend sind, sie könnte aber auch lediglich die Schaffung und Befolgung von Präzedenzfällen allgemein, somit auch eigenen Hongkonger Präzedenzfällen vorschreiben.

3.2.2. Bewertung der Bindungswirkung von Entscheidungen des Privy Council

Bis zum 30. Juni 1997 24.00 Uhr war das Judicial Committee des Privy Council Englands das höchste Appellationsgericht Hongkongs, bevor es durch den Court of Final Appeal ersetzt wurde.[170] Allerdings stand es formal nur dann am obersten Ende des Instanzenzugs Hongkongs, wenn es in dieser Funktion tätig wurde, also wenn es Berufungen aus Hongkong entschied.[171] Wurde es in solcher Weise tätig, dann mussten alle

170 Artikel 82 des Basic Law: „The power of final adjudication of the Hong Kong Special Administrative Region shall be vested in the Court of Final Appeal of the Region, which may as required invite judges from other common law jurisdictions to sit on the Court of Final Appeal."

171 Siehe dazu Roberts-Wray, Kenneth (1966) S. 457. Dies ist eine Ausprägung der Doktrin der vertikalen stare decisis.

Hongkonger Gerichte seinen Entscheidungen folgen. Dieses Prinzip galt widerspruchslos.

> „The ultimate foundation of precedent which thus binds a court is that of court or tribunal higher in the hierarchy of the same juristic system, and thus able to reverse the lower court's judgment, has laid down that principle as part of the relevant law."[172]

Gegen eine formal bindende Wirkung englischer Entscheidungen auch nach dem Souveränitätswechsel spricht deshalb ein sehr überzeugendes Argument: das der Veränderung des Instanzenzuges für die Hongkonger Gerichtsbarkeit durch die Abschaffung des Judicial Committee des Privy Council als höchstes Appellationsgericht Hongkongs und die Schaffung eines eigenen höchsten Gerichts, des Court of Final Appeal.[173] Eine formale Hierarchie der Gerichte Hongkongs mit einem obersten Gericht in England existiert schließlich nicht mehr.

Allerdings entfalteten die Entscheidungen des Judicial Committee des Privy Council in Hongkong, wie auch in vielen anderen Staaten des Commonwealth, auch dann Bindungswirkung, wenn sie nicht durch den Privy Council in seiner Funktion als höchstes Appellationsgericht für Hongkong gefällt wurden.[174] Streng genommen galt die Bindungswirkung zwar nur für Berufungen aus Hongkong, in praxi jedoch waren alle Privy Council-Entscheidungen in Hongkong bindend, unabhängig, welcher Staat des Commonwealth die Berufung eingelegt hatte.[175] Dies läßt sich nicht allein mit dem Argument des Instanzenzuges erklären, denn wenn der Privy Council als oberstes Appellationsgericht eines anderen Commonwealth-Staates tätig wurde, stand er nicht im System des Instanzenzuges Hongkongs.[176]

---

172 Favelle Mort Ltd v Murray (1975-6) 133 CLR 580, 591.

173 Artikel 82 des Basic Law: „The power of final adjudication of the Hong Kong Special Administrative Region shall be vested in the Court of Final Appeal of the Region, which may as required invite judges from other common law jurisdictions to sit on the Court of Final Appeal."

174 Chan Hing Cheung v R [1974] HKLR 196, 213.

175 Wesley-Smith, Peter (1986) 28 Mal LR 50, 61.

176 Wesley-Smith, Peter (1986) 28 Mal LR 50, 61.

Obwohl es nie eine eindeutige Erklärung für dieses Phänomen gab, läßt es sich wahrscheinlich ab besten damit erklären, dass das Judicial Committee des Privy Council, obwohl es nicht an seine eigenen Entscheidungen gebunden ist, trotzdem eine einheitliche Linie bei seiner Rechtsprechung verfolgte, die überall Anwendung finden sollte. Dennoch kann die angestrebte Einheitlichkeit der Rechtsprechung nur dann erreicht werden, wenn der Privy Council überhaupt noch Teil des nationalen Instanzenzuges ist. Die Bindungswirkung der Entscheidungen des Privy Council, selbst wenn er als Appellationsgericht eines anderen Landes, in einem anderen Instanzenzug tätig geworden ist, erfüllt nur dann ihren Sinn, eine einheitliche Linie der Rechtsprechung zu verfolgen, wenn der Privy Council überhaupt noch als oberstes Gericht tätig wird. Ist er, wie in Hongkong, ganz durch ein eigenes Gericht ersetzt worden, stellt sich ihm das Problem einer möglichen Abweichung von einer früheren eigenen Entscheidung in einem anderen Commonwealth-Staat gar nicht mehr.

Da nunmehr der Court of Final Appeal Hongkongs oberstes Appellationsgericht ist, hat das Judicial Committee des Privy Council keinerlei Funktion und Aufgabe für Hongkong mehr. Problematisch wäre die Annahme einer Bindungswirkung der Entscheidungen des Privy Council, wenn diese im Gegensatz zu einer Entscheidung des Court of Final Appeal stünde. In einem solchen Konflikt wäre der Entscheidung des Court of Final Appeal als oberstem Gericht Hongkongs der Vorzug zu geben, weshalb den Entscheidungen des Privy Council keine formale Bindungswirkung auf die Hongkonger Gerichte mehr zukommen kann.

3.2.3. Bewertung der Bindungswirkung von Entscheidungen des House of Lords und des englischen Court of Appeal

Fraglich ist außerdem, wie die Tatsache zu bewerten ist, dass neben den Entscheidungen des Judicial Committee des Privy Council die Entscheidungen des House of Lords als auch, zumindest eine Zeit lang, die des englischen Court of Appeal in Hongkong Bindungswirkung beanspruchten.[177] Dies kann keinesfalls auf dem Argument des einheitlichen Instanzenzuges beruhen, da weder der englische Court of Appeal noch das House of Lords im Hongkonger Instanzenzug verankert waren und sind. Es ist anzunehmen, dass die Anerkennung dieser Entscheidungen darauf beruhte, dass Hongkong als Kronkolonie gemäß der Normen der Supreme Court Ordinance und aufgrund der allgemeinen Vorstellungen, welches Recht in einer Kronkonlonie Anwendung finden sollte, die Entscheidungen englischer Gerichte übernahm. Gemäß der Supreme Court Ordinance[178] und später der Application of English Law Ordinance[179] empfing Hongkong aufgrund seines Kolonialstatus das gesamte englische Fallrecht.[180]

Regionale Richter haben sich nie bewußt mit dieser Frage auseinandergesetzt und eine Erklärung dazu abgegeben. Allerdings hatte der Privy Council im Jahre 1879 formuliert, dass eine Entscheidung des englischen Court of Appeal auch die kolonialen Gerichte bindet.[181]

---

177 Wesley-Smith, Peter (1986) 28 Mal LR 50, 52.

178 Supreme Court Ordinance 1844, Cap 4 s 5.

179 Application of English Law Ordinance, Cap. 88.

180 Application of English Law Ordinance, Cap. 88 s 3:
"(1) The common law and the rules of equity shall be in force in Hong Kong
(a) so far as they are applicable to the circumstances of Hong Kong or its inhabitants;
(b) subject to such modifications as such circumstances may require;
(c) subject to any amendment thereof (whenever made) by
(i) any Order in Council which applies to Hong Kong;
(ii) any Act which applies to Hong Kong; or
(iii) any Ordinance.
(2) The common law and the rules of equity shall be in force in Hong Kong as provided in subsection (1) notwithstanding any amendment thereof as part of the law of England made at any time by an Order in Council or Act which does not apply to Hong Kong."
Aus dem Wortlaut von Section 3 ergibt sich zwar nicht zwangsläufig, dass es sich dabei um das Common Law Englands handelt, welches in Hongkong Anwendung findet. Hier muss jedoch der Zweck der Ordinance herangezogen werden, welcher in der Überschrift des Gesetzes niedergelegt war: „To declare the extent to which English law is in force in the Colony."

181 Joseph Trimble v George Hill (1879) 5 App Cas 342, 345.

> „[I]t is of the utmost importance that in all parts of the Empire where English law prevails, the interpretation of that law by the Courts should be as nearly as possible the same."[182]

Es war danach davon auszugehen, dass a fortiori die Entscheidungen des dem Court of Appeal übergeordneten Gericht, des House of Lords, formale Bindungswirkung in den Kolonialstaaten ausübten. Für Hongkong wurde dies im Jahre 1927 durch die Entscheidung Robins v National Trust Co[183] gesondert bestätigt. Dort formulierte der Privy Council, dass das House of Lords die oberste Instanz für die Bestimmung der Inhalte des Rechts Englands sei. Dann müssten die Entscheidungen des House of Lords aber auch in Hongkong Bindungswirkung entfalten, denn schließlich übernehme Hongkong ja das Recht Englands.[184] Allerdings wurde die Bindungswirkung von Entscheidungen des Court of Appeals Englands, die durch Trimble v Hill[185] aufgestellt worden war, in dieser Entscheidung wieder relativiert:

> „[W]hen an appellate Court in a colony which is regulated by English law differs from an appellate Court in England [other than the House of Lords], it is not right to assume that the Colonial Court is wrong. It is otherwise if the authority in England is that of the House of Lords. That is the supreme tribunal to settle English law, and that being settled, the Colonial court which is bound by English law, is bound to follow it."[186]

Damit war bereits lange vor dem Souveränitätswechsel klargestellt, dass die Entscheidungen des Court of Appeal Englands für die Gerichte Hongkongs nicht als formal bindend betrachtet werden mussten. Für die durch das House of Lords entschiedenen Fälle galt das jedoch nicht. In

---

182 Zwar wird hier der Wunsch nach Uniformität geäußert, jedoch nicht konsequent verfolgt. Wenn englisches Recht überall gelten soll, dann muss es identisch sein und nicht ‚as nearly as possible the same'. Gleichzeitig ist dies bereits ein Zweifel an der Deklaratorischen Theorie. Wenn das Recht als Korpus besteht, dann muss es überall gleich, und nicht nur ähnlich existieren.

183 Robins v National Trust Co [1927] AC 515.

184 Application of English Law Ordinance, Cap. 88 s 3; Robins v National Trust Co [1927] AC 515.

185 Joseph Trimble v George Hill (1879) 5 App Cas 342, 345.

186 Robins v National Trust Co [1927] AC 515, 519, per Viscount Dunedin.

der Entscheidung de Lasala v de Lasala[187] hat sich der Privy Council später noch einmal mit der Frage beschäftigt und eine formelle Bindungswirkung der Entscheidungen des House of Lords zumindest de facto bejaht, während er eine Bindungswirkung der Entscheidungen des Court of Appeal Englands auf die Gerichte Hongkongs ablehnte.

> „So the modern rule is that judgments of the English Court of Appeal on matters of English law where it is applicable in Hong Kong are persuasive authority only; they do not bind the Hong Kong Court of Appeal....Since the House of Lords as such is not a constituent part of the judicial system of Hong Kong it may be that in juristic theory it would be more correct to say that the authority of its decisions on any question of law, even the interpretation of recent common legislation, can be persuasive only: but looked at realistically its decisions on such a question will have the same practical effect as if they were strictly binding, and courts in Hong Kong would be well advised to treat them as being so."[188]

Es ist zuzugeben, dass die Formulierung paradox ist. Dennoch muss sie als Aufforderung an die Gerichte Hongkongs verstanden werden, die Entscheidungen des House of Lords als formal bindend zu betrachten. Die Hongkonger Richter erkannten diese Bindungswirkung auch als selbstverständlich an. Dabei bezogen sie sich v.a. auf Section 5 der (im Jahre 1965 noch geltenden) Supreme Court Ordinance:

> „[T]hat section has for over a century been interpreted as applying the Common Law of England to the Colony and clearly the day is far past when it would be open to this Court to adopt a different interpretation...Are the English courts alone able to lay down what is (and was in 1843) the Common Law of England? Once a principle of the Common Law has been clearly propounded by the House of Lords there can be no doubt that that decision establishes the law of Hong Kong and, of course, subject to that an opinion of the Privy Council is binding upon us."[189]

---

187 De Lasala v De Lasala [1979] HKLR 214.

188 De Lasala v. De Lasala [1979] HKLR 214, 219 f., per Diplock J.

189 Chan Wai Keung v R [1965] HKLR 815, 846, per Huggins J.

Diese formelle Bindungswirkung der Entscheidungen des House of Lords ist jedoch nach dem 1. Juli 1997 weggefallen. Das Basic Law bestimmt zwar, dass 'the laws previously in force' in Hongkong weiterhin Anwendung finden. Da dies bis zum Souveränitätswechsel das Common Law Englands war, müsste es genau genommen auch weiterhin das Recht Englands sein, welches durch das House of Lords definiert wird. Gestützt wird diese Argumentation durch die mit dem Souveränitätswechsel ergangenen Bestimmungen der Interpretation and General Clauses Ordinance.[190] Gemäß Section 3 wird danach 'Common Law' immer noch als das 'Common Law of England' definiert. Hier kann jedoch nur angenommen werden, dass der Gesetzgeber einfach die alte Fassung übernommen hat, in der dies ebenfalls so aufgeführt war. Zum einen nämlich trat die Application of English Law Ordinance, die in Verbindung mit der Interpretation and General Clauses Ordinance galt und deren Inhalt bestimmt, mit Wirkung zum 30.06.1997 außer Kraft. Darüber hinaus geht die Norm nicht mit den Bestimmungen des Basic Law, welches die konstitutionelle Grundlage Hongkongs bildet und damit der Interpretation and General Clauses Ordinance übergeordet ist, einher. Das Basic Law bestimmt weder in Artikel 8 bei der exemplarischen Aufzählung, was unter 'the laws previously in force' zu verstehen ist, noch an anderer Stelle, dass es sich dabei um das Recht Englands handeln muss. Da das Basic Law weiterhin in Artikel 84 Verweise der Gerichte auf Entscheidungen anderer Staaten des Common Law, die bereits erheblich von den Entscheidungen in England abweichen, und nicht lediglich auf englische Entscheidungen zuläßt,[191] muss davon ausgegangen werden, dass in Hongkong zwar weiterhin das Common Law Anwendung finden soll, dies aber eben gerade nicht mehr ausschließlich das

190 Interpretation and General Clauses Ordinance, Cap 1.

191 Artikel 84 des Basic Law: „The courts of the Hong Kong Special Administrative Region shall adjudicate cases in accordance with the laws applicable in the Region as prescribed in Article 18 of this Law and may refer to precedents of other common law jurisdictions."

Common Law Englands ist.[192] Dann kann das House of Lords als oberste Instanz für das englische Recht aber auch keine formal bindenden Präzedenzfälle für Hongkong mehr schaffen.

Aus obigen Argumenten läßt sich ableiten, dass eine formale Bindungswirkung englischer Entscheidungen, sowohl des Judicial Committee des Privy Council, des House of Lords und selbstverständlich auch des Court of Appeal auf die Gerichte Hongkongs nach dem 1. Juli 1997 nicht (mehr) besteht. Zum einen hat die Abschaffung des Privy Council als oberstem Appellationsgericht Hongkongs den Instanzenzug grundlegend verändert. Seine Entscheidungen ergehen nicht mehr als solche der Hongkonger Gerichtsbarkeit, so dass sie nicht als bindende Präzedenzfälle Hongkongs zu bewerten sind.

Zum anderen entfällt seit dem 1. Juli 1997 durch die Formulierungen des Basic Law auch die formale Bindungswirkung von Entscheidungen des House of Lords auf Hongkonger Gerichte. Das Recht Englands findet in Hongkong keine ausschließliche Anwendung mehr. Vielmehr wenden die Gerichte Hongkongs ein Common Law an, was sich aus Entscheidungen verschiedener Common-Law-Gerichtsbarkeiten, v.a. aber immer mehr aus einheimischen Entscheidungen zusammensetzt.

4. Untersuchung der Bindungswirkung englischer Entscheidungen vor dem Souveränitätswechsel

Von diesen Überlegungen ausgehend, stehen rechtstheoretische Argumente, nämlich die Theorien zur Rechtsentwicklung sowie das Präzedenzfallprinzip, einer Abweichung der Hongkonger Gerichte von den Entscheidungen des House of Lords und des Privy Council, die nach dem Souveränitätswechsel getroffen wurden, nicht entgegen.

Unter Berücksichtigung des Wortlauts des Basic Law ist nun fraglich, ob diese Abweichungsmöglichkeit auch für Entscheidungen gilt, die vor dem

---

192 Diese Meinung läßt sich nur sinnvoll vertreten, wenn man, wie hier, der Ansicht folgt, dass das Common Law nicht in allen Ländern des ehemaligen British Empire iden-

Souveränitätswechsel in England gefällt wurden, oder ob zumindest die bis zum 30. Juni 1997 in England getroffenen Entscheidungen eine formale Bindungswirkung in Hongkong entfalten können. Artikel 8 des Basic Law scheint eine Stichtagsregelung, einen sogenannten cut-off date, zu favorisieren, da es darauf abstellt, dass das Recht, welches vor dem Souveränitätswechsel Anwendung fand, weiterhin beibehalten werden soll.[193] Die Ausprägungen einer solchen Stichtagsregelung und deren jeweilige Problematiken sollen nachfolgend dargestellt werden.

4.1. Bewertung der Stichtagsregelung gegenüber einem Wegfall der Bindungswirkung

Folgt man der Deklaratorischen Theorie, stellt sich diese Frage gar nicht, da diese Theorie aufgrund ihrer Konzeption des ewig unveränderlichen Korpus des wahren Rechts eine Stichtagsregelung überhaupt nicht zulässt.[194] Das Common Law vor 300 Jahren war danach identisch mit dem heutigen Recht. Das Recht am 30. Juni 1997 war identisch mit dem Recht im Jahre 2005. Nach der Kreationstheorie dagegen ist eine solche Regelung durchaus denkbar.[195] Aufgrund der These, dass Richter Recht ad hoc schaffen, läßt sich das System des Common Law nach dieser Theorie räumlich und auch zeitlich aufspalten. Da die Veränderung des Instanzenzuges mit der Schaffung des Court of Final Appeal erst mit dem Souveränitätswechsel eintrat, könnte auch dieses Argument für eine solche Regelung, wonach bis zum 30. Juni 1997 getroffene Entscheidungen Englands formale Bindungswirkung in Hongkong entfalten und erst danach die Bindungswirkung der Entscheidungen entfällt, sprechen.

Eine solche Stichtagsregelung könnte zwei verschiedene Konsequenzen nach sich ziehen; einmal ein statisches Recht, bei dem eine Veränderung durch die Gerichte Hongkongs nach dem Souveränitätswechsel

tisch ist, sondern sich durchaus unterschiedlich entwickeln kann.

193 Artikel 8 des Basic Law: „The laws previously in force...shall be maintained."

194 Siehe dazu S. 32 – 40.

195 Siehe dazu S. 40 – 46.

überhaupt nicht mehr möglich ist und zum anderen die eigenständige Rechtsfortbildung durch die Hongkonger Gerichte, wobei die in England bis zum 30. Juni 1997 gefällten Entscheidungen des House of Lords und des Judicial Committee des Privy Council weiterhin eine formale Bindungswirkung auf die Gerichte Hongkongs entfalten. Beide Denkmodelle widersprechen nicht dem Wortlaut des Artikel 8 des Basic Law. Sie werden nachfolgend dargestellt.

4.1.1. Bewertung einer starren Stichtagsregelung für das Hongkonger Vertragsrecht

Es wäre denkbar, dass das Common Law Hongkongs sich nach dem Stichtag überhaupt nicht mehr verändert; es würde mithin als eingefrorenes, statisches Recht bestehen bleiben. Die bis zum 30. Juni 1997 um Mitternacht getroffenen eigenen Hongkonger Entscheidungen bleiben weiterhin anwendbar, ebenso wie die bis zu diesem Zeitpunkt durch den Privy Council und das House of Lords getroffenen Entscheidungen weiterhin eine formale Bindungswirkung entfalten. Eine Rechtsfortbildung allerdings kann durch die Richter nicht mehr vorgenommen werden. Soll eine Rechtsänderung erfolgen, ist dies die Aufgabe der Legislative.[196]

Eine solche Situation wäre keineswegs so ungewöhnlich und absurd, wie sie auf den ersten Blick erscheint. Diese Möglichkeit des eingefrorenen Rechts scheint durch den Wortlaut von Artikel 8 des Basic Law gestützt zu werden, der das vor dem Souveränitätswechsel in Hongkong geltende Recht für anwendbar erklärt. Legt man diesen Artikel eng aus, dann könnte man annehmen, dass kein Hongkonger Richter mehr Rechtsfortbildung im Common Law betreiben darf. Diese Ansicht wird sogar von einigen namhaften Hongkonger Rechtswissenschaftlern vertreten:

> „Therefore any creative act by a judge means amending the Common Law as it existed on 30 June 1997, and that is not permitted by the Basic Law. Thus, for example, the mistake of law rule must remain part of the

196 Wesley-Smith, Peter (1999) S. 16 f.

> HKSAR law unless changed by legislature, and the abrogation of that rule by the House of Lords' decision in Kleinwort legitimately be adopted by the Hong Kong courts....Hong Kong has inherited a frozen or fossilised of petrified Common Law, alterable by statute but not by judges whether overseas or local. The judicial duty is now to ascertain that law and faithfully apply it."[197]

Allerdings geht eine solche Regelung nicht mit dem Recht der Hongkonger Gerichte, auf Entscheidungen anderer Common-Law-Gerichtsbarkeiten verweisen zu können, einher.[198] Die Entscheidungen anderer Common-Law-Gerichte sind nämlich entweder schon in den 'laws previously in force in Hong Kong' gemäß Artikel 8 des Basic Law enthalten; dann bedarf es des Verweises in Artikel 84 gar nicht. Sind sie aber nicht enthalten, dürften die Gerichte Hongkongs nicht auf sie verweisen, weil eine eigene Rechtsfortbildung in Hongkong nach dieser Ausprägung der Stichtagsregelung gerade nicht stattfinden darf. Eine Verweisung kann aber nur im Rahmen einer Rechtsfortbildung stattfinden. Dieser Widerspruch lässt sich nicht auflösen.

Darüber hinaus würde eine solche Stichtagsregelung zu absurden und unzeitgemäßen Ergebnissen führen. Sie würde eine Unveränderlichkeit des Common Law für 50 Jahre zur Folge haben, während sich alle anderen Rechtssysteme, nicht nur im Commonwealth, ständig weiterentwickeln. Dies wäre für das Common Law als dynamische Quelle des Rechts in Hongkong einfach undenkbar. Während sich um die Stadt und ihre Territorien herum das Recht an moderne Lebensweisen und sich ändernde wirtschaftliche Situationen anpasst, würde Hongkong immer weiter in ein überaltertes, nicht mehr den Situationen angepasstes Recht hineingleiten. Der einzige Ausweg wäre die Schaffung von legislativem Recht, dem die Aufgabe zukäme, die Präzedenzfälle des Common Law sowie der Equity zunehmend abzulösen. Deshalb muss davon ausgegangen werden, dass eine solche Stichtagsregelung mit der Folge, dass in Hongkong das Common Law als 'eingefrorenes Recht' erhalten bleibt,

---

197 Wesley-Smith, Peter (1999) S. 16 f.

198 Artikel 84 des Basic Law.

während eine weitere Rechtsfortbildung durch die Gerichte nicht stattfinden darf, nicht den Intentionen der Schöpfer des Basic Law entspricht.

4.1.2. Mögliche Verwendung englischer Entscheidungen als „Stumpf" des Hongkonger Vertragsrechts

Die zweite Möglichkeit einer Stichtagsregelung besteht in der Annahme, dass englisches Recht bis zu einem bestimmten Stichtag für die Gerichte Hongkongs formal bindend ist, dass diese aber danach befugt sind, selbständig ein eigenes Recht zu entwickeln.

Diese Lösung wird von Antony Allott im Rahmen der Diskussionen um die Entkolonialisierung der afrikanischen Staaten bevorzugt. Unter Zuhilfenahme der Metapher eines Baumes stellt er das Common Law Englands als Baumstamm oder -stumpf dar, aus dem sich die verschiedenen Rechtssysteme eigenständig, gleichsam als verschiedene Äste, weiterentwickeln. Es kommt zu einer Abspaltung des Common Law in der ehemaligen Kolonie (hier Nigeria) vom dem der ehemaligen Kolonialmacht.

> „One may use the tree metaphor for the evolution of a legal system, and say that from the reception-date a new branch sprang from the trunk of the English Common Law. Thus the Nigerian and English legal systems began to diverge."[199]

Einige Länder des Commonwealth, wie z. B. West-Malaysia[200] haben nach Erreichen der Unabhängigkeit diesen Weg gewählt. Der Privy Council, welcher dennoch weiterhin das oberste Berufungsgericht Malaysias war, lehnte deshalb im Jahre 1975 die Anwendung einer einschlägigen Entscheidung des House of Lords ab:

> „Their Lordships do not need to comment on possible developments since 1956 in the law in England...For present purposes it appears that the Civil Law Ordinance 1956, section 3, adopted English law as admin-

---

199 Allott, Antony (1970) S. 68.

200 Stichtag war hier der 7. April 1956.

> istered at its effective date, so that any subsequent march in English authority is not embodied."[201]

Diese Ansicht entsprach auch den nationalen Befindlichkeiten. Zur Begründung dieser Haltung schrieb Ahmad Ibrahim im Journal of Malaysian and Comparative Law:

> „[T]he Malayan courts should...reserve the right to doubt the correctness of the decisions of the House of Lords given after 7th April 1956, a doubt which in view of the statutory reception should be couched in the form that the reception does not represent the state of the English law as it stood at the date of the reception."[202]

Neben West-Malaysia hat auch Papua-Neuguinea eine solche Stichtagsregelung favorisiert.

> „When the Constitution of the Independent State of Papua New Guinea adopted the Common Law as at immediately before Independence it froze the Common Law of England as at 15th September, 1975, and any further progress or development of the Common Law...did not and does not become part of the underlying law of Papua New Guinea."[203]

Dabei betonten die Gerichte Papua-Neuguineas, dass nach diesem Stichtag die Gerichte Papua-Neuguineas das Recht für sich in Anspruch nehmen dürften, selbständig ein eigenes Recht zu schaffen, die vor diesem Stichtag getroffenen englischen Entscheidungen jedoch angewandt werden müssten. Den Gerichten zur Verfügung stand nur noch

> „the great body of judge-made law as it stood, and was applied, in the courts in England on 16th September 1975. That date was fixed for purposes of certainty. Judicial creativity thereafter is a matter for the courts of this country, and not other."[204]

Eine im Juli 1975 durch das House of Lords getroffene Entscheidung hätte somit noch als bindender Präzedenzfall gegolten, während eine

---

201 Lee Kee Cheong v Empat Nombor Ekor (NS) Sdn Bhd & Others [1976] 2 MLJ 93, 95.

202 Ibrahim, Ahmad (1976) 3 JMCL 303, 305.

203 The State v Bisket Uranguae Pokia [1980] PNGLR 97, 99, per Kapi J.

204 The State v Alan Woila [1978] PNGLR 99, 103, per Kearney J.

Entscheidung, welche drei Monate später ergangen wäre, keinerlei Einfluss auf die Gerichte Papua-Neuguineas gehabt hätte. Begründet wurde diese Entscheidung u.a. mit der Ablehnung der Deklaratorischen Theorie, welche nach Ansicht der Richter nicht mehr mit den Realitäten eines Prozesses einherging.[205]

Auch der High Court Hongkongs sprach sich in einer (sehr frühen Entscheidung) nach dem Souveränitätswechsel für eine solche Stichtagsregelung aus. Danach besteht das Common Law mit dem Inhalt, wie er sich am 30. Juni 1997 um 24.00 Uhr darstellte.[206]

> „It is submitted...that there is an uncertainty in the cut-off date of the laws previously in force. They query whether it should be the date of the Joint Declaration in 1984 or the date of the promulgation of the Basic Law in 1990 or 30 June 1997...The cut-off date cannot be the date of the Joint Declaration. It was only a treaty and a declaration of intent. It cannot be the date of the promulgation of the Basic Law since it was then stated to take effect on a future date. The Basic Law came into effect on 1 July 1997. It declares in art. 8 and other provisions that the laws previously in force and the existing legal system are adopted. The only logical and in fact proper conclusion is that 30 June 1997 is the cut-off date."[207]

Dieser Ansatz, das englische Recht als 'Stumpf' zu betrachten, dessen Entscheidungen bis zum 30. Juni 1997 24.00 Uhr Bindungswirkung entfalten, würde die Rechte der Gerichte Hongkongs in höherem Maße beschränken, als auf den ersten Blick erkennbar ist. Es ergeben sich hier strukturelle Probleme: Ist eine Entscheidung bindend, welche vor dem Souveränitätswechsel getroffen wurde, dann ist sie in Hongkong weiterhin und in alle Ewigkeit bindend, auch wenn sie in England schon lange aufgehoben wurde. Sie bleibt mithin ebenfalls 'eingefroren'. Das Hongkonger Gericht hat schließlich keine Kompetenz, diese bindende Entscheidung aufzuheben oder die darin behandelte Rechtsfrage anders zu

---

205 The State v Alan Woila [1978] PNGLR 99, 103. „In any event, in my opinion the Blackstonian theory is now discredited, and does not accord with the realities of the judicial process."

206 HKSAR v Ma Wai Kwan, David [1997] HKLRD 761, 777.

207 HKSAR v Ma Wai Kwan, David [1997] HKLRD 761, 776 f.

beantworten.[208] Eine Kreation eines eigenen Hongkonger Rechts insgesamt könnte dann auch nur noch hinsichtlich solcher Fragestellungen stattfinden, welche sich vor dem Souveränitätswechsel niemals gestellt hatten und zu denen es demzufolge in der Sache keine bindenden Entscheidungen gibt.[209] Das kann ebenfalls nicht der Wille der Schöpfer des Basic Law gewesen sein. Für den Fall Nigeria formulierte Andrew Park:

> „To regard them as bound by pre-1900 cases, but not by those decided after that date would result in the worst of all possible worlds. It would produce all the difficulties of attempting to crystallise a developing system of case law at a particular moment, and furthermore might well compel the courts to observe outdated rules which are inappropriate to the second half of the twentieth century and have been abandoned by the courts of England."[210]

Auch die Richter müssen in die Lage versetzt werden, ein eigenes, von England unabhängiges, modernes Recht zu schaffen. Sie müssen frühere Entscheidungen aufheben und abweichend von diesen entscheiden können, unabhängig davon, ob diese Entscheidungen in England vor oder nach dem Souveränitätswechsel ergangen sind. Eine Stichtagsregelung, wie die oben dargestellen, würde diese freie Entscheidungsfindung völlig unmöglich machen und die Hongkonger Gerichte weiterhin an die Marionettenfäden der englischen Gerichte binden.

---

208 Siehe dazu die Ausführungen von Wesley-Smith, Peter (1999) S. 16 f.

209 Die Gerichte in Papua-Neuguinea haben diese Problem durch einen komplizierten Ansatz zu lösen versucht: Die nach Erreichen der Unabhängigkeit ergangenen Entscheidungen des House of Lords waren dann bindend, wenn sie eine frühere Entscheidung änderten oder ganz aufhoben (retrospektiv), nicht jedoch, wenn durch sie neues Recht geschaffen wurde: The State v Bisket Uranguae Pokia [1980] PNGLR 97, 99. Dabei handelt es sich aber um eine so umständliche Handhabung, dass sie kaum dauerhaft durchführbar ist. Zumindest zeigt sie aber das Bestreben, zum einen selbst neues Recht zu schaffen, zum anderen nicht mit einem eingefrorenen Recht leben zu müssen.

210 Park, Andrew (1863) S. 23 f.

4.2. Ablehnung der Stichtagsregelung auf Grundlage des Basic Law

Das Basic Law, auch wenn es recht vage und uneindeutig formuliert ist, scheint eine Stichtagsregelung zu bevorzugen. Beide oben dargestellten möglichen Ansätze führen jedoch dazu, dass sich das Common Law im Laufe der Zeit immer weiter von den tatsächlichen gesellschaftlichen und wirtschaftlichen Gegebenheiten entfernen wird. Ist der Wortlaut des Artikel 8 des Basic Law dennoch mit dem Ziel, das Common Law als dynamische Rechtsquelle zu erhalten, in Einklang zu bringen?

Peter Wesley-Smith, bis vor kurzem Professor für Verfassungsrecht an der Hong Kong University, formulierte nach dem (fast) vergeblichen Versuch, eine Antwort auf diese Frage zu finden:

> „A safer judicial technique, and one occasionally adopted when difficult issues arise, is simply to ignore the problem: carry on as always, modifying and developing the law as is deemed apt. This is the appropriate solution for practical men of affairs. The theoretical consequences can be left for idle academics to debate in common rooms, their abstract speculations unread by lawyers and judges."[211]

Dies kann jedoch nicht die Lösung sein; im Rahmen der vorliegenden Arbeit kann diese Frage nicht ignoriert werden. Soll nicht auf die veraltete Deklaratorische Theorie zurückgegriffen werden, und scheut man die Aufstellung der paradoxen Regel, dass die Deklaratorische Theorie zwar abgelehnt wird, richterliche Entscheidungen aber die dieser Theorie entspringende Rückwirkung entfalten, bleibt nur die Möglichkeit der Interpretation des Basic Law. Läßt der Wortlaut des Basic Law eine Auslegung zu, die das Fortbestehen des Common Law in Hongkong als eine sich weiterentwickelnde Quelle des Rechts akzeptiert?

---

211 Wesley-Smith, Peter (1999) S. 21.

Artikel 8 des Basic Law[212] spezifiziert 'the laws previously in force' durch die Termini 'Common Law', 'rules of equity', 'ordinances', 'subordinate legislation' und 'customary law'. Fraglich ist, ob diese Begriffe lediglich als Interpretationshilfe dienen sollen oder gar eine abschließende Aufzählung des in der Sonderverwaltungszone anwendbaren Rechts darstellen. Was die Bezeichnungen 'ordinances' (Gesetze), 'subordinate legislation' (untergesetzliches Recht) und 'customary law' (chinesisches Gewohnheitsrecht) betrifft, so läßt sich deren Bedeutungsgehalt relativ leicht bestimmen; Schwierigkeiten ergeben sich dagegen bei den Begrifflichkeiten 'Common Law' und 'equity'. Da dem Begriff 'Common Law' durchaus verschiedene Bedeutungen zukommen,[213] entscheidet sich die Zukunft des Hongkonger Rechtssystems danach, in welcher Bedeutung er in Artikel 8 des Basic Law Eingang gefunden hat. Kommt ihm die klassische Definition zu, nach der das Common Law als Korpus der gerichtlichen Entscheidungen, ergangen von den Common-Law-Gerichten, zu verstehen ist, gegen den die Regeln und Prinzipien der Equity, ergangen vom Court of Chancery, die Entscheidungen der Seegerichte, der Kirchengerichte, der völkerrechtlichen Tribunale sowie die Gesetzgebung abgegrenzt werden, dann kommt man nicht umhin, dem Wortlaut des Artikel 8 des Basic Law folgend, eine Stichtagsregelung mit einem eingefrorenen Common Law am 30. Juni 1997 um 24.00 Uhr anzunehmen. Dieser Korpus an Entscheidungen müsste dann in dem Zustand, in dem er sich am 30. Juni 1997 um 24.00 Uhr befand, durch die Hongkonger Gerichte, auch den Court of Final Appeal, als formal bindend betrachtet werden. Das gleiche gilt, wenn der Begriff 'Common Law' allgemein das Fallrecht inklusive der Entscheidungen der Equity umschreibt.

Artikel 8 des Basic Law verwendet den Begriff Common Law allerdings in keiner der klassischen Definitionen. Wäre er im Sinne des allgemeinen Fallrechts zu verstehen, dann wären die Regeln der Equity bereits vom Begriff Common Law umschlossen; einer zusätzlichen Erwähnung hätte

---

212 Artikel 8 des Basic Law: „The laws previously in force in Hong Kong, that is, the common law, rules of equity, ordinances, subordinate legislation and customary law shall be maintained, except for those that are inconsistent with this Law or have been amended by the legislature of the Hong Kong Special Administrative Region."

213 Siehe S. 20 ff.

es nicht bedurft. Auch ist er nicht als Bezeichnung eines territorial und inhaltlich abgegrenzten Rechtssystems, welches das Gegenstück zum Civil-Law-System bildet, zu verstehen. Dann wäre die Verweisung auf die Gesetzgebung und untergesetzliches Recht überflüssig.

Ebenso wenig bezeichnet der Begriff Common Law aber auch den Korpus der Entscheidungen, welche von einem Common-Law-Gericht (King's Court) gefällt wurden. Bei diesem Begriffsverständnis müssen die Entscheidungen in Equity, welche durch den Court of Chancery ergehen, tatsächlich zusätzlich aufgeführt werden – wie auch im Falle des Basic Law – da sie in dieser Bedeutung nicht vom Begriff Common Law umfasst werden. Des Weiteren müssten dann aber auch die Entscheidungen des Court of Admiralty sowie kirchenrechtliche und völkerrechtliche Entscheidungen zusätzlich in Artikel 8 des Basic Law aufgeführt werden, die dort jedoch fehlen.

Dass in Artikel 8 des Basic Law der Begriff Common Law zwar zum einen gegen die Gesetzgebung abgegrenzt wird, was für die Interpretation des Begriffs Common Law als 'Fallrecht' spricht, zum anderen aber zusätzlich die Regeln der Equity erwähnt werden, was wiederum einen Hinweis darauf darstellt, dass der Begriff Common Law tatsächlich nur die Entscheidungen der Common-Law-Gerichte meint, lässt nur den Schluss zu, dass die Formulierung durch die Schöpfer des Basic Law offensichtlich nicht eindeutig gewählt wurde.[214] Es muss mithin davon ausgegangen werden, dass sie nicht eine klassische und strenge Definition des Begriffs Common Law vorgenommen haben, als sie diesen in den Artikel 8 des Basic Law aufnahmen.

Ausgehend vom Sinn des Basic Law soll deshalb eine teleologische Interpretation des Artikels 8 des Basic Law vorgenommen werden. Durch die Aufnahme des Begriffs Common Law in Artikel 8 des Basic Law sollte unter anderem exemplarisch dargestellt werden, wie 'the laws previously in force' ausgestaltet waren und nach welchen Grundsätzen sie sich richten. Die Aufzählung kann daher als eine Zusammenstellung von einzelnen Aspekten, die gemeinsam einen Ansatz zur Lösung rechtlicher

214 Yash Ghai (1997) S. 206, 370.

Problemstellungen bilden, betrachtet werden. Sie sollen beispielhaft beschreiben, was der Inhalt des Rechts in Hongkong vor dem Souveränitätswechsel war und welcher prozessualer bzw. institutioneller Mittel es sich bediente, um Antworten auf juristische Fragestellungen zu finden. Der Begriff Common Law ist somit nicht als Korpus, zusammengesetzt aus einzelnen Entscheidungen, aber auch nicht als System im Gegensatz zum Civil-Law-System, sondern als Institution zu verstehen. Diese beinhaltet die allen Common-Law-Gerichtsbarkeiten eigene Spezifik des Präzendenzfallprinzips als solchen, beruhend auf der Trennung von Fallrecht und Gesetzgebung. Die sachlichen Entscheidungen (Urteile) der englischen Gerichte gehören allerdings nicht zwingend zu den 'laws previously in force', obwohl sie selbstverständlich weiterhin Anwendung finden dürfen.

Dem könnte entgegengehalten werden, dass dann nicht der Begriff 'laws' Eingang ins Basic Law gefunden hätte, sondern eher eine Formulierung wie 'source of law'. Auch ist es unmöglich, dass das Common Law in dieser institutionellen Bedeutung mit dem Basic Law nicht übereinstimmt, da der sachliche Inhalt des Common Law dann wandelbar bleibt.[215] Diese Argumente können nach obiger Argumentation aber ebenfalls mit dem Hinweis auf eine juristisch nicht exakte Formulierung bei der Erstellung des Basic Law verworfen werden. Was die Übereinstimmung von 'the laws previously in force' mit dem Basic Law betrifft, so kann diese Aussage auch lediglich auf Gesetze und untergesetzliches Recht bezogen gewesen sein, welches tatsächlich mit dem Souveränitätswechsel unwirksam wurde, soweit es nicht mit den Normen des Basic Law einherging.

Der Wortlaut des Basic Law ist mithin so auszulegen, dass die Grundsätze des Common Law, die aus ihm resultiertenden Ansätze zur gerichtlichen Lösung rechtlicher Fragen mit dem Fallrecht auf der Grundlage des Präzendenzfallprinzips und den damit in Zusammenhang stehenden Entscheidungssammlungen etc. ohne eine Stichtagsregelung auch weiterhin in Hongkong Anwendung finden sollen. Eine formale Bin-

---

215 Artikel 8 des Basic Law: „...except for those that are inconsistent with this Law..."

dungswirkung englischer Entscheidungen auf Hongkonger Gerichte ist aus rechtstheoretischen Gründen jedoch nach dem Souveränitätswechsel nicht mehr gegeben, unabhängig davon, ob die englische Entscheidung vor oder nach dem 1. Juli 1997 getroffen wurde. Dies muss umso mehr gelten, als das Common Law durch die Bestimmungen des Basic Law diesem grundsätzlich unterworfen ist.[216] Englische Entscheidungen oder auch die anderer Common-Law-Gerichtsbarkeiten können aber nicht auf diese Hongkonger Besonderheiten Rücksicht nehmen. Allein deshalb darf das Common Law Hongkongs nicht formal an das englische Entscheidungssystem gebunden sein.[217]

5. Die Bindungswirkung englischer Entscheidungen in der Praxis und Herleitung von Prognosefaktoren

Ob eine solche Bindungswirkung dennoch bejaht wird, hängt aber nicht allein von rechtstheoretischen Überlegungen ab, sondern auch davon, wie die Hongkonger Richter ihre Rolle ausfüllen. Es wäre durchaus möglich, dass sie sich, auch unterstützt durch den unklaren Wortlaut des Basic Law, weiterhin an englische Entscheidungen gebunden sehen, obwohl dies tatsächlich nicht mehr der Fall ist. Um in dieser Hinsicht eine Prognose zu wagen, sollen zum Vergleich andere Länder des Commonwealth herangezogen werden, in denen eine ähnliche Entwicklung stattgefunden hat. Zum anderen soll überprüft werden, ob die Richter Hongkongs bereits eine ablehnende Haltung gegenüber englischen Entscheidungen eingenommen haben oder ob sie weiterhin englischem Recht folgen. Nicht zuletzt sollen auch sogenannte weiche Faktoren, welche einen Einfluss auf die Entwicklung des Rechts nehmen können, wie z. B. die Rechtssprache oder die Ausbildung der Juristen, Berücksichtigung finden.

---

216 Artikel 8 des Basic Law.

217 Yash Ghai (1997) S. 345.

5.1. Beschreibung von möglichen Entwicklungstendenzen anhand anderer Staaten des Commonwealth

Nunmehr soll an einigen ausgewählten Beispielen kurz die Entwicklung in anderen Commonwealth-Staaten, welche die Unabhängigkeit erlangten, dargestellt werden. Obwohl die Situationen nicht absolut identisch sind, da diese Staaten im Gegensatz zu Hongkong die volle politische Unabhängigkeit erreicht hatten, können u.a. Australien, Neuseeland, Kanada und Malaysia doch beispielhaft herangezogen werden, um Parallelen zu Hongkong aufzuzeigen und dadurch zu einer Prognose für die Entwicklung des Hongkonger Fallrechts zu gelangen.

Obwohl bei vielen dieser Staaten der Privy Council ebenfalls als oberstes Appellationsgericht abgeschafft wurde, betrachteten die Gerichte einiger Staaten die Entscheidungen des Privy Council und die des House of Lords mitunter noch 30 Jahre später als bindend.[218] Die Gründe, aus denen Obergerichte im Gebiet des ehemaligen British Empire schließlich eine Bindungswirkung ablehnten, waren jedoch verschieden. Zwei Hauptströmungen lassen sich erkennen, welche nachfolgend dargestellt werden. Zum einen wurde zunehmend anerkannt, dass sich das Recht in einzelnen Gerichtsbarkeiten abweichend voneinander entwickeln kann, was letztendlich auf eine stillschweigende Ablehnung der Deklaratorischen Theorie hinausläuft.[219] Zum anderen wurde bei der Ablehnung einer solchen formalen Bindungswirkung mit der Veränderung des Instan-

---

218 So wurde den Entscheidungen des House of Lords in Australien bis 1963 (Parker v R (1962-3) 111 CLR 610, 632), in Neuseeland bis 1972 (Bognuda v Upton & Shearer Ltd [1972] NZLR 741, 757) und in Kanada auf Bundesebene bis 1966 (R v Jennings (1966) 57 DLR (2d) 644) gefolgt. Die Gerichte Guyanas folgten den Entscheidungen des House of Lords bis 1975 (The State v Sookraj Evans (1978-79) 23 WIR 189, 207) und Singapur entschied noch im Jahre 1985, dass die Entscheidungen englischer Gerichte Bindungswirkungen auf ihre Gerichte entfalten (Gomez Nee David v Gomez [1985] 1 MLJ 27 f., obiter dictum). Ähnliches galt lange für Entscheidungen des Privy Council. Die Balfour Declaration von 1926 und das Statute of Westminster von 1931, welche Australien im Jahre 1942 und Neuseeland 1947 ratifizierten, die Abschaffung der Berufungen zum Privy Council durch die Gerichte Kanadas im Jahre 1949 und die Unabhängigkeitserklärungen der Kolonien Westindien und Malaysia schienen darauf keinen Einfluss auszuüben.

219 Siehe dazu S. 32 ff. zur Deklaratorischen Theorie.

zenzuges und der Abschaffung der Berufungen zum Judicial Committee des Privy Council durch diese Länder argumentiert.

5.1.1. Uniformität des Rechts als Grundlage einer möglichen Bindungswirkung im Commonwealth

Solange die Staaten des Commonwealth Berufungen zum Judicial Committee des Privy Council aus ihrem Land zuließen, sahen sich die Gerichte dieser Staaten an dessen Entscheidungen gebunden, unabhängig davon, in welcher Funktion der Privy Council tätig wurde.[220] Zum Teil galt dies auch nach Abschaffung des Privy Council als oberstem Appellationsgericht in einigen Ländern. Dies wurde durch den Privy Council selbst akzeptiert.[221] Noch im Jahre 1982 formulierte der Court of Appeal Neuseelands:

> „[W]e do not think it can be doubted that, subject only to the exceptional need to take account of the local development in some aspect of law which otherwise is common to sister Commonwealth countries, a decision of the Privy Council given in respect of an appeal from the one would be binding upon the Courts of the others."[222]

Auch der Court of Appeal von British Columbia sah sich noch im Jahre 1990 an eine Entscheidung des Privy Council gebunden, die auf eine Berufung des Court of Appeal der Westindischen Inseln ergangen war.[223] Dies beruhte auf dem Uniformitätsgedanken. Nach traditioneller Ansicht

---

220 So z. B. Neuseeland (Stevenson v Basham (1922) 41 NZLR 255, 231); Australien (Cooper v Southern Portland Cement Ltd (1972) 128 CLR 427, 438); Kanada (Re Johnson [1932] 3 DLR 164, 167), Malaysia (Khalid Panjang v Public Prosecutor (No 2) [1964] MLJ 108, 111); Commonwealth of Australia v Midford (Malaysia) Sdn Bhd [1990] 1 MLJ 475, 480), Singapur (Indian Overseas Bank v Goh Teng Hoon [1988] 3 MLJ 372, 375) oder auch Indien (Mahomed Mehdi v Gov-Gen [1948] AIR Ind 100.

221 Bakhshuwen v Bakhshuwen [1952] AC 1, 14.

222 Breuer v Wright [1982] 2 NZLR 77, 83, per Woodhouse P.

223 Re Bank of Montreal v Butler (1990) 66 DLR (4. Serie) 664, 676.

sollte das Common Law überall im Bereich des Commonwealth gleich gehandhabt werden.[224]

> „Diversity in the development of the Common Law...seems to me to be an evil. Its avoidance is more desirable that a preservation here of what we regard as sounder principle.“[225]

Eine rechtstheoretische Erklärung schien für den Uniformitätsgedanken weder gegeben zu werden, noch überhaupt notwendig zu sein. Da es kaum wissenschaftliche Erklärungsversuche für die Uniformitätsdoktrin gab, hielt sie auch den Argumentationen nur kurz stand, als sie dann in Frage gestellt wurde:

> „One takes it to be no longer rationally arguable that there is only one Common Law, even in those Commonwealth jurisdictions whose starting point has been English law. Heroically loyal judicial efforts have failed to hold back the inevitable tide of disparity.“[226]

Dass die Rechtsentwicklung in den Staaten des Commonwealth nicht grundsätzlich uniform verlaufen muss, wurde in Australien mit der Entscheidung Parker v Re[227] sowie Skelton v Collins[228] erstmalig angedacht und durch den Privy Council in Australian Consolidated Press Ltd v Thomas Uren bestätigt.[229] Dort wurde entschieden, dass der High Court Australiens eine Entscheidung des House of Lords ignorieren dürfe, wenn die Einheitlichkeit der Rechtsprechung auf bestimmten Gebieten in

---

224 Neben den praktischen Erwägungen spielte auch die Deklaratorische Theorie hier eine bedeutende Rolle.

225 Wright v Wright (1948) 77 CLR 191, 210, per Dixon J.

226 Coke, Robin (1983) NZLJ 297.

227 Parker v R (1962-3) 111 CLR 610, 632.

228 Skelton v Collins (1965-6) 115 CLR 94, 134 ff., per Windeyer J.: „[H]ow far the reasoning of judgments in a particular case in England accords with common law...This Court must consider the question for itself; and all the more so...if the decision in England was reached after reference only to English decisions, not to the state of the law elsewhere, and seemingly to meet only economic and social conditions prevailing in England. And too what is said is less persuasive when law is as it were fluid and when the conditions which it is being developed to meet are not the same in England and Australia.“

229 Australian Consolidated Press Ltd v Thomas Uren [1969] 1 AC 590.

den einzelnen Ländern des Commonwealth nicht zwingend sei und das Recht sich in diesem Land bereits verfestigt hatte.[230]

Bereits vor der Abschaffung des Privy Council als oberstem Appellationsgericht für Australien im Jahre 1975 war formuliert worden, dass es die Aufgabe der Gerichte sei,

> „to express what is the law on this subject as appropriate to current times in Australia. This will not necessarily be identical with the Common Law of England...though it may always be preferable if substantial divergence between the two can be avoided."[231]

Für Hongkong wurde diese Möglichkeit des Auseinanderdriftens des Rechts in der Entscheidung des Privy Council de Lasala v de Lasala anerkannt.[232]

> „It has become generally accepted at the present day that the Common Law is not unchanging but develops to meet the changing circumstances and patterns of the society in which it is applied."[233]

Eindeutig hat der Privy Council diese Möglichkeit noch einmal in der neuseeländischen Entscheidung Invercargill City Council v Hamlin[234] anerkannt und gutgeheißen.

> „The ability of the Common Law to adapt itself to the differing circumstances of the countries in which it has taken root, is not a weakness, but one of its great strengths. Were it not so, the Common Law would not have flourished as it has, with all the Common Law countries learning from each other."[235]

---

230 Australian Consolidated Press Ltd v Thomas Uren [1969] 1 AC 590, 644.

231 Mutual Life & Citizens' Assurance Co Ltd v Evatt (1968) 42 ALJR 316, 318. Mit dem Begriff 'Common Law' ist hier jedoch der Inhalt des Fallrechts gemeint, welches in der Sache von dem Englands abweichen kann. Er ist nicht in dem institutionellen Sinne zu verstehen, den er auf S. 70 f. dieser Arbeit auf der Grundlage des Artikel 8 des Basic Law erfährt.

232 De Lasala v De Lasala [1979] HKLR 214.

233 De Lasala v De Lasala [1979] HKLR 214, 220, per Lord Diplock J.

234 Invercargill City Council v Hamlin [1996] 2 WLR 367.

235 Invercargill City Council v Hamlin [1996] 2 WLR 367, 376.

Müssen die einzelnen Gerichtsbarkeiten innerhalb des Commonwealth lokale Besonderheiten berücksichtigen, dann darf ein Gericht einer solchen Gerichtsbarkeit auch eine eigenständige Entscheidung zum anwendbaren Recht treffen, wodurch die Entscheidungspraxis in verschiedenen Ländern des Commonwealth voneinander abweichen kann.[236]

Auch die Literatur schloss sich der allgemeinen Ablehnung der Ansicht, dass sich das Fallrecht aus seiner Natur heraus überall identisch entwickeln müsse, an.

> „The course taken by the case law of another jurisdiction is not necessarily the right one. It is time we abandoned the myth of the 'brooding omnipresence' of which Holmes J spoke in the United States many years ago and took account of the simple facts. English law was exported at different times to many different places. Its rules and principles have been developed by the courts of those places. When a novel point arises for decision in those courts, English law is the natural starting point of judicial thought, but why should judicial thought always end with English law?"[237]

Allerdings wurde in der Entscheidung des Privy Council Tai Hing Cotton Mill Ltd v Liu Chong Hing Bank Ltd, welche im Jahre 1986 auf eine Berufung aus Hongkong erging, zwischenzeitlich eine strengere Sicht eingenommen. Die Entscheidung Australian Consolidated Press Ltd v Thomas Uren wurde vollständig ignoriert. Dagegen wurde das Einheitlichkeitsgebot erneut betont:

> „Once it is accepted, as in this case it is, that the applicable law is English, their Lordships of the Judicial Committee will follow a House of Lords' decision which covers the point in issue. The Judicial Committee is not the final judicial authority for the determination of English law. That is the responsability of the House of Lords in its judicial capacity. Though the Judicial Committee enjoys a greater freedom from the binding effect of precedent than does the House of Lords, it is in no position

236 Hart v O'Connor [1985] 1 AC 1000, 1017.

237 Cross, Rupert (1969) 43 ALJ 3, 7.

on a question of English law to invoke the Practice Statement (Judicial Precedent) [1966] 1 WLR 1234 of July 1966 pursuant to which the House has assumed the power to depart in certain circumstances from a previous decision of the House....It is, of course, open to the Judicial Committee to depart from a House of Lords' decision in a case where, by reason of custom, statute, or for other reasons peculiar to the jurisdiction where the matter in dispute arose, the Judicial Committee is required to determine whether English law should or should not apply. Only if it be decided or accepted (as in this case) that English law is the law to be applied will the Judicial Committee consider itself bound to follow a House of Lords' decision."[238]

Endgültig abgesegnet wurde die Absage an eine automatisierte Uniformität dann jedoch durch die Entscheidung des Privy Council in Geelong Harbor Trust Commissioners v Gibbs Bright & Co,[239] bei der ein Konflikt zwischen einer Entscheidung des High Court Australiens und einer späteren Entscheidung des House of Lords entbrannt war. Der High Court Australiens lehnte es ab, seine Entscheidung aufgrund einer divergierenden Meinung des House of Lords zu ändern. Der Privy Council entschied daraufhin:

„Even among those nations whose legal system derives from the Common Law of England, this consensus may vary from country to country and from time to time. It may be influenced by the federal or unitary nature of the constitution and whether it is written or unwritten, by the legislative procedure in Parliament...; but most of all by the underlying political philosophy of the particular nation as to the appropriate limits of the lawmaking function of the non-elected judiciary. The High Court of Australia can best assess the national attitude on matters such as these."[240]

Letztendlich haben die Gerichte der meisten Staaten den Uniformitätsgedanken weitestgehend aufgegeben und akzeptiert, dass eine eigenständige, von England unabhängige Rechtsentwicklung nicht den

238 Tai Hing Cotton Mill Ltd v Liu Chong Hing Bank Ltd [1986] 1 AC 80, 108, per Lord Scarman.

239 Geelong Harbor Commissioners v Gibbs Bright & Co [1974] AC 810.

240 Geelong Harbor Trust Commissioners v Gibbs Bright & Co [1974] AC 810, 820 f.

Grundsätzen des Common Law widerspricht. Darüber hinaus wurden sogar in Hongkong bereits Anfang der 80er Jahre solche Überlegungen laut, als Roberts CJ in Lam Yuk Ming v Attornee General[241] erklärte, dass es ein eigenständiges Recht Hongkongs gäbe, welches einen Großteil des englischen Fallrechts beinhalte, und dass keine Garantie für das Recht des House of Lords existiere, Hongkonger Fälle zu entscheiden.[242] Eine identische Entwickung des Hongkonger und des englischen Fallrechts durch die Richter aufgrund des Uniformitätsgedankens ist deshalb kaum wahrscheinlich. Gestützt wird dies durch das Recht der Gerichte Hongkongs, auf die Entscheidungen anderer Common-Law-Gerichtsbarkeiten zu verweisen, was in Artikel 84 des Basic Law verankert ist.[243] Da eben jene Gerichtsbarkeiten bereits eine relativ eigenständige Entscheidungspraxis ausüben, wird die Verweisungsmöglichkeit zu einem Entfernen der Hongkonger Gerichte von den Entscheidungen des House of Lords und des Privy Council beitragen.

5.1.2. Eigenständige Rechtsentwicklung durch Veränderung des Instanzenzuges

Wie bereits dargestellt, folgten viele Common-Law-Staaten den Entscheidungen des House of Lords noch lange Zeit, obwohl der Privy Council als oberstes Appellationsgericht bereits abgeschafft worden war. Dies beruhte hauptsächlich auf dem damals noch weit verbreiteten Uniformitätsgedanken, nach dem die Entscheidungspraxis im Bereich des Commonwealth sich weltweit möglichst einheitlich entwickeln sollte. Dieser Grundsatz wies aber einige Ausnahmen auf. So entschied der High Court of Australia bereits im Jahre 1943,[244] dass House of Lords-

---

241 Lam Yuk Ming v Attorney General [1980] HKLR 815.

242 Lam Yuk Ming v Attorney General [1980] HKLR 815, 822.

243 Diese Verweisungsmöglichkeit impliziert bereits, dass es ein uniformes Fallrecht nach englischen Maßstäben nicht mehr gibt.

244 Piro v W Foster & Co Ltd (1943) 68 CLR 313, 320. Erstaunlich an dieser Entscheidung ist, dass sie gleichzeitig das Uniformitätsgebot in Robins v National Trust Co [1927] AC 515, 519 zitiert.

Entscheidungen „not technically binding“[245] für ihn seien. In der Entscheidung Skelton v Collins[246] verwendete das Gericht Formulierungen wie „not true for the Commonwealth of Australia“[247] oder auch „not, in a strict sense, bound“[248]. Damit brachten die Gerichte zum Ausdruck, dass dem House of Lords keine Funktion in den Instanzenzügen der einzelnen Gerichtsbarkeiten zukam, da es außerhalb der Hierarchie der Gerichte in diesen Ländern stand. Dies müsste dann auch zu einer fehlenden Bindungswirkung führen.

Mit der gleichen Begründung nahmen dann die Gerichte der meisten Länder langsam eine selbständigere Rolle ein. Der Supreme Court Kanadas entschied, dass seine Gerichte nach Abschaffung dies Privy Council nicht mehr an dessen Entscheidungen gebunden sein sollten.[249] Ebenso formulierte ein südafrikanisches Gericht, nachdem Südafrika seit 1950 keine Berufungen mehr durch den Privy Council entscheiden ließ:

> „As this Court is now the final Court in respect of appeals from courts in the Union, it must naturally have the power, which the Privy Council had and which it does now have in respect of these appeals of departing from an erroneous decision of the Privy Council.“[250]

Im Jahre 1978 wiederholte der High Court of Australia in Viro v R im Jahre 1976, dass das Recht in Australien nicht notwendigerweise identisch mit dem Recht Englands sein muss. Darüber hinaus statuierte er eindeutig, dass die Abschaffung der Berufungen des High Court Australiens zum Privy Council dazu führe, dass der veränderte Instanzenzug eine Bindungswirkung entfallen lasse:

> „The law of precedent depends upon the existence of a hierarchy of courts and now there is no longer a hierarchy. Therefore the strict law on

245 Dieselbe Formulierung wurde übrigens auch von Gerichten anderer Commonwealth-Staaten gebraucht: Ross v McCarthy [1970] NZLR 449, 453; Bognuda v Upton & Shearer Ltd [1972] NZLR 741, 757.

246 Skelton v Collins (1965-6) 115 CLR 94.

247 Skelton v Collins (1965-6) 115 CLR 94, 104.

248 Skelton v Collins (1965-6) 115 CLR 94, 104.

249 Reference Re the Agricultural Products Marketing Act [1978] 84 DLR (3rd) 257, 326.

250 John Bell & Co v Esselden 1954 (1) SA 147, 154.

> precedents cannot be applied. Therefore strictly the decisions of the Privy Council are no longer binding on this Court."[251]

Die Richter vertraten in dieser Entscheidung die Ansicht, dass eine Berufungsmöglichkeit zu einem bestimmten Gericht den Kern der Doktin des stare decisis bildet.[252] Existiert eine solche Berufungsmöglichkeit nicht mehr, kann auch die Entscheidung dieses Gerichts keine formale Bindungswirkung mehr entfalten.[253]

Weiterhin wurde formuliert, dass nur dem High Court Australiens die Aufgabe zukomme, das in Australien anwendbare Recht zu setzen, es anzuwenden und es zu interpretieren.

> „I would emphasize that it is well recognized that the Common Law may develop differently in Australia from the Common Law as it develops in England and other countries from which an appeal lay or now lies to the Privy Council. It is the responsibility of this Court to determine ultimately what is the law for Australia...[I]t therefore has a unique capacity to decide whether a particular rule or principle of law is appropriate or adapted to Australian conditions and circumstances, to interpret and apply Australian statutes in the light of Australian circumstances and to apply Australian law as it has developed."[254]

Daraus wird deutlich, dass grundsätzlich rechtstheoretische, weniger nationalistische Hintergründe zur Ablehnung der formalen Bindungswirkung führten.[255] Lediglich Murphy J bezeichnete den Privy Council als „an eminent relic of colonialism".[256]

---

251 Viro v R (1976-8) 141 CLR 88, 151, per Jacobs J.

252 Viro v R (1976-8) 141 CLR 88, 129, per Stephens J.

253 Viro v R (1976-8) 141 CLR 88, 151, per Jacobs J.

254 Viro v R (1976-8) 141 CLR 88, 135, per Mason J.

255 Es ist jedoch erstaunlich, wie wenig sich die Gerichte ehemaliger Kolonialstaaten, welche vor der Abschaffung der Berufungen ihrer Urteile zum Privy Council eine formale Bindungswirkung englischer Entscheidungen ablehnten, auf solche Argumente wie nationale Unabhängigkeit oder Souveränität beriefen. Es gibt nur einige Entscheidungen aus Kanada sowie Guyana, wo eine solche Argumentation explizit erkennbar ist: „[A]s this country has now achieved the status of complete independence, we Judges will no longer consider ourselves hidebound by English decisions, but with mature judgment in appropriate cases will strike out on our own and mould the com-

„Australian courts will inevitably pay less regard to past Privy Council decisions on appeals from elsewhere and more regard to decisions of the supreme tribunals which are now the final arbiters of their national legal systems....The members of the Privy Council have not been appointed by Australians, are not responsible to anyone in Australia and cannot be removed by any Australian procedure. As the framers of our Constitution understood, the members of the Privy Council generally have little knowledge of our history, our legislation, our society and therefore of how our decisional law should develop.“[257]

In der Entscheidung Cullen v Trappell forderte Barwick CJ, dass die Gerichte der einzelnen Common-Law-Gerichtsbarkeiten in der Lage sein müssten, ihr eigenes Recht selbst zu bestimmen. Dies müsse umso mehr gelten, da die Obergerichte Englands, insbesondere der Privy Council, nicht mehr dem Instanzenzug dieser Gerichtsbarkeit angehörten und deshalb nicht mehr das Recht bestimmen könnten.

„It is for the final court of appeal in each juristic unit administering the Common Law ultimately to declare what is the Common Law. This, in any case, is a very heavy responsability, but even more so in the case of this court which has become such a final court of appeal, long after the final court of appeal in [the] juristic unit of the United Kingdom has had an opportunity to declare the Common Law.“ [258]

Es ist anhand dieser Skizzierung festzustellen, dass die Veränderung des Instanzenzuges zu einer veränderten Wahrnehmung und Anerkennung der Rechte des Privy Council in den einzelnen Common-Law-Gerichtsbarkeiten geführt hat. Die Gerichte haben sich mehr und mehr auf ihr Recht, selbständig Rechtsfortbildung zu betreiben, besonnen. Auch in der Sonderverwaltungszone Hongkong ist mit dem Souveränitätswechsel der Privy Council als oberstes Appellationsgericht abgeschafft worden. Dass durch diese Veränderung des Instanzenzugs Hongkongs aus

---

mon law to suit the needs of our ever-changing society.“ (Peter Persaud v Plantation Versailles Ltd [1970] 17 107, 118, per Bollers C.)

256 Viro v R (1976-8) 141 CLR 88, 166, per Murphy J.

257 Viro v R (1976-8) 141 CLR 88, 166 f., per Murphy J.

258 Cullen v Trappell (1979-80) 29 ALR 1, 4.

rechtstheoretischen Überlegungen heraus, beruhend auf der Doktrin der stare decisis, die Entscheidungen des Privy Council keine formale Bindungswirkung mehr auf Hongkonger Gerichte entfalten können, war oben bereits dargestellt worden.[259] Anhand des Vergleichs mit Staaten des Commonwealth, die ebenfalls keine Berufungen zum Privy Council mehr zulassen, konnte festgestellt werden, dass sich als Folge der Veränderung des Instanzenzuges auch eine größere Selbständigkeit der Gerichtsbarkeiten artikuliert. Die Gerichte sehen sich weitestgehend nicht mehr an Entscheidungen der englischen Obergerichte zwingend gebunden und versuchen, ihr eigenes, landestypisches Recht zu schaffen. Allerdings geschah dies, wie oben dargestellt, in einem Prozess, der sich über mehrere Jahrzehnte hingezogen hat. Es ist wahrscheinlich, dass eine solche Entwicklung, wenn auch über einen längeren Zeitraum und nicht ad hoc, auch in Hongkong stattfinden wird.

5.1.3. Aussagen der Hongkonger Gerichte bezüglich der Bindungswirkung englischer Entscheidungen

Nach der Darstellung der Rechtsentwicklung in anderen Commonwealth-Ländern sollen die Ergebnisse anhand von Hongkonger Entscheidungen untersucht werden. Diese Überprüfung bezieht das gesamte Recht Hongkongs mit ein, um so Aussagen für das Vertragsrecht ableiten zu können. Die Erweiterung des Blickwinkels an dieser Stelle muss deshalb vorgenommen werden, da aufgrund des geringen zeitlichen Abstandes zum Souveränitätswechsel ein eindeutiger Trend alleine im Vertragsrecht womöglich nicht sichtbar werden könnte.

Vor dem 1. Juli 1997 stellte sich dieses Problem der fehlenden Bindungswirkung englischer Entscheidungen in Hongkong nicht. Da das Judicial Committee des Privy Council bis zu diesem Zeitpunkt oberstes Appellationsgericht Hongkongs und deshalb Teil des Hongkonger Instanzenzuges war, entfalteten seine Entscheidungen selbstverständlich eine formale Bindungswirkung in Hongkong.[260] Nach dem Souveränitäts-

---

259 Siehe S. 54 ff.

260 Siehe dazu S. 56, 58.

wechsel haben sich die Richter der Hongkonger Obergerichte bisher eher bedeckt gehalten, was eine ausdrückliche Ablehnung der Entscheidungen des House of Lords und des Judicial Committee des Privy Council betrifft. Dennoch kann durch einige Zitate belegt werden, dass eine formale Bindungswirkung dieser Entscheidungen in Hongkong durch die Gerichte abgelehnt wird. Darüber hinaus kann aber auch festgestellt werden, dass sie grundsätzlich der ratio decidendi folgen, solange sie sich nach ihrer Ansicht überzeugend (persuasive) darstellt.

Im Jahre 1998 sah sich der Court of Appeal Hongkongs durchaus noch an die Entscheidungen des House of Lords gebunden, zumindest an jene, welche vor dem Souveränitätswechsel in 1997 ergangen waren.[261] Allerdings schloß er die Möglichkeit, dass Hongkonger Gerichte von englischen Entscheidungen abweichen, nicht grundsätzlich aus.

> „Furthermore, this Court, it seems to me continues upon the basis explained in de Lasala v de Lasala [1980] AC 546, to be bound by the decisions of the House of Lords given prior to 1 July 1997. If such decisions are to be departed from, that will have to be done by the Court of Final Appeal."[262]

Im Jahr 2000 führte Nazareth J in The Bank of East Asia Ltd v Tsien Wui Marble Factory Ltd allgemein zum Inhalt des Common Law und der Bindungswirkung englischer Entscheidungen aus, dass das Common Law Englands, so wie es unmittelbar vor dem 1. Juli 1997 angewendet wurde, auch das Recht Hongkongs ist, dass die Entscheidungen des House of Lords jedoch keine formale Bindungswirkung in Hongkong mehr entfalten.

> „The Common Law "maintained" by art. 8 and sanctioned by art. 18 of the Basic Law as part of the Law of the Hong Kong Special Administrative Region must in general terms be the Common Law of England as applied to Hong Kong immediately before 1 July 1997. Furthermore, this Court would not be bound by decisions of the House of Lords in identifying and developing the Common Law of Hong Kong....It may be thought,

---

261 Hong Kong Clays & Kaolin Co Ltd v Director of Lands [1999] 1 HKLRD 527.

262 Hong Kong Clays & Kaolin Co Ltd v Director of Lands [1999] 1 HKLRD 527, 538.

> however, that this Court would not depart from the law as it applied immediately before 1 July 1997 without good reason."[263]

Darin machte er deutlich, dass er durchaus Möglichkeiten für die Hongkonger Gerichte sieht, von den Entscheidungen Englands, welche vor dem 1. Juli 1997 getroffen wurden, abzuweichen. Diese Aussage läßt darauf schließen, dass er eine formale Bindungswirkung englischer Entscheidungen verneint. Darüber hinaus läßt er aber auch keinen Zweifel daran, dass Hongkonger Gerichte von diesen Entscheidungen nur in Ausnahmefällen abweichen werden.

Ähnlich äußerte sich ein District Court Hongkongs in der Entscheidung Arrowtown Assets Ltd v The Collector of Stamp Revenue.[264] Auch hier wurde die formale Bindungswirkung englischer Entscheidungen, speziell des House of Lords, nach dem Souveränitätswechsel verneint. Dennoch befand das Gericht, dass diese Urteile für die eigene Entscheidungsfindung aufgrund ihrer Überzeugungskraft herangezogen werden müssten.

> „And although Shop and Store[265] was only a majority decision of the House, involving the dissent of, as eminent a jurist as Lord Reid, and a House of Lords decision is strictly speaking, not binding on this Court, particularly after the resumption of sovereignty in 1997, it must, in my judgment, be regarded as having the highest persuasive authority at least in this Court: C.f. De Lasala v De Lasala [1980] AC 546 at pp. 557A - 558F."[266]

In einer Entscheidung aus dem Jahre 2002 wurde diese Sichtweise beibehalten. Wieder betonte der High Court Hongkongs die fehlende formale Bindungswirkung englischer Entscheidungen, schloß sich aber gleichzeitig den Aussagen eines Mitglieds des House of Lords, die dieser im Rahmen der Entscheidung abgegeben hatte, an.

---

263 The Bank of East Asia Ltd v Tsien Wui Marble Factory Ltd & Others and Remo Riva and Others (Third Parties) [2000] 1 HKLRD 268, 361, per Nazereth NPJ.

264 Arrowtown Assets Ltd v The Collector of Stamp Revenue [2002] 1 HKLRD 431.

265 Shop and Store Developments v IRC [1967] AC 472. Dabei handelt es sich um eine Entscheidung des House of Lords.

266 Arrowtown Assets Ltd v The Collector of Stamp Revenue [2002] 1 HKLRD 431, 456, per Cheung J.

> „Put in context, the "non-commercial" test propounded by Lord Nicholls in Etridge was, strictly speaking, obiter dictum....Moreover, a House of Lords decision is not binding on this Court. Likewise, similar observations may be made in respect of what was said in O'Brien....Therefore, so far as this case is concerned, nothing is really binding on me.... With respect, I agree and adopt the reasoning of Lord Nicholls in Etridge, and find what he said there to be of the highest persuasive authority in this Court. I see no reason not to follow it."[267]

In der Entscheidung Anheuser-Busch Incorporated v Budejovicky Budvar Narodni Podnik[268] formulierte Deputy High Court Judge Kwan nicht nur die Ablehnung einer formalen Bindungswirkung der Entscheidungen des House of Lords und ihre persuasive Bedeutung. Darüber hinaus verwies er auch umfassend auf Hongkonger Präzedenzfälle, woraus erkennbar wird, dass es durchaus zur Praxis der Richter gehört, auf ein wachsendes Repertoire an eigenen Hongkonger Entscheidungen zurückzugreifen. Diese Entscheidungen stammen nicht lediglich aus der Zeit nach dem Souveränitätswechsel, sondern zum Teil bereits aus dem Ende der 80er Jahre:

> „I have set out the principles laid down in Seaconsar in some detail because it was submitted by ... that I should not apply the principles in the House of Lords decision which is not binding on me but is only of persuasive authority. It was submitted that as a judge sitting at first instance, I am bound by the decisions of the Court of Appeal in Wo Fung Paper Making Factory Ltd v. Sappi Kraft (Pty.) Ltd [1988] 2 HKLR 346 and R. Leslie Deak and Anr v. Deak Perera Far East Ltd (in liquidation) [1991] 1 HKLR 551.... In my own research, I have found the decision of the Court of Appeal in Bonus Garment Company v. Karl Rieker Gmbh and Co Kg & Anr [1995] 3 HKC 721, 13 October 1995... Apart from this decision of the Court of Appeal, I have found a number of decisions all decided by Stone J in the Commercial List in which he applied the principles in Seaconsar. They are as follows: Daewoo Hong Kong Limited v.

267 Dao Heng Bank Ltd v Ho Yin Yuk and Another [2003] 1 HKLRD 28, 51 f. per Cheung J.

268 Anheuser-Busch Incorporated v Budejovicky Budvar Narodni Podnik [2001] HKEC 757.

> Mana Maritime Inc and Ors [1997] HKLRD 1264; Inchcape J. D. H. Limited v. Baltrans Exhibition & Removal Limited and Anr [1997] HKLRD 1278; Heliopolis Co Ltd and Ors v. Euroscan Express (HK) Ltd and Anr [1998] 1 HKC 323; and Ferromin Limited v. Nittetsu Shoji Company Limited, HCCL No. 41 of 1998, 29 January 1999... It seems that our courts have moved with the times and I am not going to put the clock back and follow the decisions of the Court of Appeal decided before Seaconsar. I am free to follow the principles in that case in view of the subsequent Court of Appeal decision in Bonus Garment Company and the standard of a serious question to be tried is to be applied when I come to consider the merits of the Plaintiff's case.“[269]

In Shun Kai Finance Co Ltd v Japan Leasing (Hong Kong) Ltd (In Creditors' Voluntary Liquidation)[270] wurde durch den Prozessvertreter des Klägers zu 1) für die Ablehnung der formalen Bindungswirkung insbesondere auf das Inkrafttreten des Basic Law Bezug genommen. Der Court of Appeal ließ diese Frage offen. Er meinte aber, er folge dennoch der englischen Entscheidung, da er in der Sache zu keiner anderen angemessenen Ansicht kommen könne.

> „...it was open to this court to adopt its own course, particularly since the coming into force of the Basic Law and the fact that decisions of the Court of Appeal and House of Lords in England are not binding. Whatever the correct analysis as to whether other decisions are binding or not, the clarity of reasoning and sound basis of the judgments to which I have referred, in my view, makes it impossible for this court to come to any other view.“[271]

Eine Ausnahme von diesem Trend bildet die Entscheidung Tang Siu Man v HKSAR.[272] In dieser Entscheidung, bei der es sich allerdings um einen strafrechtlichen Fall handelt, nahm sich der Court of Final Appeal

---

269 Anheuser-Busch Incorporated v Budejovicky Budvar Narodni Podnik [2001] HKEC 757, per Kwan J.

270 Shun Kai Finance Co Ltd v Japan Leasing (Hong Kong) Ltd (In Creditors' Voluntary Liquidation) [2000] 758 HKCU 1.

271 Shun Kai Finance Co Ltd v Japan Leasing (Hong Kong) Ltd (In Creditors' Voluntary Liquidation) [2000] 758 HKCU 1, per Rogers VP.

272 Tang Siu Man v HKSAR [1998] 1 HKLRD 350.

das Recht, den Entscheidungen englischer Obergerichte nicht zu folgen. Vielmehr entschied er in Übereinstimmung mit Entscheidungen von Gerichten anderer Common-Law-Gerichtsbarkeiten. So nahm er Bezug auf den australischen Fall Trimboli [1979] 1 A.Crim.R. 73.

> „There is no need in this jurisdiction to impose the Vye and Aziz regime on trial judges. The regime has not been demonstrated to work well in other jurisdictions....Whatever the imperatives making that regime desirable in England, none has been demonstrated here."[273]

Diese Entscheidung widerspricht auch der These, das Basic Law enthalte in Artikel 8 eine Stichtagsregelung. Bei den Entscheidungen, denen das Gericht nicht folgen wollte, handelt es sich um R v Aziz [1996] 1 AC 41 und R v Vye [1993] 1 WLR 471. Beide Entscheidungen ergingen offensichtlich vor dem Souveränitätswechsel. Bei einer Stichtagsregelung zum 1. Juli 1997 hätten sie formale Bindungswirkung auf den Court of Final Appeal entfalten müssen. Eine Stichtagsregelung, wie das Basic Law vom Wortlaut her vorzuschreiben scheint, erkennen die Gerichte Hongkongs damit offensichtlich nicht an.

Darüber hinaus lassen sich an obigen Entscheidungen, welche die formale Bindungswirkung englischer Entscheidungen verneinen, verschiedene Erkenntnisse ablesen: Die Gerichte Hongkongs erkennen durchaus die Möglichkeit an, dass sich das Recht Hongkongs unabhängig von den Entscheidungen in England entwickeln kann. Sie betreiben eine selbständige Rechtsfortbildung. Dies wird zum einen darin deutlich, dass sie eine formale Bindungswirkung verneinen, zum anderen darin, dass sie eigene Hongkonger Entscheidungen als Präzedenzfälle sowie Entscheidungen anderer Common-Law-Gerichtsbarkeiten im Rahmen der Entscheidungsfindung zitieren. Als Grund für diese Abweichung benennen sie hauptsächlich das Inkrafttreten des Basic Law, nachdem Hongkong den Status einer Sonderverwaltungszone unter chinesischer Herrschaft erhalten hat.[274]

---

273 Tang Siu Man v HKSAR [1998] 1 HKLRD 350, 368, per Litton PJ.

274 Siehe z. B. Arrowtown Assets Ltd v The Collector of Stamp Revenue [2002] 1 HKLRD 431, 456.

Dennoch lassen sich die Gerichte bei dieser Rechtsfortbildung weiterhin sehr stark von den englischen Entscheidungen des House of Lords und des Privy Council leiten, die sie als höchst überzeugende (persuasive) Präzendenzfälle, jedoch ohne formale Bindungswirkung, anerkennen. Solange diese Entscheidungen einleuchtend und angemessen sind, sollte ihnen gefolgt werden. Dies berührt das Recht, von ihnen abzuweichen, jedoch nicht. Damit spiegeln sich bereits die Erfahrungen der oben dargestellen Länder in Hongkong wider. Sie könnten demnach auch auf das Vertragsrecht in Hongkong Anwendung finden, was in Kapitel III untersucht werden soll.

5.2. Weiche Faktoren mit Einfluß auf die weitere Entwicklung der Hongkonger Entscheidungen

Dennoch soll neben den rechtstheoretischen Überlegungen und der Untersuchung der Praxis der Gerichte in Hongkong und im Commonwealth nicht außer Acht gelassen werden, dass es Faktoren gibt, welche das Recht eher schleichend, aber doch nachhaltig beeinflussen. Dazu zählen die Rechtssprache und die Juristenausbildung. Diese Faktoren können bestimmen, wie stark die Entscheidungspraxis in Hongkongs weiterhin an die Englands gebunden bleiben wird, oder ob sie eine inhaltlich abweichende Entwicklung nehmen wird. So kommt in Betracht, dass die Urteile in Hongkong durch einen erhöhten Rückgriff auf die chinesische Sprache als Rechtssprache eine verstärkte lokale Ausprägung bekommen oder auch, dass die Protagonisten des Rechtssystems, Anwälte und Richter, ihre Ausbildung verstärkt nach Asien verlagern, was in der Sache ebenfalls zu einer Entfernung vom englischen Recht führen kann.

5.2.1. Sprache als Grundlage eines Rechtssystems

Da die Sprache das Medium ist, durch welches Normen und Regeln ausgedrückt werden, besteht eine enge Verbindung zwischen Recht und Sprache im Allgemeinen. Oft ist ein bestimmtes Recht auch mit einer bestimmten Sprache verbunden, da Konnotationen bzw. Denotationen nur in dieser Sprache erkennbar sind. Ein bestimmtes Grundkonzept sowohl eines Individuums als auch einer Gesellschaft ist geformt durch und wird reflektiert in deren Sprache.[275] Welche Sprache eine Gesellschaft benutzt, ist immer ein Indiz dafür, welchen konzeptionellen Ideen und Gedanken sie folgt. Eine Übertragung dieser Anschauungen in eine andere Sprache ist oft nur begrenzt möglich:

> „The English Common Law ist not simply a system of rules and institutions, it is a reflection of certain social and cultural values – a conceptual reality – which has evolved over time in a particular socio-cultural context. The legal expression, therefore, is not merely an accident of expression which exists in isolation, it reflects a way of thinking about the world."[276]

Der Erhalt der Grundsätze des englischen Rechts ist eng mit dem Schicksal der englischen Sprache als Rechtssprache in Hongkong verbunden. Es ist nicht nur zu statuieren, dass die englische Sprache Anwendung finden wird, solange in Hongkong englische Entscheidungen angewandt werden.[277] Man kann auch umgekehrt formulieren, dass die Grundsätze des englischen Rechts umso stärker vertreten werden, je länger und umfassender die englische Sprache verwendet wird.

> „[T]he language in which the legal ideas are expressed exerts an influence on the substance of the ideas themselves."[278]

Somit ist die Anwendung einer bestimmten Sprache nicht nur Indiz für die Weltanschauung und die moralische und ethische Basis einer Gesellschaft, sondern die Sprache beeinflusst auch die Entwicklung einer Weltanschauung in eine bestimmte Richtung.

> „The fundamental question concerns the nature and extent of the connections between the Common Law system and the English language.

275 Ujejski, Tomasz (1989) S. 183.

276 Ujejski, Tomasz (1989) S. 183.

277 Die Notwendigkeit der Anwendung der englischen Sprache für das Common Law ergibt sich schon daraus, dass Entscheidungen aus anderen Common-Law-Gerichtsbarkeiten, wie England, Australien, Neuseeland etc., auf welche die Hongkonger Gerichte gemäß Artikel 84 des Basic Law verweisen dürfen, grundsätzlich in englischer Sprache abgefaßt sind.

> Historically speaking, both are products of English culture. When one thinks about the law in English, it is probable that one is unconsciously influenced by the cultural, moral and intellectual values inherent in the use of the English language. There is probably a definite relationship between the localisation of the language of the law and the localisation of its substance, spirit, approach, values and assumptions. Just as the ideas conveyed by a court judgment written in English and its translation in the local language may not be exactly the same, it is likely that there is even a greater difference between a judgment written in English and one originally written in the local language where the two judgments deal with the same case and are supposed to apply the same legal rules and principles.[279]

Deshalb soll nachfolgend der Stellenwert der englischen Sprache als Rechtssprache in Geschichte, Gegenwart und Zukunft untersucht werden, um daraus Rückschlüsse auf die Entwicklung des englischen Common Law in Hongkong zu ziehen. Es soll ebenfalls dargestellt werden, ob die chinesische Sprache zunehmend Eingang in die Gerichte findet und ob sie eine Chance hat, das Englische als Rechtssprache zu verdrängen. Dies könnte auf die Inhalte des in Hongkong praktizierten Common Law Einfluss nehmen.

5.2.1.1. Dominanz der englischen Sprache in Hongkong

In Hongkong herrschte bis zur Mitte des 20. Jahrhunderts die englische Sprache als Rechssprache unangefochten vor. Selbst Chinesen, welche Ende des 19. Jahrhunderts in Hongkong als Juristen tätig waren, setzten sich nicht dafür ein, dass das Rechtssystem in Hongkong der einheimischen Bevölkerung auch in Kantonesisch zugänglich gemacht wurde.[280] Von wenigen Ausnahmen abgesehen, waren unter den verschiedenen Rechtsquellen Hongkongs die Gesetze und das Fallrecht, welche von England nach Hongkong exportiert wurden, selbstverständlich in engli-

---

278 Chen, Albert (1986) S. 35.

279 Chen, Albert (1989) S. 234.

280 Pasternak, Volker (1996) S. 9.

scher Sprache gehalten.[281] Die Official Language Ordinance[282] statuierte, dass jede Ordinance in englischer Sprache verfaßt und veröffentlicht werden musste. Zwar erschien im Jahre 1936 eine chinesische Fassung sämtlicher Ordinances Hongkongs, ihnen kam aber keine offizielle Geltung zu. Bis 1987 gab es keine gesetzliche Vorgabe, dass auch eine chinesische Fassung herausgegeben werden sollte.[283] Zwar wurde bereits vorher von der Chinese Language Division der Regierung Hongkongs ein kleiner Teil der Gesetze ins Chinesische übersetzt; diesen Übersetzungen kam jedoch keinerlei rechtliche Wirkung zu.

Begonnen wurde mit der Anerkennung der chinesische Sprache, der Muttersprache von 98% der Hongkonger Bevölkerung, erst in den 70er Jahren, als sich mehr und mehr herausstellte, dass sich zwischen der britischen Regierung Hongkongs und seiner Bevölkerung ein immer größerer Riss bildete.[284] Als Folge davon wurden sowohl Englisch als auch Chinesisch als Amtssprachen Hongkongs für die Kommunikation zwischen der Regierung bzw. ihren Beamten und der Öffentlichkeit anerkannt.[285] In der Praxis werden seitdem alle offiziellen Bekanntmachungen, Berichte und Planungen zweisprachig erstellt.[286] Die Gesetzgebung wurde jedoch weiterhin ausschließlich in englischer Sprache verfaßt. Was Gerichtsverfahren betraf, so mussten diese in englischer Sprache abgehalten werden, sobald sie in Court of Appeal, High Court oder District Court stattfanden. Alle anderen Gerichte durften ihre Verhandlungen in englischer oder chinesischer Sprache führen. Grundsätzlich war die englische Sprache der chinesischen, was die Verbreitung innerhalb der Gerichtsbarkeit betraf, weit überlegen.[287]

---

281 Am 23.3.1858 wurde in der Hongkong Government Gazette Extraordinary ein Gesetz zur Kontrolle des Opiumhandels auch in chinesischer Sprache veröffentlicht. Bei diesem Experiment mit der Zweisprachigkeit blieb es dann aber für lange Zeit.

282 Official Languages Ordinance, Cap 5.

283 Official Languages (Amendment) Ordinance 1987, Cap 5; Interpretation and General Clauses (Amendment) (No 3) Ordinance 1987, Cap 1.

284 Miner, Norman (1991) S. 381.

285 Official Languages Ordinance 1974, Cap 5, s 3(1).

286 Pasternak, Volker (1996) S. 13.

287 Pasternak, Volker (1996) S. 14 f.

Erst im Jahre 1987 wurde ein bedeutender Schritt hin zu einer Aufwertung der chinesischen Sprache als Sprache in Gesetzgebung und Gerichtsbarkeit getan. Als die Rückgabe Hongkongs an die Volksrepublik China in Sichtweite kam und beide Nationen gemeinsam die Joint Declaration ausarbeiteten, einigte man sich auf die Etablierung eines vollkommen bilingualen Systems, in welchem Englisch und Chinesisch absolut gleichwertig nebeneinander existieren sollten. Dies wurde in Artikel 9 des Basic Law dann noch einmal mit Verfassungsrang niedergelegt:

> „In addition to the Chinese language, English may also be used as an official language by the executive authorities, legislature, and judiciary of the Hong Kong Special Administrative Region."[288]

Es wurden die Official Languages (Amendmend) Ordinance 1987[289] und die Interpretation and General Clauses (Amendmend) (No 3) Ordinance 1987[290] verabschiedet. Durch sie wurde nicht nur ein rechtlicher Rahmen für die Einführung einer zweisprachigen Gesetzgebung in Hongkong geschaffen,[291] sondern auch die Entstehung einer zweisprachigen Rechtsliteratur angeregt. Darüber hinaus sollte Chinesisch als Gerichtssprache eine Aufwertung erfahren.[292] Dennoch ging die Umsetzung der neuen Gesetze eher schleppend voran. Vor allem die Übersetzung bereits existierender englischer Ordinances machte erhebliche Schwierigkeiten.[293] Noch weniger wurde Chinesisch (Kantonesisch) in den Gerichten gesprochen. Die Richter an den Magistrates' Courts machten keinen Gebrauch von der Möglichkeit, das Chinesische als Urteilssprache oder

---

288 Der Wortlaut des Artikel 9 des Basic Law impliziert allerdings, dass die chinesische Sprache grundsätzlich verwendet werden soll, während Englisch subsidär Anwendung finden darf.

289 Official Languages (Amendment) Ordinance 1987, Cap 5.

290 Interpretation and General Clauses (Amendment) Ordinance, Cap 1.

291 Official Languages (Amendment) Ordinance 1987, Cap 5 s 4(1), (2), 4A. In der Interpretation and General Clauses (Amendment) Ordinance, Cap 1 s 3 ist geregelt, dass beide Versionen gleich authentisch sind.

292 Pasternak, Volker (1996) S. 17.

293 Pasternak, Volker (1996) S. 20 f.

für Protokolle einzusetzen.[294] Außerhalb der Gerichte verständigten sich v.a. die chinesischen Anwälte in Chinglish, einem Gemisch aus Kantonesisch und Englisch, wobei die englischen Common-Law-Begriffe in kantonesische Sätze eingefügt werden.[295]

5.2.1.2. Entwicklung eines bilingualen Rechtssystems

Da im Vorfeld des Souveränitätswechsels nicht von einem gleichwertig bilingualen Rechtssystem in Hongkong gesprochen werden konnte, auch wenn die Gesetze dies forderten, wurden verschiedene Anstrengungen unternommen, um die Situation dem Wortlaut des Basic Law anzupassen. Im April 1998 wurde das Committee on Bilingual Legal System gegründet, um die Regierung Hongkongs bei dem langfristigen Ziel, Zweisprachigkeit im Recht Hongkongs zu erreichen, zu beraten.

Was die Gesetzgebung betrifft, so sind mittlerweile alle Gesetze Hongkongs sowohl in englischer als auch in chinesischer Sprache verabschiedet worden. Beiden sprachlichen Versionen kommt dabei autoritative Wirkung zu. Gesetze, welche vor Beginn des Bilingual Legislation Programme im Jahre 1989 lediglich in englischer Sprache existierten, wurden durch das Programm nunmehr auch ins Chinesische übersetzt. Diesen Versionen kommt nun auch rechtlich bindende Wirkung zu.[296] Somit ist zumindest Hongkongs Gesetzgebung vollständig zweisprachig.

Da beide Versionen Anspruch auf rechtliche Wirkung erheben, wurde die Interpretation and General Clauses Ordinance[297] ergänzt, um die Interpretation der zweisprachigen Gesetze durch eine Anzahl an Richtlinien zu erleichtern. Die bedeutendste Richtlinie ist in Section 10B aufgeführt. Sie statuiert, dass beide Versionen die gleiche Authentizität besitzen und ihnen die gleiche rechtliche Bedeutung zukommt. Ergibt sich aus beiden Versionen trotzdem eine Bedeutungsdifferenz, soll diejenige Bedeutung

294 Pasternak, Volker (1996) S. 26.
295 Pasternak, Volker (1996) S. 34 ff.
296 Interpretation and General Clauses Ordinance, Cap 1 s 9, 10B, 10E.
297 Interpretation and General Clauses Ordinance, Cap 1 s 9, 10B, 10E.

herangezogen werden, welche unter Beachtung von Ziel und Zweck der Ordinance dem Text am nächsten kommt.[298]

Im Gegensatz zur Gesetzgebung gestaltet sich die Lage an den Gerichten komplizierter. Bereits vor dem Souveränitätswechsel 1997 wurde im Juli 1995 die Official Languages Ordinance[299] ergänzt, um die Gerichte in die Lage zu versetzen, sowohl Englisch als auch Chinesisch oder sogar beide Sprachen in Gerichtsverhandlungen einzusetzen. Darüber hinaus erhielten durch die Ergänzung auch die Parteien, Rechtsbeistände und Zeugen das Recht, in gerichtlichen Verfahren eine oder gar beide der Amtssprachen zu benutzen, wenn das Gericht dies zuläßt.[300]

In Tabelle 1 wird der Einsatz der chinesischen Sprache je Instanzenzug dargestellt. Diese Auswertung für die Jahre 2000 und 2001 bezieht sich nur auf Strafverfahren. Die Anzahl der chinesischsprachigen Verfahren hat sich in 2001 langsam weiter erhöht. Insbesondere in den höheren Instanzen wird jedoch noch Englisch als Gerichtssprache verwendet. Dennoch wird erkennbar, dass gerade am Court of Final Appeal die prozentual höchste Steigerung erfolgt ist.

Tabelle 1: Einsatz der chinesischen Sprache in Strafverfahren je Instanzenzug

Anzahl der Verfahren je Instanzenzuges in Prozent	**2000**	**2001**
Court of Final Appeal	0 %	16 %
Court of Appeal (criminal appeal)	15 %	18 %
Court of First Instance (magistracy appeal)	49 %	57 %
Court of First Instance (criminal appeal)	15 %	16 %
District Court (criminal trial)	22 %	26 %
Magistrates' Court (criminal trial)	72%	79 %

Quelle: http://www.info.gov.hk/justice/new/depart/index.htm

298 Interpretation and General Clauses Ordinance, Cap 1 s 10B.

299 Official Languages Ordinance, Cap 5.

300 Unabhängig davon, welche Sprache gewählt wird, sind bei den Hongkonger Gerichten grundsätzlich Übersetzungsdienste erhältlich.

Der Chief Justice wurde gesetzlich ermächtigt, Practice Directions für die Anwendung des Chinesischen als Gerichtssprache zu erlassen.[301] Hauptsächlich in den oberen Ebenen des Instanzenzuges wurden Bemühungen wach, den Gebrauch des Chinesischen zu verstärken. So wurde eine Practice Direction erlassen, die diesen Gebrauch im Court of First Instance regelt.[302] Ebenso wurden verstärkt Wert auf die Ausbildung zweisprachiger Richter gelegt und spezielle Kurse dafür ins Leben gerufen. Diese beinhalten u.a. das Abhalten einer Art Moot Courts, Schlußplädoyers bzw. Rechtsbelehrungen der Richter[303] in chinesischer Sprache und chinesische Schreibkurse. Die Tabelle 2 beschreibt die Hongkonger Bemühungen dieses umzusetzen anhand der Sprach- und Kommunikationskurse für Mitarbeiter des Department of Justice.[304]

Tabelle 2: Anzahl der Sprach- und Kommunikationskurse für die Mitarbeiter des Department of Justice

Anzahl der Teilnehmer	**2000**	**2001**
Kurse für Mandarin-Chinesisch (Putonghua)	70	53
Kurse für geschriebenes Chinesisch	94	113
Kurse für chinesische Schriftzeichen	2	0
Kurse für chinesische Umschrift (Hanyu Pinyujin)	6	3
Kurse für Englisch und Kommunikation	88	64
Summe aller Teilnehmer	**260**	**233**

Quelle: http://www.info.gov.hk/justice/new/depart/index.htm

Trotz dieser Bemühungen zeigen sich, v.a. vor den höheren Gerichten, immer noch Hindernisse. Das betrifft hauptsächlich die Rechtsquellen,

301 So wurde u.a. PD C 24.2 'Endorsement in the Chinese Language to be Made on Court Documents' erlassen. Interessant ist dennoch, dass die Practice Directions, welche Richtlinien für den Ablauf von Prozessen enthalten, in Hongkong zwar in chinesischer Sprache erhältlich sind; authentisch ist jedoch nur ihre englische Fassung.

302 PD Consolidated Practice Directions.

303 Diese Rechtsbelehrungen der Richter richten sich eigentlich an die Geschworenen. Sie fassen darin noch einmal die erhobenen Beweise und die im Verlauf des Verfahrens aufgeworfenen rechtlichen Fragen zusammen.

304 Da für die Richterschaft keine solchen Auswertungen bekannt sind, wurde diese für das Department of Justice als Indiz herangezogen.

welche fast ausschließlich in englischer Sprache verfaßt sind. Michael Thomas, früherer Attorney-General Hongkongs formulierte dazu:

> „The difficulty lies in the linguistic and cultural difference between English and Chinese. It is known fact that different cultural communities organise their internal relationships in different ways. This results in legal contexts that differ both in conception and expression.“[305]

Das Department of Justice selbst hat erkannt, dass es schier unmöglich wäre, die Hunderttausende von Entscheidungen in den Law Reports, die fast ausschließlich in englischer Sprache veröffentlicht wurden, ins Chinesische zu übersetzen. Dazu kommt, dass Entscheidungen aus anderen Common-Law-Gerichtsbarkeiten grundsätzlich in englischer Sprache verfaßt sind.

> „There are hundreds of thousands of reported cases which form the basis of the Common Law, and it would obviously be impractical to attempt to translate these into Chinese. While in future there is likely to be an increasing number of judgments in Hong Kong delivered in Chinese, English will continue to be the only medium in which the majority of judgments from overseas is reported.“[306]

Diese Situation führt zu einem Zirkelschluss: Da die meiste juristische Literatur, insbesondere die zu verwendenden Law Reports, immer noch in englischer Sprache veröffentlicht werden, während chinesische Quellen nur in ungleich geringerem Maße zur Verfügung stehen, werden die in Hongkong tätigen Juristen sich bei ihrer Arbeit der englischen Sprache bedienen. Die vorgefundenen rechtlichen Fragestellungen lassen sich ohne Übersetzung in eine andere Sprache einfach leichter lösen. Englische Begriffe transportieren die Bedeutung genauer als ihre chinesischen Äquivalente. Daraufhin werden Gerichtsverfahren, allgemein gesprochen, weiterhin in englischer Sprache abgehalten. Die daraufhin gefundenen Urteile werden wiederum in englischer Sprache abgefaßt.

---

305 Thomas, Michael (1988) 18 Hong Kong Law Journal 15, 22.

306 Homepage des Department of Justice Hongkongs unter der Überschrift "The Language of the Law – The Common Law" http://www.info.gov.hk/justice/new/legal/index.htm

5.2.1.3. Prognose im Hinblick auf die Rechtssprache

Deshalb muss die Frage gestellt werden, wie sich die Lage in Zukunft gestalten wird. Hier ist eine fundamentale Unterscheidung zu treffen: es wird zum einen eine kurzfristige Entwicklung geben; zum anderen muss die fernere Zukunft untersucht werden.

Was die nähere Zukunft betrifft, können Länder, die sich in jüngerer Zeit für einen formalen Bilingualismus entschieden haben, wie Malaysia oder Sri Lanka vergleichend herangezogen werden. Es hat sich gezeigt, dass sich Englisch als Sprache des Rechts, trotz der Anstrengungen, es weitestgehend zu verdrängen, als sehr resistent gegen die Veränderungen erwiesen hat. In den Ländern des vormaligen British Empire zeichneten sich meist zwei große Trends ab. Der erste besteht darin, die englische Sprache in offiziellen Bereichen durch die einheimische Sprache zu ersetzen.[307] Bei Erreichen der Unabhängigkeit bemühten sich Länder wie Indien, Pakistan, Malaysia und Sri Lanka, die englische Sprache weitestgehend zu verdrängen und durch ihre eigene Nationalsprache zu ersetzen.

> „On independence, it was considered necessary for nationalistic and cultural reasons to replace English for legal purposes with the appropriate national language."[308]

Der zweite Trend, welcher sichtbar wurde, war ein starker Wunsch nach Erhalt von Kontinuität und Stabilität des existierenden Rechtssystems, eben des Common-Law-Systems. Logischerweise konnten diese beiden

---

307 Eine Ausnahme bildet Singapur, wo Anstrengungen, die englische Sprache zu ersetzen, nicht unternommen wurden. Im Gegenteil, die Anwendung der englischen Sprache wurde sogar noch gefördert. Dies läßt sich zum einen daraus erklären, dass Singapur ein multikultureller Stadtstaat ist, in dem keine der offiziellen Sprachen vorherrscht. Englisch dient dabei als Verständigungsmittel aller ethnischen Gruppen. Zum anderen hatte es sich die Regierung Singapurs von Anfang an zum Ziel gesetzt, den Stadtstaat in ein blühendes wirtschaftliches Zentrum zu verwandeln. Die weite Verbreitung von Englisch als Sprache der Wirtschaft und des Rechts hat diese Entwicklung unterstützt.

308 Chen, Albert (1985) 15 HKLJ 19, 39.

Ziele nur dann gemeinsam verfolgt werden, wenn die englischen Entscheidungen in die nationale Sprache übertragen wurden.[309]

Die Bemühungen, die englische Sprache zu ersetzen, waren in den meisten Ländern nur von geringem Erfolg gekrönt. Der Grund lag oft darin, dass die englische Sprache bereits so tief im jeweiligen Rechtssystem verwurzelt war, dass sie sich nicht mehr einfach herauslösen ließ.[310] So versuchte auch Malaysia mit Erreichen der Unabhängigkeit in den 50er Jahren des 20. Jahrhunderts aufgrund eines erstarkten Nationalismus das Englische stufenweise aus dem Rechtswesen zu verdrängen.[311] In Artikel 152 der Verfassung Malaysias wurde eine Übergangsperiode von zehn Jahren angesetzt, in der sowohl Englisch als auch Bahasa Malaysia nebeneinander Anwendung finden sollten. Nach Ablauf der zehn Jahre trat der National Languages Act 1963/67 in Kraft, welcher in Section 6 festlegte, dass sämtliche Gesetzgebung zweisprachig verabschiedet werden musste, wobei die malayische Version die alleingültige sein sollte, solange nichts anderes vorgeschrieben war.[312] Section 8 des Gesetzes bestimmte, dass sowohl Englisch als auch Bahasa Malaysia vor Gericht gesprochen werden durfte. Trotz all dieser Anstrengungen, welche die malayische Sprache protegierten, konnte sie sich gegen das Englische nicht richtig durchsetzen. Obwohl bei der Gesetzgebung nach 1967 die malayische Version die allein gültige ist, wird zu ihrer Diskussion weiterhin die englische Sprache verwendet. Tatsächlich wurden auch neue Gesetze lange Zeit noch in Englisch aufgesetzt und erst nachträglich in Bahasa Malaysia übersetzt, was zu uneindeutigen Formulierungen und schwer verständlichen Texten führte.[313] In den Obergerichten war und ist Englisch immer noch die herrschende Sprache.[314]

---

309 Chen, Albert (1985) 15 HKLJ 19, 39.
310 Ujejski, Tomasz (1989) S. 166 ff.
311 Ujejski, Tomasz (1989) S. 167.
312 Hamzah, Wan Arfah (1986) S. 10 f.
313 Hamzah, Wan Arfah (1986) S. 41 f.
314 Hamzah, Wan Arfah (1986) S. 15.

Auch Pakistan und Indien waren in ihren Bemühungen bei der Verdrängung des Englischen als Rechtssprache nicht erfolgreicher.[315] In Indien bestimmte die Verfassung aus dem Jahre 1949,[316] dass die Amtssprache Hindi sein sollte. Gleichzeitig sollte auch hier eine Übergangsfrist von 15 Jahren gelten, in der Englisch weiterhin Anwendung finden durfte. Kurz bevor diese Übergangsfrist auslief, wurde festgestellt, dass Hindi bei weitem noch nicht so weit entwickelt war, um die englische Sprache vollständig ersetzen zu können. Aus diesem Grunde wurde 1963 der Official Languages Act verabschiedet, der die Anwendung der englischen Sprache (neben Hindi) für offizielle Zwecke erlaubte.[317] Ähnliche Erfahrungen hat auch Sri Lanka verzeichnet. Obwohl dieses Land nach Erreichen der Unabhängigkeit im Gegensatz zu Malaysia oder auch Indien ein viel agressivere Politik bei der Verdrängung der englischen Sprache und deren Ersetzung durch das Singhalesische verfolgte,[318] scheiterte es mit diesem Bemühen. Obwohl bereits 1956 Singhalesisch als einzige Amtssprache Sri Lankas bestimmt worden war, wurden in 1961 die 'Revised Laws of Sri Lanka' vollständig in Englisch verabschiedet und veröffentlicht. Ende der 80er Jahre musste festgestellt werden:

> „Forty years ofter it was first resolved that the National Languages should replace English as the languages of administration and of the courts, the bulk of the legislative enactments and the entirety of the law reports still remain in the English language...in the appellate courts, arguments are presented and judgments delivered invariably in English."[319]

In all diesen früheren Kolonien, welche sich bei Erreichen der Unabhängigkeit zur Beibehaltung des Systems des Common Law entschlossen hatten, spielte Englisch als Rechtssprache auch weiterhin eine tragende Rolle. Gründe dafür waren zum einen die fehlenden Möglichkeiten, die

---

315 Siehe dazu Chen, Albert (1985) 15 HKLJ 19, 31 ff.

316 Artikel 343 (1) der Verfassung Indiens.

317 Chen, Albert (1985) 15 HKLJ 19, 32 f.

318 Im Jahre 1956 verabschiedete das Parlament Sri Lankas den Official Language Act, welcher Singhalesisch als ‚the one official language of the country' bezeichnete.

319 Jayawickrama, Nihal (1987) S. 18.

vorhandene juristische Literatur in die jeweilige nationale Sprache zu übertragen. Vor allem qualifiziertes Personal dafür war kaum zu finden.[320] Zum anderen stellte sich das Problem der fehlenden juristischen Ausbildung in der Landessprache. Da auch Lehrbücher und Unterlagen häufig nur in englischer Sprache erhältlich waren und sind, bieten sich Lehrveranstaltungen in Englisch nicht nur an, sondern sind geradzu notwendig. Zwar hat sich die Situation in vielen dieser Länder etwas gebessert, von einer ausgewogenen Quote bei der Anzahl der Lehrveranstaltungen in Englisch und der Landessprache kann jedoch keine Rede sein.[321] Mit einem Abschluss in englischer Sprache finden es viele Juristen aber leichter, bestimmte Konzepte auch in Englisch, und nicht in der Landessprache auszudrücken. Darüber hinaus bestehen auch konzeptionelle Schwierigkeiten. Begriffe, welche die englische Rechtssprache kennt, existieren oft in der jeweiligen Landessprache gar nicht.

> „The difficulty of translating legal concepts from English into Bahasa Malaysia is compounded by the fact that the latter is still an underdeveloped language....the Malay language was replaced by English for official purposes during British colonialism during which time the Malay language ceased to develop. It was not until after independence that the Malay language was reinstated as the official language and began to grow again. Today...Bahasa Malaysia still remains an inadequate language for the expression of legal concepts."[322]

Kurzfristig ist somit davon auszugehen, dass bis auf weiteres die englische Sprache in den Gerichtssälen Hongkongs, zumindest bei den Obergerichten, vorherrschend sein wird. Es ist nicht anzunehmen, dass Hongkong mit seiner vergleichsweise moderaten Politik gegenüber der englischen Sprache diese schneller verdrängen wird als es in anderen Staaten des ehemaligen British Empire geschehen ist. Die englische Sprache und das Common Law scheinen so eng verflochten zu sein, dass sie vorerst nicht unabhängig voneinander funktionieren können.

---

320 Ujejski, Tomasz (1989) S. 171 ff.

321 Ujejski, Tomasz (1989) S. 171 ff.

322 Hamzah, Wan Arfah (1986) S. 36.

> „[T]he goal of conducting the law in the national language of many ex-colonies is to some degree incompatible with the goal of retaining the Common Law. The English language and the Common Law appear to be inextricably intertwined. In those ex-colonies where English has survived as language of the law despite the stated policy of replacing English with the national language of the people, the objective of maintaining the Common Law appears to have outweighed the goal of replacing English with the national language.“[323]

Was die fernere Zukunft betrifft, gestaltet sich die Prognose etwas komplizierter. Hier wird zwangsläufig ein gewisser Bilingualismus eintreten, gefördert durch die Bemühungen der Regierung und einen wieder erstarkenden Nationalstolz der einheimischen chinesischen Bevölkerung. Schon im Jahre 1987 sah ein Autor voraus, dass durch die Veränderungen im Hinblick auf den Souverän auch ein langfristiger Wandel des Rechts einsetzen wird.

> „The institution of law in Hong Kong combines a system of rules with a system of institutions derived from England. In the historical evolution of English law, philosophical, moral, and ethical precepts cannot be abstracted from linguistic structures, cultural values, and forms of human behaviour....Concepts such as „truth“, „morality“, „responsibility“, and „crime“ are locked both into precept and language. But in 1997 this entire cultural world view will be changed. Although the technology of charters and joint agreements will attempt to operate homeostatically between the two value systems (capitalist and socialist), the Chinese population of Hong Kong is already „reality-compromised“, since its semantic and conceptual vocabularies are rooted to Chinese tradition, custom, and beliefs. It is, therefore, difficult to envisage how the present legal system, and with it the institution it supports, can possibly remain in even a fragment of its original state.“[324]

Bereits jetzt ist in der Alltagssprache der chinesischen Bevölkerung eine rapide Abnahme der englischen Sprachfähigkeiten und eine Hinwendung zum Hochchinesischen (Putonghua bzw. Mandarin) zu verzeichnen. Ei-

---

323 Ujejski, Tomasz (1989) S. 180.

324 Cuthbert, Alexander (1987) S. 128.

ne Ausweitung der Anwendung der chinesischen Sprache als Rechtssprache bedeutet nicht zwangsläufig ein Aussterben der Grundsätze des Common Law in Hongkong. Je weniger Menschen allerdings der englischen Sprache mächtig sind, je mehr sie zu einer reinen Elite-Sprache wird, desto mehr wird sie auch aus dem öffentlichen Leben und damit den Gerichtssälen verdrängt. Chinesisch wird dann immer mehr zur dominierenden Sprache.[325] Dies wird dann aber auch dazu führen, dass die Entscheidungen Englands und der restlichen Länder, welche das Common Law anwenden, in Hongkong eine immer geringere Rolle spielen. Es wird sich ein eigenständiges Hongkonger Fallrecht in kantonesischer Sprache entwickeln.

Allerdings bedeutet dieser Bilingualismus noch nicht, dass dadurch der Einfluss der Volksrepublik China auf des Hongkonger Recht zwangsläufig größer wird. Die Rechtssprache des Festlandes wird höchstwahrscheinlich kein Einfallstor für den Einfluss des chinesischen Rechts auf das Hongkonger Rechtssytem bilden. Zum einen sind das Hochchinesische (Mandarin) und Kantonesisch zwei völlig verschiedene Sprachen, deren gesprochener Wortschatz nicht kompatibel ist. Zum anderen entspricht die Rechtsterminologie der Volksrepublik China nicht der chinesischen Common-Law-Terminologie, wie sie zum Teil in Hongkong benutzt wird.[326] Eine Vermischung der Begrifflichkeiten der beiden Gerichtsbarkeiten über eine gemeinsame Sprache wird es deshalb wohl kaum geben.

5.2.2. Juristische Ausbildung als Entwicklungsfaktor des Rechtssystems

Auch die juristische Ausbildung kann selbstverständlich Einfluss auf den Inhalt der in Hongkong getroffenen Entscheidungen nehmen. Die Hongkonger Universitäten boten erst sehr spät eine solche an. Bis 1969 mussten Juristen, welche in Hongkong arbeiten wollten, in England oder

---

325 Yash Ghai (1997) S. 323.

326 Pasternak, Volker (1996) S. 36.

anderweitig im Commonwealth ausgebildet werden.[327] Von 1969 bis 1988 konnte der Titel eines Bachelor of Laws in Hongkong einzig an der University of Hong Kong erworben werden.[328] Mittlerweile kann an der University of Hong Kong sowie an der City University of Hong Kong eine Rechtsausbildung absolviert werden. Was die Inhalte der Lehrtätigkeit an den juristischen Fakultäten der Hongkonger Universitäten betrifft, so läßt sich durchaus eine Zunahme von Lehrveranstaltungen über das Recht der Volksrepublik China, u.a. im Handels-, Gesellschafts- oder Investitionsrecht, aber auch im öffentlichen Recht oder hinsichtlich der Interaktion der beiden Rechtssysteme in Hongkong und der Volksrepublik China erkennen. Diese Lehrveranstaltungen sind als Kurse über ein fremdes Recht zu verstehen und werden auch so wahrgenommen. Auch vor dem Souveränitätswechsel wurden ähnliche Veranstaltungen angeboten.[329] Die Inhalte dieser Lehrveranstaltungen können jedoch kaum einen Einfluss auf das Hongkonger Rechtssystem ausüben, da beide Systeme so unterschiedlich sind, dass sich kaum Ansatzpunkte für das chinesische Recht finden dürften, um am Hongkonger Recht 'anzukoppeln'.

Wie oben bereits dargestellt, war die einzige Sprache, in der in Hongkong lange Zeit unterrichtet wurde, die englische Sprache. Noch 1995 wurde fast der gesamte akademische Rechtsunterricht in englischer Sprache abgehalten.[330] Nunmehr bemühen sich die Universitäten um ein weit gefächertes Angebot an chinesischsprachigen Kursen. Darüber hinaus werden Kurse in chinesischer Rechtssprache angeboten.[331] Auch diese Kurse sind jedoch, wie die Inhalte der Ausbildung über das Recht der Volksrepublik China als Kurse in einer fremden Rechtssprache zu

327 Evans, Emrys D.M. (1974) S. 1.

328 Im September 1988 begann auch die City University of Hong Kong Bachelor of Law-Programme anzubieten.

329 Es darf nicht vergessen werden, dass Hongkong die Volksrepublik China trotz der unterschiedlichen Systeme als 'Mutterland' betrachtet und sich ihr stark verbunden fühlt. Diese Bindung ist durch den Souveränitätswechsel nur stärker geworden.

330 Pasternak, Volker (1996) S. 36.

331 Diese Aussagen beruhen auf den Vorlesungsverzeichnissen; University of Hong Kong (2003b); City University of Hong Kong (2003b).

verstehen, ähnlich der Kurse in französischer oder englischer Rechtssprache in Deutschland. Die Ausbildung im Common Law erfolgt dagegen meist in englischer Sprache, da mehr als 90% der Kurse in Rechtswissenschaften an Hongkonger Universitäten in englischer Sprache angeboten werden.[332] Auch die empfohlene Literatur existiert immer noch fast ausschließlich in englischer Sprache, obwohl mittlerweile auch wichtige Rechtslehrbücher ins Chinesische übersetzt wurden.[333]

Dieses immer noch vorhandene Übergewicht des Englischen läßt sich sicherlich auch mit der Besetzung des akademischen Lehrkörpers begründen. Das lag auch an der Tatsache, dass Anfang der 90er Jahre von den 45 Dozenten an der Rechtsfakultät der University of Hong Kong lediglich sieben von ihnen Chinesen waren, welche die kantonesische Sprache beherrschten.[334] Diese Situation hat sich in den letzten Jahren zwar gebessert, jedoch nicht grundlegend gewandelt. An der City University of Hong Kong unterrichten heute neben einigen wenigen Juristen aus der Volksrepublik China vermehrt Rechtswissenschaftler aus verschiedenen Common-Law-Staaten, u.a. den USA, Kanada, England, Indien, Sri Lanka, Neuseeland und Australien. Ca. 50 Prozent der Dozenten sind nicht chinesischsprachig.[335] Ähnlich sieht es an der Hong Kong University, immer noch Hongkongs juristische Kaderschmiede, aus. Auch dort kann verzeichnet werden, dass nur ungefähr die Hälfte des Lehrkörpers aus chinesischen Muttersprachlern besteht.[336] Dies läßt sich vor allem mit der kolonialen Vergangenheit Hongkongs, welche erst vor kurzem beendet wurde, begründen. Selbstverständlich sind noch viele der nichtchinesischen Dozenten, die bereits zu Zeiten der Kronkolonie

---

332 University of Hong Kong (2003b); City University of Hong Kong (2003b).

333 Pasternak, Volker (1996) S. 31 ff.

334 Im September 1987 begann die University of Hong Kong halbjährliche freiwillige Kurse zum Thema ‚The Use of Chinese in Law' anzubieten.

335 Die Aufstellung resultiert aus den Angaben der Universität im Internet über das akademische Personal im Jahre 2003. Vgl. City University of Hong Kong (2003a).

336 Die Aufstellung resultiert aus den Angaben der Universität im Internet über das akademische Personal im Jahre 2003. Vgl. University of Hong Kong (2003a).

Hongkong zu arbeiten begonnen haben, an den Universitäten tätig.[337] Darüber hinaus werden weiterhin Dozenten aus anderen Common-Law-Staaten an die Rechtsfakultäten Hongkongs berufen. Diese sprechen oft gar kein Chinesisch und unterrichten in englischer Sprache. Wer aber in englischer Sprache unterrichtet wird, scheut nicht nur die Mühe, sondern kann oft gar nicht die genaue Bedeutung eines juristischen terminus technicus ins Chinesische übersetzen.[338] Deshalb werden viele Juristen, selbst wenn sie chinesischsprachig sind, sich der englischen Begriffe bedienen. Das bedeutet, dass sie außerhalb der Gerichte, in den Kanzleien und im Privaten, Chinglish sprechen, im offiziellen Leben, vor Gericht und in der Ausbidung jedoch eine Perpetuierung der englischen Sprache durch die Juristen Hongkongs die Folge ist. Somit kann prognostiziert werden, dass auch in der Ausbildung junger Juristen in Hongkong die englische Rechtssprache weiterhin eine bedeutende Rolle spielen wird.

Diese Aussagen spiegeln sich auch in den Statistiken des Department of Justice, wie in der Abbildung 1 unten, hinsichtlich der Weiterbildung ihrer Mitarbeiter wieder. Die Tatsache, dass Hongkong seit 1997 zur Volksrepublik China gehört, macht sich darin kaum bemerkbar. Die Ausbildung in der Volksrepublik China für die Mitarbeiter des Department of Justice sind gegenüber dem Ausmaß der Ausbildung direkt in Hongkong oder auch in einer Common-Law-Gerichtsbarkeit verschwindend gering. Es ist momentan auch kein Trend ersichtlich, dass diese Zahlen in den nächsten Jahren rapide ansteigen könnten.

---

337 Dies bedeutet aber nicht, dass sämtliche westliche Dozenten nach Hongkong 'importiert' wurden. Oft handelt es sich um Hongkonger Einwohner mit westlichen, meist englischen, Wurzeln.

338 Allerdings muss hier erwähnt werden, dass die Law Drafting Division des Department of Justice im Jahre 1995 erstmals ein englisch-chinesisches Glossar rechtswissenschaftlicher Termini veröffentlich hat, um den Bilingualismus zu fördern. Dieses Glossar war aus Materialien der zweisprachigen Gesetzgebung zusammengestellt worden. Das Glossar ist mittlerweile in dritter Auflage (1998) erschienen. Ebenso wurde im Jahre 1999 ein chinesisch-englisches Rechtsglossar veröffentlicht. Dieses enthält ca. 11.500 Einträge. Sowohl diese Rechtswörterbücher als auch der zunehmende Umfang chinesischsprachiger Ausbildung werden die Fähigkeiten der Hongkonger Juristen in Chinesisch als Rechtssprache steigern.

5.2.3. Einfluss der Zusammensetzung der Richterschaft auf die Rechtsprechung

Selbstverständlich ist für die Entwicklung eines Rechtssystems von Belang, wie und mit wem die Besetzung der Gerichte erfolgt. Das Basic Law fordert für Hongkong auch nach dem Souveränitätswechsel eine freie Richterschaft, welche die ihr zukommenden Aufgaben ohne äußere Einflüsse auszuüben hat.[339] Oberstes Gericht ist der Court of Final Appeal, dem bei Bedarf auch ein Richter aus anderen Common-Law-Gerichtsbarkeiten angehören darf.[340]

Abbildung 1: Ort der Weiterbildung der Mitarbeiter des Departments of Justice im Jahr 2000

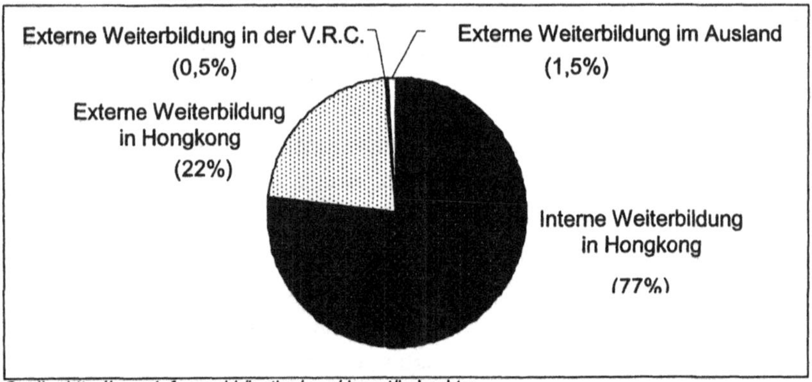

Quelle: http://www.info.gov.hk/justice/new/depart/index.htm

---

339 Artikel 19 des Basic Law: „The Hong Kong Special Administrative Region shall be vested with independent judicial power, including that of final adjudication.
The courts of the Hong Kong Special Administrative Region shall have jurisdiction over all cases in the Region, except that the restrictions on their jurisdiction imposed by the legal system and principles previously in force in Hong Kong shall be maintained."
Artikel 85 des Basic Law: „The courts of the Hong Kong Special Administrative Region shall exercise judicial power independently, free from any interference. Members of the judiciary shall be immune from legal action in the performance of their judicial functions."

340 Artikel 82 des Basic Law: „The power of final adjudication of the Hong Kong Special Administrative Region shall be vested in the Court of Final Appeal of the Region, which may as required invite judges from other common law jurisdictions to sit on the Court of Final Appeal."

Die Tätigkeit eines Chief Justice des Court of Final Appeal und des Chief Judge des High Court können nur chinesische Staatsbürger mit einem dauerhaften Aufenthalt in der Sonderverwaltungszone Hongkong und keinem Aufenthaltsrecht in einem anderen Land übernehmen.[341] Alle übrigen Richter werden vom Chief Executive Hongkongs (derzeit Donald Tsang) auf Empfehlung einer unabhängigen Kommission ernannt.[342] Dabei sollen nur ihre juristischen und sonstigen beruflichen Qualifikationen ausschlaggebend sein. Sie können auch aus anderen Common-Law-Gerichtsbarkeiten rekrutiert werden.[343]

Diese Aussagen sollten dazu beitragen, einem Vertrauensverlust der Hongkonger Bevölkerung sowie ausländischer Geschäftsleute und Investoren in die Zuverlässigkeit und Unabhängigkeit der Hongkonger Gerichte vorzubeugen. Die Verbindungen zu anderen Common-Law-Gerichtsbarkeiten wurden mit der Möglichkeit, Richter aus diesen Gerichtsbarkeiten in Hongkong einzusetzen und auf Entscheidungen aus anderen Common-Law-Gerichtsbarkeiten zu verweisen,[344] viel enger gezogen, als die Bindung an die Volksrepublik China. Eine Verweisungs-

---

341 Artikel 90 des Basic Law: „The Chief Justice of the Court of Final Appeal and the Chief Judge of the High Court of the Hong Kong Special Administrative Region shall be Chinese citizens who are permanent residents of the Region with no right of abode in any foreign country.
In the case of the appointment or removal of judges of the Court of Final Appeal and the Chief Judge of the High Court of the Hong Kong Special Administrative Region, the Chief Executive shall, in addition to following the procedures prescribed in Articles 88 and 89 of this Law, obtain the endorsement of the Legislative Council and report such appointment or removal to the Standing Committee of the National People's Congress for the record."

342 Artikel 88 des Basic Law: „Judges of the courts of the Hong Kong Special Administrative Region shall be appointed by the Chief Executive on the recommendation of an independent commission composed of local judges, persons from the legal profession and eminent persons from other sectors."

343 Artikel 92 des Basic Law: „Judges and other members of the judiciary of the Hong Kong Special Administrative Region shall be chosen on the basis of their judicial and professional qualities and may be recruited from other common law jurisdictions."

344 Artikel 84 des Basic Law: „The courts of the Hong Kong Special Administrative Region shall adjudicate cases in accordance with the laws applicable in the Region as prescribed in Article 18 of this Law and may refer to precedents of other common law jurisdictions."

möglichkeit auf das Recht der Volksrepublik erlaubt das Basic Law nämlich nicht. Lediglich rechtliche Beziehungen zu den Justizorganen der Volksrepublik darf die Sonderverwaltungszone Hongkong unterhalten, soweit die Gesetze dies zulassen. Darüber hinaus dürfen sich diese Organe untereinander Rechtshilfe leisten.[345] Die Besetzung der Richterposten mit Chinesen aus der Volksrepublik ist durch das Basic Law dagegen nicht vorgesehen.

Tatsächlich haben sich die Forderungen des Basic Law in der Praxis weitestgehend durchgesetzt. Daniel Fung formulierte sogar, Hongkong sei seit dem Souveränitätswechsel eine der kosmopolischsten und liberalsten Common-Law-Gerichtsbarkeiten der Welt.[346]

> „Consider the judicial system and one will readily appreciate that something extraordinary has happened since the reversion to Chinese sovereignty. Contrary to the expert prediction that somehow Hong Kong would progressively deteriorate into a parochial non-entity at the edge of the Chinese polity we have today's judiciary that is undoubtedly more vigorous and more cosmopolitan than at any time when Hong Kong was a British possession."[347]

Zum einen ist festzustellen, dass in keiner anderen Gerichtsbarkeit Richter ohne nationale Staatsbürgerschaft und Wohnsitz einen so großen Einfluss auf allen Ebenen des Instanzenzuges ausüben können. Außer für den Chief Justice und den Chief Judge des High Courts gibt es kein Postulat einer chinesischen Staatsbürgerschaft für die Richter Hongkongs.[348] Ihre Berufung richtet sich allein nach ihrer Qualifikation. Diese

---

345 Artikel 98 des Basic Law: „The Hong Kong Special Administrative Region may, through consultations and in accordance with law, maintain juridical relations with the judicial organs of other parts of the country, and they may render assistance to each other."

346 Fung, Daniel R. (2000) S. 110.

347 Fung, Daniel R. (2000) S. 110.

348 Durch die Änderung des Staatsangehörigkeitrechts sind die chinesisch-stämmigen Einwohner (residents) Hongkongs nunmehr Staatsangehörige der Volksrepublik China, auch wenn sie Inhaber eines britischen Passes sind. Da das chinesische Staatsbürgerschaftsrecht gemäss Artikel 3 eine doppelte Staatsbürgerschaft nicht anerkennt, wird eine eventuell existierende britische Staatsbürgerschaft chinesisch-

Entwicklung lässt sich auch an den Statistiken zur Richterschaft erkennen. Im Jahre 1988 waren nur knapp 20% der Richter an den Magistrates' Courts Hongkong-Chinesen.[349] 1995 waren es im Zuge der Bestrebungen, ein bilinguales Rechtssystem in Hongkong zu schaffen, schon 53%.[350] Nach dem Souveränitätswechsel wurde diese Politik nicht mehr so aggressiv verfolgt und diese Zahl sank wieder auf unter 50% ab.[351]

Ebenso stellt der Court of Final Appeal eine einzigartige Institution dar. Ihm gehören fünf Richter an. Das sind der Chief Justice, drei weitere ständige Richter sowie ein Richter aus einer anderen Gerichtsbarkeit, welcher auf einer ad hoc-Basis für einzelne Entscheidungen herangezogen werden kann.[352] Im Jahre 2005 war Mr. Justice Andrew Li Chief Justice des Court of Final Appeal. Die drei weiteren ständigen Richter wurden durch Mr. Justice Bokhary, Mr. Justice Chan und Mr. Justice Ribeiro gestellt.[353] Von diesen vier Richtern des Court of Final Appeal, die alle in Hongkong geboren wurden, absolvierten drei, nämlich Mr. Justice Andrew Li,[354] Mr. Justice Bokhary[355] und Mr. Justice Ribeiro[356] ihre juris-

---

stämmiger Hongkonger Einwohner ignoriert. Dies ergibt sich aus Artikel 18 in Verbindung mit Annex III des Basic Law, die das Staatsbürgerschaftsrecht der Volksrepublik China in der Sonderverwaltungszone Hongkong für anwendbar erklären.

349 Report of the Chief Justice's Working Party into Greater Use of the Chinese Language in Courts and Court Procedure (1988) recommendation No. 11.1.2. S. 1. Alles zitiert nach Pasternak, Volker (1996) S. 28.

350 Fung, Daniel R. (2000) S. 111.

351 Fung, Daniel R. (2000) S. 111.

352 Fung, Daniel R. (2000) S. 112.

353 Homepage des Gerichtswesens Hongkong unter der Überschrift 'Judges of Court of Final Appeal', URL: http://www.info.gov.hk/jud/guide2cs/html/cfa/judgelst.htm

354 Homepage des Gerichtswesens Hongkong unter der Überschrift 'Curriculum Vitae of the Honourable Mr. Justice Li, Chief Justice, Court of Final Appeal', URL: http://www.info.gov.hk/jud/guide2cs/html/cfa/li.htm

355 Homepage des Gerichtswesens Hongkong unter der Überschrift 'Curriculum Vitae of the Honourable Mr. Justice Bokhary, Permanent Judge, Court of Final Appeal', URL: http://www.info.gov.hk/jud/guide2cs/html/cfa/bokhary.htm

356 Homepage des Gerichtswesens Hongkong unter der Überschrift 'Curriculum Vitae of the Honourable Mr. Justice Ribeiro, Permanent Judge, Court of Final Appeal', URL: http://www.info.gov.hk/jud/guide2cs/html/cfa/ribeiro.htm

tische Ausbildung in Großbritannien. Lediglich Mr. Justice Chan erhielt seine juristischen Abschlüsse an der University of Hong Kong.[357]

Unter den Richtern, die aus anderen Common-Law-Gerichtsbarkeiten bereits an den Court of Final Appeal berufen worden sind, waren u.a. Lord Hoffman und Lord Nicholls vom House of Lords, Sir Anthony Mason, der nunmehr pensionierte Chief Justice Australiens sowie der frühere Präsident des neuseeländischen Court of Appeal, Lord Cooke.[358] Keine andere Gerichtsbarkeit kann ein oberstes Appellationsgericht ihr eigen nennen, in dem Richter aus fremden Gerichtsbarkeiten Recht sprechen dürfen.

> „However, in terms of preservation of the existing system, in terms of continuity, and in terms of locking Hong Kong into the international grid, it constitutes arguably an advantage. In terms of judicial appointments since 1 July 1997, more non-Chinese than Chinese judges have been appointed to the High Court, which underscores a political phenomenon...Likewise, it took an SAR judiciary, confident of its status and its relations with the Chinese Mainland to appoint the people for the job on the basis of ability, judicial termperament, and professional competence, irrespective of nationality considerations to the Basic Law."[359]

Aufgrund dieser vielfältigen Möglichkeiten ist deshalb zu vermuten, dass durch die Besetzung der Richterschaft weder ein überwiegender Einfluss Großbritanniens noch der Volksrepublik China auf das Rechtssystem Hongkongs gegeben sein wird. Auch wenn ethnische Chinesen zunehmend Richterstellen in Hongkong einnehmen sollten, so stellt dies keine Gefahr für das Rechtssystem dar. Die Tatsache, dass ein chinesischer Richter die Gerichtsverhandlung führt und das Urteil möglicherweise auf chinesisch spricht, führt nicht automatisch dazu, dass der Einfluss chine-

---

357 Homepage des Gerichtswesens Hongkong unter der Überschrift 'Curriculum Vitae of the Honourable Mr. Justice Chan, Permanent Judge, Court of Final Appeal', URL: http://www.info.gov.hk/jud/guide2cs/html/cfa/chan.htm

358 Fung, Daniel R. (2000) S. 112. Siehe dazu für 2003 auch die Homepage des Gerichtswesens Hongkong unter der Überschrift 'Judges of Court of Final Appeal', URL: http://www.info.gov.hk/jud/guide2cs/html/cfa/judgelst.htm

359 Fung, Daniel R. (2000) S. 111.

sischen Rechts in Hongkong größer wird. Oft haben die Hongkonger Juristen an englischen Universitäten studiert, zumindest aber sind sie im Common Law ausgebildet, da sie sich gemäß dem Basic Law nur aus Hongkong und anderen Common-Law-Gerichtsbarkeiten rekrutieren können.[360] Damit haben sie aber meist eine starke Affinität zu diesem Rechtssystem. Sie stellen eine Hongkonger Elite dar, welche stark westlich geprägte gesellschaftliche Vorstellungen und Ideale vertritt. Die Zugehörigkeit zur ethnischen Gruppe 'Chinesen' macht sie keineswegs zu Festlandschinesen.

5.2.4. Bewertung des Einflusses der Volksrepublik China auf das Hongkonger Rechtssystem

Nach mehr als acht Jahren Hongkongs als Sonderverwaltungszone unter chinesischer Hoheit bestehen keine Zweifel, dass Hongkong, aufbauend auf dem Basic Law, ein von der Volksrepublik China verschiedenes Rechtssystem vorweisen kann. Die Gesetze der Volksrepublik finden in Hongkong nach dem Wortlaut des Basic Law keine Anwendung, ausgenommen, sie sind in Annex III des Basic Law aufgeführt. Das Basic Law mit seinen Aussagen zur Rechtsentwicklung und zum Gerichtswesen bindet damit die Zentralregierung in Peking und ermöglicht Hongkong ein eigenständiges Rechtssystem.[361] Damit ist nicht nur das Gerichtwesen sondern auch die Anwaltschaft in Hongkong grundsätzlich von denen der Volksrepublik China isoliert.[362]

Dennoch ist es möglich, dass die Volksrepublik China sich auf Dauer nicht mit dieser Lösung zufrieden geben wird. Sie könnte versuchen, intern Vereinbarungen bzw. Abstimmungen mit den Vertretern Hongkongs zu treffen und ihren Einfluss auf die Sonderverwaltungszone auszuüben.[363] Es sind bereits Veränderungen sichtbar. So wurde in einer Un-

---

360 Artikel 92 des Basic Law: „Judges and other members of the judiciary of the Hong Kong Special Administrative Region shall be chosen on the basis of their judicial and professional qualities and may be recruited from other common law jurisdictions."

361 Cheung Lai Wah & Others v The Director of Immigration [1998] 1 HKLRD 772, 776.

362 Yash Ghai (1997) S. 326.

363 Yash Ghai (1997) S. 326.

tersuchung ein Jahr nach dem Souveränitätswechsel bezüglich der Rechtsentwicklung in Hongkong festgestellt, dass sich im Hongkonger Rechtssystem tatsächlich eine neue Identität als Sonderverwaltungszone innerhalb der Volksrepublik herauszubilden begann.[364] Zum Beispiel akzeptierte der Court of Appeal widerspruchslos die Tatsache, dass die Gerichte Hongkongs keine Ermächtigung zur Überprüfung der Rechtmäßigkeit gesetzgeberischer Akte des National People's Congress haben, auch wenn diese Hongkonger Verfassungsrecht betreffen.[365] In diesem Sinne entschied der Court of Final Appeal im Dezember 1999.[366] Hierbei darf nicht vergessen werden, dass Hongkong in seiner gesamten Existenz von der Volksrepublik China abhängt.

> „Although the SAR could continue to sway China to its ways and lifestyle, the territory by definition is expected to be politically subservient to the central authority. Under the banner of ‚one country, two systems', Hong Kong became an inalienable part of its Chinese sovereign, despite its unique tradition and the high degree of autonomy promised it, and is thus subject to the ultimate wills and wishes of the Chinese Communist Party (CCP)."[367]

Diese Abhängigkeit hat ihre Ursache darin, dass Hongkong sich unter chinesische Herrschaft begeben hat, und sich deshalb auch den grundsätzlichen Prämissen der Politik der Volksrepublik China unterordnen muss.

> "Having integrated into the Chinese political order, Hong Kong is supposed to uphold the same principles governing the whole country. Although enjoying a "high degree of autonomy," Hong Kong, ultimately, is not exempted from these national principles."[368]

Diese veränderte grundlegende Einstellung betrifft jedoch eher das Selbstverständnis der Hongkonger Bevölkerung als das Rechtssystem. Hongkong muss seine Rolle in der Volksrepublik und in der Welt für sich

364 Chan, Johannes (1998).
365 HKSAR v David Ma Wai Kwan [1997] HKLRD 761.
366 Ching, Frank (1999) S. 16.
367 Ting, Wai (2000) S. 267.
368 Ting, Wai (2000) S. 267.

finden, nachdem sein Status als Kronkolonie nicht mehr existiert. Die Bevölkerung Hongkongs, welche zu 98% aus Chinesen besteht, versucht diese Rolle mit einer verstärkten Anbindung an das Mutterland China auszufüllen. Dennoch sind sie nicht gewillt, ihre Freiheiten und die Rechtssicherheit aufzugeben, die ihnen das bisher geltende Rechtssystem bietet. Erkennbar ist dies u.a. daran, dass es in Hongkong eine erstarkende demokratische Bewegung gibt.[369] Insbesondere die Demonstrationen gegen das die staatlichen Kompetenzen stark erweiternde Sicherheitsgesetz am 1. Juli 2003 machen deutlich, dass eine tiefgreifende Veränderung des Rechtssystems in Hongkong langwierig sein und sich ihr großer Widerstand entgegenstellen wird.[370]

> „The Hong Kong people's ideological-cultural orientations and world views are basically different from those of the CCP leaders. That Hong Kong after reversion accepts a nominally submissive political status does not ipso facto imply acceptance of its sovereign's cultural and ideological values."[371]

Es ist u.a. auch deshalb unwahrscheinlich, dass die Rechtssysteme Hongkongs und der Volksrepublik Chinas in absehbarer Zeit miteinander verschmelzen werden, wie es Albert Chen, der ehemalige Dekan der University of Hong Kong noch 1997 prognostiziert hat:

> „Hong Kong will be absorbed into the legal order of the PRC, and will adopt as its own the grundnorm of the PRC legal system."[372]

Gegen diese Verschmelzung spricht, dass die Volksrepublik kein großes Interesse daran hat, mit einem Wandel im Hongkonger Rechtssystem das Vertrauen internationaler Anleger und Geschäftsleute zu gefährden und so Unsicherheit in der wirtschaftlichen Entwicklung der Sonderverwaltungszone zu erreichen.

> "China always treasures the international linkages that Hong Kong maintains, as the territory is a kind of bridgehead of Western capitalism in

369 Fung, Daniel R. (2000) S. 116 f.
370 Lague, David/Lawrence, Susan (2003) S. 14 ff.
371 Ting, Wai (2000) S. 268.
372 Chen, Albert (1997) 27 HKLJ 1, 9 f.

> Asia...Hong Kong became the main source of direct capital investments. So the willingness of China to join the world's capitalist system only enhances the economic position of Hong Kong. To be more specific, Hong Kong's "bridging role" gains a new meaning from the contest and conflict between China and the West."[373]

Dieser Versuch der Volksrepublik China, Unsicherheit in Hongkong zu vermeiden und zumindest vorläufig eine großzügige 'Hands-off'-Politik zu verfolgen, kann auch damit begründet werden, dass die Volksrepublik Hongkong als Fallbeispiel für eine 'Wiedervereinigung' Chinas mit Taiwan, Republic of China aufbauen möchte.[374]

Tabelle 3: Ausbildung im Rechtssystem der Volksrepublik China für die Mitarbeiter des Department of Justice

Anzahl der Teilnehmer	**2000**	**2001**
Kurse über chinesisches Recht an der Tsinghua University und der National School of Administration in Beijing	7	7
Einführungskurse über chinesisches Recht an der Fudan University in Shanghai	20	0
Einführungskurse über chinesisches Recht an der Zhongshan University in Guangzhou	0	17
Einführungskurse in Englisch über chinesisches Recht an der Peking University in Beijing	9	22
Seminare über ‚China studies'	113	49
Summe aller Teilnehmer	**149**	**95**

Quelle: http://www.info.gov.hk/justice/new/depart/index.htm

Dies ist auch anhand von Statistiken erkennbar. Eine Möglichkeit der Volksrepublik China, indirekt auf das Hongkonger Rechtssystem Einfluß zu nehmen, wäre eine umfassende Heranführung der Hongkonger Juristen an das Recht der Volksrepublik China. Diese findet aber nur in einem geringfügigen Umfang statt. So wurden zwar für das Department of Justice verschiedenste Kurse über das chinesische Recht angeboten.

---

373 Ting, Wai (2000) S. 268.

374 Ting, Wai (2000) S. 275.

Die Auswertung der Tabelle 3 ergibt jedoch auch hier das Bild, dass ein Trend hin zu einer Zunahme dieser Kurse oder der Teilnehmer dieser Kurse nicht ersichtlich ist. So sank die Teilnehmerzahl sogar von 149 im Jahr 2000 auf 95 in 2001.

Somit muss derzeit nicht befürchtet werden, dass die Volksrepublik China einen weitreichenden Einfluss auf das Rechtssystem Hongkongs ausüben wird. Darüber hinaus würde es sich bei einem solchen Rechtswandel um einen so umfangreichen und zeitintensiven Prozess handeln, dass die 50 Jahre, welche das Basic Law postuliert, nicht ausreichen dürften, um ihn vollständig durchzuführen.

6. Langfristige Entwicklung eines eigenständigen Hongkonger Vertragsrechts aufgrund des Wegfalls der Bindungswirkung

Die Untersuchung in diesem Kapitel führt zu dem Ergebnis, dass sich eine formale Bindungswirkung der Entscheidungen des House of Lords und des Judicial Committee des Privy Council weder aus den Formulierungen des Basic Law noch aus rechtstheoretischen Überlegungen ableiten läßt. Eine weitere Anwendung englischer Entscheidungen, ohne formale Bindungswirkung, ist dagegen nicht ausgeschlossen und sogar zu erwarten. Darüber hinaus haben die Richter Hongkongs das Recht, selbständig eigene Entscheidungen zu treffen und das Recht Hongkongs damit weiter zu entwickeln.

Dies ergibt sich aus einer Auslegung des Wortlauts des Artikel 8 des Basic Law. Was die Bindungswirkung englischer Entscheidungen betrifft, enthält das Basic Law keine eindeutige Aussage. Es spricht lediglich davon, dass das Common Law weiterhin Anwendung finden soll. Welchen Bedeutungsgehalt es diesem Begriff beimisst, läßt das Basic Law im Ungewissen. Mit 'the laws previously in force shall be maintained' ist weder gemeint, dass das Fallrecht Englands weiterhin ohne Rücksicht auf den 1. Juli 1997 anwendbar ist, noch dass es zum Zeitpunkt des Souveränitätswechsels als statisches Recht für 50 Jahre unverändert erhalten bleiben sollte. Es kann nur so auszulegen sein, dass das Common Law als Rechtsprinzip mit seinem Hauptgrundsatz der stare decisis weiterhin für das Hongkonger Recht gelten sollte. Es sollte damit detailliert ausgeführt werden, dass das Recht der Volksrepublik China, bei der es sich, zumindest zum großen Teil, noch um einen Civil-Law-Staat handelt, keinesfalls das Recht Hongkongs zum Zeitpunkt der Übergabe und für weitere 50 Jahre werden darf. Damit wurde für die Einwohner Hongkongs und internationale Investoren die Schaffung von Rechtssicherheit angestrebt. Sie sollten sicher sein, dass sie weiterhin unter den gleichen Bedingungen arbeiten und leben können. Zugegebenermaßen sollte diese Rechtssicherheit durch eine unglückliche bis missverständliche Wortwahl herbeigeführt werden. Eine Festschreibung des englischen Fallrechts als statisches Recht kann darin jedoch kaum erblickt werden, da dies dem Gedanken der Rechtssicherheit widerspricht. Darüber hinaus wäre es desaströs, wenn in Hongkong ein Korpus von englischen Präzedenzfällen Anwendung finden würde, welcher aufgrund seiner Unveränderlichkeit schnell veraltet, während alle anderen Rechtsordnungen um die Sonderverwaltungszone herum, sogar die Volksrepublik China, sich wirtschaftlich, gesellschaftlich und damit auch rechtlich weiterentwickeln. Die einzige Möglichkeit für Hongkong, ein modernes Rechtssystem zu behalten, wäre damit die Schaffung neuer Gesetze, die die Grundsätze des Common Law ergänzen oder gar außer Kraft setzen. Es wäre ironisch, wenn dies die Hinterlassenschaft der Engländer in ihrer ehemaligen Kronkolonie wäre: ein Rechtssystem, das immer mehr in einen anachronistischen Zustand hineingleitet und sich nur durch eine immer größere Hinwendung zu einem Civil-Law-System unter Abkehr vom Common-Law-System an moderne, sich verändernde Zeiten anpassen kann.

Gestützt wird diese Interpretation durch die Ablehnung der Deklaratorischen Theorie, die das Common Law als einen einheitlichen, unveränderlichen Korpus betrachtet, der keine richterliche Veränderung zuläßt. Nach der Deklaratorischen Theorie könnte eine Abweichung von englischen Entscheidungen durch die Hongkonger Richter bei ihrer Entscheidungsfindung denknotwendig gar nicht stattfinden. Hier wurde jedoch der Kreationstheorie gefolgt, welche eine solche Abweichung zuläßt, da sie das Postulat der richterlichen Kreativität anerkennt.

Damit soll noch einmal festgehalten werden, dass englische Entscheidungen keine formale Bindungswirkung in Hongkong entfalten. Aus Vergleichen mit anderen ehemaligen Ländern des britischen Empire wird deutlich, dass die Richter Hongkongs von ihrer Möglichkeit, abweichend zu entscheiden, durchaus Gebrauch machen werden. In den ersten Jahren nach dem Souveränitätswechsel wird dies noch etwas zögerlich geschehen, später jedoch verstärkt stattfinden. Allerdings werden sie es nicht ohne Not ablehnen, einer englischen Entscheidung zu folgen. Solange sie die in der englischen Entscheidung angegebenen Gründe für stichhaltig halten, werden sie sie als 'persuasiven' Präzendenzfall anerkennen.

Eine Reihe weicher Faktoren wird jedoch vorläufig weiterhin die Anwendung englischer Präzedenzfälle in Hongkong begünstigen. So sind z. B. die englischen Law Reports in Hongkong problemlos zugänglich, während die Bibliotheken nur eine ungenügende Auswahl chinesischsprachiger Rechtsliteratur zur Verfügung stellen. Zwar existieren chinesischsprachige Lehrbücher über das Hongkonger Recht, jedoch sind diese in Anzahl und Bedeutung den englischsprachigen Bänden weit unterlegen. Viele Juristen, die in Hongkong tätig sind, wurden darüber hinaus in England oder anderweitig im Commonwealth ausgebildet. Dies wird auf lange Sicht aber einer zunehmenden, jedoch langsamen, Sinologisierung weichen.

Aus dieser Möglichkeit der Abweichung von englischen Entscheidungen in Verbindung mit Faktoren, wie der Zunahme des Bilingualismus in den Gerichten, wird im Laufe der Zeit ein eigenes Hongkonger Common Law entstehen, welches sich immer weiter vom englischen Common Law entfernt. Was mit diesem Fallrecht im Jahre 2047, nach Ablauf der 50 Jahre relativer Unabhängigkeit Hongkongs geschieht und wie es sich in einen neuen, eventuell chinesischen Kontext einpassen wird, ist derzeit noch nicht vorhersagbar und soll auch gar nicht untersucht werden. Ob diese Tendenz bereits im Hongkonger Vertragsrecht erkennbar wird, soll anhand des nächsten Kapitels dieser Arbeit untersucht werden. Ausgehend von einer Darstellung des Vertragsrechts, das aktuell in Hongkong Anwendung findet, soll festgestellt werden, ob die Gerichte Hongkongs sich der Möglichkeit, anders als das House of Lords und das Judicial Committee des Privy Council entscheiden zu können, bewusst sind, und ob sie dieses Bewusstsein auch in der Praxis umsetzen.

III. Beschreibung des Hongkonger Vertragsrechts im Hinblick auf erste Abweichungen gegenüber englischen Entscheidungen

Wie in Kapitel II der vorliegenden Arbeit formuliert, entfalten die Entscheidungen des House of Lords, des Court of Appeal Englands und des Judicial Committee des Privy Council seit dem 1. Juli 1997 keinerlei formale Bindungswirkung mehr auf die Gerichte Hongkongs.[375] Dies gilt unabhängig davon, wann diese Entscheidungen in England ergangen sind. Das Entfallen der formalen Bindungswirkung bedeutet jedoch nicht, dass nunmehr kein Bezug auf solche Entscheidungen mehr durch die Gerichte Hongkongs bei ihrer Entscheidungsfindung genommen werden darf oder genommen wird. Vielmehr dürfen sie als Präzedenzfälle mit persuasivem Charakter weiterhin zitiert werden.[376] Dass dies, v.a. in den ersten Jahren nach dem Souveränitätswechsel durchaus häufig der Fall sein wird, wurde schon in Teil II dieser Arbeit prognostiziert. Nunmehr soll in Teil III anhand eines bestimmten Bereichs des Rechts, des Vertragsrechts, diese Aussage auf ihre Richtigkeit überprüft werden. In Teil III wird das Vertragsrecht in seiner aktuellen Form beschrieben, wobei hauptsächlich Wert auf richterliche Entscheidungen gelegt wird, während legislativ geschaffenes Recht nur eine Nebenrolle spielen wird. In dieser Untersuchung wird besonderer Wert auf Entscheidungen der Gerichte Hongkongs gelegt, da sie, zusammen mit den Entscheidungen der englischen Gerichte, das in Hongkong praktizierte Vertragsrecht bilden. Gleichzeitig soll untersucht werden, ob sich bereits Abweichungstendenzen vom Korpus der englischen Entscheidungen im Vertragsrecht Hongkongs zeigen.

Es soll kurz vorangestellt werden, dass zum besseren Verständnis den Begriffen des englischen Vertragsrechts eine deutsche Übersetzung beigefügt wurde, soweit die Rechtsinstitute weitestgehend Ähnlichkeit auf-

375 Siehe dazu S. 116 ff.

376 Darüber hinaus muss noch einmal betont werden, dass das Hongkonger Recht auf dem englischen Recht basiert. Bei einem plötzlichen Wegfall aller englischen Entscheidungen würden sich weitreichende Lücken im Recht Hongkongs auftun.

weisen. Es darf aber nicht davon ausgegangen werden, dass die Übersetzungen der englischen und die deutschen Rechtsinstitute in Voraussetzungen und Wirkung identisch sind.

1. Definition und Grundlagen eines Vertrages im Common Law

Ein Vertrag ist sowohl unter englischem als auch unter Hongkonger Recht ein Übereinkommen, welches Verpflichtungen schafft, die das Recht anerkennt und die rechtlich durchsetzbar sind.[377] Als offizielle Definition hat sich die Formulierung von Section 1 des 'Restatement (Second) of the Law of Contracts' des American Law Institute weitestgehend durchgesetzt:

> „A contract is a promise or set of promises for the breach of which the law gives a remedy, or the performance of which the law in some way recognises as a duty."[378]

Diese Versprechen binden mindestens zwei Parteien, eine versprechende Partei (promisor) und einen Versprechensempfänger (promisee). Über sie muss ein consensus ad idem zwischen den vertragsschließenden Parteien bestehen, welcher nach außen erkennbar gemacht werden muss.[379]

Ein Vertrag hat verschiedene Funktionen zu erfüllen. Da v.a. bei wirtschaftlichen Transaktionen die Vertragserfüllung nicht sofort erfolgt, sondern meist in der Zukunft liegt, bedarf es eines Mittels, um diese zukünftige Vertragserfüllung zu gewährleisten. Mithin erfüllt ein Vertrag eine Planungsfunktion. Je komplexer ein Geschäft ist, desto mehr bedarf es der Planung.

---

377 Carver, Anne (1999) S. 133; Treitel, Guenther (2003) S. 1

378 The American Law Institute (1981) S. 1.

379 Fisher, Michael (1996) S. 5.

> „Contract has an important function of securing that the expectations created by a promise of future performance are fulfilled, or that compensation will be paid for its breach.“[380]

Zum zweiten legt ein Vertrag die Verpflichtungen der Parteien und die inhaltlichen Standards der Vertragserfüllung fest. Darüber hinaus dient er der Risikoverteilung zwischen den Parteien. Und nicht zuletzt regelt ein Vertrag die Rechtsfolgen, sollte er nicht ordnungsgemäß erfüllt werden (können).[381]

Im angelsächsischen Recht spielte die Vertragsfreiheit (freedom of contract) immer eine herausragende Rolle.

> „A basic principle of the Common Law of contract...is that the parties are free to determine for themselves what primary obligations they will accept.“[382]

Dem Begriff der Vertragsfreiheit kommen dabei zwei Bedeutungen zu, eine positive und eine negative. Zum einen beinhaltet sie das Recht jeder Partei, vertragliche Verhältnisse mit einer anderen Partei ihrer Wahl und mit dem Inhalt, der ihren Interessen am besten entspricht, einzugehen. Zum anderen bedeutet Vertragsfreiheit aber auch, dass niemand ohne seine Einwilligung in ein vertragliches Verhältnis aus einem solchen gebunden sein soll. Im Laufe der Zeit ist die Vertragsfreiheit, u.a. durch gesetzliche Regelungen zum Schutz der Verbraucher, allerdings immer weiter eingeschränkt worden.[383] Dabei hat sich das Bild von der Vertragsfreiheit gewandelt. Dennoch besitzt sie weiterhin einen hohen Stellenwert.

> „Freedom of contract is generally regarded as a reasonable social ideal only to the extent that quality of bargaining power between contracting

---

380 Beatson, Jack (2002) S. 2.

381 Siehe dazu auch Beatson, Jack (2002) S. 2 f.

382 Photo Production Ltd v Securicor Transport Ltd [1980] AC 827, 848, per Diplock LJ.

383 In England u.a. durch den Unfair Contract Terms Act 1977 oder die Unfair Terms in Consumer Contracts Regulation 1999, in Hongkong durch die Unconscionable Contracts Ordinance, Cap 458.

> parties can be assumed, and no injury is done to the economic interests of the community at large."[384]

Eng verbunden mit der Vertragsfreiheit ist der Begriff der Unangreifbarkeit oder 'Heiligkeit' von Verträgen (sanctity of contracts). Es ist nachvollziehbar, dass die Vertragsparteien Wert darauf legen, dass die jeweils andere Partei am Vertrag festhält, und dass ihr deshalb keine Möglichkeit zur Verfügung steht, den Verbindlichkeiten des Vertragsverhältnisses zu entgehen. Allerdings müssen diese wirtschaftlichen Überlegungen immer auch mit den moralischen Ansprüchen der Gesellschaft in Einklang gebracht werden.[385] Aus diesem Grunde hat vor allem die Equity immer mehr Verteidigungsmöglichkeiten, wie Irrtum (mistake) oder ungebührliche Beeinflussung (undue influence) geschaffen, welche bei ihrem Eingreifen Rechtsschutz gewähren. Ein einheitliches Konzept einer 'Ungleichheit der Verhandlungsmacht' (inequality of bargaining power) ist zwar nicht anerkannt,[386] dennoch werden die Gerichte eine solche bei der Interpretation des Vertrages und seiner Verpflichtungen in Erwägung ziehen. Allerdings kann dies nicht dazu führen, dass sämtliche Verträge, welche nicht ganz fair erscheinen, anfechtbar oder gar nichtig wären. Die Unangreifbarkeit eines Vertrages bleibt weiterhin ein hohes Gut, welches nicht ohne Not aufgegeben werden darf.[387]

2. Der Vertragsschluss (formation of contract) im Hongkonger Recht

In diesem Kapitel werden die Themen behandelt, welche sich mit dem Abschluss eines wirksamen Vertrages (formation of contract) beschäftigen.[388] Dabei handelt es sich um übereinstimmende Willenserklärungen (agreement), Vertragsform (form of contract), Gegenleistung (considera-

---

384 Beatson, Jack (2002) S. 4.

385 Beatson, Jack (2002) S. 7.

386 National Westminster Bank Plc v Morgan [1985] AC 686, 708 ff.

387 Siehe dazu Beatson, Jack (2002) S. 7 f.

388 Im Gegensatz dazu stehen die die Wirksamkeit eines Vertrages verhindernden oder vernichtenden Faktoren, die 'vitiating factors'.

tion) und selbstverständlich um die Inhalte des Vertrages, die Vertragsbedingungen (terms of contract).

2.1. Übereinstimmende Willenserklärungen (agreement)

Ebenso wie im deutschen Rechts bedarf es sowohl im englischen als auch im Hongkonger Vertragsrecht übereinstimmender Willenserklärungen der Vertragsparteien. Diese werden als Angebot (offer) und Annahme (acceptance) bezeichnet und müssen in der Absicht, eine rechtsverbindliche Folge herbeizuführen, abgegeben werden.

2.1.1. Das Vertragsangebot (offer)

Ein Angebot (bzw. ein Antrag) ist der Ausdruck der Bereitschaft, einen Vertrag zu bestimmten Bedingungen abzuschließen mit der Absicht der Bindungswirkung, sobald derjenige, an den das Angebot gerichtet ist, dieses angenommen hat.[389]

2.1.1.1. Voraussetzungen für ein wirksames Vertragsangebot (offer)

Ein Angebot kann ausdrücklich oder konkludent abgegeben werden. Ersteres kann schriftlich oder mündlich geschehen. Es muss eine klare Erklärung enthalten, dass der Antragende sich an sein Angebot gebunden sieht, sollte es durch den Antragsempfänger angenommen werden.[390] Es handelt sich dagegen nicht um ein Angebot, wenn die Erklärung kein eindeutiges und ernst gemeintes Versprechen enthält. Ebenso können Erklärungen über Tatsachen, welche lediglich der Information der anderen Seite dienen, nicht als Angebot ausgelegt und angenommen werden.[391] Auch die Verwendung des Wortes 'offer' im Laufe der Verhandlungen bedeutet nicht automatisch, dass ein solches auch wirklich vorliegt. Es kommt in diesem Zusammenhang darauf an, wie die Er-

---

389 Treitel, Guenther (2003) S. 8.

390 Gee Tai Trading Co Ltd v Sun Wah Oil & Cereals Ltd [1994] 1 HKLR 50 f.

391 Harvey v Facey [1893] AC 552; Schuldenfrei v Hilton (Inspector of Taxes) [1999] STC 821, 831, 833.

klärung des angeblichen Anbieters von einem vernünftigen Menschen (reasonable man) verstanden werden durfte. Ein Angebot muss bestimmt sein und für beide Parteien einen Bedeutungsgehalt aufweisen.[392]

2.1.1.2. Kundgabe und Zugang des Angebots (communication of offer)

Ein Angebot muss, damit es wirksam angenommen werden kann, durch den Antragenden auch an den Antragsempfänger übermittelt werden. Dies kann sowohl gegenüber einer bestimmten Person geschehen als auch gegenüber mehreren Personen oder Personen einer bestimmten Gruppe.[393] Ergeht ein Angebot an eine bestimmte Person, dann kann nur diese Person oder ihr Vertreter das Angebot annehmen. Richtet es sich dagegen an eine Gruppe, kann jeder aus dieser Gruppe das Angebot annehmen. Ein Angebot kann gegebenenfalls auch an einen unbestimmten Personenkreis gerichtet sein. Jeder kann das Angebot dann annehmen.[394]

---

392 Carver, Anne (1999) S. 142 f. Dies entspricht in etwa dem allgemeinen Empfängerhorizont im deutschen Recht.

393 Ho, Betty M. (1999) S. 13.

394 Carlill v Carbolic Smoke Ball Co [1893] 1 QB 256: Die Beklagte stellte Karbol-Räucherkugeln her, die sie mit der Erklärung bewarb, dass jeder, der diese Räucherkugeln benutze, gegen Grippe geschützt sei. In ihrer Werbung versprach sie demjenigen £ 1000, der sich trotz vorgeschriebener Anwendung der Räucherkugeln mit Influenza infizieren würde. Darüberhinaus gab die Beklagte an, £ 1000 bei einer bestimmten Bank hinterlegt zu haben, 'um unsere Ernsthaftigkeit zu unterstreichen'. Die Klägerin benutzte die Räucherkugeln wie vorgeschrieben, erkrankte jedoch trotzdem an Grippe. Als sie die Beklagte verklagte, berief diese sich darauf, dass es sich um eine reine Anpreisung gehandelt habe, die kein bindendes Angebot darstellen könne. Das Gericht war dagegen der Ansicht, es habe sich um ein Angebot an einen unbestimmten Personenkreis (the world at large) gehandelt. Jeder, der die Räucherkugeln unter den in der Werbung angegebenen Bedingungen benutzte, habe dieses Angebot durch sein Verhalten angenommen und somit den Vertrag erfüllt. Es handelte sich hier, im Gegensatz zu den meisten anderen Verträgen, welche bilateral sind, um einen unilateralen Vertrag, bei dem ein Angebot an einen unbestimmten Personenkreis gemacht wird, und der Annehmende mit seiner Annahme, welche nicht kommuniziert wird, gleichzeitig den Vertrag erfüllt.

Ein Angebot wird erst mit Zugang bei der Person, an die es gerichtet ist, wirksam. Es kann vom Antragenden jederzeit zurückgenommen werden bevor es angenommen wurde. Dies gilt jedoch nur, wenn der andere Vertragspartner rechtzeitig von der Rücknahme Kenntnis erlangt.[395]

2.1.1.3. Abgrenzung des Angebots von der invitatio ad offerendum (invitation to treat)

Oft ist es schwierig festzustellen, ob überhaupt ein Angebot vorliegt. Häufig ist ein Angebot von einer Äußerung abzugrenzen, die zwar zum Teil als Angebot bezeichnet wird, der aber der Rechtsbindungswille fehlt. Diese werden als ‚invitation to treat' bezeichnet und stellen eine Aufforderung an das Gegenüber dar, selbst ein Angebot abzugeben.[396] Die Gerichte haben im Laufe der Zeit entschieden, wann in bestimmten Situationen des wirtschaftlichen Lebens ein Angebot, und wann nur eine ‚invitation to treat' vorliegt. Diese sollen nachfolgend beispielhaft dargestellt werden:

Bei Versteigerungen (auctions) hat sich die allgemein anerkannte Regel herauskristallisiert, dass das Ausstellen der Gegenstände zur Auktion und deren Anpreisung noch kein Angebot darstellt. Der Auktionator fordert lediglich das Publikum auf, ein Angebot abzugeben. Erst das Bietergebot stellt das Angebot dar. Jedes höhere Gebot sticht das niedrigere und kann bis zur Annahme durch den Auktionator noch zurückgenommen werden. Erst der Fall des Hammers (oder eine inhaltsgleiche Handlung) stellt die Annahme dar.[397] Diese Grundsätze des Common Laws Auktionen betreffend sind nunmehr gesetzlich in der Sale of Goods Ordinance geregelt.[398]

Die Ausstellung von Waren in Geschäften, hauptsächlich in Supermärkten, in Regalen oder anderweitig zu festen Preisen oder auch ohne

---

395 Ho, Betty M. (1999) S. 26.

396 Ho, Betty M. (1999) S. 7. Sie entsprechen damit der invitatio ad offerendum des deutschen Rechts·

397 Payne v Cave (1789) 3 T R 148.

398 Sale of Goods Ordinance, Cap 26 s 60b.

Preisauszeichnung stellt noch kein Angebot dar, da die Vorräte in der Regel begrenzt sind. Es handelt sich dabei um eine 'invitation to treat'. Der Kunde gibt ein Kaufangebot ab, welches der Verkäufer annehmen oder ablehnen kann.[399]

Werbung, z. B. Anzeigen in Zeitungen und Magazinen sowie Rundschreiben[400] bzw. an bestimmte Personen gerichtete Preislisten[401] oder Kataloge stellen in bilateralen Verträgen[402] normalerweise ebenfalls eine ‚invitation to treat' dar.[403] Das gleiche gilt für Auslagen in Geschäften und Schaufenstern.[404] Ebenso sind Speisekarten mit Preisangabe in Restaurants als ‚invitation to treat' zu verstehen, da die Gerichte auf der Karte nicht vorrätig sein können. Bei unilateralen Verträgen[405] kann Werbung, sofern sie eindeutig ist, dagegen zu einem Angebot führen.[406]

Zeichnungsangebote von Gesellschaften für eigene Aktien sind ebenfalls nicht als Angebote, sondern als invitatio ad offerendum zu verstehen, da durchaus eine Überzeichnung vorkommen kann und eine Vertragserfüllung gegenüber allen Zeichnenden für die Gesellschaft dann unmöglich wäre.[407]

Bei Ausschreibungen stellt sich die Situation nicht eindeutig dar. Unter einer Ausschreibung (tender) versteht man grundsätzlich eine Aufforderung an einen unbegrenzten Kreis von Personen, Angebote für eine Erstellung eines Werkes, die Lieferung von Waren etc. abzugeben. Die

399 Pharmaceutical Society of Great Britain v Boots Cash Chemists (Southern) Ltd [1953] 1 QB 401: Hier handelte es sich ursprünglich zwar um ein Strafverfahren, das Gericht musste jedoch Aussagen zum Vertragsrecht treffen, um die Haftungsfrage zu klären.

400 Grainger & Sons v William Lane Gough [1896] AC 325, 328 ff.

401 Scancarriers A/S v Aotearoa International Ltd, The Barranduna [1985] 2 Lloyd's Rep 419.

402 Bilaterale Verträge sind solche, die zwischen zwei Parteien geschlossen werden und in denen die Pflichten der Parteien im Synallagma stehen

403 Partridge v Crittenden (1968) 1 WLR 1204, 1209.

404 Fisher v Bell [1961] 1 QB 394, zustimmend zitiert in HKSAR v Wan Hon Sik [2001] 3 HKLRD 283 sowie HKSAR v Yu Wai Chuen [2002] 2 HKLRD 347.

405 Unilaterale Verträge sind nur einseitig verpflichtend, z. B. Auslobungen etc.

406 Carlill v Carbolic Smoke Ball Co [1893] 1 QB 256.

407 Ramsgate Victoria Hotel Co v Montefiore (1866) LR 1 Exch 109.

Aufforderung stellt noch kein bindendes Angebot dar. Vielmehr entspricht eine Ausschreibung eher einer invitatio ad offerendum (invitation to treat).[408] Das Angebot geht dann von der Person aus, die das Gebot abgibt.[409] In der Entscheidung City Polytechnic of Hong Kong v Blue Cross (Asia-Pacific) Insurance Ltd erklärte der High Court Hongkongs, dass dies aber nicht immer so sein müsse.

> "It was not disputed...that the position generally under contract law is that an invitation to tender is no more that an offer to receive bids, so that any invitee is entitled, with impunity, to withdraw his offer to tender at any time before acceptance. The modern law of contract does, however, contemplate the possibility that, in tendering situations, where the circumstances so justify it, an implied contract can come into existence binding the tenderer to keep his tender open from the time of the deadline for submitting tenders up until the expiry of the period specified by the tender's terms for keeping tenders open."[410]

Aus dieser Verpflichtung resultiert dann auch ein bindender Vertrag, sobald der Ausschreibende das Gebot annimmt.

---

408 Spencer v Harding [1870] LR 5 CP 561.

409 Aber auch die Annahme eines Angebots im Rahmen von Ausschreibungen resultiert nicht notwendigerweise in einem bindenden Vertrag. Ist der Inhalt des Angebotes ein einmaliges Geschäft, z. B. die Errichtung eines Gebäudes, dann liegt in der Erteilung des Zuschlages durch den Ausschreibenden die Annahme des Angebotes und damit das Zustandekommen eines rechtlich bindenden Vertrages: City Polytechnic of Hong Kong v Blue Cross (Asia-Pacific) Insurance Ltd [1995] 2 HKLR 103, 106. Sollen durch die Ausschreibung dagegen Dauerschuldverhältnisse begründet werden, z. B. Lieferungsverhältnisse, bei denen in bestimmten Zeiträumen bestimmte Mengen an Waren abge-nommen werden müssen, liegt in der Annahme wahrscheinlich noch nicht der Abschluss eines wirksamen Vertrages. Der Annehmende ist nicht verpflichtet, Bestellungen aufzugeben. Er schuldet seine Gegenleistung (consideration) nur für Bestellungen, die er auch wirklich aufgibt, bevor er das Vertragsverhältnis widerrufen hat. Hat der Widerruf einmal stattgefunden, erlischt jegliche weitere Schuld (Percival, Lim v London County Council Asylum etc Committee (1918) 87 LJ KB 677, 690).

410 City Polytechnic of Hong Kong v Blue Cross (Asia-Pacific) Insurance Ltd [1995] 2 HKLR 103, 106.

2.1.1.4. *Erlöschen des Angebots (termination of offer)*

Allerdings bleibt ein Angebot nicht dauerhaft bestehen. Es kann auf verschiedene Arten erlöschen; etwa, indem der Antragsempfänger es annimmt. Mit dem Zustandekommen des Vertrages existiert das Angebot nicht mehr. Des Weiteren kann ein Angebot aufgrund einer Rücknahme durch den Antragenden (revocation oder withdrawal) erlöschen. Da der Antragende den 'ersten Schritt' hin zu einem Vertragsschluss macht, indem er ein Angebot abgibt, muss ihm auch das Recht zugestanden werden, sein Angebot jederzeit bis zur Annahme durch den Antragsempfänger zurücknehmen zu können. Hat er sein Angebot wirksam zurückgenommen, existiert es nicht mehr und der Antragsempfänger kann es nicht mehr annehmen.

Allerdings kann, wie noch darzustellen ist,[411] ein Angebot, insbesondere bei Ausschreibungen (tenders), unter Umständen einem stillschweigenden Vertrag (implied contract) unterliegen, das Angebot innerhalb eines bestimmten Zeitraums nicht zurückzunehmen.[412] Eine Rücknahme ist dann nicht möglich. Darüber hinaus ist anerkannt, dass eine Rücknahme des Angebots durch stillschweigendes Versprechen des Antragenden, sein Angebot nicht zurückzuziehen, zumindest in unilateralen Verträgen ausgeschlossen ist, wenn der Antragsempfänger bereits mit der Vertragserfüllung begonnen hat.[413]

Die Rücknahme des Angebots muss zu ihrer Wirksamkeit dem Antragsempfänger mitgeteilt werden.[414] Der Verkauf der ursprünglich angebotenen Sache an einen Dritten allein ist nicht ausreichend.[415] Kommt aller-

---

411 Siehe dazu Fn. 417.

412 Blackpool and Fylde Aero Club Ltd v Blackpool Borough Council [1990] 1 WLR 1195, 1202. Siehe dazu auch die Hongkonger Entscheidung City Polytechnic of Hong Kong v Blue Cross (Asia-Pacific) Insurance Ltd [1995] 2 HKLR 103, 106.

413 Errington v Errington [1952] 1 KB 290; Daulia Ltd v Four Millbank Nominees Ltd [1978] 2 WLR 621.

414 Byrne v Van Tienhoven (1880) 5 CPD 344, 348: Die postal rule oder mailbox-Theorie greift im Übrigen nach herrschender Meinung nicht bei der Rücknahme von Angeboten ein. Somit gilt, dass eine Rücknahme unwirksam ist, die der Antragsempfänger erhält, nachdem er seine Annahmeerklärung zur Post aufgegeben hat.

415 Stevenson v McLean (1880) 5 QBD 346.

dings eine solche Handlung, wie der Verkauf des Gegenstandes an einen Dritten, dem Antragsempfänger zur Kenntnis, sei es durch den Antragenden selbst oder durch einen Dritten, so ist dies als wirksame Rücknahme zu verstehen. Eine Annahme durch den Antragsempfänger kann dann nicht mehr erfolgen.[416] Wenn der Antragsempfänger aus eigenem Verschulden die Rücknahmeerklärung verspätet oder überhaupt nicht erhält, so wird die Rücknahme grundsätzlich dann wirksam, wenn sie bei normalem Verlauf der Dinge zugegangen wäre. Die Möglichkeit der Rücknahme kann Probleme aufwerfen. So kann beispielsweise ein Bauunternehmer, der sich um einen Auftrag bemüht und vorher Angebote bei Subunternehmern einholt, umfangreiche Verluste erleiden, wenn er aufgrund dieser Angebote kalkuliert und den Auftrag erhält, ein Subunternehmer jedoch sein Angebot in der Zwischenzeit zurückzieht. Hier kann nur auf die Möglichkeit ausgewichen werden, bereits in den Ausschreibungen deutlich zu machen, dass ein Angebot innerhalb eines bestimmten Zeitraums nicht zurückgenommen werden darf.[417]

Ein Angebot erlischt ebenfalls mit der Ablehnung desselben durch den Antragsempfänger und der Mitteilung davon an den Antragenden. Ein Antragsempfänger kann seine Meinung nach der Ablehnung nicht plötzlich ändern und dann doch versuchen, das Angebot anzunehmen.[418] Ebenso führt die Abgabe eines Gegenangebots (counter offer), d.h. die 'Annahme' des Angebots unter veränderten Bedingungen (und de jure damit ein neues Angebot) zum Erlöschen des ursprünglichen Angebots, da sie ebenfalls eine Ablehnung ausdrückt. Eine Rücknahme des Gegenangebots lässt das ursprüngliche Angebot dagegen nicht wieder aufleben.[419] Es ist allerdings notwendig, eine Unterscheidung zu treffen zwischen einem tatsächlichen Gegenangebot (counter offer) und einer Bitte des Antragsempfängers um mehr Informationen. Mitunter kann das, was der Antragsempfänger dem Antragenden mitgeteilt hat, lediglich ei-

---

416 Dickinson v Dodds (1876) 2 Ch D 463.

417 City Polytechnic of Hong Kong v Blue Cross (Asia-Pacific) Insurance Ltd [1995] 2 HKLR 103, 106.

418 Beatson, Jack (2002) S. 57.

419 Hyde v Wrench (1840) 3 Beav 334, 337.

ne erweiterte Anfrage sein, die nicht zu einer Ablehnung des ursprünglichen Angebots führt und es deshalb auch nicht erlöschen lässt.[420]

Gibt ein Angebot ausdrücklich einen bestimmten Zeitraum vor, in dem es gelten soll, so erlischt es mit Ablauf der besagten Frist und kann nach dem festgelegten Zeitpunkt nicht mehr angenommen werden.[421] Ein Angebot, das keine ausdrücklichen Angaben über den Zeitraum seiner Gültigkeit enthält, erlischt nach einer angemessenen Zeit (reasonable time).[422] Was als angemessener Zeitraum anzusehen ist, hängt von den Umständen des Falles ab sowie vom Kommunikationsmittel, mit dem Angebot und Annahme gemacht werden.[423] Dem liegt der Gedanke zugrunde, dass die Nichtannahme des Angebots durch den Antragsempfänger innerhalb eines angemessenen Zeitraums durch den Antragenden so verstanden werden muss, als habe der Antragsempfänger das Angebot abgelehnt.[424] Dann muss aber auch davon ausgegangen werden, dass ein Angebot nicht nach einiger Zeit erlöschen kann, wenn und solange der Antragende Kenntnis davon hat, dass der Antragsempfänger das Angebot annehmen möchte, da in der Verzögerung der Annahme keine fiktive Ablehnung des Angebots zu erkennen ist.[425]

Ein Angebot, das ausdrücklich oder stillschweigend voraussetzt, dass es mit dem Eintritt eines bestimmten Ereignisses erlöschen wird (auflösende Bedingung), kann nach Eintritt dieser Bedingung nicht mehr angenommen werden. Ebenso gilt im umgekehrten Fall ein Angebot, welches an den Eintritt einer bestimmten Bedingung geknüpft ist, als erloschen, sollte diese Bedingung nicht eintreten (aufschiebende Bedingung).[426]

---

420 Stevenson v McLean (1880) 5 QBD 346.

421 Ho, Betty M. (1999) S. 28.

422 Ramsgate Victoria Hotel Co v Montefiore (1866) LR 1 Exch 109.

423 Ho, Betty M. (1999) S. 28.

424 Manchester Diocesan Council for Education v Commercial & General Investments Ltd (1970) 1 WLR 241, 247 f. Siehe dazu auch Chan Mei Ying & Others v Yick Fung Garment Factory Ltd [1987] 2 HKC 392.

425 Manchester Diocesan Council for Education v Commercial & General Investments Ltd (1970) 1 WLR 241.

426 Ho, Betty M. (1999) S. 28.

Grundsätzlich lässt der Tod einer der zukünftigen Vertragsparteien das Angebot erlöschen. Stirbt der Antragende, kann das Angebot nicht mehr angenommen werden, sobald der Antragsempfänger vom Tod des Antragenden Kenntnis erlangt.[427] Dies bedeutet, dass ein Angebot nach dem Tod des Antragenden durchaus noch angenommen werden kann, solange der Antragsempfänger keine Kenntnis davon hat, allerdings nur, wenn das Geschäft nicht ein höchstpersönliches ist, wie das beispielsweise bei Dienstleistungsverträgen der Fall ist.[428]

Hinsichtlich des Todes des Antragsempfängers herrscht größere Unsicherheit. Nach einer Ansicht hängt die Folge des Todes davon ab, wie das Angebot formuliert ist, solange es sich nicht um ein höchstpersönliches Geschäft handelt.[429] Nach anderer Ansicht ist das Angebot mit dem Tod des Antragsempfängers erloschen.[430] Es ist jedoch selbstverständlich, dass der Tod des Antragsempfängers das Angebot erlöschen lässt, sobald der Vertrag persönliche Elemente enthält.[431] Handelt es sich dagegen um ein neutrales Angebot, kann dieses durchaus beim Tod des Antragsempfängers bestehen bleiben und durch seine Rechtsnachfolger angenommen werden.[432]

---

427 Fong v Chilli [1968] 11 FLR 495.

428 Bradbury v Morgan (1862) 1 H & C 249, 255 f.: Die Folge des Todes des Antragenden auf eine unbefristete Bürgschaft bei einem widerruflichen Angebot war mehrfach Gegenstand von Untersuchungen. Es wird angenommen, dass der Bürge ein Angebot an den Gläubiger macht, für die noch ausstehenden Schulden des Hauptschuldners zu bürgen. Dieses Angebot wird vom Gläubiger bei jeder Inanspruchnahme eines Kredites in der Höhe angenommen, als ein Darlehen vergeben wird (oder in der Höhe, als die Bürgschaft besteht, sollte diese Summe geringer sein). Fraglich ist, ob das Angebot der Dauerbürgschaft mit dem Tod des Bürgen für zukünftige Darlehen erlischt. Nach allgemeiner Meinung führt der Tod des Bürgen jedoch nicht notwendigerweise zum Erlöschen des Angebots. Die meisten dieser Bürgschaften enthalten jedoch Klauseln, nach denen der Bürge oder seine Vertreter die Bürgschaft kündigen können.

429 Halsbury's Laws of England (1998) Bd. 9(1) para 648.

430 Beatson, Jack (2002) S. 60.

431 Ho, Betty M. (1999) S. 29.

432 Carter v Hyde (1923) 33 CLR 115.

2.1.2. Annahme des Angebots (acceptance)

Um rechtlich bindende Verpflichtungen für die Parteien zu begründen, muss das Angebot durch den Antragsempfänger wirksam angenommen werden.

2.1.2.1. Definition der Annahme (acceptance)

Der Ausdruck der endgültigen und uneingeschränkten Zustimmung zu den Bedingungen des Angebots wird als Annahme (acceptance) bezeichnet.[433] Dies bedeutet, dass zum einen tatsächlich eine Annahme durch den Antragsempfänger vorliegen muss. Die Annahme kann nur durch die Partei erfolgen, der das Angebot gemacht wurde, nicht dagegen durch einen Dritten, es sei denn, dass dieser Dritte als Vertreter des Annehmenden tätig wird. Darüber hinaus muss diese Annahme dem Antragenden auch mitgeteilt werden. Eine stillschweigende Annahme ohne Kundgabe nach außen genügt nicht.[434]

2.1.2.2. Vollständige und unbedingte Annahme (acceptance)

Die Annahme muss eine vollständige und uneingeschränkte Zustimmung zu den Bedingungen des Angebots darstellen.[435] Es ist zum Teil schwierig festzustellen, ob das Angebot tatsächlich vollumfänglich und bedingungslos angenommen wurde. Ist dies nicht der Fall, kann möglicherweise ein Gegenangebot (counter offer) vorliegen. Zur Prüfung dessen wird die Sichtweise einer 'reasonable person' herangezogen: Konnte diese die Formulierungen als unbedingte Annahme verstehen oder als Einführung einer neuen Vertragsbedingung, welche das Angebot verändert?[436] Nicht jeder Zusatz, den der Annehmende den Bedingungen des Angebots hinzufügt, macht die Annahme ungültig bzw. stellt bereits ein Gegenangebot dar. Dient der Zusatz lediglich der Klarstellung

---

433 Ho, Betty M. (1999) S. 14.

434 Beatson, Jack (2002) S. 40 f.

435 Dabei handelt es sich um die sogenannte 'mirror image rule'.

436 Global Tankers Inc v Amercoat Europa NV (1975) 1 Lloyd's Rep 666, 671.

einer bereits stillschweigend miteingeschlossenen Vertragsbedingung,[437] stellt er eine Bitte um Gewährung einer Zahlungsfrist (ohne diese zur Bedingung zu machen) oder ein Stundungsangebot des Annehmenden dar, dann liegt trotzdem eine bedingungslose Annahme vor, auch wenn diese nicht dem Wortlaut des Angebots entspricht.[438]

Oft werden Annahmeerklärungen unter einer so genannten 'subject to contract'-Klausel abgegeben, wonach der Vertrag nicht bereits mit der Annahmeerklärung, sondern erst mit Erfüllung bestimmter formeller oder anderer Voraussetzungen wirksam werden soll. Dies bedeutet nicht zwangsläufig, dass der Vertrag tatsächlich erst mit Verwirklichung dieser Voraussetzungen wirksam wird. Es kommt dabei auf die Auslegung der Erklärungen der Parteien an, ob nicht doch schon mit Abgabe der Willenserklärungen ein Vertrag geschlossen wurde, unabhängig von den weiteren Erklärungen der Parteien.[439]

2.1.2.3. Bezugnahme der Annahme (acceptance) auf das Angebot (offer)

Darüber hinaus muss die Annahmeerklärung unter Bezugnahme auf das Angebot (in reliance of the offer) abgegeben werden.[440] Hat der Anneh-

---

437 Global Tankers Inc v Amercoat Europa NV (1975) 1 Lloyd's Rep 666, 672: Der Kläger hatte eine Forderung gegen den Beklagten, die aus einem früheren Vertrag resultierte. Nach vorläufigen Verhandlungen erreichten die Parteien eine mündliche Einigung, die noch per Telex bestätigt werden sollte. Der Beklagte sandte daraufhin ein Telex folgenden Inhalts: „Hiermit bestätigen wir Ihr Vergleichsangebot in Höhe von £ 120,800 zur vollständigen Begleichung der noch offenen Forderung für das Schiff....". Der Kläger antwortete: „wir nehmen Ihr Angebot in Höhe von £ 120,800 an mit der Maßgabe, dass die Zahlung an uns unverzüglich ausgeführt wird". Das Gericht war der Ansicht, dass das Telex des Klägers eine wirksame Annahme darstellte.

438 Ho, Betty M. (1999) S. 14.

439 Siehe dazu S. 151 ff.

440 Z.T. wird angenommen, dass unter Umständen eine Annahme in Unkenntnis des Angebots oder unter Nichtbeachtung des Angebots zulässig ist: Gibbons v Proctor (1891) 64 LTR 594. Der Beklagte stellte hier £ 25 Belohnung in Aussicht für jeden, der dem Polizeidirektor Hinweise auf einen Täter geben konnte, der ein junges Mädchen belästigt hatte. Bevor die Belohnung noch ausgeschrieben werden konnte, gab der Kläger einem ihm bekannten Polizeibeamten den notwendigen Hinweis. Dieser leitete den Hinweis an einen weiteren Polizeibeamten weiter, der ihn wiederum an

mende Kenntnis vom Bestehen des Angebots, schadet eine andere Motivation für den Vertragsschluss nicht.[441]

Stimmt die Annahme zufällig mit den Bedingungen des Angebots überein, ohne dass der Annehmende überhaupt Kenntnis vom Angebot hat, liegt keine wirksame Annahme vor.[442] Dies ist häufig der Fall beim Kreuzen von zwei identischen Angeboten (cross offers).

> „The promise or offer being made on each side in ignorance of the promise or the offer made on the offer on the other side neither of them can be construed as an acceptance of the other."[443]

2.1.2.4. Arten der Annahme

Wie lange ein Angebot angenommen werden kann, ist nicht abschließend festgelegt. Wenn das Angebot selbst keine zeitliche Grenze enthält, bestimmt sich die Länge der Frist danach, was im Rahmen der Umstände angemessen ist.[444] Dies wiederum richtet sich nach der Branche, in der das Angebot gemacht wurde, nach der Art der Güter oder der Stabilität der Preise. Bei Gütern mit besonders großer Preisvolatilität kann deshalb die Annahmefrist mitunter eine Stunde oder sogar weniger betragen.[445] Allerdings kann ein Angebot nur angenommen werden, solange es noch besteht, nicht jedoch, wenn es bereits erloschen ist.

Die Annahme eines Angebots wird normalerweise durch einen Ausdruck der Zustimmung zum Angebot abgegeben.[446] Wenn der Inhalt des Ange-

---

den Polizeidirektor weitergab, nachdem die Belohnung ausgeschrieben worden war. Das Gericht entschied, dass der Kläger trotz Unkenntnis von der Ausschreibung der Belohnung einen Anspruch auf diese hatte.
Es ist jedoch umstritten, ob dieser Fall wirklich eine Annahme in Unkenntnis des Angebots als wirksam bestätigt, da die beiden Polizeibeamten sozusagen als Vertreter des Klägers agierten. Als der Polizeidirektor die Information schließlich erhielt, kannte der Kläger das Angebot der Belohnung jedoch bereits.

441 Carlill v Carbolic Smoke Ball Co [1893] 1 QB 256.

442 Taylor v Allon [1966] 1 QB 304; Tinn v Hoffman & Co (1873) 29 LT 271.

443 Tinn v Hoffman & Co (1873) 29 LT 271, 279, per Blackburn J.

444 Beatson, Jack (2002) S. 58.

445 Carver, Anne (1999) S. 150.

446 Ho, Betty M. (1999) S. 14

bots dies zulässt, kann die Annahme auch konkludent erfolgen. Unter Umständen kann durch Verwirkung (estoppel) oder die ‚postal rule'[447] eine Annahme, die nicht den oben angegebenen Bedingungen entspricht, trotzdem wirksam werden. Grundsätzlich stellt Schweigen keine Annahme dar.

2.1.2.4.1. *Ausdrückliche Annahme*

Die Annahme muss dem Antragenden mitgeteilt werden (acceptance must be communicated).[448] Diese Mitteilung muss tatsächlich und ausdrücklich erfolgen, abgesehen von den Fällen, in denen der Antragende in seinem Angebot auf die Mitteilung verzichtet.[449] Als allgemeiner Grundsatz gilt, dass eine Annahme erst dann wirksam wird, wenn der Antragende Kenntnis von der Annahme erhält.[450]

2.1.2.4.2. *Konkludente Annahme (acceptance by conduct)*

Darüber hinaus kann die Annahme aber auch durch ein entsprechendes Verhalten, also konkludent abgegeben werden, wenn sie klar und bedingungslos ist und dem Antragenden zur Kenntnis gebracht wird.[451]

> „There must be the consent of two parties to a contract; one man may make an offer to another, and say, „I agree to buy your estate;" but the person to whom he has made the offer must say, „I agree to sell you the estate," or he must do something equivalent to an acceptance, some-

---

447 Siehe dazu S. 137 ff.

448 Beatson, Jack (2002) S. 40 f.

449 Beatson, Jack (2002) S. 42.

450 Re Universal Banking Corporation, Gunn's Case (1867) LR 3 Ch App 40: Die betroffene Gesellschaft war im Jahre 1862 nach dem Companies Act gegründet worden und hatte zur Zeichnung von Aktien aufgefordert. Am 14. November 1865 beantragte G die Zuteilung von Aktien dieser Gesellschaft. Im Juni 1866 wurde ein Konkursantrag durch die Gesellschaft gestellt. G forderte daraufhin die Anzahlung zurück, die er zusammen mit dem Zeichnungsantrag geleistet hatte. Dabei stellte sich heraus, dass G im November 1865 Aktien zugeteilt worden waren und sein Name auch im Register der Mitglieder/Aktieninhaber auftauchte, er aber bis Juni 1866 davon nicht in Kenntnis gesetzt worden war. Das Gericht formulierte, dass G kein Aktionär war, da er seinen Antrag auf Zeichnung vor der Annahme zurückgezogen hatte.

451 British Crane Hire Corporation v Ipswich Plant Hire Ltd [1975] 1 QB 303, 311.

> thing which satisfies the Court, either by words or conduct, that the offer has been accepted to the knowledge of the person who made the offer."[452]

Diese Aussage macht aber auch deutlich, dass eine eindeutige Kundgabe der Annahme auf irgendeine Weise erfolgen muss. Eine Annahme ohne die Kundgabe nach außen genügt dagegen nicht.

2.1.2.4.3. Annahme durch Vertragserfüllung (acceptance by performance)

Ein Angebot kann ausdrücklich oder stillschweigend voraussetzen, dass die Annahme auch dadurch erfolgen kann, dass die andere Partei mit der Erfüllung des Vertrages beginnt.[453]

In synallagmatischen Verträgen ist diese Art der Annahme eher selten. Bei einseitig verpflichtenden Verträgen jedoch wird die Annahme eines Angebots meist auf diesem Wege kommuniziert. Im oben bereits erwähnter Entscheidung Carlill v Carbolic Smoke Ball Company[454] erhob die Beklagte den Einwand, dass ein Vertrag aufgrund fehlender Annahme durch die Klägerin gar nicht zustandegekommen sei. Da die Werbung der Beklagten nach Ansicht des Gerichts jedoch ein Angebot an jedermann darstellte, der die Bedingungen der Werbung erfüllte, konnte auch jeder, der diese Bedingungen erfüllte, das Angebot damit annehmen. Denn derjenige, der solch ein Angebot macht, zeigt durch seine Wortwahl bzw. durch die Gestaltung des Geschäfts, dass er keine Kenntnis von der Annahme erwartet und verlangt, sondern nur die Kenntnis von der Erfüllung des Vertrages.[455]

---

452 Re Universal Banking Corporation, Gunn's Case (1867) LR 3 Ch App 40, 43 f., per Rolt LJ.

453 Ho, Betty M. (1999) S. 19.

454 Carlill v Carbolic Smoke Ball Co [1893] 1 QB 256.

455 Carlill v Carbolic Smoke Ball Co [1893] 1 QB 256, 262 f.

2.1.2.4.4. Annahme durch Verwirkung (acceptance by estoppel)

Unter Umständen kann eine Annahme aber auch wirksam werden, obwohl der Antragende keine Kenntnis von der Annahme erlangt. Hat der Empfänger des Angebots seine Annahmeerklärung umgehend an den Antragenden gesandt und kann vernünftigerweise davon ausgehen, dass seine Erklärung zugegangen ist, und liegt das Verschulden, dass die Erklärung nicht zugehen konnte, auf Seiten des Antragenden, dann ist diesem der Einwand des Nichtzugangs verwehrt.[456]

Ähnliches gilt, wenn der Zeitpunkt des Zugangs erheblich ist, was fast immer der Fall ist. Hat der Empfänger den fristgerechten Zugang verhindert, kann er sich auch nicht auf die Verspätung berufen:

> „[I]f a notice arrives at the address of the person to be notified, at such a time and by such a means of communication that it would in the normal course of business come to the attention of that person on its arrival, that person cannot rely on some failure of himself or his servants to act in a normal businesslike manner in respect of taking cognisance of the communication so as to postpone the effective time of the notice until some later time when it in fact came to his attention."[457]

2.1.2.4.5. Postal Rule oder Mailbox-Theorie

Die im englischen Recht als postal rule, im deutschen Rechtskreis zuweilen als mailbox-Theorie bezeichnete Regel stellt eine Besonderheit für das Wirksamwerden der Annahmeerklärung im angelsächsischen und im Hongkonger Recht dar. Grundsätzlich muss der Antragende Kenntnis von der Annahme erlangen, damit diese wirksam wird, außer im Falle unilateraler Verträge sowie bei Verwirkung (estoppel).[458]

---

456 Entores v Miles Far East Corporation, (1955) 2 QB 327, 333: Druckt das Faxgerät des Empfängers die Nachricht nur unleserlich aus, dieser fordert den Absender jedoch nicht dazu auf, den Sendevorgang zu wiederholen, kann der Absender davon ausgehen, dass seine Annahme beim Empfänger angekommen ist. Dieser darf sich damit nicht auf den Nichtzugang berufen.

457 The Brimnes, Tenax Steamship Co Ltd v The Brimnes (Owners) (1975) 1 QB 929, 966 f., per Megaw LJ.

458 Siehe dazu S. 501 ff.

Die Wirksamkeit der Annahmeerklärung kann unter Umständen aber auch vorverlegt werden. Die Annahme erfolgt bereits dann, wenn sie vom Annehmenden 'auf den Weg gebracht wird'. Dies ist z. B. bereits dann der Fall, wenn sie zur Post aufgegeben oder in einen Briefkasten eingeworfen wurde.[459] An der Wirksamkeit der Annahme ändert sich auch dann nichts, wenn sie unterwegs im Postlauf verloren geht. Die gleiche Regel gilt bei Übermittlung der Annahme durch Telegramm, wobei die Annahme wirksam wird, wenn das Telegramm bei der Übermittlungsgesellschaft aufgegeben wurde.[460] Greift die postal rule ein, dann liegt der Ort des Vertragsschlusses dort, wo die Annahmeerklärung abgesandt wurde.

Es ist zu beachten, dass die postal rule keine Anwendung findet, wenn die Annahmeerklärung mündlich, auch fernmündlich oder durch Telefax[461] bzw. Telex[462] abgegeben wurde. Dann kommt es für die Wirksamkeit der Annahme darauf an, dass der Antragende die Annahmeerklärung auch wahrnehmen konnte.[463] Darüber hinaus existiert in Hongkong für den Vertragsschluss und die Gültigkeit elektronischer Verträge mittlerweile eine gesetzliche Regelung, die Electronic Transaction Ordinance.[464] Diese bestimmt, dass Verträge unter Zuhilfenahme elektronischer Medien grundsätzlich wirksam geschlossen werden können.[465] Gleichzeitig stellt das Gesetz klar, dass die Grundsätze des Common Law insoweit erhalten bleiben, als der Antragende dem

459 Henthorn v Fraser (1882) 2 Ch 27, 32, 34; Brinkibon Ltd v Stahag Stahl GmbH [1982] 2 WLR 264, 268.

460 Stevenson v McLean (1880) 5 QBD 346.

461 Susanto-Wing Sun Co Ltd v Yung Chi Hardware Machinery Co Ltd [1989] 2 HKC 504.

462 Brinkibon Ltd v Stahag Stahl GmbH [1982] 2 WLR 264, 266 ff.

463 Entores Ltd v Miles Far East Corporation (1955) 2 QB 327; bestätigt durch Brinkibon Ltd v Stahag Stahl GmbH [1982] 2 WLR 264, 266 ff. Siehe in Hongkong dazu Century Yachts Ltd v Xiamen Celestial Yacht Ltd [1994] 1 HKLR 385, 392 und Ferromin Ltd v Nittetsu Shoji Co Ltd [1999] 38 HKCU 1, welche die englischen Entscheidungen bei ihrer Entscheidungsfindung zustimmend zu Grunde legen.

464 Electronic Transaction Ordinance, Cap 553.

465 Electronic Transaction Ordinance, Cap 553 s 17(1), (2).

Antragsempfänger die Art und Weise der Abgabe der Annahmeerklärung auch weiterhin in seinem Angebot vorschreiben kann.[466]

Die postal rule ist v.a. in England nicht unumstritten,[467] zumal sie nicht mit den Bestimmungen des UN-Kaufrechts einhergeht. Da die SAR Hongkong bisher jedoch dieses Übereinkommen nicht ratifiziert hat, ergeben sich zumindest in dieser Hinsicht keine Friktionen.

Dennoch ist anerkannt, dass die Regel mitunter willkürliche Ergebnisse hervorruft.[468] Sie begünstigt den Annehmenden und erlegt das gesamte Verlust- bzw. Verspätungsrisiko dem Antragenden auf. Dies kann mitunter zu absurden Ergebnissen führen, z. B. wenn mit der Aufgabe zur Post zwar ein bindender Vertrag zwischen den Parteien zustande gekommen ist, der Antragende davon aber nichts erfährt, da er nie Kenntnis von der Annahmeerklärung erhält.[469] Ebenso ist der Annehmende durch die postal rule gegen eine Willensänderung in Form einer Rücknahme des Angebots des Antragenden geschützt, solange er nur die Annahme vor Kenntnis von der Rücknahme des Angebots zur Post aufgibt.[470] Diese Begünstigungen des Annehmenden stellen allerdings auch einen Ausgleich dafür dar, dass der Antragende sein Angebot trotz seines Versprechens, es bestehen zu lassen, widerrufen kann.[471] Wegen der Problematik, die sie aufwirft, darf die postal rule nur dann Anwendung finden, wenn es überhaupt angemessen war, für die Versendung der Willenserklärung die Post als Kommunikationsmittel zu nutzen (must be reasonable to use post).[472] Darüber hinaus darf nicht auf sie zurückgegriffen werden, wenn sie zu absurden und unerträglichen Ergebnissen führt (manifest inconvenience and absurdity).[473]

---

466 Electronic Transaction Ordinance, Cap 553 s 17(3).

467 Unter anderem Gardner, Simon (1992) 12 OJLS 170.

468 Treitel, Guenther (2003) S. 24 f.

469 Household Fire and Carriage Accident Insurance Co Ltd v Grant (1879) 4 Ex D 216, 227.

470 Adams v Lindsell (1818) 106 ER 250.

471 Byrne v Van Tienhoven (1880) 5 CPD 344, 348.

472 Treitel, Guenther (2003) S. 25.

473 Treitel, Guenther (2003) S. 27.

Darüber hinaus stellt sich die Frage, ob der Widerruf einer Annahmeerklärung, der dem Antragenden vor Zugang der Annahmeerklärung auf postalischem Wege zugeht, wirksam ist. Es gibt bisher weder im englischen noch im Hongkonger Recht eine Gerichtsentscheidung dazu. Nur wenige Rechtswissenschaftler sprechen sich für eine solche Möglichkeit des Widerrufs aus.[474] Die Mehrheit in der rechtswissenschaftlichen Literatur hat eine gegensätzliche Position eingenommen. So vertritt Betty Ho den Ansatz, dass es logischer und fairer sei, den Annehmenden, der in den Genuss der postal rule kommt, auch an ihrer Funktionsweise festzuhalten. Ein Widerruf einer einmal zur Post aufgegebenen Annahmeerklärung wird von ihr darum abgelehnt.[475] Dieser Ansicht ist wohl zuzustimmen. Ein Widerruf einer Willenserklärung ist grundsätzlich nur möglich, solange sie nicht wirksam geworden ist. Im Normalfall tritt dies erst mit Kenntnis der Willenserklärung durch den Empfänger ein. Bei Eingreifen der postal rule dagegen wird die Wirksamkeit der Annahme vorverlagert, sie gilt bereits durch Aufgabe zur Post als wirksam abgegeben. Ein Widerruf sollte daher nicht mehr möglich sein.

2.1.2.4.6. Schweigen als Annahmeerklärung

Es ist auch im angelsächsischen Recht anerkannt, dass Schweigen grundsätzlich keine Willenserklärung darstellt.[476] Dem Antragsempfänger obliegt damit keine Verpflichtung, sich auf das Angebot zu äußern, und Untätigkeit kann nicht zu einer Einwendung führen.[477] Unter keinen Umständen kann der Antragende Schweigen als Form der Annahme in seinem Angebot ohne die Zustimmung des Annehmenden festlegen.[478]

Allerdings kann Schweigen bzw. Untätigkeit zu einer Willenserklärung werden, wenn dem Antragsempfänger eine Verpflichtung aus Billigkeits-

---

474 Hudson, A.H. (1966) 82 LQR 169 f.

475 Ho, Betty M. (1999) S. 21.

476 Felthouse v Bindley (1862) 11 CBNS 869, 876.

477 Allied Marine Transport Ltd v Vale Do Rio Doce Navegacao SA, The Leonidas D [1985] 1 WLR 925, 937 ff.

478 Felthouse v Bindley (1862) 11 CBNS 689.

gründen (equitable duty) oblag, sich zu dem Angebot zu äußern.[479] Beispielhaft sei hier angeführt, dass im Rahmen von Vertragsverhandlungen der Antragsempfänger selbst vorgeschlagen hat, Schweigen als Annahme zu konstruieren,[480] oder wenn der Antragsempfänger alleiniger Nutznießer einer Vertragserfüllung wäre und er ausreichend Gelegenheit gehabt hat, das Angebot zurückzuweisen.[481]

2.1.2.4.7. Vorgeschriebene Art der Annahme

Ferner kann ein Angebot auch Bedingungen enthalten, auf welche Art die Annahme zu erfolgen hat. Schreibt das Angebot eine bestimmte Form der Annahme vor, dann kann ein bindender Vertrag nur durch eine in dieser Form vorgenommene Annahme erfolgen.[482]

Allerdings sind diese Bedingungen eng auszulegen. Ein Gericht wird nicht irgendeine Klausel des Angebots als eine Bedingung zur Annahme in einer bestimmten Form auslegen, wenn es nicht ausdrücklich so bestimmt ist.[483] Ist beispielsweise eine Form der Annahme im Angebot vorgeschrieben, wird diese Form allerdings nicht als einzige Art der Annahme bezeichnet, kann die Annahme auch auf andere Art und Weise erfolgen, wenn diese andere Form der Annahme ebenso geeignet ist.[484] Wo jedoch eine alternative Form der Annahme nicht denselben Zweck

---

479 Rust v Abbey Life Insurance Co [1979] 2 Lloyd's Rep 334.

480 Treitel, Guenther (2003) S. 33.

481 Beatson, Jack (2002) S. 48.

482 Manchester Diocesan Council for Education v Commercial & General Investments Ltd (1970) 1 WLR 241, 246.

483 Tinn v Hoffman & Co (1873) 29 LT 271, 274, 278: Hier hatte das Gericht festgestellt, dass ein Angebot, das eine Annahmeerklärung per Post vorschrieb, lediglich der Fristsetzung für eine Annahmeerklärung und nicht der Festlegung des genauen Transportmittels diente, so dass eine Annahmeerklärung per Telegramm ebenfalls ausreichte. Siehe ebenso Yates Building Co Ltd v R Pulleyn and Sons (York) Ltd (1975) 119 Sol Jo 370: Hier sah das Gericht in der Klausel im Angebot, eine Annahmeerklärung durch eingeschriebenen Brief zu senden, ebenfalls keine Bedingung für die Annahmeerklärung, sondern lediglich den Versuch, eine sichere Zustellung der Annahmeerklärung zu gewähr-leisten.

484 Manchester Diocesan Council for Education v Commercial & General Investments Ltd (1970) 1 WLR 241.

erfüllt wie die im Angebot festgelegte Methode, entfaltet eine durch die alternative Form vorgenommene Annahme keine Wirkung.[485]

2.1.2.5. *Folgen der wirksamen Annahme*

Durch eine wirksam abgegebene Annahmeerklärung kommt ein Vertrag zustande. Als Folge davon ergibt sich die umfassende Bindung der nunmehrigen Vertragsparteien an den Vertrag, auch wenn sie ihn nicht gelesen oder nicht verstanden haben. Dies beruht auf dem Prinzip des Vertragsrechts, dass derjenige, der sich vertraglich bindet und dies nach außen kundtut, sich auch daran festhalten lassen muss.[486] Generell gilt, dass Ort des Vertragsschlusses der Ort ist, an dem die Annahmeerklärung wirksam abgegeben wurde.[487] Dies ist bei Annahmen, welche kommuniziert werden, grundsätzlich am Empfangsort der Fall, also dort, wo die Annahmeerklärung dem Antragenden zur Kenntnis gelangt.[488] Eine Ausnahme davon bildet die postal rule. Durch sie gilt der Vertrag dort geschlossen, wo die Aufgabe zur Post erfolgte.[489]

2.1.2.6. *Objektive Übereinstimmung von Angebot und Annahme (objective standard)*

Die Formulierung 'übereinstimmende Willenserklärungen' bezieht sich nicht nur, wie man meinen könnte, auf die subjektive Seite der Willenserklärungen. Angebot und Annahme verkörpern nämlich nicht den Willen der Parteien, sich vertraglich zu binden, sondern sie sind Ausdruck dieses Willens. Es kommt deshalb v.a. auf die Kundgabe dieses Willens nach außen an, weniger auf die innere Einstellung der vertragsschließenden Partei.

---

485 Holwell Securities Ltd v Hughes [1974] 1 All ER 161, 166; Wettern Electric Ltd v Welsh Development Agency (1983) 1 QB 796.

486 L'Estrange v F Graucob Ltd [1934] 2 KB 394, 404 ff.

487 Beatson, Jack (2002) S. 44.

488 Entores Ltd v Miles Far East Corporation (1955) 2 QB 327, 334; Brinkibon Ltd v Stahag Stahl GmbH [1982] 2 WLR 264, 266 ff.; Gill & Duffus Landauer Ltd v London Export Corporation GmbH [1982] 2 Lloyd's Rep 627; Susanto-Wing Sun Co Ltd v Yung Chi Hardware Machinery Co Ltd [1989] 2 HKC 504.

489 Beatson, Jack (2002) S. 44.

> „If, whatever a man's real intention may be, he so conducts himself that a reasonable man would believe that he was assenting to the terms proposed by the other party, and that other party upon that belief enters into the contract with him, the man thus conducting himself would be equally bound as if he had intended to agree to the other party's terms."[490]

Eine Partei kann deshalb nur die Erfüllung einer vertraglichen Verpflichtung mit dem Inhalt geltend machen, den diese nach außen erkennbar aufweist. Ist dies nicht eindeutig, dann hat eine solche Verpflichtung den Inhalt, den ihr ein vernünftiger Mensch beimessen würde. Es ist Aufgabe der Gerichte, diese Verpflichtungen zu bestimmen.

> „In my judgment, the question whether the parties are to be taken implicitly to have agreed...is not to be answered by seeking to discover their actual intentions but by deciding what each party was reasonably entitled to conclude from the attitude of the other."[491]

Dennoch handelt es sich dabei nicht um eine rein objektive Sichtweise. Die Gerichte berücksichtigen auch ein subjektives Element bei der Bewertung der Willenserklärungen der vertragsschließenden Parteien. Weiß eine Partei mit Sicherheit, dass die andere Partei trotz der Abgabe ihrer Willenserklärung an diese gar nicht gebunden sein will, so hat letztere auch keine wirksame Willenserklärung abgegeben.[492]

2.1.2.7. Einander widersprechende Vertragsbedingungen (battle of forms)

Dieses Phänomen entwickelte sich im angelsächsischen Rechtsraum ebenso wie im deutschen Recht mit der Einführung und dem vermehrten Gebrauch von Standardklauseln, wie z. B. Allgemeinen Geschäftsbedingungen. Oft haben beide Parteien hinsichtlich der essentialia negotii in ihrer Korrespondenz übereinstimmende Erklärungen abgegeben, was z. B. ein bestimmtes Produkt, den Preis, Lieferfristen u.ä. betrifft. Im Klein-

490 Smith v Hughes (1871) LR 6 QB 597, 607, per Blackburn J.

491 Fal Bunkering of Sharjah v Grecale Inc of Panama [1990] 1 Lloyd's Rep 369, 372, per Saville J.

492 Ho, Betty M. (1999) S. 41.

gedruckten der Vertragsformulare beider Parteien können jedoch Kauf- bzw. Lieferbedingungen zu finden sein, die sich gegenseitig ausschließen. Da ein Vertrag, wie nachfolgend behandelt, bestimmt und vollständig sein muss, könnte behauptet werden, dass in einem solchen Fall ein Vertrag zwischen den Parteien wegen der Unbestimmtheit der Vereinbarung gar nicht existiert. Es sind deshalb im Common Law zahlreiche Ansätze gebildet worden, um dieses Problem zu lösen. Nach dem traditionellen Ansatz von Angebot und Annahme sind die zuletzt zugesandten Bedingungen wirksam; dies ist die sogenannte ‚Last shot'-Doktrin'[493]. Sie wird nunmehr darüber konstruiert, dass die Zusendung unter veränderten Bedingungen ein Gegenangebot darstellt, das entweder ausdrücklich oder durch die Annahme bzw. das Versenden von Waren durch den zuerst Antragenden angenommen werden kann.[494]

2.1.3. Bestimmte und vollständige Übereinkunft (certain and complete agreement)

Die Voraussetzung einer bestimmten und vollständigen Übereinkunft für einen wirksamen Vertrag entspricht der Notwendigkeit im deutschen Recht, dass die essentialia negotii zwischen den Parteien geklärt sein müssen, damit ein Vertrag wirksam zustandekommmt. Dieser Grundsatz beruht auf der Prämisse, dass Gerichte Verträge auslegen und die einzelnen vertraglichen Verpflichtungen herausarbeiten müssen, um sie vollstrecken zu können, dass sie aber keine Verträge selbst aufsetzen oder gar Fehlendes ergänzen. Das Gericht muss bei der Beurteilung einer Vertragsstreitigkeit zuerst den Vertrag rekonstruieren und die gegenseitigen Verpflichtungen einer jeden Partei feststellen. Dann erst kann es die Erfüllung dieser Verpflichtung bewerten und erkennen, ob eine der Parteien möglicherweise vertragsbrüchig geworden ist bzw. ob Rechtsschutz für eine solche Vertragsverletzung gewährt wird. Ist der Vertrag

---

493 Früher galt die sogenannte First shot-Theorie. Siehe dazu Beatson, Jack (2002) S. 39.

494 Butler Machine Tool Co Ltd v Ex-cell-o Corporation (England) Ltd [1979] 1 WLR 401, 406 f. Oka Electronics Ltd v Manohar Chugh t/a Electric & Electronic Industries [1991] 2 HKC 1.

zu vage oder sogar unvollständig, kann das Gericht nicht einmal den ersten Schritt vollziehen, d.h. die gegenseitigen Verpflichtungen der Parteien aus dem Vertrag extrahieren. Das Gericht darf nicht die Lücken des Vertrages selbständig füllen, um den vor sich liegenden Vertrag beurteilen zu können.[495]

2.1.3.1. Bestimmtheit des Vertrages

Ist die Übereinkunft zu unbestimmt und vage, liegt kein Vertrag vor.[496] Die Gerichte sind sich durchaus der Tatsache bewusst, dass Laien oft nicht willens oder in der Lage sind, dem Wortlaut der Verträge genügend Aufmerksamkeit zu widmen. Deshalb gehen sie an diese Verträge mit der Absicht heran, den Wortlaut so zu interpretieren, wie es die Parteien sinnvollerweise vereinbart hätten, wenn ihnen die Mehrdeutigkeit bewusst gewesen wäre.[497] Im Common Law wurden mehrere Regelungen geschaffen, um Unklarheiten in Verträgen zu beseitigen. Sie können u.a. dadurch umgangen werden, dass auf Handelsbräuche und Gepflogenheiten zurückgegriffen wird.[498] Des Weiteren werden Klauseln herangezogen, die im Falle von Unklarheiten Anwendung finden, wie z. B. Schiedsgerichtsbarkeitsvereinbarungen.

Es muss jedoch zwischen einem unbestimmten Vertrag, welcher vorliegend behandelt wird, und einer einzelnen unbestimmten Vertragsbestimmung unterschieden werden. Unklare Klauseln können abgetrennt werden, wenn sie selbst bedeutungslos sind, der Vertrag jedoch auch ohne sie fortbestehen kann.[499] Der Rest des Vertrages kann dann erfüllt

---

495 Ho, Betty M. (1999) S. 29.

496 Peter Lind & Co Ltd v Mersey Docks and Harbour Board [1972] 2 Lloyd's Rep 234, 240: Der Beklagte hatte hier Bieter zur Abgabe von Angeboten für den Bau eines Containerfracht-Terminals aufgefordert. Der Kläger gab daraufhin zwei Angebote ab, eines enthielt als Preisangabe 'Festpreis', das andere 'Variabler Preis'. Der Beklagte schrieb daraufhin dem Kläger: 'Hiermit möchte ich die Annahme Ihres Gebots bestätigen.' Das Gericht verneinte das Vorliegen eines Vertrags, da nicht klar war, welches der Gebote angenommen worden war.

497 Siew Soon Wah v Yong Tong Hong [1973] AC 836, 843 f.

498 Shamrock SS Co v Storey & Co (1899) 16 TLR 6.

499 Nicolene Ltd v Simmonds [1953] 1 QB 543, 550, 551, 553. Gee Tai Trading Co Ltd v Sun Wah Oil & Cereals Ltd [1994] 1 HKLR 50 f.

bzw. vollstreckt werden.[500] Lässt sich ein unbestimmter Vertrag dagegen auch nicht durch Interpretation eindeutig auslegen, ist er nicht wirksam geschlossen.[501]

2.1.3.2. *Vollständigkeit des Vertrages*

Ist ein Vertrag unvollständig, so ist er, rechtlich gesehen, überhaupt kein Vertrag. Ein unvollständiger Vertrag kann zum einen dann vorliegen, wenn die Parteien nur Übereinstimmung hinsichtlich bestimmter Punkte erreicht haben, andere wichtige Fragen dagegen offen geblieben sind; zum anderen kann die Unvollständigkeit durch die Nichterfüllung gewisser Dokumentationspflichten herbeigeführt worden sein.[502]

Oft bestimmen die Parteien die wichtigsten Parameter einer Vereinbarung, um sie auf eine sichere Basis zu stellen, bevor sie zu weiteren Verhandlungen über die Details übergehen. Diese so genannten Grundsatzabkommen (agreements in principle) sollen grundsätzlich keine Rechtsbindungswirkung entfalten. Brechen die Verhandlungen nach Erreichen einer solchen Übereinkunft aber ab und eine der Parteien behauptet, dass ein erfüllbarer und vollstreckbarer Vertrag zustandegekommen ist, so muss das bereits Erreichte überprüft werden um festzustellen, ob alle notwendigen Punkte geklärt wurden. Ist dies der Fall, dann ist der Vertrag vollständig. Will eine Partei sich von dem Geschäft zurückziehen, so kann sie sich dann nur auf die Abwesenheit eines Rechtsbindungswillens (contractual intention) berufen.[503]

Sind die notwendigen Punkte dagegen weiterhin ungeklärt, ist der Vertrag unvollständig und aus diesem Grunde nicht vollstreckbar.[504] Bei der

500 Tung Guan Company Pte Ltd v Jih Dong Enterprises Co [1992] 2 HKLR 225, 234.

501 Ho, Betty M. (1999) S. 31.

502 Beatson, Jack (2002) S. 66 ff.

503 Siehe dazu S. 151 ff.

504 Hong Kong Advanced Knitwear Co v Chan Chak Man t/a Hong Kong Handicraft Co [1965] HKLR 355, 390: Käufer und Verkäufer hatten sich auf den Erwerb einer bestimmten Menge Kleidung durch den Käufer geeinigt, wobei der Stil der Kleidung noch durch den Käufer bestimmt und dieser Entscheidung durch den Verkäufer zugestimmt werden musste. Des Weiteren sollten Einzelheiten und der Preis durch beide Parteien gemeinschaftlich bestimmt werden. Das Gericht war der Ansicht, dass ein

Frage, ob die noch nicht geklärten Fragen des Vertrages notwendig (major) sind, handelt es sich um eine Tatsachenfrage.[505] So kann z. B. eine Vereinbarung über den Kauf einer Sache vollständig sein, obwohl keine Angaben über den Preis gemacht wurden, da die Sale of Goods Ordinance Hongkongs vorschreibt, dass sich die Parteien in einem solchen Fall auf einen angemessenen Preis (reasonable price) einigen müssen.[506]

Obwohl die Parteien einen Vertrag detailliert ausgearbeitet haben, kann es vorkommen, dass wichtige Vertragsbestandteile vergessen wurden (vital terms open). Auch dann liegt kein vollstreckbarer Vertrag vor. Allerdings ist zunehmend anerkannt, dass gerade in handelsrechtlichen Angelegenheiten die Parteien weder willens noch in der Lage sind, bestimmte Details einer zukünftigen Erfüllung vorher eindeutig zu bestimmen. In diesen Fällen werden der Verlauf der Verhandlungen und angemessene Standards herangezogen, um die Wirksamkeit der Verträge nicht zu gefährden.[507] Die in diesen Verträgen entstehenden Lücken müssen mit Hilfe des Gesetzes gefüllt werden. So stellt beispielsweise die Sale of Goods Ordinance bestimmte Qualitätsstandards für Kaufsachen auf.[508]

Häufig verhandeln Geschäftsleute ohne Rücksicht auf rechtliche Details. So kann es vorkommen, dass Verhandlungen weitergeführt werden, obwohl zu diesem Gegenstand bereits Angebot und Annahme wirksam erfolgten und damit ein Vertrag zwischen den Parteien zustandegekommen ist. Sollten diese Verhandlungen zu einer weiteren, rechtlich wirksamen Einigung führen, so ist davon auszugehen, dass der alte Vertrag durch die neuen Ergebnisse variiert wurde. Sollten die Ver-

durchsetzbarer und vollstreckbarer Vertrag nicht vorlag, da sich die Parteien anscheinend bewusst eine Hintertür offen gehalten hatten, so dass sich jede der Parteien noch von der Transaktion zurückziehen konnte.

505 Ho, Betty M. (1999) S. 31.

506 Sale of Goods Ordinance, Cap 26 s 10(2).

507 Goodman Corporation v Mataichi Kabushiki Kaisha [1959] HKLR 421, 432.

508 Sale of Goods Ordinance, Cap 26 s 10, 16 f.

handlungen dagegen nicht zu einer rechtlichen wirksamen Einigung führen, bleibt der bereits geschlossene Vertrag als solcher bestehen.[509]

Unter Umständen bedarf ein Vertrag, über dessen Inhalt die Parteien bereits eine vollständige Einigung erzielt haben, noch des Vollzugs bestimmter, durch die Parteien selbst vereinbarter Formvorschriften. Zieht sich nun eine der Parteien von dem Vertrag zurück, bevor die Formvorschriften erfüllt sind, so ergibt sich die Frage, ob das vorhergehende Übereinkommen ein eigenständiger vollstreckbarer Vertrag ist. Die Präzedenzfälle in dieser Frage stammen aus dem englischen Recht und sind eindeutig. Bereits im Jahre 1878 hat das House of Lords entschieden, dass dennoch ein wirksamer Vertrag zustandegekommen ist, solange es sich bei der Formvorschrift nicht um eine wesentliche Vertragsbedingung (condition) handelt.

> „If you can find the true and important ingredients of an agreement in that which has taken place between two parties in the course of a correspondence, then, although the correspondence may not set forth, in a form which a solicitor would adopt if he were instructed to draw an agreement in writing, that which is the agreement between the parties, yet...[the correspondence] will not the less constitute an agreement in the full sense between the parties, merely because that letter may say, We will have this agreement put into due form by a solicitor. If it is stated in so many plain and express terms...that one of the very terms of the agreement itself was that...it should not be concluded agreement until a solicitor intervened and drew a formal agreement; if you find that to be term of the agreement itself, well and good, of not, the agreement stands."[510]

Ist die Einhaltung einer bestimmten Vertragsform zur wesentlichen Vertragsbedingung (condition) gemacht worden, dann kann nur durch die Einhaltung der vereinbarten Vertragsform ein wirksamer Vertrag abgeschlossen werden; vorherige Vereinbarungen sind nicht wirksam. Entspricht die Form dagegen nur dem Wunsch der Parteien zur Art und Weise, wie eine bereits getroffenen Vereinbarung niedergelegt werden

509 Ho, Betty M. (1999) S. 16.

510 Rossiter v Miller (1878) 3 App Cas 1124, 1143.

soll, dann ist der Vertrag auch dann wirksam, wenn sich eine der Parteien vor Abschluss des förmlichen Vertrages zurückziehen sollte.[511] Mittlerweile hat sich v.a. bei Grundstückstransaktionen eine Praxis eingebürgert, eine 'subject to contract'-Klausel in die Verträge einzufügen. Danach wird ein Vertrag erst dann wirksam und vollstreckbar, wenn er als förmlicher Vertrag aufgesetzt wird.[512] Entscheidend sind hier Wortlaut und Umstände des Vertrages.[513] Ist das Gericht der Meinung, dass die 'subject to contract'-Klausel gedankenlos und nur deshalb in den Vertrag eingeführt wurde, weil dies mittlerweile üblich ist, und haben die Parteien in Wahrheit bereits Einvernehmen erzielt, so kann die Klausel unbeach-

---

511 Chan Yock Kwong v Wong Hee Mao [1962] HKLR 480, 486.

512 Masters v Cameron (1954) 91 CLR 353. Obwohl es sich dabei um eine Entscheidung eines australischen Gerichts handelt, gibt sie die Situation deutlich wider. Hongkonger Gerichte sind dem gefolgt: Yeung Siu Hong v Chan Siu Mee Sandie [1992] 2 HKC 559; Siehe auch Attorney General v Humphreys Estate (Queen's Gardens) Ltd [1987] HKLR 427, 435 (PC auf eine Berufung aus Hongkong): Kläger und Beklagte schlossen hier einen Vertrag, aufgrunddessen es zu einem Grundstückstausch, verbunden mit einer Abschlagszahlung kommen sollte. Die Parteien erreichten grundsätzlich Übereinkunft, vereinbarten jedoch, dass diese 'subject to contract' sein sollte. Die Beklagte nahm das Grundstück des Klägers in Besitz und führte dort Abrissarbeiten durch. Anschließend erklärte sie, vom Vertrag zurücktreten zu wollen. Hier führte die 'subject to contract'-Klausel dazu, dass die Beklagte sich vor Abschluss eines förmlichen Vertrages jederzeit von der Vereinbarung zurückziehen durfte. Dass sie bereits vor Abschluss des Vertrages in den Besitz des in Rede stehenden Grundstückes gelangt war und dort Abrissarbeiten vorgenommen hatte, führte nach Ansicht des Privy Council nicht zu einer Verwirkung dieses Rechts (estoppel).

513 Branca v Cobarro (1947) 2 All ER 23: Allein aus der Formulierung "This is a provisional agreement until a fully legalised agreement drawn up by a solicitor and embodying all the conditions herewith stated is signed." kann nicht hergeleitet werden, dass nur ein 'vorläufiger' und damit nicht wirksamer Vertrag geschlossen wurde. Vielmehr muss hier davon ausgegangen werden, dass sofort ein bindender Vertrag zustande gekommen ist, der bis zum Aufsetzen eines neuen Vertrages durchaus seine Gültigkeit hat.; zustimmend Wong Kwai On and Others v Leung Wing Cheong [1999] 2 HKLRD 779, 788. Geht allerdings aus dem Vertragstext eindeutig hervor, dass nach dem Willen der Parteien erst mit Abschluss des förmlichen Vertrages Bindungswirkung eintreten soll, dann muss das Gericht diesen Willen auch resprektieren: Mui Foon & Another v Land Development Corp [1999] 2 HKLRD H4.

tet bleiben, und der Vertrag ist auch ohne Einhaltung der Formvorschriften wirksam.[514]

2.1.4. Vertragsbindungswillen der Parteien (intention to create legal relations)

Die Parteien müssen zudem die Absicht haben, vertragliche Verpflichtungen einzugehen und sich dadurch zu binden, um einen wirksamen Vertrag zu schließen.[515] Dies ist allgemein anerkannt, wenn auch nicht unwidersprochen. Williston argumentiert, dass es eines positiven Rechtsbindungswillens gar nicht bedarf. Das Gericht wird lediglich darauf Rücksicht nehmen, wenn die Parteien einen negativen Rechtsbindungswillen haben, d.h. wenn sie die Absicht haben, keine rechtlich bindende Beziehung einzugehen.[516] Diese Diskussion ist jedoch eher von akademischer Bedeutung.

Bezüglich des Rechtsbindungswillens ist es notwendig, zwischen familiären/häuslichen/sozialen Abmachungen und kommerziellen Übereinkommen zu unterscheiden.[517] Da es oft schwierig bis unmöglich ist, einen subjektiven Rechtsbindungswillen festzustellen, wenn er nicht ausdrücklich formuliert wurde, statuiert das Common Law Vermutungen für oder gegen das Vorliegen eines Rechtsbindungswillens. Betrifft die Vereinbarung ein Arrangement unter Freunden oder Verwandten, besteht die Vermutung, dass gerade kein Rechtsgeschäft gewollt war.[518] Trotzdem ist es natürlich möglich, dass auch Verwandte und Freunde rechtlich bindende Geschäfte tätigen. Die Beweislast für das Vorliegen des Rechtsbindungswillens liegt dann bei demjenigen, welcher einen solchen behauptet. Handelt es sich dagegen um Vereinbarungen, die im Rahmen von geschäftlichen Abläufen getroffen werden, liegt die Vermutung nahe,

---

514 The Hong Kong Housing Authority v Hung Pui and Luk Shun Chung HCA 403/1986 (3. April 1987) – unrep.

515 Treitel, Guenther (2003) S. 162, Furmston, Michael (2001) S. 121 f.

516 Lord, Richard A. (1990) Cap 3 § 3:5.

517 Beatson, Jack (2002) S. 70.

518 Beatson, Jack (2002) S. 70.

dass ein Rechtsgeschäft von den Parteien intendiert war.[519] Die Beweislast liegt mithin bei der Partei, die behauptet, dass kein Rechtsbindungswille bestand.[520]

Wollen Kaufleute oder Freiberufler, welche am Wirtschaftsleben teilnehmen, die Folgen eines rechtsbindenden Vertrages vermeiden, so sollten sie, um die Vermutung zu widerlegen, dies schriftlich ausschließen. Dies kann z. B. geschehen, indem sie klare Formulierungen gebrauchen, wie: „[T]his agreement merely records the parties' wishes and is not binding in law" oder „[T]his is not intended to create a legal contract and has no legal effect on the parties".[521]

Die Parteien sollten insbesondere an die Möglichkeit der Rechtsbindung denken, wenn sie einen so genannten 'Letter of Intent' abschließen. Es wird oft davon ausgegangen, dass ein solcher keine Bindungswirkung entfaltet. Dies ist jedoch nicht grundsätzlich der Fall. Ist der 'Letter of Intent' hinreichend detailliert gestaltet und sind bereits Gelder mit Rücksicht auf ihn geflossen, kann ein Gericht ihn als Vertrag ansehen, zumindest wenn ein ausdrückliches Versprechen durch eine der Parteien abgegeben wurde.[522] Wenn er keine Rechtsbindung entfalten soll, so ist es ratsam, dies ausdrücklich im Wortlaut des 'Letter of Intent' festzuhalten. Auch 'Letters of Comfort' sind mit diesen Problemen behaftet. Hier sollte ebenfalls eine rechtliche Haftung ausdrücklich ausgeschlossen werden, wenn diese nicht gewollt ist. Eine automatische Beschränkung der Haftung bietet das Konzept der 'Letters of Comfort' nämlich nicht an.[523]

---

519 Wu Chiu Kuen v Chu Shui Ching [1992] 29 HKCU 1.

520 Edwards v Skyways Ltd [1964] 1 WLR 349, 355. Dem stimmt die Hongkonger Entscheidung Eternalmin Enterprise Ltd v Tripleday Ltd Ching Chi Wai [1999] 559 HKCU 1 zu.

521 Carver, Anne (1999) S. 136.

522 Kleinwort Benson v Malaysia Mining Corporation Bhd [1989] 1 All ER 785, 795

523 Ho, Betty M. (1999) S. 72; Kleinwort Benson v Malaysia Mining Corporation Bhd [1989] 1 All ER 785, 795.

2.2. Gegenleistung (consideration) als Voraussetzung eines wirksamen Vertragsschlusses

Bei der Gegenleistung (consideration) handelt es sich um eine Besonderheit des Common Law. Diese hat natürlich auch Eingang ins Hongkonger Vertragsrecht gefunden. Danach ist ein Versprechen nicht rechtlich bindend, wenn der Vertragspartner sich nicht zu einer geldwerten Gegenleistung (valuable consideration) verpflichtet bzw. diese schon geleistet hat.[524] Eine Ausnahme besteht dann, wenn der Vertrag in Form einer gesiegelten Urkunde (deed) vorliegt.[525] Das Common Law legt beim Abschluss von Geschäften besonderen Wert auf den Begriff 'Handel' (bargain) und damit auf das Element des Austauschs oder quid pro quo. Deshalb hat es auch die Prämisse aufgestellt, dass die Gegenleistung (consideration) vom Versprechensempfänger ausgehen muss (consideration must move from the promisee).

Der Zweck dieser Doktrin besteht darin, eine Grenze für die Vollstreckung von Übereinkommen zu schaffen. Damit soll verhindert werden, dass informelle und freiwillige Versprechen vollstreckbar sind.[526] Probleme wirft sie insoweit auf, als sie die Existenz einer wirtschaftlichen Gegenleistung (consideration) als einzige Indikation für die Ernsthaftigkeit des Versprechens heranzieht.[527] Der Ruf nach einer Anpassung der Doktrin ist deshalb schon öfter laut geworden, wobei bedeutende Richter sich eher für deren vollständige Abschaffung, als für eine Reformierung eingesetzt haben.[528] Jedoch besteht, wie Lord Wright erklärte, wenig Aussicht auf einen solchen radikalen Wandel des englischen Rechts,[529] weshalb auch eine Beschäftigung mit ihr bei der Betrachtung des Hongkonger Vertragsrechts notwendig ist.

---

524 Rann v Hughes [1778] 101 ER 1014.

525 Zweigert, Konrad/Kötz, Heinrich (1996) S. 384.

526 Ho, Betty M. (1999) S. 51.

527 Zweigert, Konrad/Kötz, Heinrich (1996) S. 384 ff.

528 Lorenzen, Earnest (1919) 28 Yale Law Journal 621.

529 Lord Wright (1936) 49 Harvard Law Review 1225, 1253.

2.2.1. Theoretische Grundlagen für den Begriff der Gegenleistung (consideration)

Schon immer bestand im Common Law ein Konflikt zwischen rein moralischen Verpflichtungen und dem, was das Vertragsrecht als rechtlich durchsetzbar anerkennt. Bereits im Jahre 1840 erkannten englische Gerichte, dass die Gegenleistung (consideration) von höherem Wert sein müsste, als eine rein moralische Verpflichtung.[530] Nach traditioneller Definition[531] besteht die Gegenleistung (consideration) entweder in einem Gewinn oder Vorteil der versprechenden Partei oder einem Nachteil, Schaden oder einer Verpflichtung der anderen Partei.

> „A valuable consideration, in the sense of law, may consist either in some right, interest, profit, or benefit accruing to the one party, or some forbearance, detriment, loss, or responsibility, given, suffered, or undertaken by the other."[532]

Solche Vor- bzw. Nachteile können sowohl tatsächlicher als auch rechtlicher Natur sein. Als rechtlicher Vorteil kann der Erhalt von etwas bezeichnet werden, zu dem der andere rechtlich nicht von vornherein verpflichtet ist. Rechtlich nachteilig dagegen sind die Erfüllung oder Durchführung von etwas, zu der man nicht rechtlich verpflichtet ist bzw. die Abstandnahme von etwas, worauf man eigentlich einen rechtlichen Anspruch hat. Existiert nur ein Nachteil, so muss dieser auf die Aufforderung des Versprechenden hin erlitten werden. Dies wurde in jüngerer Zeit auch vom Privy Council, damals noch höchste Instanz des Hongkonger Gerichtswesens, so gesehen und bestätigt.[533]

Allerdings ist zu verzeichnen, dass die Gerichte den Begriff Gegenleistung (consideration) mittlerweile weiter definieren. Zu erkennen ist dies in der Entscheidung Williams v Roffey Bros and Nicholls (Contractors)

---

530 Diese ethischen Verpflichtungen werden 'good consideration' genannt, wogegen das Vertragsrecht lediglich eine 'valuable consideration' anerkennt.

531 Currie v Misa (1875) LR 10 Exch 153.

532 Currie v Misa (1875) LR 10 Exch 153, 162.

533 Pao On and Others v Lau Yiu Long [1980] AC 614, 629 (PC auf eine Berufung aus Hongkong).

Ltd,[534] welche durch die Entscheidung UBC (Construction) Ltd v Sung Foo Kee Ltd[535] auch Eingang in das Common Law Hongkongs gefunden hat. Danach reicht ein wie auch immer gearteter wirtschaftlicher Vorteil, den eine Partei erlangt, für eine 'valuable consideration' aus.

Als Grundsatz kann formuliert werden, dass die Gegenleistung den Grund für die Durchsetzbarkeit des Versprechens bildet.[536] Dies bedeutet, dass ein Vertrag, welcher ohne Gegenleistung abgeschlossen wurde, zwar wirksam, jedoch nicht durchsetzbar ist. Es gibt mittlerweile relativ viele verschiedene Erklärungen für den Begriff der Gegenleistung (consideration),[537] wie z. B. dass die Vollstreckung von Versprechen aufgrund des Vertrauens des Versprechensempfängers, welches er in das Versprechen gesetzt hat, gewährt wird. Darüber hinaus hat die Notwendigkeit der Gegenleistung (consideration) ihre Ursache in dem Bestreben, ungerechtfertigte Bereicherungen zu vermeiden.[538]

> „Yet a third underlying basis for the enforcement of promises is the notion of a bargained-for exchange, and the meaning of consideration here is the idea that the consideration is the exchange or price requested and received by the promisor for his promise. Today, this notion represents the fundamental and generally accepted idea of consideration."[539]

Betrachtet man die am häufigsten vorkommenden Theorien, so kann zusammenfassend folgende Definition für den Begriff der Gegenleistung (consideration) formuliert werden: Gegenleistung (consideration) ist der

---

534 Williams v Roffey Bros & Nicholls (Contractors) Ltd [1991] 1 QB 1.

535 UBC (Construction) Ltd v Sung Foo Kee Ltd [1993] 2 HKLR 207, 227 ff. Hier genügte zur Bejahung der Gegenleistung, dass die Beklagte den Vorteil erlangte, dass die Klägerin die Arbeiten auf einer Baustelle nicht einstellte und sie deshalb nicht wegen Verzögerungen schadensersatzpflichtig wurde.

536 Atiyah, Patrick (1986) S. 182.

537 Lord, Richard A. (1992) Cap 7 § 7:2. Es muss hier allerdings beachtet werden, dass es sich dabei um ein Lehrbuch des amerikanischen Rechts handelt. Dieses betrachtet die Gegenleistung im Allgemeinen zwar ähnlich, kennt darüber hinaus aber noch Besonderheiten. So kann die Gegenleistung im amerikanischen Recht allein durch das vom Versprechenden geschaffene Vertrauen in Form eines 'promissory estoppel' ersetzt werden.

538 Lord, Richard A. (1992) Cap 7 § 7:2.

539 Lord, Richard A. (1992) Cap 7 § 7:2.

Preis, gegen den ein Versprechen rechtlich bindend erworben wird. Sie beinhaltet ein Handeln oder Unterlassen bzw. das Versprechen desselben, welches dem Versprechenden einen Vorteil verschafft bzw. den Versprechensempfänger einen Nachteil erleiden lässt.

2.2.2. Voraussetzungen einer wirksamen Gegenleistung (consideration)

Ausgehend von obigen Überlegungen sollen nunmehr die Voraussetzungen für eine wirksame Gegenleistung (consideration) dargestellt werden.

2.2.2.1. Ausreichende geldwerte Gegenleistung

Die Doktrin der Gegenleistung (consideration) verlangt nach einer 'valuable consideration', das dem Versprechensgeber zur Verfügung gestellt wird, um sein Versprechen auch durchsetzbar zu machen.[540] Eine solche 'valuable consideration' ist nur etwas wirtschaftlich Messbares. Rein natürliche Zuneigung oder moralische Verpflichtung ist noch keine ausreichende Gegenleistung (consideration).[541]

Grundsätzlich muss der Wert der Gegenleistung (consideration) nicht exakt dem Wert der Verpflichtung angemessen sein, wenn sie überhaupt nur einen Wert hat. Ein Gericht wird die beiden Leistungen jedenfalls im Allgemeinen nicht miteinander vergleichen und gegeneinander aufwiegen. Ein schlechtes Geschäft oder ein lächerlich geringer wirtschaftlicher Wert, wie die Verpackung eines Schokoriegels,[542] kann immer noch eine Gegenleistung (consideration) darstellen, auch wenn deren Wert gleich

---

540 Thomas v Thomas [1842] 114 ER 330; Chappell & Co Ltd v Nestle Co Ltd [1960] AC 87.

541 Eastwood v Kenyon (1840) 11 Ad & El 438, 450. Es ist allerdings zu beachten, dass hier auch ein Fall von sogenannter 'past consideration' vorlag, da dem Versprechen des Beklagten eine ‚Gegenleistung' gegenüberstand, welche in der Vergangenheit lag. Auch aus diesem Grunde konnte der Kläger das Versprechen des Beklagten nicht einklagen.

542 Chappell & Co Ltd v Nestle Co Ltd [1960] AC 87.

null ist.[543] Entscheidend ist, ob die Parteien einen ernsthaften Willen zum Abschluss des Geschäfts geäußert haben. Das ist auch dann der Fall, wenn sie keine echtes Geschäft geschlossen haben, sondern ihre Handlungen nur in die äußere Form eines Geschäfts gekleidet haben. Dies geht mit der Doktrin der absoluten Vertragsfreiheit einher, die im angelsächsischen Rechtsraum einen hohen Stellenwert genießt.[544]

Beispielhaft sei hier aufgeführt, was die Gerichte als ausreichende geldwerte Gegenleistung (valuable consideration) betrachten: Die Erfüllung einer öffentlichen Aufgabe (public duty) allein gilt nicht als wirksam erbrachte Gegenleistung (consideration).[545] Was jedoch über die Erfüllung der öffentlichen Aufgabe hinausgeht, stellt ohne Zweifel eine solche Gegenleistung (consideration) dar.[546] Im Hinblick auf die Rechtslage in Hongkong hat die Entscheidung City Polytechnic of Hong Kong v Blue Cross (Asia-Pacific) Insurance Ltd[547] insofern eine Veränderung bewirkt, als unter Umständen doch eine Gegenleistung in der Erfüllung einer öffentlichen Pflicht liegen kann. Der Kläger, eine öffentliche Körperschaft, hatte nach der Ausschreibung eines Konzeptes für eine Kranken- und Lebensversicherung für seine Angestellten die Verpflichtung, alle eingehenden Angebote sorgfältig zu prüfen. Dabei handelt es sich um eine öffentliche Pflicht. Der High Court Hongkongs war der Ansicht, dass diese Verpflichtung eine ausreichende Gegenleistung für die stillschweigende Verpflichtung des Beklagten bildete, sein Angebot nicht zurückzuziehen.

---

543 Zweigert, Konrad/Kötz, Heinrich (1996) S. 385.

544 Zweigert, Konrad/Kötz, Heinrich (1996) S. 385.

545 Collins v Godefroy (1831) 1 B & Ad 951, 956 f.: Dem Kläger, einem zur Aussage vor Gericht geladenen Anwalt, war vom Beklagten eine bestimmte Summe für seine Aussage vor Gericht versprochen worden. Aus der Entscheidung ging hervor, dass die Aussage keine adäquate Gegenleistung für das Zahlungsversprechen darstellte, da ohnehin eine Pflicht des Klägers zur Abgabe einer Erklärung aus dem Mandatsverhältnis bestand.

546 Glasbrook Bros Ltd v Glamorgan County Council [1925] AC 270, 298, 307.

547 City Polytechnic of Hong Kong v Blue Cross (Asia-Pacific) Insurance Ltd [1995] 2 HKLR 103, 106 f.

Allgemein gilt jedoch, dass die Erfüllung einer vertraglichen Verpflichtung, die dem Versprechensgeber ohnehin geschuldet wird, keine Gegenleistung (consideration) bildet.[548] Hat jemand bereits einen Anspruch auf eine Leistung, so ist deren Erfüllung für ihn kein zusätzlicher rechtlicher Vorteil. Ebenso stellt es keinen zusätzlichen rechtlichen Nachteil für einen Leistenden dar, eine Verpflichtung zu erfüllen, wenn er bereits zu dieser Leistung verpflichtet ist. Allerdings gibt es auch davon Ausnahmen, die sich im Zuge der Aufweichung der starren Kriterien der Doktrin der Gegenleistung (consideration) durch die Gerichte herausgebildet haben. Wichtigstes Beispiel dafür ist die Entscheidung Williams v Roffey Bros and Nicholls (Contractors) Ltd.[549] Das Gericht war hier der Ansicht, in der Erfüllung einer bereits vertraglich geschuldeten Leistung liege durchaus eine ausreichende Gegenleistung für die Zahlung einer zusätzlichen Summe. Mit der Begründung jedoch tat sich das Gericht schwer. So war es der Ansicht, dass die Gegenleistung für den Beklagten im Umgehen einer 'Vertragsstrafe' gegenüber einem Dritten oder auch darin liege, dass der Beklagte sich die Suche nach einem neuen Subunternehmer zur Beendigung der Arbeiten erspare. Die Entscheidung hat in Hongkong in einem ähnlichen Fall Anerkennung und Anwendung gefunden und ist somit bestätigt worden.[550] Auch die Erfüllung bzw. das Versprechen der Erfüllung einer bereits bestehenden vertraglichen Verpflichtung einem Dritten gegenüber konstituiert eine Gegenleistung

[548] Stilk v Myrick (1809) 2 Camp 317: Bei diesem Fall hatten angeheuerte Seeleute während der Reise ihre Heuer neu verhandelt. Nach dem Desertieren anderer Seeleute waren ihnen höhere Löhne für die Rückführung des Schiffes versprochen worden. Diese höheren Löhne konnten sie aufgrund fehlender Gegenleistung (consideration) nicht einklagen, da sie noch an den ursprünglichen Vertrag gebunden waren und diese Verpflichtung zu erfüllen hatten. Sie haben damit nicht mehr versprochen, sondern lediglich ihr Leistungsversprechen wiederholt. Allerdings wurde das Vorliegen einer Gegenleistung im ähnlich liegenden Fall Hartley v Ponsonby [1857] 7 E & B 872 bejaht. Diese lag in einer zusätzlichen Gefahrtragung aufgrund stark reduzierter Crew.

[549] Williams v Roffey Bros & Nicholls (Contractors) Ltd [1991] 1 QB 1.

[550] UBC (Construction) Ltd v Sung Foo Kee Ltd [1993] 2 HKLR 207, 227 ff.

(consideration),[551] was durch eine Entscheidung des Privy Council für Hongkong erneut bestätigt wurde.[552]

Ebenso kann der Abschluss eines Vergleiches eine gültige Gegenleistung (consideration) für ein Versprechen darstellen, gleichgültig, ob dieses Versprechen dem Kläger oder dem Beklagten gegenüber abgegeben wurde.[553] Ist die Klage bzw. das Vorbringen der Verteidigung, welches letztendlich zum Abschluss des Vergleichs führt, jedoch offensichtlich unzulässig oder unbegründet, und der Versprechensempfänger ist sich dessen bewusst, so stellt der Vergleich keine wirksame Gegenleistung (consideration) dar.[554] Ist der Erfolg der Klage dagegen lediglich zweifelhaft, dann wird der Vergleich durchaus als wirksame Gegenleistung (consideration) angesehen, da der Versprechensempfänger auf seinen möglichen Sieg verzichtet hat und der Versprechende von den unangenehmen Auswirkungen einer Weiterführung des Prozesses befreit wird.[555]

In der Entscheidung Pinnel's Case[556] wurde erstmalig formuliert, dass Teilzahlungen einer Schuld dagegen keine ausreichende Gegenleistung (consideration) bilden. Zahlt ein Schuldner nur einen Teilbetrag der gesamten Schuld, so kann er dadurch nicht von seiner gesamten vertraglichen Verpflichtung frei werden.[557] Allerdings gibt es auch von diesem Grundsatz Ausnahmen in Form von 'accord and satisfaction'. Erlangt der Schuldner das Einverständnis des Gläubigers, welches als 'accord' bezeichnet wird, und bietet er dem Gläubiger weiterhin eine andere, zu-

---

551 Shadwell v Shadwell (1860) 9 CBNS 159.

552 Pao On and Others v Lau Yiu Long [1980] AC 614, 632 (PC auf eine Berufung aus Hongkong).

553 Wigan v Edwards [1973] 47 ALJR 586.

554 Nang King Fong (No 1) v Fook Hong Chan [1961] HKLR 448, 450 ff.

555 Callisher v Bischoffsheim (1870) LR 5 QB 449, 452; Elijah Saatori and Another v Cheung Chun Mo and Another CACV 41/1992 (25. November 1994) - unrep.

556 Pinnel's Case (1602) 5 Co Rep 117a.

557 Pinnel's Case (1602) 5 Co Rep 117a. Siehe dazu auch die Hongkonger Entscheidungen Leung Siu Ying v Chung Tat Ming and Others [2003[646 HKCU 1 sowie Ng Shing Nam t/a Artland Decoration Co v Bestreps International Ltd [2000] 493 HKCU 1. Darin wird die Entscheidung Pinnel's Case allgemein anerkannt, aus anderen Gründen jedoch nicht angewandt.

sätzliche Gegenleistung (satisfaction) an, kann dieser auf sein Recht, die vollständige Erfüllung der Verpflichtung zu verlangen, verzichten. Eine solche zusäzliche Gegenleistung (satisfaction) kann zum Beispiel in der Vorzeitigkeit der Erfüllung der Schuld liegen, da der Schuldner noch gar nicht zur Zahlung verpflichtet war.[558] Eine weitere Ausnahme besteht im Hinblick auf die wirksame Zahlung einer Teilschuld, wenn der Erlass durch gesiegelte Urkunde (deed) bewiesen wird.[559] Auch ein Vergleich mit Gläubigern über den Erlass einer Teilschuld wurde durch das Common Law immer als wirksam erachtet. In Hongkong ist dies nunmehr auch gesetzlich geregelt.[560] Ebenso führt die Zahlung einer Teilschuld für einen Schuldner durch eine Dritten zur vollständigen Schuldbefreiung des Schuldners.[561]

Oft wird auch die Doktrin des 'promissory estoppel'[562] als eine Ausnahme vom in Pinnel's Case statuierten Prinzip, dass eine Teilzahlung einer Schuld keine ausreichende Gegenleistung für eine vollständige Schuldbefreiung darstellt, betrachtet, obwohl ihr Anwendungsbereich viel weiter ist.[563]

---

558 Pinnel's Case (1602) 5 Co Rep 117a.

559 Ho, Betty M. (1999) S. 381 f.

560 Bankruptcy Ordinance, Cap 6 s 21

561 Welby v Drake (1825) 171 ER 1315; Hirachand Punamchand v Temple [1911] 2 KB 330. Beide Entscheidungen wurden unter Zustimmung zitiert in Deak Perera Far East Ltd v R Leslie Deak and Others [1990] 2 HKC 198, 201.

562 Diese Doktrin entspringt nicht dem Common Law im engeren Sinne, sondern der Equity. Sie beinhaltet die Verwirkung des Rechts, eine Forderung durch Klage geltend zu machen, die zu einem früheren, ohne Gegenleistung (consideration) gegebenen Versprechen in Widerspruch steht. Gibt eine Person eine Erklärung einer anderen Person gegenüber ab, die sich auf diese Erklärung verlassen darf, und verlässt sich diese andere Person tatsächlich auf die Erklärung, so kann derjenige, der die Erklärung getroffen hat, sich später nicht darauf berufen, dass die Erklärung unwahr gewesen sei.

563 Siehe S. 501 ff. Über die Ansiedlung dieser Doktrin herrscht Uneinigkeit im angelsächsischen Vertragsrecht. Einige Rechtswissenschaftler, wie z. B. Beatson, Jack (2002), behandeln die Doktrin des promissory estoppel im Rahmen der Doktrin der Gegenleistung (consideration), also hier. Andere klassifizieren sie allgemein als Verwirkung (estoppel) und siedeln sie deshalb bei dieser an. Hier soll letzteres praktiziert werden, da ein promissory estoppel im englischen und Hongkonger Recht im Gegensatz zum amerikanischen Recht bei der Frage, ob ein Vertragsschluss ohne Gegen-

Eine weitere Problematik stellt sich bei den sogenannten Dauerlieferungsverträgen: Unternehmen schließen oft Verträge, um sich Lieferquellen oder Vertriebswege zu erschließen; sie können jedoch zu diesem Zeitpunkt oft nicht die genauen Warenmengen, die Gegenstand des Vertrages werden sollen, abschätzen. Die Parteien sind oft nicht willens oder in der Lage, genaue Abnahme- bzw. Liefermengen, feste Preise oder anderen Bedingungen im Vorfeld festzulegen. Deshalb wird oft die Vorgehensweise bevorzugt, dass sich eine Partei bereit erklärt, der anderen Partei eine solche Menge bestimmter Waren etc. zu liefern, wie diese in einem bestimmten Zeitraum ordert.[564] Der Preis und andere Vertragsbedingungen können, müssen aber noch nicht festgelegt werden. Ein solcher Vertrag provoziert seine Angreifbarkeit aufgrund von Unbestimmtheit oder Unvollständigkeit. Darüber hinaus muss damit gerechnet werden, dass der abnehmenden Partei vorgeworfen wird, sie habe keine wirksame Gegenleistung (consideration) für das Lieferversprechen erbracht, da sie nicht verpflichtet ist, tatsächlich eine Order beim Lieferanten aufzugeben. Die Gegenleistung (consideration) sei damit illusorisch. Ist die abnehmende Partei jedoch bereit, einen Gesamtbedarfsvertrag mit Ausschließlichkeitsbindung, einen sogenannten 'Total requirements'-Vertrag zu schließen, hat sie bessere Erfolgsaussichten bei ihrer Klage. Im umgekehrten Sinne gibt es diese Art von Verträgen auch als 'Total Output'-Verträge, bei denen dem Versprechensempfänger die gesamte Produktion versprochen wird. Zwar besteht auch hier in keinem der Fälle eine Verpflichtung des Versprechenden zu erwerben oder zu produzieren, und insoweit steht die Durchführung des Vertrages in seinem Ermessen. Jedoch gibt er ein bindendes Versprechen insoweit ab, dass er nicht mit einem Dritten ein Geschäft abschließen wird. Dies wiederum stellt eine wirksame Gegenleistung (consideration) dar.[565]

---

leistung wirksam ist, keine Rolle spielt. Erst im Rahmen der Behandlung eines bereits geschlossenen Vertrages, bei dem nachträglich Versprechen ohne eine ausreichende Gegenleistung abgegeben werden, ist die Doktrin von Interesse. Da es in diesem Kapitel jedoch erst einmal um die Voraussetzungen für einen wirksamen Vertragsschluss geht, soll das Thema ‚promissory estoppel' hier nur kurz erwähnt werden.

564 Ho, Betty M. (1999) S. 64.

565 Ho, Betty M. (1999) S. 65.

2.2.2.2. Abhängigkeit von Leistung und Gegenleistung

Die Gegenleistung (consideration) muss als Austausch für das Leistungsversprechen gegeben werden und sich auf dieses beziehen. Sie kann auf zwei verschiedene Arten zur Verfügung gestellt werden, als 'executed consideration' und als 'executory consideration'. Erstere besteht in der tatsächlichen Durchführung bzw. Unterlassung der geforderten Handlung, letzteres ist das Versprechen, eine solche Handlung vorzunehmen bzw. zu unterlassen und ist somit auf die Zukunft gerichtet.[566] Bei beiden Formen besteht eine Beziehung zwischen Leistung und Gegenleistung.

Eine sogenannte 'past consideration'[567] genügt dagegen nicht als Gegenleistung, um die Durchsetzbarkeit eines Leistungsversprechens zu gewährleisten. Darunter versteht man die Abgabe eines Leistungsversprechens für eine Handlung oder Unterlassung, die zeitlich vor der Abgabe des Leistungsversprechens liegt und damit unabhängig von diesem ist. Da die Leistungen in einem Austauschverhältnis stehen müssen, damit sie als Bestandteile eines Vertrages betrachtet und rechtlich durchgesetzt werden können, kann eine Handlung, die in der Vergangenheit erbracht wurde und für die nunmehr (unabhängig davon) ein Leistungsversprechen gegeben wurde, dieses Versprechen nicht mehr stützen. Es ist mangels Gegenleistung (consideration) nicht einklagbar.[568]

Wann eine solche 'past consideration' vorliegt, ist eine Frage des Einzelfalls. Die chronologische Abfolge der Ereignisse ist dabei nicht immer ausschlaggebend: Sind der angeblich die Gegenleistung (consideration) bildende Vor- oder Nachteil sowie das Leistungsversprechen Gegenstand einer einzigen Transaktion, dann hindert das eventuell zeitlich erst später abgegebene Leistungsversprechen die Einordnung des Vor- oder Nachteils als Gegenleistung (consideration) nicht.[569]

---

566 Ho, Betty M. (1999) S. 52 f.

567 Beatson, Jack (2002) S. 93.

568 Roscorla v Thomas [1842] 3 QB 234; Anderson v Glass [1886] 5 WW & A'B 152.

569 Ho, Betty M. (1999) S. 60.

Es existieren einige Ausnahmen von obigem Grundsatz, dass eine zeitlich vorausgehende Handlung keine wirksame Gegenleistung konstituieren und deshalb nicht zur Durchsetzbarkeit des Leistungsversprechens führen kann. Dies ist u.a. dann der Fall, wenn das Geschäft auf Wunsch des Versprechenden durchgeführt wurde,[570] wenn es von vornherein sicher war, dass das Leistungsversprechen durch den Versprechenden abgegeben werden würde oder das Versprechen ohnehin rechtlich einklagbar war.[571] Dies gilt allerdings nur dann, wenn es selbstverständlich ist, dass die die Gegenleistung bildende Handlung normalerweise nur gegen eine Bezahlung oder einen anderweitigen Vorteil erbracht wird.[572]

> „The act must have been done at the promisor's request: the parties must have understood that the act was to be remunerated either by a payment or the conferment of some other benefit: and payment, or the conferment of a benefit, must have been legally enforceable had it been promised in advance."[573]

Dieser Aussage in der Entscheidung Pao On v Lau Yiu Long[574] des Privy Council, welche als Entscheidung einer Berufung aus Hongkong selbstverständlich Bindungswirkung für die Gerichte Hongkongs entfaltete, wurde mit der Entscheidung L & D Associates v Chan Man Chon Magdalena[575] durch Hongkongs Gerichte gefolgt.

2.2.2.3. *Keine unmögliche, illusorische oder rechtswidrige Gegenleistung (consideration)*

In Fällen, in denen die versprochene Handlung oder Unterlassung unmöglich ist, der Vertragstext die Erfüllung des Leistungsversprechens ganz in das Ermessen des Versprechenden stellt oder eine Haftung für

570 Lampleigh v Braithwait (1615) 80 ER 255.

571 Re Casey's Patents, Steward v Casey [1892] 1 Ch 104, 115 ff.

572 Re Casey's Patents, Steward v Casey [1892] 1 Ch 104, 115 ff.

573 Pao On and Others v Lau Yiu Long [1980] AC 614, 629 (PC auf eine Berufung aus Hongkong).

574 Pao On and Others v Lau Yiu Long [1980] AC 614, 629 (PC auf eine Berufung aus Hongkong).

575 L & D Associates v Chan Man Chon Magdalena [1987] 2 HKC 237.

die Nichterfüllung dieses Versprechens ausschließt, wobei dies den Parteien bewusst ist, existiert auch eine Gegenleistung (consideration) nicht.[576] Die häufigsten Fälle in dieser Hinsicht finden sich heute v.a. bei Verträgen, in die der die Leistung Versprechende Freizeichnungsklauseln einfügt, die ihn praktisch von jeglicher Haftung im Falle einer Vertragsverletzung von seiner Seite freistellen. Will er diesen Vertrag – aus welchen Gründen auch immer – vernichten, muss er nur vortragen, er habe keine ausreichende Gegenleistung (consideration) zur Verfügung gestellt, und der Vertrag sei deshalb im Ganzen ungültig. In solchen Fällen wird es für den Versprechensempfänger vorteilhafter sein, die Freizeichnungsklausel gesondert anzugreifen, um doch noch eine Durchsetzung des vertraglichen Versprechens zu erreichen.[577]

Die Begehung einer Straftat oder das Versprechen einer solchen kann niemals eine wirksame Gegenleistung (consideration) darstellen. Die Grenzen illegaler Gegenleistung (consideration) werden bis heute immer wieder neu definiert. Im Jahre 1979 argumentierte der Beklagte in einem vor dem Privy Council zu entscheidenden Fall, dass der Anspruch aus dem Vertrag, aus dem geklagt worden war, u.a. wegen rechtswidriger Gegenleistung (consideration) nicht durchsetzbar sei, da der Kläger unter Androhung einer Verletzung eines anderen Vertrages den Beklagten zum Abschluss des streitigen Vertrages gezwungen habe.[578] Hier tauchte die Frage auf, ob in Fällen, in denen keine Anwendung von tatsächlichem Zwang (duress) nachgewiesen werden konnte, die Gegenleistung (consideration) aufgrund eines ordre public unwirksam sei, wenn eine Partei androht, eine bereits existierende vertragliche Beziehung aufzulösen oder unfairen Gebrauch von ihrer überlegenen wirtschaftlichen Position macht. Damals wurde entschieden, dass es zu einer unzulässigen und unnötigen Ausweitung der ordre public-Doktrin komme, wenn außerhalb der Fälle von Betrug (fraud), Irrtum (mistake) oder

576 Firestone Tyre & Rubber Co Ltd v Vokins & Co Ltd [1951] 1 Lloyd's Rep 32, 39. Unter Zustimmung angewandt in The Jardine Engineering Corp Ltd and Others v Shimizu Corporation HCA 1/1992 (22. Dezember 1992) – unrep.

577 Ho, Betty M. (1999) S. 61.

578 Pao On and Others v Lau Yiu Long [1980] AC 614, 629 (PC auf eine Berufung aus Hongkong).

Zwang (duress) eine Unwirksamkeit des Vertrages angenommen würde. Die existierenden Ansprüche und Rechtsbehelfe seien ausreichend, um eine Nötigungshandlung bei Vertragsabschluss zu sanktionieren. Darüber hinaus können keine Ansprüche geltend gemacht werden; denn wo Geschäftsleute Verhandlungen führen, müssen sie sich aus Gründen der Rechtssicherheit auch an deren Ergebnissen festhalten lassen.[579]

2.2.2.4. Ausgehen der Gegenleistung vom Versprechensempfänger (consideration must move from the promisee)

Bei einem Austausch gegenseitiger Leistungsversprechen ist jede Partei sowohl Versprechender als auch Versprechensempfänger. Mit der Erklärung, dass eine Gegenleistung (consideration) grundsätzlich vom Versprechensempfänger ausgehen muss, wird lediglich klargestellt, dass hier der Fokus auf dem Kläger liegt, welcher ein ihm gegebenes Leistungsversprechen durchsetzen will. Damit er überhaupt einen Klageanspruch hat, muss er darlegen können, dass er durchaus eine Gegenleistung für das eingeklagte Versprechen zur Verfügung gestellt hat. Dass die Gegenleistung vom Versprechensempfänger ausgehen muss, heißt nicht zwangsläufig, dass dieser einen Nachteil erleidet. Die Verschaffung eines Vorteils für den Versprechenden ist bereits ausreichend.[580] Auch muss die Gegenleistung nicht notwendigerweise dem Versprechenden zugute kommen. Eine Leistung an einen Dritten genügt ebenso.[581]

Wo die Gegenleistung (consideration) von einem Vertreter ausgeht, der das Versprechen für den und anstelle des Vertretenen empfängt, und

---

579 Pao On and Others v Lau Yiu Long [1980] AC 614, 634 (PC auf eine Berufung aus Hongkong).

580 De la Bere v Pearson Ltd [1908] 1 KB 280, 287.

581 Das am häufigsten zitierte Beispiel an dieser Stelle ist die Gewährung eines Kredites an einen Schuldner auf Wunsch eines Bürgen. In diesem Fall liegt die Gegenleistung (consideration) des Kreditgebers für das Bürgschaftsversprechen in dem Nachteil, den der Gläubiger davonträgt, wenn er das Darlehen auf Wunsch des Bürgen auf einen Dritten ausdehnt oder überträgt. Der Bürge mag nicht notwendigerweise irgendeinen geldwerten Vorteil von dieser Konstellation haben. Der übertragene Vorteil als Gegenleistung (consideration) kommt vielmehr dem Hauptschuldner zugute.

der Versprechende dies weiss, kann letzterer nicht sein Versprechen gegenüber dem Vertretenen aus dem Grund für unwirksam erklären, dass die Gegenleistung (consideration) nicht vom diesem selbst ausging.[582]

2.3. Vertragsform

Die formellen Voraussetzungen eines Vertrages sind auch im angelsächsischen Recht streng von den materiellen Voraussetzungen zu unterscheiden. Grundsätzlich werden zwei Vertragstypen anerkannt: einfache Verträge (simple contracts) und Verträge in Urkundenform (contracts made by deed).[583] Einfache Verträge (simple contracts) können sowohl in mündlicher als auch in schriftlicher Form vorliegen, während Verträge in Urkundenform nur schriftlich aufgesetzt werden können. Im angelsächsischen bzw. Hongkonger Recht sind die Rechtsfolgen eines einfachen Vertrages und eines Vertrages in Urkundenform als auch die Rechtsfolgen eines wirksamen mündlichen Vertrages und die eines wirksamen schriftlichen Vertrages grundsätzlich die gleichen.[584] Der Unterschied bei der Form spielt erst dort eine Rolle, wo das Recht eine bestimmte Form vorschreibt.[585] In diesem Kapitel sollen bestimmte Formvorschriften des Vertragsrechts dargestellt werden. Im Hongkonger Recht beruhen diese Besonderheiten weniger auf richterlichen Entscheidungen, sondern eher auf gesetzlichen Regelungen.

---

582 Fleming v Bank of New Zealand [1900] AC 577, 586 f.

583 Beatson, Jack (2002) S. 73. Mitunter werden Verträge auch in förmliche und formlose, ausdrückliche und konkludente sowie mündliche und schriftliche Verträge eingeteilt. Unterschiede hinsichtlich des äußeren Erscheinungsbildes oder der Art und Weise der Entstehung führen nicht notwendigerweise zu Unterschieden bei den Rechtsfolgen. Siehe dazu Ho, Betty M. (1999) S. 75.

584 Ho, Betty M. (1999) S. 75.

585 Ho, Betty M. (1999) S. 75.

2.3.1. Grundlagen zu Vertragsformen

Nach den allgemeinen Grundsätzen ist anerkannt, dass ein Vertrag formlos geschlossen werden kann, d.h. Schriftform oder andere Vertragsformen sind nicht vorgeschrieben. Ein Vertrag kann ganz oder teilweise mündlich geschlossen werden, schriftlich oder auch konkludent.[586] Diese allgemeine Regel unterliegt gesetzlichen Modifikationen, die gewisse Formen für bestimmte Arten von Verträgen vorschreiben. Existiert kein die Form bestimmendes kodifiziertes Recht, können Verträge in jeglicher Form geschlossen werden, die die Parteien dafür wählen.

Hier sollen die drei wichtigsten Arten von formellen Voraussetzungen für Verträge untersucht werden: Urkunden (deeds), schriftliche Verträge (contracts in writing or evidenced in writing) sowie die Voraussetzung der Anzeige und Registrierung eines geschlossenen Vertrages (notification and registration).

2.3.2. Urkunden (deeds)

Durch eine Urkunde (deed)[587] können Rechte, Beteiligungen oder auch das Eigentum an einer Sache oder einem Recht übertragen, eine rechtlich bindende Verpflichtung geschaffen oder ein Rechtsakt bestätigt werden, durch den ein Recht, eine Beteiligung oder das Eigentum übergegangen sind.[588] Diese Vertragsform ist am häufigsten bei Grundstücksübertragungen anzutreffen.[589] Ein weiterer Vertrag, der in Urkundenform vorliegen muss, ist derjenige über eine Bevollmächtigung (power of attorney).[590] Darüber hinaus unterliegen solche Versprechen dem Erfordernis der Urkundsform, durch die eine freiwillige Verpflichtung

---

586 Beatson, Jack (2002) S. 73.

587 Eine Urkunde (deed) ist immer ein gesiegelter Vertrag, aber nicht alle Dokumente unter Siegel sind auch Urkunden (deeds). So sind z. B. Aktienzertifikate keine Urkunden (deeds), werden jedoch gesiegelt.

588 Beale, Hugh G. (1999) Bd 1 para 20. Dies gilt auch für das Hongkonger Recht, siehe dazu Ho, Betty M. (1999) S. 77.

589 Conveyancing and Property Ordinance, Cap 219 s 4(1): 'A legal estate in land may be created, extinguished or disposed of only by deed.'

590 Powers of Attorney Ordinance, Cap 31 s 2(1).

eingegangen wird, denen es also an einer Gegenleistung (consideration) mangelt.[591]

Die Ermächtigung zur Vollstreckung aus einer Urkunde (deed) kann ebenso nur durch eine Urkunde (deed) erteilt werden. Will also ein Grundstückseigentümer einen Dritten dazu ermächtigen, Grundstücksverfügungen gem. Section 4(1) der Conveyancing and Property Ordinance vorzunehmen, so müssen sowohl die Grundstücksverfügungen als auch die Ermächtigung des Dritten in Urkundenform vorgenommen werden.[592] Eine Ausnahme wird in Hongkong jedoch zugunsten ausländischer Unternehmen zugelassen, wenn das Recht des Landes, nach dem das Unternehmen gegründet wurde, eine Ermächtigung durch gesiegelten Vertrag nicht vorschreibt.[593]

2.3.2.1. Grundlagen zur Urkundsform

Die Grundvoraussetzungen für eine wirksame Urkunde bestehen darin, dass diese auf Papier (oder Pergament) schriftlich niedergelegt, unterschrieben und gesiegelt wird sowie dass sich derjenige, welcher die Urkunde ausgestellt hat, diese bewußt in den Rechtsverkehr gebracht hat (signed, sealed and delivered).[594]

Das Erfordernis des Unterschreibens resultiert nicht aus dem Common Law; das Versiegeln allein ist danach ausreichend.[595] Die Unterschrift

---

591 Zweigert, Konrad/Kötz, Heinrich (1996) S. 384.

592 Berkeley v Hardy (1826) 5 B & C 355.

593 Law Amendment and Reform (Consolidation) Ordinance, Cap. 23 s 26.

594 Beatson, Jack (2002) S. 75; Zweigert, Konrad/Kötz, Heinrich (1996) S. 367 Diese Voraussetzungen sind in England nunmehr durch den Law of Property (Miscellanous Provisions) Act, 1989 s 1 (1) geändert worden. Die Siegelung ist mittlerweile zu einer reinen Formalität geworden, nach der es ausreichte, wenn auf der Urkunde das Wort 'seal' vorgedruckt war oder der Versprechende eine rote Papiermarke an die Urkunde klebte. Durch das Gesetz wurde die Siegelung abgeschafft. In England versteht man unter 'deed' nunmehr eine schriftliche, von dem Versprechenden im Beisein eines Zeugen unterschriebene Erklärung, die zum Ausdruck bringt, dass sie als 'deed' gewollt ist. In Hongkong gibt es eine adäquate gesetzliche Regelung jedoch nicht, so dass die genannten Voraussetzungen weiterhin Gültigkeit haben.

595 Halsbury's Law of England (2000) Bd. 13 para 26.

wird jedoch durch Gesetz gefordert.[596] Sie kann bei Personen, die des Schreibens nicht mächtig sind, auch im Anbringen eines Zeichens, Fingerabdrucks oder Stempels bestehen.[597] Die Powers of Attorney Ordinance erlaubt unter Umständen auch, dass die Unterschrift nicht persönlich, sondern auf Anweisung durch einen Dritten geleistet werden darf.[598] Die Siegelung eines Dokumentes wird heute grundsätzlich ohne eine spezielle Zeremonie dadurch ausgeführt, dass das betreffende Dokument mit einem roten Stück Papier versehen wird.[599]

Des Weiteren muss eine Urkunde ‘delivered‘ sein, um wirksam zu werden. Dieses Tatbestandsmerkmal ist missverständlich. Es handelt sich dabei um die förmliche Aushändigung der Urkunde.[600] Diese kann in einer Handlung oder auch in Worten bestehen, die dokumentieren, dass derjenige, der die Urkunde ausstellt, sich an den Inhalt der Urkunde öffentlich gebunden fühlt.[601] Dabei kann es vorkommen, dass derjenige, der sich der Urkunde begibt, diese in seinem Besitz behält.[602]

> „'Delivery' in this connection does not mean 'handed over' to the other side. It means delivered in the old legal sense, namely, an act done so as to evince an intention to be bound."[603]

Die Aushändigung kann auch an Bedingungen geknüpft sein. Dies wird dann ‘delivery under escrow’ genannt.[604] Ist die Bedingung erfüllt, wird die Urkunde freigegeben und voll wirksam. Ob die Wirksamkeit der Urkunde rückwirkend zum Zeitpunkt der ursprünglichen, aber bedingten

---

596 Halsbury's Law of England (2000) Bd. 13 para 29: Conveyancing and Property Ordinance, Cap 219 s 19(1); Powers of Attorney Ordinance, Cap 31 s 2(1).

597 Conveyancing and Property Ordinance, Cap 219 s 15(e); Interpretation and Clauses Ordinance, Cap 1 s 3.

598 Powers of Attorney Ordinance, Cap 31 s 2(1).

599 Zweigert, Konrad/Kötz, Heinrich (1996) S. 367.

600 Eine physische Weitergabe im Sinne einer 'Ablieferung' oder 'Aushändigung' ist nicht nötig und auch nicht darunter zu verstehen, obwohl der Begriff aus einer Zeit herrührt, als eine 'Übergabe' der Urkunde für notwendig erachtet wurde.

601 Vincent v Premo Enterprises (Voucher Sales) Ltd [1969] 2 QB 609, 619, 623.

602 D'Silva v Lister House Development Ltd [1971] Ch 17.

603 Vincent v Premo Enterprises (Voucher Sales) Ltd [1969] 2 QB 609, 619, per Lord Denning.

604 Beatson, Jack (2002) 76.

Aushändigung eintritt[605] oder aber zum Zeitpunkt der Freigabe durch Bedingungseintritt,[606] ist umstritten. Anhand einschlägiger Entscheidungen ist zu erkennen, dass Hongkonger Gerichte zu letzterem zu tendieren scheinen, womit sie einer Richtung in der englischen Rechtsprechung folgen.[607] Damit wird die Urkunde erst zu einem späteren Zeitpunkt wirksam, was Einfluss auf bereits vorher entstehende rechtliche Beziehungen mit Dritten haben kann.

2.3.2.2. Rechtsfolgen der Nichtbeachtung des Urkundsformerfordernis

Die Nichteinhaltung der oben genannten Vorschriften nach der Conveyancing and Property Ordinance führt dazu, dass die Erfüllung des Vertrages nicht eingeklagt werden kann.[608] Dies bedeutet jedoch nicht, dass das Nichtvorhandensein einer wirksamen Urkunde nunmehr zur Nichtexistenz von vertraglichen Beziehungen zwischen den Parteien führt. Existiert nämlich ein vorausgehender vollstreckbarer Vertrag zwischen den Parteien, dann besteht auch die Verpflichtung der Parteien, eine wirksame Urkunde zu erstellen. Bis dies geschieht, haben die Parteien allerdings nur ‚inter partes' dieselben Rechte und Pflichten als ob das Dokument eine wirksame Urkunde wäre.[609]

Ein Dokument, das nicht die Formvorschriften einer Vollmacht (power of attorney) nach der Powers of Attorney Ordinance[610] erfüllt, wird nicht als wirksame Vollmacht angesehen. Es kann jedoch immer noch als wirksame Vertretungsbestellung (appointment of agency) fungieren. Allerdings kann der Vertreter in diesem Falle keine Urkunden für den Vertretenen aufsetzen.[611]

---

605 Alan Estates Ltd v WG Stores Ltd [1981] 3 WLR 892, 899, 905.

606 Terrapin International Ltd v Inland Revenue Commissioners [1976] 1 WLR 665, 670.

607 Financial and Investment Services for Asia Ltd v Baik Wha International Trading Co Ltd [1985] HKLR 103.

608 Conveyancing and Property Ordinance, Cap 219 s 3.

609 Ho, Betty M. (1999) S. 79.

610 Powers of Attorney Ordinance, Cap 31.

611 Ho, Betty M. (1999) S. 80.

2.3.3. Schriftliche Verträge

Darunter ist eine Vielzahl von Verträgen zu verstehen; die wichtigsten sind Verträge in Schriftform (contracts in writing) und Verträge, die durch Schriftform bewiesen werden (contracts evidenced in writing).

Bei einigen Vertragsarten ist das Formerfordernis nur erfüllt, wenn der gesamte Vertrag in Schriftform abgefasst ist. Beispiele für solche Verträge sind Wechsel (bills of exchange)[612] und Schuldscheine (promissory notes).[613] Fehlt die geforderte Form, hat das Dokument nicht die rechtlichen und geschäftlichen Wirkungen, die es haben sollte, allem voran die Übertragbarkeit (negotiability). Allerdings kann es zwischen den Parteien weiterhin als Schuldanerkenntnis oder Zahlungsvereinbarung verstanden werden.[614]

Eine bedeutend wichtigere Rolle spielen die durch Schriftform bewiesenen Verträge (contracts evidenced in writing). Diese müssen nicht vollständig in Schriftform vorliegen. Bereits ein schriftlicher Beweis für die Existenz des Vertrages ist ausreichend.[615] Der wichtigste Vertragstyp hier sind Grundstücksverträge gem. Section 3(1) Conveyancing und Property Ordinance Hongkongs.[616] Ursprünglich rührte die Formvorschrift aus dem Statute of Frauds aus dem Jahre 1677 her. Nunmehr ist sie in der Conveyancing und Property Ordinance Hongkongs verankert.[617] Danach kann die Erfüllung von Verträgen, welche Grundstücke betreffen, nur dann gerichtlich eingeklagt werden, wenn sie bzw. ein Memorandum oder anderer schriftlicher Beweis (note) in Schriftform und von den Vertragsparteien unterschrieben beigebracht werden könne.

---

612 Bills of Exchange Ordinance, Cap 19 s 3(1).

613 Bills of Exchange Ordinance, Cap 19 s 89(1).

614 Ho, Betty M. (1999) S. 80.

615 Ho, Betty M. (1999) S. 80.

616 Beatson, Jack (2002) S. 81.

617 Conveyancing und Property Ordinance, Cap 219 s 3(1): „...no action shall be brought upon any contract for the sale or other disposition of land unless the agreement upon which such action is brought, or some memorandum or note thereof, is in writing and signed by the party to be charged or by some other person lawfully authorized by him for that purpose."

Das Gesetz betrifft Kaufverträge als auch 'andere Verfügungen Land betreffend' (other disposition of land). Die Gerichte legen diese Worte weit aus, damit alle Verträge, welche Verkäufe von und Verfügungen über Grundstücke betreffen, darin eingeschlossen sind.[618]

Der Gesetzestext definiert Art und Inhalt der Worte 'note' oder 'memorandum' allerdings nicht. Die Gerichte haben deshalb folgende Voraussetzungen für die Wirksamkeit des Vertrages formuliert: Zum einen müssen die Parteien soweit beschrieben sein, dass ihre Identität zweifelsfrei festgestellt werden kann. Somit ist der Begriff 'Eigentümer' (proprietor) für die Identifikation ausreichend,[619] während 'Käufer' (vendor) nicht genügt.[620] Ebenfalls für ausreichend erachtet haben Hongkonger Gerichte den Begriff 'Vermieter' (landlord), da die Identität des Vermieters aufgrund der Registrierung der Grundstücke eindeutig festgestellt werden kann.[621] Darüber hinaus müssen der Vertragsgegenstand und die Gegenleistung (consideration) in dem Dokument angegeben sowie die Unterschrift der Partei, die verklagt wird, enthalten sein. Das Recht ist großzügig hinsichtlich der Unterschrift. Sogar ein Dokument, auf dem eine traditionelle Unterschrift fehlte, das vom Beklagten aber eigenhändig geschrieben wurde und in dem sein eigener Name in eigener Schrift auftauchte, wurde von einem Gericht als mit der notwendigen Unterschrift versehen erachtet.[622]

Einige Rechtsgeschäfte unterliegen bestimmten gesetzlich verankerten Schriftformerfordernissen, so z. B. die gewerbsmäßige Darlehensvergabe, geregelt in der Money Lenders Ordinance.[623] Danach muss der Darlehensvertrag innerhalb von sieben Tagen nach Vertragsschluss schriftlich niedergelegt und vom Darlehensnehmer unterschrieben wer-

---

618 Take Harvest Ltd v George H Liu [1993] AC 552 (PC auf eine Berufung aus Hongkong); Chow Ming Sze and Another v Lau Yuet Shueng and Another [1998] 57 HKCU 1.

619 Rossiter v Miller (1878) 3 App Cas 1123, 1141, 1142, 1147, 1153.

620 Potter v Duffield (1874) LR 18 Eq 4, 8.

621 Chan Yat v Fung Keong Rubber Manufactory Ltd [1967] HKLR 364, 396.

622 Ogilvie v Foljambe (1817) 3 Mer 53, 61.

623 Money Lenders Ordinance, Cap 163.

den.[624] Der schriftliche Vertrag muss bestimmte Angaben enthalten, wie z. B. Namen und Adressen von Darlehensnehmer und Darlehensgeber, die Darlehenssumme in Wort und Zahl, den Zeitpunkt des Vertragsschlusses, die Frist für die Rückzahlung des Darlehens etc.[625]

Ebenso unterliegen Verkaufsurkunden über bewegliche Sachen laut Bills of Sale Ordinance dem Schriftformerfordernis. Sie müssen schriftlich abgefasst sein, sonst sind sie nichtig.[626] Laut Marine Insurance Ordinance müssen Seetransportversicherungen in Schriftform vorliegen und vom Versicherer unterschrieben sein.[627] Ebenfalls in Schriftform müssen Lehrlingsverträge für Jugendliche zwischen 14 und 19 Jahren nach der Apprenticeship Ordinance abgeschlossen werden.[628] Die Contracts for Employments Outside Hong Kong Ordinance bestimmt, dass Verträge mit Arbeitskräften, die in Hongkong geschlossen, aber außerhalb des Territoriums erfüllt werden, ebenfalls der Schriftform bedürfen.[629] Darüber hinaus muss der Vertrag dem Commissioner for Labour in Hongkong vor der Abreise des Arbeitnehmers zur Beglaubigung vorgelegt werden.[630]

Werden die oben genannten Formvorschriften nicht eingehalten, führt dies nicht zur Nichtigkeit des Vertrages, sondern er bleibt weiterhin wirksam bestehen. Beide Parteien sind berechtigt, ihn zu erfüllen. Eine solche Erfüllung kann auch nicht zu einer ungerechtfertigten Bereicherung (unjust enrichment) führen, d.h. der Vertrag, auch wenn er nicht der geforderten Form entspricht, stellt einen Grund dar, die erbrachte Leistung behalten zu dürfen. Allerdings ist ein solcher formungültiger Vertrag nicht gerichtlich durchsetzbar bzw. vollstreckbar, sollte sich eine Partei weigern, ihre vertraglich zugesicherte Leistung zu erbringen.[631]

---

624 Money Lenders Ordinance, Cap 163 s 18(1)

625 Money Lenders Ordinance, Cap 163 s 18(2).

626 Bills of Sale Ordinance, Cap 20 s 7.

627 Marine Insurance Ordinance, Cap 329 s 22, 24(1).

628 Apprenticeship Ordinance, Cap 47 s 8.

629 Contracts for Employments Outside Hong Kong Ordinance, Cap 78 s 5.

630 Contracts for Employments Outside Hong Kong Ordinance, Cap 78 s 5, 6.

631 Ho, Betty M. (1999) S. 85 f.; siehe dazu Conveyancing and Property Ordinance, Cap 219 s 3(1).

2.3.4. Anzeige und Registrierung (notification and registration)

Diese Formerfordernisse können verschiedenen Zwecken dienen. Sie können dazu führen, dass eine Überprüfung des Vertragsinhaltes durch einen Außenstehenden durchgeführt werden kann, was die Fairness des Vertrages garantieren soll. Sie können auch für Dritte von Bedeutung sein, die aufgrund der Formerfordernisse vom Vertrag Kenntnis erlangen und dann ihre eigenen Transaktionen mit den Vertragsparteien eventuell neu ordnen können. So muss z. B. eine Verkaufsurkunde (bill of sale), die von einer natürlichen Person herausgegeben wurde, beim Registrar of the Supreme Court innerhalb von sieben Tagen registriert werden;[632] eine solche Urkunde, die von einer Gesellschaft herausgegeben wurde, muss innerhalb von fünf Wochen beim Registrar of Companies registriert werden.[633]

2.4. Klassifizierung der Vertragsbestandteile (terms of contract)

Nachdem Angebot und Annahme, die Voraussetzungen der Form und der Gegenleistung für einen wirksamen Vertragsschluss dargestellt wurden, sollen nunmehr die Inhalte des zu schließenden Vertrags untersucht werden. In den meisten Fällen setzt sich ein Vertrag aus einer Anzahl vertraglicher Verpflichtungen zusammen. In diesem Kapitel sollen die Art und Bedeutung dieser Verpflichtungen und die Erscheinungsform, die sie im Hongkonger Vertragsrecht annehmen können, dargestellt werden.

Um die Verpflichtungen jeder einzelnen am Vertrag beteiligten Partei definieren zu können, muss eine genaue Bewertung der Erklärungen der Parteien, die im Laufe der Vertragsverhandlungen und im Vertrag abgegeben wurden, vorgenommen werden. Ob eine Aussage, die im Verlaufe der Verhandlungen gemacht wurde, rechtlich bindend ist, hängt von der Absicht des Erklärenden ab, wie sie vernünftigerweise vom Empfänger

[632] Bills of Sale Ordinance, Cap 20 s 7, 19.

[633] Companies Ordinance, Cap 32 s 80(1).

verstanden werden durfte. Die Intention des Erklärenden wiederum wird aus den Umständen des Vertrages abgeleitet.[634]

2.4.1. Rechtswirksamkeit der Parteierklärungen

Im Verlaufe der Verhandlungen, die zu einem Vertragsschluss führen (sollen), werden von den Parteien Erklärungen verschiedenster Art abgegeben. Werden der Vertrag und seine Bestimmungen durch eine der Parteien später verletzt, hängt die Rechtsfolge, die sich an die Vertragsverletzung knüpft, von der Art der verletzten Bestimmung und damit vom Typ der Erklärung, welche zu dieser Bestimmung geführt hat, ab. Man unterscheidet Vertragsbedingungen (terms), Erklärungen, welche die andere Partei zum Vertragsschluss bewegen sollten (representations) und reine Werbeerklärungen (mere puff).[635]

Vertragsbedingungen, die sogenannten 'terms', sind Erklärungen, die im Laufe der Verhandlungen abgegeben wurden, und welche als Vertragsbestandteile solcherart gelten, dass ihre Verletzung der gegnerischen Partei die Möglichkeit gibt, einen oder mehrere Ansprüche wegen Vertragsverletzung (breach of contract) geltend zu machen.[636] Diese Erklärungen sollen nach dem Willen der Parteien rechtliche Bindungswirkung entfalten.

Erklärungen, die ebenfalls im Laufe der Vertragsverhandlungen abgegeben werden, denen die Parteien jedoch nicht die Qualität vertraglicher Versprechen beimessen und denen deshalb grundsätzlich keine Bindungswirkung zukommt, nennt man ‚representations'.[637] Sie können als vorvertragliche Erklärungen bezeichnet werden und treten als Tatsachenbehauptungen, als Meinungen oder Prognosen auf. Derjenige, der sie abgibt, will aber nicht für sie haften müssen, wenn das Angekündigte nicht eintritt. Oft ist es sehr schwierig, eine vorvertragliche Erklärung (representation) von einem bindenden Versprechen abzugrenzen. Dennoch

---

634 Ho, Betty M. (1999) S. 92.

635 Carver, Anne (1999) S. 183.

636 Beatson, Jack (2002) S. 134.

637 Ho, Betty M. (1999) S. 93.

ist diese Unterscheidung sehr wichtig, da eine solche vorvertragliche Erklärung (representation) gerade kein Vertragsbestandteil (term of contract) wird. Aus diesem Grunde ist eine Geltendmachung von Ansprüchen aus Vertragsverletzung (breach of contract) nicht möglich, was den Rechtsschutz der vertragstreuen Partei grundlegend beschränkt. Es kann jedoch eine Haftung aus Irreführung (misrepresentation) erwachsen, wenn die Erklärung bereits nicht zutreffend war, als sie gemacht wurde.[638] Abweichend davon kann allerdings auch ein Anspruch aus einer Vertragsverletzung (breach of contract) geltend gemacht werden, wenn die Erklärung (representation) in eine Vertragsbedingung (term of contract) inkorporiert worden ist.[639]

Reine Werbeerklärungen ohne tatsächlich belegbaren Hintergrund (mere puff) werden auch als solche verstanden. Das angelsächsische Recht erkennt an, dass Hersteller und Händler einen gewissen Grad an Phantasie walten lassen dürfen, um potenzielle Kunden zum Abschluss eines Vertragsverhältnisses zu bewegen.[640] Beliebte Beispiele sind 'das beste Auto Hongkongs' oder ‚die exklusivsten Möbel'. Entsprechen sie nicht der Wahrheit, kann eine Vertragsverletzung nicht vorgetragen werden.[641]

Aus dem oben Dargelegten wird deutlich, dass es wichtig ist, eine Einordnung der Parteierklärung vornehmen zu können, da sich die Rechtsfolge nach dem jeweiligen Erklärungstyp richtet. Werbeerklärungen (mere puff) können hier aufgrund der Tatsache, dass sie keine rechtlichen Wirkungen nach sich ziehen, vernachlässigt werden. Besondere Schwierigkeiten bereitet die Unterscheidung von Vertragsbedingungen (terms) und vorvertraglichen Erklärungen (representations). Die Einordnung der Erklärung richtet sich nach der Intention der erklärenden Partei. Wollte diese, dass ihre Erklärung Bindungswirkung entfaltet, handelt es sich um eine Vertragsbedingung (term); wollte sie dies nicht, liegt eine

---

638 Siehe dazu S. 204 ff.

639 Beatson, Jack (2002) S. 260.

640 Leonard v Pepsico (2000) 210 F 3d 88. Diese Entscheidung kann zur Illustration herangezogen werden, da es sich um die Entscheidung eines US-amerikanischen Gerichts handelt.

641 Ho, Betty M. (1999) S. 92.

vorvertragliche Erklärung (representation) vor. Das erkennende Gericht wird bei seiner Prüfung alle Umstände des Vertrages in Betracht ziehen. Eine Rolle bei der Beurteilung spielen u.a. die Länge des Zeitraums zwischen Abgabe der Erklärung und Vertragsschluss,[642] die Bedeutung der Erklärung im Vertragskontext,[643] die Aufnahme der Erklärung in den schriftlichen Vertrag[644] oder spezielles überlegenes Wissen einer der Parteien, welches eher auf eine Vertragsbedingung (term) als auf eine vorvertragliche Erklärung (representation) schließen lässt.[645]

2.4.2. Ausdrückliche und stillschweigende Vertragsbestandteile (express/implied terms of contract)

Es gibt ausdrückliche und stillschweigende Erklärungen, welche zu Vertragsbestandteilen werden. Die ausdrücklichen Erklärungen sind jene, die explizit von den Parteien in den Vertrag eingefügt wurden und dadurch Teil des Vertrages sind. Sie beziehen sich meist auf den Preis, die Menge, die Farbe, die Qualität, Größe oder Lieferdatum[646] des Vertragsgegenstandes. Ausdrückliche Vertragsbestandteile können sowohl mündlich als auch schriftlich vereinbart werden.[647]

Die weitaus problematischere Kategorie der Vertragsbestandteile ist die der stillschweigenden Vertragsbestandteile (implied terms). Diese dürfen nicht mit den konkludenten Willenserklärungen des deutschen Rechts verwechselt werden, die, auch wenn sie nicht ausdrücklich zwischen den Parteien zur Sprache kamen, von einer der Parteien durch ihr Verhalten abgegeben wurden. Stillschweigende Vertragsbestandteile (implied

---

642 Van Den Esschert v Chappell [1960] WAR 114; Lockhart v Osman [1981] VR 57.

643 Bannerman v White (1861) 142 ER 685.

644 Routledge v McKay [1954] 1 WLR 615.

645 Esso Petroleum Co Ltd v Mardon [1976] 2 WLR 583, 593. Siehe dazu auch Liem Tjong Siun and Others v Law Chi Hung and Another HCA 516/1996 (30. Dezember 1996) – unrep.

646 Wenn keine Erklärung zum Lieferdatum gemacht wurde, tendieren die Gerichte dazu, als Lieferzeitraum einen 'angemessenen Zeitraum', beginnend mit Vertragsschluss, anzunehmen. Was unter einem solchen 'angemessenen Zeitraum' zu verstehen ist, richtet sich nach der Art des Geschäfts und den üblichen Handelspraktiken.

647 Ho, Betty M. (1999) S. 98.

terms) sind dagegen nicht zwischen den Parteien vereinbart worden, auch nicht konkludent. Sie werden aber fiktiv so behandelt.[648]

Drei Typen von stillschweigenden Vertragsbestandteilen werden unterschieden: diejenigen, welche das Gericht in den Vertrag 'hineinliest', weil die Parteien sie intendiert hatten (terms implied by fact), solche, die das Common Law anerkennt (terms implied by the Common Law) bzw. gesetzlich implizierte, stillschweigende Vertragsbedingungen (terms implied by statute) sowie Vertragsbedingungen, die auf Handelsbräuchen und -sitten beruhen (terms implied by custom).[649]

Haben die Parteien einen oder mehrere wichtige Punkte bei Vertragsschluß nicht berücksichtigt und entsteht daraus ein Konflikt, dann wird das Gericht die von den Parteien gelassene Lücke zu füllen, indem es auf mit den Absichten der Parteien einhergehende stillschweigende Vertragsbedingungen erkennt (terms implied by fact). Dafür bedient es sich verschiedener Kriterien. Die Effektivität einer Geschäftsbeziehung kann dabei zur Füllung der Lücken des Vertrages vom Gericht herangezogen werden.[650] Haben die Parteien vergessen, bestimmte Bedingungen in den Vertrag einzufügen, können die Gerichte diese Bedingungen in den Vertrag hineinlesen, soweit sie notwendig sind, um der wirtschaftlichen Effizienz (business efficacy) des Geschäfts gerecht zu werden.[651]

Die Voraussetzungen für die Anerkennung einer stillschweigenden Vertragsbedingung sind jedoch sehr streng:

> „[T]he court does not make a contract for the parties. The court will not even improve the contract which the parties have made for themselves, however desirable the improvement might be. The courts's function is to interpret and apply the contract which the parties have made for themselves. If the express terms are perfectly clear and free from ambiguity,

---

648 Beatson, Jack (2002) S. 145.

649 Ho, Betty M. (1999) S. 106.

650 Dabei handelt es sich um einen von verschiedenen Tests, ob die Anerkennung einer stillschweigenden Vertragsbedingung angebracht ist oder nicht.

651 Beatson, Jack (2002) S. 146.

there is no choice to be made between different possible meanings: the clear terms must be applied even if the court thinks some other terms would have been more suitable. An unexpressed term can be implied if and only if the court finds that the parties must have intended that term to form part of their contract: it is not enough for the court to find that such term would have been adopted by the parties as reasonable men if it had been suggested to them: it must have been a term that went without saying, a term necessary to give business efficacy to the contract, a term which, though tacit, formed part of the contract which the parties made for themselves."[652]

Im Jahre 1939 wurde neben der 'Business Efficacy'-Prüfung der 'Unbeteiligte Dritte' (officious bystander) in die Rechtsprechung eingeführt.[653] Dieser sollte als Alternative zur etwas engen Interpretation der Effektivität einer Geschäftsbeziehung[654] dienen. Diese Prüfung besteht darin, dass auf den Vorschlag eines fiktiven Dritten, der an den Vertragsverhandlungen der Parteien nicht beteiligt ist, eine bestimmte Klausel ausdrücklich in den Vertrag aufzunehmen, die Parteien gemeinsam mit einem 'aber selbstverständlich' geantwortet haben würden.[655]

„Prima facie that which in any contract is left to be implied and need not be expressed is something so obvious that it goes without saying; so that, if, while the parties were making their bargain, an officious bystander were to suggest some express provision for it in their agreement, they would testily suppress him with a common 'Oh, of course!'"[656]

In Hongkong ist dieser Test zumindest für handelsrechtliche Verträge in Zweifel gezogen und in der Entscheidung Bewise Motors Co Ltd v Hoi

652 Trollope v North West Metropolitan Regional Hospital Board [1973] 1 WLR 601, 609, per Lord Pearson.

653 Shirlaw v Southern Foundries (1926) Ltd [1939] 2 KB 206, 227.

654 The Moorcock (1889) 60 LT 654, 656; unter Zustimmung zitiert in den Hongkonger Entscheidungen The Jardine Engineering Corp Ltd and Others v Shimizu Corporation HCA 1/1992 (22. Dezember 1992) – unrep. sowie nach 1997 in der District Court-Entscheidung Mass Mutual Asia Ltd v Lam King Mui DCCJ 16002/2000 (17. Juli 2001) – unrep.

655 Shirlaw v Southern Foundries (1926) Ltd [1939] 2 KB 206, 227.

656 Shirlaw v Southern Foundries (1926) Ltd [1939] 2 KB 206, 227, per Mackinnon LJ.

Kong Container Services Ltd[657] nicht angewandt worden. Der Court of Final Appeal gab dem Wortlaut der Erklärungen der Parteien den Vorzug.

> „[A] term which although not expressed in the contract could be implied if the court were satisfied that reasonable men faced with the term would without hesitation say: yes of course, that is „so obvious it goes without saying". It remains to say that if such expectations were permitted to be utilised in the foregoing manner, that would be destructive of the sanctity of contracts and of the certainty that commercial men seek to secure by their words deliberately used upon legal advice. For my part, if there were here a clash between the two themes..., I have no doubt the sanctity of the defendant's trading terms and conditions contractually adopted, and the plain meaning of the words used should prevail."[658]

Streitig war und und ist im englischen Recht, ob alle diese Tests kumulativ erfüllt sein müssen, um eine stillschweigende Vertragsbedingung in den Vertrag einzufügen. Englische Gerichte haben sie oft alternativ angewandt,[659] waren sich darin aber nicht einig.[660] Die Hongkonger Gerichte dagegen haben häufiger eine Prüfung bevorzugt, die sich aus dem 'Officious bystander'-Test und dem 'Business efficacy'-Test zusammensetzte.[661] Nunmehr haben sich die Hongkonger Gerichte der Ansicht angeschlossen, dass die Tests nicht kumulativ, sondern lediglich alternativ erfüllt sein müssen. So wurde in Happy Dynasty Ltd v Wai Kee (Zens) Construction & Transportation Co Ltd entschieden, dass die Aufrechterhaltung der wirtschaftlichen Effizienz eines Vertrages und die wahren Interessen der Vertragsparteien sich zwar häufig überschneiden,

---

657 Bewise Motors Co Ltd v Hoi Kong Container Services Ltd [1998] 2 HKLRD 645.

658 Bewise Motors Co Ltd v Hoi Kong Container Services Ltd [1998] 2 HKLRD 645, 665, per Nazareth NPJ.

659 Siehe z. B. Associated Japanese Bank (International) Ltd v Credit du Nord SA [1989] 1 WLR 255, 263; Marcan Shipping (London) Ltd v Polish Steamship Co, The Manifest Lipkowy [1989] 2 Lloyd's Rep 138, 143.

660 Reid v Rush & Tompkins Group Plc [1990] 1 WLR 212, 219 f.

661 Attorney General v Melhado Investments Ltd [1983] HKLR 327, 329; Shun Shing Hing Investment Co Ltd v Attorney General [1983] HKLR 432, 440; The Jardine Engineering Corp Ltd and Others v Shimizu Corporation HCA 1/1992 (22. Dezember 1992) – unrep.

letztendlich aber als alternative Gründe für die Anerkennung stillschweigender Vertragsbestandteile zu bewerten sind.[662] Damit folgen die Gerichte Hongkongs der Tendenz in der englischen Rechtsprechung.

Abgesehen von den durch das Gericht in einen Vertrag hineingelesenen stillschweigenden Vertragsbedingungen gibt es auch solche, welche das Recht, entweder das Common Law oder aber ein Gesetz, voraussetzt (terms implied by law bzw. by statute).[663] Im Gegensatz zu obigen Bedingungen, welche letztendlich der Intention der Parteien entsprechen, von diesen nur nicht berücksichtigt oder vergessen wurden, entsprechen die rechtlich bzw. gesetzlich verankerten stillschweigenden Vertragsbedingungen oft gar nicht dem Willen der Vertragsparteien. Sie stellen vielmehr Verpflichtungen dar, welche das Common Law oder ein Gesetz, unabhängig vom Willen der Parteien aus prinzipiellen Gründen, aufstellt. Dies kann nur bei Verträgen geschehen, welche sich einer gewissen Kategorie zuordnen lassen. Hauptsächlich sind sie bei Mietverträgen,[664] Warenkaufverträgen[665] oder Arbeitsverträgen[666] zu finden. Diese Aufzählung ist selbstverständlich nicht abschließend. Auch in anderen rechtlichen Beziehungen kann das Common Law oder ein Gesetz eine stillschweigende Vertragsbedingung voraussetzen.[667]

Darüber hinaus existieren noch, wie oben erwähnt, stillschweigende Vertragsbedingungen, die auf der Grundlage von Handelsbräuchen in der speziellen Branche, in der der Vertrag geschlossen wurde, in den Vertrag hineingelesen werden (terms implied by custom).[668]

---

662 Happy Dynasty Ltd v Wai Kee (Zens) Construction & Transportation Co Ltd and Dyno Wesfarmers (HK) Ltd (Third party) [1998]1 HKLRD 314, 317 f. unter Berufung auf Beale, Hugh G. (1999) Bd 1 para 13-004 ff.

663 Beatson, Jack (2002) S. 145.

664 Liverpool City Council v Irwin [1977] AC 239, 256 ff.; Twinkle Step Investment Ltd v Smart International Industrial Ltd [1999] 3 HKLRD 521, 528 f.

665 Sale of Goods Ordinance, Cap 26 s 14(1)(a), 15(1), 16(2).

666 Chingtung Futures Ltd v Arthur Lai Cheuk-Kwan [1992] 2 HKC 637.

667 So z. B. in der Beziehung eines Bankkunden zu seiner Bank. Dort schuldet die Bank dem Kunden Vertraulichkeit: FDC Co Ltd v The Chase Manhattan Bank NA [1990] 1 HKLR 277, 282.

668 Beatson, Jack (2002) S. 151.

2.4.3. Beweis der vereinbarten Vertragsbedingungen und Parol Evidence Rule

Liegt ein schriftlicher Vertrag vor, ist die Beweislage hinsichtlich des Vereinbarten oft relativ einfach. Es muss zuerst festgestellt werden, ob der schriftliche Vertrag abschließend hinsichtlich der übernommenen Verpflichtungen der Vertragsparteien ist.[669] Die Vertragsbedingungen müssen dann ausgelegt werden. Schwierigkeiten ergeben sich, wenn Beweis hinsichtlich der Vereinbarungen geführt werden soll, welche nur mündlich geschlossen worden sind.

An dieser Stelle muss die sogenannte Parol Evidence Rule Erwähnung finden, die im angelsächsischen Rechtsraum nicht unumstritten ist; so wurde sie u.a. als Tautologie[670] oder auch als Zirkelschluss[671] bezeichnet. Diese Regel besagt, dass bei der Auslegung schriftlicher Erklärungen die außerhalb der Urkunde liegenden Umstände (mündliche Nebenabreden etc.) nicht ermittelt und verwertet werden dürfen, um die schriftlichen Vertragsklauseln zu ergänzen, zu ändern oder zu reduzieren. Es wird fingiert, dass der in Schriftform festgehaltende Vertrag den gesamten Vertragsinhalt widergibt.[672]

> "The parol evidence rule states that evidence cannot be admitted (or, even if admitted, cannot be used) to add to, vary or contradict a written instrument. In relation to contracts, the rule means that, where a contract has been reduced to writing, neither party can rely on extrinsic evidence of terms alleged to have been agreed, i.e. on evidence not contained in

---

669 Dies beinhaltet auch schriftliche Verträge, welche nicht in einer Vertragsurkunde bestehen, sondern sich aus mehreren Dokumenten zusammensetzen: Smith v South Wales Swithgear Ltd [1978] 1 All ER 18, 24 f., 29 f.; Jill Spruce v The University of Hong Kong [1993] 2 HKLR 65, 71 (PC auf eine Berufung auf Hongkong).

670 Wedderburn, Kenneth William (1959) CLJ 58, 60.

671 Treitel, Guenther (2003) S. 193.

672 In Hongkong hat die Parol Evidence Rule u.a. in den Entscheidungen Cheng Kwei Sheng and Others v Li Shek Tong [1976] HKLR 121, 124 und jüngst wieder in Happy Dynasty Ltd v Wai Kee (Zens) Construction & Transportation Co Ltd and Dyno Wesfarmers (HK) Ltd (Third party) [1998]1 HKLRD 314 Anwendung gefunden.

> the document. Although the rule is generally stated as applying to parol evidence, it applies just as much to other forms of extrinsic evidence."[673]

Außerhalb der Vertragsurkunde liegende Beweise dürfen nur unter besonderen Umständen herangezogen werden, wo die Entstehungsgeschichte (genesis) oder auch das Ziel (aim) des Geschäfts eine Rolle für die Vertragsauslegung spielten.[674]

Die Parol Evidence Rule hat insofern einen Beitrag zur Weiterentwicklung des modernen englischen Rechts geleistet, da sie sehr zur Vereinfachung der Beweisführung beiträgt. Sie stellt die widerlegbare Vermutung auf, dass ein Dokument, welches wie ein Vertrag aussieht, auch abschließend als gesamter Vertrag behandelt wird.[675] Durch ihre Strenge lief die Parol Evidence Rule jedoch immer wieder Gefahr, als Instrument für betrügerische Handlungen benutzt zu werden. Aus diesem Grunde unterliegt sie zahlreichen Ausnahmen. Die folgenden sind einige der wichtigsten Ausnahmen:

a) Handelsbräuche und Usancen unter Kaufleuten dürfen jederzeit zur Auslegung oder Ergänzung eines Vertrags herangezogen werden,[676] dürfen allerdings nicht dazu führen, dass dadurch ausdrückliche Vertragsbedingungen ausgehebelt werden.[677]

> „But it is quite clear that, though the meaning of the written contract is varied, you may use the custom first of all in the case where you are using the custom as a dictionary to explain what words in the contract mean; where the contract says 'twelve' you may show that by custom 'twelve' means 'thirteen' (a baker's dozen),...and where the contract says 'payment at thirty days' as in the case of an ordinary bill of ex-

---

673 Treitel, Guenther (2003) S. 192.

674 Prenn v Simmonds [1971] 1 WLR 1381, 1385. Diese Ansicht wurde in Hongkong in der Entscheidung Lau Yiu Long & Another v Pao On and Others [1976] HKLR 892, 899 übernommen.

675 Wedderburn, Kenneth William (1959) CLJ 62.

676 Re Walkers, Winser & Hamm and Shaw, Son & Co [1904] 2 KB 153; Sun Hing Co v Brilliant Investment Co Ltd [1966] HKLR 310, 317, 326.

677 Les Affréteurs Réunis Société Anonyme v Leopold Walford (London) Ltd [1919] AC 801, 809 ff.

change or promissory note, you may prove that thirty days means thirty three days. You may use the custom to define places."[678]

Damit ein solcher Handelsbrauch herangezogen werden kann, muss er einen erhöhten Grad an Bestimmtheit aufweisen und seine Anwendung muss zu einem angemessenen Ergebnis führen.[679] Es soll hier noch einmal klargestellt werden, dass die Regel des Common Law, Handelsbräuche und Usancen für eine Vertragsauslegung und -ergänzung zu verwenden, selbstverständlich an der jeweiligen Umgebung gemessen werden, in der sie Anwendung finden. Infolgedessen sind aufgrund der im Gegensatz zu anderen Gebieten mit angelsächsischem Recht veränderten Bräuche und Gewohnheiten in Hongkong eben diese, und nicht etwa die handelsrechtlichen Gewohnheiten Englands einschlägig.[680]

b) Beweise außerhalb der Vertragsurkunde, die sich gegen die Wirksamkeit (invalidity) eines Vertrages und nicht gegen seinen Inhalt richten, sind zulässig. Beweise, welche die Existenz von Betrug (fraud), Rechtswidrigkeit (illegality),[681] Zwang (duress), Irrtum (mistake) oder auch ungebührlicher Beeinflussung (undue influence) belegen können, dürfen somit herangezogen werden, auch wenn sie sich, wie das meist der Fall sein wird, nicht aus der Vertragsurkunde ergeben. So kann eine Partei z. B. durch weitere Beweismittel den Beweis dafür erbringen, dass eine Gegenleistung (consideration) nicht erbracht wurde, obwohl der Vertragstext die Erbringung der Gegenleistung (consideration) bestätigte.[682] Des Weiteren können die Parteien die Geschäftsfähigkeit der anderen Partei durch Beweis widerlegen.[683]

678 Produce Brokers Co Ltd v Olympia Oil and Cake Co Ltd [1917] 1 KB 320, 330 f., per Scrutton LJ.

679 Chun Lee Engineering Co Ltd v Aoki Corp Constr. Law List 19/1989 (3. Mai 1991) – unrep.

680 Lau Yeong Wood v The Standard Oil Co of New York [1908] HKLR 53, 62.

681 Shing Shun Hang Land Investment Co Ltd v Siu Kwong Hong Ltd [1974] HKLR 340, 348.

682 Equitable Fire & Accident Fire Office Ltd v Ching Wo Hong [1907] AC 96, 100.

683 Fred Drughorn Ltd v Rederiaktiebolaget Transatlantic [1919] AC 203, 206, 209.

c) Häufig bemühen sich die Parteien, das gesamte, zwischen ihnen geschlossene Übereinkommen in einer schriftlichen Vertragsurkunde festzuhalten, haben aber trotzdem außerhalb dieses Dokuments liegende Vertragsbedingungen, sogenannte Nebenzusicherungen (collateral warranties) oder Nebenverträge (collateral contracts) mündlich oder auch schriftlich abgeschlossen. Hinsichtlich dieser Vertragsbedingungen ist ebenfalls eine Beweisführung außerhalb der Parol Evidence Rule möglich.[684] Diese Verträge wurden von den Gerichten jedoch immer mit Misstrauen betrachtet und sehr eng ausgelegt. Zwar müsse zugegeben werden, dass es sich bei den Nebenverträgen (collateral contracts) um technisch-formal korrekte Verträge handle; diese führten jedoch dazu, dass die schriftlich abgefassten Hauptverträge ausgeweitet, verändert bzw. sogar ausgehebelt werden könnten. Es müsse grundsätzlich ein sicherer Beweis erbracht werden, dass über den bloßen Vertragstext hinaus hinsichtlich dieser Vereinbarungen ein animus coherendi beider Parteien bestehe. Ohne eine solche strenge Prüfung könne eine der Parteien ihren Verpflichtungen zu entkommen suchen. Darüber hinaus könnte die Autorität schriftlicher Hauptverträge untergraben werden, wenn mündliche Nebenverträge einen zu hohen Stellenwert bekämen.[685] Mittlerweile sind die Gerichte etwas großzügiger geworden, legen aber immer noch einen strengen Maßstab an die Beweisführung des Klägers aus einem solchen Nebenvertrag.[686] Kann der Kläger nachweisen, dass er den Abschluß des Hauptvertrages ohne die fraglichen Versprechen aus dem Nebenvertrag abgelehnt hätte, wird das Gericht eine Beweisführung hinsichtlich der Existenz der Nebenzusicherung (collateral warranty) zulassen.[687]

---

684 Beatson, Jack (2002) S. 130.

685 Heilbut, Symons & Co v Buckleton [1913] AC 30, 47. Dem folgen die Hongkonger Gerichte mit der Entscheidung Bank of China (Hong Kong) Ltd v Fung Chin Kan [2003] 1 HKLRD 181, 198, 199.

686 Beale, Hugh G. (1999) Bd. 1 para 12-005.

687 Dick Bentley Productions Ltd v Harold Smith (Motors) Ltd [1965] 1 WLR 623, 628 f.: Hat diejenige Vertragspartei, die eine bestimmte Erklärung trifft, der anderen Partei gegenüber überlegenes Wissen, und trifft sie diese Erklärung, um die andere Partei zum Abschluß eines Vertrages zu bewegen, so haftet derjenige, der die Erklärung ge-

d) Des Weiteren dürfen die Parteien entgegen der Parol Evidence Rule außerhalb der schriftlichen Vertragsurkunde liegende Beweisstücke einführen, wenn der Prozess die Berichtigung (rectification) des Vertrages[688] zum Ziel hat, weil die Parteien aufgrund eines Irrtums (mistake) handelten.[689] Die Beweismittel dienen in diesem Fall dazu zu zeigen, dass die schriftliche Vertragsurkunde gerade nicht das wirkliche Übereinkommen der Parteien widerspiegelt. Da eine Berichtigung (rectification) grundsätzlich nur in Frage kommt, wenn die nicht irrende Partei zumindest Kenntnis von der Fehlvorstellung der anderen Partei hatte,[690] obliegt der Partei, die eine Berichtigung (rectification) des Vertragstexts begehrt, die Beweislast dafür,[691] wobei der Maßstab, welcher an den Beweis gelegt wird, relativ streng ist. Sie muss zumindest einen überzeugenden Beweis (convincing proof) beibringen, wenngleich er nicht alle vernünftigen Zweifel zerstören (beyond reasonable doubt) muss.[692]

2.4.4. Einteilung der Vertragsbestandteile (terms) nach ihren Rechtsfolgen

Die bindenden Vertragsbestandteile (terms) unterteilen sich wiederum in wesentliche Vertragsbedingungen (conditions) und unwesentliche Vertragsbedingungen (warranties). Beide Kategorien entfalten, wenn auch unterschiedliche, Rechtswirkungen. Darüber hinaus sind sogenannte unbestimmte oder unbenannte Vertragsbedingungen (innominate terms) bekannt.[693]

---

troffen hat, aus einer Nebenabrede, wenn die Erklärung dann wirklich die andere Partei zum Vertragsschluß veranlasst hat.

688 Es handelt sich dabei nicht um die Berichtigung des Inhalts des Vertrages, sondern die Art und Weise, wie dieser Vertrag niedergelegt wurde.

689 Earl v Hector Whaling Ltd [1961] 1 Lloyd's Rep 459.

690 Riverlate Properties Ltd v Paul [1975] Ch 133, 140, 145.

691 Riverlate Properties Ltd v Paul [1975] Ch 133, 140, 145; Dem folgt in Hongkong die Entscheidung Citilite Properties Ltd v Innovative Development Co Ltd [1998] 2 HKLRD 705, 710.

692 Citilite Properties Ltd v Innovative Development Co Ltd [1998] 2 HKLRD 705, 710 ff.

693 Zum Teil werden die unbestimmten Vertragsbedingungen auch als „intermediate terms" bezeichnet.

Wesentliche Vertragsbedingungen (conditions) bilden den weitaus wichtigsten Teil eines Vertrages, wogegen unwesentliche Vertragsbedingungen (warranties) weniger essentiell sind und gegenüber den wesentlichen Vertragsbedingungen (conditions) eine eher untergeordnete Rolle spielen.[694] Letztere kann nur dann vorliegen, wenn die Erklärung einen so wichtigen Vertragspunkt berührt, dass 'die Wurzeln des Vertrages' (the root of the contract)[695] berührt sind. Ist die in Frage stehende Klausel für eine der Parteien von entscheidender Bedeutung für den Abschluss des Vertrages gewesen und war dies der anderen Vertragspartei bekannt, so liegt ebenfalls eine wesentliche Vertragsbedingung (condition) vor.[696]

Eine unwesentliche Vertragsbedingung (warranty) wird durch die Sale of Goods Ordinance (hinsichtlich eines Kaufvertrages) in Section 2 (1) definiert. Da der Wortlaut der Norm jedoch nicht zwingend nur auf Kaufverträge anwendbar ist, läßt sich diese Definition auch für andere Vertragsarten, wie z. B. Werkverträge oder Verträge über Dienstleistungen heranziehen.

> „'[W]arranty' means an agreement with reference to goods which are the subject of a contract of sale, but collateral to the main purpose of such contract, the breach of which gives rise to a claim for damages, but not a right to reject the goods and treat the contract as repudiated."[697]

Es ist unerläßlich, eine Unterscheidung zwischen wesentlichen (conditions) und unwesentlichen Vertragsbedingungen (warranties) vorzunehmen, da diese jeweils unterschiedliche Ansprüche im Falle einer Vertragsverletzung nach sich ziehen. Dies stellt eine Grundlage des angelsächsischen und mithin auch des Hongkonger Vertragsrechts dar.

---

694 Die wesentlichen Vertragsbedingungen können auch als aufschiebende (condition precedent) oder auflösende Bedingungen (condition subsequent) ausgestaltet sein. Beispiele für ersteres sind im Hongkonger Recht v.a. Klauseln, die ausdrücklich die Notwendigkeit der Gewährung einer Lizenz bzw. die Erteilung einer öffentlich-rechtlichen Genehmigung statuieren. Tritt dieser Fall ein, wird ein Vertrag ohne weitere Verhandlungen automatisch wirksam.

695 Poussard v Spiers and Pond (1876) 1 QBD 410; Bettini v Gye (1876) 1 QBD 183.

696 Associated Newspapers Ltd v Bancks (1951) 83 CLR 322.

697 Sale of Goods Ordinance, Cap 26 s 2(1).

Normalerweise wird das Gericht eine Feststellung zur Rechtsnatur und damit zur Bindungswirkung einer abgegebenen Erklärung treffen. Dabei kann es zwar die Bezeichnung der fraglichen Klausel berücksichtigen, sie ist für das Gericht jedoch nicht bindend.[698] Ist eine wesentliche Vertragsbedingung (condition) nicht erfüllt, so steht der geschädigten Partei das Recht zu, den Vertrag zu beenden (termination of contract). Wählt sie diese Rechtsfolge, führt das zur Vertragsauflösung (rescission). Darunter ist eine Rückgängigmachung des bereits abgewickelten Vertrags zu verstehen.[699] Die geschädigte Partei kann zumindest verlangen, dass alle bereits gezahlten Summen wieder zurückgezahlt werden und sie gestellt wird, wie sie vor Abschluss des Vertrages stand. Darüber hinaus kann diese Vertragspartei Schadensersatz (damages) für ihr zusätzlich entstandene Kosten geltend machen.

Eine unwesentliche Vertragsbedingung (warranty) berechtigt die geschädigte Partei dagegen nicht zur Vertragsauflösung (rescission). Die Parteien bleiben weiterhin an den Vertrag gebunden; sie müssen auch ihre eigenen vertraglichen Verpflichtungen weiterhin erfüllen. Der geschädigten Partei erwächst bei Verletzung einer unwesentlichen Vertragsbedingung (warranty) lediglich ein Schadensersatzanspruch (damages).[700]

Unbestimmte Vertragsbedingungen (innominate terms) können letztendlich entweder ebenfalls wesentliche (condition) oder unwesentliche Vertragsbedingungen (warranties) sein; sie können aber auch nur als Klauseln des Vertrages ohne eine bestimmte Typisierung auftreten. Unbestimmte Vertragsbedingungen (innominate terms) werden so bezeichnet, weil sie von den Parteien nicht von Anfang an einer Kategorie zugeordnet wurden. Zum Teil ist eine Kategorisierung der unbestimmten Vertragsbedingungen (innominate terms) von vornherein kaum möglich. Ob es sich letztendlich um eine wesentliche (condition) oder um eine unwesentliche Vertragsbedingung (warranty) handelt, hängt dann oft da-

---

698 L. Schuler AG v Wickman Machine Tool Sales Ltd [1974] AC 235.

699 Damit entspricht die Vertragsauflösung (rescission) in etwa dem deutschen Rechtsinstitut des Rücktritts.

700 Beatson, Jack (2002) S. 138.

von ab, wie schwerwiegend die Folgen einer Verletzung einer solchen vertraglichen Bestimmung sind.[701]

> „A term is most likely to be classified as intermediate if it is capable of being broken either in a manner that is trivial and capable of remedy by an award of damages or in a way that is so fundamental as to undermine the whole contract."[702]

Welcher Art Vertragsbedingung eine unbestimmte Vertragsklausel (innominate term) am nächsten kommt, richtet sich nach den Umständen des Einzelfalls. Das Gericht hat zur Bestimmung der Rechtsfolge der Vertragsverletzung eine Einordnung der unbestimmten Vertragsbedingung (innominate term) in eine Kategorie vorzunehmen. Die im Hongkonger Vertragsrecht wichtigste Entscheidung dazu stammt aus dem Jahre 1962 und erging damals vom Judicial Committee des Privy Council in England.[703] Lord Upjohn zog eine Trennlinie zwischen den beiden möglichen Erscheinungsformen der unbestimmten Vertragsbedingungen danach, ob die Verletzung dieser Bedingung 'an die Wurzeln des Vertrages' („the root of the contract") reicht, wodurch die weitere Erfüllung des Vertrages wirtschaftlich unmöglich wird. Ist dies der Fall, dann wird die unbestimmte Vertragsbedingung (innominate term) als wesentliche Vertragsbedingung (condition) behandelt.

---

701 Beatson, Jack (2002) S. 140.

702 Beale, Hugh G. (1999) Bd 1, para 12-035.

703 Hong Kong Fir Shipping Co Limited Kawasaki Kisen Kaisha Ltd [1962] 2 QB 26. Dem folgt Hongkong mit den Entscheidungen City Famous Ltd v Profile Property Ltd [1999] 3 HKLRD I5; Leung Yee & Another v Ng Yiu Ming & Another [2001] 1 HKLRD 309, 324 ff.; Creatiles Building Materials Co Ltd v To's Universe Construction Co Ltd [2003] 2 HKLRD 309, 314 ff.
Grandco (Holdings) Ltd v Harbour Wealth Co Ltd HCA 2288/1998 (6. April 2000) – unrep: "Applying the test in Hongkong Fir Shipping Co. Ltd v. Kawasaki Kisen Kaisha Ltd [1962] 2 QB 26, 66, I find that the reinstatement of the garden to its authorized form deprived the defendant who has further undertakings to perform of substantially the whole benefit which it was the intention of the parties as expressed in the contract that it should obtain as the consideration for performing those undertaking. The defendant is entitled to accept the plaintiff's breach as repudiation and refuse to complete the purchase."

> "In my judgment the remedies open to the innocent party for breach of a stipulation which is not a condition strictly so called, depend entirely upon the nature of the breach and its foreseeable consequences. Breaches of stipulation fall, naturally, into two classes. First there is the case where the owner by his conduct indicates that he considers himself no longer bound to perform his part of the contract; in that case, of course, the charterer may accept the repudiation and treat the contract as at an end. The second class of case is, of course, the more usual one and that is where, due to misfortune such as the perils of the sea, engine failures, incompetence of the crew and so on, the owner is unable to perform a particular stipulation precisely in accordance with the terms of the contract try he never so hard to remedy it. In that case the question to be answered is, does the breach of the stipulation go so much to the root of the contract that it makes further commercial performance of the contract impossible, or in other words is the whole contract frustrated? If yea, the innocent party may treat the contract as at an end. If nay, his claim sounds in damages only."[704]

Lord Diplock formulierte es prägnanter und prägte damit die klassische Prüfung, nach der Rechtsnatur und Rechtsfolgen einer unbestimmten Vertragsbedingung (innominate term) bestimmt werden können. Danach muss ein Gericht feststellen, ob die geschädigte Partei des Großteils der Vorteile, die sie sich aus dem Vertrag erwartet hat, beraubt wurde.

> „Does the occurrence of the event deprive the party who has further undertakings to perform of substantially the whole benefit which it was the intention of the parties as expressed in the contract that he should obtain as the consideration for performing those undertakings?"[705]

Fällt die Antwort positiv aus, so wird die unbestimmte Vertragsklausel als wesentliche Vertragsbedingung (condition) behandelt; fällt sie negativ aus, wird sie als unwesentliche Vertragsbedingung (warranty) mit der Schadensersatzfolge gesehen.

---

704 Hong Kong Fir Shipping Co Limited Kawasaki Kisen Kaisha [1962] 2 QB 26, 64, per Upjohn LJ. Siehe dazu auch Mersey Steel and Iron Co v Naylor Benzon & Co (1884) 9 App Cas 434, 444; Federal Commerce & Navigation Co Ltd v Molena Alpha Inc [1979] AC 757, 779.

705 Hong Kong Fir Shipping Co Ltd v Kawasaki Kisen Kaisha Ltd [1962] 2 QB 26, 66.

„What the judge had to do...was to look at the events which had occurred as a result of the breach at the time at which the charterers purported to rescind the charterparty, and to decide whether the occurrence of those events deprived the charterers of substantially the whole benefit it which was the intention of the parties as expressed in the charterparty that the charterers should obtain from the further performance of their own contractual undertakings."[706]

Beispiele für solche unbestimmten Vertragsklauseln sind 'straßen-, oder 'seetüchtig' (roadworthy, seaworthy), die sowohl als wesentliche (conditions) als auch als unwesentliche (warranties) Vertragsbedingungen interpretiert werden können.[707] Weitere Beispiele für unbestimmte Vertragsklauseln sind 'bewohnbar', 'angemessen' oder 'innerhalb einiger Tage'.[708] In Hong Kong Fir Shipping Co Ltd v Kawasaki Kisen Kaisha Ltd erkannte das House of Lords die Vereinbarung der 'Seetüchtigkeit' eines Schiffes nicht als wesentliche Vertragsbedingung eines Chartervertrages, in diesem Fall über 24 Monate, an. Die Tatsache, dass das Schiff in so schlechtem Zustand war, dass es ständig repariert werden musste und deshalb in den ersten sieben Monaten der Vertragsdauer lediglich achteinhalb Wochen auf See war, sah das Gericht nicht als so schwerwiegend an, dass dies eine Vertragsverletzung darstellte, welche die Beklagte sämtlicher Vorteile aus dem Vertrag beraubte.[709]

Bei der Einordnung der unbestimmten Vertragsklauseln hat das Gericht auch den ordre public sowie Handelsbräuche zu berücksichtigen. Das beruht auf der Maxime, dass Geschäftsleute Rechtssicherheit benötigen. Wenn eine bestimmte Vertragsklausel in einer bestimmten Branche im-

---

706 Hong Kong Fir Shipping Co Limited Kawasaki Kisen Kaisha [1962] 2 QB 26, 72, per Lord Diplock LJ.

707 So kann ein Schiff, dem ein kleines Ersatzteil fehlt, ebenso seeuntüchtig sein, wie eines, das durch und durch verrostet ist. Hier kann die unbestimmte Vertragsklausel ‚seetüchtig' verschieden interpretiert werden und im ersten Fall eine unwesentliche (warranty), im zweiten Fall eine wesentliche Vertragsbedingung (condition) darstellen.

708 Carver, Anne (1999) S. 186.

709 Hong Kong Fir Shipping Co Limited Kawasaki Kisen Kaisha [1962] 2 QB 26, 66 ff.

mer als wesentliche Vertragsbedingung (condition) verstanden wird, werden die Gerichte dies nicht anders bewerten.[710]

2.4.5. Sonderfälle von Vertragsbestimmungen

Des Weiteren wird zum Teil die Ansicht vertreten, dass darüber hinaus sogenannte fundamentale Vertragsbedingungen (fundamental terms) existieren. Nach dieser Ansicht stellen sie eine eigene Kategorie dar.[711]

> „It do not think that what is a fundamental term has ever been closely defined. It must be something...narrower than a condition of the contract...which underlies the whole contract so that, if it is not complied with, the performance becomes something totally different from that which the contract contemplates."[712]

Allerdings ist obige Ansicht umstritten. Dabei wird argumentiert, dass fundamentale Vertragsbedingungen (fundamental terms) sich nur wenig von wesentlichen Vertragsbedingungen (conditions) unterscheiden. Eine Notwendigkeit zur Anerkennung fundamentaler Vertragsbedingungen mit besonderen Rechtsfolgen bestehe deshalb bereits gar nicht.[713]

Zum Teil werden auch Nebenabreden (collateral warranties) als eigene Kategorie von Vertragsbestandteilen, neben den wesentlichen (conditions), unwesentlichen (warranties) und unbestimmten Vertragsbedingungen (innominate terms) dargestellt. Dies ist jedoch nicht ganz korrekt: Sowohl Vertragsbedingungen (terms) als auch Nebenabreden (collateral warranties) beanspruchen Rechtsverbindlichkeit für die Parteien.[714] Letztendlich sind Nebenabreden (collateral warranties) ebenfalls unwesentliche Vertragsbedingungen (warranties), welche einen Schadenser-

---

710 Carver, Anne (1999) S. 186.

711 Smeaton Hanscomb & Co v Sassoon I Setty Son & Co (No 1) [1953] 1 WLR 1468.

712 Smeaton Hanscomb & Co v Sassoon I Setty, Son & Co (No 1) [1953] 1 WLR 1468, 1470, per Lord Devlin.

713 Beatson, Jack (2002) S. 174.

714 Heilbut, Symons & Co v Buckleton [1913] AC 30; vgl. auch Universal Dockyard Ltd v Trinity General Insurance Co Ltd [1989] 2 HKLR 160, 164 (PC auf eine Berufung aus Hongkong).

satzanspruch gewähren. Ihre Ungleichbehandlung rührt lediglich aus ihrer Positionierung her. Als unwesentliche Vertragsbedingungen (warranties) werden die Bestimmungen des Hauptvertrages bezeichnet, als Nebenabreden (collateral warranties) die Bestimmungen des Nebenvertrages (collateral contract).[715]

2.4.6. Freizeichnungsklauseln (exemption clauses)

Freizeichnungsklauseln sind Vertragsbestimmungen, welche die Parteien einfügen, um ihre Haftung für den Fall einer Vertragsverletzung, unter Umständen auch die deliktische Haftung, zu begrenzen oder ganz auszuschließen.[716] Haben die Parteien eine annähernd gleiche Verhandlungsposition und -macht inne, um angemessene Kompensationen für diese Freistellungen aushandeln können, können solche Klauseln durchaus gerechtfertigt sein. Probleme ergeben sich, wenn bei Verbrauchergeschäften der Verkäufer Freizeichnungsklauseln in den Vertrag einfügt, deren sich der Käufer nicht einmal bewusst ist.[717]

Die meisten Länder im Bereich des Common Law haben für diesen Fall Gesetze geschaffen, die dem Verbraucher zu seinem Recht verhelfen sollen. In Hongkong hat man sich für eine gesetzliche Regelung allerdings erst relativ spät entschieden. Bis 1990 existierte in Hongkong außer Section 57(4) der Sale of Goods Ordinance[718] keine gesetzliche Regelung dafür. Am 1. Dezember 1990 trat die Control of Exemption Clauses Ordinance[719] in Kraft. Es handelt sich dabei um eine fast detailgetreue Übernahme des englischen Unfair Contract Terms Act 1977. Doch bereits lange bevor die Gesetzgebung Regelungen schuf, hat sich die Gerichtsbarkeit mit dem Problem der Freizeichnungsklauseln be-

---

715 Beatson, Jack (2002) S. 130 f.

716 Ho, Betty M. (1999) S. 119.

717 Beatson, Jack (2002) S. 169.

718 Sale of Goods Ordinance, Cap 26: „In the case of a contract of sale of goods, any term of that or any other contract exempting from all or any of the provisions of sections 15, 16 or 17 shall be void in the case of a consumer sale." Die Sections 15, 16 und 17 geben gewisse Qualitätsstandards für verkaufte Waren vor.

719 Control of Exemption Clauses Ordinance, Cap 71.

schäftigt und zahlreiche Entscheidungen dazu getroffen. Trotz der nunmehr geltenden Gesetze behalten die Entscheidungen ihre Bedeutung in dieser Problematik, da ein Großteil der auftretenen Fälle nicht durch die Normen erfasst sind.

2.4.6.1. Einschränkung der Freizeichnungsklauseln durch die Gerichtsbarkeit

Um das Ungleichgewicht auszugleichen, das sich durch die Einfügung einer Freizeichnungsklausel in einen Vertrag ergeben kann, haben die Gerichte verschiedene Auslegungsmethoden und Argumentationen entwickelt. Durch zwei Instrumente versuchen sie, Freizeichnungsklauseln wenn nötig einzuschränken oder ganz auszuschließen: Zum einen dadurch, dass sie die Feststellung treffen können, dass die Freizeichnungsklausel nicht Teil des Vertrages geworden ist und zum zweiten durch die Bestimmung der Rechtsfolgen, die die Klausel entfaltet, sollte sie tatsächlich wirksamer Vertragsbestandteil geworden sein. Diese beiden Möglichkeiten sollen nachfolgend dargestellt werden.

2.4.6.1.1. Freizeichnungsklausel als Bestandteil des Vertrages

Bevor sich eine der Parteien auf eine Freizeichnungsklausel berufen kann, muss sie zuerst darlegen, dass die Klausel Vertragsbestandteil geworden ist. Eine Aufnahme in den Vertrag kann durch die Unterschrift der anderen Partei unter den Vertrag (incorporation by signature), aber auch durch Mitteilung von der Existenz der Freizeichnungsklausel (incorporation by notice) erfolgen.[720] Wer einen Vertrag unterschreibt, ist an dessen Inhalt gebunden, unabhängig davon, ob er in der Lage war, das Dokument zu lesen.[721] Wenn sich also in einem Vertrag, der von der Par-

---

720 Ho, Betty M. (1999) S. 120 f.

721 Dies ist eine sehr strenge Auslegung, die in L'Estrange v F Graucob Ltd [1934] 2 KB 394, 404, 406 vertreten wurde und nicht unumstritten ist. So hat sich Lord Denning insofern dazu geäußert, dass die Aufmerksamkeit des anderen Vertragspartners sehr wohl auf einige Vertragsbedingungen gelenkt werden muss, am besten, indem einige Klauseln mit roter Tinte auf der Vorderseite des Papiers aufgedruckt sind, auf die auch noch ein roter Pfeil zeigt: J Spurling v Bradshaw [1956] 1 WLR 461, 466. Hongkong hat sich dagegen mit den Entscheidungen Tsang Fan Hang v Hang Hing Const-

tei unterzeichnet ist, der sie entgegengehalten wird, eine solche Freizeichnungsklausel befindet, so wird sie grundsätzlich als Bestandteil des Vertrages betrachtet.[722]

Zum anderen kann, wie bereits erwähnt, die Freizeichnungsklausel dadurch Bestandteil des Vertrages werden, dass die anwendende Partei der anderen Partei in angemessener Art und Weise Mitteilung von ihr macht. Die Mitteilung in einer Sprache, derer die Empfangsperson nicht mächtig ist und unter der Voraussetzung, dass ihre Unfähigkeit der anderen Vertragspartei bekannt war, ist für diese nicht rechtlich bindend.[723]

Befindet sich die Freizeichnungsklausel auf einem Dokument, das keine vertragliche Bindungswirkung entfalten soll, wie z. B. Quittungen, Belege, Eintrittskarten, dann stellt dies keine hinreichende Mitteilung hinsichtlich der Aufnahme einer Freizeichnungsklausel an die andere Vertragspartei dar.[724] Die Freizeichnungsklausel muss sich grundsätzlich auf der Vorderseite des Dokuments befinden. Ist sie auf der Rückseite aufgedruckt, so muss zumindest ein deutlicher Hinweis auf sie auf der Vorderseite gegeben werden.[725] Des Weiteren genügt ein Hinweis in einem Dokument ohne Freizeichnungsklausel auf ein Dokument mit Freizeichnungsklausel ohne explizite Erwähnung der dort enthaltenden Freizeichnungsklausel nicht den Anforderungen an die Pflicht zu einer

---

ruction Co Ltd [1981] 1 HKC 343 und Key Up Ltd v Lo Fook Lung & Another HCA 966/1990 – unrep. der strengen Auffassung in L'Estrange v F Graucob Ltd angeschlossen.

722 Es besteht natürlich die Möglichkeit, den gesamten Vertrag für ungültig zu erklären, wenn eine Tatsache vorliegt, die zur Ungültigkeit führt.

723 Greier (früher Braun) v Kujawa, Weston and Warne Bros (Transport) Ltd [1970] 1 Lloyd's Rep 364, 368. Dies hat in Hongkong besondere Bedeutung, da viele Chinesen in Hongkong nur unzureichende Kenntnisse der englischen Sprache haben, welche aber noch weiterhin eine bedeutende Rolle beim Abschluss von Geschäften spielt.

724 Chapelton v Barry Urban District Council [1940] 1 KB 532, 538 f.; Causer v Browne [1952] VLR 1. Eine Fahrkarte dagegen genügt den Anforderungen: Parker v South Eastern Railway (1877) 2 CPD 416.

725 Parker v South Eastern Railway (1877) 2 CPD 416; Yung Oi King v Beautcity Restaurant Ltd and Another 13 HKLJ 226, 229.

angemessenen Mitteilung.[726] Die Gerichte haben allerdings mittlerweile anerkannt, dass die meisten Menschen wissen, dass besondere Geschäftsbedingungen in Standarddokumenten, wie z. B. Fahrkarten, enthalten sind und diese oft Freizeichnungsklauseln umfassen.[727] Dennoch ist diese Praxis durch einige Richter kritisiert worden, besonders was die Anwendung dieser Entscheidungen in Asien betrifft.

> „The English courts have seen fit to base themselves upon the assumption that the majority of persons who enter into certain types of contract know that conditions are likely to be imposed by the other parties, that such conditions will be set out in a ticket and that such conditions will be likely to contain restrictions on liability...While I confess to grave doubts whether the initial assumption was justified even in England and although it was manifestly unnecessary to make any such artificial rule on the ground of business convenience, I think it must be accepted that all the English courts save the House of Lords are now bound to enforce this rule. Whether the courts in Hong Kong are so bound is a very different matter and I wish to reserve that question for consideration should occasion arise. Anyone who thinks that in the Far East the majority of persons who enter into these types of contract know that conditions are likely to be imposed and that such conditions will be set out in a ticket is living in a dream world of his own."[728]

Die Bekanntgabe von Freizeichnungsklauseln muss, ähnlich dem deutschen Recht, bis spätestens zum Zeitpunkt des Vertragsschlusses erfolgen.[729] Erst danach zur Kenntnis gebrachte Klauseln sind verspätet und

726 Hollingworth v Southern Ferries Ltd, The Eagle [1977] 2 Lloyd's Rep 70; Dillon v Baltic Shipping Co, The Mikhail Lermontov [1991] 2 Lloyd's Rep 155.

727 Cockerton v Naviera Aznar SA [1960] 2 Lloyd's Rep 450.

728 Wong Wai Chun v The China Navigation Co Ltd [1969] HKLR 471, 534. Dieses Zitat besagt nicht, dass es den Gerichten Hongkong vor der Übergabe am 1. Juli 1997 gestattet war, die Bindungswirkung von Entscheidungen des House of Lords oder des Privy Council zu ignorieren. Vielmehr bezieht es sich darauf, dass englisches Recht in der Kronkolonie nur insoweit Gültigkeit beanspruchte, wie es mit den Besonderheiten in Hongkong in Übereinstimmung zu bringen war. Des Weiteren muss auch beachtet werden, dass sich das Rechtsverständnis der einheimischen Bevölkerung Hongkongs sehr an westliche Vorstellungen angepasst hat. Heute würde eine solche Erklärung keine Zustimmung mehr finden.

729 Thornton v Shoe Lane Parking Ltd [1971] All ER 686.

damit nicht wirksam, beispielsweise Freizeichnungsklauseln in Hotelzimmern, da der Vertrag an der Rezeption geschlossen wurde.[730] Ausnahmen gelten bei längerfristigen Geschäftsbeziehungen, wo Freizeichnungsklauseln immer in derselben Form benutzt werden. Ist in einem solchen Fall nicht das sonst Übliche unternommen worden, um die Klausel der anderen Partei zur Kenntnis zu bringen, so ist sie dennoch gültig.[731]

Die Härten einer Freizeichnungsklausel in einem schriftlichen Vertrag lassen sich mit der Verteidigung non est factum abschwächen.[732] Konnte die Partei den Vertragsinhalt aus Gründen wie Analphabetismus oder Blindheit nicht zur Kenntnis nehmen und unterschreibt deshalb etwas grundlegend anderes, als sie zu unterschreiben annimmt, kann sie unter Umständen diese Verteidigung vortragen. Sie macht damit deutlich, dass es sich hierbei 'nicht um ihre Vertragsurkunde' handelt, wodurch der Vertrag samt Freizeichnungsklausel als von Anfang an nichtig behandelt wird. Allerdings kann die Verteidigung nicht greifen, wenn der Vertragsschließende lediglich deshalb keine Kenntnis vom Inhalt des Vertrages hatte, weil er sich nicht die Mühe gemacht hat, diesen Inhalt zu eruieren.[733]

2.4.6.1.2. Rechtsfolgen einer vertraglich vereinbarten Freizeichnungsklausel

Sind die Freizeichnungsklauseln durch Unterschrift oder Mitteilung an die gegnerische Partei wirksam Bestandteil des Vertrages geworden, muss letztere sie grundsätzlich gegen sich gelten lassen. Von dieser Regel gibt es jedoch einige Ausnahmen, deren Existenz schon in L'Estrange v

---

730 Olley v Marlborough Court Ltd [1949] 1 KB 532. Zustimmend zitiert in Always Win Ltd v Autofit Ltd and Citybase Property Ltd (Third Party) [1995] 2 HKC 48.

731 Henry Kendall & Sons v William Lillico & Sons [1969] 2 AC 31, 90 f., 104 f., 130.

732 Siehe dazu S. 249 ff.

733 Saunders v Anglia Building Society [1971] AC 1004, 1011 ff.; grundsätzlich zustimmend zitiert in Hongkong in den Entscheidungen Wing Hang Credit Ltd v Lee Bing Wai and Others HCA 9844/1999 (3. Februar 2000) – unrep.; Cheung Pik Wan v Tong Sau Ping [1986] HKLR 921; Industrial and Commercial Bank of China (Asia) Ltd v Tracker Investments Ltd and Another [2003] 551 HKCU 1.

Graucob Ltd[734] und Key Up Ltd v Lo Fook Lung[735] anerkannt wurde. So darf sich eine Person, die fehlerhafte Angaben über die Natur und Rechtswirkung der Freizeichnungsklausel gemacht hat, um die anderen Partei zum Vertragsschluss zu bewegen, nicht auf diese Klausel berufen.[736] Hat die Partei, zu deren Gunsten die Freizeichnungsklausel eingefügt ist, die andere Partei über die Reichweite der betreffenden Klausel getäuscht, sei dies nun vorsätzlich, fahrlässig oder gar unverschuldet geschehen, so kann sie sich ebenfalls nicht oder nur in dem Umfang, in dem sie die Reichweite bejaht hat, auf die Freizeichnungsklausel berufen.[737] Allerdings kann ein Gericht eine Freizeichnungsklausel nicht bereits deshalb als unwirksam bezeichnen, weil sie unangemessen oder unfair erscheint.[738] Jedoch kann eine Freizeichnungsklausel eine Partei nicht von der Haftung für eigene vorsätzliche oder gar arglistige Handlungen freistellen.

> „When the fraud succeeds surely those who designed the fraudulent protection cannot take advantage of it. Such a clause would be good protection against any mistake or miscalculation, but fraud vitiates every contract and every clause in it."[739]

Ebenso kann eine Verletzung einer fundamentalen Vertragsbestimmung (fundamental breach) dazu führen, dass die vertragsbrüchige Partei sich nicht auf eine Freizeichnungsklausel berufen darf. Die Rechtsfolgen der Verletzung eines fundamentalen Vertragsbestandteils (fundamental term) entsprechen grundsätzlich der Verletzung einer wesentlichen Vertragsbedingung (condition). Das Prinzip der fundamentalen Vertragsbestandteile (fundamental terms) entwickelte sich in den späten 40er Jahren, um Freizeichnungsklauseln beschränken zu können.[740] Lag eine fundamentale Vertragsverletzung (fundamental breach) vor, konnte sich

---

734 L'Estrange v F Graucob Ltd [1934] 2 KB 394.
735 Key Up Ltd v Lo Fook Lung & Another HCA 966/1990 – unrep.
736 Curtis v Chemical Cleaning and Dyeing Co [1951] 1 KB 805, 808, 809.
737 Curtis v Chemical Cleaning and Dyeing Co [1951] 1 KB 805.
738 Ludditt & Others v Ginger Coote Airways Ltd [1947] AC 233.
739 S Pearson & Son Ltd v Lord Mayor & Co of Dublin [1907] AC 351, 362, per Lord James.
740 Beatson, Jack (2002) 174.

die schädigende Partei nicht von der Haftung durch eine Freizeichnungsklausel befreien. Dies beruhte auf dem Gedanken, dass bei einer fundamentalen Vertragsverletzung (fundamental breach) eine solch' gravierende Folge eintritt, dass es der schädigenden Partei unmöglich sein muss, ihre Haftung zu beschränken oder ganz auszuschließen.[741]

> „[E]xempting clauses...no matter how widely they are expressed, only avail the party when he is carrying out his contract in its essential respects. He is not allowed to use them as a cover for misconduct or indifference or to enable him to turn a blind eye to his obligations. They do not avail him when he is guilty of a breach which goes to the root of the contract."[742]

Später verfolgten die Gerichte den Ansatz, dass die vertragstreue Partei als Folge einer fundamentalen Vertragsverletzung den Vertrag beenden dürfe, wobei auch die Freizeichnungsklausel ihre Wirksamkeit verliere.[743] Die Gerichte haben sich von dieser konsequenten Ansicht jedoch entfernt, da sie die Vertragsfreiheit zu sehr einschränkte.[744] Allein das Vorliegen einer fundamentalen Vertragsverletzung führt nunmehr nicht dazu, dass eine Freizeichnungsklausel mit dem gesamten Vertrag untergeht.[745] Akzeptiert eine Vertragspartei bei Vertragsschluss eine weite Freizeichnungsklausel, muss sie sich im Fall der Vertragsverletzung durch die andere Partei grundsätzlich auch daran festhalten lassen, ausgenommen, die Parteien haben für den Fall einer fundamentalen Vertragsverletzung etwas anderes vereinbart.[746]

Die Partei, die sich auf eine Freizeichnungsklausel beruft, trägt die Beweislast dafür, dass sie sich im Wortlaut der Klausel bewegt. Die Klausel

---

741 Karsales (Harrow) Ltd v Wallis [1956] 1 WLR 936.

742 Karsales (Harrow) Ltd v Wallis [1956] 1 WLR 936, 940, per Denning LJ.

743 Suisse Atlantique Societé d'Armement Maritime SA v NV Rotterdamsche Kolen Centrale [1967] 1 AC 361, 398, 422.

744 Suisse Atlantique Societé d'Armement Maritime SA v NV Rotterdamsche Kolen Centrale [1967] 1 AC 361.

745 Beatson, Jack (2002) S. 176, 578.

746 Photo Production Ltd v Securicor Transport Ltd [1980] AC 827; Dieser Entscheidung folgen die Gerichte Hongkongs mit Yien Yieh Commercial Bank Ltd v Kwai Chung Cold Storage Co Ltd [1989] 2 HKLR 639, 646.

wird dabei eng ausgelegt.[747] So wird z. B. eine Freizeichnungsklausel für die Verletzung einer unwesentlichen Vertragsbedingung (warranty) von den Gerichten so ausgelegt, dass eine Verletzung einer wesentlichen Vertragsbedingung (condition) davon nicht erfasst wird.[748]

Darüber hinaus wird eine Freizeichnungsklausel gegen die beweisbelastete Partei ausgelegt. Die Gerichte wenden dabei die contra proferentem-Regel[749] an. Diese besagt, dass ein Gericht eine unklare oder mehrdeutige Klausel immer zugunsten der Partei interpretieren wird, die sich nicht auf sie beruft, jedoch gegen die Partei, welche einen Anspruch daraus herleiten will.[750]

Dritte, welche nicht Parteien des Vertrages geworden sind, können weder Ansprüche aus Freizeichnungsklauseln geltend machen, noch dürfen sie durch diese Klauseln belastet werden. Das ergibt sich schon allein aus dem Grundsatz der Gegenseitigkeit des Vertragsverhältnisses (privity of contract).[751]

2.4.6.2. Gesetzliche Regelungen zu Freizeichnungsklauseln

Wie bereits erwähnt, hat Hongkong, wenn auch recht spät, gesetzliche Regelungen verabschiedet, um über die Möglichkeiten des Common Law hinaus den Gebrauch von Freizeichnungsklauseln zu regulieren.[752]

---

747 Olley v Marlborough Court Ltd [1949] 1 KB 532; Andrews Brothers Ltd v Singer & Singer & Co [1934] 1 KB 17; RW Green Ltd v Cade Bros Farms [1978] 1 Lloyd's Rep 602.

748 Wallis, Son & Wells v Pratt & Haynes [1911] AC 394.

749 Neben der Auslegung von Freizeichnungsklauseln spielt die contra proferentem-Regel auch bei der Interpretation von unbestimmten Vertragsklauseln durch die Gerichte eine Rolle.

750 White v John Warrick & Co Ltd [1953] 2 All ER 1021. In Bewise Motors Co Ltd v Hoi Kong Container Services Ltd [1998] 2 HKLRD 645 wurde dagegen die contra proferentem-Regel nicht heranzogen, weil das Gericht der Meinung war, dass die Vertragsbestimmungen so klar und eindeutig formuliert waren, dass es einer Hilfe bei der Auslegung nicht bedurfte.

751 Scruttons Ltd v Midlands Silicones Ltd [1962] AC 446; zustimmend zitiert in The Owners of Cargo Lately and Another v the Owners and/or Demise Charterers of the Ship or Vessel "Mahkutai" [1994] 1 HKLR 212, 225.

752 Siehe S. 194.

Die wichtigsten Gesetze dazu sind die Control of Exemption Clauses Ordinance,[753] die Supply of Services (Implied Terms) Ordinance[754] und die Unconscionable Contracts Ordinance.[755] Diese Gesetze schränken Haftungsausschlüsse in bestimmten Verträgen ein, wobei besonders Verbraucherverträge geschützt sind.[756] Die Control of Exemption Clauses Ordinance schließt bestimmte Freizeichnungsklauseln in Verträgen gänzlich aus. So kann eine Partei ihre Haftung für den Tod oder für Personenschäden aufgrund von Fahrlässigkeit[757] oder auch die Verletzung der Verpflichtung, das Eigentum bzw. den Besitz an verkauften Gegenständen zu verschaffen,[758] nicht ausschließen.

2.5. Zwischenergebnis

Wie aus diesen Ausführungen deutlich wird, folgen die Gerichte Hongkongs im Hinblick auf den Abschluss eines Vertrags was Angebot (offer) und Annahme (acceptance), die Gegenleistung (consideration), die Vertragsform und die Klassifizierung der Vertragsbestandteile sowie ihre Rechtswirkungen betrifft, grundsätzlich noch immer den Entscheidungen Englands. Abgesehen von einigen eigenen gesetzlichen Regelungen, die hier aber auch nicht den Gegenstand der Untersuchung bildeten, sind keine Unterschiede im Vertragsrecht Hongkongs und Englands ersichtlich. Insoweit weichen die Gerichte Hongkongs in der Sache bisher noch nicht von den Entscheidungen der maßgeblichen Gerichte Englands, dem Privy Council und dem House of Lords, ab.

---

753 Control of Exemption Clauses Ordinance, Cap 71; in Kraft getreten am 1. Dezember 1990.

754 Supply of Services (Implied Terms) Ordinance, Cap 457; in Kraft getreten am 21. Oktober 1994.

755 Unconscionable Contracts Ordinance, Cap 458; in Kraft getreten am 1. Oktober 1995.

756 Control of Exemption Clauses Ordinance, Cap 71 s 4.

757 Control of Exemption Clauses Ordinance, Cap 71 s 7.

758 Control of Exemption Clauses Ordinance, Cap 71 s 11(1), 12(4).

3. Vertragsgefährdende Faktoren (vitiating factors)

Im nächsten Kapitel werden die Tatbestände im Common Law Hongkongs untersucht, die einen bereits geschlossenen Vertrag ungültig machen, die sogenannten 'vitiating factors'. Diese Tatbestände sind: Irreführung (misrepresentation), Zwang (duress), ungebührliche Beeinflussung (undue influence), mangelnde Geschäftsfähigkeit (incapacity) und Rechtswidrigkeit (illegality). Jeder dieser Tatbestände zieht eine oder mehrere bestimmte Rechtsfolgen nach sich, die das Gericht aussprechen muss. Zum besseren Verständnis soll ein kurzer Überblick über die Rechtswirkungen des Vorliegens eines der Tatbestände gegeben werden. Ein Vertrag kann entweder nichtig (void), vernichtbar (voidable) oder nicht einklagbar bzw. nicht vollstreckbar (unenforceable) sein.[759]

Ist ein Vertrag nichtig (void), so stellt dies eigentlich einen Widerspruch in sich dar, denn ein nichtiger Vertrag existiert rechtlich gesehen gar nicht und ist deshalb kein Vertrag.[760] Manchmal wird auch der Begriff 'void ab initio'[761] gebraucht. Dies soll betonen, dass ein Vertrag nie existierte. Rechtlich gesehen entfaltet ein nichtiger Vertrag keine Wirkungen; er ist ein rechtliches Nullum. Somit können durch ihn keine Rechte übertragen, keine Verpflichtungen eingegangen werden und kein Eigentum übergehen. Wenn bereits aufgrund des nichtigen Vertrages Vermögensgegenstände übergeben wurden, dann kann der Übergebende diese aufgrund seines weiterhin bestehenden Eigentums zurückfordern.[762] Ist der Vermögensgegenstand in der Zwischenzeit bereits an eine dritte Person übergeben worden, dann kann der ursprüngliche und damit auch aktuelle Eigentümer diesen weiterhin zurückverlangen, soweit diese dritte Person nicht durch spezialgesetzliche Regelungen geschützt ist. E-

759 Beatson, Jack (2002) S. 20 ff.

760 Beatson, Jack (2002) S. 21.

761 Ho, Betty M. (1999) S. 144.

762 Im angelsächsischen und damit auch im Hongkonger Sachenrecht ist das dem deutschen Sachenrecht zugrundeliegende Abstraktionsprinzip unbekannt. Eigentum kann durch schuldrechtliche Vereinbarungen übertragen werden.

benso können bereits gezahlte Summen herausverlangt werden.[763] Aus einem nichtigen Vertrag kann keine Verpflichtung, Schuld o.ä. entstehen.

Bei vernichtbaren Verträgen (voidable contracts) existiert dagegen ein Vertrag. Er ist rechtsgültig und bleibt dies auch so lange, bis eine Partei oder beide Parteien sich dazu entschließen, den Vertrag 'zu vernichten', also ungültig werden zu lassen, bzw. ihn außer Kraft setzen.[764] Mit der Vertragsauflösung (rescission) hört der Vertrag auf zu existieren. Diese Auflösung wirkt auf den Zeitpunkt des Vertragsschlusses zurück, so dass zwischen den Vertragsparteien (inter partes) eine Situation entsteht, als ob der Vertrag niemals existierte. Durch die Vertragsauflösung (rescission) werden die Parteien in die Lage zurückversetzt, die vor Vertragsschluss bestand. Bereits gezahlte Summen müssen zurückgewährt werden.[765] Allerdings kann bis zum Zeitpunkt der Vernichtung des Vertrages Eigentum übergehen.[766] Ein Dritter, der daraufhin das Eigentum am Vertragsgegenstand erworben hat, kann dies somit auch wirksam erwerben und sich gegen die Ansprüche des ursprünglichen Eigentümers zur Wehr setzen. Beispiele für vernichtbare Verträge sind Verträge von Minderjährigen über Luxusgegenstände oder Verträge, die auf Irreführung (misrepresentation) beruhen.

Nicht vollstreckbare Verträge (unenforceable contracts) sind in jeder Hinsicht rechtswirksam geschlossen und rechtlich bindend. Allerdings kann keine Partei die Erfüllung des Vertrags vor Gericht einklagen. Sie sind somit gerichtlich nicht durchsetzbar und nicht vollstreckbar, wenn die gegnerische Partei die freiwillige Erfüllung verweigert. Dennoch stellen diese Verträge eine Grundlage dafür dar, bereits erbrachte Leistungen behalten zu dürfen. Geld oder Vertragsgegenstände, die bereits übergeben worden sind, können deshalb von keiner der Parteien oder von einer dritten Partei zurückgefordert werden.[767]

---

763 Westdeutsche Landesbank Girozentrale v Islington LBC [1996] 2 AC 669.

764 Beatson, Jack (2002) S. 21.

765 Die Vertragsauflösung (rescission) entspricht in etwa dem Anspruch aus einem Rücktritt im deutschen Recht, der sich in ein Rückgewährschuldverhältnis umwandelt.

766 Beatson, Jack (2002) S. 21.

767 Ho, Betty M. (1999) S. 144.

3.1. Irreführung bei Vertragsschluß (misrepresentation)

Die Irreführung (misrepresentation) ist einer der vertragsgefährdenden Faktoren. Durch sie kann ein wirksam geschlossener Vertrag unter Umständen wieder vernichtet werden, da der Vertragsschluss aufgrund einer fehlerhaften Vorstellung einer Partei zustandegekommen ist.

3.1.1. Definition und Grundlagen der Irreführung (misrepresentation)

Obwohl sich sowohl die englische als auch die Hongkonger Gesetzgebung mit der Irreführung (misrepresentation) auseinandergesetzt und diese zum Teil gesetzlich geregelt haben, ist sie nicht gesetzlich definiert worden. Eine Definition stammt jedoch aus dem Common Law. Eine Irreführung (misrepresentation) ist danach

> „a false statement of existing of past fact (or possibly of law) made by one party (the 'misrepresentor') before or at the time of making the contract, which is addressed to the other party (the 'misrepresentee') and which induces the other party to enter into the contract."[768]

Wie oben bereits dargestellt, können die Erklärungen, die im Verlauf der Vertragsverhandlungen abgegeben bzw. dann zu Bestandteilen des Vertrages geworden sind, in drei Kategorien eingeteilt werden. Die erste Kategorie, meist Werbeerklärungen (mere puff), entfaltet keine Rechtswirkungen. Die zweite Kategorie besteht aus Erklärungen, die rechtlich bindend sind und als Vertragsbestandteile (terms of contract) bezeichnet werden. Eine Nichterfüllung derselben, eine Vertragsverletzung (breach of contract), führt immer zu einem Anspruch aus Schadensersatz (damages), zum Teil auch zur Rechtsfolge der Vertragsbeendigung (termination of contract). Die dritte und letzte Kategorie besteht aus Erklärungen, die zwar keine Vertragsbestandteile (terms of contract) geworden sind, die jedoch rechtlich bindend insoweit sind, dass der Erklärende sich an ihnen festhalten lassen muss – diese Erklärungen werden als vorvertragliche Erklärungen (representations) bezeichnet. Letztere sind Erklärungen, die vor Vertragsschluss abgegeben werden und die die andere Partei zum Vertragsschluss bewegen sollen. Entsprechen sie nicht der Wahrheit, werden sie als 'misrepresentation' bezeichnet. Das Recht der 'misrepresentations' kann umschrieben werden mit Irreführung bzw. Täuschung bei Vertragsschluss.[769] Steht fest, dass eine solche vorvertragliche Erklärung (representation) falsch war, dann gibt es dafür spezielle Rechtsbehelfe aus dem Bereich der Irreführung (misrepresentation); einen Anspruch aus Vertragsverletzung (breach of contract) kann die geschädigte Partei allerdings nicht geltend machen.

Die Abgrenzung zwischen einer Vertragsbedingung (term of contract) und einer vorvertraglichen Erklärung (representation) ist nicht immer leicht zu treffen. Dazu kommt, dass einige Gerichte in früheren Zeiten die Situation verkompliziert haben, indem sie unnatürlicherweise eine Erklärung als Vertragsbedingung (term) klassifiziert haben, obwohl sie als vorvertragliche Erklärung (representation) zu erkennen war.[770] Die Einordnung erfolgte in diesen Fällen wohl aus Billigkeitsgründen, um einem Kläger Schadensersatz zusprechen zu können, den er über einen Anspruch aus Irreführung (misrepresentation) nicht erhalten hätte.[771] Dazu kommt, dass der Kläger weiterhin Rechtsbehelfe aus dem Bereich der Irreführung (misrepresentation) begehren kann, wie z. B. die Vertragsauflösung (rescission), auch wenn die vorvertragliche Erklärung (representation) später in eine Vertragsbedingung (term of contract) umgewandelt wurde.[772] Deshalb sollen nunmehr die Voraussetzungen einer Irreführung (misrepresentation) und die dazugehörigen Rechtsfolgen dargestellt werden.

768 Beatson, Jack (2002) S. 237.
769 Beatson, Jack (2002) S. 237.
770 Dick Bentley Productions Ltd v Harold Smith (Motors) Ltd [1965] 1 WLR 623, 628 f.
771 Dick Bentley Productions Ltd v Harold Smith (Motors) Ltd [1965] 1 WLR 623, 628 f.
772 Beatson, Jack (2002) S. 260.

3.1.2. Voraussetzungen der Irreführung (misrepresentation)

Zur Bejahung eines Anspruchs aus Irreführung (misrepresentation) muss gegenüber der anderen (zukünftigen) Vertragspartei eine Erklärung abgegeben worden sein, welche zum Zeitpunkt ihrer Abgabe unrichtig war. Diese Erklärung sollte die andere Partei dazu bewegen, den in Frage stehenden Vertrag zu schließen. Tatsächlich muss die andere Partei aufgrund der unrichtigen Erklärung den Vertrag geschlossen haben.[773]

3.1.2.1. Unrichtige Tatsachen- und Rechtserklärungen (representations of fact/of law)

Die Unrichtigkeit der abgegebenen Erklärung ist für einen Anspruch aus Irreführung (misrepresentation) wesentlich.[774] Ob eine Erklärung richtig oder unrichtig ist, muss durch die Gerichte von Fall zu Fall entschieden werden. Lange Zeit war die Ansicht herrschend, dass nur eine auf Gegenwart oder Vergangenheit[775] bezogene täuschende Tatsachenerklärung zu einem Anspruch aus Irreführung (misrepresentation) führen kann, während falsche Rechtserklärungen, Meinungen[776] oder Absichtserklärungen[777] keinen Anspruch aus Irreführung (misrepre-sentation) gewähren. Jedoch ist ein Wandel in der Wahrnehmung obiger Aussagen eingetreten. Dieser folgt u.a. auf die Entscheidung Kleinwort Benson Ltd v Lincoln City Council.[778] Diese Entscheidung betraf zwar die Frage, ob

---

[773] Beatson, Jack (2002) S. 237.

[774] Beatson, Jack (2002) S. 237.

[775] Dagegen kann eine Tatsachenerklärung, die sich auf ein zukünftiges Ereignis bezieht, keine Irreführung darstellen : Beattie v Lord Ebury (1872) 7 Ch App 777. Ausnahmen davon bilden auf die Zukunft gerichtete Versprechen, die durchaus eine Irreführung (misrepresentation) darstellen können, wenn der Erklärende zum Zeitpunkt der Abgabe der Erklärung bereits nicht die Absicht hatte, das Versprechen zu erfüllen: Edgington v Fitzmaurice [1885] 29 Ch D 459. Zustimmend dazu eine Entscheidung des Hongkonger High Court in einer Schiedsgerichtssache Mak's Construction Co Ltd v Sun Fook Kong (Civil) Ltd HCCT 20/2002 (30. Mai 2002) – unrep.

[776] Bisset v Wilkinson [1927] AC 177.

[777] Wales v Wadham [1977] 2 All ER 125.

[778] Kleinwort Benson Ltd v Lincoln City Council [1998] 3 WLR 1095. Bezüglich der Behandlung eines Rechtsirrtums (mistake in law) folgen die Gerichte Hongkongs grundsätzlich dieser englischen Entscheidung. Siehe dazu S. 230.

neben dem Tatsachenirrtum (mistake of fact) auch ein Rechtsirrtum (mistake of law) erheblich ist, jedoch wäre es unnatürlich, einen Unterschied zwischen Irrum (mistake) und Irreführung (misrepresentation) zu machen und die Situationen ohne zwingenden Grund ungleich zu behandeln.

> „This suggests that for the purpose of the law of misrepresentation..., the distinction between statements of law und statements of fact is no longer maintainable and that even an incorrect statement of an abstract proposition of law may amount to a misrepresentation unless it is apparent that all that is being offered is an opinion without implication that the speaker has reasonable grounds for that opinion."[779]

Eine Erklärung hinsichtlich einer Tatsache oder auch eines Rechtsumstandes kann auf verschiedene Arten abgegeben werden. Neben der ausdrücklichen Aussage genügen auch bestimmte Handlungen.[780] So werden z. B. ein Kopfnicken, aber auch andere Verhaltensweisen, welche zu einer konkludenten Erklärung werden, als ausreichend angesehen. Das Verschweigen einer Tatsache, z. B. eines Mangels, kann dagegen grundsätzlich kein Äquivalent für eine positive Erklärung sein, dass ein solcher Mangel nicht existiere. Der Verkäufer soll nicht auf dem Wege der Irreführung (misrepresentation) durch Verschweigen eines Mangels haften müssen, wenn der Mangel nicht im Rahmen der Vertragsbestandteile zu einer Haftung führen soll.[781] Von dieser Regel bestehen allerdings Ausnahmen, in denen das Vorliegen einer Irreführung (misrepresentation) durch Verschweigen bestimmter Tatsachen bejaht wird.[782] Dies ist dann der Fall, wenn dem Erklärenden Aufklärungspflichten (duties to disclose) auferlegt sind. Solche Aufklärungspflichten ergeben sich aus bestimmten Vertragstypen und in Treueverhältnissen.

---

779 Beale, Hugh G. (1999) Bd 1 para 6-011.

780 Ray v Sempers [1974] AC 370.

781 Keates v The Earl of Cadogan (1851) 10 CB 591.

782 Gordon & Another v Sellico Company Ltd & Another [1986] 18 HLR 19. Hier wurde die Offenbarungspflicht bejaht, weil ein Mangel nicht nur verschwiegen, sondern sogar in betrügerischer Absicht vertuscht worden war.

3.1.2.1.1. *Aufklärungspflicht in Treueverhältnissen (fiduciary relati ons)*

Personen, die in einem Treue- bzw. treuhänderischen Verhältnis zu anderen stehen, unterliegen einer umfassenden Offenbarungspflicht. Sämtliche Tatsachen, die für das Rechtsverhältnis zwischen den Parteien von Belang sind, müssen offengelegt werden.[783] Tun sie dies nicht, wird dieser unterlassenen Offenbarung einer Tatsache ein Erklärungswert beigemessen.

Die Arten der treuhänderischen Verhältnisse sind nicht abschließend geregelt; diese Verhältnisse können vielgestaltig auftreten. Die treuhändischen Verhältnisse im angelsächsischen Recht ähneln jedoch im Allgemeinen den Rechtsverhältnissen, bei denen auch im deutschen Recht das Vorliegen fiduziarischer Pflichten bejaht wird. Beispiele für solche Pflichten sind die Rechtsverhältnisse zwischen Vertreter und Vertretenen, zwischen Rechtsanwalt und Mandant oder zwischen Vormund und Mündel.[784]

3.1.2.1.2. *Gesteigerte Aufklärungspflichten in Verträgen uberrimae fidei*

Diese Art von Verträgen impliziert aufgrund ihrer Besonderheiten ein stark gesteigertes Treueverhältnis. In diesen verfügt eine Partei über alle wesentlichen Informationen, während sich die andere Partei darauf verlassen muss, dass sie alle diese Informationen auch erhält.

> „[T]he underwriter knows nothing and the man who comes to him to ask him to insure knows everything. That is expressed by saying that it is a contract of the utmost faith –uberrima fides.[785]

Deshalb gilt hier eine umfassende Offenlegungspflicht, die von Vertrag zu Vertrag in Art und Umfang schwankt. Kommt die mit der Offenba-

---

783 Lowther v Lord Lowther (1806) 33 ER 230.

784 Ho, Betty M. (1999) S. 176.

785 Rozanes v Bowen (1928) 32 Lloyd's Rep 98, 102, per Scutton LJ.

rungspflicht belastete Partei dieser Pflicht nicht nach, kann die gegnerische Partei den Vertrag auflösen (rescind).[786]

Unter diese Kategorie fallen hauptsächlich familiäre Erbschafts- oder Abfindungsvereinbarungungen (family settlements)[787] und Versicherungsverträge.[788] Der zukünftige Versicherungsnehmer hat die Pflicht, freiwillig alle notwendigen Angaben gegenüber dem Versicherer zu machen, die mit der beantragten Versicherung im Zusammenhang stehen.[789] Das Versicherungsrecht ist ein zu weites Gebiet, um diese Fragen hier abschließend behandeln zu können. Es sollen deshalb nur beispielhaft Fälle aufgeführt werden, in denen das Unterlassen der Offenlegung zu einer Nichtigkeit des Versicherungsvertrages geführt hat: Ein Unterlassen der Angabe eines vorangegangenen Verlustes,[790] einer bereits erfolgten Ab-

---

786 Ho, Betty M. (1999) S. 177.

787 Gordon v Gordon (1821) 3 Swans 400.

788 Lambert v Cooperative Insurance Society Ltd [1975] 2 Lloyds Rep 485: Die Klägerin unterschrieb eine Versicherungspolice gegen 'alle Risiken' bezüglich des Schmucks, der ihr und ihrem Ehemann gehörte. Dabei verschwieg sie, dass ihr Ehemann wegen Hehlerei verurteilt worden war. Bei der Erneuerung der Police im Jahre 1972 verschwieg sie eine neuerliche Verurteilung ihres Ehemannes, diesmal wegen Diebstahls, im Jahre 1971. Als sie später Ansprüche gegen die Versicherung wegen des Verlustes des Schmuckes geltend machte, lehnte diese die Zahlung aufgrund des Verschweigens der Tatsachen ab. Die Klägerin unterlag vor Gericht; auch die Berufung vor dem Court of Appeal hatte keinen Erfolg. Die Gerichte erkannten unter Berufung auf Section 18, Subsec. (1) des Marine Insurance Acts von 1906 auf eine Pflicht zur Kundgabe von „every material circumstance which is known to the assured". Subsec. (2) definiert dies folgendermaßen: 'Every circumstance is material which would influence the judgment of a prudent insurer in fixing the premium, or determing whether he will take the risk.' Bei Versicherungsverträgen, die andere Versicherungsgegenstände betreffen, könne nach Ansicht des Gerichts dann nichts wesentlich Abweichendes gelten.

789 London Assurance Co v Mansel (1879) LR 11 Ch 363, 371: Fast alle Versicherungsverträge und Policen beinhalten Klauseln, die festlegen, dass die Tatsachen, welche bei der Beantragung der Versicherung durch den Antragsteller dargetan wurden, die Grundlage des Vertrages bilden. Diese Klauseln werden weit interpretiert. Wo eine solche Klausel existiert, wird argumentiert, ist die Beantwortung der Fragen und damit die Offenlegung von Tatsachen für den Vertrag auch wesentlich.

790 Locker and Woolf Ltd v Western Australian Insurance Co Ltd [1936] 1 KB 408.

lehnung durch eine andere Versicherung,[791] des Vorliegens einer Überversicherung[792] bzw. einer ergangenen Verurteilung aufgrund von Straftaten im Straßenverkehr[793] zogen u.a. die Nichtigkeit des Vertrages nach sich.

Bei Versicherungsverträgen, die Arbeitgeber für den Fall einer Veruntreuung der versicherten Sache durch ihre Arbeitnehmer abschließen, sogenannte Kautionsverpflichtungen (fidelity guarantees), gilt ebenfalls ein erhöhter Vertrauensmaßstab. Vorausgegangene unehrliche Verhaltensweisen des Angestellten gegenüber seinem Arbeitgeber muss dieser deshalb bereits bei der Beantragung der Versicherung gegenüber dem Versicherungsunternehmen angegeben.[794]

Es herrscht Uneinigkeit darüber, ob eine Bürgschaft (guarantee) ebenfalls einen solchen Vertrag uberrimae fidei darstellt. Die bedeutendsten Rechtswissenschaftler des englischen Vertragsrechts verneinen dies,[795] aber es gibt ebenso vereinzelte gerichtliche Entscheidungen, die die Frage positiv entschieden haben.[796] Es ist allerdings auch für Hongkong davon auszugehen, dass Bürgschaften nicht in diesen Vertragstyp fallen, obwohl es dazu in Hongkong keine einschlägige Entscheidung gibt, da

---

791 London Assurance Co v Mansel (1879) LR 11 Ch 363, 371; Locker and Woolf Ltd v Western Australian Insurance Co Ltd [1936] 1 KB 408.

792 Ionides v Pender (1874) LR 9 QB 31.

793 United Insurance Co Ltd v Chan Park Sang [1960] HKLR 267: Der Beklagte wollte für sein Fahrzeug eine Versicherung abschießen. Auf dem englischsprachigen Antragsformular musste angegeben werden, ob einer der potentiellen Fahrer bereits wegen eines Straßenverkehrsdeliktes verurteilt worden war. Der Beklagte verneinte dies, obwohl seinen Sohn, der ebenfalls einer der möglichen Fahrer sein sollte, eine solche Verurteilung traf. Das Gericht gestand dem Kläger die Vernichtbarkeit des Vertrages zu, da in der chinesischen Fassung die obige Frage zwar korrekt übersetzt, jedoch deren Sinn nicht erkennbar wurde.

794 London General Omnibus Co Ltd v Holloway [1912] 2 KB 72, 81 f., 88. Dem folgt die Hongkonger Entscheidung Bank of China (Hong Kong) Ltd v Wong King Sing & Others [2002] 1 HKLRD 358, 365.

795 Beatson, Jack (2002) S. 271; Treitel, Guenther (2003) S. 396; Beale, Hugh G. (1999) Bd 1, para 6-135, 6-150.

796 Davies v London and Provincial Marine Insurance Co (1878) 8 Ch D 469, 475.

auch Betty Ho, die wichtigste Vertragsrechtlerin Hongkongs, diesen Standpunkt vertritt.[797]

3.1.2.1.3. Aufklärungspflichten bei nachträglichem Unrichtigwerden der Erklärung

Eine weitere Offenlegungspflicht entsteht dann, wenn eine Erklärung erst im Nachhinein unrichtig wird. Geben die Vertragsparteien im Rahmen der Vertragsverhandlungen Erklärungen ab, welche zu diesem Zeitpunkt richtig sind, behandelt das Recht sie weiterhin als wirksam, wenn sie nicht berichtigt wurden. Deshalb obliegt dem Erklärenden eine Pflicht, dem Erklärungsempfänger gegenüber anzuzeigen, wenn sich das Recht oder die Tatsachen, hinsichtlich derer die Erklärung abgegeben wurde, insofern geändert haben, dass die Erklärung nachträglich falsch geworden ist.[798]

3.1.2.1.4. Gesetzliche Offenlegungspflichten

Mittlerweile ist die Gesetzgebung auch in der SAR Hongkong in Bezug auf Offenlegungspflichten mehr und mehr aktiv geworden. Sie hat verschiedene Gesetze verabschiedet, die diverse Offenlegungspflichten bei bzw. vor Vertragsschluss statuieren. Diese Offenlegungspflichten dienen vornehmlich dem Verbraucherschutz und werden durch strafrechtliche Sanktionen unterstützt. Beispiele für solche Offenlegungspflichten finden sich in Section 38, 40 und 40A der Companies Ordinance,[799] in den Sections 79, 135, 136 und 138 der Securities Ordinance,[800] in den Sections 3, 4 und 8 der Protection of Investors Ordinance[801] und in Section 6 ff. und 30F der Trade Descriptions Ordinance.[802] Ein Anspruch aus Irreführ-

797 Ho, Betty M. (1999) S. 178.
798 With v O'Flanagan [1936] 1 All ER 727.
799 Companies Ordinance, Cap 32.
800 Securities Ordinance, Cap 333.
801 Protection of Investors Ordinance, Cap 335.
802 Trade Descriptions Ordinance, Cap 362.

rung (misrepresentation) nach der Misrepresentation Ordinance wurde z. B. in Polaroid Far East Ltd v Bel Trade Co Ltd and Others bejaht.[803]

3.1.2.2. Richtiger Erklärungsempfänger

Um mit einem Anspruch aus Irreführung (misrepresentation) gerichtlich durchzudringen, muss der Geschädigte darlegen und beweisen, dass die Erklärung an ihn gerichtet war. Dies ist dann der Fall, wenn sie direkt an ihn oder seinen Vertreter gerichtet war, wenn sie nach dem Willen des Erklärenden an ihn übermittelt werden sollte[804] oder wenn der Erklärungsempfänger zu einer bestimmten Gruppe gehört, an welche die Erklärung gerichtet war.[805] War dagegen niemals eine Erklärung gegenüber dem Erklärungsempfänger durch den Erklärenden beabsichtigt,

---

803 Polaroid Far East Ltd v Bel Trade Co Ltd and Others [1990] HKLR 447: Die Berufungsbeklagten lieferten an die Berufungskläger Filme auf deren fälschliche Zusicherung hin, dass die Filme nur in der Volksrepublik China vertrieben würden. Die Berufungskläger reimportierten jedoch 96% der erworbenen Filme in lukrativere Märkte wie Nordamerika und Europa und vertrieben sie da. Den Berufungsbeklagten wurde daraufhin Schadensersatz für vorsätzliche Irreführung (fraudulent misrepresentation) zugesprochen, worauf die Berufungskläger gegen die Höhe des Schadensersatzes Berufung einlegten. Der Court of Appeal Hongkongs blieb jedoch mit überwiegender Mehrheit bei dem Ausspruch bezüglich der Höhe des Schadensersatzes. Die unterschiedlichen Ansichten der Richter bezüglich der Höhe des Schadensersatzanspruches resultierten aus geteilten Meinungen hinsichtlich der der Berechnung zugrunde zu legenden Tatsachen eines solchen Anspruches. Grundsätzlich gilt, dass der Geschädigte durch den Schadensersatz so gestellt werden soll, wie er stehen würde, wenn die falsche Erklärung (misrepresentation) nicht abgegeben worden wäre. Doch die daraus zu fingierende Situation wird immer hypothetisch bleiben. Hier wäre es möglicherweise gerechter, dem Geschädigten die Gewinne zuzusprechen, die der Täuschende aufgrund der Täuschung erlangt hat. Zwar widerspricht dies dem Grundsatz, dass der vertragliche Schadensersatz einen Schaden kompensieren soll, aber keinen Strafcharakter trägt. Es muss jedoch immer gesehen werden, dass Schadensersatz für Irreführung (misrepresentation) substantiell eher nicht vertraglicher Art ist, sondern bereits deliktische Züge trägt. Siehe dazu Fisher, Michael (1996) S. 207.

804 Pilmore v Hood (1838) 5 Bing NC 97; Swift v Winterbotham & Goddard (1873) LR 8 QB 244; Yianni v Edwin Evans & Sons [1882] QB 438.

805 Richardson v Silvester (1873) LR 9 QB 34.

kann dieser auch keinen Anspruch aus Irreführung (misrepresentation) herleiten.[806]

3.1.2.3. Veranlassung zum Vertragsschluss (inducement)

Zum einen muss der Erklärende durch seine Erklärung beabsichtigt haben, den Erklärungsempfänger zum Vertragsschluss zu bewegen.[807] Der Erklärungsempfänger muss dann auch tatsächlich durch die unrichtige Erklärung zum Abschluss des Vertrages veranlasst worden sein. Fraglich ist jedoch, wann eine 'Veranlassung' (inducement) zum Abschluss eines Vertrages durch den Erklärenden vorliegt. Eine unrichtige Erklärung, die nicht die Entscheidung, ob der Vertrag überhaupt geschlossen werden soll, berührt hat, kann somit nicht zu Ansprüchen aus Irreführung (misrepresentation) führen.[808] Dies kann dann der Fall sein, wenn die gegnerische Partei, der gegenüber die Erklärung getroffen wurde, diese gar nicht bewusst wahrgenommen[809] oder ignoriert[810] hat bzw. wusste, dass die Erklärung falsch war, sich jedoch dessen ungeachtet zum Abschluss des Vertrages entschlossen hat.[811] Allerdings muss die unrichtige vorvertragliche Erklärung (representation) nicht der einzige Grund für den Abschluss des Vertrages durch den Getäuschten gewesen sein. Andere Motive für den Vertragsschluss neben dieser unrichtigen vorvertraglichen Erklärung (representation) hindern einen Anspruch aus Irreführung (misrepresentation) nicht.

3.1.3. Arten der Irreführung (misrepresentation)

Die Irreführung (misrepresentation) kann in drei verschiedene Typen eingeteilt werden:

- vorrsätzliche (fraudulent),

---

806 Peek v Gurney (1873) LR 6 HL 377; Gross v Lewis Hillman Ltd & Another [1970] Ch 445.

807 Langridge v Levy (1837) 2 M & W 519.

808 Ho, Betty M. (1999) S. 153 f.

809 Horsfall v Thomas (1862) 158 ER 813.

810 Hartelid v Sawyer & McClockin Real Estate Ltd [1977] 5 WWR 481.

811 Cooper v Tamms [1988] 1 EGLR 257

- fahrlässige (negligent) und
- unverschuldete Irreführung (innocent misrepresentation).

Diese Unterscheidung ist wichtig, da jede Kategorie unterschiedliche Rechtsfolgen nach sich zieht. Allerdings ist die Bedeutung der Unterteilung im Sinne des Common Law etwas zurückgegangen, seit fahrlässige und unverschuldete Irreführung (misrepresentation) nunmehr gesetzlich in der Misrepresentation Ordinance[812] geregelt sind.

3.1.3.1. Vorsätzliche Irreführung (fraudulent misrepresention)

Eine vorsätzliche Irreführung (fraudulent misrepresentation) besteht in der Erweckung eines Irrtums, der wissentlich bzw. ohne Glauben an den Wahrheitsgehalt der Aussage oder trotz der eindeutigen Möglichkeit, die Unwahrheit der Erklärung zu erkennen, herbeigeführt wurde.[813]

> „[F]irst, in order to sustain an action of deceit, there must be proof of fraud, and nothing short of that will suffice. Secondly, fraud is proved when it is shewn that a false representation has been made (1) knowingly, or (2) without belief in its truth, or (3) recklessly, careless whether it be true or false....Thirdly, if fraud is proved, the motive of the person guilty of it is immaterial."[814]

Die Abwesenheit eines nachvollziehbaren Grundes für die Abgabe der Erklärung kann dabei als Indiz für subjektive Unwahrheit dienen, macht die Irreführung (misrepresentation) deshalb aber noch nicht zu einer vorsätzlichen. Eine moralische Schuld des Täuschenden ist für das Vorliegen einer Irreführung (misrepresentation) nicht notwendig. Der Vorsatz betrifft lediglich die Kenntnis von Richtigkeit oder Unrichtigkeit der Erklärung, nicht jedoch die Motive des Erklärenden.[815] Die falsche Erklärung muss weder aufgrund von Gewinnstreben des Erklärenden noch auf-

---

812 Misrepresentation Ordinance, Cap. 284.

813 Derry v Peek (1889) 14 App Cas 337; Dem folgen die Hongkonger Entscheidungen Polaroid Far East Ltd v Bel Trade Co and Others [1990] HKLR 447; Comsec Travel Ltd v Fok Hing Tours Co Ltd [2002] 1239 HKCU 1.

814 Derry v Peek (1889) 14 App Cas 337, 374, per Lord Herschell.

815 Beatson, Jack (2002) S. 244.

grund seiner Absicht, den Gegner zu schädigen, getroffen worden sein. Eine Irreführung (misrepresentation) liegt bereits dann vor, wenn die Partei, die die Erklärung trifft, weiss, dass sie nicht wahr ist und dazu führen soll, dass die andere Partei in gutem Glauben auf die Erklärung handelt, wobei ihr dadurch ein Schaden erwachsen kann und auch erwächst.[816]

Gibt ein Vertreter wissentlich eine unrichtige Erklärung ab, stellt sich die Frage, wessen Wissen und damit wessen Bösgläubigkeit maßgeblich ist. Es ist mittlerweile unbestritten, dass sowohl gegen den Vertreter als auch gegen den Vertretenen Ansprüche aus Irreführung (misrepresentation) geltend gemacht werden können, wenn der Vertreter im Rahmen seiner Vertretungsmacht und umfasst von der Absicht des Vertretenen vorsätzlich eine unrichtige Erklärung abgegeben hat.[817] Kennt dagegen der Vertretene die Unwahrheit der Erklärung und veranlasst den gutgläubigen Vertreter zur ihrer Abgabe, dann haftet nur der Vertretene aus vorsätzlicher Irreführung (fraudulent misrepresentation).[818]

3.1.3.2. Unverschuldete Irreführung (innocent misrepresentation)

Bis zum Jahre 1963 umfasste die unverschuldete Irreführung (innocent misrepresentation) alle Erscheinungsformen der Irreführung (misrepresentation), die nicht in vorsätzlicher Irreführung (fraudulent misrepresentation) bestanden. Bis dahin wurde die Ansicht vertreten, dass eine fahrlässige Irreführung (negligent misrepresentation) nicht existiere, wenn sie nicht in einem besonderen Treueverhältnis stattfinde.[819] Nunmehr bezeichnet der Begriff nur noch die Erscheinungsformen der Irreführung (misrepresentation), welche weder vorsätzlicher Natur sind noch auf Fahrlässigkeit beruhen.[820]

Grundsätzlich unterscheidet sich diese Art der Irreführung (misrepresentation) von der vorsätzlichen Irreführung (fraudulent misrepresenta-

---

816 Polhill v Walter (1832) 3 B 7 Ad 114, 123.

817 S Pearson & Son Ltd v Lord Mayor & Co of Dublin [1907] AC 351, 367.

818 Occidental Worldwide Investment Corp v Skibs AS/Avanti, The Siboen and The Sibotre [1976] 1 Lloyd's Rep 293, 320.

819 Beatson, Jack (2002) S. 247.

820 Ho, Betty M. (1999) S. 147.

tion) nur dadurch, dass die unwahre Erklärung von jemanden getroffen wurde, der aus vernünftigen Gründen heraus annehmen durfte, dass die Erklärung sowohl zum Zeitpunkt der Abgabe der Erklärung als auch zum Zeitpunkt des Vertragsschlusses tatsächlich der Wahrheit entspricht.[821]

3.1.3.3. Fahrlässige Irreführung (negligent misrepresentation)

Wie eben erwähnt, kannte das Common Law bis in die 60er Jahre hinein nur vorsätzliche und unverschuldete Irreführung (fraudulent und innocent misrepresentation). Der Geschädigte hatte allerdings nur dann einen Schadensersatzanspruch gegen den Schädiger, wenn dieser eine vorsätzliche Irreführung (fraudulent misrepresentation) begangen hatte; handelte es sich um eine unverschuldete Irreführung (innocent misrepresentation), blieb ihm ein Rechtsschutz verwehrt. Mit der Entscheidung Hedley Byrne & Co Ltd v Heller and Partners Ltd[822] änderte sich diese Situation. Darin erkannte das House of Lords zum ersten Mal die Existenz einer fahrlässigen Irreführung (negligent misrepresentation) neben den bereits bestehenden Erscheinungsformen an. Das House of Lords gewährte in dieser Entscheidung einen Schadensersatzanspruch für eine fahrlässige Irreführung (negligent misrepresentation), der aus der Verletzung einer Sorgfaltspflicht zwischen Erklärendem und Erklärungsempfänger erwuchs. Der Court of Final Appeal Hongkongs ist dieser Entscheidung noch deutlich nach dem Souveränitätswechsel mit der Entscheidung The Bank of East Asia Ltd v Tsien Wui Marble Factory Ltd & Others and Remo Riva and Others (Third Parties) gefolgt,[823] obwohl sich das Gericht an anderer Stelle dieses Urteils durch Richter Nazareth eindeutig für die Möglichkeit einer in der Sache abweichenden Entscheidung ausgesprochen hatte.[824]

---

821 Beatson, Jack (2002) S. 251.

822 Hedley Byrne & Co Ltd v Heller and Partners Ltd [1963] 2 All ER 575.

823 The Bank of East Asia Ltd v Tsien Wui Marble Factory Ltd & Others and Remo Riva and Others (Third Parties) [2000] 1 HKLRD 268, 330 ff.

824 The Bank of East Asia Ltd v Tsien Wui Marble Factory Ltd & Others and Remo Riva and Others (Third Parties) [2000] 1 HKLRD 268, 361.

Eine fahrlässige Irreführung (negligent misrepresentation) liegt dann vor, wenn der Erklärende eine Erklärung abgibt, ohne die dem Erklärungsempfänger geschuldete notwendige Sorgfalt zu beachten. Eine solche Sorgfaltspflicht kann nur dann entstehen, wenn zwischen den Parteien eine besondere Beziehung (special relationship) besteht.[825] Innerhalb dieser Beziehung muss es für den Erklärenden erkennbar sein, dass der Erklärungsempfänger sich auf die Erklärung verlassen wird. Des Weiteren muss die Auferlegung der Sorgfaltspflicht billig und angemessen sein.[826] Die Beweislast dafür, dass eine fahrlässige Irreführung (negligent misrepresentation) vorliegt, liegt bei demjenigen, der diese behauptet, also beim Erklärungsempfänger.[827]

3.1.4. Misrepresentation Ordinance

Obwohl sich die vorliegende Arbeit hauptsächlich mit dem Fallrecht befasst, soll hier der Vollständigkeit halber kurz die Misrepresentation Ordinance[828] Hongkongs erwähnt werden. Hongkong ist mit Verabschiedung dieser Ordinance im Jahre 1969 der britischen Gesetzgebung gefolgt. Die Ordinance hat die Grundsätze des Common Law hinsichtlich fahrlässiger und unverschuldeter Irreführung (negligent und innocent misrepresentation), in erster Linie hinsichtlich der Rechtsfolgen, geändert. Die Ordinance hat keinen Einfluss auf die Definition des Begriffs ‚Irreführung' (misrepresentation) und lässt auch die Grundsätze des Common Law zur vorsätzlichen Irreführung (fraudulent misrepresentation) unberührt.

3.1.5. Rechtsfolgen einer Irreführung (misrepresentation)

Grundsätzlich stehen einer Partei, die durch eine unrichtige Erklärung zum Vertragsschluss bewegt wurde, drei mögliche Rechtsfolgen nach

825 Hedley Byrne & Co Ltd v Heller and Partners Ltd [1963] 2 All ER 575.

826 Caparo Industries Plc v Dickman [1990] 1 All ER 568. Zustimmend zitiert in Guang Xin Enterprises Ltd v Kwan Wong Tan & Fong [2002] 2 HKLRD 319, 338.

827 Beatson, Jack (2002) S. 247.

828 Misrepresentation Ordinance, Cap. 284.

dem Common Law zur Verfügung: Vertragsauflösung (rescission), Schadensersatz (damages) und Haftungsfreistellung (indemnity).[829]

Zum einen ist ein Vertrag, welcher durch Irreführung (misrepresentation), unabhängig in welcher Erscheinungsform,[830] zustandegekommen ist, vernichtbar (voidable), d.h. er bleibt solange bestehen, bis der Erklärungsempfänger den Vertrag beendet (rescission). Darüber hinaus gehende Ansprüche auf Schadensersatz (damages) oder Haftungsfreistellung (indemnity) hängen jedoch von der Art der abgegebenen unrichtigen Erklärung ab, durch welche der Vertragsschluss veranlasst worden ist.

3.1.5.1. Vertragsauflösung (rescission) nach dem Common Law

Da die Irreführung (misrepresentation) einen Vertrag nur vernichtbar macht, nicht jedoch nichtig, hat der Getäuschte ein Wahlrecht: Er kann den Vertrag 'bestätigen' und diesen wie vereinbart erfüllen, oder er kann ihn auflösen. Eine 'Vertragsbestätigung' liegt nicht schon darin, dass er den Vertrag einfach nur weiterhin erfüllt, nachdem er von der Irreführung (misrepresentation) Kenntnis erhalten hat. Die Bestätigung erfordert neben der fortgesetzten Durchführung der vertraglichen Pflichten auch die Kenntnis des Getäuschten von seinem Recht, den Vertrag aufzulösen.[831]

Auch bei der unverschuldeten Irreführung (innocent misrepresentation) steht die Vernichtbarkeit des Vertrags zur Wahl des Getäuschten, wenn eine fundamentale Differenz zwischen Erklärung und Realität besteht.[832] Die Grundsätze hinsichtlich der Gewährung bzw. des Umfangs des Rechts zur Vertragsauflösung (rescission) werden im Falle der unver-

---

829 Beatson, Jack (2002) S. 251 ff.

830 Fahrlässige Irreführung (negligent misrepresentation) macht ebenfalls den Vertrag vernichtbar. Diese Rechtsfolge ist, anders als bei der vorsätzlichen Irreführung (fraudulent misrepresentation), nunmehr gesetzlich geregelt: Misrepresentation Ordinance, Cap. 284 s 3(2).

831 Peyman v Lanjani [1985] 2 WLR 154, 177 ff.; zitiert über die Entscheidung Giant River Ltd v Asia Marketing Ltd [1990] 1 HKLR 297, 313 in Strong & Associates Ltd v Flywin Co Ltd [2000] 988 HKCU 1.

832 Kennedy v Panama Royal Mail Co (1867) LR 2 QB 580, 587.

schuldeten Irreführung (innocent misrepresentation) jedoch bedeutend enger ausgelegt als bei vorsätzlicher (fraudulent) oder fahrlässiger Irreführung (negligent misrepresentation).[833] Ist der Vertrag bereits erfüllt worden, besteht das Recht des Getäuschten zur Vertragsauflösung (rescission) bei einer unverschuldeten Vertragsauflösung (innocent misrepresentation) allerdings nicht mehr.[834]

Bei der Vertragsauflösung (rescission), welche ein Anspruch der Equity[835] ist, kehren die Vertragsparteien zu ihrer Ausgangsposition, die sie vor Vertragsschluss innehatten, zurück. Danach müssen die Parteien sich gegenseitig gewährte Leistungen einander zurückgewähren. In fast allen Fällen kann die Vertragsauflösung (rescission) erst wirksam werden, wenn der Täuschende vom Getäuschten über dessen Absicht, den Vertrag aufzulösen, in Kenntnis gesetzt wurde. Ausnahmen von der Mitteilungspflicht werden nur gemacht, wenn die Irreführung (misrepresentation) in einem vorsätzlichen Akt solcherart bestand, dass der Täuschende nicht seinen richtigen Namen angegeben hat und beabsichtigte, für den Getäuschten nicht mehr auffindbar zu sein. Der Court of Appeal Englands hat in einem solchen Fall die Vertragsauflösung (rescission) anerkannt, wenn der Getäuschte alle angemessenen Schritte ergriffen hat, welche ihm zur Verfügung standen, wie z. B. im Falle einer Irreführung (misrepresentation) im Rahmen des Verkaufes eines Kfz eine Anzeige bei der Polizei und an den Automobilclub o.ä., und nur die Unterrichtung des Täuschenden von der Vertragsauflösung (rescission) fehlt.[836]

Eine weitere Ausnahme für Vertragsauflösungen (rescissions) betrifft das Gesellschaftsrecht. Um einen Vertrag aufzulösen, der die Zeichnung von Aktien bzw. den Erwerb von Geschäftsanteilen zum Gegenstand hat, genügt es nicht lediglich, die Gesellschaft vom Auflösungswillen zu un-

833 Ho, Betty M. (1999) S. 173, 518 ff.

834 Seddon v North Eastern Salt Co Ltd [1905] 1 Ch 326.

835 Allerdings hat das Common Law die Vertragsauflösung (rescission) im Falle von Irreführung (misrepresentation) unter seltenen Umständen zugelassen, wenn neben dem Vorsatz auch ein Betrug nachgewiesen werden konnte.

836 Car and Universal Finance Co Ltd v Caldwell [1964] 2 WLR 600, 609, 613, 616.

terrichten. Wenn die Gesellschaft denjenigen, der die Vertragsauflösung (rescission) begehrt, nicht freiwillig von der Liste der Gesellschafter entfernt, muss dieser rechtliche Schritte einleiten, um durch eine gerichtliche Entscheidung seinen Status als Gesellschafter ablegen zu können. Allerdings muss die Entscheidung des Gerichts begehrt werden, so lange noch keine Liquidation der Gesellschaft eingeleitet ist.[837]

Die Vertragsauflösung (rescission) kann nicht mehr begehrt werden, wenn der Getäuschte den Vertrag bestätigt (affirmed) hat,[838] nach einer schuldhaften Verzögerung (undue delay) bei der Geltendmachung des Anspruch,[839] wenn eine grundsätzliche Wiederherstellung (restitutio in integrum) der ursprünglichen, vorvertraglichen Lage unter keinen Umständen mehr möglich ist[840] und wenn eine gutgläubige dritte Partei vor der Vertragsauflösung (rescission) Eigentumsrechte an den Vertragsgegenständen erworben hat.[841] Diese vier Hindernisse sind auch als 'Schranken' (bars) der Vertragsauflösung bekannt.

3.1.5.2. Schadensersatz (damages) nach dem Common Law

Bei Vorliegen einer vorsätzlichen Irreführung (fraudulent misrepresentation) kann der Geschädigte ebenso wie bei einer fahrlässigen Irreführung (negligent misrepresentation) Schadensersatz verlangen. Dies gilt unabhängig davon, ob er auch eine Vertragsauflösung begehrt.[842] Die Abwicklung eines Schadensersatzanspruches richtet sich nach den Prinzipien des Deliktsrechts (tort principles). Die Höhe des Schadensersatzes bemißt sich nach den Gewinnen, die der Getäuschte erzielt hätte, wäre die Erklärung, welche ihn zum Vertragsschluss bewegt hat, richtig gewesen.[843]

---

837 First National Reinsurance Co v Greenfield [1921] 2 KB 260, 267, 277.

838 Long v Lloyd [1958] 2 All ER 402.

839 Leaf v International Galleries [1950] 1 All ER 693.

840 Clarke v Dickinson (1858) 27 LJQB 223.

841 Lewis v Averay [1971] 3 All ER 907.

842 Siehe Ho, Betty M. (1999) S. 505 f.

843 Doyle v Olby (Ironmongers) Ltd [1969] 2 QB 158, 167; Arjunan, Krishnan/Nabi Baksh, Abdul Majid bin (2002) S. 246; a. A. Ho, Betty M. (1999) S. 167; McGregor, Harvey (1997) paras 1962 ff.

Schadensersatz wird sowohl für unmittelbare als auch für mittelbare Schäden gewährt. Nach einer Entscheidung des englischen Court of Appeals existiert eine Begrenzung des Schadensersatzes im Falle einer vorsätzlichen Irreführung (fraudulent misrepresentation) nicht:

> „On principle the distinction seems to be this: in contract, the defendant has made a promise and broken it. The object of damages is to put the plaintiff in as good a position, as far as money can do it , as if the promise had been performed. In fraud, the defendant has been guilty of a deliberate wrong by inducing the plaintiff to act to his detriment. The object of damages is to compensate the plaintiff for all the loss he has suffered, so far, again, as money can do it. In contract, the damages are limited to what may reasonably be supposed to have been in the contemplation of the parties. In fraud, they are not so limited. The defendant is bound to make reparation for all the actual damages directly flowing from the fraudulent inducement...[I]t does not lie in the mouth of the fraudulent person to say that they could not reasonably have been foreseen."[844]

Dieses Diktum ist unter Rechtswissenschaftlern jedoch nicht unumstritten. So vertritt Treitel die Ansicht, dass selbst bei Täuschungen der Schadensersatzanspruch des Geschädigten begrenzt werden können müsse. Jedoch seien die Maßstäbe, die an die Vorhersehbarkeit des Schadenseintritts gelegt würden, niedriger als bei anderen Ansprüchen.[845] In Hongkong ist allerdings diesbezüglich bisher keine Entscheidung ergangen.

Bei der fahrlässigen Irreführung (negligent misrepresentation) wird dagegen in jedem Fall eine Begrenzung der Schadensersatzansprüche vorgenommen. Schadensersatz ist nur insoweit zu gewähren, als ein Schaden durch einen vernünftigen Menschen als natürliche und wahrscheinliche Folge der Handlung vorhersehbar war.

> „ For it does not seem consonant with current ideas of justice or morality that for an act of negligence, however slight or venial, which results in some trivial foreseeable damage the actor should be liable for all conse-

844 Doyle v Olby (Ironmongers) Ltd [1969] 2 QB 158, 167, per Lord Denning.

845 Treitel, Guenther (2003) S. 359 ff.

> quences however unforeseeable and however grave, as long as they can be said to be 'direct'. It is a principle of civil liability....that a man must be considered to be responsible for the probable consequences of his act. To demand more of him is too harsh a rule, to demand less is to ignore that civilised order requires the observance of a minimum standard of behaviour."[846]

Einen Schadensersatzanspruch bei unverschuldeter Irreführung (innocent misrepresentation) gewährt das Recht, eben aufgrund fehlenden Verschuldens des Erklärenden, nicht.[847] Allerdings können finanzielle Ausgleichsansprüche zusammen mit einem Urteil, welches die Vertragsauflösung (rescission) gewährt, zugesprochen werden, die auch als sogenannte Haftungsfreistellungen (indemnities) bezeichnet werden. Diese dienen im Falle der unverschuldeten Irreführung (innocent misrepresentation) aber grundsätzlich nicht dazu, einen Schaden, der durch die unrichtige Erklärung entstanden ist, zu kompensieren, stellen also keinen Schadensersatzanspruch im eigentlichen Sinne dar. Vielmehr sollen sie dem Getäuschten Kosten, häufig Kosten von Rechtsverfolgung, ersetzen, welche durch den Vertragsschluss aufgrund der unrichtigen Erklärung entstanden sind. Der Getäuschte soll wieder so gestellt werden, wie er ohne die fehlerhafte Erklärung gestanden hätte. Diese Freistellungsansprüche (indemnities) können deshalb auch nicht unabhängig von einer Vertragsauflösung (rescission) gewährt werden.[848]

3.1.5.3. Gesetzliche Rechtsfolgen nach der Misrepresentation Ordinance

Während die Misrepresentation Ordinance keine Rechtsfolgen für die vorsätzliche Irreführung (fraudulent misrepresentation) regelt, gewährt sie für fahrlässige (negligent) und für unverschuldete Irreführung (innocent misrepresentation) verschiedene Möglichkeiten des Rechtsschutzes. Die Erfüllung des Vertrages war im Common Law ursprünglich eine

---

846 Overseas Tankship (UK) Ltd v Morts Dock & Engineering Co Ltd, The Wagon Mound [1961] AC 388, 422 f.

847 Heilbut, Symons & Co v Buckleton [1913] AC 30.

848 Whittington v Seale-Hayne (1900) 82 LT 39.

der Schranken für die Vertragsauflösung im Rahmen der unverschuldeten Irreführung (innocent misrepresentation) und ein Schadensersatzanspruch war in diesem Fall nicht gegeben.[849] Dies hat sich durch die Misrepresentation Ordinance geändert.[850]

So bestimmt sie in Section 3(2) für fahrlässige (negligent) als auch für unverschuldete Irreführung (innocent misrepresentation) ein beschränktes Recht des Getäuschten zur Vertragsauflösung (rescission), auch wenn der Vertrag bereits erfüllt wurde,[851] und überträgt dem Gericht das Recht zur Gewährung von Schadensersatz anstelle der Vertragsauflösung.[852] Schadensersatz soll dann vorzugswürdig sein, wenn seine Gewährung in Anbetracht der Natur der Irreführung (misrepresentation) und unter Abwägung des Schadens, der entsteht, wenn der Vertrag aufrechterhalten bzw. aufgelöst wird, der Billigkeit entspricht.[853]

Die Misrepresentation Ordinance enthält allerdings keine Angaben zur Höhe des zu gewährenden Schadensersatzes. Diese bestimmt sich somit nach der Natur des Schadensersatzes. Nach einem Präzendenzfall für das englische Recht wird Schadensersatz aufgrund einer vertraglichen Regelung gewährt.[854] In einer anderen Entscheidung wurde der Schadensersatz an den Prinzipien des Deliktsrechts gemessen.[855] Rechtswissenschaftler bevorzugen einheitlich die Lösung, Schadensersatz gemäß Section 3(1) in Anlehnung an die Regeln des Deliktsrechts zu gewähren.[856] Die Hongkonger Gerichte entschieden sich ebenfalls für eine Bemessung des Schadensersatzes nach den Regeln des Deliktsrechts.[857] Die Prognose, welchen Maßstab ein Gericht letztendlich anle-

849 Seddon v North Eastern Salt Co Ltd [1905] 1 Ch 326.

850 Misrepresentation Ordinance, Cap. 284 s 2(b).

851 Einen unabhängigen Anspruch auf Schadensersatz, d.h. bei weiterer Erfüllung des Vertrages, gewährt aber auch das Gesetz nicht.

852 Misrepresentation Ordinance, Cap. 284 s 3(2).

853 Misrepresentation Ordinance, Cap. 284 s 3(2).

854 Watts v Spence [1976] 1 Ch 165.

855 Andre et Cie v Ets Michel Blanc & Fils [1979] 2 Lloyd's Rep 427.

856 Beatson, Jack (2002) S. 249 f.; Furmston, Michael (2001) S. 320 ff.; Treitel, Guenther (2003) S. 359 ff.

857 Pepsi-Cola International Ltd v Charles Lee [1974] HKLR 13, 17.

gen wird, kann zwar nicht abschließend getroffen werden, es ist jedoch davon auszugehen, dass ein Schadensersatz aufgrund einer fahrlässigen Irreführung (negligent misrepresentation), welcher aufgrund der gesetzlichen Regelungen der Misrepresentation Ordinance gewährt wird, an den Maßstäben des Deliktsrecht (tort law) gemessen wird.

3.1.6. Vorvertragliche Erklärungen als Vertragsbestandteile (representations as terms of contract)

Vor Inkrafttreten der Misrepresentation Ordinance hatte eine vorvertragliche Erklärung (representation), die als Vertragsbestandteil (term of contract) in den Vertrag inkorporiert worden war, jeweils unterschiedliche Auswirkungen, je nachdem, welcher Art die Erklärung (representation) war. Handelte es sich um eine vorsätzliche Irreführung (fraudulent misrepresentation), so behielt der Getäuschte trotz der Aufnahme der Erklärung (representation) in den Vertrag sein Recht auf Auflösung des Vertrages von Anfang an. Handelte es sich dagegen nicht um eine vorsätzliche Irreführung (fraudulent misrepresentation), bestand dieses Recht zur Vertragsauflösung (rescission) von Beginn an jedoch nicht.[858] Es war formuliert worden, dass die vorvertragliche Erklärung (representation) zu einem 'higher contractual right' wurde.[859] Die vorvertragliche Erklärung (representation) verlor damit ihren Charakter als solche und wurde zu einer wesentlichen (condition), einer unwesentlichen (warranty) oder einer unbestimmten Vertragsbedingung (innominate term). Dies führte dazu, dass der Erklärungsempfänger durch die Inkorporierung der Erklärung in den Vertrag schlechter stand, sobald sie zu einer unwesentlichen Vertragsbedingung (warranty) wurde. Er verlor dann sein Recht auf Vertragsauflösung und musste sich lediglich auf einen Schadensersatzanspruch verweisen lassen.

Diese als unbillig empfundene Situation wurde von einigen Rechtswissenschaftlern moniert. Eine einmal geschaffene Rechtslage sollte nicht

858 Beatson, Jack (2002) S. 260.

859 Pennsylvania Shipping Co v Compagnie Nationale de Navigation (1936) 155 LTR 294, 295.

durch eine Aufnahme einer vorvertraglichen Erklärung (representation) in den Vertrag wieder geändert werden können.

„Once a misrepresentation, always a misrepresentation."[860]

Die Misrepresentation Ordinance hat diesen Missstand beendet. Danach kann derjenige, der einen Vertrag aufgrund einer unrichtigen Erklärung eingeht, diesen trotz der Integration der fehlerhaften Erklärung als Vertragsbedingung (term of contract) in den Vertrag auflösen, wenn er dazu ohnehin berechtigt gewesen wäre, auch wenn kein Vorsatz des Täuschenden vorgelegen hat.[861]

3.1.7. Haftungsausschluss für Irreführung (misrepresentation)

Der Ausschluss oder die Beschränkung der Haftung aus Irreführung (misrepresentation) ist grundsätzlich nicht möglich. Nach der Misrepresentation Ordinance ist eine Klausel in einem Vertrag, die jegliche Haftung einer Partei wegen einer unrichtigen Erklärung (representation) ausschließt oder beschränkt, unwirksam, es sei denn, diese Klausel erfüllt die Anforderungen an die Angemessenheit gemäß Section 3(1) der Control of Exemption Clauses Ordinance. [862] Es existieren jedoch durchaus Hongkonger Entscheidungen, in denen das Gericht eine Klausel für wirksam erachtete, durch die die Haftung für den Fall einer Irreführung (misrepresentation) begrenzt oder ganz ausgeschlossen worden war, da es diese Klausel für fair und angemessen hielt.[863]

---

860 Beatson, Jack (2002) S. 260.

861 Misrepresentation Ordinance, Cap. 284 s 2(a).

862 Misrepresentation Ordinance, Cap. 284 s 4.

863 Cheng Kwok Fai v Mok Yiu Wah, Peter and Another [1990] 2 HKLR 440, 446: Die Vertragsparteien hatten sich über den Kauf einer Wohnung geeinigt. In diesem Kaufvertrag war eine Klausel enthalten, die besagte, dass der Vertrag abschließend sei und keine zusätzlichen Gewährleistungen übernommen bzw. Zusicherungen oder Erklärungen gegeben worden seien. Der Käufer wollte daraufhin den Vertrag auflösen, weil der Verkäufer die Fläche der Wohnung falsch angegeben hatte. Das Gericht sah die obige Klausel als wirksam an. Der Kläger könne sich auf diese Klausel stützen, da sie fair und angemessen sei. Eine bewusste Täuschung des Käufers sei auch nicht ersichtlich gewesen, vielmehr haben sich beide Parteien auf einen Grundriss verlassen, der ihnen von dem Makler, den sie gemeinsam mit dem Geschäft beauftragt hat-

3.2. Irrtum (mistake) als vertragsgefährdender Faktor im Hongkonger Vertragsrecht

Der Irrtum (mistake) gehört ebenfalls zu den sogenannten 'vitiating factors'. Es handelt sich hier um ein diffiziles Thema, da über die Existenzberechtigung des Irrtums (mistake) als solchen und über seine Ausgestaltung eine ausgeprägte akademische Uneinigkeit im gesamten angelsächsischen Recht besteht.

3.2.1. Grundlagen und Theorien des Irrtums (mistake)

Eine in der akademischen Literatur weit verbreitete Theorie besagt, dass eine Doktrin des Irrtums (mistake) nicht existiere und auch keine Existenzberechtigung habe.[864] Als grundsätzliches Argument wird angeführt, dass kein Raum für eine solche eigenständige Doktrin neben den Prinzipien des Vertragsschlusses und dem Rechtsgedanken der 'implied terms' bestehe.[865] Ein Vertrag sei nur dann von Anfang an nichtig, wenn eine Vertragsbedingung, entweder ausdrücklich oder stillschweigend, in Angebot und Annahme inkorporiert ist, die den Vertrag gar nicht erst entstehen lässt oder wenn Angebot und Annahme nicht übereinstimmen.[866]

Eine weitere Theorie versucht, das Risiko der Nichtigkeit eines Vertrages von Anfang an durch eine Risikoverteilung unter den Parteien zu umgehen.[867] Hiernach muss ein Vertrag zuerst danach ausgelegt werden, ob sich die Parteien vertraglich darauf geeinigt haben, welche von ihnen das Risiko eines Irrtums (mistake) bezüglich der dem Vertrag zugrunde

---

ten, zur Verfügung gestellt worden war. Der Käufer habe auch ein Vermessen der Wohnung weder verlangt noch vornehmen lassen, noch habe er verlangt, dass durch eine Klausel des Vertrages die exakte Fläche der Wohnung zum Vertragsgegenstand gemacht wurde. Die Beschränkung der Haftung sei somit fair und angemessen gewesen.

864 Siehe dazu Slade, C. J. (1954) 70 LQR 383.

865 Slade, C. J. (1954) 70 LQR 383.

866 Slade, C. J. (1954) 70 LQR 383; Atiyah, Patrick/Bennion, F. A. R. (1961) 24 MLR 421.

867 Swan, John (1980) S. 181, 232 f.

liegenden Annahmen zu tragen hat. Liegt eine solche Einigung hinsichtlich der Risikoverteilung nicht vor, muss das Gericht unter Berücksichtigung aller Umstände des Falles eine eigene Risikoverteilung vornehmen. Kann das Gericht diese Risikoverteilung nicht vornehmen, da mit einem solchen Irrtum (mistake) nicht gerechnet werden konnte, müssen die Schäden, die aufgrund des Irrtums (mistake) entstanden sind, von den Parteien zu gleichen Teilen getragen werden. Problematisch hierbei ist, dass dies dem Grundsatz zuwiderläuft, dass ein Gericht einen Vertrag nur auslegen, nicht aber selbst aufsetzen, ändern oder ergänzen kann.[868]

Im Gegensatz dazu ist die Doktrin des Irrtums (mistake) jedoch unumstritten innerhalb der Gerichtsbarkeit. Da hier die Entwicklung des Common Law hauptsächlich in der juristischen Praxis Hongkongs dargestellt werden soll, hat eine Behandlung des Themas auf traditionelle Art einen Platz in der vorliegenden Arbeit verdient. Es muss jedoch damit gerechnet werden, dass die unterschiedlichen Theorien über kurz oder lang Einfluss auf die Praxis in den Gerichten nehmen werden.[869]

Jedoch müssen sich auch traditionelle Ansätze mit dem Problem auseinandersetzen, wo der Irrtum (mistake) innerhalb des Vertragsrechts einzuordnen ist. So lässt sich der Irrtum (mistake) zum einen als ein Faktor einordnen, der einen wirksam geschlossenen Vertrag ungültig macht, zum anderen kann man auch der Ansicht sein, er beziehe sich auf einzelnen Elemente des Vertragsschlusses, wodurch überhaupt kein wirksamer Vertrag zustande kommen kann. Dann müsste er im Rahmen des Vertragsschlusses, z. B. bei Angebot oder Annahme des Angebots, behandelt werden. Da die meisten Lehrbücher[870] und die Gerichtsbarkeit den Irrtum (mistake) als einen den Vertrag ungültig machenden Faktor und nicht beim Vertragsschluss behandeln, soll hier diesem System gefolgt werden.

---

868 Trollope v North West Metropolitan Regional Hospital Board [1973] 1 WLR 601, 609.

869 Ho, Betty M. (1999) S. 207.

870 Beatson, Jack (2002) S. 310; Beale, Hugh G. (1999) Bd 1 para 5-001; Treitel, Guenther (2003) S. 286 ff.

3.2.2. Der Irrtum (mistake) im Common Law

Nach dem Common Law wird der Irrtum (mistake) sehr eng definiert. Die Mehrheit der Irrtümer bei Vertragsschluss haben keine rechtlichen Auswirkungen, sind mithin nicht erheblich (operative). So ist z. B. auch im englischen Recht ein Kauf nicht anfechtbar, wenn ein Käufer den gleichen Gegenstand in einem anderen Geschäft zu einem günstigeren Preis sieht. Es gilt der Grundsatz caveat emptor ('let the buyer beware') des Common Law, welcher besagt, dass ein Käufer grundsätzlich 'kauft wie gesehen', soweit keine zusätzlichen Zusicherungen oder Erklärungen getroffen wurden.[871]

Die Gerichte haben die Erheblichkeit eines solchen Irrtums (mistake) nur für folgende zwei Typen bejaht: Zum einen für den Fall, dass die Parteien einen Vertrag geschlossen haben, bei Vertragsschluss jedoch gemeinsam und übereinstimmend einem Tatsachen- oder auch Rechtsirrtum unterlagen. Dies findet sich in:

> „...cases in which the parties, though genuinely agreed, have both contracted in the mistaken belief that some fact which lies at the root of the contract is true."[872]

Diese Kategorie wird übereinstimmender Irrtum (mutual mistake) genannt, da die Parteien den Vertrag aufgrund der gleichen Fehlvorstellung geschlossen haben.

Im zweiten Fall liegt ein grundlegendes Missverständnis zwischen den Parteien vor, welches dazu führt, dass gar kein Vertrag geschlossen werden kann.[873] Es handelt sich hier um Fälle,

---

871 Ho, Betty M. (1999) S. 179.

872 Beatson, Jack (2002) S. 311.

873 Aus diesem Grunde wird der Irrtum (mistake) z.T. bei der Frage, ob überhaupt ein wirksamer Vertrag zustandegekommen ist, im Rahmen der Übereinstimmung von Angebot und Annahme behandelt. Vergleichbar ist diese Erscheinungsform des Irrtums (mistake) mit dem versteckten Dissens des deutschen Rechts.

„where, although to all outward appearances the parties are agreed, there is in fact no genuine agreement between them, and the law therefore does not regard a contract as having come into existence."[874]

Diese Erscheinungsform des Irrtums (mistake) wird als einseitiger Irrtum (unilateral mistake) bezeichnet. Darüber hinaus gibt es eine Art des Irrtums (mistake), die zum besseren Verständnis gesondert behandelt wird; nach der Verteidigung, auf die sich der Irrende stützen kann, wird diese Art des Irrtums (mistake) als non est factum bezeichnet.

3.2.2.1. Übereinstimmender Irrtum (mutual mistake)

Wie oben beschrieben kann der Irrtum (mistake) im Common Law unterteilt werden in einen übereinstimmenden (mutual) und einen einseitigen Irrtum (unilateral mistake).[875]

Besteht ein übereinstimmender Irrtum (mutual mistake), unterliegen ihm beide Parteien und handeln auf der Basis dieses Irrtums (mistake). Zwar herrscht Übereinstimmung zwischen den Parteien, ein consensus ad idem, das Recht wird diese Übereinstimmung jedoch nicht anerkennen, wenn die Parteien sie erzielen, weil sie gemeinsame Fehlvorstellung bezüglich einer Tatsache oder des Rechts hatten, und diese Fehlvorstellung die Grundlagen des Vertrages berührt.[876]

Bevor überhaupt ein übereinstimmender Irrtum (mutual mistake) in Betracht gezogen werden kann, muss der Vertrag genau untersucht und geprüft werden, ob nicht bereits mit den Vertragsbedingungen eine der Parteien das Risiko eines eventuellen Irrtums (mistake) übernommen hat. So muss z. B. bei einem Vertrag über den Verkauf von Gegenständen der Verkäufer normalerweise das Risiko tragen, dass die verkauften

874 Beatson, Jack (2002) S. 311.

875 Diese Klassifizierung entspricht der von Beatson, Jack (2002) Kapitel 8; Beale, Hugh G. (1999) Bd 1 5-001 ff.; Treitel, Guenther (2003); Kapitel 8 und Furmston, Michael (2001) Kapitel 8. Nach einer Mindermeinung (u.a. Arjunan, Krishnan/Nabi Baksh, Abdul Majid bin (2002)) erfolgt eine Klassifizierung nach allgemeinem (common), gegenseitigen (mutual) und einseitigen (unilateral) Irrtum, hier soll jedoch der klassischen Einteilung gefolgt werden.

876 Ho, Betty M. (1999) S. 180.

Gegenstände mit Mängeln behaftet sind, ausgenommen, dieses Risiko wurde im Vertrag ausgeschlossen oder ist auf sonstige Art und Weise nicht anwendbar.[877]

> „Logically, before one can turn to the rules as to mistake, whether at Common Law or in equity, one must first determine whether the contract itself, by express or implied condition precedent or otherwise, provides who bears the risk of the relevant mistake. It is at this hurdle that many pleas of mistake will either fail or prove to have been unnecessary. Only if the contract is silent on the point, is there scope for invoking mistake."[878]

Kann eine solche Risikoverteilung nicht aus dem Vertrag hergeleitet werden, muss die Art des Irrtums und seine Rechtserheblichkeit untersucht und festgestellt werden.

3.2.2.1.1. Übereinstimmender Irrtum als Tatsachen- und Rechtsirrtum

Bis vor kurzem wurde im englischen und im Hongkonger Common Law der Grundsatz vertreten, dass nur ein Irrtum (mistake) über Tatsachen den Anspruch einer Partei stützen kann.[879] Dieser Grundsatz wurde durch das House of Lords durch die Entscheidung in Kleinwort Benson v Lincoln City Council seiner festgefügten Bedeutung beraubt.[880] Darin erkannte das House of Lords die Rechtserheblichkeit eines Rechtsirrtums an. Wie sich die Doktrin des Irrtums (mistake) in England und Hongkong entwickeln wird, bleibt abzuwarten. Nach Beale (Chitty on Contracts) muss angenommen werden, dass in Zukunft ein fundamentaler Irrtum (mistake) sowohl hinsichtlich der Tatsachen als auch des Rechts zur Nichtigkeit des Vertrages führen wird.[881] Durch die frühere alleinige Aner-

---

877 Auch hier könnte ein Irrtum (mistake) konstruiert werden, nämlich, wenn die Parteien bei Vertragsschluss keine Kenntnis vom Vorliegen eines Mangels hatten.

878 Associated Japanese Bank (International) Ltd v Credit du Nord SA [1989] 1 WLR 255, 268, per Steyn J; angewandt in Hongkong in Jan Albert (HK) Ltd v Shu Kwong Garment Factory Ltd [1990] 1 HKLR 317, 321.

879 Siehe dazu z. B. Bilbie v Lumley (1802) 2 East 469.

880 Kleinwort Benson Ltd v Lincoln City Council [1998] 3 WLR 1095.

881 Beale, Hugh G. (1999) Bd 1 para 5-018.

kennung von Tatsachenirrtümern bestand immer die Schwierigkeit der Abgrenzung von Tatsachen- und Rechtsirrtümern.[882] Auch dieses Problem wird sich mit der Akzeptanz des Rechtsirrtums als Nichtigkeitsgrund für einen Vertrag verflüchtigen.

3.2.2.1.2. Rechtserheblichkeit des Irrtums

Um rechtliche Folgen wie die Nichtigkeit des Vertrages zu bewirken, muss der Irrtum (mistake) die Grundfesten des Vertrages berühren und somit fundamental für den Vertragsschluss gewesen sein.[883] Hier stellt sich die Frage, wann ein solcher Irrtum (mistake) fundamental ist. Eine eindeutige Definition dieser Voraussetzung des Irrtums (mistake) lässt sich in den Lehrbüchern nicht finden. Die grundlegenden Entscheidungen zur Frage, ob ein Irrtum (mistake) fundamental und damit rechtlich erheblich oder ohne rechtliche Auswirkungen ist, wurden mit Bell v Lever Brothers Ltd[884] und Couturier v Hastie[885] getroffen. Im ersteren Fall formulierte der Prozessvertreter der beklagten Seite:

> „Whenever it is to be interferred from the terms of the contract or its surrounding circumstances that the consensus has been reached upon the

---

882 Galloway v Galloway (1914) 30 TLR 531: Die Parteien hatten eine Trennungsvereinbarung geschlossen in der Annahme, dass ihre Ehe gültig sei. Die Trennungsvereinbarung wurde durch das Gericht für nichtig erachtet. Die Parteien hatten sich hier über die Tatsache, nämlich dass eine gültige Ehe zwischen ihnen existierte, und den rechtlichen Umstand der Gültigkeit der Eheschließung geirrt.

883 Der dahinter stehende Grundsatz ist einmal mehr, dass die Anfechtbarkeit unerwünschter Verträge nur so weit gewährt wird, wie es notwendig ist.

884 Bell v Lever Brothers Ltd [1932] AC 161.

885 Couturier v Hastie (1856) 5 HLR 673: In diesem Fall wurde eine Ladung Getreide, von welcher die Parteien glaubten, dass sie sich auf dem Weg ins Vereinigte Königreich befand, verkauft. Die Parteien wussten bei Vertragsschluss nicht, dass sich das Getreide aufgrund des Wetters verschlechtert hatte und deshalb unterwegs bereits verkauft worden war. Das Gericht hatte zu entscheiden, ob der Erwerber zur Zahlung des Kaufpreises verpflichtet werden konnte. Es entschied für den Beklagten. Da er nicht in den Genuss irgendeiner Gegenleistung (consideration) gekommen war, war er auch nicht verpflichtet, den Kaufpreis zu leisten. Vgl. auch Pritchard v Merchants' and Tradesmen's Life Assurance Soc. (1858) 3 CB (NS) 622, 645.

> basis of a particular contractual assumption, and that assumption is not true, the contract is avoided."[886]

Das House of Lords schloss sich dieser Erklärung an, wenn es auch die Frage, ob der Konsens der Parteien in diesem speziellen Fall aufgrund einer fundamental falschen Annahme erreicht wurde, verneinte. In der Entscheidung wurde letztlich formuliert, dass ein Irrtum (mistake) beider Parteien über die Existenz eines in Wahrheit nicht mehr vorhandenen Kaufgegenstands[887] fundamental und damit rechtserheblich ist:

> „So the agreement...to purchase a specific article is void if in fact the article has perished before the date of sale. In this case, though the parties in fact were agreed about the subject-matter, yet a consent to transfer or take delivery of something not existent is deemed useless, the contract is nullified."[888]

Einen alternativen Ansatz bezüglich dieser Irrtümer, die die Existenz des Vertragsgegenstandes betreffen, hat Lord Denning formuliert:

> „The cases where goods have perished at the time of the sale...are really contracts which are not void for mistake but are void by reason of an implied condition precedent because the contract proceeded on the basis assumption that it was possible of performance."[889]

Dieser Ansatz würde dazu führen, dass die Unwirksamkeit eines Vertrages nicht grundsätzlich bei Bestehen eines übereinstimmenden Irrtums der Parteien (mutual mistake) über die Existenz des Vertragsgegenstandes eintritt, sondern nur dann, wenn die Parteien ausdrücklich oder zumindest stillschweigend vereinbart haben, dass es den zu verkaufenden Gegenstand auch wirklich gibt. Bisher hat sich dieser Ansatz allerdings

---

886 Bell v Lever Brothers Ltd [1932] AC 161, Sir John Simon arguendo.

887 Geht der Gegenstand erst nach Vertragsschluss unter, wird die Situation anders bewertet; es liegt kein Irrtum (mistake) der Parteien vor. Hier handelt es sich um Unmöglichkeit (frustration).

888 Bell v Lever Brothers Ltd [1932] AC 161, 217, per Lord Atkin.

889 Solle v Butcher [1950] 1 KB 671, 691, per Lord Denning: In Associated Japanese Bank (International) Ltd v Credit du Nord SA [1989] 1 WLR 255, 266 wurde diese Ansicht Lord Dennings durch Steyn J aber abgelehnt: "Again, Lord Denning's observations represented only his own view."

kaum durchgesetzt, so dass vom Grundsatz der Nichtigkeit bei Vorliegen solcher Irrtümer ausgegangen werden muss.

Auch in Section 8 der Sale of Goods Ordinance Hongkongs ist dieser Grundsatz inkorporiert worden, dass

> „where there is a contract for the sale of specific goods, and the goods, without the knowledge of the seller, have perished at the time when the contract is made, the contract is void."[890]

Hat der Verkäufer jedoch, ausdrücklich oder stillschweigend, eine Zusicherung oder Garantie dafür gegeben, dass der Kaufgegenstand bei Vertragsschluss existiert, dann ist er zum Schadensersatz verpflichtet, wenn dem nicht so ist und er sich über die Existenz der Sache geirrt hat.[891] Gehen Parteien einen Vertrag über einen Gegenstand ein, dessen Eigentum auf die Partei übertragen werden soll, der dieser Gegenstand bereits ohne ihr Wissen gehört, so ist dieser Vertrag aufgrund eines übereinstimmenden Irrtums (mutual mistake) ebenfalls nichtig.[892]

Schwierigkeiten bereitet die Frage, wie sich ein übereinstimmender Irrtum (mutual mistake) bezüglich Qualität und Quantität des Kaufgegenstandes auf den Vertrag auswirkt. Umstritten ist v.a., inwieweit Irrtümer bezüglich der Qualität der Ware, weniger bezüglich deren Menge, Rechtsfolgen nach sich ziehen können. Bis zur Entscheidung Bell v Lever Brothers Ltd gab es einige Entscheidungen, die eine Nichtigkeit des Vertrages aufgrund eines Irrtums (mistake) bezüglich der Qualität der verkauften Waren verneinten.[893] Oft war gefordert worden, dass eine Un-

---

890 Damit existiert in der Hongkonger Gesetzgebung eine Parallele zum Konzept der anfänglichen Unmöglichkeit im deutschen Recht vor der Schuldrechtsreform zum 01.01.2002.

891 McRae v Commonwealth Disposals Commission (1950) 84 CLR 377.

892 Cooper v Phibbs (1867) LR 2 HL 149. Lord Atkin formulierte dazu auch in Bell v Lever Brothers Ltd [1932] AC 161: „Corresponding to mistake as to the existence of the subject-matter is mistake as to title in cases where, unknown to the parties, the buyer is already the owner of that which the seller purports to sell to him. The parties intend to effect a transfer of ownership; such transfer is impossible; the stipulation is naturali ratione inutilis."

893 Vgl. u.a. Jendwine v Slade (1797) 2 Esp 571, 572.

terscheidung getroffen werden soll zwischen Irrtümern, die die Identität der betreffenden Ware zum Gegenstand haben und Irrtümern bezüglich der Qualität. Während erstere die Nichtigkeit des Vertrages nach sich zogen, konnten letztere keine Rechtsfolgen zeitigen.[894]

Die Entscheidung Bell v Lever Brothers Ltd gilt nunmehr als Präzedenzfall für einen Irrtum (mistake) in bezug auf die Qualität des Vertragsgegenstandes. Lord Atkin formulierte darin, dass unter sehr engen Voraussetzungen ein übereinstimmender Irrtum (mutual mistake) beider Vertragsparteien durchaus rechtserheblich sein und zur Nichtigkeit des Vertrags führen kann. Dies ist dann der Fall, wenn dieser Irrtum so schwerwiegend war, dass der Vertragsgegenstand sich qualitativ grundlegend von dem unterscheidet, was vertraglich vereinbart war:

> „Mistake as to quality of the thing contracted for raises more difficult questions. In such a case a mistake will not affect assent unless it is the mistake of both parties, and is as to the existence of some quality which makes the thing without the quality essentially different from the thing as it was believed to be."[895]

Daraus ergibt sich, dass ein Irrtum im Hinblick auf die Qualität des Vertragsgegenstandes durchaus rechtserheblich sein und die Nichtigkeit des Vertrages herbeiführen kann, wenn dieser Irrtum so fundamental ist, dass der verkaufte Vertragsgegenstand sich letztlich essentiell von dem unterscheidet, über den kontraktiert worden war.[896]

3.2.2.2. *Einseitiger Irrtum über Vertragsbestandteile (mistake as to the terms of the contract)*

Es ist selbstverständlich, dass kein wirksamer Vertrag zustande kommen kann, wenn Angebot und Annahme nicht übereinstimmen. Somit ist jeder Vertrag von Anfang rechtlich nicht existent, wenn z. B. eine Partei der anderen ein Angebot macht, diese das Angebot aber mit einem völlig

---

894 Tylor, T. H. (1948) 11 MLR 257, 262 ff.

895 Bell v Lever Brothers Ltd [1932] AC 161, 218, per Lord Atkin.

896 Ho, Betty M. (1999) S. 186 f.

veränderten Inhalt annimmt. Auch hier liegt ein Irrtum (mistake) vor, der allerdings nicht von beiden Parteien geteilt wird. Diese einseitigen Irrtümer lassen sich unterteilen in gegenseitige Missverständnisse (mutual misunderstandings) und echte einseitige Irrtümer (unilateral mistakes).

3.2.2.2.1. Gegenseitige Missverständnisse (mutual misunderstandings)

Bei gegenseitigen Missverständnissen agieren beide Vertragsparteien unter einem Irrtum, welcher jedoch nicht der gleiche ist, wie dies bei den übereinstimmenden Irrtümern (mutual mistakes) der Fall ist. Sie können nur relativ selten auftreten, da ein Gericht normalerweise einen Vertrag und die jeweiligen Erklärungen der Parteien so auslegen wird, wie sie vernünftigerweise durch die andere Partei zu verstehen sein mussten. Es wird die jeweilige Partei nicht aus ihrer vertraglichen Verpflichtung entlassen, auch wenn sie den Vertrag aufgrund eines Irrtums (mistake) geschlossen hat, wenn ein normaler und vernünftig denkender Mensch, also auch die irrende Partei, den Inhalt des Vertrages in einem bestimmten Sinne verstehen musste.[897] Wenn die Erklärungen der Parteien jedoch so widersprüchlich und Angebot und Annahme derartig uneindeutig sind, dass es unmöglich ist zu bestimmen, welche der Erklärungen am wahrscheinlichsten die vertraglich bindende sein sollte, muss das Gericht den Dissens feststellen und den Vertrag für nichtig erklären.[898]

---

897 Smith v Hughes (1871) LR 6 QB 597.

898 Marwood v Charter Credit Corporation (1971) 29 DLR (3d) 563; Chan Yiu Sing Peter v Lam Yat Wah [1990] 2 HKLR 92, 96; vgl. auch Raffles v Wichelhaus (1864) 2 H & C 906: Die Parteien hatten sich auf den Verkauf einer Schiffsladung Baumwolle geeinigt, die 'ex Peerless from Bombay' eintreffen sollte. Den Parteien war jedoch nicht bekannt, dass zwei Schiffe mit diesem Namen aus Bombay unterwegs waren, von denen eines im Oktober und eines im Dezember eintreffen sollte. Der Verkäufer ging vom Verkauf der Schiffsladung im Dezember aus, der Käufer von der im Oktober. Der Court of Exchequer wies die Klage des Verkäufers aus Vertragsverletzung (breach of contract) ohne hinreichende Bezugnahme auf einen Irrtum (mistake) ab. Es ist anzunehmen, dass das Gericht den Ausführungen des Prozessvertreters des Beklagten folgte: "...There is nothing on the face of the contract to shew that any particular ship called 'Peerless' was meant; ...That being so, there was no consensus ad idem,

3.2.2.2.2. *Echte einseitige Irrtümer (unilateral mistakes)*

Wie oben bereits dargelegt, liegt bei einem echten einseitigen Irrtum (unilateral mistake) ein grundlegendes Missverständnis zwischen den Parteien vor, welches dazu führt, dass gar kein Vertrag geschlossen werden kann.[899] Bei dieser Art Irrtum (mistake) unterliegt nur eine der Parteien einem solchen.

Auch ein echter einseitiger Irrtum (unilateral mistake) muss, um Rechtsfolgen herbeizuführen, entweder ein Rechts- oder ein Tatsachenirrtum sein und er muss, ebenso wie beim übereinstimmenden Irrtum (mutual mistake), die Grundlagen des Vertrages berühren, also fundamental sein.[900]

Des Weiteren muss der Irrtum (mistake), um rechtserheblich zu sein, nach außen manifestiert worden sein. Dies kann dadurch geschehen, dass er durch eine Vertragspartei bei der anderen hervorgerufen worden ist; zumindest aber muss die andere Partei Kenntnis vom Vorliegen eines Irrtums (mistake) haben. Ist das Vorliegen eines einseitigen Irrtums (mistake) nicht erkennbar, da es nicht nach außen manifestiert wurde, kann die irrende Partei dies nicht geltend machen.[901]

a) Irrtum (mistake) bezüglich der Identität der anderen Vertragspartei

Oft ist die Identität einer Person, mit der ein Vertrag geschlossen werden soll, für den zukünftigen Vertragspartner unerheblich. Für den Inhaber eines Geschäfts ist es meist uninteressant, wem genau er einen Gegenstand gegen Bargeld veräußert.[902] Bei anderen Geschäften ist die

---

and therefore no binding contract." Raffles v Wichelhaus (1864) 2 H & C 906, 907 f., per Mellish B.

899 Aus diesem Grunde wird der Irrtum (mistake) z.T. bei der Frage, ob überhaupt ein wirksamer Vertrag zustande gekommen ist, im Rahmen der Übereinstimmung von Angebot und Annahme behandelt.

900 Ho, Betty M. (1999) S. 189.

901 Robinson, Fisher & Harding v Behar [1927] 1 KB 513; Chan Yiu Sing Peter v Lam Yat Wah [1990] 2 HKLR 92 .

902 Ingram v Little [1961] 1 QB 31, 57.

Identität des Vertragspartners jedoch von Bedeutung, und ein Irrtum (mistake) darüber kann rechtliche Folgen nach sich ziehen.

Wegweisende Entscheidung in der Frage, ob ein Irrtum (mistake) über die Identität der gegnerischen Vertragspartei vorliegt und wie sich dieser auswirkt, ist Cundy v Lindsay.[903] Das House of Lords hatte hier angenommen, dass der Vertrag aufgrund eines Identitätsirrtums nichtig (void ab initio) war. Besteht bei einer Vertragspartei ein Irrtum über die Identität der anderen Vertragspartei, kommt aufgrund dieses Irrtums kein Vertrag zustande. So kann ein Angebot an eine bestimmte Person nicht durch eine andere Person angenommen werden:

> „[A] person cannot constitute himself a contracting party with one whom he knows or ought to know has no intention of contracting with him. An offer can be accepted only by the person to whom it is addressed."[904]

Bestätigt wird diese Erklärung durch die Entscheidung Boulton v Jones.[905] In diesem Fall hatte der Kläger, ein früherer Geschäftsführer eines Unternehmens, dieses gekauft. Der Beklagte hatte mit dem besagten Unternehmen in der Vergangenheit in geschäftlichen Beziehungen gestanden. Nach dem Kauf des Unternehmens durch den Kläger gab der Beklagte, allerdings an das Unternehmen gerichtet, eine Bestellung bei diesem auf, welche vom Kläger ausgeführt wurde, ohne den Beklagten über die neuen Eigentumsverhältnisse zu informieren. Der Beklagte lehnte daraufhin die Zahlung des Kaufpreises ab. Das Gericht erkannte für den Beklagten:

903 Cundy v Lindsay (1878) 3 App Cas 459: Der Kläger dieses Rechtsstreits verlangte vom Beklagten Gegenstände heraus, die dieser in gutem Glauben von einem Dritten erworben hatte. Der Dritte hatte im Vorfeld gegenüber dem Kläger bewusst den Eindruck erweckt, es handele sich bei ihm um ein bekanntes und blühendes Unternehmen, mit dem der Kläger auch schon Geschäfte getätigt hatte. Dieser hatte daraufhin Waren an den Dritten geliefert im Glauben, einen Vertrag mit diesem besagten Unternehmen abgeschlossen zu haben, woraufhin der Dritte die Waren an den Beklagten weiterveräußert hatte.

904 Beatson, Jack (2002) S. 326.

905 Boulton v Jones (1857) 2 H & N 564.

„If a person intends to contract with A, B cannot give himself any right under it."[906]

Allerdings war in King's Norton Metal Co v Etridge, Merrett & Co Ltd[907] entschieden worden, dass ein Irrtum (mistake) bezüglich der Identität der gegnerischen Vertragspartei dann nicht vorliegt, wenn eine Identitätsverwechslung aus tatsächlichen Gründen gar nicht eintreten kann.[908]

Rechtlich erheblich ist ein Irrtum (mistake) über die Identität der anderen Partei ausschließlich dann, wenn sich der Irrtum (mistake) tatsächlich auf die Identität der gegnerischen Partei bezieht. Irrtümer hinsichtlich bestimmter Eigenschaften der gegnerischen Partei, wie z. B. über Charakter, gesellschaftliche Position oder Bonität, sind dagegen unschädlich.[909] Ein Irrtum (mistake) bezüglich der Tatsache, ob eine Person als Vertreter oder als Vertretener handelt, ist dagegen grundsätzlich erheblich.[910]

b) Irrtum (mistake) bezüglich Qualität und Quantität des Kaufgegenstandes

Auch hier ist die Frage, ob und wann ein solcher Irrtum (mistake) rechtserheblich ist, nicht eindeutig geklärt. Im Gegensatz zum übereinstimmenden Irrtum (mutual mistake) muss hier festgestellt werden, dass ein Irrtum (mistake) über die Qualität des Kaufgegenstandes keine Rechtsfolgen nach sich ziehen kann. Zurück geht dieser Grundsatz auf die Entscheidung Tamplin v James aus dem Jahre 1880.[911] Das Gericht war der

---

906 Boulton v Jones (1857) 2 H & N 564, 565, per Pollock CB.

907 King's Norton Metal Co v Etridge, Merrett & Co Ltd (1897) 14 TLR 98.

908 King's Norton Metal Co v Etridge, Merrett & Co Ltd (1897) 14 TLR 98: In diesem Fall hatte eine Person sich als Repräsentant eines fiktiven Unternehmens ausgegeben und schriftlich eine Bestellung aufgegeben. Nach Ansicht des Court of Appeal wollten die Kläger eine geschäftliche Verbindung mit dem Verfasser der schriftlichen Bestellung eingehen, nicht mit einer bestimmten Person oder einem bestimmten Unternehmen, das sie im Übrigen gar nicht kannten und kennen konnten, obwohl sie einer Fehlvorstellung bezüglich der Bonität des Bestellers unterlagen.

909 Ho, Betty M. (1999) S. 193.

910 Hardman v Booth (1863) 1 H & C 803.

911 Tamplin v James (1880) 15 Ch D 215: Der Beklagte kaufte das Haus vom Kläger unter der fehlerhaften Annahme, dass Kaufgegenstand Haus und Garten waren. Tatsächlich gehörte der Garten jedoch nicht dem Kläger und konnte deshalb auch nicht

Überzeugung, dass ein Käufer bei der Untersuchung des Kaufgegenstandes eine angemessene Sorgfalt walten lassen müsse. Tut er dies nicht, dann muss er sich auch am Vertrag festhalten lassen und kann keinen Irrtum hinsichtlicher der Qualität des Kaufgegenstandes geltend machen.

> „...The defence on the ground of mistake cannot be sustained. Is is not enough for a purchaser to swear, "I thought the farm sold contained twelve fields which I knew, and I find it does not include them all", or, "I thought it contained 100 acres and it only contains eighty." It would open the door to fraud if such a defence was to be allowed....It is said that it is too hard to hold a man to a bargain entered into under a mistake, but we must consider the hardship on the other side....If a man makes a mistake of this kind without any reasonable excuse he ought to be held to his bargain."[912]

Bestätigt wird dies durch die Entscheidung Bell v Lever Brothers Ltd,[913] die im Ergebnis zwar einen übereinstimmenden Irrtum (mutual mistake) behandelte; aus dem Diktum des House of Lords in dieser Entscheidung lässt sich jedoch schließen, dass die gleiche Entscheidung bei einem echten einseitigen Irrtum (unilateral mistake) nicht hätte getroffen werden dürfen.[914]

3.2.2.3. Rechtsfolgen des Irrtums (mistake) im Common Law

Der Irrtum (mistake) hat, so er denn rechtserheblich ist, die Besonderheit gegenüber allen anderen Faktoren, die einen Vertrag ungültig machen, dass bei seinem Vorliegen der Vertrag void ab initio, also von Anfang an nichtig ist.[915] Die spielt besonders in den Fällen eine Rolle, bei denen ein gutgläubiger Dritter involviert ist. Alternativ zum Irrtum (mistake) kann der irrende Vertragspartner häufig Irreführung (misrepresentation) durch die

---

an den Beklagten verkauft werden. Der Beklagte verweigerte daraufhin die Zahlung des Kaufpreises, scheiterte jedoch vor dem Court of Appeal.

912 Tamplin v James (1880) 15 Ch D 215, 221, per James LJ.

913 Bell v Lever Brothers Ltd [1932] AC 161.

914 Bell v Lever Brothers Ltd [1932] AC 161, 205 ff.

915 Ho, Betty M. (1999) S. 195.

andere Partei geltend machen, wenn der Irrtum auf einer unrichtigen Erklärung der gegnerischen Vertragspartei beruht, allerdings ist die Rechtsfolge dort nur die Vernichtbarkeit (voidable) des Vertrages, nicht die Nichtigkeit von Anfang an. Im Falle der Vernichtbarkeit hat der Irrende jedoch keine Rechte gegenüber einem Dritten, welcher gutgläubig Eigentum an den Gegenständen des Vertrages erworben hat, bevor der Irrende den Vertrag anficht. Ist der Vertrag zwischen dem Irrendem und der gegnerischen Partei allerdings aufgrund eines Irrtums (mistake) von Anfang an nichtig, dann konnte der gutgläubige Dritte kein Eigentum an den Gegenständen erwerben und der Irrende kann sie von ihm herausverlangen. Weil dies zur Konsequenz hat, dass Rechtsschutz hier auf Kosten des gutgläubigen Dritten erreicht wird, sind die Gerichte jedoch immer weniger bereit, einen Irrtum (mistake) anzunehmen.[916]

Wenn die Parteien trotz und in Unkenntnis der Nichtigkeit des Vertrages aufgrund eines Irrtums diesen als wirksam behandelt und ihre Verpflichtungen aus dem Vertrag erfüllt haben, und die andere Partei hat diese Erfüllung akzeptiert, so stellt es einen Verstoß gegen Treu und Glauben dar, wenn diese andere Partei die Existenz des Vertrages abstritte. Hier kann eine Verwirkung des Rechts der Partei, sich auf den Irrtum (mistake) und damit auf die Nichtigkeit zu berufen, eintreten (estoppel).[917]

3.2.3. Irrtum in Equity (mistake in Equity)

Ist ein Irrtum (mistake) im Common Law nicht schwerwiegend genug, dass er die Nichtigkeit des Vertrages rechtfertigt, können die Gerichte zum Teil dadurch Rechtsschutz gewähren, dass sie mit Hilfe der Regeln, die von den Equity-Gerichten entwickelt worden sind, den Vertrag ergänzen, modifizieren oder sogar ganz aufheben.[918]

---

916 Beatson, Jack (2002) S. 309.

917 Furness Withy (Australia) Pty. Ltd v Metal Distributors (U.K.) Ltd (The Amazonia) [1990] 1 Lloyds Rep. 236.

918 Zweigert, Konrad/Kötz, Heinrich (1996) S. 417.

3.2.3.1. Grundlagen des Irrtums in Equity (mistake in Equity)

Vor Inkrafttreten des Judicature Acts im Jahre 1873, durch den die Trennung der Gerichte nach Common Law und Equity aufgehoben wurde und Common Law und Equity verschmolzen, schienen die beide Gerichtsbarkeiten hinsichtlich der Irrtumsfrage jeweils eigenen, voneinander verschiedenen Prinzipien gefolgt zu sein.[919] Nunmehr muss der Irrtum (mistake) im Lichte der gemeinsamen Wirkungen und des Verhältnisses von Common Law und Equity zueinander betrachtet werden. Letztlich hängt die Entscheidung, welche das Gericht treffen wird, davon ab, welche Rechtsfolge der Kläger begehrt. Zuerst einmal muss das Gericht ohnehin feststellen, ob der Vertrag nach den Grundsätzen des Common Law wirksam ist oder nicht.[920] Sollte der Irrtum (mistake) nach dem Common Law nicht schwerwiegend genug sein, um den Vertrag zu vernichten, muss das Gericht die Möglichkeiten überprüfen, nach denen die Equity Rechtsschutz bei Vorliegen eines Irrtums (mistake) gewährt.[921]

Das Grundprinzip ist auch hier, dass Equity dem Common Law in seiner Bewertung eines Irrtums (mistake) folgt. Ist ein Vertrag nach dem Common Law von Anfang an nichtig, dann wird er auch nach den Grundsätzen der Equity so behandelt. Um besondere Härten zu mildern, können

---

919 Beispiel: Wood v Scarth (1855) 2 K & J 33 (Equity); (1858) 1 F & F 293 (Common Law). Der Beklagte hatte dem Kläger ein Haus zur Miete zu einem bestimmten Mietzins angeboten. Der Kläger nahm, nachdem er mit einem Angestellten des Beklagten gesprochen hatte, dieses Angebot an. Der Angestellte des Beklagten hatte dem Kläger allerdings nicht mitgeteilt, dass das Angebot unter der Bedingung stand, dass eine Anzahlung von £ 500 zu leisten war. Als der Beklagte sich aufgrund des Irrtums (mistake) weigerte, das Mietobjekt zu übergeben, erhob der Kläger Klage auf Erfüllung des Vertrages (specific performance). Vor dem Equity-Gericht unterlag er mit seiner Klage aufgrund des eindeutigen Irrtums (mistake) und des deshalb nichtigen Vertrages. Allerdings gestand ihm ein Common-Law-Gericht trotzdem Schadensersatz zu, weil es der Ansicht war, dass der Irrtum (mistake) nicht rechtserheblich und der Vertrag bezüglich der Miete zu dem vereinbarten Mietzins (ohne Anzahlung) wirksam geschlossen worden war.

920 Grundsatz: Equity verhält sich subsidiär zum Common Law.

921 Es gibt allerdings auch Entscheidungen, in denen das Gericht ganz eindeutig zu einer Verschmelzung von Common-Law- und Equity-Grundsätzen sowie der dazugehörigen Rechtsfolgen tendiert. Vgl. dazu z. B. Riverlate Properties Ltd v Paul [1975] Ch 133.

jedoch in bestimmten Ausnahmefällen die Grundsätze der Equity eingreifen und dem Geschädigten Rechtsschutz bezüglich der Rechtsfolgen eines Irrtums (mistake) gewähren, auch wenn der Irrtum (mistake) im Common Law nicht rechtserheblich (operative) und der Vertrag deshalb nicht nichtig (void) ist.[922]

3.2.3.2. Erscheinungsformen des Irrtums in Equity (mistake in Equity)

Im Bereich der Equity wird nicht zwischen übereinstimmenden (mutual) und einseitigen Irrtümern (unilateral mistakes) unterschieden. Zusätzlich zum Rechtsschutz im Common Law gewährt Equity Abhilfe, wenn ein im Common Law nicht erheblicher Irrtum (mistake) vorliegt, also wenn z. B. der Irrtum (mistake) nicht fundamental sein sollte. Deshalb war es bei Vorliegen eines Rechtsirrtums bis zur Entscheidung Kleinwort Benson v Lincoln City Council[923] nur möglich, Rechtsschutz nach den Grundsätzen der Equity zu erhalten.[924]

> „And there are many cases to be found in which Equity, upon a mere mistake of the law, without the admixture of other circumstances, has given relief to a party who has dealt with his property under the influence of such a mistake."[925]

Nunmehr kann, nach dem Urteil des House of Lords in Kleinwort Benson Ltd v Lincoln City Council, Rechtsschutz sowohl im Common Law als auch nach den Grundsätzen der Equity im Falle eines Rechtsirrtums gewährt werden. Dies ist in Hongkong durch die Entscheidung Chung Chi Keung v Lee Ching Yee bestätigt worden.[926]

Weiterhin gilt, dass die Grundsätze der Equity eingreifen können, wenn bei Vertragsschluss eine der Parteien einem Irrtum (unilateral mistake)

---

922 Ho, Betty M. (1999) S. 196.

923 Kleinwort Benson Ltd v Lincoln City Council [1998] 3 WLR 1095.

924 Rogers v Ingram (1876) 3 Ch D 351, 357; Whiteside v Whiteside [1950] Ch 65, 74. Hauptsächlich betraf dies die Fälle, in denen eine Partei irrtümlicherweise einen Gegenstand erwarb, der ihr bereits gehörte: Cooper v Phibbs (1867) LR 2 HL 149.

925 Beauchamps v Winn (1873) LR 6 HL 223, 234, per Lord Chelmsford.

926 Chung Chi Keung v Lee Ching Yee HCA 3056/1998 (22. Februar 2000) – unrep.

unterlag, den das Common Law nicht als fundamental und damit rechtserheblich anerkennt. Das bedeutet jedoch nicht, dass jeglicher Irrtum (mistake), welcher nach dem Common Law nicht anerkannt wird, nach den Grundsätzen der Equity erheblich ist und dem Irrenden damit immer Rechtsschutz gewährt wird. Eine eindeutige Aussage, wann genau die Regeln der Equity eingreifen, kann aufgrund der Vielgestaltigkeit der Problematik nicht getroffen werden. Allerdings haben sich verschiedene Konstellationen herauskristallisiert, bei denen die Equity das Vorliegen eines erheblichen Irrtums (mistake) anerkennt. Einige davon sollen beispielhaft dargestellt werden. So gewährt Equity Rechtsschutz z. B. bei Vorliegen eines Irrtums (mistake) darüber, ob eine bestimmte Etage eines Hauses vom Kaufvertrag über drei Häuser mitumfasst war.[927] Ebenso war ein Irrtum (mistake) darüber erheblich, ob Schürfrechte in einem Grundstückskaufvertrag enthalten waren[928] und an einem verkauften Grundstück eine Grunddienstbarkeit in Form eines Wegerechtes bestand.[929] Nicht anerkannt wurde dagegen ein Irrtum (mistake) des Vermieters über das Bestehen einer Unterhaltspflicht für die vermietete Sache durch den Mieter in der Entscheidung Riverlate Properties Ltd v Paul.[930]

> „Consequently, since the lessee neither directly nor through her solicitor...knew of the lessor's mistake, and was not guilty of anything approaching sharp practice in relation thereto, it is a case of mere unilateral mistake which cannot entitle the lessor to rescission of the

---

927 Paget v Marshall (1884) 28 Ch D 255.

928 Bloomer v Spittle (1872) LR 13 Eq 427.

929 Manser v Back (1848) 6 Hare 443.

930 Riverlate Properties Ltd v Paul [1975] Ch 133, 140, 145: Der Kläger hatte hier dem Beklagten ein Grundstück für 99 Jahre vermietet. Nach seiner Auffassung sollte der Beklagte für die Kosten des Unterhaltes des Gebäudes aufkommen, eine solche Klausel war im Mietvertrag jedoch nicht enthalten. Der Beklagte hatte vom Irrtum (mistake) des Klägers keinerlei Kenntnis. Als der Kläger daraufhin Rechtsschutz derart begehrte, dass eine solche Unterhaltsklausel zusätzlich in den Vertrag eingefügt werden sollte, erkannte das Gericht dies nicht an. Es entschied, der Irrtum (mistake) des Klägers sei aufgrund der Unkenntnis des Beklagten davon auch nach den Grundsätzen der Equity nicht rechtserheblich. Darüber hinaus habe der Beklagte keine unsauberen Geschäftspraktiken (sharp practice) angewandt.

lease either with or without the option to the lessee to accept rectification to cure the lessor's mistake."[931]

Das Gericht stellte in dieser Entscheidung fest, dass ein Rechtsbehelf der Equity nicht eingreifen könne, da die Mieterin keine Kenntnis vom Irrtum (mistake) auf Seiten des Vermieters über die Unterhaltspflicht für das Mietobjekt hatte und es deshalb unbillig sei, eine Vertragsanpassung vorzunehmen.

3.2.3.3. Rechtsfolgen eines Irrtums in Equity (mistake in Equity)

Nach den Grundsätzen der Equity kann Rechtsschutz freier und flexibler gewährt werden. Dies liegt daran, dass in diesem Bereich die Richter einen größeren Entscheidungsspielraum haben und Urteile nach ihrem Ermessen (discretion) fällen dürfen. Natürlich sind sie nicht gänzlich unabhängig bei ihrer Urteilsfindung, denn auch im Bereich der Equity hat sich, ähnlich wie im Common Law, eine Reihe von Präzedenzfällen gebildet. Somit wird bei Auftreten eines Irrtums (mistake) auch im Bereich der Equity nur bestimmter Rechtsschutz gewährt.[932]

Dies kann zum einen geschehen durch die Abweisung einer Klage auf Erfüllung des Vertrages (refusal of specific performance), durch Berichtigung einer schriftlichen Vereinbarung (rectification of a written agreement) oder durch Vertragsauflösung (rescission of contract). Der Vertrag ist in diesen Fällen jedoch nicht void ab initio, sondern nur vernichtbar (voidable).[933] Diese Rechtsfolgen für Irrtümer in Equity (mistakes in Equity) werden nachfolgend dargestellt.

3.2.3.3.1. Abweisung einer Klage auf Erfüllung des Vertrages (refusal of specific performance)

Begehrt ein Kläger Vertragserfüllung (specific performance) aus einem Vertrag, so kann das Gericht darauf erkennen oder die Klage abweisen;

---

931 Riverlate Properties Ltd v Paul [1975] Ch 133, 145, per Russell LJ.

932 Ho, Betty M. (1999) S. 196 ff.

933 Beatson, Jack (2002) S. 336.

die Gewährung der Vertragserfüllung (specific performance) steht im Ermessen des Gerichts.[934]

Von allen Rechtsbehelfen, die die Equity bereitstellt, gewähren die Gerichte bevorzugt den der Abweisung einer Klage auf Vertragserfüllung (specific performance), da er die Rechte und Pflichten der Vertragsparteien weitgehend unberührt lässt. Die Chancery-Gerichte hatten verschiedene Ansätze entwickelt, nach denen eine Vertragserfüllung aufgrund eines Irrtums (mistake), der nicht nach den Common-Law-Maßstäben zur Nichtigkeit des Vertrages führte, abgelehnt werden konnte. So wurde in Barrow v Scammel[935] entschieden, dass die Vertragserfüllung dann nicht gewährt werden kann,

> „where the literal effect and the specific performance of them would be to impose a burden not contemplated, and which it would be against all reason and justice to fix,...“[936]

Wenn die Vertragserfüllung "a hardship amounting to injustice"[937] zur Folge hätte, darf sie nicht gewährt werden, ebenso wenig, wenn eine Vertragspartei ein Angebot, welches mit einem anderen Bedeutungsgehalt abgegeben wurde, annimmt.[938]

Des Weiteren kann ein Beklagter sich auf das Vorliegen eines Irrtums (mistake) berufen, wenn der Vertragserfüllung (specific performance) verlangende Kläger zur Entstehung des Irrtums (mistake) beigetragen hat. Dabei ist es unerheblich, dass der Kläger die Entstehung des Irrtums nicht bewusst unterstützt hat.[939] Ist der Irrtum (mistake) dagegen einzig und allein in der Sphäre des Irrenden, beruhend auf dessen Nachlässigkeit, entstanden, kann er sich nicht gegen die Klage auf Vertragserfüllung (specific performance) nach den Grundsätzen der Equity

---

934 Townshend v Stangroom (1801) 6 Ves 328.

935 Barrow v Scammel (1881) 19 Ch D 175.

936 Barrow v Scammel (1881) 19 Ch D 175, 182, per Bacon VC.

937 Tamplin v James (1880) 15 Ch D 215, 221.

938 Webster v Cecil (1861) 30 Beav 62, 64.

939 Baskomb v Beckwith (1869) LR 8 Eq. 100; Wilding v Sanderson [1897] 2 Ch 534.

verteidigen,[940] ausgenommen wiederum, sie würde zu einem besonderen Härtefall führen.[941] Ebenso wurde ein Irrtum des Beklagten durch das Gericht ignoriert und Vertragserfüllung (specific performance) durch das Gericht gewährt, wenn sich der Irrende lediglich über die rechtlichen Folgen des abgeschlossenen Vertrages im Unklaren war.[942]

Mit der Abweisung einer Klage auf Vertragserfüllung (specific performance) wird der Beklagte von allen seinen Verpflichtungen aus dem Vertrag frei. Er muss weder seine eigenen vertraglichen Verpflichtungen erfüllen, noch muss er die unter dem Vertrag angebotene Leistung des Vertragspartners annehmen. Unter Umständen kann er aber nach den Grundsätzen des Common Law zum Schadensersatz gegenüber der anderen Vertragspartei in lieu[943] der Vertragserfüllung verpflichtet sein.[944]

3.2.3.3.2. Vertragsauflösung (rescission)

Die Grundlage für eine Vertragsauflösung (rescission) bei Vorliegen eines Irrtums in Equity legte Lord Denning in der Entscheidung Solle v Butcher.[945] Aus Gründen der Gerechtigkeit war dort ein nach den Maßstäben des Common Law wirksamer Vertrag für aufhebbar erklärt worden. Dadurch ist der Vertrag nicht void ab initio, sondern bleibt wirksam. Er wandelt sich lediglich in ein Rückgewährsschuldverhältnis um, wobei jede Partei wieder in den rechtlichen Zustand versetzt wird, in dem sie

---

940 Tamplin v James (1880) 15 Ch D 215, 221.

941 Manser v Back (1848) 6 Hare 443; Van Praagh v Everidge [1903] 1 Ch 434.

942 Hart v Hart (1881) 18 Ch D 670.

943 in lieu of = an Stelle von

944 Malins v Freeman (1837) 2 Keen 25, 34; Wood v Scarth (1858) 1 F & F 293.

945 Solle v Butcher [1950] 1 KB 671: Hier hatten die Parteien einen Mietvertrag unter der fehlerhaften Annahme abgeschlossen, dass das Objekt nicht der Mietpreisbindung unterlag. Der vereinbarte Mietzins war fast doppelt so hoch wie der Mietzins, der aufgrund der Mietpreisbindung gefordert werden durfte. Als der Kläger davon Kenntnis erhielt, forderte er die zuviel gezahlte Miete zurück. Der Beklagte erhob Gegenklage mit dem Antrag, den Vertrag aufzulösen (rescission). Das Gericht entschied, dass der Kläger zwar keinen Anspruch auf Rückzahlung des zuviel gezahlten Mietzinses hatte, dass jedoch der Mietvertrag aufgehoben würde mit der Maßgabe, dass der Beklagte dem Kläger den Abschluss eines neuen Mietvertrages zu dem Mietzins anbietet, wie es der Mietpreisbindung entspricht.

sich ursprünglich befand. Die Vertragsauflösung bietet eine ausgeprägte Flexibilität, da sie es den Parteien erlaubt, spezifische Vertragsbedingungen für die Vertragsauflösung zu vereinbaren.[946]

Im Jahre 2003 wurde mit der Entscheidung The Great Peace Shipping Ltd v Tsavliris Salvalge International Ltd[947] dieser Ansatz durch den Court of Appeal Englands jedoch wieder verworfen. Nunmehr gewährt das englische Recht bei einem nach den Prinzipien des Common Law wirksamen Vertrag keine Vertragsauflösung (rescission) mehr, wenn ein Irrtum in Equity vorliegt. Der Kläger muss sich insoweit auf den Rechtsschutz, den das Common Law gewährt, verweisen lassen. In Hongkong ist der Entscheidung The Great Peace Shipping Ltd v Tsavliris Salvalge International Ltd bisher nicht gefolgt worden; zumindest ist sie weder zustimmend noch ablehnend zitiert oder kommentiert worden. Das mag jedoch darauf beruhen, dass sich eine solche Rechtsfrage nach der Entscheidung des Court of Appeal Englands in The Great Peace in Hongkong bisher noch nicht gestellt hat.

3.2.3.3.3. Berichtigung (rectification) des Vertrages durch das Gericht

Bei der Berichtigung eines Vertrages, der aufgrund eines Irrtums (mistake) geschlossen wurde, handelt es sich um ein Instrument aus dem Bereich der Equity. Sie betrifft weniger den Vertragsschluss selbst als vielmehr Aufzeichnungen darüber, dass und mit welchem Inhalt ein Vertrag geschlossen wurde.[948] Insofern kann eine Berichtigung nur bei schriftlichen Verträgen erfolgen. Die Berichtigung findet insoweit statt, als im schriftlichen Dokument eine Anpassung daran erfolgt, wie die tatsächliche Einigung zwischen den Parteien aussah. Eine solche Berichtigung kann sowohl bei übereinstimmenden (mutual) als auch bei

---

946 Cooper v Phibbs (1867) LR 2 HL 149. Es handelte sich zwar um ein Verfahren vor den Gerichten der Equity, allerdings war auch festgestellt worden, dass ein Irrtum (mistake) nach dem Common Law vorlag.

947 The Great Peace Shipping Ltd v Tsavliris Salvage (International) Ltd [2003] QB 679, 719 ff.

948 Ho, Betty M. (1999) S. 200.

einseitigen Irrtümern (unilateral mistakes) vorgenommen werden, nicht jedoch bei gegenseitigen Missverständnissen (mutual misunderstandings),[949] bei denen keiner der Parteien die Fehlvorstellung der anderen Partei bekannt war.

> „By what appears to be a species of equitable estoppel, if one party to a transaction knows what the instrument contains a mistake in his favour but does nothing to correct it, he (and those claiming under him) will be precluded from resisting rectification in the ground that the mistake is unilateral and not common."[950]

Die Berichtigung eines Irrtums (mistake) ist nicht nur dann möglich, wenn bereits ein rechtlich bindender Vertrag zwischen den Parteien zustandegekommen ist, sondern bereits, wenn die Parteien ein Einverständnis erreicht und ausgedrückt haben, welches zur Erstellung des Dokuments, das dann berichtigt werden soll, geführt hat.[951]

> „If one finds that, in regard to a particular point, the parties were in agreement up to the moment when they executed their formal instrument, and the formal instrument does not conform with that common agreement, then this court has jurisdiction to rectify, although it may be that there was, until the formal instrument was executed, no concluded and binding agreement between the parties. That is what the judge decided, and, as I say, with his reasoning I wholly concur..."[952]

Berichtigt werden können fehlerhafte Formulierungen der Vertragsbedingungen (terms of contract).[953] Ebenso können nachträglich fehlende Vertragsbedingungen[954] oder fehlende Beschreibungen bezüglich der

---

949 Olympia Sauna Shipping Co SA v Shinwa Kaiun Kaisha Ltd, The Ypatia Halcoussi [1985] 2 Lloyd's Rep 364. Siehe dazu auch die Entscheidung des Hongkonger District Court Ad Media Ltd v Lei Cam Tong DCCJ 20320/2001 (15. Januar 2003) – unrep.

950 A Roberts & Co Ltd v Leicestershire County Council [1961] 1 Ch 555, 570.

951 Joscelyne v Nissen (1970) 2 QB 86, 98; welche die Entscheidung Crane v Hegeman-Harris Co Inc [1939] 1 All ER 662 zitiert. Dem zustimmend in Hongkong: Dixie Engineering Co Ltd v Vernaltex Co Ltd t/a Wing Wo Engineering Co [2003] 136 HKCU 1.

952 Crane v Hegeman-Harris Co Inc [1939] 1 All ER 662, 664, per Simonds J.

953 A Roberts & Co Ltd v Leicestershire County Council [1961] 1 Ch 555, 573.

954 Thomas Bates and Son Ltd v Wynham's (Lingerie) Ltd [1981] 1 WLR 505, 514, 519 ff., wo nachträglich eine Schiedsgerichtsklausel in den Vertragstext eingefügt wurde.

Kaufsache[955] eingefügt werden, so sie denn zwischen den Parteien bei Vertragsschluss vereinbart waren und nur nicht in den Vertragstext eingefügt wurden. Auch wenn die Parteien zwar ihr Verhandlungsergebnis im Vertragstext festgehalten haben, der Wortlaut jedoch durch die Parteien in einer anderen Bedeutung verstanden wurde, als sie sich letztendlich aus den Vertragstext ergibt, kann das Gericht den Wortlaut so berichtigen, dass er der wahre Intention der Parteien entspricht.[956]

3.2.4. Irrtum hinsichtlich schriftlicher Verträge / non est factum

Nunmehr wird ein Sondertypus des Irrtums dargestellt, der nur bezogen auf schriftliche Verträge auftreten kann. Dies beruht auf der Verteidigungsmöglichkeit des Common Law mit der Doktrin des Non est factum (meum) ('this is not my deed'; 'nicht meine Urkunde')[957]. Diese Doktrin stellt eine Einrede des Beklagten gegenüber einer auf eine Urkunde gestützten Klage dar, dass er nicht durch seine Unterschrift an den Vertrag gebunden ist, da er etwas grundlegend anderes unterschrieben hat, als er zu unterschreiben glaubte.[958]

Beim non est factum handelt es sich mithin ebenfalls um einen Unterfall des Irrtums (mistake). Diese Kategorie von Irrtümern rekrutiert sich aus einer kleinen Gruppe von Entscheidungen, meist aus jüngerer Zeit, obwohl die Doktrin des non est factum bereits zumindest im Jahre 1584 etabliert war.[959] Wahrscheinlich ist sie sogar noch älter.[960] Sie entwickelte sich in England im Rahmen von besonderen Verträgen, welche als Urkunden (deeds) geschlossen wurden und wurde im Nachhinein auch auf andere Verträge ausgeweitet. Ursprünglich sollte die Doktrin des non est factum zum Schutz von Blinden und des Lesens und Schreibens Unkundigen dienen. Allerdings stellte sich bald heraus, dass sie weniger von

955 United States of Amerika v Motor Trucks Ltd [1924] AC 196, 202.

956 Re Butlin's Settlement Trusts, Butlin v Butlin [1976] 1 Ch 251, 260.

957 Non est factum ist eine abgekürzte Fassung des lateinischen Scriptum predictum non est factum suum. Vgl. dazu auch Thoroughgood's Case (1584) 2 Co Rep 9a.

958 Beatson, Jack (2002) S. 333.

959 Thoroughgood's Case (1584) 2 Co Rep 9a.

960 Holdsworth, William Searle (1903) S. 50.

diesen Gruppen als vielmehr von anderen in Anspruch genommen wurde, die einem Irrtum hinsichtlich eines schriftlichen Vertrages aufgesessen waren.[961]

Das Grundprinzip bei Verträgen, welche schriftlich festgehalten sind, ist, dass eine Person, die einen Vertrag schließt und ein dazugehöriges vertragliches Dokument unterschreibt, sich an diesem festhalten lassen muss, unabhängig davon, ob sie es gelesen bzw. verstanden hat. Dieser Grundsatz wurde mit der Entscheidung L'Estrange v F Graucob Ltd manifestiert.[962] Auch im Hongkonger Vertragsrecht wurde entschieden, dass derjenige, der einen Vertrag unterschreibt, die Pflicht hat, den Inhalt des Schriftstückes sorgfältig zu lesen.

> „if he neglected to avail himself of knowledge of the contents of the ...form he signed it at his peril."[963]

Es gibt jedoch auch Ausnahmen von obigem Prinzip. Diese können eintreten, wenn der Beklagte mit der Verteidigung non est factum erfolgreich ist. Wann die Doktrin zur Verteidigung eingesetzt werden kann, wurde im Jahre 1970 in der Entscheidung Saunders v Anglia Building Society[964] des House of Lords definiert. Die Grenzen, die das House of Lords für das Vorbringen der Verteidigung zog, wurden damit allerdings so eng gezogen, dass es schwierig wurde, erfolgreich auf non est factum zu plädieren. Das Gericht war der Ansicht, dass, um die Rechtssicherheit und das Vertrauen in unterschriebene Schriftstücke nicht zu gefährden,

---

961 Ho, Betty M. (1999) S. 205 f.

962 L'Estrange v F Graucob Ltd [1934] 2 KB 394. Vgl. dazu auch Inchcape NRG Hong Kong Ltd t/a Gilman Office Automation v Hotel Amenities International Ltd [2000] 404 HKCU 1. Dabei wurde L'Estrange v F Graucob Ltd zwar im Zusammenhang mit einer Irreführung (misrepresentation) zitiert, das dieser Entscheidung zugrundeliegende Prinzip jedoch unverändert angewandt.

963 United Insurance Co Ltd v Chan Park Sang [1960] HKLR 267, 276.

964 Saunders v Anglia Building Society (Gallie v Lee) [1971] AC 1004. Hier entschied das Gericht gegen die 78jährige Klägerin, welche eine Urkunde, die für sie aufgrund der Tatsache, dass sie ihre Brille nicht benutzen konnte, unleserlich war, auf eine falsche Erklärung hin unterschrieb. Da das Gericht der Meinung war, dass sich der Inhalt der unterschriebenen Urkunde letztendlich nicht so radikal von der Urkunde unterschied, die die Klägerin glaubte zu unterschreiben, wies es die Klage ab.

die Doktrin des non est factum nur restriktiv angewendet und ausgelegt werden darf. Lord Reid formulierte es wie folgt:

> „Finally, there is the question to what extent or in what way must there be a difference between that which in fact he signed and that which he believed he was signing...In particular I do not think that the modern division between the character and the contents of a document is at all satisfactory...There must, I think, be a radical difference between what he signed and what he thought he was signing – or one could use the words "fundamental" or "serious" or "very substantial".[965]

Das House of Lords stellte in dieser Entscheidung drei Voraussetzungen für eine erfolgreiche Verteidigung mit non est factum auf:

- Die Verteidigung darf nur durch denjenigen vorgebracht werden, der dauerhaft oder zeitweise und ohne eigenes Verschulden nicht in der Lage ist, den Sinn und Bedeutungsgehalt eines bestimmten Dokumentes ohne zusätzliche Erklärung zu verstehen, unabhängig davon, ob dies auf fehlender Bildung, Krankheit oder geistigen Mängeln beruht.
- Derjenige, welcher sich auf non est factum beruft, muss darlegen und beweisen, dass er die Sorgfalt aufgewandt hat, welche notwendig und angemessen war.
- Das Dokument, das er letztendlich unterschrieben hat, ist in grundlegender Weise verschieden (radical difference) von dem Dokument, welches er glaubte zu unterschreiben.[966]

Mit dieser Auflistung, insbesondere letzterem Punkt, scheint eine Abwendung von einem 'substanziellen Unterschied im Charakter des Dokumentes' hin zu einem 'radikalen Unterschied im Charakter des Dokumentes', der vorliegen muss, um die Verteidigung mit non est factum zuzulassen, vollzogen worden zu sein. Die durch das House of Lords aufgestellten Prinzipien wurden in Hongkong der Entscheidung

965 Saunders v Anglia Building Society (Gallie v Lee) [1971] AC 1004, 1016 f., per Lord Reid.

966 Saunders v Anglia Building Society (Gallie v Lee) [1971] AC 1004, 1015 ff.

Union Bank of Hong Kong Ltd v Ng Yiu Hing zugrundegelegt.[967] Erneut wurde dies in Hongkong bestätigt durch die Entscheidung Lippo Securities Ltd v G.A. Management Ltd and Another.[968]

Die oben genannten Grundsätze werden auch durch einen in jüngerer Zeit entschiedenen Fall gestützt, bei dem ein Analphabet, der einen Vertrag unterschrieb, sich darüber bewusst war, dass er eine Bürgschaftserklärung abgab, jedoch über den Umfang der Bürgschaft im Irrtum (mistake) war. Der höhere Betrag, für den er bürgte, veränderte den Charakter des Geschäftes nach Ansicht der Richter grundlegend.[969]

Ebenso muss derjenige, der die Verteidigung non est factum vorbringt, alle erforderliche, notwendige und angemessene Sorgfalt walten lassen, wenn er den Vertrag unterschreibt. So ist es nicht einzusehen, weshalb derjenige, der ein Blankodokument[970] oder eine Blankobürgschaft[971] unterschreibt, und das Ausfüllen des restlichen Dokuments anderen überlässt, schutzwürdig sein soll.

Zwar ist in einer späteren australischen Entscheidung dargelegt worden, dass die oben angegebenen Voraussetzungen durchaus gelockert werden könnten, wenn der Streit zwischen den ursprünglichen Vertragsparteien besteht und keinen gutgläubigen Dritten berührt.[972] Allerdings haben die Hongkonger Gerichte diese Sichtweise nicht übernommen.

---

967 Union Bank of Hong Kong Ltd v Ng Yiu Hing [1975] HKLR 26, 31.

968 Lippo Securities Ltd v G.A. Management Ltd and Another [2002] 125 HKCU 1.

969 Lloyd's Bank Plc v Waterhouse [1991] Family Law 21, 23: Der Beklagte, welcher für seinen Sohn eine Bürgschaft übernehmen wollte, hatte sich extra bei der Bank erkundigt, was genau er unterschrieb und zur Antwort erhalten, dass es sich um eine Bürgschaft über einen bestimmten feststehenden Betrag handelte. In Wirklichkeit war die Bürgschaft der Höhe nach unbegrenzt. Der Beklagte war mit seiner Verteidigung non est factum erfolgreich, da die Bank ihm eindeutig falsche Angaben gemacht hatte, welche die Natur der Bürgschaft grundlegend veränderten.

970 United Dominions Trust Ltd v Western [1976] 1 QB 513.

971 Sun Hung Kai Credt Ltd v Szeto Yuk Mei [1986] HKDCLR 1.

972 Petelin v Cullen (1975) 132 CLR 355, 359 f. Dieser Fall kann nur zur Illustration herangezogen werden, da eine rechtlich bindende Wirkung weder auf englische noch auf Hongkonger Gerichte besteht. Die Hongkonger Gerichte dürfen allerdings Entscheidungen australischer Obergerichte zur Begründung heranziehen, wenn sie ihnen überzeugend erscheinen.

Ihre Entscheidungen richten sich weiterhin nach den strengen Voraussetzungen, wie sie oben dargelegt wurden.[973]

Bei der Doktrin des non est factum handelt es sich um eine allgemein anerkannte und auch in England grundsätzlich genutzte Verteidigung. Dennoch kommt ihr in Hongkong noch eine besondere Bedeutung zu. Da die Mehrheit der Bevölkerung chinesischsprachig[974] ist, Geschäfte jedoch lange Zeit zum Großteil auf Englisch abgewickelt wurden und immer noch werden, kann es vorkommen, dass einer nicht des Englischen mächtigen Person Verträge in englischer Sprache vorgelegt werden. Die Bedeutung von Englisch als Geschäftssprache geht zwar immer weiter zurück, die Sprachprobleme bleiben bestehen. Dazu kommt, dass auch der Anteil der Bevölkerung, der ein gutes und alltagstaugliches Englisch spricht, gerade unter der jungen Bevölkerung Hongkongs beträchtlich sinkt.

Die Gerichte Hongkongs haben in der 'Sprachfrage' recht unterschiedlich entschieden.[975] Relativ kurz vor dem Souveränitätswechsel in Hongkong entschied der Privy Council, dass eine Vertragspartei sich darauf verlassen durfte, dass die andere Partei, die bekanntermaßen kein Englisch sprach, sich eine übersetzte Version des gesamten Dokumentes problemlos verschaffen konnte. Die des Englischen nicht mächtige Vertragspartei musste somit alle vernünftigen und angemessenen Schritte ergreifen, um vom gesamten Vertragstext Kenntnis zu erhalten, auch

---

973 Kincheng Banking Corp v Kao Yu Kuei [1986] 1 HKC 212.

974 In Hongkong wird von ca. 98% der Bevölkerung die chinesische Sprache gesprochen. Kantonesisch ist unter der chinesischen Bevölkerung am weitesten verbreitet, wobei der Anteil der Bevölkerung, die Mandarin (Putonghua) sprechen, immer mehr zunimmt. Das ist hier jedoch unerheblich, da die Schriftzeichen sich nicht unterscheiden. Zwar lehrt(e) man in der Volksrepublik China hauptsächlich die sog. Kurzzeichen, während in Hongkong die sog. Langzeichen üblich sind; jedoch kann ein Hongkonger grundsätzlich Kurzzeichen lesen und ein Bürger der VR China Langzeichen. Da es bei der Doktrin non es factum um schriftliche Verträge geht, ist es somit unerheblich, welche chinesische Sprache der Unterschreibende spricht.

975 Vgl. dazu Sun Hung Kai Credt Ltd v Szeto Yuk Mei [1986] HKDCLR 1, in welchem das Gericht non est factum nicht anerkannte, da derjenige, der einen Vertrag unterschreibt, daraus auch hafte. In der Entscheidung Cheung Pik Wan v Tong Sau Ping [1986] HKLR 921 dagegen war die Verteidigung non est factum erfolgreich.

wenn ein Teil des Vertrages bereits in Chinesische übersetzt war.[976] Grundsätzlich lässt diese Zusammenstellung jedoch erkennen, dass die Hongkonger Gerichte die Doktrin des non est factum in der Sache anerkennen und anwenden.

3.3. Zwang und ungebührliche Beeinflussung (duress and undue influence)

Neben Irreführung (misrepresentation) und Irrtum (mistake) zählen der Zwang (duress) und die ungebührliche Beeinflussung (undue influence) zu den sogenannten 'vitiating factors'. Ein Vertrag, der durch Ausübung von Druck zustande kommt, kann unter Berufung auf Zwang (duress) oder ungebührliche Beeinflussung (undue influence) anfechtbar bzw. vernichtbar sein.[977] Der Begriff 'Zwang' erfährt im Common Law eine enge Auslegung und beinhaltet lediglich körperliche Gewalt oder Drohung mit einer solchen gegenüber einer Person bzw. Freiheitsberaubung oder Drohung mit Freiheitsberaubung gegenüber einer Person, die Teil der vertragsschließenden Partei ist.[978]

Wo eine solche körperliche Gewalt fehlt, gewährt Equity Rechtsschutz für andere Arten von Bedrohung unter der Doktrin der ungebührlichen Beeinflussung (undue influence). Die ungebührliche Beeinflussung umfasst sogar Druck, der auf Überredung beruht.[979]

3.3.1. Zwang (duress)

Die traditionelle Ansicht zur Rechtsnatur des Zwangs (duress) besagt, dass der Wille einer Person, die Zwang (duress) ausgesetzt ist, so sehr beherrscht wird, dass diese nicht mehr in der Lage ist, eine freie Ent-

---

976 Chan Woon Hung v Associated Bankers Insurance Co Ltd [1993] 2 HKLR 127 (PC auf eine Berufung aus Hongkong).

977 Ho, Betty M. (1999) S. 208.

978 Beatson, Jack (2002) S. 277.

979 Beatson, Jack (2002) S. 285.

scheidung zu treffen oder freiwillig zu handeln.[980] Somit bildet die Abwesenheit von Einverständnis die Grundlage für die Anfechtbarkeit eines Vertrages, der unter Zwang (duress) geschlossen wurde.

Im Jahre 1975 beschäftigte sich das House of Lords[981] erneut mit der Rechtsnatur des Zwanges und bekundete eine Abkehr von diesem strengen früheren Ansatz:

> „True duress is not inconsistent with act and will as a matter of legal definition, the maxim being coactus volui. Fear of violence does not differ in kind from fear of economic ills, fear of displeasing others, or any other determinant of choice; it would be inconvenient to regard a particular type of motive as negativing will."[982]

Obwohl es sich bei dem obigen Fall um einen solchen aus dem Bereich des Strafrechts handelte, zogen die Richter keine Grenze zwischen Strafrecht und Zivilrecht. So wiesen sie in ihren Erklärungen sogar ausdrücklich auf die Analogie zum Vertragsrecht hin:

> „Similarly with duress in the English law of contract. Duress again deflects, without destroying, the will of one of the contracting parties. There is still an intention on his part to contract in the apparently consensual terms.... The contrast is with non est factum. The contract procured by duress is therefore not void: it is voidable – at the discretion of the party subject to duress."[983]

---

980 Ho, Betty M. (1999) S. 208; Pao On and Others v Lau Yiu Long [1980] AC 614, 635 (PC auf eine Berufung aus Hongkong).

981 Lynch v Director of Public Prosecutions for Northern Ireland [1975] 1 All ER 913. Siehe dazu auch Beale, Hugh G. (1999) Bd 1 para 7-002 sowie Beatson, Jack (2002) S. 278

982 Lynch v Director of Public Prosecutions for Northern Ireland [1975] 1 All ER 913, 951, per Lord Edmund-Davies.

983 Lynch v Director of Public Prosecutions for Northern Ireland [1975] 1 All ER 913, 938, per Lord Simon of Glaisdale. Es muss allerdings beachtet werden, dass diese Entscheidung im strafrechtlichen Bereich durch die Entscheidung R v Howe [1987] 2 WLR 568 wieder eingeschränkt wurde. Danach kann Zwang (duress) nicht als Verteidigung für einen Totschlag vorgetragen werden.

Die verschiedenen Ansichten führen zu unterschiedlichen Ergebnissen. Folgt man der traditionellen Meinung, die für das Vorliegen von Zwang (duress) die Abwesenheit des Einverständnis' fordert, dann muss geprüft werden, ob ein solches Einverständnis vorlag oder nicht. Wo dagegen das Vorliegen von Zwang (duress) danach bewertet wird, ob das Recht das, was geschehen ist, akzeptiert, wie dies die modernere Ansicht tut, dann muss die Art und Natur der Maßnahmen, die den Zwang darstellen, geprüft werden, wobei die Wirkung des Zwanges nicht außer acht gelassen werden darf.

Die Zwangseinwirkung muss grundsätzlich von dem ausgehen, der den Abschluss eines Vertrages mit demjenigen, welcher der Zwangseinwirkung ausgesetzt ist, anstrebt. Geht sie dagegen von einem Dritten und nicht von der gegnerischen Partei aus, dann muss die Partei, die sich auf diese Zwangsausübung beruft, beweisen, dass die gegnerische Vertragspartei zumindest davon Kenntnis hatte.[984]

3.3.1.1. Arten von Zwang (duress)

Traditionell wird der Zwang in verschiedene Klassen unterteilt. Mit dem Aufkommen der oben beschriebenen neueren Sichtweise wird diese Klassifizierung immer weiter zurückgedrängt werden. Jedoch ist sie nach wie vor im angelsächsischen und damit im Hongkonger Recht vorhanden und soll deshalb auch kurz aufgeführt werden.[985]

Zum einen existiert ein Zwang gegenüber Personen (duress of person). Dieser Zwang kann auch als körperlicher Zwang bezeichnet werden. Er besteht in Gewalt oder der Androhung von Gewalt gegenüber einer Person.[986] Darüber hinaus wird körperlicher Zwang bei Vorliegen von Frei-

---

984 Kesarmal s/o Letchman Das v Valliappa Chettiar (NKV) s/o Nagappa Chettiar [1954] 1 WLR 380, 386.

985 Ho, Betty M. (1999) S. 209.

986 Barton v Armstrong [1976] AC 104; Pao On and Others v Lau Yiu Long [1980] AC 614, 635 (PC auf eine Berufung aus Hongkong). Dem folgt in Hongkong die Entscheidung Chu Kong Highway Engineering Co Ltd v Wong Cheung Sum CACV 264/1999 (11. Januar 2000) - unrep.

heitsberaubung oder der Androhung einer Freiheitsberaubung gegenüber einer Person bejaht.

Daneben kann auch ein Zwang gegenüber Sachen (duress of goods) definiert werden. Dieser Zwang besteht natürlich letztlich auch im Ausüben von Zwang auf Menschen, nur dass es sich hier nicht um körperlichen Zwang handelt. Vielmehr liegt dabei eine rechtswidrige Aneignung oder ein rechtswidriger Zurückbehalt von Gegenständen bzw. die Drohung damit vor. Nach althergebrachter, noch herrschender Meinung, ist der Zwang gegenüber Sachen nicht ausreichend, um einen Vertrag anfechten zu können.[987] Allerdings kann Geld, das gezahlt wurde, um die widerrechtlich erlangten oder zurückgehaltenen Gegenstände wieder zu erlangen bzw. die Drohung, diese Gegenstände ihn Besitz zu nehmen oder zurück zu halten, abzuwenden, wieder zurückverlangt werden.[988]

Problematisch dabei ist, dass diese beiden Regelungen nicht konform gehen. Nach Ansicht der Literatur ist die Unterscheidung zwischen einer bereits erfolgten Zahlung und einem Zahlungsversprechen nicht haltbar.[989] Es wird jedoch weiterhin ein akademischer Streit bleiben, da diese Art des Zwanges immer mehr in der neuen Form, dem wirtschaftlichen Zwang (economic duress), aufgehen wird.

Im angelsächsischen Recht hat sich der Begriff des wirtschaftlichen Zwanges erst sehr spät entwickelt.[990] Es handelt sich dabei um eine Bedrohung mit einer finanziellen Einbuße, also um eine Art Vermögensgefährdung. Eine solche Art Zwang (duress) macht den Vertrag durch die dem Zwang (duress) ausgesetzte Partei anfechtbar.[991]

---

987 Skeate v Beale (1840) 11 Ad & E 983, 990.

988 Maskell v Horner [1915] 3 KB 106, 118, 123, 127.

989 Beatson, Jack (1974) CLJ 97, 107 ff.

990 Vgl. dazu Dawson, John P. (1947) 45 Mich L Rev 253.

991 North Ocean Shipping Co Ltd v Hyundai Construction Co Ltd, The Atlantic Baron [1978] 3 All ER 1170: Kläger und Beklagter hatten sich über die Herstellung und den Verkauf eines Schiffes durch den Beklagten an den Kläger geeinigt. Die Kaufpreiszahlung sollte in US-Dollar in fünf Raten erfolgen, wobei die letzte Rate mit Übergabe des Schiffes fällig werden sollte. Die erste Rate wurde auch vertragsgemäß gezahlt; kurz darauf kam es zu einer drastischen Abwertung des US-Dollar. Daraufhin forderte der Beklagte den Kläger auf, die übrigen Raten um 10% zu erhöhen, sonst würde er

Im Gegensatz zu oben genannten Zwängen ist die Situation bei einem Zwang, der in moralischem Druck (moral coercion) besteht, differenzierter. Grundsätzlich genügt dieser nämlich nicht, um einen Vertrag anzufechten. Unter bestimmten Umständen jedoch kann auch ein solcher moralischer Druck als Zwangsausübung anerkannt werden. Der Begriff geht zurück auf einen im Jahre 1904 durch den Court of Appeal (England) entschiedenen Fall. Dort war eine Ehefrau dadurch zur Einwilligung, die Schulden ihres Ehemannes zu begleichen, veranlasst worden, dass damit gedroht worden war, den Ehemann wegen eines strafrechtlichen Vergehens anzuzeigen und somit den Familiennamen zu entehren.[992]

3.3.1.2. Erheblichkeit der Zwangsausübung (operative duress)

Die Ausübung des dargestellten Zwangs (duress) kann einerseits dazu führen, dass ein Vertrag vernichtbar wird, andererseits kann sie auch folgenlos bleiben. Hierbei kommt es darauf an, ob ein Zwang (duress) rechtserheblich ist oder nicht.[993] Es sollen nunmehr die Formen von Zwangsanwendung charakterisiert werden, die das Recht als Zwangsformen mit kompensierenden bzw. sogar strafenden Rechtsfolgen anerkennt, im Gegensatz zu denjenigen Zwangsformen, die gesellschaftlich anerkannt und akzeptiert sind und die keine rechtlichen Folgen nach sich ziehen.

---

nicht fristgerecht liefern. Zwischenzeitlich hatte der Kläger mit einem Dritten einen lukrativen dreijährigen Chartervertrag über das herzustellende Schif abgeschlossen. Bei Nichterfüllung des Chartervertrages war der Kläger einem Schadensersatzanspruch aus Vertragsverletzung in Höhe von US$ 8.000.000 ausgesetzt. Aus diesem Grunde willigte der Kläger notgedrungen in die Erhöhung der Raten ein. Das Gericht befand, dass der Beklagte, obwohl keine offenen Drohungen vorlagen, Zwang angewendet hatte, da es deutlich war, dass er den Vertrag ohne die Zahlung der erhöhten Raten durch den Kläger nicht erfüllen würde. Der Kläger dagegen konnte ohne die Übergabe des Schiffes seinen Chartervertrag mit dem Dritten nicht erfüllen und hätte, in Ermangelung eines kurzfristigen Ersatzes für das Schiff, aus Vertragsverletzung haften müssen. Als der Kläger in dieser Situation der Erhöhung der Raten zustimmte, handelte er nach an Ansicht des Gerichtes unter wirtschaftlichem Druck.

992 Kaufman v Gerson [1904] 1 KB 591.

993 Ho, Betty M. (1999) S. 211.

Um die Existenz wirksamen Zwangs zu bejahen, muss eine der vertragsschließenden Parteien aufgrund unangemessenen Drucks eines bestimmten Grades, der von der anderen Vertragspartei oder einem Dritten mit Wissen der vertragsschließenden Partei ausgeübt wurde, zum Abschluss eines Vertrages bestimmt worden sein. Um das Vorliegen von erheblichem Zwang zu bejahen, müssen weder die Drohung noch die Forderung ausdrücklich erklärt werden; beides kann auch konkludent erfolgen. Es gibt verschiedene Arten unangemessenen Drucks.

3.3.1.2.1. Drohung mit einer rechtswidrigen Handlung

Die Drohung, eine strafbare Handlung zu begehen, stellt immer eine unangemessene Bedrohung dar, z. B. die Androhung eines Totschlages/Mordes.[994]

Was die Androhung einer Vertragsverletzung, ebenfalls eine rechtswidrige Handlung, angeht, so ist dies nicht eindeutig zu beurteilen. Es gibt im englischen Recht Entscheidungen, die eine solche Drohung nicht als Ausübung von Zwang (duress) einordnen, sondern als deliktische Handlungen.[995] Für Hongkong ist dagegen eine Entscheidung des Privy Council, des höchsten Appellationsgerichtes in den Commonwealth-Staaten und bis zur Übergabe Hongkongs an die VR China auch letzte Instanz für die Hongkonger Gerichtsbarkeit, maßgebend, durch welche die Drohung, eine Vertragsverletzung zu begehen, als Ausübung erheblichen Zwangs anerkannt wurde.[996]

---

994 Barton v Armstrong [1976] AC 104.

995 Rookes v Barnard [1964] AC 1129, 1168 f., 1188, 1201, 1207, 1235. Dabei handelt es sich um eine grundlegende Entscheidung des englischen Rechts, durch welche Einschüchterungen bzw. Nötigungen (intimidations) dem Deliktsrecht zugeordnet werden.

996 Pao On and Others v Lau Yiu Long [1980] AC 614 (PC auf eine Berufung aus Hongkong): In dieser Entscheidung erkannten die Richter die Drohung mit einer Vertragsverletzung zwar als rechtserhebliche Zwangsausübung, nämlich wirtschaftlichen Zwang, an; sie waren allerdings der Ansicht, dass in diesem Fall eine Anfechtbarkeit des Vertrages aufgrund von Ausübung von Zwang verneint werden musste, da die Leistung eben gerade nicht aufgrund des Zwanges, sondern freiwillig gewährt worden war.

3.3.1.2.2. *Drohung mit einer rechtmäßigen Handlung*

Die Drohung mit einer rechtmäßigen Handlung dagegen ist prima facie grundsätzlich nicht rechtserheblich. Wenn diese Drohung von einer Forderung begleitet wird, die vernünftig und angemessen ist, dann gilt auch die Drohung als angemessen.[997] Aus diesem Grunde macht eine Drohung gegenüber einem Schuldner, diesen zu verklagen, den daraufhin geschlossenen Vertrag, in dem sich der Schuldner zur Bereitstellung einer Sicherheit für die Schuld verpflichtet, nicht unwirksam.[998]

Wird die Drohung dagegen ausgesprochen, um eine übermäßige (excessive) Forderung zu unterstützen, dann ist sie unangemessen. So ist z. B. eine Forderung nach Geldzahlungen gegenüber Parteien, die gar keine Summe schulden und auch anderweitig nicht haften, übermäßig und damit unangemessen.[999]

3.3.1.2.3. *Drohung mit dem Nichtabschluss eines Vertrages*

Grundsätzlich stellt eine Drohung damit, nicht in ein bestimmtes Vertragsverhältnis einzutreten, keinen unangemessenen Zwang dar, solange eine Pflicht zum Abschluss eines solchen Vertrages nicht besteht.[1000] Wo der Vertragsschluss von der Aufnahme bestimmter Vertragsbestandteile abhängig gemacht wird, handelt es sich um den normalen Ablauf eines vorvertraglichen Verhandlungsprozesses.

3.3.1.2.4. *Drohung mit einem zivilrechtlichen Prozess (threat to institute civil proceedings)*

Diese Art von Drohungen ist grundsätzlich angemessen. Ein Zivilprozess ist das einzig legitime Mittel, das einer Person zur Verfügung steht, um seine Rechte und Ansprüche durchzusetzen. Wenn die Druckausübung jedoch darin besteht, dass mit einem ungerechtfertigten Prozess gedroht

---

997 Hardie and Lane Ltd v Chilton [1928] 2 KB 306, 318, 328, 335.
998 Flower v Sadler (1882) 10 QB 572, 574 ff.
999 Ho, Betty M. (1999) S. 212.
1000 Smith v William Charlick Ltd (1924) 34 CLR 38, 51, 56, 63, 68, 69.

wird, dann ist sie nicht mehr zulässig, da es sich hier um eine Drohung mit der Begehung einer unerlaubten Handlung handelt.[1001]

3.3.1.2.5. Drohung durch bestimmte Personengruppen (threat in com-bination)

Wo sich mehrere Personen zusammenfinden und von ihnen gemeinsam eine Drohung ausgeht, stellt dies eine besondere Qualität der Drohung dar. Diese Art Zwang (duress) ist besonders im Bereich von Arbeitsrechts- bzw. betrieblichen Streitigkeiten zu finden. Das House of Lords musste sich bereits des öfteren mit der Frage befassen, bis zu welchem Punkt Drohungen als noch angemessen, wann sie jedoch nicht mehr als zulässig erachtet werden können.[1002] So war entschieden worden, dass bei einem rechtswidrigen und vorsätzlichen Zusammenwirken (conspiracy) von Funktionären mit dem Zweck, Kunden eines Unternehmers dazu zu veranlassen, keine Geschäfte mehr mit diesem zu machen, da er nicht der Gewerkschaft angehörende Angestellte beschäftigte, dieser Unternehmer Rechtsschutz begehren kann. Kernpunkt einer solchen Klage ist das Vorhandensein des Zusammenwirkens.[1003] Gegen eine Drohung von Dritten mit der Durchführung eines rechtswidrigen Streiks,[1004] sollte ein Arbeitgeber einen bestimmten Arbeitnehmer nicht entlassen, kann der betroffene Arbeitnehmer gerichtlich vorgehen, allerdings nur gegen diejenigen, welche die Drohung ausgesprochen haben.[1005]

[1001] Ho, Betty M. (1999) S. 215.

[1002] Quinn v Leathem [1901] AC 495; Rookes v Barnard [1964] AC 1129; Universe Tankship Inc of Monrovia v International Transport Worker's Federation [1982] 2 WLR 803.

[1003] Quinn v Leathem [1901] AC 495, 506, 510 ff. Der Schadensersatzanspruch ergibt sich hier aus dem Deliktsrecht (tort). Ebenso die Hongkonger Entscheidung Metrowell Holdings Ltd v Periwin Development Ltd and Another [2001] 4 HKC 446.

[1004] Der Streik war hier deshalb rechtswidrig, da er eine Vertragsverletzung (breach of contract) insoweit darstellte, als sich die Parteien darüber geeinigt hatten, dass Streitigkeiten durch ein Schiedsverfahren zu lösen seien. Der Begriff der Rechtswidrigkeit bzw. -mäßigkeit eines Streiks, wie er nach deutschem Recht bekannt ist, spielt hier keine Rolle.

[1005] Rookes v Barnard [1964] AC 1129, 1168 f., 1188, 1201, 1207, 1235.

In diesen Fällen spielen verschiedene Interessen eine Rolle, die untereinander gewichtet werden müssen: zum einen muss die Freiheit einer Person, ihre Fähigkeiten und wirtschaftlichen Möglichkeiten so zu nutzen, wie sie es wünscht, berücksichtigt werden. Darüber hinaus hat aber auch das Recht von Arbeitern und Angestellten, sich zusammenzuschließen, um ihre Rechte gemeinsam durchzusetzen, eine Existenzberechtigung. Allerdings kann dabei immer die Gefahr von Beherrschung durch eine Mehrheit entstehen, und Handlungen, die per se rechtmäßig und zulässig sind, können durch das Hinzutreten von Kollusion gefährlich und unzulässig werden.[1006]

Dieses gesamte Thema der betrieblichen Streitigkeiten ist nunmehr gesetzlich geregelt worden. Die Trade Unions Ordinance Hongkongs stellt Handlungen von Rechtsverfolgung frei, die andernfalls nach dem Common Law klagbar wären.[1007] So wurde im Fall Universe Tankships Inc of Monrovia v International Transport Worker's Federation entschieden, dass Zahlungen, die aufgrund von grundsätzlich deliktischen Handlungen, die nunmehr durch die Trade Unions Ordinance sanktioniert sind,[1008] an die Gewerkschaft geleistet wurden, nicht zurückgefordert werden können mit dem Verweis auf das Vorliegen von Zwang.[1009] Es muss daraus abgeleitet werden, dass auch ein Vertrag, der unter diesen Umständen geschlossen worden ist, nicht aufgrund von Zwang angefochten werden kann.

3.3.1.2.6. Abstufungen bei der Ausübung von Zwang (degree of pressure)

Um zu bestimmen, ob der ausgeübte Druck ein noch sozialverträgliches und gesellschaftlich akzeptiertes Maß einhält oder ob er dieses über-

---

1006 Quinn v Leathem [1901] AC 495, 530.

1007 Trade Union Ordinance, Cap 332 s 42 ff.

1008 Trade Union Ordinance, Cap 332 s 43.

1009 Universe Tankship Inc of Monrovia v International Transport Worker's Federation [1982] 2 WLR 803, 812 ff. Diese Entscheidung erging aufgrund einer ähnlichen gesetzlichen Regelung in England.

schreitet und die Zwangseinwirkung zur rechtserheblichen (operative) macht, muss die Wirkung des Drucks auf denjenigen, auf den der Druck ausgeübt wurde, geprüft und festgestellt werden. Dabei kommt es auf die jeweilige persönliche Widerstandsfähigkeit desjenigen an, der dem Zwang ausgesetzt ist.

> „It has sometimes been said that in order to avoid a contract entered into through fear, the fear must be such as would impel a person of ordinary courage and resolution to yield to it. I do not think that is an accurate statement of the law. Whenever from natural weakness of intellect or from fear – whether reasonably entertained or not – either party is actually in a state of mental incompetence to resist pressure improperly brought to bear, there is no more consent than in the case of a person of stronger intellect and more robust courage yielding to a more serious danger."[1010]

Im Geschäftsleben ist normaler, unter Geschäftsleuten üblicher wirtschaftlicher Druck nicht ausreichend, um einen Vertrag ungültig zu machen.[1011] Im Jahre 1982 formulierte das House of Lords deutlich, dass es sich die Definition über die Grenzen eines noch akzeptablen Drucks für die Zukunft aufhebe:

> „Commercial pressure, in some degree, exists wherever one party to a commercial transaction is in a stronger bargaining position than the other party. It is not, however, in my view, necessary, nor would it be appropriate in the instant appeal, to enter into the general question of the kinds of circumstances, if any, in which commercial pressure, even though it amounts to a coercion of the will of a party in the weaker bagaining position, may be treated as legitimate and, accordingly, as not giving rise to any legal right of redress."[1012]

1010 Scott v Sebright (1886) 12 PD 21, 24, per Butt J.

1011 Pao On and Others v Lau Yiu Long [1980] AC 614, 634 f. (PC auf eine Berufung aus Hongkong).

1012 Universe Tankship Inc of Monrovia v International Transport Worker's Federation [1982]
2 WLR 803, 813, per Lord Diplock.

Auch wenn die Grenzen der Rechtserheblichkeit des Zwangs (duress) dadurch nicht eindeutig gezogen wurden und wahrscheinlich auch nicht eindeutig zu ziehen sind, da sie bei unterschiedlicher Tatsachenlage auch unterschiedlich zu bewerten sind, so soll dennoch versucht werden, anhand der im folgenden dargestellten Kriterien einige Anhaltspunkte für die Bestimmung der Rechtserheblichkeit des Zwangs (duress) zu vermitteln.

Das Nichtvorhandensein akzeptabler Alternativen zum fraglichen Vertrag ist ein Anzeichen für ein hohes Maß an ausgeübtem Druck. Im Umkehrschluss dazu ist die Verfügbarkeit von wirklichen Alternativen ein Indiz dafür, dass der Druck nicht unerträglich gewesen sein kann.[1013] Darüber hinaus ist der Grundsatz fest verwurzelt, dass demjenigen, der sich gegen die Zwangseinwirkung gerichtlich zur Wehr setzen konnte, es zu versagen ist, sein vertragliches Versprechen anschließend zu brechen. Deshalb ist grundsätzlich anerkannt, dass der Zwang gegenüber Sachen (duress of goods) keine rechtlich erhebliche Form des Zwangs bildet:

> „We consider the law to be clear, and founded on good reason, that an agreement is not void because made under duress of goods. There is no distinction in this respect between a deed and an agreement not under seal;... (Drohung gegenüber einer Person, Anm. der Verf.) is a constraining force, which not only takes away the free agency, but may leave no room for appeal to the law for a remedy: a man, therefore, is not bound by the agreement which he enters into under such circumstances: but the fear that goods may be taken or injured does not deprive any one of his free agency who possesses that ordinary degree of firmness which the law requires all to exert...[I]t is of great importance that parties should be holden to those remedies for injuries which the law prescribes, rather than be allowed to enter into agreements with a view to prevent them, intending at the time not to keep their contracts."[1014]

Diese Aussage besitzt weiterhin Gültigkeit. Allerdings gilt, dass die bloße Verfügbarkeit von Rechtsschutzmöglichkeiten vor einem Vertragsschluss

---

1013 Hennessy v Craigmyle & Co Ltd [1986] ICR 461, 468.

1014 Skeate v Beale (1840) 11 Ad & E 983, 990 f., per Denman CJ.

den Kläger nicht immer seiner Rechte berauben darf, wenn er doch einen Vertrag aufgrund von Zwang gegenüber Sachen (duress of goods) schließt. Unter gewissen Umständen müssen schnelle Entscheidungen getroffen werden, wo die Inanspruchnahme von Rechtsschutz zu zeitintensiv und langwierig wäre.[1015] Folgende Entscheidungen sollen die Bedeutung demonstrieren, die der Verfügbarkeit von akzeptablen Alternativen zu einem Vertrag, der unter Zwang zustande kommt, zukommt: In der 1966 ergangenen Entscheidung D & G Builders Ltd v Rees hatte der Kläger die Wahl zwischen dem Vertragsschluss und der Insolvenz bzw. Konkurs. Eine Vernichtbarkeit des Vertrages wegen der Ausübung von Zwang wurde dem Kläger gewährt.[1016] Ebenso fehlte eine alternative Bezugsquelle in der Entscheidung North Ocean Shipping Co Ltd v Hyundai Construction Co, The Atlantic Baron,[1017] weshalb eine Zwangsausübung bejaht wurde. Dagegen stand dem Kläger in Pao On v Lau Yiu Long[1018] eine Alternative insofern zur Verfügung, als er das Gericht hätte anrufen können. Eine erhebliche Zwangsausübung wurde deshalb verneint.

3.3.1.2.7. Weitere Voraussetzungen für die Bejahung erheblichen Zwangs

Es sind Entscheidungen bekannt, in denen Wert auf das Vorhandensein eines Widerspruches durch die unter Druck gesetzte Partei zum Zeitpunkt des Vertragsschlusses gelegt wurde.[1019] Das Erfordernis eines solchen Widerspruches ist jedoch unrealistisch. Dies wird auch in einer australischen Entscheidung deutlich.

1015 D & G Builders Ltd v Rees [1966] 2 QB 617.

1016 D & G Builders Ltd v Rees [1966] 2 QB 617.

1017 North Ocean Shipping Co Ltd v Hyundai Construction Co Ltd, The Atlantic Baron [1978]
3 All ER 1170.

1018 Pao On and Others v Lau Yiu Long [1980] AC 614 (PC auf eine Berufung aus Hongkong).

1019 North Ocean Shipping Co Ltd v Hyundai Construction Co Ltd, The Atlantic Baron [1978] 3 All ER 1170.

> [T]here is no magic in a protest; for a protest may accompany a voluntary payment or be absent from one compelled...Moreover, the word 'protest' is itself equivocal. It may mean the serious assertion of a right or it may mean no more than a statement that payment is grudgingly made."[1020]

Aus diesem Grund kann auch im Hongkonger Vertragsrecht auf das Erfordernis eines Widerspruchs durch die Partei, die einen Vertrag aufgrund einer Zwangsausübung geschlossen hat, verzichtet werden, wenn diese Partei Rechtsschutz begehrt.[1021]

Dagegen ist es mittlerweile ein allgemein anerkannter Grundsatz, dass der ausgeübte Zwang (duress), den der Geschädigte vorträgt, kausal für den Abschluss des Vertrages gewesen sein muss, wobei dieser Zwang nicht den einzigen Grund für den Vertragsschluss darzustellen braucht.[1022] Konnte das Vorliegen von Zwang bewiesen werden, dann geht die Beweislast vom Kläger auf den Beklagten insoweit über, als dieser zu beweisen hat, dass der Zwang nicht ursächlich für den Vertragsabschluss durch den Kläger war. Der Kläger dagegen muss nicht darlegen, dass er den Vertrag ohne das Vorliegen von Zwang nicht abgeschlossen hätte.[1023]

3.3.1.3. Rechtsfolgen der Zwangsausübung

Liegt ein Zwang durch eine Vertragspartei (oder Dritte) auf die andere Partei nachweislich vor, dann ist der Vertrag durch die Person bzw. Partei, die dem Zwang ausgesetzt war, anfechtbar (voidable). Als Rechtsfolgen kommen Vertragsauflösung (rescission) nach den Regeln der Equity und Schadensersatz (damages) in Betracht.[1024] Schadensersatz wird nicht als Rechtsfolge aus dem Vertragsrecht, sondern als deliktische Rechtsfolge gewährt. Damit bestimmt sich die Höhe des Schadensersat-

---

1020 Mason v The State of New South Wales (1959) 102 CLR 108, 143, per Windeyer J.

1021 Ho, Betty M. (1999) S. 218.

1022 Barton v Armstrong [1976] AC 104, 118 ff.

1023 Barton v Armstrong [1976] AC 104, 118 ff.

1024 Ho, Betty M. (1999) S. 220.

zes für die Folgen einer Zwangsausübung (duress) nach den Maßstäben des Deliktsrechts (torts).[1025]

3.3.2. Ungebührliche Beeinflussung (undue influence)

Neben dem Zwang (duress) bildet die ungebührliche Beeinflussung (undue influence) einen weiteren Faktor, der einen Vertrag aufgrund einer Einflussnahme auf den Willen der anderen Vertragspartei aufheben kann.

Bei der ungebührlichen Beeinflussung (undue influence) handelt es sich um eine Doktrin aus dem Bereich der Equity, welche die relativ restriktive Common-Law-Doktrin des Zwangs (duress) ergänzt. Sie erlaubt Entscheidungen, durch die die Vorteile wieder aufgehoben werden können, die durch die Ausübung einer ungebührlichen Beeinflussung erlangt wurden. Solche Vorteile können bedingungslose Zuwendungen (outright gifts) sein oder der Verkauf einer Sache unter Wert durch den Beeinflussten, den Geber (donor),[1026] ebenso wie der Erwerb einer Sache durch denselben zu einem deutlich überhöhten Preis. Die Grenzen werden hier durch die Gerichte bewusst nicht unverrückbar gezogen, um sich Handlungsspielräume zu erhalten.[1027]

3.3.2.1. Grundlagen der ungebührlichen Beeinflussung (undue influence)

Die Doktrin der ungebührlichen Beeinflussung (undue influence) dient dazu, Handungen abzuschwächen, die über eine bloße Anwendung geschäftlicher Verhandlungstaktiken und –tricks im wirtschaftlichen und sozialen Leben hinausgehen.

1025 Beale, Hugh G. (1999) Bd 1 para 7-040.

1026 Derjenige, welcher eine ungebührliche Beeinflussung (undue influence) ausübt und auf grunddessen etwas erlangt, wird als Empfänger (donee) bezeichnet; während derjenige, welcher der ungebührlichen Beeinflussung ausgesetzt ist und als Folge davon etwas hergibt, Geber (donor) genannt wird.

1027 Tate v Williamson (1866) 2 Ch App 55, 61.

„On the other hand, to protect people form being forced, tricked or misled in any way by others into parting with their property is one of the most legitimate objects of all laws; and the equitable doctrine of undue influence has grown out of and been developed by the necessity of grappling with insiduous forms of spiritual tyranny and with the infinite varieties of fraud".[1028]

Zurück geht dies auf den im Jahre 1852 entschiedenen Fall Hoghton v Hoghton:

„...If, however, besides the obtaining of the benefit of this voluntary gift from the donor, the donor and the donee were so situated towards each other, that undue influence might have been exercised by the donee over the donor, then a new consideration is added, and the question is not...'whether the donor knew that he was doing, but how the intention was produced', and though the donor was well aware of what he did, yet if his disposition to do it was produced by undue influence, the transaction would be set aside."[1029]

Allerdings hat die Doktrin nicht zum Ziel, Personen vor den Folgen ihrer eigenen Fehlerhaftigkeit zu bewahren. Bei allgemein anerkanntem Geschäftsgebahren, das nicht das Ausmaß einer Beeinflussung erreicht, kann deshalb kein Rechtsschutz begehrt werden.[1030]

3.3.2.2. Erscheinungsformen der ungebührlichen Beeinflussung (undue influence)

Die ungebührliche Beeinflussung (undue influence) kann in verschiedenen Konstellationen auftreten. Zum einen kann eine tatsächliche ungebührliche Beeinflussung (undue influence) durch die Gerichte festgestellt werden. Daneben kann aufgrund einer bestimmten persönlichen Beziehung zwischen den Vertragsparteien eine widerlegliche Vermutung für das Bestehen einer ungebührlichen Beeinflussung (undue influence) aufgestellt werden.

1028 National Westminster Bank Plc v Morgan [1985] AC 686, 705, per Lord Scarman. Die Entscheidung beruft sich auf Allcard v Skinner (1887) 36 Ch D 145, 183.

1029 Hoghton v Hoghton (1852) 15 Beav 278, 299 f.

1030 Ho, Betty M. (1999) S. 221.

3.3.2.2.1. *Tatsächliche ungebührliche Beeinflussung (actual undue influence)*

Die Doktrin der ungebührlichen Beeinflussung steht häufig, aber nicht immer, mit dem Vorhandensein von besonderen Beziehungen zwischen Geber (donor) und Empfänger (donee) in Zusammenhang.[1031] Es ist nicht notwendig, eine bereits bestehende besondere Beziehung darzulegen und zu beweisen, um die Rechtswirkungen der Doktrin auszulösen. Wo jedoch eine solche besondere Beziehung nicht bereits vorher bestand, muss tatsächlich eine Beeinflussung der Willensbildung der einen Vertragspartei durch die andere Partei vorliegen.[1032] Die Beweislast für die Ausübung der ungebührlichen Beeinflussung (undue influence) liegt dann bei demjenigen, der Rechtsschutz aufgrund dieser ungebührlichen Beeinflussung (undue influence) begehrt.[1033] Darüber hinaus hat er die Rechtswidrigkeit des Geschäfts darzulegen und zu beweisen, dass dieses Geschäft nachteilig für ihn war.[1034] Kann er diesen Beweis erbringen, kommt es zu einer Beweislastumkehr, wobei derjenige, welcher die ungebührliche Beeinflussung (undue influence) ausgeübt hat, nunmehr beweisen muss, dass diese keinen Einfluss auf den Abschluss des Vertrages hatte.[1035]

3.3.2.2.2. *Vermutete ungebührliche Beeinflussung (presumed undue influence)*

In der Entscheidung In re Coomber, Coomber v Coomber formulierte Fletcher Moulton LJ die Notwendigkeit einer eigenständigen und unabhängigen Entscheidungsfindung durch eine Person.

> „All that is necessary is that some independent person, free from any taint of the relationship, or of the consideration of interest which would affect the act, should put clearly before the person what are the nature

---

1031 Morley v Loughnan [1893] 1 Ch 736, 756; Diners Club International v Ng Chi Sing and Ng Yan Kiang [1987] 1 HKC 78.

1032 Morley v Loughnan [1893] 1 Ch 736.

1033 Royal Bank of Scotland Plc v Etridge (No 2) [2001] 3 WLR 1021, 1030.

1034 National Westminster Bank Plc v Morgan [1985] AC 686, 705.

1035 Royal Bank of Scotland Plc v Etridge (No 2) [2001] 3 WLR 1021, 1030.

and the consequences of the act. It is for adult persons of competent mind to decide whether they will do an act, and I do not think that independent and competent advice means independent and competent approval. It simply means that the advice shall be removed entirely from the suspected atmosphere; and that from the clear language of an independent mind, they should know precisely what they are doing."[1036]

Da in engen geschäftlichen und zwischenmenschlichen Beziehungen eine solche Unabhängigkeit aber häufig nicht gegeben ist, wird das Vorliegen einer ungebührlichen Beeinflussung (undue influence) vermutet, wenn eine besondere Beziehung in Form eines Vertrauensverhältnisses (confidential relationship) vorliegt.[1037] Diese Vermutung hat u.a. Anwendung gefunden auf Verhältnisse zwischen einem Seelsorger und den ihm Anvertrauten,[1038] Arzt und Patient,[1039] einem Neffen und seiner altersschwachsinnigen Tante,[1040] sowie einem Sohn und seinen Eltern.[1041]

1036 Re Coomber Coomber v Coomber [1911] 1 Ch 723, 730, per Fletcher LJ.

1037 Der hier gebrauchte Begriff für Vertrauensverhältnis ('confidential relationship') wird nicht synonym gebraucht und ist deshalb nicht zu verwechseln mit dem Begriff des treuhänderischen Verhältnisses ('fiduciary relationship') im traditionellen Sinne. Der Begriff 'confidential relationship' lässt sich ohnehin sehr schwer definieren. Im Fall Lloyd's Bank Ltd v Bundy [1975] 1 QB 326 wurde versucht, den Begriff eindeutiger abzugrenzen: „...where someone relies on the guidance or advice of another, where the other is aware of that reliance and where the person upon whom reliance is placed obtains, or may well obtain, a benefit from the transaction or has some other interest in it being concluded. In addition, there must, of course, be shown to exist a vital element which...will for convenience be referred to as confidentiality. It is this element which is so impossible to define and which is a matter for the judgment of the court on the facts of any particular case." Ein Vertrauensverhältnis (confidential relationship) existiert v.a. auf der zwischenmenschlichen Ebene und beruht v.a. auf emotionaler Vertrautheit, persönlichen Abhängigkeiten oder einem Vertrauen der einen Partei in die Redlichkeit der anderen Partei aufgrund eines Wissensvorsprungs dieser Partei. Treuhänderische Verhältnisse (fiduciary relationships) dagegen haben ihre Grundlage oft, wenn auch nicht ausschliesslich, in der Vermögenssorge durch die eine Partei für die andere. Allerdings kann ein Vertrauensverhältnis (confidential relationship) natürlich mit einem treuhänderischen Verhältnis (fiduciary relationship) einhergehen. Dies ist z. B. der Fall im Verhältnis von Eltern gegenüber ihren Kindern (Bullock v Lloyd's Bank [1955] 1 Ch 317), zwischen dem Treuhänder/Vermögensverwalter (trustee) und dem Treuhandbegünstigten (cestui que trust) (Ellis v Barker (1871) LR 7 Ch App 104) oder auch zwischen Anwalt und Mandant (Moody v Cox and Hatt [1917] 2 Ch D 71).

1038 Allcard v Skinner (1887) 36 Ch D 145, 183.

Es gibt Entscheidungen, die festlegen, dass die Vermutung der Ausübung einer ungebührlichen Beeinflussung (undue influence) ebenfalls und immer auch Anwendung findet zwischen Ehepaaren oder Verlobten.[1042] In späteren Entscheidungen wird dies allerdings verworfen.[1043] Dem folgt auch Hongkong mit verschiedenen Entscheidungen, u.a. der Entscheidung Bank of China (Hong Kong) Ltd v Wong King Sing & Others.[1044] Betrachtet man die heutige moderne Ausgestaltung der Institution Ehe, scheint es tatsächlich anachronistisch, eine solche Beeinflussung unter Ehegatten ausnahmslos anzunehmen. Es ist wahrscheinlich, dass die Gerichte auch zukünftig gegen eine solche Vermutung entscheiden werden. Ebenfalls abgelehnt wurde die Anwendung der Vermutung im Rahmen einer treuhänderischen Beziehung zwischen einem Vertreter und dem Vertretenen.[1045]

Im Verhältnis zwischen Bank und Bankkunden bestand lange Zeit die Ansicht, dass auch hier ein Vertrauensverhältnis existiere, welches zu einer vermuteten ungebührlichen Beeinflussung (presumed undue influence) führen könne.[1046] Die Entscheidung National Westminster Bank Plc v Morgan[1047] allerdings machte deutlich, dass über dieses Kundenverhältnis hinaus weitere Voraussetzungen erfüllt sein müssen, damit ein

1039 Mitchell v Homfray (1881) 8 QB 587, 591, 593.

1040 Inche Noriah v Shaik Allie Bin Omar [1929] AC 127, 132.

1041 Avon Finance Co Ltd v Bridger (1979) 123 SJ 705.

1042 Turnbull & Co v Duval [1902] AC 429.

1043 Barclays Bank Plc v O'Brien [1993] 3 WLR 786, 792; Royal Bank of Scotland Plc v Etridge (No 2) [2001] 3 WLR 1021, 1032.

1044 Bank of China (Hong Kong) Ltd v Wong King Sing & Others [2002] 1 HKLRD 358, 370.

1045 Re Coomber Coomber v Coomber [1911] 1 Ch 723.

1046 Lloyd's Bank Ltd v Bundy [1975] 1 QB 326, 339 f., 344 f.

1047 National Westminster Bank Plc v Morgan [1985] AC 686. Die Beklagte hatte ein ähnliches Verhältnis zur Bank wie der Beklagte im Fall Lloyd's Bank v Bundy. Dort war ein Kunden- und darüber hinaus ein Vertrauensverhältnis angenommen worden, während im der Entscheidung National Westminster Bank Plc v Morgan das Vorliegen eines Vertrauensverhältnis verneint wurde. Liege überhaupt ein Kundenverhältnis mit der Bank vor, dann könne höchstens tatsächliche ungebührliche Beeinflussung (actual undue influence) angenommen werden. Vgl. auch Royal Bank of Scotland Plc v Etridge (No 2) [2001] 3 WLR 1021, 1030 f.

Vertrauensverhältnis (confidential relationship) bejaht werden kann. Diese Entscheidung verwarf den Grundsatz, dass eine Rechtswidrigkeit des Geschäftes nicht bewiesen werden muss, solange nur die Existenz eines Vertrauensverhältnisses (confidential relationship) feststeht. Derjenige, der Rechtsschutz begehrt, muss beweisen, dass ihm ein schwerer Nachteil zugefügt wurde.[1048] Der englische Court of Appeal hat sich wenig später ausführlich mit der Frage befasst, welche Voraussetzungen die Verbindung von Vertrauensverhältnis (confidential relationship) und Rechtswidrigkeit des Geschäfts erfüllen muss, damit das Vorliegen einer ungebührlichen Beeinflussung (undue influence) bejaht werden kann.[1049] Er hat dazu ausgeführt, dass allein bei Vorliegen eines Vertrauensverhältnisses (confidential relationship) die Vermutung für eine ungebührliche Beeinflussung (undue influence) noch nicht gegeben ist. Diese Vermutung

> „is not perfected and remains inoperative until the party which has ceded the trust and confidence makes a gift so large, or enters into a transaction so improvident as not to be reasonably accounted for on the ground of friendship, relationship, charity or other ordinary motives on which ordinary men act. Although influence might have been presumed beforehand, it is only then that it is presumed to have been undue."[1050]

Durch diese Entscheidung wurde die Reichweite der Anwendung der Doktrin der ungebührlichen Beeinflussung (undue influence) stark eingeschränkt. Englische Gerichte sind ihr umfassend gefolgt[1051] und haben sie sogar auf Fälle angewandt, in denen eine tatsächliche ungebührliche Beeinflussung (actual undue influence) vorlag.[1052] Dies hat das House of Lords verworfen.[1053] Ein objektiver Nachteil des Beeinflussten muss daher nicht vorliegen.[1054] Hongkonger Gerichte haben sich zu dieser Auseinandersetzung offenbar bisher nicht geäußert. Es ist jedoch

1048 National Westminster Bank Plc v Morgan [1985] AC 686, 704, 710.
1049 Goldsworthy v Brickell [1987] 1 All ER 853.
1050 Goldsworthy v Brickell [1987] 1 All ER 853, 865, per Nourse LJ.
1051 Barclays Bank Plc v Khaira [1992] 1 WLR 623.
1052 Midland Bank Plc v Shephard [1988] 3 All ER 17.
1053 CIBC Mortgages Plc v Pitt [1993] 3 WLR 802.
1054 CIBC Mortgages Plc v Pitt [1993] 3 WLR 802, 808 f.

anzunehmen, dass sie der Ansicht des House of Lords in der Entscheidung CIBC Mortgages Plc v Pitt folgen werden. Dies beruht zum einen darauf, dass die Gerichte Hongkongs eher den Ansichten des House of Lords als denen des Court of Appeal Englands folgen, v.a. was die englischen Entscheidungen betrifft, die vor dem Souveränitätswechsel getroffen wurden, da die Entscheidungen des House of Lords im Gegensatz zu denen des Court of Appeal Englands vor dem 1. Juli 1997 faktische Bindungswirkung auf die Gerichte Hongkongs entfalteten. Zum anderen spricht dafür auch die Tatsache, dass die Entscheidung CIBC Mortgages Plc v Pitt nicht einer schwer nachvollziehbaren Vermischung der tatsächlichen und der vermuteten ungebührlichen Beeinflussung (undue influence) Vorschub leistet.

3.3.2.3. Ungebührliche Beeinflussung (undue influence) durch einen Dritten

Ein Vertragsverhältnis, das aufgrund der ungebührlichen Beeinflussung (undue influence) durch einen Dritten zustande gekommen ist, ist grundsätzlich dann angreifbar, wenn die vertragsschließende Partei Kenntnis von der Ausübung der ungebührlichen Beeinflussung (undue influence) auf die andere Partei hatte.[1055] Das House of Lords hatte in der Entscheidung Barclays Bank Plc v O'Brien[1056] formuliert, dass ein grundsätzlicher besonderer Schutz für Familienangehörige, insbesondere Ehefrauen, die für ihre Ehemänner oder andere Familienangehörige gegenüber Banken bürgen oder ihnen andere Sicherheiten zur Verfügung stellen, nicht existiert. Die Sicherungsnehmer, meist eine Bank, muss eine ungebührliche Beeinflussung (undue influence), welche durch den Schuldner auf den Sicherungsgeber ausgeübt wurde, lediglich dann gegen sich gelten lassen, wenn für ihn erkennbar war, dass die Sicherheitsleistung für den Sicherungsgeber finanziell nachteilig war und die Gefahr einer ungebührlichen Beeinflussung (undue influence) durch den Schuldner bestand.[1057]

1055 Lancashire Loans Ltd v Black [1934] 1 KB 380, 403, 417 f., 422.

1056 Barclays Bank Plc v O'Brien [1993] 3 WLR 786, 797.

1057 Barclays Bank Plc v O'Brien [1993] 3 WLR 786, 798.

Wo eine solche Kenntnis nicht besteht, kann unter engen Voraussetzungen dennoch eine Anfechtung des Vertrages erfolgen. Deutlich gemacht wurde dies durch die Erklärungen von Lord Hobhouse of Woodborough in der Entscheidung Royal Bank of Scotland Plc v Etridge, welcher eine dreistufige Prüfung heranzog.[1058] Zum einen muss der Kläger darlegen, dass das Rechtsgeschäft tatsächlich aufgrund einer ungebührlichen Beeinflussung (undue influence) zustandegekommen ist. Darüber hinaus mussten dem Beklagten, oft ein Darlehensgeber, z. B. eine Bank, aufgrund der Umstände erhöhte Verdachtsmomente für das Auftreten einer ungebührlichen Beeinflussung (undue influence) vorliegen (the lender has been put on inquiry).[1059] Ist dies der Fall, dann musste er alle notwendigen Schritte unternommen haben um sicherzustellen, dass keine ungebührliche Beeinflussung (undue influence) eintreten kann.[1060]

Der High Court Hongkongs schloss sich den Argumentationen in Scotland Plc v Etridge in der Entscheidung Dao Heng Bank Ltd v Ho Yin Yuk and Another[1061] an, nachdem er formuliert hatte, dass er sich nicht grundsätzlich an die Entscheidungen des House of Lords gebunden sieht, unabhängig davon, ob diese Entscheidung in England vor oder nach dem 1. Juli 1997 ergangen ist.

> „In both Etridge and O'Brien there were also other references to certain principles being applicable to "past cases" and some other principles applicable to "future cases", relating to what a bank could and should do in order to uphold a transaction once it had been "put on inquiry"....The 8 appeals comprising Etridge were all husband and wife cases. The present case is a non-husband and wife case. Moreover, a House of Lords decision is not binding on this Court. Likewise, similar observations may

1058 Royal Bank of Scotland Plc v Etridge (No 2) [2001] 3 WLR 1021, 1054.

1059 Dies ist häufig der Fall, wenn Sicherungsgeber ein nahes Familienmitglied in einer wirtschaftlich schwächeren Stellung ist.

1060 Dies kann z. B. durch eine eingehende Beratung des Sicherungsgebers durch den Darlehensgeber mit dem Hinweis auf die mit der Abgabe der Sicherheit verbundenen Risiken geschehen. Royal Bank of Scotland Plc v Etridge (No 2) [2001] 3 WLR 1021, 1062; Bank of China (Hong Kong) Ltd v Wong King Sing & Others [2002] 1 HKLRD 358, 377.

1061 Dao Heng Bank Ltd v Ho Yin Yuk and Another [2003] 1 HKLRD 28, per Cheung J.

> be made in respect of what was said in O'Brien. In Li Sau Ying v. Kincheng Banking Corporation HCA 18515/1999 (30 May 2002), Deputy High Court Judge Bunting, SC applied the commercial/non-commercial test to a case involving two good friends, and held that the bank was put on inquiry because of its knowledge of the non-commercial relationship between the victim (mortgagor) and the borrower company (owned by the wrongdoer) under a 1996 mortgage....With respect, I agree, and adopt the reasoning of Lord Nicholls in Royal Bank of Scotland Plc v Etridge (no 2) [2001] UKHL 44, and find what he said there to be of the highest persuasive authority in this Court. I see no reason not to follow it. If I may say so, with respect, when compared with Barclays Bank Plc v O'Brien [1994] 1 AC 180, the judgment in Royal Bank of Scotland Plc v Etridge (No 2) in this regard, represents a more detailed and mature consideration of what the law should be in this non-sexual relationship area."[1062]

Die Aussage Richter Cheungs macht deutlich, dass eine eigenständige Hongkonger Entscheidung v. a. dann erfolgen wird, wenn die Konstellation des Hongkonger Falles nicht absolut mit der der englischen Entscheidung übereinstimmt. Auch präsentierte das Gericht eine Verweisung auf eine Entscheidung,[1063] welche durch den High Court Hongkongs ergangen war. Daraus lässt sich erkennen, dass im eigenen Gerichtswesen entwickelte Präzedenzfälle in Hongkong eine immer wichtigere Rolle spielen. Dennoch hielt das Gericht die Begründungen in Scotland Plc v Etridge im vorliegenden Fall für überzeugend und folgte ihnen.

3.3.2.4. Rechtsfolgen einer ungebührlichen Beeinflussung (undue influence)

Ein Vertrag, der aufgrund von ungebührlicher Beeinflussung (undue influence) zustande kommt, ist ebenso wie ein Vertrag, der aufgrund einer Zwangsausübung (duress) geschlossen wird, durch die Partei, welche der ungebührlichen Beeinflussung (undue influence) ausgesetzt war,

---

1062 Dao Heng Bank Ltd v Ho Yin Yuk and Another [2003] 1 HKLRD 28, 51 f. per Cheung J.

1063 Li Sau Ying v Kincheng Banking Corporation [2002] HKEC 1103.

vernichtbar bzw. anfechtbar (voidable).[1064] Wählt diese Partei die Vertragsauflösung (rescission), müssen bereits erbrachte Leistungen zurückgewährt und die Parteien in ihre ursprüngliche Lage zurückversetzt werden.[1065]

Allerdings tritt eine Verwirkung ein, wenn die Partei, die unter der ungebührlichen Beeinflussung (undue influence) gestanden hat, nicht unmittelbar nach Beendigung des Einflusses ihr Recht auf Vertragsauflösung geltend macht.[1066] Darüber hinaus kann die Partei, welche der ungebührlichen Beeinflussung (undue influence) ausgesetzt war, dieses Wahlrechts beraubt sein, wenn der Vertrag mit einer sogenannten Bestätigung (validation of contract) geschlossen worden ist. In diesem Fall kann die gegnerische Partei sich gegen den Vorwurf der ungebührlichen Beeinflussung (undue influence) verteidigen, indem sie beweist, dass die Partei entweder einen eigenen unabhängigen Willen zum Vertragsschluss besaß[1067] oder ihr eine fachkundige unabhängige Beratung zur Verfügung stand,[1068] wodurch der Vertrag bestätigt wurde (validate transaction).

3.4. Sittenwidrigkeit und Verstoß gegen Treu und Glauben (unconscionability)

Auf diesem Gebiet unterscheidet sich das Hongkonger erheblich vom englischen Recht.[1069] Auch wenn sich die Unterschiede v.a. aus der Gesetzgebung und weniger aus dem Common Law ergeben, so soll hier doch darauf eingegangen werden, da der Begriff der 'unconscionability' mittlerweile eine immer größere Bedeutung erfährt.

1064 Siehe dazu das Kapitel 'Rechtsbehelfe und Rechtsfolgen' S. 423 ff.

1065 Dunbar Bank Plc v Nadeem [1998] 3 All ER 877.

1066 Allcard v Skinner (1887) 36 Ch D 145; Nicholl v Ryder [2000] EMLR 632.

1067 In the Estate of Bocklehurst, Hall v Roberts [1978] 1 Ch 14, 36.

1068 Dieser Rat besteht meist in juristischem Beistand. Inche Noriah v Shaik Allie Bin Omar [1929] AC 127, 132.

1069 Ho, Betty M. (1999) S. 227.

3.4.1. Sittenwidrigkeit nach dem Common Law

Im englischen Recht umfasst der Begriff der Sittenwidrigkeit (unconscionability) die Doktrin des Zwangs (duress) und der ungebührlichen Beeinflussung (undue influence). Neben seiner Verwendung als Oberbegriff hat er auch eine materielle Bedeutung. Dabei ist er auf einige spezielle Fälle beschränkt, wie z. B. sittenwidrige Verträge in Erwartung einer Erbschaft[1070] oder treuwidrige Geschäfte mit 'poor and ignorant people', was bedeutet, dass die verminderte geistige und/oder wirtschaftliche Kapazität der anderen Partei ausgenutzt wird.[1071] Es gibt somit keine allgemeine Anerkennung eines eigenständigen Konzeptes 'Sittenwidrigkeit' im englischen Recht, was auch damit zu tun, dass die Ansicht herrscht, der Billigkeit im angelsächsischen Recht werde durch das Rechtsinstitut der Equity bereits Genüge getan.[1072]

Zwar hat im Fall Lloyd's Bank Ltd v Bundy[1073] Lord Denning mit dem Vorschlag einen Vorstoß gewagt, das Prinzip des Verstoßes gegen Treu und Glauben insoweit einzuführen, dass Verträge aufgrund ungleicher Verhandlungsmacht (unequal bargaining power) aufhebbar seien. Diese Ansicht wird jedoch von den Gerichten nicht geteilt; ganz im Gegenteil wurde und wird häufig die Meinung geäußert, dass eine solche Herangehensweise der Rechtsunsicherheit Vorschub leiste. Wenn es eine Änderung geben müsse, dann solle diese durch die Gesetzgebung herbeigeführt werden.[1074] Bisher wurde jedoch kein Gesetz in England

---

1070 Aylesford v Morris (1873) LR 8 Ch App 300, 306.

1071 Evans v Llewellen (1787) 1 Cox CC 334, Creswell v Potter [1978] 1 WLR 255, 257.

1072 Ho, Betty M. (1999) S. 227 ff.

1073 Lloyd's Bank Ltd v Bundy [1975] QB 326.

1074 Lord Scarman formulierte in National Westminster Bank Plc v Morgan [1985] AC 686, 707 ff.: „Lord Denning MR believed that the doctrine of undue influence could be subsumed under a general principle that English courts will grant relief where there has been 'inequality of bargaining power'...The doctrine of undue influence has been sufficiently developed not to need the support of a principle which by its formulation in the language of the law of contract is not appropriate to cover transactions of gift where there is no bargain. The fact of unequal bargain will, of course, be a relevant feature in some case of undue influence... And even in the field of contract I question whether there is any need in modern law to erect a general principle of relief against inequality of bargaining power. Parliament has undertaken the task – and it is essenverabschiedet, das sich direkt auf sittenwidrige Geschäfte bezieht. In indirektem Zusammenhang damit stehend wurden allerdings Gesetze geschaffen, wie z. B. die Unfair Terms in Consumer Contracts Regulation im Jahre 1994.[1075]

In Hongkong war, dem englischen Recht folgend, die Ansicht, welche die generelle Existenz eines Rechtskonzeptes Sittenwidrigkeit (unconscionability) ablehnte, lange tief verwurzelt. Auch hier wurde Rechtsschutz aus dem Gedanken eines Verstoßes gegen Treu und Glauben aufgrund von ungleicher Verhandlungsmacht grundsätzlich nicht gewährt.[1076] Diese grundlegende Ablehnung änderte sich jedoch in den 90er Jahren des 20. Jahrhunderts. So wurde im Oktober 1994 ein explizit auf sittenwidrige Geschäfte zugeschnittenes Gesetz verabschiedet,[1077] die Unconscionable Contracts Ordinance.[1078]

Darüber hinaus haben auch die Hongkonger Gerichte sich ausführlicher mit der Doktrin der Sittenwidrigkeit (unconscionability) als eigenständigem Faktor beschäftigt.[1079] Sie waren in ihrer Einschätzung nicht ganz so rigide wie englische Gerichte. Dennoch erkannten auch sie die Sittenwidrigkeit (unconscionability) als isolierten Grund für eine Vertragsaufhebung lange nicht an. Allerdings verwarfen sie das Konzept auch nicht vollständig.

---

tially a legislative task – of enacting such restrictions upon freedom of contract as are in its judgment necessary to relieve against the mischief."

1075 Diese Gesetze und Verordnungen beruhen auf Vorgaben der Europäischen Union. Die Verordnung bezieht sich auf 'unfaire' Vertragsklauseln in Kauf- bzw. Werkverträgen, wobei eine Partei dabei als Verbraucher auftritt, und bei denen die Vertragsklauseln nicht individuell ausgehandelt wurden. Zwar ist der Begriff 'unfair' nicht mit treu- oder sittenwidrig (unconscionable) gleichzusetzen. Da die Verordnung Vertragsklauseln sanktioniert, die 'contrary to the requirement of good faith' sind und eine 'significant imbalance in the parties' rights and obligations' hervorrufen, lässt sich jedoch unschwer eine Parallele zwischen der 'unfairness' dieser Klauseln und der Sittenwidrigkeit ziehen, die oben beschrieben wurde.

1076 OTB International Credit Card Ltd v Michael Au [1980] HKLR 296.

1077 Die Ordinance trat ein Jahr später in Kraft. Sie ist nach dem Vorbild eines australischen Gesetzes geschaffen.

1078 Unconscionable Contracts Ordinance, Cap 458.

1079 Union Eagle Ltd v Golden Achievement Ltd [1997] 1 HKLRD 366, 370.

„Returning then to unconscionability, it is significant that their Lordships, in the Union Eagle case, did not find it necessary to go so far as to reject unconscionability althogether as an acceptable basis of equitable relief."[1080]

Letztlich haben aber die Gerichte Hongkongs nach dem Souveränitätswechsel abweichend von den Entscheidungen Englands mit Lo Wo & Others v Cheung Chan Ka Joseph & Another eine Entscheidung getroffen, in der sie eine Vertragsauflösung (rescission) allein aufgrund von Sittenwidrigkeit (unconscionability) des Vertrages gewährten.[1081]

3.4.2. Unconscionable Contracts Ordinance

Wie oben erwähnt, wurde im Jahre 1994 die Unconscionable Contracts Ordinance in Hongkong verabschiedet. Sie gibt den Gerichten einen weiten Beurteilungsspielraum bei der Interpretation und der Bewertung, ob ein Fall von Sittenwidrigkeit vorliegt oder nicht. Allerdings beschränkt sich dieses Gesetz auf Kauf- bzw. Werkverträge, bei denen eine Partei als Verbraucher auftritt.[1082]

Die Ordinance enthält zwar keine eindeutige Definition, was genau unter dem Begriff 'unconscionability' zu verstehen ist. Allerdings listet sie in Section 6 diverse Faktoren auf, die das Gericht u.a. bei seiner Bewertung von Sittenwidrigkeit (unconscionability) in Betracht ziehen sollte. Diese Faktoren beinhalten z. B. die jeweilige Verhandlungsstärke einer Partei, das Verständnis des Verbrauchers für vertragliche Dokumente, das Vorliegen einer ungebührlichen Beeinflussung (undue influence) und die Verfügbarkeit von günstigeren Alternativen.[1083] Darüber hinaus darf das Gericht auch andere Faktoren zur Beurteilung, wie z. B. das Ver-

---

1080 Pacific South (Asia) Holdings Ltd v Million Unity International Ltd [1997] 1 HKLRD 1238, 1247.

1081 Lo Wo & Others v Cheung Chan Ka Joseph & Another [2001] 3 HKC 70.

1082 Unconscionable Contracts Ordinance, Cap 458 s 5(1).

1083 Unconscionable Contracts Ordinance, Cap 458 s 6(1).

halten der Prozessparteien hinsichtlich der Vertragserfüllung, heranziehen.[1084]

Im Gegensatz zum allgemeinen Grundsatz, dass Gerichte keine Verträge machen, sondern sie lediglich interpretieren und vollstrecken, erlaubt dieses Gesetz den Gerichten, Verträge selbständig umzuschreiben. Gemäß Section 5 der Unconscionable Contracts Ordinance[1085] kann das Gericht, wenn es der Meinung ist, bei einem Kauf- bzw. Werkvertrag mit Beteiligung eines Verbrauchers habe bei Vertragsschluss ein Verstoß gegen Treu und Glauben vor gelegen, die Vollstreckung des Vertrages ablehnen, nur denjenigen Teil des Vertrages, der nicht sittenwidrig ist, unter Abspaltung des sittenwidrigen Teils vollstrecken lassen, sittenwidrige Vertragsteile in ihrer Wirksamkeit beschränken oder auch diese revidieren und verändern, so dass Verstöße gegen Treu und Glauben durch die Vollstreckung des Vertrages verhindert werden. Dies bezieht sich u.a. auf stark überhöhte Preise, die ebenfalls sittenwidrig sein können. Das Hongkonger Gericht darf die fraglichen Preise bzw. Kosten anpassen oder herabsetzen.[1086]

3.5. Mangelnde Geschäftsfähigkeit (incapacity)

Auch die mangelnde Geschäftsfähigkeit (incapacity) zählt zu den sogenannten 'vitiating factors', also den Faktoren, die einen Vertrag ungültig machen können.[1087] Das Recht nimmt grundsätzlich an, dass jedermann geschäftsfähig ist, ausgenommen, er fällt unter eine der Personengruppen, deren Mitglieder nur beschränkt oder gar nicht geschäftsfähig sind. Ebenso wie im deutschen Recht beschränkt auch das angelsächsische Recht mitunter die Geschäftsfähigkeit von bestimmten Personen oder Vereinigungen.[1088] Dadurch können diese Personen bzw. Vereinigungen sich nur begrenzt rechtlich binden oder eine Forderung durchsetzen. Die

---

1084 Unconscionable Contracts Ordinance, Cap 458 s 6(3).
1085 Unconscionable Contracts Ordinance, Cap 458 s 5.
1086 Hang Seng Credit Card Ltd & Others v Tsang Nga Lee [2000] 3 HKLR 33, 38 ff.
1087 Beatson, Jack (2002) S. 207.
1088 Ho, Betty M. (1999) S. 232.

Rechtsfolgen mangelnder Geschäftsfähigkeit können durchaus unterschiedlich sein; so kann ein Vertrag nichtig, anfechtbar oder auch nur nicht durchsetzbar sein.[1089]

3.5.1. Grundlagen der mangelnden Geschäftsfähigkeit

Der Zweck der mangelnden Geschäftsfähigkeit besteht im Schutz der betroffenen Personen, die aus diversen Gründen nicht voll am Rechtsleben teilnehmen können. Bei Unternehmen bzw. Personenvereinigungen, welche ebenfalls nur über eine eingeschränkte Geschäftsfähigkeit verfügen, sollen Investoren und Gläubiger geschützt werden.[1090]

Das Prinzip der mangelnden Geschäftsfähigkeit kann jedoch auch zu Härten führen, wenn jemand mit einer nicht geschäftsfähigen Person gutgläubig Geschäfte abschließt. So ist es möglich, dass eine nicht geschäftsfähige Person auf Kosten der anderen Person bereichert sein kann, ohne dass gegen sie ein Rückzahlungsanspruch geltend gemacht werden kann. Diese Härtefälle sind mittlerweile aufgeweicht worden, u.a. durch gesetzliche Änderungen beim Recht der Rechtsfähigkeit von Unternehmen oder auch durch die Änderungen im Recht der ungerechtfertigten Bereicherung (restitution oder unjust enrichment), so dass selbst bei Vorliegen eines nichtigen oder auch nur eines nicht durchsetzbaren Vertrages bereits gewährte Leistungen zurückgewährt werden müssen, ausgenommen, die Rückgewähr würde faktisch einer Vertragserfüllung gleichkommen. So verweigerte in der englischen Entscheidung Westdeutsche Landesbank Girozentrale v Islington das Gericht die Zahlung von Zinseszinsen (compound interest), da dies eben zu einer solchen Vertragserfüllung geführt hätte.[1091]

1089 Aus diesem Grunde wird die mangelnde Geschäftsfähigkeit nicht, wie man primär annehmen könnte, bei der Wirksamkeit des Vertragsschlusses behandelt, sondern bei den die Unwirksamkeit des (geschlossenen) Vertrages herbeiführenden 'vitiating factors'.

1090 Beatson, Jack (2002) S. 207, 212 ff.

1091 Westdeutsche Landesbank Girozentrale v Islington LBC [1996] 2 AC 669. Der Court of Final Appeal war, was die Zahlung von Zinseszinsen angeht, in der Entscheidung China Everbright – IHD Pacific Ltd v Ch'ng Poh [2003] 2 HKLRD 594 anderer Mei-

Neben Minderjährigen und Korporationen, welche hier ausführlicher behandelt werden sollen, genießen geistig Behinderte und Betrunkene ebenfalls den Schutz des Rechts. Darüber hinaus waren bis zur Verabschiedung der Married Person's Status Ordinance[1092] verheiratete Frauen nur beschränkt geschäftsfähig. Außerdem bestand eine beschränkte Geschäfts- und Prozessfähigkeit gegen und für die Krone, was heute der öffentlichen Verwaltung entspricht. Dies dient dem Schutz der öffentlichen Finanzen sowie der Steuerzahler.[1093]

3.5.2. Geschäftsfähigkeit Minderjähriger im Hongkonger Recht

Nach dem Common Law wird die Geschäftsfähigkeit im Alter von 21 Jahren erreicht.[1094] Allerdings wurde dieses Alter durch die Age of Majority (Related Provisions) Ordinance[1095] auf 18 Jahre herabgesetzt. Vor Erreichen dieses Alters gelten die Personen als Minderjährige. Als solche können sie weder sich noch andere, also auch und gerade nicht ihre Eltern, durch rechtliche Handlungen binden, ausgenommen, sie handeln nach den Regeln der Vertretung, soweit dies zulässig ist. Dieses Prinzip geht auf eine sehr frühe Entscheidung vom Anfang des 19. Jahrhunderts zurück.

> „[I]f persons in trade are allowed to trust young men, and compel their fathers to pay them, any man who had a family might be ruined. A father is not bound to pay for articles ordered by his son, unless the father gives some authority, express or implied."[1096]

Die Grundlage dieses Prinzips liegt jedoch im Schutz des Minderjährigen begründet:

---

nung, allerdings war dort der Vertrag nicht aufgrund mangelnder Geschäftsfähigkeit nichtig, sondern aufgrund betrügerischen Handelns (fraud) und kollusiven Zusammenwirkens (conspiracy).

1092 Married Person's Status Ordinance, Cap 182.

1093 Beatson, Jack (2002) S. 207.

1094 Ho, Betty M. (1999) S. 232.

1095 Age of Majority (Related Provisions) Ordinance, Cap 410 s 2.

1096 Blackburn v Mackey (1823) 1 Car & P 1, 2.

> „The basic principle of the Common Law...is that a minor's contract is enforceable by, but not against, him. The rationale of this principle is that an inexperienced young requires protection against both the rapacity of some unscrupulous and more experienced adults and his own imprudence."[1097]

Verträge mit Minderjährigen lassen sich nach der Art ihrer Behandlung in vier Kategorien aufgliedern: Verträge über Gegenstände des notwendigen Lebensbedarfs (contracts for necessaries), anfechtbare Verträge (voidable contracts),[1098] Verträge über Gegenstände, welche nicht zum notwendigen Lebensbedarf zählen und Forderungen unter HK$ 60.000.[1099] Die ersten drei Kategorien wurden durch das Common Law entwickelt, letztere beruht auf gesetzlichen Regelungen mit einem deliktsrechtlichen Hintergrund.

Verträge über Gegenstände des notwendigen Lebensbedarfs (contracts for necessaries) binden auch Minderjährige.[1100] Bei den Vertragsgegenständen muss es sich um Waren oder Dienstleistungen handeln, die für die minderjährige Vertragspartei notwendig sind oder sein können. Mit der Formulierung 'Gegenstände des notwendigen Lebensbedarfs' sind nicht zwangsläufig ausschließlich Güter oder Dienstleistungen gemeint, welche zum Überleben unerlässlich sind. Vielmehr zählt dazu alles, was

---

1097 The Law Commission (England) (1994) s 1.5.

1098 Es sollte berücksichtigt werden, dass mangelnde oder beschränkte Geschäftsfähigkeit aus Gründen des Schutzes des Minderjährigen nur zur Verteidigung gegen Ansprüche gegenüber dem Minderjährigen vorgetragen werden kann. Die andere Partei, die nicht in den Schutzbereich fällt, kann sich nicht auf die beschränkte Geschäftsfähigkeit der minderjährigen Partei berufen, um einen Vertrag mit diesem anzufechten.

1099 Diese gesetzliche Regelung resultierte aus Section 46 der District Court Ordinance, Cap 336, nach welcher die Minderjährigkeit bei Streitigkeiten vor dem District Court nicht als Verteidigung vorgebracht werden durfte. Diese Regelung ist allerdings geändert worden. Bei Streitigkeiten über Verträge, welche ab dem 1. Oktober 1990 geschlossen wurden, kann nunmehr wieder eine Verteidigung unter Hinweis auf die Minderjährigkeit auch vor den District Courts erfolgen. Handelt es sich allerdings um Verträge, welche vor dem 1. Oktober 1990 geschlossen wurden, ist Section 46 der District Court Ordinance, Cap 336, weiterhin anwendbar. Bei Ansprüchen, welche HK$ 60.000 nicht übersteigen, kann somit eine Verteidigung mit dem Hinweis auf die Minderjährigkeit nicht erfolgen.

1100 Ho, Betty M. (1999) S. 233.

der jeweilige Minderjährige benötigt, um einen seinen Lebensumständen angemessenen Standard aufrechtzuerhalten.[1101]

> „[F]rom the earliest time...the word necessaries was not confined, in its strict sense, to such articles as were necessary to the support of life, but extended to articles fit to maintain the particular person in the state, station, and degree in life in which he is; and therefore we must not take the word 'necessaries' in its unqualified sense, but with the qualification above pointed out."[1102]

Es ist nicht immer leicht zu bewerten, ob ein Gegenstand oder eine Dienstleistung unter die Kategorie 'notwendiger Lebensbedarf' fällt, da dies im Laufe der Zeit auch Veränderungen unterliegt. Heute gehören grundsätzlich auch Ausbildungs- oder Lehrlingsverträge in diese Kategorie.[1103] Der Minderjährige muss, damit die Bindungswirkung eintritt, einen akuten Bedarf an den vertragsgegenständlichen Leistungen gehabt haben, wofür die gegnerische Partei die Beweislast trägt. Darüber hinaus muss der Vertrag in seiner Gesamtheit für den Minderjährigen vorteilhaft sein.[1104] Enthält der Vertrag für den Minderjährigen nachteilige Vereinbarungen, welche nicht durch Vorteile wieder ausgeglichen werden, kann der Minderjährige nicht durch den Vertrag rechtlich gebunden werden.[1105] Bei der Bewertung, ob ein Vorteil auf Seiten des Minderjährigen

---

1101 Beispiele für die Einordnung eines Vertrages als Vertrag über Gegenstände des notwendigen Lebensbedarfs: Peters v Fleming (1840) 6 M & W 42; Waterman v Fryer [1922] 1 KB 499; Chaplin v Leslie Frewin (Publishers) Ltd [1966] 1 Ch 71; Flower v London & North Western Railway Co [1894] 2 QB 65; Verneint wurde dagegen das Vorliegen eines Vertrages über Gegenstände des notwendigen Lebensbedarfs in den Entscheidungen Mercantile Union Guarantee Corporation v Ball [1937] 2 KB 498, 503; Ryder v Wombwell (1869) LR 4 Exch 32, 40.

1102 Peters v Fleming (1840) 6 M & W 42, 46 f., per Parke B.

1103 Waterman v Fryer [1922] 1 KB 499.

1104 Roberts v Gray [1913] 1 KB 520, 526ff; Flower v London & North Western Railway Co [1894] 2 QB 65;

1105 Anders als im deutschen Recht, wo die vertraglichen Leistungen einzeln betrachtet werden und der Vertrag bereits dann nicht wirksam ist, wenn er nicht lediglich rechtlich vorteilhaft ist, wird im angelsächsischen Recht der Vertrag als Ganzes betrachtet. Es wird eher eine wirtschaftliche als eine rechtliche Sichtweise eingenommen, wobei die Nachteile, welche für den Minderjährigen aus dem Vertrag resultieren, durch entgegeben ist, zählt lediglich der wirtschaftliche bzw. finanzielle Vorteil.[1106] Sind alle oben genannten Voraussetzungen erfüllt, bindet der Vertrag den Minderjährigen, und die andere Partei kann ihre Ansprüche geltend machen. Hat ein Minderjähriger wirksam einen ihn rechtlich bindenden Vertrag über Gegenstände des notwendigen Lebensbedarfs geschlossen, kann er ihn nicht wieder auflösen.

Handelt es sich um einen Vertrag über Gegenstände des notwendigen Lebensbedarfs (contracts for necessaries), welcher jedoch nicht vorteilhaft für den Minderjährigen ist, dann ist der Vertrag nicht bindend, der Minderjährige muss aber dennoch einen 'angemessenen Preis' (reasonable price) für die vertragliche Leistung zahlen, jedoch nur insoweit, dass für den Minderjährigen wiederum keine einer Vertragserfüllung gleichkommende Situation entsteht,[1107] gesetzlich geregelt in der Sale of Goods Ordinance für den Kauf von Waren.[1108] Deshalb wird angenommen, dass die Pflicht zur Kaufpreiszahlung nicht aus dem Vertrag selbst resultiert. Die tatsächliche Grundlage für die Kaufpreiszahlung bestehe in der Verpflichtung zur Zahlung eines angemessenen Preises für die Befriedigung von notwendigen Bedürfnissen, die aus Erwägungen von Recht und Gerechtigkeit resultiert.[1109]

Anfechtbare Verträge (voidable contracts), die oben bereits erwähnt wurden, binden den Minderjährigen ebenfalls, solange er nicht deren Erfüllung bis zum Erreichen der Volljährigkeit oder innerhalb einer angemessenen Zeit danach, verweigert (repudiation).[1110] Dazu zählen u. a. Grundstücksverträge,[1111] Verträge zur Zeichnung von Geschäftsanteilen

---

sprechende Vorteile wieder ausgeglichen werden können und müssen, um die Wirksamkeit des Vertrages zu gewährleisten.

1106 Chaplin v Leslie Frewin (Publishers) Ltd [1966] 1 Ch 71, 95, 97 ff.; abweichend Lord Denning: Er setzte den erhaltenen wirtschaftlichen Vorteil zu den aus dem Vertrag resultierenden wirtschaftlichen und rechtlichen sowie menschlichen Nachteilen ins Verhältnis und hielt den Vertrag deshalb für den Minderjährigen für nicht bindend.

1107 Beatson, Jack (2002) S. 226.

1108 Sale of Goods Ordinance, Cap 26 s 4.

1109 Nash v Inman [1908] 2 KB S 1, 5, 12 f.

1110 Ho, Betty M. (1999) S. 238.

1111 Davies v Beynon-Harris (1931) 47 TLR 424.

oder Aktien,[1112] Partnerschaftsverträge[1113] und Ehevereinbarungen.[1114] Die Erfüllungsverweigerung (repudiation) kann jederzeit während der Minderjährigkeit und noch innerhalb eines angemessenen Zeitraums nach Erreichen der Volljährigkeit erfolgen. Was unter einem angemessenen Zeitraum zu verstehen ist, wurde bisher von den Gerichten durchaus unterschiedlich bewertet.[1115] Die Erfüllungsverweigerung (repudiation) kann durch den Minderjährigen wieder zurückgenommen werden.

Zu den oben erwähnten Partnerschaftsverträgen, welche für den Minderjährigen bindend aber anfechtbar sind, zählen nur die Verträge im Innenverhältnis der Partnerschaft. Für Verträge der Partner mit Dritten haftet der Minderjährige dagegen ohnehin nicht.

> „I think it clear that there is nothing to prevent an infant trading, or becoming partner with a trader, and that until his contract of partnership be disaffirmed he is a member of the trading firm. But it is equally clear that he cannot contract debts by such trading;..."[1116]

Da es sich bei dieser Art von Verträgen eben nur um anfechtbare, nicht jedoch nichtige Verträge handelt, genießt der Minderjährige bis zur Vertragsbeendigung alle Rechte aus dem Vertrag, haftet aber auch für alle Forderungen gegen ihn, welche bis zur Vertragsbeendigung entstanden sind.[1117] Der Minderjährige kann bereits gezahlte Summen oder übertragenes Eigentum nicht zurückverlangen, wenn und soweit er schon in den Genuss der dafür erbrachten Gegenleistung (consideration) gelangt ist.[1118]

Alle anderen Verträge fallen unter die Kategorie der nicht durchsetzbaren Verträge (unenforceable contracts). Diese Verträge binden den Min-

---

[1112] Steinberg v Scala (Leeds) Ltd [1923] 2 Ch 452.

[1113] Lovell & Christmas v Beauchamp [1894] AC 607.

[1114] Edwards v Carter [1893] AC 360.

[1115] So wurden 19 Jahre, aber auch vier bis fünf Jahre, als unangemessener Zeitraum bewertet: Carnell v Harrison [1916] 1 Ch 368; Edwards v Carter [1893] AC 360.

[1116] Lovell & Christmas v Beauchamp [1894] AC 607, 611, per Lord Herschell LC.

[1117] Beatson, Jack (2002) S. 220.

[1118] Steinberg v Scala (Leeds) Ltd [1923] 2 Ch 452, 458 ff.

derjährigen nicht, ausgenommen, er bestätigt sie nachträglich, sobald er die Volljährigkeit erreicht hat und damit geschäftsfähig wird.[1119] Allerdings gilt dies nur für noch nicht erfüllte Leistungsversprechen. Ist eine vertraglich vereinbarte Leistung einmal durch den Minderjährigen erfüllt worden, kann er sich nicht mehr auf seine Minderjährigkeit berufen, um eventuell gezahlte Summen oder übertragenes Eigentum zurückzuerhalten, ausgenommen, es liegt ein anderer, allgemein anerkannter Anspruch auf Rückgewähr vor.[1120]

Hat ein Minderjähriger einen Vertragsschluss herbeigeführt, indem er die andere Vertragspartei über seine Minderjährigkeit getäuscht hat, so ist dieser Vertrag zwar nach den Grundsätzen des Common Law weiterhin nicht durchsetzbar.[1121] Allerdings gewähren die Regeln der Equity der getäuschten anderen Vertragspartei insofern Rechtsschutz, als sie eine Vertragsauflösung (rescission) zulassen.[1122] Das Gericht kann dann eine gegenseitige Rückgewähr der vertraglich erbrachten Leistungen anordnen. Allerdings kann eine Vertragspartei den Minderjährigen nicht direkt aus ungerechtfertigter Bereicherung (unjust enrichment) verklagen. Dies würde zu einer indirekten Vertragserfüllung führen.[1123]

Bürgschaften, welche für Verträge von Minderjährigen gegeben werden, sind grundsätzlich wirksam, unabhängig vom Schicksal des Hauptvertrages. Ausnahmen gelten nach dem Common Law für Verträge mit Minderjährigen, die von Anfang an nichtig (void) sind.[1124] Dafür abgegebene Bürgschaften sind nach dem Common Law ebenfalls nichtig.[1125] Dies ist durch gesetzliche Regelung, die Age of Majority (Related Provisions) Ordinance[1126] geändert worden. Danach ist eine Bürgschaft nicht bereits

---

1119 Williams v Moor (1843) 11 M & W 256, 264 f.

1120 Wilson v Kearse (1800) Peake Add Cas 196.

1121 Bartlett v Wells (1862) B & S A. 836.

1122 Lempriere v Lange (1879) 12 Ch D 675.

1123 Siehe Ho, Betty M. (1999) S. 552-554.

1124 Nach dem englischen Infants Relief Act 1874 gibt es einige Arten von Verträgen mit Minderjährigen, welche nichtig sind.

1125 Coutts & Co v Browne-Lecky [1947] 1 KB 104.

1126 Age of Majority (Related Provisions) Ordinance, Cap 410.

deshalb nicht durchsetzbar, weil der Hauptvertrag aus Gründen des Minderjährigenschutzes unwirksam ist.[1127]

3.5.3. Geschäftsfähigkeit geistig behinderter und betrunkener Personen

Verträge, die mit geistig behinderten Personen abgeschlossen werden, binden lediglich die andere Vertragspartei.[1128] Die geistig behinderte Partei kann dagegen unter bestimmten Umständen Rechtsschutz in Anspruch nehmen. Dieser Grundsatz ist bereits sehr lange im angelsächsischen Recht verankert.

> „When a person enters into a contract, and afterwards alleges that he was so insane at the time that he did not know what he was doing, and proves the allegation, the contract is as binding on him in every respect, whether it is executory of executed, as if he had been sane when he made it, unless he can prove further that the person with whom he contracted knew him to be so insane as not to be capable of understanding what he was about."[1129]

Aus obigem Zitat lässt sich erkennen, dass nur bei Kenntnis der geistigen Behinderung durch die andere Vertragspartei Rechtsschutz begehrt werden kann. Neuseeländische Gerichte haben in den 80er Jahren formuliert, dass es auch möglich sein müsse, einen Vertrag zu beenden (rescission), wenn die geistige Behinderung für die andere Vertragspartei nicht erkennbar war.[1130] Der Privy Council hat diese Sichtweise abgelehnt.[1131] Obwohl letztere Entscheidung nicht formal bindend für Hongkong ist, da sie nicht auf eine Berufungen aus Hongkong ergangen ist, wird sie dennoch als höchst persuasiver Präzedenzfall auch in Hongkong für die Entscheidungsfindung herangezogen werden.

1127 Age of Majority (Related Provisions) Ordinance, Cap 410 s 3.
1128 Ho, Betty M. (1999) S. 245.
1129 Imperial Loan Co Ltd v Stone [1892] 1 QB 599, 601, per Lord Esher MR.
1130 Archer v Cutler [1980] NZLR 386; Hart v O'Connor [1984] 1 NZLR 754.
1131 Hart v O'Connor [1985] 1 AC 1000.

Handelt eine Person mit einer geistigen Behinderung in einem sogenannten 'lichten Moment' (lucid interval), werden alle ihre Handlungen, welche sie in dieser Zeit vorgenommen hat, als wirksam betrachtet. Da es sich nicht um nichtige Verträge handelt, kann eine geistig behinderte Person diese bestätigen, sobald sie wieder gesundet ist.[1132]

Bei Betrunkenen sind die gleichen Maßstäbe anzulegen wie bei geistig behinderten Personen. War ein Person so stark betrunken, dass sie nicht mehr in der Lage war zu erkennen, dass sie eine rechtlich erhebliche Handlung vornahm, und war dies der anderen Vertragspartei ersichtlich, so kann ein in diesem Zustand geschlossener Vertrag nicht gegen die (betrunkene) Person durchgesetzt werden.[1133] Allerdings kann letztere den Vertrag bestätigen, wenn sie wieder den Zustand der Geschäftsfähigkeit zurückgewonnen hat.[1134] Hat die betrunkene Person in diesem Zustand Gegenstände erworben, die sie notwendigerweise brauchte, findet eine Rückgewähr der gegenseitig erbrachten Leistungen nicht statt. Ebenso wenig ist dies bei Gegenständen, welche nicht lebensnotwendig sind, der Fall, wenn die betrunkene Person nach Erreichen der Nüchternheit diese behält.[1135]

3.5.4. Rechtsfähigkeit von Körperschaften

Auch bei den Körperschaften können sich Probleme mit der Rechts- bzw. Parteifähigkeit ergeben. Dabei weisen die verschiedenen Gesellschaftsformen ebenso wie im deutschen Recht Besonderheiten auf.

3.5.4.1. Rechtsfähigkeit der verschiedenen Gesellschaftstypen

Bei den hier aufgeführten Körperschaften handelt es sich um Zusammenschlüsse von Personen mit einer vom Recht anerkannten, von ihren Mitgliedern unabhängigen rechtlichen Selbständigkeit. Sie besitzen mit-

---

1132 Hall v Warren (1804) 9 Ves Jun 605, 610.

1133 Gore v Gibson (1845) 13 M & W 623.

1134 Matthews v Baxter (1873) LR 8 Exch 132, 133 f.

1135 Gore v Gibson (1845) 13 M & W 623, 627.

hin eine eigene Rechts- und Parteifähigkeit.[1136] Es gibt drei Grundarten der Körperschaft: staatlich konzessierte Körperschaften (chartered corporations), durch Gesetz gegründete Körperschaften (statutory corporations) und eingetragene Gesellschaften (registered companies).

Erstere Kategorie, die staatlich konzessierten Körperschaften, wurden zu solchen durch die Verleihung einer Konzessionsurkunde (charter) der Krone aufgrund Königlichen Hoheitsrechts vor dem Souveränitätswechel 1997.[1137] Durch die Verleihung der Konzessionsurkunde erhält die Körperschaft analog zu einer natürlichen Person eine eigene Rechtspersönlichkeit. Werden die in der Urkunde verliehenen Befugnisse überschritten, kann das den Entzug der Konzession zur Folge haben, nicht jedoch die Nichtigkeit der Handlung, in welcher die Befugnisüberschreitung lag.[1138]

Die durch Gesetz gegründeten Körperschaften (statutory corporations) besitzen ebenfalls eine eigene Rechtspersönlichkeit. Ihre jeweiligen Beschränkungen sind im Gesetz, durch das sie gegründet wurden, festgeschrieben. Werden die festgelegten Befugnisse überschritten, sind alle diese Handlungen nichtig.[1139] Die beiden eben diskutierten Formen von Körperschaften sind kaum im Geschäftsleben vertreten. Oft handelt es sich um Versorgungsgesellschaften der öffentlichen Hand. Deshalb werden ihnen auch meist sehr weite Befugnisse zugestanden.

Der bei weitem wichtigste Typ der Körperschaften, welcher auch im wirtschaftlichen Bereich am häufigsten anzutreffen ist, ist der der eingetragenen Gesellschaften (registered companies). Diese werden nach den Voraussetzungen der Companies Ordinance[1140] gegründet. Zu ihrer Eintragung beim Registrar of Companies bedarf es des Memorandums of

---

1136 Damit entsprechen die hier als Korporationen bezeichneten Zusammenschlüsse den juristischen Personen des deutschen Rechts.

1137 Diese Art der Körperschaft darf in Hongkong nicht allein deshalb vernachlässigt werden, weil der Status Hongkongs als Kronkolonie nicht mehr besteht. Die vor der Übergabe an die VR China konzessierten Körperschaften existieren weiterhin.

1138 Ho, Betty M. (1999) S. 246.

1139 Ho, Betty M. (1999) S. 247.

1140 Companies Ordinance, Cap 32.

Association und der Articles of Association.[1141] Im Memorandum of Association, der sogenannten Gründungsurkunde, sind neben dem Namen, Stammkapital und Gesellschaftszweck auch die Haftungsbeschränkungen für die einzelnen Gesellschafter aufgeführt.[1142] Bei diesem Gesellschaftstyp treten die nachfolgend behandelten Fragestellungen auf. Dabei handelt es sich zum einen um die Rechtsfähigkeit der Gesellschaft nach der ultra vires-Lehre und zum anderen um die Bindungswirkung von Rechtsgeschäften, die durch Vertreter der Gesellschaft ohne oder mit beschränkter Vertretungsmacht vorgenommen wurden.

3.5.4.2. Ultra vires - Doktrin

Auch eine eingetragene Gesellschaft (registered company) besitzt eine eigene Rechtspersönlichkeit, welche unabhängig vom Bestand ihrer Gesellschafter ist. Ihre Handlungsfähigkeit ist jedoch, beruhend auf der ultra vires-Lehre des angelsächsischen Rechts, auch in Hongkong eingeschränkt.[1143] Danach ist ein Vertrag, welcher einen über den Geschäftszweck (object clause) der Gesellschaft hinausgehenden Gegenstand zum Inhalt hat, ultra vires und damit nichtig (void). Diese Doktrin dient dem Schutz von Investoren und Gläubigern der Gesellschaft, da diese ein Recht darauf haben sicher zu sein, dass das Gesellschaftsvermögen lediglich für den vertraglich vereinbarten Gesellschaftszweck verwendet wird.[1144] Geschäfte, welche sich innerhalb des vereinbarten Geschäftszwecks bewegen, sind dagegen intra vires und somit wirksam.[1145]

1141 Companies Ordinance, Cap 32 s 15.

1142 Companies Ordinance, Cap 32 s 5, 9 ff.

1143 Es ist zu unterscheiden zwischen Handlungen ultra vires der Gesellschaft als solche, welche außerhalb der Reichweite des im Memorandum of Association verbrieften Geschäftszwecks liegen und Handlungen der Geschäftsführer oder Vorstände der Gesellschaft, durch die sie ihre in den Articles of Association festgelegte Vertretungsmacht überschreiten. Letztere stellen eine Verletzung interner Regularien dar: Royal British Bank v Turquand (1856) 6 E & B 327. Obige Differenzierung geht zurück auf eine Entscheidung des House of Lords aus dem Jahre 1875: Ashbury Railway Carriage & Iron Co v Riche (1875) LR 7 HL 653.

1144 Ashbury Railway Carriage & Iron Co v Riche (1875) LR 7 HL 653, 667 f.; Cotman v Brougham [1918] AC 514, 520.

1145 Allerdings gab es immer wieder Bestrebungen von Geschäftsleuten und Anwälten, die ultra vires-Doktrin zu umgehen, da sie sich zum Teil als sehr hinderlich erweist. Dies

Seit dem Inkrafttreten der Companies (Amendmend) Ordinance 1997 hat sich die Situation in Hongkong insofern geändert, als eine Festlegung des Gesellschaftszwecks im Memorandum of Association in Hongkong optional geworden ist.[1146] Hat sich ein Unternehmen entschieden, keine solche Klausel in sein Memorandum of Association einzufügen, kann es in jedem beliebigen Geschäftsbereich tätig werden, ohne dass es sich ultra vires bewegt und diese Geschäfte dadurch unwirksam sind. Dies bedeutet jedoch nicht, dass oben Gesagtes dadurch obsolet geworden ist. Hat eine Gesellschaft einen Gesellschaftszweck vereinbart, dann ist sie auch an diesen gebunden.

Mitunter wurde die Ansicht geäußert, dass die Handlung eines Organs, die nicht zum Vorteil der Gesellschaft gereichte, bereits eine Handlung ultra vires sei. Dies geht zurück auf die Entscheidung Hutton v West Cork Railway Co.[1147] In jüngerer Zeit bestätigte eine Entscheidung des englischen High Courts diese Ansicht ohne Einschränkungen.[1148] Da diese Ansicht in Hutton v West Cork Railway Co jedoch nur von einem Mitglied der Kammer geäußert wurden, kann sie nicht als bindender Präzedenzfall herangezogen werden. Darüber hinaus sind die Entscheidungen des High Courts Englands für Hongkong nicht bindend. Sie können, müssen aber nicht bei der Entscheidungsfindung durch Hongkonger Gerichte herangezogen werden. Bisher ist nicht ersichtlich, dass ein Hongkonger Gericht dieser Ansicht gefolgt ist.

3.5.4.3. Vertretungsmacht der Geschäftsführer (powers of directors)

Eine Gesellschaft wird nur durch natürliche Personen handlungsfähig. Deshalb müssen die Articles of Association Angaben dazu enthalten,

---

hat dazu geführt, dass der Geschäftszweck im Memorandum of Association mitunter extrem weit gefasst wurde und wird, inklusive aller möglichen Geschäftszwecke, die ein Unternehmer in der Zukunft eventuell auszuüben gedenkt.

1146 Companies Ordinance, Cap 32 s 5(1A)(b). Dies gilt allerdings nicht, wenn es sich um eine Gesellschaft ohne wirtschaftliche Betätigung gemäß s 21(1) handelt.

1147 Hutton v West Cork Railway Co (1883) 23 Ch D 654.

1148 Rosemary Simmons Memorial Housing Association Ltd v United Dominions Trust Ltd [1986] 1 WLR 1440, 1446.

wer die Vertretungsmacht und die Geschäftsführungsbefugnis für die Gesellschaft ausüben darf. Die ausübenden Organe sind normalerweise Geschäftsführer oder Vorstände (directors). Sie unterliegen bei ihrer Tätigkeit einer Anzahl von Verpflichtungen gegenüber der Gesellschaft. Zum einen müssen sie ihre Tätigkeit ehrlich und im besten Interesse der Gesellschaft ausüben. Dabei handelt es sich um eine subjektive Einschätzung, die jeder Geschäftsführer oder Vorstand selbst treffen kann.[1149] Darüber hinaus darf er nur seinen eigenen Entscheidungen folgen, sich also nicht zur Marionette eines anderen machen lassen.[1150]

Das Recht der Stellvertretung (law of agency) beschäftigt sich mit der Frage, welche Rechtsfolgen eine Verletzung der Vertretungsmacht bzw. der Geschäftsführungsbefugnis durch ein Organ der Gesellschaft nach sich zieht. Die vollständige Behandlung des Rechts der Vertretung würde den Rahmen der vorliegenden Arbeit sprengen. Allgemein kann festgestellt werden, dass jede Handlung eines Vertreters, welche entweder mit vorheriger Zustimmung oder nachträglicher Genehmigung des Vertretenen vorgenommen wurde, diesen auch bindet. Im Gesellschaftsrecht existieren in dieser Hinsicht noch einige Besonderheiten. Eine Handlung eines Organs, die ohne Vertretungsmacht vorgenommen wurde, ist nicht wirksam.[1151] Vertragsparteien, welche mit der Gesellschaft in ein rechtlich bindendes Verhältnis eintreten wollen, können sich über die Vertretungsverhältnisse der Gesellschaft jederzeit aus den öffentlich zugänglichen Unterlagen der Gesellschaft, wie dem Memorandum oder den Articles of Association informieren und bedürfen deshalb keines zusätzlichen Schutzes. Die Gerichte haben dabei angenommen, dass Kenntnis dieser Informationen besteht, unabhängig davon, ob die andere Vertragspartei tatsächlich Kenntnis von ihnen hat.[1152]

1149 Smith v Fawcett [1942] Ch 304, 306; dem folgen in Hongkong die Entscheidungen Simon Fireman v Golden Rice Bowl Ltd [1987] HKLR 981, 983 f.; Choy Bing Wing v Max Share Ltd [1993] 300 HKCU 1.

1150 Simon Fireman v Golden Rice Bowl Ltd [1987] HKLR 981.

1151 Ho, Betty M. (1999) S. 250 f.

1152 Ernest v Nicholls (1857) 6 HLC 401.

Grundsätzlich wird die gegnerische Vertragspartei so behandelt, als habe sie Kenntnis von den Umständen, in diesem Falle den Vertretungsverhältnissen gehabt, welche sich aus den öffentlich zugänglichen Unterlagen ergeben. Dagegen muss sie keine Kenntnis hinsichtlich interner Regularien bezüglich der Vertretung haben.[1153] Davon wurden wiederum Ausnahmen gemacht. Kennt die gegnerische Vertragspartei diese internen Regularien und ist ihr auch bekannt, dass diese nicht eingehalten wurden, muss sie sich u.U. die Unwirksamkeit des Rechtsgeschäfts entgegenhalten lassen.[1154]

3.6. Rechtswidrigkeit von Verträgen (illegality) als den Vertrag ungültig machender Faktor

Ein weiterer Faktor, der einen Vertrag ungültig machen kann, ist die Rechtswidrigkeit (illegality) des Vertrages. Über die Definition und Klassifizierung rechtswidriger Verträge bestehen verschiedene Ansichten.[1155] Es besteht allerdings Einigkeit darüber, dass es Verträge gibt, deren Abschluss bereits rechtswidrig ist und wiederum andere, deren Durchführung bzw. Erfüllung rechtswidrig ist. Unter rechtswidrige Verträge fallen solche, die durch das Gesetz als rechtswidrig bezeichnet werden, z. B. Glücksspiel- und Wettverträge. Darüber hinaus bezeichnet das Common Law aufgrund eines Verstoßes gegen die öffentliche Ordnung (public policy oder auch ordre public) eine ganze Reihe von Verträgen als rechtswidrig, u.a. Verträge, durch die sich eine Partei zur Begehung einer Straftat oder eines zivilrechtlichen Delikts verpflichtet, Verträge gegen die allgemeine sexuelle Moral,[1156] Verträge, durch welche die öffentliche

---

1153 Diese internen Regularien können z. B. nicht öffentlich gemachte Gesamtvertretungen etc. sein. Royal British Bank v Turquand (1856) 6 E & B 327; Hua Rong Finance Ltd v Mega Capital Enterprises Ltd and Another [1998] 4 HKC 532.

1154 Rolled Steel Products Ltd v BSC [1985] 3 All ER 52, 85 f.

1155 McKendrick, Ewan (2003) S. 332: "Illegal contracts come in so many different shapes and sizes that it is difficult to find an appropriate classification for all the cases...No two commentators appear to adopt the same classification."

1156 So ist der ‚Dirnenlohn' im englischen Recht und mangels abweichender Regelungen auch in Hongkong nicht einklagbar. Vgl. auch Lee Hoi Pang v Chan Shuen [1977-1979] 1 HKC 310.

Sicherheit der Sonderverwaltungszone Hongkong gefährdet wird, die Steuerhinterziehungen zum Gegenstand haben, die die Zuständigkeit der ordentlichen Gerichte ausschließen und v.a. wettbewerbsbeschränkende Verträge (contracts in restraint of trade).

Da der Begriff 'public policy' auf keiner gesetzlichen Definition beruht, hängt er jeweils von den Meinungen und Ansichten des erkennenden Richters davon ab, was gesellschaftlich anerkannt ist. Mithin ändert sich die 'public policy' mit den Zeiten und den daraus resultierenden Veränderungen in der Gesellschaft.[1157]

3.6.1. Rechtswidrigkeit des Vertragsschlusses

Bereits der Abschluss eines Vertrages ist rechtswidrig, wenn er auf einen rechtswidrigen Zweck gerichtet ist oder wenn der Vertrag von vornherein nicht erfüllt werden kann, ohne dass dabei eine rechtswidrige Handlung begangen wird.[1158]

Selbstverständlich sind Verträge, die auf die Begehung einer Straftat oder eines zivilrechtlichen Delikts (tort)[1159] gerichtet sind, rechtswidrig.[1160] So ist beispielsweise auch ein Vertrag nach der Money Lenders Ordinance[1161] nicht durchsetzbar, der eine Darlehensgabe zu einem höheren Zinssatz als 60% p.a. zum Gegenstand hat.[1162] Darüber hinaus sind Verträge dann rechtswidrig, wenn sie auf die Verletzung der Integrität von Beamten gerichtet sind, wie z. B. Bestechungen.[1163] Ebenso werden Geschäfte, durch die Ermittlungen verhindert oder verzögert werden sollen[1164] bzw. durch die bestimmte Urteile gefällt werden sollen,[1165] als

---

1157 Arjunan, Krishnan/Nabi Baksh, Abdul Majid bin (2002) S. 281.

1158 Treitel, Guenther (2003) S. 430.

1159 Golden Harvest Co v JW International Co (A Firm) [1986] 1 HKC 118.

1160 Bostel Bros Ltd v Hurlock [1949] 1 KB 74; Pitts v Hunt [1991] 1 QB 24.

1161 Money Lenders Ordinance, Cap 163.

1162 Money Lenders Ordinance, Cap 163 s 24(2). Dies ist eine gesetzlich geregelte Form der Rechtswidrigkeit von Verträgen, hier durch Wucher.

1163 Montefiore v Menday Motor Components Co [1918] 2 KB 241, 245.

1164 Kaufman v Gerson [1904] 1 KB 591.

1165 Hope v Hope (1857) 3 De GM & G 731, 745.

rechtswidrig eingestuft. Auch Verträge, durch die eine, oder beide, Prozessparteien durch einen außerhalb des Prozesses Stehenden unterstützt werden, contracts of maintenance,[1166] sind rechtswidrig und damit unzulässig, genauso wie Verträge über die Unterstützung einer Prozesspartei gegen Zusicherung eines bestimmten Teils des Prozessgewinns (contracts of champerty).[1167] Aus diesem Grunde ist auch die Vereinbarung von Erfolgshonoraren für Anwälte in streitigen Gerichtsverfahren in Hongkong als rechtswidrig verboten.[1168] Dagegen sind Verträge, die aufgrund von Insider Dealing abgeschlossen wurden, gemäß der Securities (Insider Dealing) Ordinance nicht nichtig.[1169]

Wie oben schon erwähnt, sind Verträge, die die Zuständigkeit der ordentlichen Gerichte ausschließen, ebenfalls grundsätzlich rechtswidrig. So waren Schiedsgerichtsvereinbarungen lange Zeit nicht ohne weiteres abschließbar, da sie ebenfalls den Gang zu den ordentlichen Gerichten ausschließen oder einschränken können. Eine solche Vereinbarung durfte mithin zu ihrer Gültigkeit nicht endgültig sein. Mittlerweile sind die Regelungen durch die Arbitration Ordinance[1170] etwas gelockert worden. Mit Wirkung vom 6. April 1990 wurde das UNCITRAL Model Law in die Arbitration Ordinance inkorporiert. Dadurch wurde für schiedsgerichtliche Verfahren ein internationaler Prozess- und Entscheidungseinklang angestrebt. Durch das Gesetz wurden auch in Hongkong Schiedsverfahren nach billigem Ermessen, die sogenannte 'amiable composition', mit einer Entscheidungsfindung ex aequo et bono eingeführt. Letzteres ist den Grundsätzen des englischen Rechts unbekannt. Diese gesetzliche Neuerung hat zu einigen Veränderungen bei der Auslegung von Schiedsgerichtsvereinbarungen geführt. Vor Einführung des UNCITRAL Model Law konnten nur Tatsachen endgültig von einem Schiedsgericht geklärt wer-

---

1166 Trendtex Trading Corporation v Credit Suisse [1980] 3 All ER 721, 749.

1167 McFarlane v EE Caledonia (No 2) [1995] 1 WLR 366, 372.

1168 Legal Practitioneers Ordinance, Cap 159 s 64(1)(b). Abweichend davon ist in Großbritannien durch den Courts and Legal Services Act 1990 sowie den Access to Justice Act 1999 geregelt, dass eine (eingeschränkte) Vereinbarung von erfolgsorientierten Anwaltshonoraren in Rechtsstreitigkeiten zulässig ist.

1169 Securities (Insider Dealing) Ordinance, Cap 395 s 14.

1170 Arbitration Ordinance, Cap 341 s 2AA.

den. Mit Rechtsfragen dagegen musste sich ein ordentliches Gericht befassen. Nunmehr können auch solche Fragen von den Schiedsgerichten behandelt werden.[1171] Die Parteien sollten frei in der Wahl des erkennenden Gerichts sein, auch wenn es sich dabei um ein privates Gericht handelt, da sie sicher gerechtfertigte Gründe für die Wahl eines solchen Gerichts anstelle eines ordentlichen Gerichts haben.[1172]

3.6.1.1. Wettbewerbsbeschränkende Verträge (contracts in restraint of trade)

Die wettbewerbsbeschränkenden Verträge (contracts in restraint of trade) stellen die bedeutendste Gruppe der Verträge dar, deren Abschluss bereits rechtswidrig ist. Diese Verträge bzw. einzelne Vertragsbestandteile behindern eine Person ganz oder teilweise bei der Betreibung ihres Unternehmens bzw. der Ausübung ihres Berufs. Am häufigsten finden sich solche Beschränkungen im Arbeitsrecht, bei Dienstverträgen mit Ausschließlichkeitsbindung, bei Verträgen, durch die dem Verkäufer eines Unternehmens Restriktionen auferlegt werden und in den sogenannten 'solus'-Vereinbarungen.[1173]

Die Grundlage für diese Kategorie von rechtswidrigen Verträgen wurde mit der Entscheidung Nordenfeldt v Maxim Nordenfeldt[1174] im Jahre 1894

1171 Arbitration Ordinance, Cap 341 s 2AA.

1172 Jones v Sherwood Computer Services Plc [1992] 1 WLR 277, 287; Nikko Hotels (UK) Ltd v MEPC Plc [1991] 1 EGLR 103; Milibow Assets Ltd v Dooyang Hong Kong Ltd [2001] 767 HKCU 1.

1173 Bei den sogenannten ‚solus'-Vereinbarungen handelt es sich um Ausschließlichkeitsbindungen, die eine Vertragspartei verpflichten, ausschließlich Waren oder Dienstleistungen der anderen Partei zu beziehen und zu veräußern. Sie sind vergleichbar mit den Bierlieferungsverträgen nach deutschem Recht. Hauptsächlich finden sich solche Verträge in der Ölindustrie, indem ein Tankstellenbetreiber sich für die finanzielle Unterstützung durch eine Ölgesellschaft beim Erwerb bzw. Aufbau einer Tankstelle verpflichtet, nur Kraftstoffe und weitere Produkte dieser Ölgesellschaft zu verkaufen. Solche 'solus'-Vereinbarungen werden zwar in den Bereich der wettbewerbsbeschränkenden Vereinbarungen eingeordnet, allerdings werden sie als wirksam behandelt, da sie angemessen und im Interesse der Parteien und der Öffentlichkeit sind, soweit die Vertragsdauer nicht unangemessen lang ist: Esso Petroleum v Harper's Garage (Stourport) Ltd [1968] AC 269.

1174 Nordenfeldt v Maxim Nordenfeldt Guns & Ammunitions Co Ltd [1894] AC 535.

gelegt, in der das House of Lords eine solche wettbewerbsbeschränkende Klausel als wirksam anerkannte:

> „The true view at the present time I think, is this: The public have an interest in every person's carrying on his trade freely: so has the individual. All interference with individual liberty of action in trading, and all restraints of trade themselves, if there is nothing more, are contrary to public policy, and therefore void. That is the general rule. But there are exceptions: restraints of trade and interference with individual liberty of action may be justified by the special circumstances of a particular case. It is sufficient justification, and indeed it is the only justification, if the restriction is reasonable - reasonable, that is, in reference to the interests of the parties concerned and reasonable in reference to the interests of the public, so framed and so guarded as to afford adequate protection to the party in whose favour it is imposed, while at the same time it is in no way injurious to the public." [1175]

Ein Gericht wird nach der allgemeinen Feststellung, dass eine Vertragsbedingung wettbewerbsbeschränkenden Charakter aufweist, grundsätzlich erst einmal vermuten, dass diese Beschränkung unwirksam ist. Diese Klausel Ist somit nicht vollstreckbar (unenforceable), ausgenommen, es kann dargelegt werden, dass die Beschränkung angemessen (reasonable) und im Interesse sowohl der beteiligten Parteien als auch der Öffentlichkeit ist.[1176] Die Angemessenheit einer Klausel bestimmt sich immer nach dem Zeitpunkt des Vertragsschlusses.[1177]

3.6.1.1.1. Wettbewerbsbeschränkungen in Arbeits- und Dienstverträ gen in Hongkong

Hauptsächlich finden sich diese wettbewerbsbeschränkenden Klauseln in Dienst- und Arbeitsverträgen, wenn ein Arbeitgeber seinem Arbeitnehmer gewisse Vertragsverpflichtungen auferlegt, durch die der Arbeitnehmer mit dem Arbeitgeber gar nicht, oder nur eingeschränkt, in

---

1175 Nordenfeldt v Maxim Nordenfeldt Guns & Ammunitions Co Ltd [1894] AC 535, 565, per Lord Macnaghten.

1176 Nordenfeldt v Maxim Nordenfeldt Guns & Ammunitions Co Ltd [1894] AC 535, 565.

1177 Bridge v Deacons [1984] 1 AC 705, 718 (PC auf eine Berufung aus Hongkong).

Wettbewerb treten kann. Eine Klausel, die einen Arbeitnehmer in seiner Geschäftstätigkeit beschränkt, während er bei einem bestimmten Arbeitgeber angestellt ist, ist zulässig. Der Arbeitgeber hat das Recht auf eine uneingeschränkte Dienstleistung durch den Arbeitnehmer während der Dauer des Vertrages.[1178] Dagegen wird vermutet, dass Klauseln, die Wettbewerbsverbote für Arbeitnehmer aufstellen, nachdem das Arbeitsverhältnis beendet wurde, unwirksam sind.[1179] Diese Vermutung ist widerlegbar, wenn die Vereinbarung angemessen und im Interesse der Parteien sowie von gesellschaftlichem Interesse ist. Bei der Feststellung, ob eine solche Beschränkung angemessen ist, wird das Gericht die Interessen berücksichtigen, die der Arbeitgeber durch das Wettbewerbsverbot zu schützen sucht, wie z. B. den Schutz von Geschäftsgeheimnissen:

> „...provisions in a contract of employment which restrict the fields of employment open to the employee after he has left the employer operate in restraint of trade, and, for reasons of public policy, are treated by the law as unenforceable unless the employer can show that at the time the contract was made the restrictions were reasonably required for the protection of the ligitimate interests of the parties and the public. So far as the employer is concerned he has of course an interest in protecting himself against competition from his former employee, but the law does not regard this, by itself, as a legitimate interest. The only legitimate interest of the employer is the protection of his confidential information, and if the restrictions which he seeks to impose on his former empoyee go no further than is reasonably necessary to protect that, then the Court will enforce those restrictions, although the inevitable result will be to fetter the right of the employee to compete with his former employer."[1180]

In dieser Entscheidung wurde die Zulässigkeit der Wettbewerbsbeschränkung deshalb durch das Gericht verneint, weil sie zu einseitig zugunsten des Arbeitgebers angelegt war. Durch die Dauer der

1178 Beatson, Jack (2002) S. 372.

1179 Beatson, Jack (2002) S. 372.

1180 Ho Wing Cheong and Others v Graham Margot and Another [1991] 1 HKLR 245, 247 f., per Godfrey J.

Wettbewerbsbeschränkung für drei Jahre wäre der Arbeitnehmer für diesen Zeitraum an den Arbeitgeber gefesselt gewesen.[1181] Auch Klauseln, die dem Arbeitnehmer eine mit dem Arbeitgeber im Wettbewerb stehende Tätigkeit in einem geographisch zu weitem Gebiet untersagen, sind unangemessen und damit nicht zulässig.[1182] Dass eine wettbewerbsbeschränkende Klausel, durch die Geschäftsgeheimnisse, hier die Nutzung von geheimen Herstellungsprozessen, verhindert werden soll, zulässig ist, erscheint zweifelsfrei, was auch von den Gerichten bestätigt wurde.[1183] Allerdings ist die Bewertung einer Tatsache als 'Geschäftsgeheimnis' nicht immer leicht zu treffen. Am umstrittensten dabei ist die Frage, ob 'Know-how' zu den Geschäftsgeheimnissen zählt. Der High Court Hongkongs hat diese Frage verneint.[1184]

Eine besondere Rolle spielen Wettbewerbsbeschränkungen in Arbeitsverträgen für angestellte Unternehmensberater oder Rechtsanwälte. Die wegweisende Entscheidung des Privy Council aus dem Jahre 1984, Bridge v Deacons,[1185] ist mit dem Urteil Kao Lee & Yip v Edwards[1186] des Hong Kong Court of Appeal relativiert worden. Im der ersten Entscheidung war eine wettbewerbsbeschränkende Klausel für den Partner einer Anwaltskanzlei, durch die er für fünf Jahre nach seinem Ausscheiden aus der Kanzlei in Hongkong nicht mehr als Anwalt für jeden aktuellen oder ehemaligen Mandanten seiner Kanzlei tätig sein durfte, durch das Gericht für zulässig erachtet worden. Der Privy Council begründete dies damit, dass,

> „...Their Lordship accordingly find no reason to consider that the restriction was unreasonable between the parties by reason of the consideration paid to the appellant[1187] having been inadequate. On the question of reasonableness in the public interest, their Lordships are of the opinion

---

1181 Ho Wing Cheong and Others v Graham Margot and Another [1991] 1 HKLR 245.

1182 Susan Buchanan v Janesville Ltd [1981] HKLR 700, 702.

1183 Faccenda Chicken v Fowler [1987] Ch 117.

1184 GLS Engineering Ltd v Sammon Yau HKC 3102/1990 (08. August 1990) - unrep.

1185 Bridge v Deacons [1984] 1 AC 705 (PC auf eine Berufung aus Hongkong).

1186 Kao Lee & Yip v Edwards [1993] 1 HKC 314.

1187 Jeder Partner erhielt als vertraglich geschuldete Gegenleistung (consideration) einen Geschäftsanteil von fünf Prozent an der Partnerschaft nach seinem Ausscheiden.

> that there is a clear public interest in facilitating the assumption by established solicitor's firms of younger men as partners. It benefits clients by tending to secure continuity in the practice. It also tends to encourage the entry of younger men in to the profession."[1188]

Die Angemessenheit, die einer solchen wettbewerbsbeschränkenden Vertragsklausel durch den Privy Council damit attestiert wurde, ist allerdings im Urteil Kao Lee & Yip v Edwards[1189] nicht vollumfänglich bestätigt worden. Das Gericht war der Ansicht, dass die wettbewerbsrechtliche Klausel nicht zu weit gefasst sein darf, um noch angemessen zu sein:

> „The test of the validity of a covenant such as this is simple: is it wider than reasonably necessary to protect the plaintiff's goodwill?" [1190]

Die wettbewerbsbeschränkende Klausel in diesem Vertrag war von ihrem Wortlaut her nach Ansicht des Gerichts geographisch zu weit gefasst. Sie bezog sich nicht auf eine bestimmte Stadt oder ein bestimmtes Gebiet; rein theoretisch war sie sogar weltweit gültig. Mithin fehlte die Angemessenheit. Ebenfalls als unangemessen wurde eine wettbewerbsbeschränkende Klausel in der Hongkonger Entscheidung Kao Lee & Yip v Koo Hoi Yau Donald and Others[1191] bezeichnet, da der das Unternehmen verlassende Partner in einer beträchtlich schwächeren Position war als die Partner, welche die Klausel durchzusetzen trachteten (lack of mutuality).

3.6.1.1.2. Wettbewerbsbeschränkende Klauseln bei Unternehmensverkäufen

Die wettbewerbsrechtlichen Verpflichtungen eines Arbeitnehmers und eines, ein Unternehmen veräußernden, Verkäufers richten sich in etwa nach den gleichen Grundsätzen und Bewertungen. Allerdings ist seit

---

1188 Bridge v Deacons [1984] 1 AC 705, 718 f., per Lord Fraser of Tullybelton (PC auf eine Berufung aus Hongkong).

1189 Kao Lee & Yip v Edwards [1993] 1 HKC 314: Da es sich dabei um einen sog. 'salaried partner', also einen Partner, welcher keine Anteile an der Kanzlei hält, handelte, wird er wie ein Angestellter behandelt.

1190 Kao Lee & Yip v Edwards [1993] 1 HKC 314.

1191 Kao Lee & Yip v Koo Hoi Yau Donald and Others [1994] 2 HKC 228.

Nordenfeldt v Maxim Nordenfeldt anerkannt, dass die wettbewerbsrechtlichen Verpflichtungen, die ein Verkäufer eines Unternehmens eingeht, grundsätzlich weiter sein können, da es den Wert des Unternehmens steigert, wenn der ehemalige Inhaber für den neuen Eigentümer keine Konkurrenz darstellt, insbesondere da es um die Veräußerung des Goodwill des Unternehmens geht. Dies bedeutet jedoch nicht, dass alle Wettbewerbsbeschränkungen, die einem Verkäufer auferlegt werden, angemessen sind.[1192] Eine wettbewerbsbeschränkende Klausel, die nur den Wettbewerb beschänkt, nicht jedoch das veräußerte Geschäft zu schützen geeignet ist, wird nicht durch die Gerichte aufrecht erhalten werden.[1193]

3.6.1.2. *Weitere wettbewerbsbeschränkende Vereinbarungen*

Eine weitere Wettbewerbsbeschränkung liegt in der Vereinbarung von Minimumpreisen für Wiederverkäufer. Letztere verpflichten sich vertraglich, die Waren nicht unter einem bestimmten Preis zu verkaufen. Diese Klauseln sind durch die Gerichte für zulässig erachtet worden.[1194] Auch wettbewerbsschädigende Unter-Preis-Verkäufe bzw. Unter-Kosten-Verkäufe (predatory pricing) sind bereits im Jahre 1891 durch das House of Lords als zulässig anerkannt worden.[1195]

Was die Bildung von Kartellen betrifft, so gestaltet sich die Lage uneinheitlich. Englische Entscheidungen aus der ersten Hälfte des 20. Jahrhunderts belegen, dass der Zusammenschluss von Gewerbetreibenden mit dem Ziel, ihre jeweiligen Gewerbe zu fördern, sogar unter Zuhilfenahme von Preisabsprachen, zulässig ist.[1196] Sind die Bestimmungen des Zusammenschlusses jedoch so gefasst, dass sich das einzelne Mitglied nicht jederzeit wieder aus diesem Zusammenschluss herauslösen kann, dann handelt es sich dabei um eine unzulässige Wettbewerbsbe-

---

1192 British Reinforced Concrete Co v Schleff [1921] 2 Ch 563.

1193 Beatson, Jack (2002) S. 375.

1194 Palmolive Co (of England) v Freedman [1928] 1 Ch 264, 273f; Dunlop Pneumatic Tyre Co Ltd v New Garage and Motor Co Ltd [1915] AC 79.

1195 Mogul Steamship Co v McGregor, Gow & Co [1892] AC 25, 35.

schränkung.[1197] Im Common Law ist sogar eine Vereinbarung, bei Ausschreibungen kein Konkurrenzgebot gegen die andere Partei abzugeben, jedoch bei erfolgreicher Abgabe eines Gebotes die Leistungen untereinander aufzuteilen, rechtmäßig und zulässig.[1198] In jüngerer Zeit ist dies bei der Abgabe von Geboten um Senderechte tatsächlich geschehen.[1199]

3.6.2. Rechtswidrigkeit der Durchführung des Vertrages

Diese Verträge sind rechtmäßig geschlossen und können auch rechtmäßig erfüllt werden, jedoch erfolgt ihre Durchführung auf eine rechtswidrige Art. Ein Beispiel dafür ist der Transportvertrag, bei dem der Transporteur das Transportmittel entgegen bestehender Rechtsvorschriften belädt oder überlädt.

Kannten beide Parteien die Rechtswidrigkeit der Vertragsdurchführung, macht dies den Vertrag ungültig.[1200] Kannte nur eine Partei die Rechtswidrigkeit, dann ist der Vertrag grundsätzlich wirksam geschlossen.[1201] Das Gericht kann und wird dann zugunsten der Partei, die sich rechtmäßig verhielt, die Vollstreckung gewähren, jedoch grundsätzlich nicht gegenüber der rechtswidrig handelnden Partei.[1202] Das Wissen einer Partei von der Rechtswidrigkeit alleine verwehrt ihr jedoch nicht automatisch die Vollstreckung des Vertrages. Es gibt Ausnahmen, in denen auch der rechtswidrig handelnden Partei die Vollstreckung des Vertrages gewährt

---

1196 English Hop Growers v Dering [1928] 2 KB 174; British Motor Trade Association v Gilbert [1951] 2 KBD 641.

1197 McEllistrim v Ballymacelligott Co-operative Agricultural & Dairy Society [1919] AC 548, 565 f., 588 f. Geschützt wird hier in erster Linie das einzelne Mitglied eines Zusammenschlusses in seiner Handlungs- und Vertragsfreiheit, während im Gegensatz dazu im deutschen Recht auch der Wettbewerb und die Wettbewerber außerhalb eines Kartells schutzwürdig erscheinen.

1198 Rawlings v General Trading Co [1921] 1 KB 635, 640f., 652.

1199 Television Broadcasts Ltd v Asia Television Ltd Privy Council App 28/1988 (28. Juni 1988) – unrep.

1200 Ho, Betty M. (1999) S. 289.

1201 Archbolds (Freightage) Ltd v S Spanglett Ltd [1961] 1 QB 374.

1202 Edler v Auerbach [1950] 1 KB 359.

wurde. Ist sie ohne böswillige Absichten oder handelt sogar in einer notstandsähnlichen Situation, kann auch sie trotz der Rechtswidrigkeit den Vertrag vollstrecken.[1203]

3.6.3. Rechtsfolgen eines rechtswidrigen Vertrages

Als Rechtsfolgen der Rechtswidrigkeit eines Vertrages kommen grundsätzlich die Nichtdurchsetzbarkeit und die Nichtigkeit des Vertrages in Frage. Allerdings betrifft dies nicht zwangsläufig den gesamten Vertrag. Zum einen kann das Gericht die einzelne rechtswidrige Vertragsbedingung für ungültig erklären und den Rest des Vertrages ohne die Klausel(n) vollstrecken. Darüber hinaus kann es auch Teile einer rechtswidrigen Vertragsbedingung, soweit sie unangemessen ist, von der übrigen beschränkenden Klausel abtrennen (severance) und nur den angemessenen Teil der Vertragsbedingung vollstrecken.[1204] Dies basiert auf folgendem Grundsatz:

> "The doctrine of severance has not, I think, gone further than to make it permissible in a case where the covenant is not really a single covenant but is in effect a combination of several distinct covenants. In that case and where the severance can be carried out without the addition or alteration of a word, it is permissible. But in that case only."[1205]

Die Gerichte müssen sorgfältig prüfen, ob der Vertrag ohne die abgetrennte rechtswidrige Bestimmung weiter bestehen kann. Dabei darf das Gericht den Vertrag als solchen nicht inhaltlich verändern:

> „[W]here there is a question of severing the good from the bad part of a covenant or agreement of this kind, the Court must find in the agreement itself sufficient ground for making the severance; the Court must take great care not to create a new agreement for the parties, nor carve out

---

1203 Bowmakers Ltd v Barnet Instruments Ltd [1945] KB 65, [1944] 2 All ER 579; Howard v Shirlstar Container Transport Ltd [1990] 1 WLR 1292, 1298 ff.

1204 Beatson, Jack (2002) S. 413.

1205 Attwood v Lamont [1920] 3 KB 571, 593, per Younger LJ.

of an unreasonable agreement, something which would be reasonable, for the sake of upholding that would be otherwise void."[1206]

Dabei handelt es sich um die sogenannte 'Blue pencil'-Methode.[1207] Es soll dadurch sichergestellt werden, dass der übrigbleibende Vertragsteil immer noch eine Sinn ergibt, nachdem die nicht angemessenen Klauseln gestrichen wurden, ohne dass Ergänzungen oder Abänderungen des ursprünglichen, zwischen den Parteien vereinbarten Vertragstextes vorgenommen werden.[1208]

Für den Fall, dass die Nichtigkeit von Vertragsbestimmungen aufgrund ihrer Rechtswidrigkeit durch Gesetz vorgeschrieben ist, ist diese Bestimmung bzw. bei Nichtabtrennbarkeit der Bestimmung der gesamte Vertrag in dem Sinne nichtig, wie es allgemein im englischen Recht verstanden wird, nämlich von Beginn an (void ab initio).[1209]

Wo die Nichtigkeit nicht gesetzlich vorgeschrieben ist, also v.a. bei rechtswidrigen Vertragsgestaltungen im Bereich des Common Law, handelt es sich nicht um eine Nichtigkeit ab initio, auch wenn der Begriff oft sehr uneindeutig und weitläufig verwendet wird. Ein solcher Vertrag ist grundsätzlich wirksam geschlossen. Das Gericht kann jedoch die Durchsetzung und Vollstreckung einiger Klauseln oder sogar des gesamten Vertrages für eine oder beide Parteien ablehnen, wenn diese Klauseln/der unteilbare Vertrag rechtswidrig sein sollten.[1210] Damit ein Vertrag nicht vollstreckbar ist, muss eine direkte kausale Verbindung zwischen dem Anspruch des Klägers und der Rechtswidrigkeit bestehen. Ist dies nicht der Fall und die Rechtswidrigkeit nur eine zusätzliche Tat-

---

1206 Mills v Dunham [1891] 1 Ch 576, 580, per Chitty.

1207 Siehe dazu auch Beatson, Jack (2002) S. 415.

1208 Beispiele für solche Abtrennungen von unangemessenen Bestandteilen einer rechtswidrigen Vertragsbedingung unter Erhaltung des angemessenen Teils der Klausel zeigen sich oft in der Ungültigerklärung von zu weiten zeitlichen oder räumlichen Einschränkungen in Wettbewerbsbeschränkungen durch die Gerichte: Scorer v Seymour-Johns [1966] 3 All ER 347.

1209 Ho, Betty M. (1999) S. 298. Der Begriff 'void ab initio' wird dabei ebenso wie die Nichtigkeit im deutschen Recht verstanden.

1210 Hong Chi Mui v Tong Ching Co [1964] HKLR 146, 152.

sache, die keine ursächliche Verbindung zum Anspruch hat, dann ist die vertraglich geschuldete Leistung weiterhin durchsetzbar.[1211]

War der Abschluss eines Vertrages rechtswidrig, weil er z. B. wettbewerbsbeschränkende Klauseln enthält, und ist weiterhin die Kausalität zwischen Rechtswidrigkeit und dem Schaden des Klägers festgestellt worden, dann wird das Gericht grundsätzlich die Vollstreckung verweigern. Wie bereits erwähnt, kann bei einem Vertrag, dessen Erfüllung rechtswidrig ist, die rechtswidrig handelnde Partei diesen ebenfalls nicht vollstrecken. Verteidigt sich der Beklagte gegenüber einem rechtswidrig handelnden Kläger mit dem Argument, dass dieser rechtswidrig gehandelt hat und der Vertrag deshalb nicht vollstreckt werden darf, dann handelt es sich dabei um eine Verteidigung ex turpi causa:

> „The ex turpi causa defence ultimately rests on a principle of public policy that the courts will not assist a plaintiff who has been guilty of illegal (or immoral) conduct of which the courts should take notice. It applies if in all the circumstances it would be an affront to the public conscience to grant the plaintiff the relief which he seeks because the courts would thereby appear to assist or encourage the plaintiff in his illegal conduct or to encourage others in similar acts..."[1212]

Hat eine Partei bereits aufgrund des Vertrages geleistet, kann aber das Leistungsversprechen der anderen Partei aufgrund der Rechtswidrigkeit des Vertrages oder von Teilen des Vertrages nicht durchsetzen bzw. vollstrecken, würde das zur Folge haben, dass bei der anderen Partei eine ungerechtfertigte Bereicherung eingetritt. Grundsätzlich wird das Gericht keine Rückgewähr dieser bereits erbrachten Leistungen anordnen, zumindest nicht zugunsten der Partei, in deren Sphäre die Rechtswidrigkeit entstand.

> „All writers upon our law agree in this, no polluted hand shall touch the pure fountain of justice. Whoever is a party to an unlawful contract, if he

1211 Euro-Diam Ltd v Bathurst [1990] 1 QB 1, 35.

1212 Euro-Diam Ltd v Bathurst [1990] 1 QB 1, 35, per Kerr LJ. Dem zustimmend in Hongkong Chung Mui Teck and Others v Hang Tak Buddhist Hall Associated Ltd HCA 4127/2000 (22. Dezember 2000) - unrep.

hath once paid the money stipulated to be paid in pursuance thereof, he shall not have the help of a court to fetch it back again."[1213]

Davon gibt es selbstverständlich Ausnahmen, da die strikte Anwendung dieses Grundsatzes zu ungerechtfertigten Härten führen würde.[1214] Ob und wie solche Bereicherungen zurückgewährt werden können, wird im Rahmen der Ansprüche aus ungerechtfertigter Bereicherung (restitution/unjust enrichment) behandelt.[1215]

3.7. Zwischenergebnis

In diesem Abschnitt wird die in Kapitel II der Arbeit aufgestellte These, dass die Gerichte Hongkongs zeitnah noch sehr stark angelehnt an englische Entscheidungen ihre Urteile fällen werden, dies jedoch im Laufe der Zeit immer weniger werden wird, bestätigt. Insoweit erfahren auch die vertragsgefährdenden Faktoren in Hongkong und in England eine parallele rechtliche Bewertung. Dies wird zum einen an der Entscheidung des High Court Hongkongs Dao Heng Bank Ltd v Ho Yin Yuk and Another[1216] erkennbar, in welcher er sich den Argumentationen in der Entscheidung des House of Lords Scotland Plc v Etridge anschloss, jedoch eine formale Bindungswirkung der Entscheidungen des House of Lords auf die Gerichte Hongkongs ausdrücklich verneinte. Erste Abweichungen sind bereits erkennbar: So haben die Gerichte Hongkongs im Jahr 2001, vier Jahre nach dem Souveränitätswechsel, abweichend von den Entscheidungen Englands mit Lo Wo & Others v Cheung Chan Ka Joseph & Another[1217] eine Entscheidung getroffen, in der sie eine Vertragsauflösung gewährten.

1213 Collins v Blantern (1767) 2 Wils KB 341, 350, per Wilmot CJ.

1214 Hughes v Liverpool Victoria Legal Friendly Society [1916] 2 KB 482.

1215 Siehe S. 470 ff.

1216 Dao Heng Bank Ltd v Ho Yin Yuk and Another [2003] 1 HKLRD 28.

1217 Lo Wo & Others v Cheung Chan Ka Joseph & Another [2001] 3 HKC 70.

4. Träger von Rechten und Pflichten aus einem Vertrag

Auch im Hongkonger Vertragsrecht können die Verpflichtungen aus einem Vertrag nur bestimmte Personen berechtigen und verpflichten. Die Grenzen dieser Rechte und Pflichten bestimmen sich danach, ob derjenige, der behauptet, berechtigt oder verpflichtet zu sein, unmittelbare Partei des Vertrages (privity of contract)[1218] ist oder durch eine Abtretung (assignment) die Position eines Schuldners oder Gläubigers aus dem Vertrag erlangt hat.

4.1. Doktrin der Unmittelbarkeit der Vertragsbeziehungen (privity of contract)

Bei der Doktrin der Unmittelbarkeit der Vertragsbeziehungen (privity of contract) handelt es sich um eine Besonderheit des angelsächsischen Vertragsrechts,[1219] die auch im Vertragsrecht Hongkongs zu finden ist. Sie besagt, dass grundsätzlich nur Vertragsparteien aus einem Vertrag berechtigt und verpflichtet werden können, nicht jedoch Dritte.[1220]

1218 In vielen juristischen Lehrbüchern, vor allem im englischen Recht, wird dieses Kapitel nunmehr oft mit 'Third Parties' überschrieben, seit im Jahre 1999 der Contracts (Rights of Third Parties) Act in Großbritannien verabschiedet wurde. Daneben ist in Hongkong die althergebrachte Bezeichnung 'privity of contract' noch weithin gebräuchlich.

1219 Das Konzept ist auch dem deutschen Recht nicht fremd. Es drückt sich darin aus, dass Verträge, an denen Dritte beteiligt sein sollen, als Verträge zugunsten Dritter bzw. Verträge mit Schutzwirkung zugunsten Dritter speziellen Voraussetzungen unterliegen und Verträge zu Lasten Dritter untersagt sind. Darüber hinaus gilt im prozessrechtlichen Bereich das Recht zur Prozessstandschaft nicht uneingeschränkt. Im übrigen gibt es natürlich auch im englischen und Hongkonger Vertragsrecht Ausnahmen von der Doktrin der Unmittelbarkeit der Vertragsbeziehung, z. B. bei Treuhandgeschäften oder mittelbarer Stellvertretung (undisclosed agency).

1220 Tweddle v Atkinson [1861] 1 B & S 393.

4.1.1. Entwicklung und Bedeutung der Doktrin der Unmittelbarkeit der Vertragsbeziehungen (privity of contract)

Grundsätzlich kann eine Person, die nicht Vertragspartei ist, weder Vorteile aus demselben erhalten noch aus diesem Vertrag haften. Die Doktrin gliedert sich in zwei Aspekte: Nur Vertragsparteien können Rechte aus dem Vertrag erwerben; nur Vertragsparteien können Verpflichtungen aus einem Vertrag eingehen.

Diese Doktrin, v.a. ihr erster Aspekt, ist jedoch nicht unumstritten. So hatte die Law Commission Englands im Jahre 1991 Reformen angemahnt. Der Hauptvorschlag der Kommission war es, dem begünstigten Dritten die Rechtsposition zu verschaffen, die Vertragspartei, die ein Versprechen abgibt, auch direkt aus den Vertrag verklagen zu können, vorausgesetzt, dass es die Absicht der Vertragsparteien war, dem Kläger einen Vorteil zukommen zu lassen, den dieser auch gerichtlich geltend machen kann.[1221]

Dieser Vorschlag wurde von einigen Seiten als problematisch insofern bewertet, als dadurch ein Widerspruch zur Doktrin der Gegenleistung (consideration) auftrete. Diese besagt, dass von demjenigen, der ein Leistungsversprechen empfängt, auch eine Gegenleistung (consideration) ausgehen muss.[1222] Nach weit verbreiteter Ansicht ist die Regel, dass derjenige, der nicht Vertragspartei ist, auch nicht aus einem Vertrag vollstrecken kann mit dem Grundsatz, dass die Gegenleistung (consideration) vom Versprechensempfänger (und nicht einer anderen Partei) ausgehen muss, eng verbunden. Es wird sogar vertreten, bei den beiden Doktrinen handele es sich um zwei verschiedene Formulierungen derselben Tatsache.[1223] Die Law Commission, ebenso wie die Mehrzahl der Rechtswissenschaftler[1224] und die Gerichtsbarkeit,[1225] behandeln Unmit-

---

1221 The Law Commission (England) (1991) s 4.1 ff.

1222 Vgl. dazu die Ausführungen in Tweddle v Atkinson [1861] 1 B & S 393, 398; City Polytechnic of Hong Kong v Blue Cross (Asia-Pacific) Insurance Ltd [1995] 2 HKLR 103, 106.

1223 Fisher, Michael (1996) S. 254.

1224 Beatson, Jack (2002) S. 423 f.; Ho, Betty M. (1999) S. 311. Sie sind der Ansicht, dass die beiden Doktrinen unabhängig voneinander bestehen. Während die Doktrin der

telbarkeit (privity) und Gegenleistung (consideration) jedoch als zwei unterschiedliche und voneinander getrennt zu betrachtende Rechtsinstitute.

Die Vorschläge der Law Commission aus dem Jahre 1991 wurden in England größtenteils umgesetzt. Dort wurde im November 1999 der Contracts (Rights of Third Parties) Act verabschiedet, der am 1. März 2000 in Kraft trat. Er ermöglicht den Abschluss von Verträgen zugunsten Dritter und stellt dadurch eine weitreichende Ausnahme zur Doktrin der Unmittelbarkeit der Vertragsbeziehungen (privity) dar. Zur Begründung eines Drittrechts statuiert er die Voraussetzung, dass ein dahingehender Wille der Vertragsparteien vorliegen muss. Ist ein solcher Wille nicht ausdrücklich erklärt, muss ermittelt werden, welchen Willen die Vertragsparteien hatten. Im Gegensatz zum deutschen Recht, das sich dabei auf Auslegungsregelungen, wie die Existenz einer Fürsorgepflicht gegenüber dem Dritten nach der 'Wohl und Wehe'-Formel[1226] o.ä. stützt, enthält der Contracts (Rights of Third Parties) Act eine Definition, wann ein Recht eines dritten, außerhalb des Vertrages Stehenden angenommen werden kann. Entscheidend ist, ob die relevante vertragliche Bestimmung gerade dem Zweck dient, den Dritten direkt zu begünstigen und ein durchsetzbares Recht zu gewähren. Auch in Australien und Neuseeland - Länder, in denen die Doktrin der Unmittelbarkeit der Vertragsbeziehungen (privity of contract) aufgrund ihrer Commonwealth-Geschichte verankert ist - gab es, sogar noch früher als in England, gesetzgeberische Reformen in dieser Hinsicht. In Hongkong dagegen ist eine solche spezialgesetzliche Regelung bisher nicht verabschiedet worden. Abgesehen von einigen in verschiedenen Gesetzen verstreuten Normen[1227] müssen die Entscheidungen des Common Law zur Ent-

---

Unmittelbarkeit der Vertragsbeziehungen (privity of contract) sich damit beschäftigt, wer Rechte aus einem Vertrag geltend machen kann, bestimmt sich nach der Doktrin der Gegenleistung (consideration), welche vertraglichen Vereinbarungen eingeklagt werden können.

1225 Dunlop Pneumatic Tyre Co Ltd v Selfridge & Co Ltd [1915] AC 847; Kepong Prospecting Ltd v Schmidt [1968] AC 810, 826; Vandepitte v Preferred Accident Insurance Corp. of New York [1933] AC 70, 79; London Drugs Ltd v Kuehne & Nagel International Ltd [1992] 3 SCR 299, 417 (Supreme Court of Canada).

1226 BGHZ 51, 84, 96; 56, 269, 273.

1227 Vgl. z. B. Conveyancing and Property Ordinance, Cap 219 s 26.

scheidungsfindung herangezogen werden. Es scheint somit, dass der Grundsatz der Unmittelbarkeit der Vertragsbeziehungen trotz oder vielleicht gerade aufgrund der Übergabe Hongkongs an die Volksrepublik China sowie durch die Verwurzelung Hongkongs im Common Law noch weiterhin ohne gesetzgeberische Veränderungen bestehen bleiben wird.

4.1.2. Grundsätze und Ausnahmen der Doktrin der Unmittelbarkeit der Vertragsbeziehungen

Der Grundsatz, dass nur Vertragsparteien durch den Vertrag begünstigt werden können, ist durch das House of Lords mit der Entscheidung Tweddle v Atkinson[1228] aufgestellt und durch die Entscheidungen Dunlop Pneumatic Tyre Co Ltd v Selfridge & Co Ltd[1229] sowie Scruttons Ltd v Midland Silicones Ltd[1230] erneut bestätigt worden.

Der Grundsatz ist jedoch, wie oben bereits dargestellt, rechtswissenschaftlich keineswegs unumstritten. Da nur Vertragsparteien durch den Vertrag eine Begünstigung erlangen können, könnte ein dennoch aus einem Vertrag begünstigter Dritter, den zwei andere Parteien geschlossen haben, diese Begünstigung nicht vor Gericht geltend machen. Dies scheint oftmals und offenkundig den Interessen der vertragsschließenden Parteien zuwiderzulaufen.[1231] Weiterhin kann nur der Vertragspartner des Versprechenden gerichtlich gegen diesen vorgehen, wenn der Versprechende seine Leistung gegenüber dem Dritten nicht erbringt. Dem Vertragspartner wird es jedoch so gut wie unmöglich sein, Scha-

---

1228 Tweddle v Atkinson [1861] 1 B & S 393, 398. Dabei handelte es sich um eine Klage eines Sohnes C gegen den Vertragspartner A seines Vaters B. Letzterer hatte mit seinem Vertragspartner A einen Vertrag geschlossen, nachdem A £ 200 und B £ 100 zahlen sollten, damit C die Tochter des A heirate. Laut Vertrag konnte C sowohl A als auch B vor jedem Gericht auf die Summen verklagen. Das Gericht entschied jedoch gegen ihn; es stützte sich dabei auf die Erklärung, dass die Gegenleistung von der Partei ausgehen musste, die aus dem Vertrag klagen durfte. Eine Person bereits deshalb als Vertragspartei anzusehen, weil ihr ein eigenes Klagerecht eingeräumt wurde, ohne dass sie selbst verklagt werden konnte, sei jedoch absurd.

1229 Dunlop Pneumatic Tyre Co Ltd v Selfridge & Co Ltd [1915] AC 847.

1230 Scruttons Ltd v Midlands Silicones Ltd [1962] AC 446.

1231 Tweddle v Atkinson [1861] 1 B & S 393, 398.

densersatzansprüche gegen den Versprechenden geltend zu machen, da er selbst keinen Schaden erlitten hat. Der Schaden liegt dann in der Sphäre des am Vertrag nicht beteiligten Dritten. Die einzige Möglichkeit in einem solchen Fall ist es, einen Anspruch aus dem Bereich der Equity, Vertragserfüllung (specific performance),[1232] geltend zu machen. Dann muss die vertragsbrüchige Partei direkt an den Dritten erfüllen.[1233]

Aufgrund ihrer erwähnten Unzulänglichkeiten weist die Doktrin zahlreiche Ausnahmen auf. So kann z. B. die Stellvertretung eine solche Ausnahme bilden: Diese liege dann vor, wenn die gegnerische Partei glaubt, sie schließe einen Vertrag mit demjenigen ab, der in Wahrheit als Vertreter agiert, während der Vertretene als scheinbar Außenstehender den Vertrag einklagen und vollstrecken kann. Letztendlich handelt es sich nur unter Umständen um eine Ausnahme vom Grundsatz der Unmittelbarkeit, denn wenn der Vertrag, ob nun mit oder ohne Wissen der gegnerischen Partei, nicht mit dem Vertreter, sondern mit dem Vertretenen abgeschlossen wird, dann kann der Vertretene als Vertragspartei aus dem Vertrag klagen, ohne den Grundsatz zu verletzen. Handelt es sich dagegen um eine tatsächliche und echte mittelbare Stellvertretung,[1234] so kann eine Ausnahme vom Grundsatz der Unmittelbarkeit durchaus bejaht werden, denn der Vertreter schließt die Verträge mit der gegnerischen Partei im eigenen Namen, jedoch auf fremde Rechnung ab. Da-

---

1232 Vertragserfüllung (specific performance) wird im angelsächsischen Rechtskreis aufgrund seiner Natur als Anspruch aus Equity von den Gerichten im Gegensatz zum deutschen Recht jedoch nur zweitrangig hinter Schadensersatzansprüchen gewährt.

1233 U.a. Beswick v Beswick [1968] AC 58, 73, 81, 83, 93f: Dem Beklagten war vom Ehemann der Klägerin dessen Unternehmen gegen Zahlung einer lebenslangen Rente in Höhe von £ 6 und 10s pro Woche bzw. nach seinem Tode in Höhe von £ 5 pro Woche an seine Witwe übertragen worden. Nach dem Tod des Ehemannes der Klägerin stellte der Beklagte die Zahlungen ein. Die Klägerin klagte im eigenen Namen sowie als Erbschaftsverwalterin ihres Ehemannes auf Erfüllung. Das Gericht entsprach ihrem Begehren. Eine Prozessführungsbefugnis der Klägerin bejahte es allerdings nur als Erbschaftsverwalterin ihres Mannes, nicht dagegen für die Klage im eigenen Namen. Vgl. ebenfalls THH and TWK v The Commissioner of Estate Duty HCMP 3173/1989 (23. Mai 1990) - unrep.

1234 Im deutschen Recht liegt diese z. B. bei Kommissions- oder Handelsvertretergeschäften vor.

durch werden dem Vertretenen eigene Durchgriffsrechte, wie auch das Recht, im eigenen Namen aus dem Vertrag zu klagen, gewährt.[1235]

Auch im Bereich des Immobiliarrechts gibt es weitreichende Ausnahmen von dem Grundsatz, dass nur Vertragsparteien aus einem Vertrag vollstrecken können. Die Gerichte erkennen mittlerweile an, dass Verträge, die Grundstücke betreffen, oft enger mit dem Grundstück verbunden sind als mit den ursprünglich handelnden Vertragsparteien. Nachfolgende Eigentümer sind deshalb oft eher betroffen als die ursprünglichen Vertragsparteien.[1236] Aus diesem Grunde können unter Umständen auch Dritte, die ursprünglich nicht Partei des das Grundstück betreffenden Vertrages waren, nachfolgend aber Eigentum oder Besitz am Grundstück erworben haben, Träger von Rechten und Pflichten werden, die mit diesem Grundstück in Zusammenhang stehen. Im Zusammenhang mit diesen Grundstücksverträgen machte Lord Denning einige Anmerkungen zur Doktrin der Unmittelbarkeit (privity), durch die deutlich wird, dass diese Doktrin in den Augen der Gerichtsbarkeit durchaus kein unumstößlicher Grundsatz ist:[1237]

> Der Beklagte „...says that the plaintiff cannot sue. He says that there is no privity of contract between them and the board, and that it is a fun-

1235 Ho, Betty M. (1999) S. 315.

1236 Smith and Snipes Hall Farm Ltd v River Douglas Catchment Board [1949] 2 KB 500: Die Beklagten schlossen mit elf weiteren Grundstückseigentümern, welche ebenfalls Grundstücke am Lauf eines Flusses besaßen, einen Vertrag, wonach sie sich bereiterklärten, die Ufer zu befestigen und diese Befestigung nach Beendigung der Arbeiten zu warten und zu erhalten. Die Eigentümer zahlten dafür jeweils anteilig die Kosten. Nachfolgend übertrug einer der ursprünglichen Eigentümer sein Grundstück an den Kläger zu 1), der wiederum es an den Kläger zu 2) verpachtete. Aufgrund von Fahrlässigkeit des Beklagten brach die Uferbefestigung und die Grundstücke wurden überflutet. Obwohl keiner der Kläger am ursprünglichen Vertrag beteiligt war, erkannte das Berufungsgericht den Anspruch der Kläger gegen den Beklagten aus dem Grund an, dass der Vertrag mit dem Grundstück verbunden war und die Nachfolger ebenfalls begünstigte.

1237 Lord Denning stützte sich in diesem Fall hauptsächlich auf Section 78 des Law of Property Act 1925 Englands (entspricht Section 39(1) der Conveyancing and Property Ordinance Hongkongs). Die obigen Anmerkungen stellen zwar ein obiter dictum da, sie machen allerdings seine Einstellung zum Regel-Ausnahmeverhältnis der Doktrin der Unmittelbarkeit der Vertragsbeziehungen sehr deutlich.

damental principle that no one can sue upon a contract to which he is not a party. That argument can be met either by admitting the principle and saying that it does not apply to this case, or by disputing the principle itself. I make so bold as to dispute it. The principle is not nearly so fundamental as it is sometimes supposed to be. It did not become rooted in our law until the year 1861. (Tweddle v Atkinson) and reached its full growth in 1915 (Dunlop v Selfridge). It has never been able to entirely supplant another principle whose roots go much deeper. I mean the principle that a man who makes a deliberate promise which is intended to be binding, that is to say, under seal or for good consideration, must keep his promise; and the court will hold him to it, not only at the suit of the party who gave the consideration, but also at the suit of one who was not a party to the contract, provided that it was made for his benefit and that he has a sufficient interest to entitle him to enforce it, subject always, of course, to any defences that may be open on the merits..."[1238]

Eine weitere, gesetzlich normierte Ausnahme findet sich in der Married Person's Status Ordinance.[1239] Dort ist festgelegt, dass ein durch eine Lebensversicherung begünstigter Ehegatte bzw. Kinder die Versicherungssumme nach dem Tod des Versicherten direkt bei der Versicherung einfordern können, auch wenn er bzw. sie nicht Partei des Versicherungsvertrages waren. Dies revidiert die frühere Ansicht, nach der die Police in den Nachlass des Versicherten fiel und dann indirekt von den Begünstigten als Erben geltend gemacht werden musste.

Der zweite Aspekt der Doktrin der Unmittelbarkeit der Vertragsbeziehungen (privity of contract), nämlich dass demjenigen, der nicht Partei eines bestimmten Vertrages ist, auch keine Verpflichtungen aus diesem Vertrag entstehen dürfen, ist weit weniger umstritten und weist auch weniger Ausnahmen auf. Dass hier solche Einigkeit unter den Rechtswissenschaftlern und Gerichten herrscht, ist nachvollziehbar. Es widerspricht jeder Logik und jeglichem Gerechtigkeitsempfinden, einen am Vertrag

1238 Smith and Snipes Hall Farm Ltd v River Douglas Catchment Board [1949] 2 KB 500, 514, per Lord Denning.

1239 Married Person's Status Ordinance, Cap 182 s 13.

Unbeteiligten zu belasten.[1240] Darüber hinaus kann hier unterstützend der Grundsatz des angelsächsischen Rechts herangezogen werden, dass für ein Leistungsversprechen vom Versprechensempfänger eine Gegenleistung (consideration) versprochen oder erbracht werden muss.[1241] Wird dem Dritten nunmehr eine Verpflichtung auferlegt, gibt er also ohne eigenes Zutun fiktiv ein Leistungsversprechen ab, dann müsste ihm auch eine Gegenleistung (consideration) von einer der Vertragsparteien erbracht werden. Dies ist jedoch regelmäßig nicht der Fall.[1242]

4.1.3. Ansprüche des Dritten und Rechtsfolgen bei Nicht- bzw. Schlechterfüllung des Vertrages

Grundsätzlich hat der Versprechensempfänger als Vertragspartner das Recht, Ansprüche gegen die andere Partei geltend zu machen, wenn diese ihre Pflichten aus dem Vertrag nicht ordnungsgemäß erfüllt. Da aber die Begünstigungen aus dem Vertrag nicht dem Versprechensempfänger, sondern dem Dritten zukommen sollen, ergeben sich in diesem Zusammenhang bei der Durchsetzung der Verpflichtungen einige Schwierigkeiten.

4.1.3.1. Anspruch des Dritten auf Schadensersatz (damages)

Einen eigenen Schadensersatzanspruch hat der Dritte, wie bereits erwähnt, grundsätzlich nicht.[1243] Selbstverständlich kann der Versprechensempfänger einen eigenen Schadensersatz (damages) gegen den Versprechenden geltend machen. Allerdings wird er möglicherweise diesen Anspruch nicht durchsetzen können, da es im Regelfall an einem Schaden für ihn fehlen wird. Meist ergeben sich praktische Schwierigkei-

1240 Deshalb gilt im deutschen Recht die Parallele, dass Verträge zulasten Dritter grundsätzlich nicht zulässig sind.

1241 Siehe S. 153 ff.

1242 Ho, Betty M. (1999) S. 312.

1243 Eine Ausnahme bilden die sogenannten 'floating warranties', wo ein Schadensersatzanspruch des Dritten bejaht wurde: Shanklin Pier Ltd v Detel Products Ltd [1951] 2 KB 854.

ten bei der Feststellung, ob und in welchem Umfang überhaupt ein Schaden eingetreten ist. Besteht zwischen dem Versprechensempfänger und dem Dritten keine rechtlich bindende Verpflichtung, deren Verletzung, verursacht durch die Nicht- bzw. Schlechterfüllung des Versprechenden, ihn selbst einem Schadensersatzanspruch des Dritten aussetzt, dann wird er kaum einen eigenen Schadensersatzanspruch erfolgreich einklagen können. Es gibt zwar einige wenige Entscheidungen im englischen Recht, die auch in diesem Fall einen Anspruch bejahen, solange überhaupt ein Schaden nachgewiesen werden kann,[1244] jedoch hat sich dies im Hongkonger Recht nicht niedergeschlagen.

Darüber hinaus stellt sich weiterhin die Frage, ob der Versprechensempfänger als Vertragspartner Schäden, die dem Dritten entstanden sind, gegenüber der vertragsbrüchigen Vertragspartei geltend machen kann. In der Entscheidung Beswick v Beswick[1245] hatte das House of Lords deutlich gemacht, dass dies nicht möglich ist. In einer Entscheidung aus dem Jahre 1975[1246] griff Lord Denning diese Ansicht an und bejahte ein solches Recht.[1247]

> "What is the position when such a contract is broken? At present, the law says that the only one who can sue is the one who made the contract. None of the rest of the party can sue, even though the contract was made for their benefit. But when that one does sue, what damages can he recover? Is he limited to his own loss? Or can he recover for others?...I think he can." [1248]

1244 Vgl. z. B. Banco de Portugal v Waterloo & Sons Ltd [1932] AC 452, 471, 492, 505 f.

1245 Beswick v Beswick [1968] AC 58.

1246 Jackson v Horizon Holidays Ltd [1975] 3 All ER 92.

1247 Die Möglichkeit der Geltendmachung von Schäden des Dritten durch den Vertragspartner, ohne dass die Ansprüche abgetreten wurden, entspricht in etwa der Prozessstandschaft im deutschen Recht.

1248 Jackson v Horizon Holidays Ltd [1975] 3 All ER 92, 96, per Lord Denning. Darauf aufbauend hatte ein Hongkonger District Court mit Lee Yu Cheung v Accelspeed Co Ltd einen Fall entschieden, wobei er einem Vertragspartner eines Reisebüros einen Schadensersatz zusprach, der auch Schäden kompensieren sollte, die sein Reisegefährte, für den er die Reise mitgebucht hatte, erlitten hatte: Lee Yu Cheung v Accelspeed Co Ltd DistCt 827/1982 (1. September 1982) – unrep. zitiert nach Ho, Betty M. (1999) S. 314. Da die Ansicht Lord Dennings, auf der die Entscheidung beruht,

Die Ansicht Lord Dennings im Fall Jackson v Horizon Holidays Ltd ist jedoch vom House of Lords verworfen worden. In einer kurz darauf ergehenden Entscheidung bestätigte es erneut, dass ein Versprechensempfänger gerade nicht die Schäden eines Dritten gegenüber dem Vertragspartner geltend machen kann, ausgenommen, er handelt als Vertreter oder Treuhänder des Dritten. Gleichzeitig drängte das House of Lords auf ein Überdenken des Grundsatzes und eine Lösung der Widersprüchlichkeiten.[1249] Allerdings haben sowohl die Gerichte Englands als auch die Hongkonger Gerichte bisher keine andere Richtung in dieser Hinsicht eingeschlagen.

4.1.3.2. Anspruch des Dritten auf Vertragserfüllung (specific performance)

Darüber hinaus hat der Versprechensempfänger jedoch immer die Möglichkeit, eine Erfüllung der vertraglich geschuldeten Leistung an den Dritten gerichtlich geltend zu machen.[1250] Da es sich jedoch um einen Anspruch aus dem Bereich der Equity handelt, ist er immer subsidiär gegenüber Ansprüchen aus dem Common Law, wie z. B. Schadensersatzansprüchen.

4.1.3.3. Rückgewähr bereits erbrachter Leistungen

Hat der Versprechensempfänger eines Vertrags, welcher zugunsten eines Dritten abgeschlossen wurde, an den Versprechenden bereits geleistet, ohne dass dieser seine ihm vertraglich auferlegte Pflicht erfüllt hat, dann kann der Versprechensempfänger die bereits erbrachte Leis-

---

aber gemeinhin nicht vertreten wird, hat die hier angeführte Entscheidung mittlerweile sämtliche Bindungswirkung verloren.

1249 Woodar Investment Development Ltd v Wimpey Construction UK Ltd [1980] 1 WLR 277, 284, 291, 293, 297, 300; Lord Scarman: "I respectfully agree with Lord Reid that the denial by English law of a 'ius quaesitum tertio' calls for reconsideration. ...The committee reported in 1937; Beswick v Beswick was decided in 1967. It is now 1979; but nothing has been done. If the opportunity arises, I hope the House will reconsider Tweddle v Atkinson 1 B & S 393 and the other cases which stand guard over this unjust rule."

1250 Beswick v Beswick [1968] AC 58.

tung zurückfordern. Hat der Versprechende zumindest teilweise erfüllt, kann der Versprechensempfänger das bereits Geleistete dagegen nicht mehr herausverlangen, da es dann an einem vollständigen Ausfall der Gegenleistung (consideration) durch den Versprechenden fehlt.[1251]

4.2. Abtretung von Rechten und Pflichten aus einem Vertrag (assignment)

Auch im Hongkonger Recht können die Rechte aus einem Vertrag an einen Dritten abgetreten werden. Unter Umständen können auch Pflichten aus einem Vertrag auf einen Dritten übergehen. Die Abtretung erfolgt oft nach den Regeln der Equity, da das Common Law sie nur eingeschränkt zulässt und auch die Rechtsfolgen der Abtretung (assignment) nach dem Common Law oft nicht erwünscht sind. Mittlerweile sind jedoch in Hongkong gesetzliche Regelungen hinsichtlich der Abtretung von Rechten geschaffen worden, um diese Missstände zu beseitigen.[1252]

Grundsätzlich kann der Abtretende (assignor) seine Rechte aus dem Vertrag an einen Dritten (assignee) abtreten, ohne dass es dafür der Zustimmung der anderen Vertragspartei, des Schuldners (debtor), bedarf.[1253] Eine Abtretung kann verschiedene Rechte betreffen; sie muss nicht nur auf Geldforderungen beschränkt sein. Das abgetretene Recht wird als 'chose in action'[1254] bezeichnet, da es sich dabei, im Gegensatz zu 'choses in possession'[1255] um Rechte handelt, welche nur durch eine Klage und nicht durch Inbesitznahme als eigene Ansprüche geltend gemacht werden können.[1256] 'Choses in action' können sowohl nach dem Common Law als auch nach den Grundsätzen der Equity bestehen.

1251 Ho, Betty M. (1999) S. 313.

1252 Vgl. z. B. Law Amendment and Reform (Consolidation) Ordinance, Cap 23 s 9.

1253 Ho, Betty M. (1999) S. 341.

1254 Dabei handelt es sich um ein Äquivalent zum Begriff 'Recht', welcher u.a. auch Patentrechte oder Urheberrechte umfasst. Hier soll nur ein bestimmter Typ der 'choses in Action', nämlich vertragliche Rechte, behandelt werden.

1255 Dabei handelt es sich um bewegliche Sachen.

1256 Torkington v Magee [1902] 1 KB 427, 430.

4.2.1. Abtretungen nach den Regeln von Common Law und Equity

Das Common Law nimmt gegenüber der Abtretung von Rechten (chose in action) eine sehr ablehnende Haltung ein. Da ein Recht (chose in action) nur durch eine Klage eingefordert oder vollstreckt werden kann, ist es für den neuen Gläubiger von höchstem Interesse, dass er in der Lage ist, sein Recht (chose in action) im Klagewege geltend zu machen. Allerdings können nach dem Common Law keine Rechte mit der Folge abgetreten werden, dass der neue Gläubiger diese im eigenen Namen gerichtlich geltend machen kann. Nur der 'Zedent' kann das Recht, das nach dem Common Law abgetreten werden sollte, beim Drittschuldner einklagen.[1257] Der Grund für die Verweigerung eines eigenen Klagerechts für den neuen Gläubiger mag darin liegen, dass die Gerichte fürchteten, die Anerkennung eines Klagerechts aufgrund einer Abtretung könne die Doktrin der Unmittelbarkeit der Vertragsbeziehungen (doctrine of privity) unterminieren und zu unnötigen Gerichtsverfahren führen.[1258]

Im Gegensatz zum Common Law erlauben die Regeln der Equity eine Abtretung sämtlicher Rechte (choses in action), unabhängig davon, ob diese Rechte nun ihrer Rechtsnatur nach dem Common Law oder der Equity entstammen.[1259] Die Abtretung eines Rechtes des Common Law konnte bis zum Inkrafttreten des Judicature Act 1873 Englands allerdings nur an den Common-Law-Gerichten geltend gemacht werden. Dabei handelte es sich v.a. um Rechte aus Verträgen oder aus Versicherungspolicen. Die Equity erkannte die Abtretung solcher Rechte des Common Law zwar als wirksam an, allerdings waren die Chancery-Gerichte bei der Durchsetzung solcher abgetretenen Rechte durch den neuen Gläubiger eher zurückhaltend. Der frühere Gläubiger hatte nämlich daneben noch die Möglichkeit, in einem Common-Law-Gericht sein altes Recht geltend zu machen, was dazu geführt hätte, dass der Drittschuldner wiederum die Equity-Gerichte hätte anrufen müssen, um den früheren

---

1257 Die einzige Ausnahme im Common Law bilden übertragbare Wertpapiere (negotiable instruments).

1258 Fitzroy v Cave [1905] 2 KB 364, 372.

1259 Ho, Betty M. (1999) S. 343.

Gläubiger an der Vollstreckung des Rechts mit dem Argument zu hindern, der Zessionar habe sich bereits aus der Forderung befriedigt. Dagegen erkannten die Gerichte der Equity aufgrund der Abtretung eines Rechts des Common Law auf eine Pflicht des Zedenten, gegen angemessene Haftungsfreistellung bezüglich der Prozesskosten, dem neuen Gläubiger das Recht einzuräumen, in seinem Namen gerichtlich vorgehen zu können. Diese Verpflichtung waren die Equity-Gerichte auch zu vollstrecken bereit.[1260] Wann immer also ein Recht des Common Law nach den Regeln der Equity abgetreten wurde – und es konnte nur so abgetreten werde – musste die Klage aus diesem Recht im Namen des früheren Gläubigers erhoben werden.[1261]

Bei der Gewährung von Rechtsschutz für abgetretene Rechte der Equity zeigten sich die Gerichte großzügiger. Ein Recht aus dem Bereich der Equity ist ein solches, welches vor Inkrafttreten des Judicature Act 1873 Englands nur vor den Gerichten der Equity, den Chancery Courts, eingeklagt und durchgesetzt werden konnte. Solche Rechte sind u.a. Anteile an einem Treuhandfonds (shares in a trust fund), Vermächtnisse (legacies) oder auch Anwartschaftsrechte aus einem Testament (revor sionary interests under a will). Hat eine Abtretung eines solchen Rechtes aus Equity stattgefunden, kann der neue Gläubiger dieses Recht durchaus im eigenen Namen auf dem Klagewege geltend machen. Der Zedent kann nur dann Partei eines solchen Rechtsstreits sein, wenn er weiterhin ein eigenes Interesse an dem Ausgang des Rechtsstreits hat.[1262] Der Grund dafür lag darin, dass das Risiko eines Drittschuldners, noch einmal einer Klage des früheren Gläubigers ausgesetzt zu sein, dadurch nicht bestand, dass die Chancery Courts die alleinige Zuständigkeit bei dieser Art von Rechten besaßen, und somit im Gegensatz zur Abtretung von Rechten des Common Law bei Klagen des neuen Gläubigers nicht auch eine Klagemöglichkeit des Zedenten gegeben war und so keine Gefahr für den Drittschuldner bestand.

1260 Hammond v Messenger (1838) 9 Sim 327.

1261 Dieser Grundsatz war zwar von entscheidender Bedeutung, wurde aber nicht immer eingehalten. Vgl dazu Master v Miller (1791) 4 Term Rep 320, 341.

1262 Donaldson v Donaldson (1854) Kay 711.

4.2.2. Abgrenzung der Abtretung von anderen Rechtsgeschäften

Zwar war und ist es auch nach dem Common Law möglich, dass ein Dritter aus einem Recht klagt, was ihm von einer Vertragspartei übertragen wurde. Allerdings handelt es sich nicht um Abtretungen (assignment) im eigentlichen Sinne, die nunmehr von den Abtretungen (assignment) abgegrenzt werden sollen.

Zum einen kann die Vertragspartei einen Dritten bevollmächtigen (power of attorney), wodurch dieser in einem Prozess als Vertreter der Vertragspartei auftreten kann.[1263] Der Dritte klagt dabei auf eigene Rechnung; die Vertragspartei haftet nicht auf entstehende Kosten. Diese Variante ist ein 'Weniger' zur Abtretung und entspricht eher einer gewillkürten Prozessstandschaft. Die Vertragspartei bleibt weiterhin Inhaber des Rechts und kann, wenn der Dritte im Innenverhältnis eine Vertragsverletzung (breach of contract) begeht, die Bevollmächtigung (power of attorney) jederzeit widerrufen.

Des Weiteren besteht die Möglichkeit, dass der Drittschuldner auf Bitten des Schuldners akzeptiert (acknowledgement), statt wie bisher an den Schuldner nunmehr an den Dritten zu leisten. Allein diese schriftliche Beauftragung des Schuldners an den Drittschuldner, nunmehr die Schuld gegenüber dem Dritten zu begleichen, reicht jedoch nicht aus, um dem Dritten ein selbständiges Klagerecht zu verschaffen, ausgenommen, der Dritte hat selbst eine Gegenleistung (consideration) erbracht, z. B. indem er ausdrücklich die Vertragspartei (Schuldner) aus ihrer Schuld entlassen hat.[1264] Von einer Abtretung (assignment) unterscheidet sich die Anerkennung (acknowledgement) dadurch, dass bei letzterer die Zustimmung des Drittschuldners notwendig ist.[1265]

Ebenfalls keine Abtretung (assignment) im eigentlichen Sinne ist die dritte Möglichkeit, die sogenannte Novation, welche das Common Law immer als wirksam erachtete. Dabei handelt es sich um die Ablösung eines

---

1263 Re Bowden [1936] Ch 71, 74.

1264 Liversidge v Broadbent (1859) 4 H & N 603; Dies ist allerdings umstritten: vgl. dazu Shamia v Joory [1958] 1 QB 448.

1265 Ho, Betty M. (1999) S. 343.

alten Vertrages durch einen neuen durch alle an beiden Verträgen beteiligten Parteien.[1266] Hier kann die aus dem alten Vertragsverhältnis ausscheidende Partei unter Zustimmung und Mitwirkung des Drittschuldners mit dem Dritten einen neuen Vertrag abschließen, wodurch die Rechte auf den Dritten und nunmehrigen Gläubiger übergehen.[1267] Die Novation bedarf zu ihrer Wirksamkeit im Gegensatz zur Abtretung (assignment) ebenfalls der Zustimmung des Drittschuldners.

4.2.3. Voraussetzungen der Abtretung aus Gesetz

Wie bereits erwähnt, sind in Hongkong gesetzliche Regelungen hinsichtlich der Abtretung von Rechten geschaffen worden.[1268] Diese gesetzliche Regelung berührt Abtretungen nach den Regeln der Equity nicht; allerdings führt sie auch nicht dazu, dass sie Abtretungen ermöglicht, welche nicht vorher auch unter Equity abtretbar waren. Sie erweitert dagegen die Möglichkeiten der Abtretung (assignment) nach dem Common Law, statuiert die Voraussetzungen einer Abtretung und führt zu prozessualen Erleichterungen bei den Rechtsfolgen:

> „[T]his sub-section is merely machinery;...it enables an action to be brought by the assignee in his own name in cases where previously he would have sued in the assignor's name, but only where he could so sue."[1269]

Abtretungsgegenstand gesetzlicher Abtretungen sind 'Forderungen' (debts) oder 'andere Rechte des Common Law' (other legal choses in action).[1270] Eine Forderung (debt) wird als eine Geldsumme definiert,

---

1266 Ho, Betty M. (1999) S. 342.

1267 Beispiel: A schuldet B HK$ 100, und B schuldet C ebenfalls HK$ 100. Alle drei können vereinbaren, dass Drittschuldner A nicht an Schuldner B, sondern direkt an Gläubiger C leistet. Dadurch werden alle rechtlichen Beziehungen von B mit den Parteien aufgehoben.

1268 Vgl. z. B. Law Amendment and Reform (Consolidation) Ordinance, Cap 23 s 9.

1269 Torkington v Magee [1902] 2 KB 427, 435, per Channell J.

1270 Law Amendment and Reform (Consolidation) Ordinance, Cap 23 s 9; Investors Compensation Scheme Ltd v West Bromwich Building Society [1998] 1 WLR 896, 915.

welche aufgrund einer bestimmten Vereinbarung fällig wird.[1271] Als 'andere Rechte nach dem Common Law' (other legal choses in action) werden Forderungen oder solche Rechte interpretiert, die zwar das Common Law als nicht abtretbar betrachtet, welche allerdings nach den Regeln der Equity abtretbar sind.[1272] Dies lässt die Schlussfolgerung zu, dass auch Rechte nach Equity unter 'andere Rechte des Common Law' fallen, da sie nicht aufgrund des Common Law, jedoch nach den Regeln der Equity abtretbar sind.[1273] Dies ist zwar umstritten,[1274] jedoch kann tatsächlich davon ausgegangen werden, dass mit 'anderen Rechten nach dem Common Law' (other legal things in action) jedes Recht gemeint ist, dessen Abtretung vor dem Judicature Act 1873 durch Gerichte des Common Law und der Equity anerkannt und vollstreckt worden wäre.[1275]

4.2.3.1. Absolutheit der Abtretung (absolute assignment)

Das Gesetz verlangt, dass eine Abtretung 'absolut' (absolute assignment)[1276] und unbedingt ist.[1277] Eine Abtretung ist dann absolut, wenn der Zedent sich seiner Rechtsposition vollständig begibt und ihm keine, auch nicht eine geringe oder anteilige Rechtsposition mehr zusteht. Eine Teilabtretung, eine bedingte Abtretung oder auch eine Abtretung im Wege der Verrechnung/Saldierung (by way of charge) sind nicht als absolut anzusehen und stellen deshalb keine wirksame gesetzliche Abtretung dar.[1278]

Das Merkmal der 'Absolutheit' der Abtretung fordert aus Gründen des Drittschuldnerschutzes, dass der Zedent kein Interesse an dem Abtre-

---

1271 Garner, Bryan A. (1999) S. 410: "debt: liability on a claim; a specific sum of money due by agreement or otherwise"

1272 Torkington v Magee [1902] 2 KB 427, 430 f.

1273 Re Pain, Gustavson v Haviland [1919] 1 Ch 38, 44.

1274 Sykes, Edward (1993) S. 768 f.

1275 Beatson, Jack (2002) S. 475

1276 Abtretungen unter Equity müssen die Voraussetzung der 'Absolutheit' dagegen nicht erfüllen.

1277 Law Amendment and Reform (Consolidation) Ordinance, Cap 23 s 9.

1278 Walter & Sullivan Ltd v J Murphy and Sons Ltd [1955] 2 QB 584.

tungsgegenstand zurückbehalten darf, welches es notwendig machen würde, dass er zusammen mit dem Zessionar in Streitgenossenschaft tritt.[1279] Oft ist dies der Fall, wenn ein 'Zedent' zur Sicherheit ein Recht zur Befriedigung aus bestimmten Geldmitteln oder -fonds an den 'Zessionar' überträgt, nicht jedoch das Recht an diesen Geldern selbst.[1280] Dies bedeutet jedoch nicht, dass sämtliche Abtretungen zur Sicherheit am Mangel der Absolutheit scheitern. So wurde in Bank of Liverpool & Martins Ltd v Holland[1281] entschieden, dass durchaus eine absolute Abtretung vorliegt, wenn der Drittschuldner die gesamte abgetretene Forderung an den Zessionar zu leisten hat, auch wenn diese Forderung in ihrer Höhe über der zwischen Zedenten und Zessionar geschuldeten Summe liegt.[1282] Obwohl Sicherungsabtretungen, welche die bestimmte zu sichernde Summe aufführen, durch die Gerichte mitunter ebenfalls als absolute und damit wirksame Abtretungen betrachtet wurden,[1283] kann dies zu einer Unwirksamkeit der Abtretung führen, da diese Angabe den Drittschuldner darüber im Unklaren lässt, an wen er letztendlich den die gesicherte Summe überschreitenden Betrag zu leisten hat.[1284]

Das Erfordernis der Unbedingtheit der Abtretung bedeutet, dass es sich bei dem Gegenstand der Abtretung um einen bestimmten Betrag handeln muss, der bereits fällig ist oder fällig wird, und nicht um eine unbestimmte Summe, deren Festlegung von anderen, bisher noch nicht

1279 Treitel, Guenther (2003) S. 676.

1280 Jones v Humphreys [1902] 1 KB 10; Court Line Ltd v Aktiebolaget Gotaverken [1984] 1 Lloyd's Rep 283.

1281 Bank of Liverpool & Martins Ltd v Holland (1926) 43 TLR 29.

1282 Bank of Liverpool & Martins Ltd v Holland (1926) 43 TLR 29 f.: Der Beklagte schuldete einem Dritten £ 285. Dieser Dritte wiederum schuldete der Klägerin £ 150 und trat daraufhin seinen (gesamten) Anspruch gegen den Beklagten an die Klägerin ab. Die Abtretung beinhaltete folgende Formulierung: „"[W]e ...hereby assign unto [Klägerin] absolutely...and it is agreed and declared that the amount recoverable under these presents shall not at anytime exceed the sum £ 150." Das Gericht bejahte das Vorliegen einer wirksamen Abtretung. Der Dritte hatte den gesamten Anspruch an die Klägerin abgetreten, ohne einen Bruchteil daran zurückzuhalten. Sollte die Klägerin mehr als die geschuldeten £ 150 vom Drittschuldner erlangen können, so hatte sie diesen darüber hinaus gehenden Betrag für den Dritten als Treuhandvermögen zu verwalten.

1283 Bank of Liverpool & Martins Ltd v Holland (1926) 43 TLR 29 f.

1284 Mercantile Bank of London Ltd v Evans [1899] 2 QB 613.

erkennbaren Faktoren abhängt.[1285] Soll nach dem Willen der Parteien erst ein bestimmtes Ereignis zur Wirksamkeit oder auch zur Unwirksamkeit der Abtretung führen, handelt es sich nicht mehr um eine unbedingte Abtretung. Aus Gründen des Schutzes des Drittschuldners, welcher dann nicht mehr erkennen kann, an wen er auf die abgetretene Forderung zu leisten hat, ist eine solche bedingte Abtretung nicht wirksam.[1286] Auch die Abtretung von Forderungen, die noch nicht fällig sind, kann absolut und unbedingt erfolgen.[1287] Abtretbare Rechte entstehen mit Vertragsschluss, auch wenn sie zum Zeitpunkt der Abtretung noch nicht durchsetzbar sind.[1288] Der nachträgliche Eintritt der Fälligkeit hindert die Unbedingtheit der Abtretung nicht.

4.2.3.2. Form der gesetzlichen Abtretung von Rechten

Soweit gesetzlich vorgeschrieben, muss ein Abtretungsvertrag schriftlich geschlossen werden und vom Zedenten unterschrieben sein (in writing under the hands of the assignor).[1289] Die Unterschrift eines Vertreters des Zedenten kann von den Gerichten als nicht ausreichend erachtet werden.[1290] Auch eine durch den Zessionar dem Drittschuldner übergebene Zahlungsanweisung des Zedenten begründet noch keinen Zahlungsanspruch des Zessionars. Diese Voraussetzungen betreffen nur bestimmte Rechtsgeschäfte bzw. Abtretungen. So muss in Hongkong im Gegensatz zum englischen Recht nicht jede Abtretung eines Rechtes aus Equity an einem Grundstück (equitable chose in action) in Schriftform erfolgen, da die Conveyancing and Property Ordinance[1291] lediglich für obligatorische Ansprüche und fiduziarische Verhältnisse an

1285 Ho, Betty M. (1999) S. 347.

1286 Durham Brothers v Robertson [1898] 1 QB 765; Vgl. auch Raiffeisen Zentralbank Österreich AG v Five Star Trading LLC [2001] 2 WLR 1344, 1365 ff.

1287 Care SS Cpn v Latin American SS Cpn [1983] QB 1005.

1288 Marathon Electrical Mfg Corp v Mashreqbank PSC [1997] CLC 1090.

1289 Conveyancing and Property Ordinance, Cap 219 s 5; Law Amendment and Reform (Consolidation) Ordinance, Cap 23 s 9.

1290 Wilson v Wallani (1880) 5 Ex D 155.

1291 Conveyancing and Property Ordinance, Cap 219.

Grundstücken, die sich aus der Equity ergeben (equitable interests in or trusts of land) die Schriftform vorschreibt.[1292]

4.2.3.3. Abtretungsanzeige (notice)

Das Gesetz verlangt eine schriftliche Abtretungsanzeige an den Drittschuldner (express notice in writing to the debtor), welche mit Eingang beim Drittschuldner wirksam wird.[1293] Die Abtretungsanzeige kann auch durch den Zessionar erfolgen. Kenntnis des Drittschuldners von der Abtretung befreit nicht von der Notwendigkeit der Abtretungsanzeige.[1294]

Eine Nichtvornahme der Abtretungsanzeige beeinträchtigt nicht das rechtliche Verhältnis von Zedent und Zessionar. Bis zur Vornahme der Anzeige ist die Abtretung mithin zwischen den Parteien zwar wirksam, allerdings nur als Abtretung nach den Maßstäben der Equity.[1295] Trotzdem ist die Abtretungsanzeige für den Drittschuldner von großer Bedeutung. Der Drittschuldner kann bis zur schriftlichen Anzeige schuldbefreiend an den Zedenten leisten. Darüber hinaus ist der Zessionar bis zur Abtretungsanzeige nicht gegen den Forderungserwerb durch Dritte geschützt ist. Erwirbt ein anderer Zessionar zeitlich später von dem Zedenten dieselbe Forderung und benachrichtigt den Drittschuldner, wird er Eigentümer der Forderung, da seinem Erwerb nicht eine bereits wirksame Abtretung entgegensteht.

4.2.3.4. Gegenleistung (consideration)

Eine gesetzliche Abtretung setzt zur ihrer Wirksamkeit nicht voraus, dass der Zessionar eine Gegenleistung (consideration) für das Abtretungsversprechen verspricht oder erbringt.[1296] Ebenso wenig ist eine Gegenleis-

[1292] Conveyancing and Property Ordinance, Cap 219 s 5(1)(c).

[1293] Law Amendment and Reform (Consolidation) Ordinance, Cap 23 s 9; Holt v Heatherfield Trust Ltd [1942] 2 KB 1.

[1294] Hockley and Papworth v Goldstein (1920) 90 LJKB 111.

[1295] Holt v Heatherfield Trust Ltd [1942] 2 KB 1, 4.

[1296] Ho, Betty M. (1999) S. 345.

tung (consideration) für das Recht des Zessionars, in eigenen Namen auf die Forderung klagen zu dürfen, notwendig.[1297]

4.2.4. Voraussetzungen der Abtretung aus Equity

Erfüllt eine Abtretung nicht die gesetzlich geforderten Voraussetzungen, kann sie jedoch nach den Maßstäben der Equity wirksam sein:

> „The statute does not forbid or destroy equitable assignments or impair their efficacy in the slightest degree."[1298]

Wie bereits oben dargestellt, war es in Equity immer möglich, eine Abtretung von Rechten vorzunehmen. Abtretungen wurden, unabhängig davon, ob es sich um Rechte des Common Law oder der Equity handelte, durch die Equity zumindest anerkannt. Dabei kann eine Abtretung auch zukünftig erst entstehender Forderungen vereinbart werden. Das Recht geht jedoch erst dann auf den Zessionar über, wenn es existent wird.

> „Strictly speaking, to assign a chose in action means to transfer a right from one person to another – clearly if there is nothing to transfer, nothing can be transferred...[T]he parties can agree to assign (i.e. to transfer) choses in action that have not yet come into existence: in Equity the effect of making such an agreement is that when a chose in action answering the description in the agreement does come into existence, the assignor automatically and immediately becomes a trustee and the assignee the beneficiary of that chose in action."[1299]

Damit eine wirksame Abtretung in Equity vorliegen kann, muss ein Wille zur Abtretung bei den Beteiligten vorhanden sein.[1300] Dafür bedarf es

---

1297 Re Westerton, Public Trustees v Gray [1919] 2 Ch 104, 114.

1298 Brandt's Sons & Co v Dunlop Rubber Co Ltd [1905] AC 454, 461, per Lord Macnaghten; vgl. auch Raiffeisen Zentralbank Österreich AG v Five Star Trading LLC [2001] 2 WLR 1344, 1374 f.

1299 Annangel Glory Compania Naviera SA v Golodetz Middle East Marketing Co Ltd [1988] 1 Lloyd's Rep 45, 47, per Saville J. E. Pfeiffer Weinkellerei-Weineinkauf GmbH & Co v Arbuthnot Factors Ltd [1988] 1 WLR 150, 161 f.

1300 Ho, Betty M. (1999) S. 344.

keiner ausdrücklichen Erklärung; es muss lediglich deutlich werden, dass der Abtretende Rechte an einen Zessionar übertragen will.[1301]

4.2.4.1. Formbedürftigkeit der Abtretung nach den Regeln der Equity (equitable assignment)

Für eine Abtretung unter Equity gelten keine speziellen Formvorschriften. Handelt es sich bei dem abgetretenen Recht nicht um ein durch Equity geschütztes Recht (equitable interest), muss die Abtretung nicht einmal durch schriftlichen Vertrag erfolgen. Es muss lediglich eine (formlose) Übereinkunft bezüglich der Abtretung zwischen Zedent und Zessionar vorliegen.[1302]

4.2.4.2. Abtretungsanzeige (notice) nach den Regeln der Equity

Die Abtretung wird erst zu dem Zeitpunkt zwischen Zedent und Zessionar wirksam, an dem die Anzeige an den Drittschuldner ergeht. Eine solche Anzeige an den Drittschuldner kann sowohl durch den Zedenten als auch durch den Zessionar erfolgen.[1303]

Bis zum Empfang der Abtretungsanzeige bindet die Abtretung einen Drittschuldner nicht. Zahlt er also vor Empfang der Abtretungsanzeige an den Zedenten, wird er damit von seiner Schuld frei,[1304] zahlt er danach, muss er an den Zessionar noch einmal leisten.[1305] Aus diesem Grunde muss eine Abtretungsanzeige an den Drittschuldner diesem eindeutig zu verstehen geben, dass er nunmehr an den Zessionar und nicht mehr an den ursprünglichen Gläubiger zu leisten hat.[1306]

> „It may be couched in the language of command. It may be a courteous request. It may assume the form of a mere permission. The language is immaterial if the meaning is plain. All that is necessary is that the debtor

---

1301 Ho, Betty M. (1999) S. 344.
1302 Re Hamilton (1921) 124 LT 737.
1303 Stocks v Dobson (1853) 4 De GM & G 15.
1304 Stocks v Dobson (1853) 4 De GM & G 15.
1305 Deposit Protection Board v Dalia [1994] 2 AC 367, 387.
1306 Herkules Piling Ltd v Tilbury Construction Ltd (1992) 61 BLR 107, 119.

> (der Drittschuldner, Anm. der Verf.) should be given to understand that the debt has been made over by the creditor to some third person."[1307]

Darüber hinaus muss die Abtretungsanzeige an den Drittschuldner so schnell wie möglich erfolgen, da die nachfolgenden Abtretungen nach der Abtretungsanzeige dann keine Berücksichtigung mehr finden.[1308] Es ist zwar nicht notwendig, in einer Abtretungsanzeige das Datum, an dem die Abtretung erfolgte, anzugeben.[1309] Wird dies aber getan, so muss das Datum korrekt angegeben sein. Wird ein falsches Datum angegeben, so ist die Abtretungsanzeige unwirksam und der Drittschuldner kann weiterhin an den früheren Gläubiger mit befreiender Wirkung leisten.[1310]

4.2.4.3. Gegenleistung (consideration)

Die Frage, ob im Verhältnis zwischen Zedent und Zessionar eine Gegenleistung (consideration) bei einer Abtretung nach den Regeln der Equity für deren Wirksamkeit notwendig ist, ist nach wie vor umstritten.[1311] Im Jahre 1912 formulierte Parker J. wie folgt:

> „For every equitable assignment...there must be consideration. If there be no consideration, there can be no equitable assignment."[1312]

Allerdings geht diese Erklärung nach herrschender Ansicht zu weit.[1313] Sicherlich muss auch bei einer gewöhnlichen Abtretung, wie bei jedem Vertrag, eine Gegenleistung (consideration) für das abgetretene Recht versprochen oder erbracht werden. Ist die Abtretung rein unentgeltlich

---

1307 Brandt's Sons & Co v Dunlop Rubber Co Ltd [1905] AC 454, 462, per Lord Macnaghten.

1308 Dearle v Hall (1823) 3 Russ 1.

1309 Van Lynn Developments Ltd v Pelias Construction Co Ltd [1969] 1 QB 607, 615.

1310 Van Lynn Developments Ltd v Pelias Construction Co Ltd [1969] 1 QB 607, 615.

1311 Ho, Betty M. (1999) S. 345; Treitel, Guenther (2003) S. 682 ff.; Beale, Hugh G. (1999) Bd 1 para 20-027 ff.

1312 Glegg v Bromley [1912] 3 KB 474, 491, per Parker J; Zustimmend zu dieser Ansicht in Hongkong die Entscheidung China Merchants Bank v Minvest International Ltd and Another [2002] 1 HKLRD A9.

1313 Ho, Betty M. (1999) S. 346.

bzw. ohne Gegenleistung (consideration) erfolgt, ist das abgetretene Recht nicht wirksam erworben und deshalb nicht durchsetzbar.[1314] Da es jedoch möglich und zulässig ist, eine bewegliche Sache zu verschenken, muss auch ein Recht schenkweise abtretbar sein. Dabei bedarf eine tatsächlich stattfindende Abtretung keiner Gegenleistung (consideration), während für eine Vereinbarung über eine in der Zukunft vorzunehmende Abtretung eine Gegenleistung (consideration) notwendig ist.[1315]

> „[S]uch an assignment without any valuable consideration is not a mere agreement but is an actual transfer of the equitable right."[1316]

So hängt die Frage, ob eine Gegenleistung (consideration) für die Abtretung von Rechten nach den Regeln der Equity notwendig ist, davon ab, ob der Zedent alles Notwendige unternommen hat, um das Rechtsgeschäft zu vervollständigen oder ob noch Teilhandlungen dafür ausstehen.[1317] Eine Schenkung wird aber erst dann wirksam, wenn sämtliche Voraussetzungen dafür erfüllt sind, sie also 'complete and perfect'[1318] ist. Ist dies nicht der Fall, und hat der Schenker noch nicht alle Voraussetzungen erfüllt, die seiner Schenkungsabsicht Ausdruck verleihen, ist die Schenkung unwirksam. Die Regeln der Equity unterstützen nicht die Vervollkommnung eines unvollkommenen Schenkungsvorganges.[1319] Eine schenkweise Abtretung eines Rechts ist dann abgeschlossen, wenn der Abtretende unzweideutig und ohne bestimmte Formvorschriften beachten zu müssen, erklärt hat, dass das in Frage stehende Recht dem Zessionar zustehen soll.[1320]

1314 Re McArdle [1951] Ch 669.
1315 Ho, Betty M. (1999) S. 345.
1316 Voyle v Hughes (1854) 2 Sm & G 18, 30.
1317 Megarry, R. E. (1943) 59 LQR 58.
1318 Beatson, Jack (2002) S. 478.
1319 Milroy v Lord (1862) 4 De GF & J 264, 274; Shaon Lal Hiranand and Others v Dr. Hari Naroomal Harilela and Others HCAP 15/2000 (4. Juli 2001) – unrep.
1320 Voyle v Hughes (1854) 2 Sm & G 18.

4.2.4.4. Gemeinsame Klagebefugnis von Zedent und Zessionar

Während ein Zessionar aufgrund Gesetzes sein Recht immer selbständig vor Gericht geltend machen kann, ohne dass die abtretende Partei ebenfalls am Prozess beteiligt sein muss, ist dies bei Abtretungen unter Equity nicht immer möglich.[1321]

Es ist hier zwischen Abtretungen von Rechten des Common Law und von solchen der Equity zu unterscheiden. Bei der Abtretung von letzteren kann der Zessionar sein Recht vor Gericht grundsätzlich selbständig geltend machen, ohne dass es einer Streitgenossenschaft mit dem Zedenten bedarf. Lediglich wenn der Zedent weiterhin ein Interesse am Ausgang des Rechtsstreits hat, ist er hinzuzuziehen.[1322] Dann liegt eine notwendige Streitsgenossenschaft vor. Das Gericht muss ein Urteil fällen, das Bindungswirkung für alle Beteiligten entfaltet.

Handelt es sich bei dem abgetretenen Recht dagegen um ein solches aus Common Law, kann der Zessionar die Forderung allein nicht geltend machen. Er muss immer mit dem Zedenten in Streitgenossenschaft treten.[1323] Diese prozessuale Folge resultiert aus der Tatsache, dass das Eigentumsrecht an einem solchen Recht nicht vollständig auf den Abtretungsempfänger übergeht, sondern beim Zedenten verbleibt.[1324]

4.2.5. Nichtabtretbare Rechte (rights not assignable)

Es ist durchaus möglich, dass ein Recht aus verschiedenen Gründen nicht abtretbar ist, welche nachfolgend dargestellt werden.

1321 Warner Bros Records Inc v Rollgreen Ltd [1976] QB 430.

1322 Dies ist z. B. dann der Fall, wenn es wegen der Abtretung noch ausstehende Forderungen des Zedenten gegen den Zessionar gibt.

1323 Three Rivers DC v Bank of England [1996] QB 292.

1324 Warner Bros Records Inc v Rollgreen Ltd [1976] QB 430; Three Rivers DC v Bank of England [1996] QB 292.

4.2.5.1. *Vertraglich vereinbarte Nichtabtretbarkeit*

Die Parteien können selbstverständlich in einem Vertrag vereinbaren, dass die Rechte, aber auch die Pflichten daraus nicht abtretbar sein sollen. Ist dies vereinbart, kann ein angeblicher Zessionar nicht gegen den Drittschuldner klagen.[1325] Allerdings kann eine solche Vertragsklausel die Abtretung von Forderungen aufgrund eines Schiedsgerichtsspruches oder eines Urteils, das sich auf diesen Vertrag bezieht, nicht wirksam unterbinden.[1326]

Die Frage, ob die Abtretung eines eigentlich nicht abtretbaren Rechtes zwischen Zedent und Zessionar als wirksam anzusehen ist, wurde in der Gerichtsbarkeit sehr uneinheitlich behandelt. So wurde u.a. entschieden, dass ein Zedent die Nichtabtretbarkeit nicht mehr einwenden darf, wenn der Drittschuldner trotz der vertraglichen Regelung bereit ist, an den Zessionar zu leisten.[1327] Des Weiteren wurde das Abtretungsverbot bei einer Streitigkeit zwischen einem Zessionar und dem Rechtsnachfolger des Zedenten nicht berücksichtigt.[1328] In einer neuseeländischen Entscheidung, welche zwar nicht bindend für Hongkong ist, aber zu den möglicherweise zu beachtenden Präzedenzfällen zählt, ist sogar formuliert worden, dass ein Recht, welches seiner Natur nach abtretbar ist, nicht durch eine vertragliche Vereinbarung seines Charakters als abtretbar beraubt werden kann.[1329] Auch die wissenschaftliche Literatur spricht sich dafür aus, dass ein Abtretungsverbot nicht die Wirksamkeit einer dennoch erfolgten Abtretung zwischen Zedent und Zessionar berührt.[1330]

Die Gerichtsbarkeit hat sich dem jedoch nicht eindeutig angeschlossen. In einer späteren Entscheidung haben die Richter selbst gegensätzliche Auffassungen zu dieser Frage vertreten.[1331] Einige Richter der Kammer waren der Ansicht, dass die Abtretung zwischen Zedent und Zessionar

1325 Linden Gardens Trust v Lenesta Sludge Disposals Ltd [1993] 3 WLR 408, 422.

1326 European Asian Bank v Wo Ping Ching and Others [1986] HKLR 1198, 1200 f.

1327 Shaw & Co v Moss Empires Ltd (1908) 25 TLR 190.

1328 Re Westerton, Public Trustees v Gray [1919] 2 Ch 104.

1329 Hodder & Tolley Ltd v Cornes [1923] NZLR 876.

1330 Beatson, Jack (2002) S. 482.

1331 Re Westerton [1919] 2 Ch 104; Spellman v Spellman [1961] 1 WLR 921.

durchaus wirksam und damit durchsetzbar sei.[1332] Andere dagegen sprachen sich gegen die gerichtliche Durchsetzbarkeit einer solchen Abtretung gegenüber dem Zedenten aus, da dies den Zedenten dazu zwingen würde, seinen Vertrag mit dem Drittschuldner zu brechen, in dem ein Abtretungsverbot vereinbart worden war.[1333]

4.2.5.2. Nichtabtretbarkeit höchstpersönlicher Rechte

Ansprüche auf höchstpersönliche Erfüllung einer vertraglich geschuldeten Leistung, z. B. aus bestimmten Arbeits- oder Dienstleistungsverträgen, kann der, dem die höchstpersönliche Leistung geschuldet wird, nicht an einen Dritten abtreten.[1334] Dies gilt allerdings nicht für die Gegenleistung (consideration) an die andere Vertragspartei, wie z. B. die Zahlung von Lohn oder Gehalt. Gehaltsansprüche aus solchen Verträgen können jederzeit durch den Dienstleistenden, Arbeitnehmer etc. abgetreten werden.[1335] Im Gegensatz zu Ansprüchen aus Forderungen oder Ansprüchen aus Grundstückskaufverträgen etc., welche grundsätzlich abtretbar sind,[1336] kann eine Nichtabtretbarkeit bei handelsrechtlichen Verträgen dann angenommen werden, wenn ein starkes persönliches Element bei der Leistungserbringung eine Rolle spielt.[1337]

4.2.5.3. Abtretungsverbot aufgrund des ordre public

Einige Abtretungen sind dann nicht zulässig, wenn ihnen der ordre public entgegensteht. So dürfen beispielsweise Gebühren, welche aus öffentli-

---

1332 Spellman v Spellman [1961] 1 WLR 921, 925, 927, per Danckwerts LJ und Ormerod LJ.

1333 Spellman v Spellman [1961] 1 WLR 921, 928 per Willmer LJ. Helstan Securities Ltd v Hertfordshire County Council [1978] 3 All ER 262: Croom-Johnson J. formulierte hier in einem obiter dictum, dass Zedent und Zessionar eben gerade nicht die vertraglich vereinbarte Nichtabtretbarkeit eines Gegenstandes ignorieren könnten.

1334 Nokes v Doncaster Amalgamed Colliers Ltd [1940] AC 1014, 1018 f. Dem folgt in jüngster Zeit die Hongkonger Entscheidung Mohammad Latif v Wing Chi Construction Engineering Co Ltd and Others [2003] 941 HKCU 1.

1335 Stubbs v Holywell Railway Co (1867) LR 2 Exch 311.

1336 Beale, Hugh G. (1999) Bd 1 para 20-053.

1337 Kemp v Baerselman [1906] 2 KB 604; Cooper v Mickelfield Coal and Lime Co (1912) 107 LT 457.

chen Ämtern erlangt wurden, nicht abgetreten werden.[1338] Ebenso wenig sind Pensionsansprüche[1339] oder Ehegattenunterhaltsansprüche[1340] an andere abtretbar. Oft dienen diese Ansprüche dazu, das Existenzminimum des Rechtsinhabers zu sichern. Das Abtretungsverbot soll sicherstellen, dass auch in wirtschaftlichen Drucksituationen diese Forderungen bei dem verbleiben, dem sie von Rechts wegen zustehen.

Ansprüche, die reine Klagerechte (bare rights of action) betreffen, dürfen ebenfalls nicht abgetreten werden, da eine gewillkürte Streitgenossenschaft ohne ein besonderes persönliches Interesse der unterstützenden Partei am Prozessausgang (contracts of maintenance and champerty) dem ordre public widerspricht. Eine genaue Definition, wann ein solches Abtretungsverbot greift, hat sich jedoch bisher nicht herausgebildet; es können lediglich Beispiele aufgezählt werden, bei deren Vorliegen ein Abtretungsverbot nahe liegt: So dürfen Rechte nicht mit dem Ziel abgetreten werden, daraus einen Gewinn (profit) zu schlagen. Der Begriff Gewinn (profit) ist hier eng auszulegen und nicht im üblichen geschäftlichen Sinne zu verstehen, nach dem die Parteien sich bei jedem Vertragsschluss von diesem einen wirtschaftlichen Vorteil versprechen. Lediglich unerlaubte, durch die Rechtsordnung nicht sanktionierte Gewinne sollen nicht abtretbar sein.[1341] Das Ziel einer unerlaubten Gewinnmaximierung durch eine Abtretung ist dann zu erkennen,

> „...where the assignee's intention was, not himself to pursue the action, but to sell the cause of action to a stranger for a higher price than he had paid for the assignment to him..."[1342]

Nach einer englischen Entscheidung sind auch deliktische Ansprüche grundsätzlich nicht abtretbar.[1343] Hier hat der Court of Appeal Hongkongs allerdings eine differenzierte Haltung eingenommen:

1338 Methwold v Walbank (1750) 2 Ves Sen 238.

1339 Gathercole v Smith (1881) 17 Ch D 1.

1340 Watkins v Watkins [1896] P 222.

1341 Trendtex Trading Corporation v Credit Suisse [1980] 3 All ER 721.

1342 Brownton Ltd v Edward Moore Inbucon Ltd [1985] 3 All ER 499, 506, per Sir John Megaw. Dies zustimmend zitierend: The Ka Wah Bank Ltd v Low Chun Song and Others [1991] 1 HKC 241.

> „It is of course possible to assign a cause of action in tort if there is sufficient interest assigned therewith. This has now been referred to as a genuine commercial interest."[1344]

Allerdings widersprach der Court of Appeal deshalb der Entscheidung Defries v Milne, weil dessen Konstellation sich von dem zu entscheidenden Hongkonger Fall unterschied. Hier stand in Frage, ob ein deliktischer Anspruch zusammen mit dem Eigentum an einem Grundstück übergehen darf, während in Defries v Milne ein deliktischer Anspruch isoliert abgetreten werden sollte, und dies als unzulässig erachtet worden war.

4.2.6. Übertragbarkeit von Verpflichtungen

Wie oben bereits erwähnt, können grundsätzlich nur Rechte und keine Pflichten abgetreten werden. Der Zessionar tritt somit nur insofern in die Rechtsstellung des Zedenten ein, als dieser gegenüber dem Drittschuldner Ansprüche geltend machen kann. Dagegen gibt der Zessionar kein Leistungsversprechen gegenüber dem Drittschuldner ab und haftet auch nicht für die Verpflichtungen des Zedenten aus dem Vertrag, aus welchem die Forderungen an ihn abgetreten worden sind. Ist jedoch die Geltendmachung eines Rechtes an eine bestimmte Verpflichtung gebunden, so kann das Recht nur in Verbindung mit dieser Verpflichtung an den Zessionar abgetreten werden.[1345] Allein die Tatsache, dass Recht und Pflicht aus dem gleichen Papier hervorgehen, führt jedoch nicht dazu, dass auch immer die Verpflichtung mit übergehen muss. Ob sie mit übertragen werden soll, ergibt sich vielmehr aus dem nach aussen kundgemachten Willen der Parteien.

Ebenso verhält es sich bei einem Vertragsübergang. Soll nach dem Willen der Parteien der Zessionar in ein Vertragsverhältnis eintreten, und geht dieser die Verpflichtung ein, nunmehr die Vertragserfüllung zu gewährleisten, gehen grundsätzlich sämtliche Rechte und Pflichten aus

---

1343 Defries v Milne [1913] 1 Ch 96.

1344 Kamshan Holdings Ltd v Chan Tung Man [2000] 1 HRLRD 1, 11, per Rogers JA.

1345 Werderman v Societe Generale d'Electricite (1881) 19 Ch D 246.

dem Vertrag an den Zessionar über.[1346] Allerdings ist auch hier eine Übernahme der Verpflichtungen dann nicht gegeben, wenn die Parteien etwas Abweichendes vereinbart haben.

> „If, for instance, all that is assigned to [dem Zessionar, Anm. der Verf.] is the benefit of a contract, and the assignor, who is a party to the contract, undertakes to continue to discharge the burdens of it, it would be remarkable if it were to be held that the assignee could not take the benefit without assuming the burden."[1347]

Es sind somit Fallgestaltungen denkbar, in welchen der Zessionar aus einem Vertrag allein die Rechte übernimmt, während sämtliche Verpflichtungen weiterhin beim Zedenten verbleiben.

4.2.7. Gesetzliche Abtretung (assignments by operation of law)

Bisher wurden gewillkürte Abtretungen zwischen Parteien, welche sich sowohl nach gesetzlichen Maßstäben als auch nach den Grundsätzen der Equity vollziehen können, behandelt. Es gibt allerdings auch Abtretungen von Ansprüchen (und Schuldübernahmen), die sich nicht aufgrund des Parteiwillens, sondern aufgrund gesetzlicher Normen vollziehen.

Der Hauptfall der gesetzlichen Zession betrifft den Tod einer der Parteien eines Vertrages. Nach dem allgemeinen Grundsatz gehen mit dem Tod einer Vertragspartei die Rechte und Pflichten aus diesem Vertrag auf die Rechtsnachfolger des oder der Verstorbenen über.[1348] Allerdings hängt die Erfüllung der vertraglich vereinbarten Leistungen vom Vertragsinhalt ab. So kann von einem Rechtsnachfolger die Erfüllung der Vertragsleistungen nicht gefordert werden, wenn es sich um einen Vertrag handelt, welcher persönliche Dienstleistungen oder die besonderen Fähigkeiten des/der Verstorbenen zum Gegenstand hat. So ist z. B.

1346 Tito v Waddell (No 2), Tito v Attorney-General [1977] 3 All ER 129, 291 f.

1347 Tito v Waddell (No 2), Tito v Attorney-General [1977] 3 All ER 129, 292, per Megarry VC.

1348 Ho, Betty M. (1999) S. 357.

auch ein Ausbildungsvertrag mit dem Tod des Ausbilders als beendet anzusehen.[1349] Die Rechtsnachfolger können jedoch aus dem Vertrag entstandene und noch nicht befriedigte Zahlungsansprüche des Verstorbenen gegen die andere Vertragspartei geltend machen.[1350] Stellvertretungen enden ebenfalls mit dem Tod einer der am Vertrag beteiligten Parteien.[1351]

Auch im Fall der Insolvenz (bancruptcy)[1352] kann ein gesetzlicher Forderungsübergang eintreten. Die Insolvenz eines Schuldners kann entweder durch die Gläubiger dieses Schuldners oder durch den Schuldner selbst mit dem Hinweis auf Zahlungsunfähigkeit bei Gericht beantragt werden.[1353] Das Gericht kann dann einen vorläufigen Insolvenzverwalter (special manager) bestellen, welcher feststellt, ob mit dem Schuldner eine freiwillige Vereinbarung zu treffen ist und ob eine Gläubigerversammlung einberufen werden sollte.[1354] Entscheiden sich die Gläubiger gegen eine freiwillige Zahlungsvereinbarung des Schuldners, dann beschließt das Gericht die Eröffnung der Insolvenz und bestellt einen Insolvenzverwalter (trustee in bancruptcy).[1355] An diesen Insolvenzverwalter geht 'all such property as may belong to or be vested in the bankrupt at the commencement of the bankruptcy'[1356] über. Darüber hinaus gehen kraft Gesetzes alle Eigentumsrechte an Gegenständen, welche seit Beginn der Insolvenz von dem Schuldner erworben wurden, auf den Insolvenzverwalter über.[1357]

Es muss erwähnt werden, dass bei der Übertragung eines Grundstückes automatisch auch die auf dem Grundstück lastenden Rechte und Pflich-

1349 Baxter v Burfield (1746) 2 Stra 1266.
1350 Stubbs v Holywell Railway Co (1867) LR 2 Exch 311.
1351 Beatson, Jack (2002) S. 493.
1352 Gesetzlich geregelt ist die Insolvenz in der Bankruptcy Ordinance, Cap 6.
1353 Bankruptcy Ordinance, Cap 6 s 9, 10.
1354 Bankruptcy Ordinance, Cap 6 s 15.
1355 Bankruptcy Ordinance, Cap 6 s 23.
1356 Bankruptcy Ordinance, Cap 6 s 43(i).
1357 Bankruptcy Ordinance, Cap 6 s 53(4), 58(2), (3).

ten kraft Gesetzes an den neuen Grundstückseigentümer, -pächter etc. mit übergehen.[1358]

4.2.8. Wirkungen der Abtretung

Hat der Drittschuldner die Abtretungsanzeige empfangen, muss er den Zessionar aus der abgetretenen Forderung befriedigen.[1359] Es steht nicht im Einflussbereich des Drittschuldners, die Wirksamkeit der Abtretung in Frage zu stellen.[1360]

Wie oben bereits dargelegt, erwirbt der Zessionar infolge einer gesetzlichen Abtretung sowie aufgrund einer (equitablen) Abtretung von Rechten der Equity einen eigenen Rechtsanspruch, den er selbständig und ohne Mitwirkung des Zedenten gerichtlich geltend machen kann.[1361] Sein Eigentum an diesem Recht muss er in der Klageschrift nicht näher darlegen und begründen.[1362] Ein Zessionar eines Rechtes aus Common Law, welches er nicht nach Maßgabe der gesetzlichen Vorschriften, sondern nach den Maßstäben der Equity übertragen bekommen hat, kann dieses Recht nicht im eigenen Namen geltend machen, sondern muss im Namen des Zedenten klagen.[1363]

Es ist allerdings zu erwähnen, dass die prozessrechtlichen Vorschriften mitunter nicht ganz konsequent gehandhabt werden. So hat es das House of Lords zugelassen, dass der Zessionar einer Forderung des Common Law, welche nicht nach den Maßstäben des Gesetzes übertragen worden war, ohne den Zedenten selbständig gerichtlich vorgehen konnte.[1364] Dies stellt jedoch eine absolute Ausnahme dar. In Hongkong muss davon ausgegangen werden, dass eine solche Klage keinen Erfolg hat.

1358 Conveyancing and Property Ordinance, Cap 219 s 16(1).

1359 Stocks v Dobson (1853) 4 De GM & G 15.

1360 Walker v Bradford Old Bank (1884) 12 QBD 511.

1361 Law Amendment and Reform (Consolidation) Ordinance, Cap 23 s 9.

1362 Central Insurance Co Ltd v Seacalf Shipping Corporation, The Aiolos [1983] 2 Lloyd's Rep 25.

1363 Performing Right Society Ltd v London Theatre of Varieties Ltd [1924] AC 1, 15, 19, 31, 32.

1364 William Brandt's Sons & Co v Dunlop Rubber Co [1905] AC 454, 462.

4.2.9. Drittschuldnerschutz (subject to equities)

Auch im angelsächsischen Rechtsraum, respektive in Hongkong, wird der Drittschuldner geschützt.[1365] Als Grundprinzip gilt, dass der Zessionar nicht besser gestellt sein soll als der Zedent.[1366] Allerdings soll sich der Zessionar im umgekehrten Fall auch nicht in einer schlechteren Position befinden.

Der Schutz besteht darin, dass der Zessionar die 'equities' übernimmt.[1367] Ein Drittschuldner kann damit dem Zessionar grundsätzlich alle Einwendungen entgegenhalten, die ihm zum Zeitpunkt der Abtretung gegen den Zedenten zustanden. So muss der Zessionar Leistungen an den alten Gläubiger gegen sich gelten lassen, wenn sie vor Kenntnis des Drittschuldners von der Abtretung erfolgten. Da ein Zedent nicht mehr abtreten kann, als ihm zusteht, kann der Drittschuldner dem Zessionar u.a. entgegenhalten, dass der Vertrag mit dem Zedenten unwirksam geworden oder gar von Anfang an nichtig ist, z. B. durch Irreführung (misrepresentation)[1368] oder Irrtum (mistake). Hat der Zedent dem Drittschuldner gegenüber eine Vertragsverletzung (breach of contract) begangen, so dass dieser den Vertrag als beendet und sich selbst von der Zahlungsverpflichtung befreit betrachten kann, so kann er dies ebenfalls dem Zessionar entgegenhalten.[1369] Des Weiteren kann der Drittschuldner dem Zessionar gegenüber den Einwand der Verjährung vorbringen.[1370]

Ansprüche des Drittschuldners, die aus dem Rechtsgeschäft resultieren, aus dem sich auch die Forderung gegen den Drittschuldner ergibt, können durch diesen gegen die Forderung auch gegenüber dem Zessionar

---

1365 Der Schutz des Schuldners bei gesetzlichen Abtretungen und solchen nach den Maßstäben der Equity ist letztendlich fast identisch. Er entspricht dem im deutschen Recht durch die §§ 404 ff. BGB gewährleisteten Schutz.

1366 Peters v Soame (1701) 2 Vern 428.

1367 Beatson, Jack (2002) S. 479.

1368 William Pickersgill & Sons Ltd v London & Provincial Marine & General Insurance Co Ltd [1912] 3 KB 614.

1369 Lefevre v White [1990] 1 Lloyd's Rep 569.

1370 Lefevre v White [1990] 1 Lloyd's Rep 569.

aufgerechnet werden, unabhängig davon, wann diese Ansprüche entstanden sind.[1371] Solche Ansprüche mindern die abgetretene Forderung. Sind sie höher als die abgetretene Forderung, so führen sie zum Erlöschen dieser Forderung, jedoch haftet der Zessionar nicht seinerseits dem Drittschuldner gegenüber, da nur Forderungen und keine Schulden übertragen werden dürfen.[1372]

Darüber hinaus kann der Drittschuldner alle ihm gegen den Zedenten zustehenden Ansprüche, auch wenn sie sich aus anderen Rechtsgeschäften als die abgetretene Forderung ergeben, gegen den Zessionar aufrechnen, sofern sie zum Zeitpunkt des Empfangs der Abtretungsanzeige durch den Drittschuldner entstanden und fällig sind.[1373] Was die Ansprüche betrifft, welche noch nicht fällig sind, herrscht Uneinigkeit.[1374] Zwar erscheint es unbillig, einen Drittschuldner, welcher sich mit einem Zedenten auf eine Aufrechnung geeinigt hat, seines Anspruches durch Abtretung vor Fälligkeit der Forderung zu berauben. Allerdings muss auch dem Bedürfnis des Zessionars nach Rechtssicherheit sowie der Umlauffähigkeit von Forderungen Rechnung getragen werden. Als Kompromiss ist folgende Erklärung zu betrachten, welche auch die herrschende Meinung widerspiegelt:

> „The result of the relevant authorities is that a debt which accrues due before notice of an assignment is received, whether or not it is payable before that date, or a debt which arises out of the same contract as that which gives rise to the assigned debt, or is closely connected with that contract, may be set off against the assignee. But a debt which is neither accrued nor connected may not be set off even though it arises from a contract made before the assignment."[1375]

1371 Lawrence v Hayes [1927] 2 KB 111.

1372 Young v Kitchin (1878) LR 3 Exch 127.

1373 Parker v Jackson [1936] 2 All ER 281.

1374 Pro Aufrechnung: Jeffryes v Agra & Masterman's Bank (1866) LR 2 Eq 674; contra Aufrechnung: Re Pinto Leite & Nephews, ex p Visconde des Olivaes [1929] 1 Ch 221.

1375 Business Computers Ltd v Anglo-African Leasing Ltd [1977] 2 All ER 741, 748, per Clauson J.

Es ist zwischen Drittschuldner und Zedent durchaus möglich, alle diese Schuldnerschutzeinwendungen vertraglich auszuschließen, sollte das fragliche Recht einmal an einen Zessionar abgetreten werden.[1376] Einige Vertragstypen legen die Gerichte in der Regel als ohne Schuldnerschutzeinwendungen abtretbar aus, z. B. Akkreditive (letters of credit)[1377] oder Schuldverschreibungen (debentures).[1378]

4.2.10. Eintragung von abgetretenen Rechten

Unter gewissen Umständen müssen Abtretungen zum Schutz des öffentlichen Glaubens registriert werden. So müssen Abtretungen von Buchschulden (book debts) von natürlichen Personen aufgrund der Vorschriften der Bankruptcy Ordinance[1379] und Abtretungen von Buchschulden (book debts) von Gesellschaften aufgrund der Companies Ordinance[1380] eingetragen werden. Wird die Eintragung nicht innerhalb der gesetzlichen Frist vorgenommen, ist die Abtretung im Verhältnis zum Insolvenzverwalter (trustee in bankruptcy[1381] bzw. liquidator[1382]) nichtig. Buchschulden beinhalten alle Forderungen, welche in einem normalen Geschäftsablauf Eingang in die Bücher finden, auch wenn sie tatsächlich nicht in den Büchern enthalten sind.[1383]

Bei einem Geschäftsübergang aufgrund einer Übernahme eines Unternehmens, bei der auch Rechte auf den neuen Eigentümer übergehen, muss eine Anzeige in der Gazette, zwei anerkannten chinesischsprachigen und einer anerkannten englischsprachigen Zeitschrift zwischen vier

---

1376 Dufaur v Professional Life Assurance Co (1858) 25 Beav 599.

1377 Re Agra & Masterman's Bank, ex p Asiatic Banking Corp (1867) LR 2 Ch App 391.

1378 Re Goy & Co Ltd, Farmer v Goy & Co Ltd [1900] 2 Ch 149.

1379 Bankruptcy Ordinance, Cap 6 s 48.

1380 Companies Ordinance, Cap 32 s 80. Die Eintragung muss innerhalb von fünf Wochen nach dem Entstehen der Buchschulden erfolgen.

1381 Der 'trustee in bankruptcy' ist der Insolvenzverwalter im Rahmen einer persönlichen Insolvenz von natürlichen Personen. Er agiert als Treuhänder und hat die Insolvenzmasse zugunsten der Gläubiger in Eigentum.

1382 Als 'liquidator' oder auch als 'official receiver' wird der Insolvenzverwalter bei der Insolvenz von Kapitalgesellschaften bezeichnet.

1383 Ho, Betty M. (1999) S. 350.

Monaten und einem Monat vor der Übernahme publiziert werden.[1384] Wird eine solche Anzeige nicht veröffentlicht, übernimmt der Zessionar die Haftung für alle Schulden und Verpflichtungen des Zedenten, welche aus der Geschäftsausübung durch letzteren resultieren.[1385]

4.3. Zwischenergebnis

Grundsätzlich ist auch in diesem Kapitel zu konstatieren, dass die englische und die Hongkonger Entscheidungspraxis zur Beteiligung Dritter an einem Vertragsverhältnis und zur Durchsetzung ihrer Rechte daraus weitestgehend identisch sind. Ebenso wie im englischen Recht wird Dritten nur ein sehr eingeschränkter Schutz gewährt, der v.a. daraus resultiert, dass zwischen Rechtsbehelfen des Common Law und der Equity unterschieden wird. Die Hongkonger Gerichte folgen insoweit den englischen Entscheidungen, wie dies z. B. bei der Entscheidung China Merchants Bank v Minvest International Ltd and Another[1386] der Fall ist, die sich auf die englische Entscheidung Glegg v Bromley[1387] beruft, wonach für eine Abtretung eine Gegenleistung (consideration) notwendig ist. Allerdings gilt diese Aussage nicht uneingeschränkt, denn auch hier sind erste Anzeichen eines Abweichens ersichtlich. So hielt der Court of Appeal Hongkongs im Gegensatz zu einer englischen Entscheidung[1388] deliktische Ansprüche unter Umständen für abtretbar.[1389]

5. Erlöschensgründe im Vertragsrecht (discharge of contract)

Ein Vertrag kann auf verschiedene Arten beendet werden; die gebräuchlichste Art der Vertragsbeendigung besteht in der Vertragserfüllung (performance). Daneben können die Verpflichtungen aus einem Vertrag

---

1384 Transfer of Business (Protection of Creditors) Ordinance, Cap 49 s 4, 5.
1385 Transfer of Business (Protection of Creditors) Ordinance, Cap 49 s 3.
1386 China Merchants Bank v Minvest International Ltd and Another [2002] 1 HKLRD A9.
1387 Glegg v Bromley [1912] 3 KB 474, 491.
1388 Defries v Milne [1913] 1 Ch 96.
1389 Kamshan Holdings Ltd v Chan Tung Man [2000] 1 HRLRD 1.

auch durch ein nachträglich eintretendes Ereignis, das die Vertragserfüllung unmöglich macht, ein nicht vertragsgemäßes Verhalten einer oder beider Vertragsparteien und selbstverständlich durch eine Übereinkunft der Vertragsparteien erlöschen.

5.1. Vereinbarte Vertragsaufhebung (discharge by agreement)

Im Hongkonger Recht herrscht eine weitreichende Partei- und Vertragsautonomie. Haben die Parteien einen Vertrag geschlossen, so steht es auch in ihrer Macht, diesen Vertrag im gegenseitigen Einvernehmen wieder zu beenden. Allerdings ergeben sich trotz der Tatsache, dass den Parteien die Herrschaft über das Schicksal des Vertrages zusteht, immer wieder Schwierigkeiten aus der Konstruktion der Vertragsbeendigung. Zum einen findet wie beim Vertragsschluss die Lehre von der Gegenleistung (consideration) auch bei der Vertragsbeendigung Anwendung.[1390] Dabei muss eine Unterscheidung zwischen Verträgen gemacht werden, bei welchen noch keine der Parteien ihre vertragliche Verpflichtung erfüllt (executory contracts) und solchen, bei denen zumindest eine Partei ihre vertraglich vereinbarte Leistung bereits erbracht hat (executed contracts).

> „It is competent for both parties to an executory contract, by mutual agreement, without any satisfaction, to discharge the obligation of that contract. But an executed contract cannot be discharged except by release under seal, or by performance of the obligation, as by payment, where the obligation is to be performed by payment."[1391]

Im ersten Fall besteht die jeweilige Gegenleistung (consideration) für eine Vertragsbeendigung in der Entlassung der anderen Partei aus dem Vertragsverhältnis und aus der damit verbundenen Verpflichtung. Hat dagegen eine Partei ihre vertraglichen Verpflichtungen bereits vollständig erfüllt, während die andere noch keinerlei Erfüllungsleistung erbracht

1390 Beatson, Jack (2002) S. 516, 108.

1391 Foster v Dawber (1851) 6 Ex 839, 851, per Parke B.

hat, kann eine Vertragsbeendigung nach dem Common Law nicht erfolgen, da dies zu dem unbilligen Ergebnis führen würde, dass der Gläubiger der erbrachten Leistung unentgeltlich bzw. ohne einen Nachteil zu erleiden in den vollen Genuss dieser Leistung kommt. Da eine Gegenleistung (consideration) damit nicht vorläge, kann eine Vertragsbeendigung nur dann wirksam erfolgen, wenn diese als gesiegelter Vertrag (agreement under seal) abgefasst wird.[1392] Unter Beachtung dieser Überlegungen kann die Vertragsbeendigung durch die Vertragsparteien auf verschiedene Art erfolgen.

5.1.1. Erlass (release) und Leistung an Erfüllungs statt (accord and satisfaction)

Eine Partei kann auf ihr Recht, Vertragserfüllung von der anderen Partei zu verlangen, durch einen formlosen Erlass (release) verzichten.[1393] Wird für diesen Erlass (release) durch die Partei, der die Erfüllung erlassen wird, keine sonstige Gegenleistung (consideration) erbracht,[1394] muss der Erlass (release), wie oben bereits dargestellt, als schriftliches Einverständnis in gesiegelter Form (under seal) vorliegen. Es ist herrschende Meinung, dass ein Erlass (release) nicht solche Verpflichtungen erfasst, von deren Existenz die Parteien keine Kenntnis hatten.[1395] Ein Vertrag, durch den sich eine Partei bereit erklärt, nicht aus einem bestimmten Anspruch zu klagen, kann ebenfalls als ein Erlass (release) interpretiert werden.[1396]

Eine Vertragsbeendigung unter Bereitstellung einer Gegenleistung (consideration) durch die Partei, welche von ihrer ursprünglichen vertragli-

---

1392 Die Notwendigkeit, den Vertrag durch gesiegelte Urkunde zu beenden, steht in Zusammenhang mit der Möglichkeit, auf diese Weise auch Versprechen ohne Bereitstellung einer Gegenleistung (consideration) wirksam zu erwerben.

1393 Ho, Betty M. (1999) S. 381.

1394 Wird eine Gegenleistung erbracht, welche nicht in der Erfüllung der ursprünglich vereinbarten vertraglichen Verpflichtung besteht, handelt es sich nicht mehr um einen Erlass, sondern um eine Leistung an Erfüllung statt (accord and satisfaction).

1395 Bank of Credit and Commerce International SA v Ali and Others [2001] 2 WLR 735.

1396 Hodges v Smith (1599) Cro Eliz 623; Cutler v McPhail [1962] 2 QB 292, 298.

chen Verpflichtung befreit wird, kann als Leistung an Erfüllungs statt (accord and satisfaction) beschrieben werden.[1397]

> „Accord and satisfaction is the purchase of a release from an obligation, whether arising under contract or tort by means of any valuable consideration, not being the actual performance of the obligation itself. The accord is the agreement by which the obligation is discharged. The satisfaction is the consideration which makes the agreement operative."[1398]

Die Gegenleistung (consideration) besteht gerade nicht in der Erfüllung der ursprünglichen vertraglichen Verpflichtung, da es sich sonst um eine Vertragserfüllung (performance) handeln würde. Der Partei, der die Erfüllung angeboten wird, steht es frei, diese anzunehmen.

5.1.2. Vertragsauflösung (rescission)

Ein Vertrag, der von noch keiner der Vertragsparteien erfüllt wurde, kann ebenfalls durch eine vertragliche Vereinbarung insofern beendet werden, als die Parteien übereinkommen, dass der Vertrag keine bindende Wirkung mehr für sie haben soll.[1399] Dies wird auch als Vertragsauflösung (rescission) bezeichnet. Die Parteien werden dadurch von ihren vertraglichen Verpflichtungen befreit. Bei der Vertragsauflösung besteht die Gegenleistung (consideration) für die Befreiung einer Partei von der eigenen vertraglichen Verpflichtung in der Aufgabe der Ansprüche auf Erfüllung der vertraglichen Verpflichtungen gegen die andere Partei.[1400] Haben die Parteien den Vertrag aufgelöst, so ist er damit vollständig beendet; er kann nicht wieder aufleben.[1401]

1397 Ho, Betty M. (1999) S. 383.

1398 British Russian Gazette and Trade Outlook Ltd v Associated Newspapers Ltd [1933] 2 KB 616, 643 f., per Scrutton LJ. In Hongkong wurde dies in der Entscheidung Lam Fung Ying v Ho Tung Sing and Another [1993] 2 HKC 436 angewandt und bestätigt.

1399 Sabah Shipbuilding v Houston Engineering and Equipment [1978] HKLR 550, 556.

1400 Beatson, Jack (2002) S. 519.

1401 Scarf v Jardine (1882) 7 App Cas 345, 351. Dem wurde in Hongkong gefolgt mit der Entscheidung Trafalgar House Construction (Asia) Ltd & Another v The Owners and/or Demise Charterers of MV "Thor Scan" [1999] 2 HKLRD 136, 148 ff.

Eine Vertragsauflösung (rescission) kann nicht nur durch ausdrückliche Vereinbarung der Parteien, den Vertrag aufzulösen, sondern auch durch Substitution des alten durch einen neuen Vertrag erfolgen. Dabei werden die Bedingungen des alten Vertrages derartig abgeändert, dass dies zu einer Ersetzung des alten Vertrages durch einen neuen Vertrag führt. In diesem Fall kann der alte Vertrag nach dem Wortlaut der Parteivereinbarung ausdrücklich beendet werden; es genügt jedoch auch, wenn die Vertragsbeendigung stillschweigend durch die Einführung neuer Vertragsbedingungen oder neuer Vertragsparteien impliziert werden kann.[1402]

Darüber hinaus kann ein Gericht eine Vertragsauflösung durch Nichtausübung der vertraglichen Beziehungen (abandonment) durch die Parteien statuieren.[1403] Dies wird dann bejaht, wenn sich aus der Inaktivität der Parteien über einen langen Zeitraum hinweg schließen lässt, dass die Parteien kein Interesse an der Weiterführung der Vertragsbeziehung mehr haben und diese aufgeben wollen. Dabei muss dargelegt werden, dass eine der Parteien sich gegenüber der anderen in einer solchen Weise verhalten hat, dass diese angemessenerweise annehmen durfte, dass eine Aufgabe des Vertragsverhältnisses gewollt war.[1404] Es wird dabei zumindest eine geringfügige offenkundige Handlung für notwendig erachtet werden.[1405]

Da die Vertragsauflösung (rescission) selbst einen Vertrag darstellt, galt nach dem Common Law die Regel, dass dafür dieselbe Form einzuhalten war wie für den Vertragsschluss. War also der zu beendigende Vertrag durch gesiegelte Urkunde geschlossen worden, so bedurfte gemäß dem Common Law auch die Vertragsauflösung (rescission) dieser Form.[1406] Allerdings war dies nach den Maßstäben der Equity nicht nötig. Da seit der Verbindung von Common Law und Equity durch den Judica-

---

1402 Morris v Baron & Co [1918] AC 1.

1403 Paal Wilson & Co A/S v Partenreederei Hannah Blumenthal [1983] 1 AC 854.

1404 Paal Wilson & Co A/S v Partenreederei Hannah Blumenthal [1983] 1 AC 854, 865, 885, 914 ff., 924.

1405 Collin v Duke of Westminster [1985] 1 QB 581.

1406 Ho, Betty M. (1999) S. 387.

ture Act die Regeln der Equity Vorrang genießen, finden die strengen Regeln des Common Law keine Anwendung mehr, so dass auch ein urkundlich geschlossener Vertrag formlos, sogar mündlich aufgelöst werden kann.[1407] De majore at minus ergibt sich folglich auch keine Notwendigkeit der Einhaltung von Formvorschriften, wenn ein formloser Vertrag aufgehoben werden soll. Sogar wenn eine bestimmte Form für den Vertragsschluss gesetzlich vorgeschrieben ist, wie z. B. die Schriftform bei Grundstückskaufverträgen, muss eine Vertragsauflösung (rescission) nicht schriftlich erfolgen, da dies nicht gesetzlich vorgeschrieben ist.[1408]

5.1.3. Beendigung des Vertrages durch Vertragsänderung (variation)

Zu unterscheiden ist die Vertragsauflösung (rescission) durch eine Substitution des alten Vertrages durch einen neuen von einer Vertragsänderung (variation). Die Vertragsparteien können eine solche Vertragsänderung (variation) vornehmen, indem sie die Vertragsbedingungen im gegenseitigen Einverständnis modifizieren oder anpassen.[1409] Darüber hinaus kann eine Partei auch einseitig aufgrund der Vertrags-

1407 Berry v Berry [1929] 2 KB 316. Neben der Vertragsauflösung (rescission of contract) muss auch der Verzicht auf einzelne Vertragsbestandteile (waiver) nicht schriftlich vorliegen. Nachträgliche Änderungen (variation) von Verträgen bedürfen dagegen zu ihrer Wirksamkeit der Schriftform. Da die Unterschiede zwischen Vertragsauflösung (rescission), Verzicht (waiver) und Vertragsänderung (variation) sehr fein sind, ist es zum Teil schwer nachvollziehbar, wann ein Gericht die Schriftform als erforderlich ansieht und wann nicht.

1408 Morris v Baron & Co [1918] AC 1: Hier unterlag der ursprüngliche Kaufvertrag dem Schriftformerfordernis. Der neue Vertrag, welcher den alten substituieren sollte, war nicht schriftlich geschlossen worden und deshalb nicht durchsetzbar. Allerdings genügte die mündliche Abmachung zumindest den Erfordernissen für eine Vertragsauflösung, so dass der Käufer weder aufgrund des alten noch aufgrund des neuen Vertrages Erfüllung durch den Verkäufer verlangen konnte.

1409 British and Beningtons Ltd v North Western Cachar Tea Co Ltd [1923] AC 48; Dugdale and Yates (1976) 39 MLR 680.

bedingungen ermächtigt sein, die Bedingungen selbständig zu ändern. Dies ist häufig bei Preisanpassungsklauseln der Fall.[1410]

Ob es sich tatsächlich um eine Vertragsänderung (variation) handelt oder ob die Modifikation des Vertrages zu einer Vertragsauflösung (rescission) führt, hängt vom Willen der Parteien unter den jeweils herrschenden Umständen ab.[1411] Die Feststellung ist häufig nicht leicht zu treffen, weshalb die Gerichte folgende Prüfung vornehmen:

> „In the first case (variation, Anm. der Verf.) there are no such executory clauses in the second arrangement as would enable you to sue upon that alone if the first did not exist; in the second (rescission, Anm. der Verf.) you could sue on the second arrangement alone, and the first contract is got rid of either by express words to that effect, or because, the second dealing with the the same subject-matter as the first but in a different way, it is impossible that the two should be both performed. When I say you could sue on the second alone, that does not exclude cases where the first is used for mere reference, in the same way as you may fix a price by a price list, but where the contractual force is to be found in the second by itself."[1412]

Die übereinstimmende Veränderung von vertraglichen Verpflichtungen muss jeweils von einer Gegenleistung (consideration) getragen werden. Meist besteht diese darin, dass die Parteien gegenseitig auf existierende Rechte aus dem Vertrag verzichten oder durch die Änderung der anderen Partei neue oder erweiterte Rechte verschaffen.[1413] Obwohl eine Vertragsänderung (variation), die hauptsächlich darin besteht, dass eine Partei ein Mehr an Verpflichtungen übernimmt, während die Verpflichtungen der anderen Partei unverändert bestehen bleiben, aufgrund fehlender Gegenleistung (consideration) durch letztere Partei eigentlich nicht wirksam sein kann,[1414] haben die Gerichte eine Vertragsänderung

[1410] Lombard Tricity Finance Ltd v Paton [1989] 1 All ER 916, 923 f.

[1411] Erklärt sich eine Partei lediglich bereit, nicht aus dem Vertrag bzw. einem seiner Bestandteile zu klagen, stellt dies keine Vertragsänderung (variation) dar. Es handelt sich dabei vielmehr um einen Verzicht (waiver), der auf S. 350 ff. dargestellt wird.

[1412] Morris v Baron & Co [1918] AC 1, 26, per Lord Dunedin.

[1413] WJ Alan & Co Ltd v El Nasr Export and Import Co [1972] 2 QB 189.

[1414] Syros Shipping Co SA v Elaghill Trading Co [1980] 2 Lloyd's Rep 390.

dann als möglich und gültig erachtet, wenn der Partei, die eine zusätzliche Verpflichtung übernimmt, zumindest ein 'praktischer' Vorteil entstanden ist.[1415]

Bei der Vertragsänderung sind die Formvorschriften enger gefasst als bei einer Vertragsauflösung (rescission). Zwar kann ein formloser Vertrag wie bei der Vertragsauflösung (rescission) auch formlos entweder schriftlich oder mündlich abgeändert werden.[1416] Allerdings unterliegt ein Vertrag, welcher aufgrund gesetzlicher Vorschriften in schriftlicher Form abgeschlossen werden muss, auch im Falle seiner Abänderung dem Schriftformerfordernis. Ist eine Änderung nicht diesem Formerfordernis gemäß vorgenommen worden, ist sie nicht wirksam und der Vertrag besteht weiterhin in seiner ursprünglichen Form.[1417] Diesem Grundsatz folgt auch das Recht Hongkongs in verschiedenen Entscheidungen nach dem Souveränitätswechsel.[1418]

5.1.4. Rechtsverzicht (waiver)

Verzichtet eine Vertragspartei freiwillig auf ihr Recht, von der anderen Partei eine bestimmte vertraglich vereinbarte Leistung bzw. eine Vertragserfüllung auf eine bestimmte Art, zu einer bestimmten Zeit oder an einem bestimmten Ort zu verlangen, wird dies als Verzicht (waiver) bezeichnet.

5.1.4.1. Grundlagen

Dem Begriff 'Verzicht' (waiver) kommen im angelsächsischen Recht allerdings eine Vielzahl an Bedeutungen zu. Die verschiedenen Situationen, in denen die Gerichte auf den Begriff zurückgegriffen haben, mögen

---

1415 Williams v Roffey Bros & Nicholls (Contractors) Ltd [1991] 1 QB 1; dem folgt die Entscheidung des High Court Hongkongs Cheung Shuet Lee v Birkart – East Freight Ltd HCA 315A/1999 (24. Mai 2001) - unrep.

1416 Berry v Berry [1929] 2 KB 316.

1417 Goss v Lord Nugent (1833) 5 B & Ad 58.

1418 Wellfit Investment Ltd v Poly Commence Ltd and Another [1997] 1 HKLRD 857, 860 f.; Consort Engineering Co Ltd v Leung Wai Ying alias Tommy Leung t/a Kiu Ming Co [2002] 536 HKCU 1.

zur Unübersichtlichkeit auf diesem Gebiet beigetragen haben.[1419] So wurde formuliert, der Rechtsverzicht (waiver) sei ein „concept over-used in the law generally".[1420]

> „[T]he word 'waiver'...covers a variety of situations different in their legal nature, and tends to be indiscriminately used by the courts as a means of relieving parties from bargains of the consequences of bargains which are thought to be harsh or deserving of relief..."[1421]

Ein Verzicht gleicht sehr oft einer Vertragsänderung (variation). Er kommt dann zum Tragen, wenn eine Vertragsänderung (variation) aufgrund fehlender Gegenleistung (consideration) nicht einschlägig ist, da für die Wirksamkeit des Verzichts (waiver) im Gegensatz zur Vertragsänderung (variation) eine solche Gegenleistung nicht notwendig ist.[1422] Darüber hinaus weisen Verzicht (waiver) und Verwirkung (promissory estoppel)[1423] eine enge Analogie auf.

> „...it matters [not] whether it is expressed as being a waiver of contractual rights or a promissory estoppel...they are really two ways of saying exactly the same thing. If a party has represented that he is not going to rely on his strict contractual rights, he is taken as having waived them, that is to say, he is estopped from relying on them."[1424]

1419 Carter, J.W. (1991) 4 JCL 59.

1420 Carter, J.W. (1991) 4 JCL 59.

1421 Mardorf Peach & Co Ltd v Attica Sea Carriers Corporation of Liberia, The Laconia [1977] AC 850, 871, per Lord Wilberforce."

1422 Beatson, Jack (2002) S. 524.

1423 Beim 'promissory estoppel' ist derjenige, welcher ohne Gegenleistung (consideration) verspricht, eine bestimmte Forderung nicht auf dem Klagewege geltend zu machen, an der Durchsetzung dieser Forderung gehindert. Siehe dazu S. 505 ff.

1424 Prosper Homes Ltd v Hambros Bank Executor & Trustee Co Ltd (1980) 39 P & CR 395, 401, per Browne-Wilkinson J.
Zum Teil wird der Verzicht (waiver) nicht als eigenständiges Rechtsinstitut, sondern als Ausprägung der Doktrin der Verwirkung (estoppel) betrachtet: "Whether it be called waiver or forbearance on his part, or an agreed variation or substituted performance, does not matter. It is a kind of estoppel." Charles Rickards Ltd v Oppenhaim [1950] 1 KB 616, 623, per Denning LJ.
Zu den jüngeren Entwicklungen in der Diskussion zur Frage, ob ein Verzicht (waiver) eine Unterform der Verwirkung (estoppel) darstellt, vgl. Motor Oil Hellas (Corinth) Refineries SA v Shipping Corp of India (The Kanchenjunga) [1990] 1 Lloyd's Rep 391.

Allerdings ist diese Parallele nicht ganz korrekt. Der Hauptunterschied besteht darin, dass bei einem Verzicht (waiver), wie noch darzustellen ist, ein Recht lediglich ausgesetzt wird, während eine Verwirkung (estoppel) peremptorisch wirkt. Deshalb hat sich die Gleichsetzung bzw. Verschmelzung nie durchsetzen können.

> „[T]he attempt...to demonstrate that all estoppels...are now subsumed in the single and all-embracing estoppel by representation (welcher auch den Verzicht umfasst, Anm. der Verf.) and that they are all governed by the same requirements has never won general acceptance. Historically unsound, it has been repudiated by academic writers and is unsupported by authority."[1425]

5.1.4.2. Voraussetzungen des Verzichts (waiver)

Da ein Verzicht (waiver) lediglich der Partei einen Vorteil verschafft, der gegenüber er erklärt wird, ohne dass der Versprechende dafür einen Vorteil erlangt, könnte gefordert werden, dass ein solcher Verzicht keine rechtliche Bindungswirkung entfaltet. Dies bedeutet nämlich, dass ein Verzicht (waiver) einer Gegenleistung (consideration) nicht bedarf.[1426] Die Gerichte allerdings haben niemals die Tatsache bezweifelt, dass ein Verzicht (waiver) auf vertraglicher Basis trotz fehlender Gegenleistung (consideration) zwischen den Parteien wirksam und für diese bindend ist.[1427]

Aus den Entscheidungen zum Verzicht (waiver) lassen sich die Voraussetzungen ableiten, welche erfüllt sein müssen, damit ein Verzicht (waiver) als wirksam erachtet werden kann:

> „By his conduct he evinced an intention to affect their legal relation. He made, in effect, a promise not to insist on his strict legal rights. That promise was intented to be acted on, and was in fact acted on. He cannot go afterwards go back on it."[1428]

1425 First National Bank Plc v Thomson [1996] Ch 231, 236, per Millet LJ.

1426 Beatson, Jack (2002) S. 524.

1427 Tankexpress A/S v Compagnie Financière Belge des Petroles SA [1949] AC 76.

1428 Charles Rickards Ltd v Oppenhaim [1950] 1 KB 616, 623, per Denning LJ.

Daraus ist ersichtlich, dass zwischen den Parteien bereits eine rechtliche Beziehung bestehen muss, aus welcher sich Rechte und Pflichten für die Parteien ergeben. Eine der Parteien muss eine eindeutige und unmißverständliche Erklärung dergestalt abgeben, dass sie eines oder mehrere ihrer Rechte gegen die andere Partei nicht geltend machen wird, wobei die erklärende Partei davon ausgeht, dass die andere Partei die Erklärung ernst nimmt und sich auf sie verlässt. Die andere Partei muss sich tatsächlich auf die Erklärung der verzichtenden Partei verlassen und dies manifestiert haben. Ein nachteiliges Handeln dieser Partei sich selbst gegenüber ist nicht notwendig. Es genügt, wenn sie ihre Position der Erklärung anpasst.[1429] Dem folgen auch die Gerichte Hongkongs.[1430] Darüber hinaus müsste es Treu und Glauben widersprechen, wenn die verzichtende Partei ihren Verzicht (waiver) widerrufen würde.[1431] Ein Verzicht (waiver) unterliegt keinen speziellen Formvorschriften; er kann in jeglicher Form erfolgen, sogar konkludent, unabhängig davon, in welcher Form der Originalvertrag vorliegt.[1432]

5.1.4.3. Rechtsfolgen des Verzichts (waiver)

Hat eine Partei auf die Einhaltung bestimmter vertraglicher Vereinbarungen verzichtet, bedeutet dies nicht automatisch, dass dieser Verzicht (waiver) für die gesamte Vertragslaufzeit gilt. Er kann auch nur bestimmte in der Vergangenheit liegende Handlungen betreffen.[1433]

1429 Charles Rickards Ltd v Oppenhaim [1950] 1 KB 616, 623.

1430 Dixie Engineering Co Ltd v Vernaltex Co Ltd t/a Wing Wo Engineering Co [2003] 136 HKCU 1.

1431 Hughes v Metropolitan Railway Co (1877) 2 App Cas 439; vgl. auch Meng Long Development Pte Ltd v Jip Hong Trading Co Ltd [1985] AC 511, 514 ff.

1432 Bremer Handelsgesellschaft mbH v Vanden Avenne-Izegem PVBA [1978] 2 Lloyd's Rep 109.

1433 Panoutsos v Raymond Hadley Corporation of New York [1917] 2 KB 473: Der Kläger kaufte vom der Beklagten 4000 t Mehl, welche in einzelnen Schiffsladungen nach Griechenland verschifft werden sollten. Dafür wollte der Kläger ein von seiner Bank bestätigtes Akkreditiv beibringen. Er eröffnete auch ein Akkreditiv, es handelte sich allerdings nicht um ein bestätigtes. Die Beklagte lieferte einige Teillieferungen per Schiff und erhielt die Kaufpreiszahlung aus dem Akkreditiv, welche sie auch annahm. Später beendete sie jedoch den Vertrag aus dem Grunde, dass das Akkreditiv nicht den vertraglichen Vereinbarungen entsprach. Der Kläger machte daraufhin eine Vertragsver-

Die Rechtswirkung eines Verzichts (waiver) besteht lediglich darin, dass das Recht, auf welches verzichtet wird, ausgesetzt wird, nicht jedoch, dass es gänzlich erlischt.[1434] Dieses Recht kann wieder aufleben, wenn dies demjenigen, dem gegenüber auf das Recht verzichtet wurde, rechtzeitig und unter angemessenen Umständen mitgeteilt wurde.[1435] Diese Mitteilung muss keine bestimmte Form aufweisen und muss auch nicht einen bestimmten Termin enthalten. Ist jedoch eine Rückkehr der Parteien in ihre ursprüngliche, vor dem Verzicht (waiver) bestehende Rechtsposition nicht möglich, ohne dass es, insbesondere für denjenigen, demgegenüber der Verzicht erklärt worden war, zu einer unbilligen Härte kommt, kann das Recht, auf das verzichtet worden war, nicht wieder aufleben.[1436] Die führt letztendlich dazu, dass das Recht als erloschen betrachtet werden muss oder dass eine Rechtsposition geschaffen wurde, welche mit einer Vertragsänderung (variation) gleichzusetzen ist.[1437]

Ein Verzicht (waiver) verschafft keine neuen Rechte aus einem Vertrag. So kann derjenige, der auf ein Recht verzichtet, nicht geltend machen, dass der ursprüngliche Vertrag unwirksam geworden sei.[1438] Allerdings kann ein Verzicht (waiver) so weit gehen, dass er zu einer Veränderung des Inhalts der vereinbarten Verpflichtungen führt. Ist die Leistung aufgrund des Verzichts (waiver) in veränderter Weise erbracht worden, kann keine der Parteien mit der Begründung Klage erheben, die Erfül-

letzung (breach of contract) geltend. Das Gericht war der Ansicht, dass die Beklagte durch die Annahme der Zahlungen aus dem nicht bestätigten Akkreditiv zumindest stillschweigend und für die angenommenen Zahlungen auf das Erfordernis der Bestätigung, welches vertraglich vereinbart war, verzichtet hatte. Allerdings bedeutete dies nicht, dass sie nunmehr bis zum Ende der Vertragslaufzeit das unbestätigte Akkreditiv akzeptieren müsse. Sie hätte den Kläger auffordern müssen, ein bestätigtes Akkreditiv beizubringen. Ein Recht zur Vertragsbeendigung sei ihr daraus jedoch nicht entstanden.

1434 Ho, Betty M. (1999) S. 393.

1435 Hughes v Metropolitan Railway Co (1877) 2 App Cas 439.

1436 Meng Leong Development Pte Ltd v Jip Hong Trading Co Pte Ltd [1985] AC 511; Citiline Properties Agency v Or Hei Bun Alfred [1993] 48 HKCU 1.

1437 Chinachem Investment Co Ltd v Chung Wah Weaving & Dyeing Factory Ltd [1978] HKLR 83, 87.

1438 Treitel, Guenther (2003) S. 112; Combe v Combe [1951] 2 KB 215.

lungshandlung habe nicht der vertraglich vereinbarten entsprochen.[1439] Englische Entscheidungen haben in dieser Hinsicht keine Einigkeit erzielt,[1440] es gibt jedoch eine Hongkonger Entscheidung, durch die der Partei, der gegenüber ein Verzicht (waiver) erklärt worden war, ein Klageanspruch aus Vertragsverletzung (breach of contract) zugesprochen wurde, als die verzichtende Partei später eine Erfüllung der aufgrund ihres eigenen Verzichts veränderten Verpflichtungen ablehnte.[1441]

5.1.5. Auflösende Bedingung (discharge by terms of contract)

Selbstverständlich kann ein Vertrag auch Vertragsbedingungen enthalten, die seine eigene Beendigung regeln. Dabei kann es sich um ausdrückliche Klauseln (express terms), aber auch um stillschweigende Vereinbarungen (implied terms) handeln. Die Parteien können dabei ausdrücklich eine auflösende Bedingung für den Vertrag festsetzen, d.h. festlegen, dass der Vertrag im Fall des Eintritts eines bestimmten Ereignisses entweder automatisch beendet sein soll,[1442] oder dass dann eine der Vertragsparteien eine Option zur Beendigung des Vertrages ausüben darf.[1443] Meist vereinbaren die Parteien, dass durch Mitteilung an die andere Vertragspartei der Vertrag durch eine oder beide Parteien unter Ausübung eines Wahlrechts beendet werden kann. Dieses Recht zur Vertragsbeendigung kann zum einen für den Fall der Vertragsverletzung (breach of contract) durch die andere Partei gewährt werden, auch wenn diese Vertragsverletzung (breach of contract) nicht den Schweregrad einer Erfüllungsverweigerung (repudiation) oder einer wesentlichen Vertragsverletzung (breach of condition oder breach of essential innominate term) erreicht, bei denen ohnehin das Recht zur Vertragsbeendigung (termination of contract) gegeben ist.[1444]

1439 Vgl. dazu aber Ogle v Earl Vane (1868) LR 3 QB 272.

1440 Plevins v Downing (1876) LR 1 CPD 220 gegenüber Hartley v Hymans [1920] 3 KB 475.

1441 C Itoh & Co Ltd v Wing On Cheong Emporium Ltd [1962] HKLR 1, 9.

1442 Continental Grain Export Corp v STM Grain Ltd [1979] 2 Lloyd's Rep 460.

1443 Brown v Knowsley BC [1986] IRLR 102, 138.

1444 Vgl. dazu aber Laing Management Ltd v Aegon Insurance Co (UK) Ltd (1998) 86 Build LR 70.

Zum anderen wird dieses Recht häufig für den Fall des Eintritts bzw. Nichteintritts eines bestimmten Ereignisses, welches nicht in einer Vertragsverletzung (breach of contract) besteht, gewährt.[1445] Eine Vereinbarung, dass der Eintritt eines bestimmten Ereignisses das Vertragsverhältnis automatisch beendet, wird normalerweise als wirksam angesehen, wenn es sich dabei um ein Ereignis handelt, auf das die Parteien keinen Einfluss haben und das sie auch nicht selbständig herbeiführen können.[1446] Handelt es sich bei dem fraglichen Ereignis dagegen um etwas, das als Vertragsverletzung (breach of contract) zu interpretieren ist, werden die Gerichte keine automatische Beendigung des Vertrages anerkennen, auch wenn dies vertraglich so vereinbart ist, und vielmehr der geschädigten Partei die Wahlmöglichkeit zugestehen, ob sie das Vertragsverhältnis tatsächlich beenden möchte oder ob sie es weiter bestehen lassen will. Dies entspringt dem Grundsatz, dass eine Partei nicht aufgrund ihrer eigenen Vertragsverletzung eine Vertragsbeendigung herbeiführen dürfen soll, d.h. eine Partei soll aus ihrem eigenen Fehlverhalten keine Vorteile ziehen dürfen.[1447] Allerdings handelt es sich dabei um kein unumstößliches Prinzip;[1448] die Parteien können in ihrem Vertrag ausdrücklich vereinbaren, dass auch für den Fall der bewussten Herbeiführung des Ereignisses durch eine Partei eine automatische Vertragsbeendigung zustande kommen soll.[1449]

Darüber hinaus gibt es auch Fallgestaltungen, in denen einer Vertragspartei ein Recht zur Vertragsbeendigung zugestanden wird, welches allein nach dem Gutdünken dieser Vertragspartei ausgeübt werden kann.[1450] Dies liegt z. B. bei Vertragsklauseln vor, nach denen eine Partei einen Vertrag mit einer Frist von drei Monaten schriftlich kündigen kann

---

1445 Mannai Investment Co Ltd v Eagle Star Life Assurance Co Ltd [1997] AC 749.

1446 Gyllenhammar & Partners International Ltd v Sour Brodogradevna Industrija [1989] 2 Lloyd's Rep. 403, 413.

1447 Cheall v Association of Professional Executive Clerical and Computer Staff [1983] 2 AC 180.

1448 New Zealand Shipping Co v Société des Ateliers et Chantiers de France [1919] AC 1, 14 f.; Alghussein Establishment v Eton College [1988] 1 WLR 587, 591.

1449 Gyllenhammar & Partners International Ltd v Sour Brodogradevna Industrija [1989] 2 Lloyd's Rep. 403, 416.

1450 Martin-Baker Aircraft Co Ltd v Canada Flight Equipment Ltd [1955] 2 QB 556, 577.

o.ä. So sind Arbeitsverträge mit einer angemessenen Kündigungsfrist durch beide Parteien kündbar. Ebenso können Partnerschaftsverträge ohne eine bestimmte Vertragslaufzeit durch Mitteilung an die andere Vertragspartei jederzeit gekündigt werden.[1451] Eine solche Mitteilung bzw. Kündigung muss klar und eindeutig formuliert sein. Unter bestimmten Umständen gelten spezielle Formvorschriften oder Fristen für Kündigungen, welche grundsätzlich eingehalten werden müssen.[1452] Allerdings wird das Gericht immer auch den Zweck und die Umstände des Vertrages berücksichtigen, um zu einer angemessenen Entscheidung zu kommen, wenn diese Vorschriften nicht Wort für Wort befolgt wurden.[1453]

5.2. Beendigung des Vertrages durch Vertragserfüllung (performance)

Eine weitere Möglichkeit der Vertragsbeendigung besteht in der Erfüllung des Vertrages. Eine Vertragspartei muss die vertraglich übernommenen Verpflichtungen in Übereinstimmung mit dem Wortlaut des Vertrages erfüllen. Mit der vertragsgemäßen Erfüllung erlöschen die vertraglich vereinbarten Verpflichtungen.[1454] Nachfolgend soll dies näher erläutert werden.

5.2.1. Erfordernis der vollständigen und vertragsgetreuen Erfüllung

Das Grundprinzip der Vertragserfüllung lautet, dass die Erfüllungshandlung 'precise and exact' sein muss.[1455] Dies bedeutet, dass eine Partei ihre Verpflichtung aus dem Vertrag genau so zu erfüllen hat, wie es der

---

1451 Partnership Ordinance, Cap 38 s 34(1)(c).

1452 Afovos Shipping Co SA v Romano Pagnan & Filii [1983] 1 WLR 195, 201 ff.

1453 Mannai Investment Co Ltd v Eagle Star Life Assurance Co Ltd [1997] AC 749; Ellis Tylin Ltd v Co-operate Retail Services Ltd [1999] Build LR 205.

1454 Sumpter v Hedges [1898] 1 QB 673.

1455 Beatson, Jack (2002) S. 499.

Vertrag in Umfang und Qualität vorschreibt.[1456] Oft sind die vertraglichen Anforderungen eindeutig vorgeben. Dies ist bei vielen Verpflichtungen aus dem Bereich des Common Law der Fall. Beispiele dafür sind die Verpflichtung des Verkäufers, keine gefährlichen Gegenstände zu verschiffen[1457] oder Exportlizenzen zu beschaffen.[1458] Des Weiteren sind die Qualitätsstandards der Güter für Warenkaufverträge, welche (zumindest stillschweigend) vertraglich vereinbart sind, gesetzlich eindeutig vorgegeben.[1459]

Dagegen fordern andere Vertragstypen, wie z. B. Verträge, welche Dienstleistungen zum Vertragsgegenstand haben, oft nur, dass der die Leistung Erbringende dies mit angemessener Sorgfalt (due diligence)[1460] tut. Ob die jeweilige Leistungserbringung dieses Kriterium erfüllt, hängt von der Auslegung jedes einzelnen Vertrages ab. Das Gericht muss dabei feststellen, welchen Willen die Parteien hinsichtlich der Vertragserfüllung und der Standards der Erfüllungshandlungen verfolgten und ob dies mit der tatsächlich erbrachten Leistung korrespondiert.[1461]

Sind die vertraglichen Verpflichtungen detailliert festgelegt, so kann bei der kleinsten Abweichung davon bei deren Erfüllung die gegnerische Partei vorbringen, dass eine Vertragsverletzung (breach of contract) aufgrund eines nichterfüllten Vertrages vorliegt. Sie kann einen Schadensersatzanspruch (damages) geltend machen und u.U. den Vertrag als beendet und sich selbst als von ihren eigenen vertraglichen Verpflichtungen als befreit betrachten (termination of contract).[1462] Mitunter kann

---

1456 Samsung Hong Kong Ltd v Keen Time Trading Ltd [1998] 2 HKLRD 341, 348; Kou Lau Ru Ling v Tse Sui Luen and Others [2000] 18 HKCU 1.

1457 The Anathanasia Cominos [1990] 1 Lloyd's Rep 277, 282.

1458 Pagnan SpA v Tradax Ocean Transportation SA [1987] 3 All ER 565.

1459 Sale of Goods Ordinance, Cap 26 s 16, 17.

1460 Thake v Maurice 1986] QB 644, 684 ff.; Smith v Eric S Bush [1990] 1 AC 831, 843; Union of India v NV Reederij Amsterdam [1962] 2 Lloyd's Rep 336.

1461 Ho, Betty M. (1999) S. 358 ff.

1462 Allein die Tatsache, dass Waren für den Handelsgebrauch geeignet sind, genügt nicht, um den vertraglichen Anforderungen gerecht zu werden, wenn sie von der vertraglichen Beschreibung abweichen. Auch dann ist eine Vertragsverletzung (breach of contract) gegeben. Vgl. dazu Arcos Ltd v EA Ronaasen & Son [1933] AC 470, 474; in

die tatsächlich erbrachte Erfüllungsleistung für die andere Vertragspartei sogar den gleichen wirtschaftlichen Wert haben, den sie gehabt hätte, wäre nach dem Wortlaut des Vertrages erfüllt worden. Nichtdestoweniger kann sie den Vertrag als beendet behandeln.[1463] Belegt ist dies in Hongkong durch die Entscheidung Samsung Hong Kong Ltd v Keen Time Trading.[1464]

> „I have found the goods shipped...to Hong Kong was not of the same description as that under the contract. Although the difference is small, the goods was not in strict compliance with the contract description...[T]he defendant would be entitled to reject the goods for breach of the condition implied...nonwithstanding that it is merchandable and...of better quality and fit for the purpose."[1465]

5.2.2. Umstände der Erfüllung

Ob die Parteien die vertraglichen Verpflichtungen vertragsgemäß erfüllt haben, richtet sich danach, was die Parteien als Umstände der Erfüllung hinsichtlich Art der Erfüllung, Zeitpunkt, Ort etc. vereinbart haben bzw. was als angemessene Erfüllung einer vertraglichen Verpflichtung gilt, sollten die Parteien keine spezielle Vereinbarung getroffen haben.

5.2.2.1. Erfüllungszeitpunkt

Um festzustellen, wann eine vertragliche Verpflichtung fällig ist, muss auf die Bedingungen des Vertrages zurückgegriffen werden. So können die Parteien vereinbaren, dass eine Partei in Vorleistung treten muss, bevor

---

Hongkong bestätigt durch die Entscheidung Samsung Hong Kong Ltd v Keen Time Trading Ltd [1998] 2 HKLRD 341, 348.

1463 Re Moore & Co and Landauer & Co [1921] 2 KB 519; Re L Sutro & Co and Heilbut Symons & Co [1917] 2 KB 348.

1464 Samsung Hong Kong Ltd v Keen Time Trading Ltd [1998] 2 HKLRD 341, 348.

1465 Samsung Hong Kong Ltd v Keen Time Trading Ltd [1998] 2 HKLRD 341, 348, per Master Chu.

die andere ihre vertragliche Verpflichtung erfüllt (condition precedent).[1466] Zum Beispiel ist die vertraglich vereinbarte Eröffnung eines Akkreditivs durch den Käufer zugunsten des Verkäufers eine Verpflichtung, die vor der Leistung des Verkäufers, nämlich der Lieferung der Waren, zu erfolgen hat. Damit hat der Käufer in Vorleistung zu treten.[1467]

Daneben gibt es auch vertragliche Verpflichtungen, welche 'gleichzeitig' durch die Vertragsparteien erfüllt werden müssen (concurrent conditions).[1468] Letztendlich handelt es sich dabei um Verpflichtungen, die von den Parteien Zug um Zug zu erfüllen sind. Bei Vorliegen einer solchen Zug um Zug-Verpflichtung hat keine der Parteien eine Pflicht zur Vornahme einer eigenen Erfüllungshandlung, solange die andere Partei nicht zumindest bereit, willens und in der Lage ist, ihre Verpflichtung aus dem Vertrag zu erfüllen. Allerdings hat sie auch keinen Anspruch auf Vornahme einer Erfüllungshandlung durch die andere Vertragspartei, solange sie nicht selbst bereit, willens und in der Lage ist, ihre eigene Verpflichtung zu erfüllen.[1469] Solche Regelungen zu den Modalitäten der Vertragserfüllung sind häufig in Kaufverträgen zu finden. So ist mittlerweile gesetzlich geregelt, dass, solange nichts anderes zwischen den Parteien vereinbart ist, die Übergabe der Waren Zug um Zug gegen Zahlung des Kaufpreises erfolgen soll.[1470] Bei Grundstückskaufverträgen ist die Einordnung nicht immer so eindeutig. Hier wird nur dann das Vorliegen einer Zug-um-Zug-Erfüllung bei der Zahlung des Kaufpreises und der Übereignung des Grundstücks bejaht, wenn es sich um einen einzelnen, direkten Grundstückskauf zwischen einem Verkäufer und einem Käufer handelt:

> „A contract for the sale of land involves interdependent obligations of the parties. Its completion in Hong Kong by the execution of an assignment of the property is the culmination of a series of acts by each of the par-

---

[1466] Dies ist z. B. bei Arbeitsverträgen der Fall: Miles v Wakefield MDC [1987] AC 539, 552, 561, 570; Wiluszynski v Tower Hamlets London Borough Council [1989] ICR 493, 499, 503.

[1467] Trans Trust SPRL v Danubian Trading Co [1952] 2 QB 297.

[1468] Ho, Betty M. (1999) S. 360.

[1469] Morton v Lamb (1797) 7 TR 125, 129, 130.

[1470] Sale of Goods Ordinance, Cap 26 s 30.

ties. Ordinarily...the vendor has to furnish his document of title to the purchaser who is entitled to raise requisitions on the title, by reference inter alia to the root of title to which the purchaser is contractually entitled. When the vendor's title and evidence thereof has been accepted or deemed, under the express or implied terms of the contract, to have been accepted by the purchaser he is obliged to submit a draft assignment and finally to tender an engrossed assignment for execution and the balance of the purchase price on the date for completion."[1471]

Allerdings war und ist es auf dem Hongkonger Immobilienmarkt, wie auch in anderen Großstädten üblich, dass Grundstücke weiterveräußert werden, noch bevor sie vollständig in das Eigentum des Erwerbers übergegangen sind.[1472] Liegt ein solcher Verkauf vor, ohne dass der Weiterveräußerer vollständiges Eigentum am Grundstück erlangt hat, besteht keine stillschweigende Vereinbarung, dass der neue Erwerber die Kaufpreiszahlung Zug um Zug gegen die Eigentumsverschaffung am Grundstück durch den Weiterveräußerer zu leisten hat.[1473] Vielmehr hat der Käufer mit der Kaufpreiszahlung in Vorleistung zu treten. Dies gilt allerdings nicht, wenn eine ausdrückliche Vereinbarung hinsichtlich der Zug-um-Zug-Leistung getroffen wurde. Deshalb sollten Erwerber sowie ihre juristischen Berater[1474] die Einbeziehung solcher Erfüllungsklauseln Zug um Zug berücksichtigten.

Selbstverständlich gibt es auch vertragliche Verpflichtungen, welche nicht miteinander im Zusammenhang stehen. Bei diesen sogenannten unabhängigen Verpflichtungen (independent promises) ist es unerheblich, ob die andere Partei ihre Verpflichtungen erfüllt hat oder nicht.[1475] Sie müssen gemäß den vertraglichen Zeitbestimmungen erfüllt werden.

1471 Link Brain Ltd v Fujian Finance Co Ltd [1990] 2 HKLR 353, 368, per Clough JA; vgl. auch Camberra Investment Ltd v Chan Wai Tak [1989] 1 HKLR 568, 574.

1472 Ho, Betty M. (1999) S. 361.

1473 Yeung Kwok Leung v Lam Cheuk Lai [1991] 2 HKLR 557, 561; Ng Chek Kok v Kiu Wai Ming [1992] 1 HKLR 5, 13.

1474 Yeung Kwok Leung v Lam Cheuk Lai [1991] 2 HKLR 557, 561: Ein Rechtsanwalt, der seinem Mandanten nicht die Gefahren aufzeigt, welche in der Kaufpreiszahlung vor dem Nachweis, dass das Eigentum am Grundstück auch dem Veräußerer zusteht, liegen, haftet diesem auf Schadensersatz.

1475 Huntoon Co v Kolynos (Inc) [1930] 1Ch 528.

Solche voneinander unabhängigen Bedingungen sind allerdings relativ selten und deshalb von untergeordneter Bedeutung.

Ist eine Zeitbestimmung für die Erfüllung einer Verpflichtung getroffen worden, dann muss diese Verpflichtung auch gemäß dieser Bestimmung erfüllt werden. Häufig ist nur ein Erfüllungszeitpunkt für eine der vertraglichen Verpflichtungen bestimmt worden, jedoch nicht für die Verpflichtung der anderen Partei. Letzterer Zeitpunkt lässt sich dann anhand der existenten Zeitbestimmung herleiten,[1476] indem z. B. die Verpflichtungen Zug um Zug zu erfüllen sind oder eine Partei in Vorleistung zu treten hat.[1477] Ist keine Zeit für die Erfüllung der jeweiligen vertraglichen Verpflichtung vereinbart, ist davon auszugehen, dass sie innerhalb eines angemessenen Zeitraums (within a reasonable time) erfüllt werden muss.[1478] Was unter einem 'angemessenen Zeitraum' zu verstehen ist, bestimmt sich immer nach den Umständen des Einzelfalls sowie den branchenüblichen Gepflogenheiten. Ist ein bestimmter Tag als Datum der Erfüllungshandlung vereinbart, hat der Schuldner den gesamten Tag, also 24 Stunden Zeit, seine Leistung zu erbringen.[1479] Das bedeutet, dass er die Leistung auch zur Unzeit erbringen darf; allerdings kann er nur dann zur Unzeit seine Erfüllungshandlung vornehmen, wenn diese nicht die Mitwirkung des Leistungsempfängers erfordert. Ist die Mitwirkung des Leistungsempfängers erforderlich, verweigert dieser sie aber, kann der Schuldner der Leistung einwenden, dass er zur Leistung bereit und in der Lage war (plea of tender).[1480] Dieser Einwand wird ihm jedoch nur dann gewährt, wenn er seine Leistung zu einer angemessenen Zeit dem Gläubiger der Leistung angeboten hat; wird sie zur Unzeit angebo-

1476 Re Sandwell Park Colliery Co, Field v The Company [1929] 1 Ch 277, 281; Universal Cargo Carriers Corporation v Citati [1957] 2 QB 401, 428 f.

1477 Siehe S. 358 f.

1478 Postlethwaite v Freeland (1880) 5 App Cas 599, 608; Hick v Raymond & Raid [1893] AC 22, 28, 32, 34.

1479 Tradax Export SA v Dorada Compania Naviera SA, The Lutetian [1982] 2 Lloyd's Rep 140, 155; Camberra Investment Ltd v Chan Wai Tak [1989] 1 HKLR 568, 573.

1480 Siehe dazu S. 372 f.

ten, kann der Gläubiger sie ablehnen, ohne dass dem Schuldner der obige Einwand zusteht.[1481]

5.2.2.1.1. Aufforderung zur Vertragserfüllung durch den Gläubiger

Grundsätzlich bedarf es keiner Aufforderung an den Schuldner, seine vertragliche Verpflichtung zu erfüllen.[1482] Allerdings gibt es auch hiervon Ausnahmen. So ist z. B. anerkannt, dass ein Vermieter nur dann zur Reparatur an der Mietsache verpflichtet ist, wenn ihn der Mieter vom Mangel in Kenntnis setzt und die Reparatur verlangt.[1483] Dies muss allerdings nicht ausschließlich und immer gelten, zum andern nicht nur auf das Verhältnis zwischen Mieter und Vermieter beschränkt sein; auch in ähnlichen Konstellationen bedarf es einer Aufforderung an den Schuldner, eine bestimmte Leistung vorzunehmen:

> „...the duty of the tenant to give notice springs from the special knowledge of the need of repairs which his occupancy of the demises premises is presumed to give him, coupled with the state of ignorance of that need in which the absence of such occupancy is presumed to leave the landlord."[1484]

Zum einen lässt sich daraus ableiten, dass ein Vermieter, der Zugang zur Mietsache und deshalb Kenntnis von der Reparaturbedürftigkeit der Mietsache hat, keiner Aufforderung zur Reparatur durch den Mieter bedarf.[1485] Zum anderen zeigt es aber auch, dass eine Aufforderung des Schuldners zur Leistungserbringung durch den Gläubiger dann notwendig ist, wenn der Gläubiger einen Wissensvorsprung vor dem Schuldner bezüglich der Verpflichtungserbringung hat. So muss der Gläubiger einer bestimmten Summe, welche sich erst aus seinen Berechnungen ergibt, den Schuldner von der Höhe der geschuldeten Summe in Kenntnis setz-

1481 So in der Sale of Goods Ordinance, Cap 26 s 31(4). Es ist kein Grund ersichtlich, weshalb bei anderen Vertragstypen etwas anderes zur Frage der Leistung zur Unzeit gelten sollte.

1482 Brown v Dean (1833) 5 B & Ad 848, 855.

1483 Makin v Watkinson (1870) LR 6 Ex 25, 28.

1484 Murphy v Hurly [1922] 1 AC 369, 383, per Lord Atkinson.

1485 Murphy v Hurly [1922] 1 AC 369, 385, 395.

ten.[1486] Darüber hinaus gibt es noch andere Ausnahmen in dieser Hinsicht: So müssen u.a. Wechsel zur Annahme oder auch zur Zahlung dem Schuldner präsentiert werden.[1487] Auch Darlehen unterliegen besonderen Regelungen. Ist eine Zahlung nach Aufforderung (payable on demand) vereinbart, muss der Schuldner selbstverständlich zur Zahlung aufgefordert werden, bevor der Gläubiger Nichterfüllung bzw. Verzug vortragen kann. Allerdings muss die genaue Darlehenssumme bei der Aufforderung zur Zahlung nicht angegeben werden.[1488]

5.2.2.1.2. Zeitpunkt der Vertragserfüllung als wesentliche Vertragsbedingung

War zwischen den Parteien ein bestimmter Zeitpunkt für die Erfüllung einer Leistung durch eine der Vertragsparteien nach den Maßstäben des Common Law vertraglich vereinbart worden, so wurde diese Bestimmung grundsätzlich als wesentlich erachtet; in diesem Fall war 'time of the essence of the contract'.[1489] Allerdings ist diese Formulierung etwas missverständlich, da die zeitliche Bestimmung nicht für den gesamten Vertrag, sondern lediglich für die einzelne vertragliche Verpflichtung als essentiell angesehen wird, was dazu führt, dass bei einer Nichteinhaltung vertraglich vereinbarter Termine eine Vertragsverletzung (breach of contract) vorliegt.[1490] Die vertragstreue Partei hat dann die Möglichkeit, den Vertrag zu beenden.[1491]

Nach den Regeln der Equity wurden Zeitbestimmungen für Erfüllungshandlungen, die bei Nichteinhaltung dazu führen können, dass ein Vertrag aufgrund einer Vertragsverletzung (breach of contract) beendet werden darf, dagegen nie als wesentlich betrachtet. Dies führte zu unterschiedlichen Bewertungen von Zeitbestimmungen unter Common Law und Equity. Aufgrund dessen wurden gesetzliche Regelungen geschaf-

---

1486 Brown v Great Eastern Railway Co [1877] 2 QBD 406, 409.

1487 Bills of Exchange Ordinance, Cap 19 s 39, 45.

1488 Ho, Betty M. (1999) S. 364.

1489 Ho, Betty M. (1999) S. 368.

1490 British and Commonwealth Holdings Plc v Quadrex Inc [1989] 1 QB 842, 857.

fen, welche bestimmen, dass Zeitbestimmungen in Verträgen sich nunmehr grundsätzlich nach den Maßstäben der Equity richten.[1492]

> „Stipulations in contracts, as to time or otherwise, which would not, before 13 October 1873, have been deemed to be or to have become of the essence of such contracts in the court in its equitable jurisdiction shall receive in the court the same construction and effect as they would formerly have received in Equity."[1493]

Aufgrund dieser gesetzlichen Bestimmungen gilt nunmehr in Hongkong grundsätzlich Folgendes: Zeitbestimmungen sind nicht per se wesentlich (of the essence). Ist keine Bestimmung zum Erfüllungszeitpunkt getroffen worden, muss eine Vertragspartei ihre vertraglichen Verpflichtungen vielmehr innerhalb einer angemessenen Frist erfüllen; liegt eine solche Zeitbestimmung für die Erfüllungshandlung vor, muss sie diese innerhalb eines angemessenen Zeitraums nach dem festgelegten Zeitpunkt vornehmen.[1494] Tut sie dies nicht, kann die geschädigte Partei deshalb nicht automatisch auf eine Verletzung einer wesentlichen Vertragsbedingung (condition) plädieren. Dies ist ihr nur dann möglich, wenn sie darlegen und beweisen kann, dass die Einhaltung des vertraglich vereinbarten Erfüllungstermins wesentlich für den Vertragszweck ist und ihre Nichteinhaltung zu einem erheblichen Schaden geführt hat.[1495]

Selbstverständlich ist es auch weiterhin möglich, eine Zeitbestimmung zu einer wesentlichen zu machen, deren Nichteinhaltung die geschädigte Partei dazu berechtigt, den Vertrag zu beenden. Dies ist u.a. durch ausdrückliche vertragliche Vereinbarung,[1496] durch Anzeige an den vertragsbrüchigen Schuldner (notice) mit der Aufforderung, die Verpflichtung

---

1491 United Scientific Holdings Ltd v Burnley BC [1978] AC 904, 940 f.; vgl. auch Union Eagle Ltd v Golden Achievement Ltd [1997] 1 HKLRD 366, 370.

1492 Dies ist eine gesetzgeberische Bestätigung des in Kapitel II dieser Arbeit erwähnten Grundsatzes: 'Equity shall prevail.'

1493 Law Amendment and Reform (Consolidation) Ordinance, Cap 23 s 11.

1494 Ho, Betty M. (1999) S. 368.

1495 Parkin v Thorold (1852) 16 Beav 59, 67.

1496 Steedman v Drinkle [1916] 1 AC 275.

innerhalb eines angemessenen Zeitraumes zu erfüllen[1497] und aufgrund des besonderen Charakters des Vertragsgegenstandes möglich. Auch aus den Umständen des Vertrages kann mitunter darauf geschlossen werden, dass Erfüllungsbestimmungen hinsichtlich der Zeit wesentlich sind. Am häufigsten findet sich dieses Kriterium in handelsrechtlichen Verträgen (mercantile contracts). Allgemein gesprochen, hat das House of Lords die Wesentlichkeit vertraglicher Zeitbestimmungen v.a. in handelsrechtlichen Verträgen anerkannt:

> „[B]roadly speaking time will be considered of the essence in 'mercantile contracts'."[1498]

Dies bedeutet jedoch nicht, dass nunmehr die Wesentlichkeit von zeitlichen Erfüllungsbestimmungen in handelsrechtlichen Verträgen immer angenommen wird. Vielmehr werden die Gerichte bei der Auslegung solcher Verträge die Wesentlichkeit zwar vermuten, jedoch ist diese Vermutung widerlegbar. So kann z. B. ein Verkäufer aus einem Vertrag über die Veräußerung von Geschäftsanteilen den Vertrag beenden, wenn der Erwerber sich mit der Zahlung des Kaufpreises nicht an eine vertragliche Bestimmung hält, wonach die Zahlung bis zu einem bestimmten Zeitpunkt erfolgen muss.[1499] Allerdings ist eine Bestimmung der Sale of Goods Ordinance zu beachten, wonach Vertragsklauseln zum Zeitpunkt der Erfüllung keine wesentlichen Vertragsbestandteile von Kaufverträgen sind, wenn die Erfüllungshandlung in einer Geldzahlung besteht.[1500]

Ebenso spielen bei Grundstücksverkäufen[1501] oder auch bei einigen Mietvereinbarungen[1502] Zeitbestimmungen auf den ersten Blick keine wesentliche Rolle. Sie werden deshalb nicht als wesentlich angesehen. An-

---

1497 Behzadi v Shaftesbury Hotels Ltd [1992] Ch 1; Zur 'Angemessenheit' des Zeitraumes vgl. auch Oakdown Ltd v Berstein and Co (a firm) (1985) 49 P 6 CR 282.

1498 Bunge Corporation v Tradax Export SA [1981] 1 WLR 711, 716, per Lord Wilberforce.

1499 Hare v Nicoll [1966] 2 QB 130; vgl. ebenfalls Union Eagle Ltd v Golden Achievement Ltd [1997] 1 HKLRD 366, 370.

1500 Sale of Goods Ordinance, Cap 26 s 12(1).

1501 Chancery Lane Developments Ltd v Wade's Department Stores Ltd (1986) 53 P & CR 306, 312.

1502 United Scientific Holdings Ltd v Burnley BC [1978] AC 904.

dererseits stellt eine Bestimmung hinsichtlich des Zeitpunktes der Vornahme der Erfüllungshandlung eine wesentliche Bestimmung u.a. im Falle des Verkaufs einer Gaststätte während des laufenden Betriebs[1503] oder bei der Ausübung einer Option auf den Erwerb des Eigentums an bestimmten Gegenständen[1504] dar. Aus letzteren Beispielen lässt sich erkennen, dass die Wesentlichkeit einer Zeitbestimmung um so eher angenommen werden kann, je größer die Bedeutung einer pünktlichen Erfüllung der Vertragsbedingungen für die Erreichung des wirtschaftlichen Vertragszwecks ist.

Ist eine Zeitbestimmung eine wesentliche Vertragsbedingung, kann auch eine Stundung gewährt werden, ohne dass die Zeitbestimmung den Charakter der Wesentlichkeit verliert.

> „[A] mere extension of time, and nothing more, is only a waiver to the extent of substituting the extended time for the original time, and not an utter destruction of the essential character of the time."[1505]

Es stellt sich die Frage, ob die de minimis-Regel, wie beim Inhalt der Vertragserfüllung,[1506] auch dann Anwendung finden kann, wenn der Zeitpunkt der Vertragserfüllung eine wesentliche Vertragsbedingung darstellt und dieser Zeitpunkt lediglich geringfügig überschritten wurde. Zwar hatte der High Court Hongkong in G & Y Co Ltd v Kwok Kim Leung die de minimis-Regel bei einer um 30 Minuten verspäteten Erfüllung noch angewendet.[1507] Allerdings wurde diese einmalige Entscheidung eines Hongkonger Gerichts wieder aufgehoben und seither die Möglichkeit einer Aufweichung der vertraglich vereinbarten Zeitbestimmungen durch

---

1503 Tadcaster Tower Brewery Co v Wilson [1897] 1 Ch 705.

1504 Hare v Nicoll [1966] 2 QB 130.

1505 Barclay v Messenger (1874) 43 LJ Ch 449, 456. Ebenso sah das der High Court Hongkongs in der Entscheidung Kong Yik Hang v Polypak Ltd [1974] HKLR 253, 268. Eine Stundung der Kaufpreiszahlung führte nicht dazu, dass die Zeitbestimmung des Vertrages unwesentlich wurde. Die über die Stundung hinaus verspätete Zahlung stellte deshalb eine Vertragsverletzung (breach of contract) dar.

1506 Siehe S. 374; vgl auch The Attorney-General v Hui Kin Hong [1995] 1 HKCLR 227.

1507 G & Y Co Ltd v Kwok Kim Leung HCA 3586/1989 (2. Juli 1991) -- unrep.

die Gerichte Hongkongs verneint.[1508] Der Privy Council hat später auf eine Berufung aus Hongkong hin entschieden, dass bereits eine verspätete Kaufpreiszahlung von zehn Minuten als wesentliche Vertragsverletzung (breach of contract) mit der Rechtsfolge der Vertragsbeendigung zu bewerten ist.[1509] Dort griff mithin die de minimis-Regel nicht. Dieser Entscheidung des Privy Council gefolgt sind die Gerichte Hongkongs mit Kensland Realty Ltd v Whale View Investment Ltd & Another.[1510] Es ist mithin davon auszugehen, dass die de minimis-Regel bei der Überschreitung wesentlicher Zeitbestimmungen keine Anwendung durch die Hongkonger Gerichte findet.

5.2.2.2. Erfüllungsort

Der Erfüllungsort hängt von den ausdrücklichen oder stillschweigenden Vereinbarungen der Vertragsparteien sowie dem Charakter und den Umständen des Vertrages ab.[1511] Kann aufgrund obiger Kriterien kein vertraglich vereinbarter Erfüllungsort festgestellt werden, müssen allgemein gebräuchliche Standards für die Bestimmung eines Erfüllungsortes herangezogen werden. Diese bestehen darin, dass ein aus einer vertraglichen Verpflichtung Leistender diese grundsätzlich am Wohn- oder Geschäftsort des Leistungsempfängers zu erfüllen hat.[1512]

1508 Ip Ming Wai v Chau Pui Sang Civ App 187/1992 (2. April 1993) – unrep.; Chan Chi Tung v Lam Chor Kuen Kate HCA 3471/1991 (28. Oktober 1992) – unrep.

1509 Union Eagle Ltd v Golden Achievement Ltd [1997] 1 HKLRD 366, 370. Hier konnte eine Vertragspartei den Vertrag beenden, da die gegnerische Partei den Kaufpreis für ein Appartment zehn Minuten zu spät beglichen hatte. Im zugrunde liegenden Kaufvertrag war 'time of the essence' vereinbart worden. Dagegen hat der Court of Appeal Hongkongs in der Entscheidung Speedy Rich (Asia) Ltd v Leung Pui Shu and Ho Yuen Yeuk CACV 272/2000 (8. Februar 2001) – unrep. bei verspäteter Zahlung Rechtsschutz gewährt, ohne auf Union Eagle Ltd v Golden Achievement Ltd einzugehen. Allerdings lag hier auch vom Verkäufer eine Vertragsverletzung (breach of contract) vor, die mit der verspäteten Zahlung in engem Zusammenhang stand, diese jedoch nicht verursacht hatte.

1510 Kensland Realty Ltd v Whale View Investment Ltd & Another [2002] 1 HKLRD 87, 102.

1511 Ho, Betty M. (1999) S. 364.

1512 Cranley v Hillary (1813) 2 M & S 120, 122.

Allerdings gibt es von diesem Grundsatz auch einige wichtige Ausnahmen. So muss ein Wechsel dem Bezogenen an dessen Geschäftsort präsentiert werden.[1513] Bei Kaufverträgen ist es, wenn vertraglich nichts anderes vereinbart wurde, grundsätzlich die Verpflichtung des Käufers, die Waren abzuholen. Das Hongkonger Recht statuiert mithin eine Holschuld.[1514] Eine Verpflichtung des Verkäufers zur Versendung der Waren bildet eher die Ausnahme. Dies muss gesondert vereinbart werden.[1515] Besteht die zu erfüllende Leistung in der Zahlung einer Geldsumme, muss grundsätzlich der Schuldner den Gläubiger an dessen Wohn- oder Geschäftsort befriedigen.[1516]

5.2.2.3. *Leistender*

Grundsätzlich hat derjenige die Leistung zu erbringen, der sie auch vertraglich schuldet. Stimmt die Partei zu, der gegenüber die Leistung zu erbringen ist, kann die verpflichtete Partei auch einen Dritten mit der Erfüllung der vertraglichen Verpflichtung beauftragen.[1517] Erfüllt ein Dritter die Verpflichtung einer Vertragspartei, führt dies lediglich dann zu einer Leistungsbefreiung für die verpflichtete Partei, wenn die Erfüllung, meist die Begleichung einer Forderung, erfolgte, um die Verpflichtung der Partei und nicht eine eigene Verpflichtung des Leistenden zu erfüllen[1518] und wenn die aus dem Vertrag verpflichtete Partei der Erfüllung durch den Dritten entweder zugestimmt oder diese nachträglich genehmigt hat.[1519]

5.2.2.4. *Erfüllungsarten*

Im Normalfall wird eine vertragliche Verpflichtung durch die Vornahme einer bestimmten vertraglich vereinbarten Handlung erfüllt, wenn diese Verpflichtung in der Erbringung einer Dienstleistung, der Erstellung eines

1513 Bills of Exchange Ordinance, Cap 19 s 45.
1514 Sale of Goods Ordinance, Cap 26 s 31(1).
1515 Sale of Goods Ordinance, Cap 26 s 31(1).
1516 Charles Duval & Co Ltd v Gans [1904] 2 KB 685; Fowler v Midland Electricity Corporation for Power Distribution Ltd [1917] 1 Ch 656.
1517 Hirachand Punamchand v Temple [1911] 2 KB 330.
1518 Jones v Broadhurst (1850) 9 CB 173, 179.
1519 Treitel, Guenther (2003) S. 755; Friedmann, Daniel (1983) 99 LQR 534, 556.

Werkes o.ä. besteht. Handelt es sich bei der vertraglich vereinbarten Verpflichtung dagegen um die Erfüllung einer Geldforderung, kann diese auf unterschiedliche Art erbracht werden.

5.2.2.4.1. Begleichung einer Forderung durch Barzahlung (payment)

Die häufigste Form der Vertragserfüllung besteht in der Zahlung eines vereinbarten Preises.[1520] Grundsätzlich beinhaltet die Verpflichtung zur Zahlung die Begleichung einer Forderung durch Barzahlung. Dies hat sich jedoch immer mehr gewandelt.[1521] Die Parteien können ausdrücklich oder stillschweigend vereinbaren, dass die Forderung auf andere Art und durch andere Modalitäten beglichen werden kann. Liegt eine Parteivereinbarung nicht vor, kann die Zahlungsmethode anhand der üblicherweise zwischen den Parteien sowie im Geschäftsleben gebräuchlichen Methoden bestimmt werden. Ein Gläubiger ist grundsätzlich nicht verpflichtet, einer Zahlung durch Übertragung von Wertpapieren zuzustimmen, wenn nichts hinsichtlich der Erfüllung vereinbart ist.[1522] Allerdings müssen Bankanweisungen (cashier's orders) durch den Gläubiger akzeptiert werden.[1523] Der Schuldner hat nur in der Währung zu leisten, in der die Schuld benannt ist. Er hat keine zusätzlichen Zahlungen zu leisten, um eventuelle Währungsverluste auszugleichen.[1524]

5.2.2.4.2. Interbankentransfer

Heute werden die meisten Zahlungen auf dem Wege des Interbankentransfers abgewickelt. Der Schuldner weist dabei seine Bank an, eine bestimmte Summe auf das Konto des Gläubigers bei derselben oder ei-

---

1520 Carne and Another v Debono [1988] 1 WLR 1107, 1112; Libyan Arab Foreign Bank Co v Bankers Trust Co [1989] 1 QB 728, 748f; British Telecommunications Plc v Sun Life Assurance Society Plc [1996] Ch 69.

1521 Ho, Betty M. (1999) S. 372.

1522 Johnson v Boyes [1899] 2 Ch D 73.

1523 Camberra Investment Ltd v Chan Wai Tak [1989] 1 HKLR 568, 575; Yeung Siu Hong v Chan Siu Mee Sandie [1992] 2 HKC 559.

1524 Societe des Hotels de Touquet Paris-Plage v Cummings [1922] 1 KB 451, 461, 464; WJ Alan Co Ltd v El Nasr Export & Import Co [1972] 2 QB 189, 214, 216, 221.

ner anderen Bank zu überweisen. Eine solche Zahlung stellt ein Äquivalent zur Barzahlung dar und hat denselben Wert wie eine solche.[1525]

Lange war umstritten, zu welchem Zeitpunkt eine Zahlung auf dem Wege des Interbankentransfers wirksam wird. Die Richter des House of Lords waren sich in der Entscheidung Mardorf Peach & Co Ltd v Attica Sea Carriers Corporation of Liberia auch untereinander nicht einig.[1526] Lord Salmon[1527] und Lord Russell[1528] vertraten die Ansicht, dass es genüge, wenn die angewiesene Summe der Gläubigerbank zur Verfügung stehe und damit durch diese dem Gläubigerkonto gutgeschrieben werden könne; der Valutierung bedürfe es dagegen noch nicht. Dagegen war Lord Fraser[1529] der Meinung, dass eine Zahlung erst dann erfolgt, wenn die Summe auf dem Konto des Gläubigers valutiert wurde, nicht bereits bei Anweisung der Bank durch den Schuldner[1530] oder bei Eintreffen des Geldes bei der Gläubigerbank. Nach nunmehr überwiegender Ansicht muss, um Äquivalent einer Barzahlung zu sein, eine Überweisung insofern stattgefunden haben, dass die Summe auf dem Konto des Gläubigers valutiert wurde und dieser volle Zugriffsrechte sowie alle Rechte hat, welche er auch aus einer Barzahlung hätte, wie z. B. einen Anspruch auf Zinsen.[1531]

1525 A/S Awilco of Oslo v Fulvia SpA di Navigazione of Cagliari (The Chikuma) [1981] 1 WLR 314, 320.

1526 Mardorf Peach & Co Ltd v Attica Sea Carriers Corporation of Liberia, The Laconia [1977] AC 850.

1527 Mardorf Peach & Co Ltd v Attica Sea Carriers Corporation of Liberia, The Laconia [1977] AC 850, 880.

1528 Mardorf Peach & Co Ltd v Attica Sea Carriers Corporation of Liberia, The Laconia [1977] AC 850, 889.

1529 Mardorf Peach & Co Ltd v Attica Sea Carriers Corporation of Liberia, The Laconia [1977] AC 850, 885.

1530 Allerdings geht aus der Entscheidung Momm v Barclays Bank International Ltd [1977] QB 79 hervor, dass im Falle der Überweisung einer Summe vom Konto des Schuldners auf das Konto des Gläubigers bei derselben Bank noch keine Valutierung der Summe auf dem Konto des Gläubigers erfolgt sein muss, damit die Zahlung wirksam wird. Es genügt, wenn der Schuldner die Bank angewiesen hat und diese ihre Prozesse zur Valutierung des Kontos des Gläubigers in Bewegung setzt.

1531 A/S Awilco of Oslo v Fulvia SpA di Navigazione of Cagliari (The Chikuma) [1981] 1 WLR 314, 320; Mardorf Peach & Co Ltd v Attica Sea Carriers Corporation of Liberia, The Laconia [1977] AC 850.

5.2.2.4.3. *Zahlung durch Übertragung begebbarer Wertpapiere (payment by negotiable instruments)*

Begebbare Wertpapiere sind z. B. Wechsel (bill of exchange), Schecks (cheque), Schuldscheine (promissory note) etc. Diese Wertpapiere können eine Barzahlung bzw. eine Überweisung ersetzen, wenn die Parteien dies vertraglich vereinbart haben. Allerdings wird der Schuldner durch Hingabe eines solchen Wertpapiers nicht automatisch von seiner Verpflichtung frei. Vielmehr handelt es sich um eine bedingte Befreiung, welche erst dann endgültig eintritt, wenn sich der Gläubiger tatsächlich aus dem Wertpapier befriedigt.[1532]

Ebenso gilt die Bereitstellung der vereinbarten Summe durch Akkreditiv grundsätzlich als bedingte Erfüllung und damit als Leistung Erfüllung halber:[1533]

> „If the buyer establishes a credit which conforms or is to be treated as conforming with the sale contract, he has performed his part of the bargain so far....If the credit is not honoured according to its terms because the bank fails to pay, the buyer is not discharged because the condition has not been fulfilled...If the seller fails to obtain payment because he does not and cannot present the documents which the terms of the credit, supplementing the terms of the contract, require, the buyer is discharged."[1534]

Im Falle eines Akkreditivs kommt es darauf an, aus wessen Sphäre die Nichterfüllung resultiert. Kann der Verkäufer sich nicht aus dem Akkreditiv befriedigen, weil die Bank die Zahlung verweigert, wird der Käufer nicht von seiner Verpflichtung frei, und der Verkäufer kann gegen den Käufer auf Zahlung des Kaufpreises vorgehen. Ist der Verkäufer dage-

---

1532 Re Romer and Haslam [1893] 2 QB 286, 296, 300, 303; Director of Public Prosecutions v Turner [1974] AC 357, 367 f. Diese bedingte Befreiung von einer Leistung entspricht der Leistung Erfüllung halber: § 364 II BGB des deutschen Rechts.

1533 Ng Chee Chong t/a Maran Road Saw Mill v Austin Taylor & Co Ltd [1975] 1 Lloyd's Rep 156, 159; Shamsher Jute Mills Ltd v Sethia (London) Ltd [1987] 1 Lloyd's Rep 388.

1534 Shamsher Jute Mills Ltd v Sethia (London) Ltd [1987] 1 Lloyd's Rep 388, 392, per Bingham J.

gen nicht in der Lage, die durch das Akkreditiv geforderten Dokumente vorzulegen, wird der Käufer von der Kaufpreiszahlung frei.

5.2.2.4.4. Kreditkartenzahlung

Im Gegensatz zur Zahlung durch Übertragung eines Wertpapiers ist die befreiende Wirkung einer Zahlung durch Kreditkarte nicht von der Bedingung abhängig, dass sich der Gläubiger tatsächlich befriedigen kann. Hat der Karteninhaber eine vertragliche Zahlungsverpflichtung, z. B. aus einem Kauf- oder Werkvertrag, durch Zahlung mit einer Kreditkarte erfüllt, ist er endgültig von dieser Verpflichtung frei geworden, auch wenn das Kreditkartenunternehmen diese Summe, aus welchen Gründen auch immer, nicht an den Gläubiger auszahlen sollte.[1535]

5.2.2.4.5. Leistungsangebot (tender)

Ein solches Leistungsangebot (tender) ist ein Versuch bzw. eine fehlgeschlagene vollständige Vertragserfüllung. Es liegt dann vor, wenn das unbedingte Angebot der Erbringung der vertraglich geschuldeten Leistung abgelehnt und der Eintritt des vertraglich geschuldeten Erfolges durch die Gläubigerpartei verhindert wurde.[1536]

Ein Leistungsangebot (tender) kann sich auf jede vertragliche Verpflichtung beziehen, sowohl auf Zahlungsversprechen als auch auf die Erfüllung vertraglicher Versprechen anderer Art, wie die Vornahme einer Handlung. Beide Arten unterscheiden sich in ihren Rechtsfolgen. Ist eine Partei aufgrund des Vertrages verpflichtet, eine bestimmte Handlung vorzunehmen und lehnt die andere Partei die Annahme dieser Handlung ab, ist der Schuldner von dieser vertraglichen Verpflichtung befreit und kann Schadensersatz (damages) geltend machen. Klagt der Gläubiger wegen der nichterfolgten Leistung des Schuldners, kann dieser die Ablehnung des Leistungsangebotes (tender) durch den Gläubiger zu seiner

---

1535 Re Charge Card Services Ltd [1989] Ch 497; Customs & Excise Commissioners v Diners Club Ltd [1989] 1 WLR 1196, 1206.

1536 Ho, Betty M. (1999) S. 379.

Verteidigung vorbringen.[1537] Stellt die Ablehnung des Leistungsangebotes durch den Gläubiger eine endgültige Erfüllungsverweigerung (repudiation) dar, kann der Schuldner neben der Geltendmachung eines Schadensersatzanspruches auch eine Vertragsbeendigung herbeiführen.[1538]

Besteht die Verpflichtung des Schuldners allerdings in einer Geldzahlung, führt die Ablehnung des Gläubigers, die Zahlung anzunehmen, nicht dazu, dass der Schuldner von seiner Verpflichtung frei wird. Zwar ist der Schuldner verpflichtet, den Gläubiger zu befriedigen, indem er bei Fälligkeit auf die Schuld leistet.[1539] Lehnt der Gläubiger die Annahme ab, muss der Schuldner dennoch weiterhin bereit und in der Lage sein, die Forderung zu begleichen. Wird er auf eine Leistung in Anspruch genommen, kann er zwar das erfolgte Leistungsangebot (tender) und die Ablehnung vorbringen, muss aber dennoch die geschuldete Summe bei Gericht hinterlegen.[1540] Kann der Schuldner sein Vorbringen beweisen, wird dem Gläubiger zwar die geschuldete Summe zugesprochen werden, er erhält darüber hinaus jedoch nichts, d.h. keine Zinsen oder Schadensersatzansprüche, welche aus der verspäteten Zahlung resultieren könnten.[1541] Des Weiteren werden die Kosten des Verfahrens dem Gläubiger auferlegt.[1542]

Ein Leistungsangebot hinsichtlich einer Zahlung unterliegt für seine Wirksamkeit besonderen Voraussetzungen. So muss es genau den Ver-

---

1537 Startup v Macdonald (1843) 6 M & G 593.

1538 Startup v Macdonald (1843) 6 M & G 593. Es ist zu beachten, dass die endgültige Erfüllungsverweigerung (repudiation) der einen Vertragspartei immer ein Leistungsangebot (tender) der anderen Vertragspartei erfordert, sollte diese nicht ihr Recht, den Vertrag zu beenden, ausüben. Liegt kein solches Leistungsangebot (tender) vor, kann diese Partei ihrer Rechte aus der Erfüllungsverweigerung (repudiation) verlustig gehen. Siehe dazu Fercometal SARL v Mediterranean Shipping Co SA [1989] AC 788, 805 sowie in Hongkong die Entscheidung Link Brain Ltd v Fujian Finance Co Ltd [1990] 2 HKLR 353.

1539 Walton v Mascall (1844) 13 M & W 452, 458.

1540 The Rules of the Supreme Court, Cap 4A O 18 r 16, O 22 r 4.

1541 The Rules of the Supreme Court, Cap 4A O 18 r 16, O 22 r 4.

1542 Ho, Betty M. (1999) S. 380.

tragsbedingungen hinsichtlich Zeit,[1543] Ort und Umständen der Zahlung entsprechen. Frühere Präzedenzfälle haben darüber hinaus sehr strenge Richtlinien für ein Leistungsangebot auf Zahlung entworfen; so musste es unbedingt und in der Währung ergehen, in der die Forderung lautete,[1544] ohne dass der Gläubiger gezwungen war zu wechseln.[1545] Weiterhin musste dem Gläubiger die zu zahlende Summe in personam präsentiert werden.[1546] Diese strengen Voraussetzungen können jedoch mit Einverständnis des Gläubigers abbedungen werden können.[1547] Auch müssen sie im Lichte der modernen Entwicklungen, insbesondere hinsichtlich des elektronischen Zahlungsverkehrs, interpretiert werden. Es wird heute eigentlich kaum noch eine geschäftliche Forderung bar bezahlt. Deshalb genügt zur wirksamen Abgabe eines Zahlungsangebots nunmehr jede geschäftlich anerkannte Methode des Geldtransfers, aufgrund derer der Transferempfänger unmittelbaren Zugriff auf die transferierte Summe erhält.[1548]

5.2.3. Ausnahmen vom Erfordernis der vollständigen und vertragsgetreuen Erfüllung

Nachdem oben das Erfordernis der vollständigen und vertragsgetreuen Erfüllung der zwischen den Parteien vereinbarten Verpflichtungen aufgestellt worden war,[1549] und die Umstände der Erfüllung näher erläutert wurden, soll hier dargestellt werden, welche Ausnahmen von diesem Erfordernis das Recht zulässt. Ist nämlich die Abweichung der tatsächlichen Erfüllungshandlung von der vertraglich vereinbarten Erfüllung nur

---

1543 Liegt hinsichtlich der Zeit keine ausdrückliche vertragliche Vereinbarung vor, muss das Angebot zu angemessener Stunde erfolgen. Siehe dazu Sale of Goods Ordinance, Cap 26 s 31(2).

1544 Société des Hotels de Touquet Paris-Plage v Cummings [1922] 1 KB 451.

1545 Betterbee v Davis (1811) 3 Camp 70.

1546 Finch v Brook (1834) 1 Bing NC 253, 257.

1547 Farquharson v Pearl Assurance Co Ltd [1937] 3 All ER 124.

1548 The Brimnes, Tenax Steamship Co Ltd v The Brimnes (Owners) (1975) 1 QB 929, 963; Mardorf Peach & Co Ltd v Attica Sea Carriers Corporation of Liberia, The Laconia [1977] AC 850, 880, 885, 889; Libyan Arab Foreign Bank Co v Bankers Trust Co [1989] 1 QB 728, 749 f.

1549 Vgl. S. 358 ff.

minimal oder 'mikroskopisch' klein, wird der Vertrag als ordnungsgemäß erfüllt betrachtet. Es gilt der Grundsatz 'de minimis non curat lex'.[1550]

Auch bei größeren Abweichungen von tatsächlicher und vertraglich vereinbarter Erfüllung lassen die Gerichte die Erfüllungshandlung unter Umständen als vertragsgemäß zu. Dies ist dann der Fall, wenn eine Vertragspartei sich zwar um eine vertragsgetreue Erfüllung ihrer eigenen Verpflichtungen bemüht hat, diese jedoch durch die andere Vertragspartei behindert wurde. Die Partei, welche die Verpflichtung zu erfüllen hatte, wird dann so behandelt, als habe sie ordnungsgemäß erfüllt.[1551] Darüber hinaus gibt es Fälle von Teilerfüllungen, welche ebenfalls den Anforderungen an eine vertragsgemäße Erfüllung genügen, wie nachfolgend dargestellt wird.

5.2.3.1. Unteilbare und teilbare Verpflichtungen (entire and severable obligations)

Die rechtlichen Folgen einer nur teilweisen Erfüllung von einzelnen vertraglichen Verpflichtungen hängen davon ab, ob es sich bei diesen um abtrennbare Verpflichtungen (severable obligations) handelt, mit der Folge, dass auch bei der Erfüllung nur einer oder einiger dieser Verpflichtungen der Leistende einen Anspruch auf eine Gegenleistung (consideration) dafür erlangt. Ist eine Verpflichtung dagegen untrennbarer Teil eines Konglomerats an vertraglichen Verpflichtungen, kann deren Erfüllung unter Nichterfüllung der anderen dem Leistenden keine Ansprüche gegen die andere Vertragspartei verschaffen.[1552] Da die Erfüllung einer vertraglichen Vereinbarung aufgrund der Regelungen des Common Law 'precise and exact' sein muss, ist eine Partei, deren Ver-

---

1550 The Attorney-General v Hui Kin Hong [1995] 1 HKCLR 227. Dies gilt allerdings nicht, wie bereits dargestellt, bei wesentlichen Zeitbestimmungen (time of the essence).

1551 Beatson, Jack (2002) S. 500.

1552 Mitunter wird auch von 'unteilbaren Verträgen' (entire contracts) gesprochen. Dies ist jedoch nicht ganz korrekt. Meist handelt es sich lediglich um einzelne Verpflichtungen aus einem komplexen Vertragsgebilde, deren vollständige Erfüllung eine Voraussetzung für das Entstehen einer Verpflichtung der anderen Vertragspartei ist. Vgl. dazu auch die Diskussion in Baltic Shipping Co v Dillon (1992-1993) 176 CLR 344, 350, 384 (High Court of Australia).

pflichtung erst unter der Bedingung zu erfüllen ist, dass die andere Partei ihrerseits vollständig und umfassend erfüllt hat (condition precedent), nicht zur Leistung verpflichtet, wenn diese andere Partei nur unvollständig erfüllt hat.[1553] Dabei ist der Grund der Unvollständigkeit der Leistungserbringung unerheblich.[1554]

Da die Folgen sehr weitreichend sein können, sind die Gerichte immer zurückhaltend bei der Interpretation von Verpflichtungen als 'unteilbar' bzw. 'vollständig' gewesen.[1555] Deshalb haben sie statuiert, dass eine Verpflichtung zwar vollständig und umfassend nach dem Wortlaut des Vertrages erfüllt werden musste, bevor der Schuldner die Erfüllung der Gegenleistung (consideration) verlangen konnte.[1556] Allerdings war er auch dann zur Gegenleistung (consideration) berechtigt, wenn er seine Leistung zwar vollumfänglich, d.h. bis zum Ende, aber mangelhaft erbracht hatte. In diesem Fall hatte er Anspruch auf die Gegenleistung (consideration), meist Zahlung, war jedoch seinerseits einem Schadensersatzanspruch des Geschädigten ausgesetzt.[1557] Es hat sich durchgesetzt, dass die Gerichte lediglich dort eine solche unteilbare Verpflichtung annehmen, wo die Gegenleistung (consideration) für eine Vertragserfüllung in einer pauschalen Summe besteht, die erst nach der Ausführung der Erfüllungshandlung zahlbar ist. In diesem Fall hat der Schuldner vor der vollständigen Erfüllung seiner eigenen Verpflichtung keinerlei Ansprüche gegen die andere Vertragspartei.[1558]

> „The law is that, where there is a contract to do work for a lump sum, until the work is completed the price cannot be recovered."[1559]

So ist eine Verpflichtung umfassender und unteilbarer Art z. B. im Fall eines Bauunternehmers, der zwei Häuser für einen Kunden errichten

---

1553 Re Hall & Barker (1878) 9 Ch D 538, 545.

1554 Cutter v Powell (1795) 6 T R 320.

1555 Button v Thompson (1869) LR 4 CP 330, 342.

1556 St. Enoch SS Co Ltd v Phosphate Mining Co [1916] 2 KB 624.

1557 Dakin v Oxley (1864) 15 CB (NS) 646, 667.

1558 Sumpter v Hedges [1898] 1 QB 673.

1559 Sumpter v Hedges [1898] 1 QB 673, 674, per AL Smith LJ.

sollte[1560] und im Fall eines Installateurs, der eine Zentralheizung in einem Privathaus installieren sollte,[1561] bejaht worden. In beiden Fällen bestand wegen der nicht vollständigen Erfüllung durch den Leistenden für diesen auch kein Anspruch auf die Zahlung des vertraglich vereinbarten Preises, ebenso wenig wie auf eine teilweise Vergütung für die bereits geleisteten Erfüllungshandlungen.

Es gibt verschiedene Beweggründe für die Strenge der Gerichte. Zum einen wird es als unbillig betrachtet, dass ein Leistungsempfänger, der für eine umfassende und vollständige Leistung kontrahiert hat und diese erwarten darf, nunmehr für eine Leistung bezahlen soll, die nicht der vereinbarten entspricht.[1562] Daneben soll dieses Prinzip natürlich auch zur Motivation beitragen und bewirken, dass die Vertragsparteien ihre vertraglich vereinbarten Leistungen zur Gänze ausführen und nicht vorzeitig die Erfüllungshandlungen abbrechen.[1563] Allerdings hat der Grundsatz auch Anlass zur Kritik gegeben, da eine äußerst strenge Anwendung desselben ebenfalls zu unbilligen Ergebnissen führen würde. So ist es nicht einzusehen, dass minimalste Schönheitsfehler, z. B. bei der Ausführung von Dekorationsarbeiten in einer Wohnung[1564] der geschädigten Partei das Recht geben sollen, die gesamte Zahlung zu verweigern. Auch führt die ausnahmslose Anwendung des Prinzips häufig zu einer ungerechtfertigten Bereicherung (unjust enrichment) der Gläubigerpartei, da sie in den Genuss zumindest eines Teils der Erfüllungsleistung gelangt, während sie jedoch die gesamte Zahlung zurückhalten kann.[1565] Wegen obengenannter Schwierigkeiten haben sich zwei wichtige Ausnahmen herausgebildet. Eine Ausnahme ist dann erfüllt, wenn der Gläubiger die Teilerfüllung als solche akzeptiert, die andere Ausnahme wird von der Doktrin der wesentlichen Vertragserfüllung (doctrine of substantial performance) gebildet.

1560 Sumpter v Hedges [1898] 1 QB 673.

1561 Bolton v Mahadeva [1972] 1 WLR 1009.

1562 Wiluszynski v Tower Hamlets London Borough Council [1989] ICR 493; British Telecommunications Plc v Ticehurst [1992] ICR 383.

1563 Munro v Butt (1858) 8 E & B 735, 754.

1564 Hoenig v Isaacs [1952] 2 All ER 176.

1565 Sumpter v Hedges [1898] 1 QB 673.

5.2.3.2. *Doktrin der wesentlichen Vertragserfüllung (doctrine of substantial performance)*

Diese allgemein anerkannte Doktrin beinhaltet, dass derjenige, der eine eigentlich unteilbare vertragliche Verpflichtung nur zu einem bestimmten Teil erfüllt, dann einen Anspruch auf eine Gegenleistung (consideration) hat, wenn dieser erfüllte Teil der für die Vertragserfüllung und damit für die unteilbare Verpflichtung wesentliche Teil war.[1566] Ein Gericht wird eine wesentliche Vertragserfüllung (substantial performance) dann annehmen, wenn die tatsächliche Erfüllungsleistung nicht zu weit von der vereinbarten abweicht und die Kosten der Wiederherstellung bzw. Vervollständigung im Verhältnis zum vertraglich vereinbarten Preis eher gering anzusetzen sind.[1567] Allein die Tatsache, dass eine Arbeit nicht bis ins letzte Detail ordnungsgemäß ausgeführt wurde, darf nicht zu der Annahme führen, dass überhaupt keine Leistung erbracht wurde.[1568] Greift die Doktrin ein, wird die geschädigte Partei nicht von ihrer Verpflichtung frei, für die Leistung der gegnerischen Partei eine Gegenleistung (consideration), meist Zahlung des Preises, zu erbringen. Sie wird allerdings dadurch geschützt, dass ihr natürlich Widerklage oder auch Aufrechnung für jeglichen Schaden, der ihr durch die Unvollständigkeit der Erfüllung entstanden ist, zur Verfügung stehen.[1569]

1566 Ho, Betty M. (1999) S. 377 f.

1567 So Dakin (H.) & Co Ltd v Lee [1916] 1 KB 566, 579; Hoenig v Isaacs [1952] 2 All ER 176; Vgl. auch Bolton v Mahadeva [1972] 1 WLR 1009, 1014, wo die Kosten der Mängelbehebung 31% des Vertragspreises ausmachten und eine wesentliche Vertragserfüllung deshalb verneint wurde.

1568 Dakin (H.) & Co Ltd v Lee [1916] 1 KB 566, 579; Dies lässt darauf schliessen, dass 'Vollständigkeit' der Vertragserfüllung eher als eine quantitative als eine qualitative Angabe zu verstehen ist. Für Hongkong vgl. dazu Golden Sand Marble Factory Ltd v Hunnewell Ltd [2001] HKEC 104, wo 'substantial' oder 'practical completion' weit ausgelegt werden. Ebenso Yeung Wai Hon and Others v Ho & Partners Architects Engineers & Development Consultants Ltd [2002] 2 HKLRD H 14 bzw. [2002] HKEC 659.

1569 Bolton v Mahadeva [1972] 1 WLR 1009, 1015; Wiluszynski v Tower Hamlets London Borough Council [1989] ICR 493.

5.2.3.3. *Annahme einer Teilerfüllung des Schuldners durch den Gläubiger*

Da die Doktrin der wesentlichen Vertragserfüllung mit dem Grundsatz, dass bei Vorliegen einer unteilbaren Verpflichtung der Leistende nicht zur Gegenleistung (consideration) berechtigt ist, solange er seine Verpflichtung nicht vollständig und umfassend erfüllt hat, schwer in Einklang zu bringen ist, muss erneut betont werden, dass es eine zunehmende Tendenz der Gerichte gibt, eine solche unteilbare Verpflichtung zu verneinen, um keine unbilligen Ergebnisse zu produzieren. Des Weiteren haben sie eine weitere Möglichkeit formuliert, nach der eine Teilerfüllung dem Leistenden ein Recht auf (zumindest einen Teil der) Gegenleistung (consideration) gibt. Diese greift dann ein, wenn der Gläubiger seinerseits aus freien Stücken eine solche nur teilweise Erfüllung einer vertraglichen Verpflichtung als vertragsgemäß akzeptiert oder aber anderweitig auf die Notwendigkeit einer vollständigen und umfassenden Erfüllung verzichtet hat.[1570] Für Kaufverträge ist dies in Hongkong gesetzlich in der Sale of Goods Ordinance geregelt.[1571]

Hat der Leistungsempfänger die teilweise Erfüllung angenommen, muss er für diese auch eine Gegenleistung (consideration) erbringen.[1572] Da sich der Wert einer Teilerfüllung oft nicht bestimmen lässt, wird meist ein

---

1570 Christy v Row (1808) 1 Taunt 300.

1571 Sale of Goods Ordinance, Cap 26 s 32:
(1) Where the seller delivers to the buyer a quantity of goods less than he contracted to sell, the buyer may reject them, but if the buyer accepts the goods so delivered, he must pay for them at the contract rate.
(2) Where the seller delivers to the buyer a quantity of goods larger than he contracted to sell, the buyer may accept the goods included in the contract and reject the rest, or he may reject the whole. If the buyer accepts the whole of the goods so delivered he must pay for them at the contract rate.
(3) Where the seller delivers to the buyer the goods he contracted to sell mixed with goods of a different description not included in the contract the buyer may accept the goods which are in accordance with the contract and reject the rest, or he may reject the whole.
(4) The provisions of this section are subject to any usage of trade, special agreement, or course of dealing between the parties.

1572 Christy v Row (1808) 1 Taunt 300.

Ersatzanspruch auf der Basis quantum meruit[1573] zugesprochen.[1574] Damit erhält der Leistende eine angemessene Vergütung für den erfüllten Teil seiner vertraglichen Verpflichtungen. Allerdings wird eine Vergütung quantum meruit nur dann angenommen, wenn tatsächlich eine Annahme der nur teilweisen Erfüllung durch den Gläubiger erfolgt ist. Dies kann aber nur dann vorliegen, wenn der Gläubiger auch die Wahl hatte, ob er die teilweise Erfüllung der Verpflichtung annimmt oder nicht.[1575] Allein die Tatsache, dass ein Gläubiger durch die teilweise Erfüllung einen Vorteil erlangt hat, genügt nicht, um den Schuldner in jedem Fall eine Vergütung zuzugestehen.

> „[A] person is not treated by the law as having chosen to accept that which is forced down his throat despite his objections."[1576]

Kann der Schuldner allerdings vortragen, dass der Gläubiger durch die teilweise Erfüllung einen beträchtlichen finanziellen Gewinn erlangt oder Kosten erspart hat, die ihm ohnehin entstanden wären, spricht einiges dafür, dem Leistenden zumindest eine angemessene Vergütung für die geleisteten Handlungen zu gewähren.[1577] Dies gilt nicht, wenn zwischen den Parteien von vornherein vereinbart worden war, dass das Risiko einer fehlenden Fertigstellung trotz Eintretens von Vorteilen für den Gläubiger beim Schuldner liegen soll.[1578]

5.2.4. Heilung einer unzureichenden Vertragserfüllung (right to cure bad or incomplete performance)

Grundsätzlich gilt eine Erfüllungshandlung, die in qualitativer oder quantitativer Hinsicht von den vertraglichen Verpflichtungen abweicht, nicht

---

1573 Quantum meruit ('soviel wie er verdient hat') stellt eine der tatsächlichen Leistung entsprechende Vergütung dar.

1574 Siehe dazu S. 482 f.

1575 Miles v Wakefield MDC [1987] AC 539, 553, 563.

1576 Wiluszynski v Tower Hamlets London Borough Council [1989] ICR 493, 504, per Nicholls LJ.

1577 Procter & Gamble Philippine Manufacturing Corp v Peter Cremer GmbH & Co (The Manilla) [1988] 3 All ER 843, 855.

1578 The Law Commission (England) (1983) s 2.66 ff., 2.73.

als vertragsgemäße Leistungserbringung. Abgesehen von wenigen Ausnahmen, wie der de minimis-Regel, ist eine Nicht- oder Schlechterfüllung eine Vertragsverletzung (breach of contract) und gibt der geschädigten Partei das Recht, auf Schadensersatz (damages) zu klagen bzw. bei Verletzung einer wesentlichen Vertragsbedingung (condition), den Vertrag zu beenden.[1579] Die geschädigte Partei ist nicht verpflichtet, der anderen Partei anzuzeigen, dass die Erfüllung nicht ordnungsgemäß erfolgt ist und ihr Gelegenheit zur Nachbesserung innerhalb eines bestimmten Zeitraumes zu geben.[1580] Es ist allerdings möglich, wenn auch nur in begrenztem Umfang, eine mangelhafte Erfüllung zu 'heilen'.[1581] Ist die erste Erfüllungshandlung mangelhaft gewesen, war aber noch nicht als endgültige Erfüllungsverweigerung (repudiation)[1582] zu sehen, aufgrund derer die andere Partei die Vertragsbeendigung herbeigeführt hat, kann die verpflichtete Partei durchaus noch einen Versuch unternehmen, die vertragliche Verpflichtung zu erfüllen, solange der Fälligkeitszeitpunkt noch nicht erreicht ist. Die Gläubigerpartei muss eine mangelfreie Erfüllungshandlung dann akteptieren.[1583]

5.3. Beendigung des Vertrages durch Unmöglichkeit (discharge by frustration of contract)

Neben der Möglichkeit, den Vertrag durch die Erfüllung der Vertragsverpflichtungen zu beenden und die gegenseitigen Ansprüche daraus erlöschen zu lassen, kann der Vertrag auch noch auf andere Weise beendet werden. Eine dieser Möglichkeiten ist die Vertragsbeendigung aufgrund einer Unmöglichkeit der Vertragserfüllung (discharge by frustration of contract).

1579 Siehe dazu S. 410 ff.

1580 Treitel, Guenter (1988) S. 318 ff.

1581 Beatson, Jack (2002) S. 508.

1582 Eine solche Erfüllungsverweigerung (repudiation) kann z. B. dann angenommen werden, wenn die mangelhafte Erfüllung das Vertrauen des Gläubigers zerstört hat und dies für die gegenseitigen vertraglichen Verpflichtungen eine Rolle spielte.

1583 Motor Oil Hellas (Corinth) Refineries SA v Shipping Corp of India (The Kanchenjunga) [1990] 1 Lloyd's Rep 391, 399.

5.3.1. Grundlagen der Unmöglichkeit (frustration)

Auch im angelsächsischen Rechtsraum gilt der Grundsatz pacta sunt servanda, bekannt als 'the absolute contract rule'.[1584] Nach diesem Grundsatz begeht jeder, dem es aufgrund eines nach Vertragsschluss eintretenden Ereignisses unmöglich ist, seine vertraglich geschuldete Leistung zu erfüllen, eine Vertragsverletzung (breach of contract), welche ihn zum Schadensersatz (damages) verpflichtet. Dieser Grundsatz kann bis ins 17. Jahrhundert zurück verfolgt werden:

> „[W]hen the party by his own contract creates a duty or charge upon himself, he is bound to make it good, if he may,[1585] nothwithstanding any accident by inevitable necessity, because he might have provided against it by his contract." [1586]

Dies führte dazu, dass es zu Entscheidungen kam, die als unbillig erachtet wurden. Als Folge entwickelte sich eine Diskussion, wie dieser Missstand zu beheben sei. Am deutlichsten lässt sich die Entwicklung anhand der Entscheidung National Carriers Ltd v Panalpina (Northern) Ltd[1587] ablesen, in der die Law Lords ausführlich die Doktrin der Unmöglichkeit und ihren Werdegang diskutierten[1588] und letztlich zu dem Schluss kamen, dass sie umfassend Eingang in das Vertragsrecht gefunden hat.

> „My Lords, I think it can at the present time be safely said that...there is no class of contract in relation to which the doctrine could not be successfully invoked if the particular case justified its implication, however slow and however hesitant the Common Law may have been in developing the doctrine thus far."[1589]

1584 Arjunan, Krishnan/Nabi Baksh, Abdul Majid bin (2002) S. 297.

1585 'if he may' bedeutet hier: 'wenn die Vertragserfüllung nicht rechtswidrig ist', siehe dazu Treitel, Guenther (2003) S. 866.

1586 Paradine v Jane (1647) Aleyn 26, 27.

1587 National Carriers Ltd v Panalpina (Northern) Ltd [1981] 2 WLR 45.

1588 National Carriers Ltd v Panalpina (Northern) Ltd [1981] 2 WLR 45, 51 ff.

1589 National Carriers Ltd v Panalpina (Northern) Ltd [1981] 2 WLR 45, 75, per Lord Roskill.

Auf diese Weise entstand die Doktrin der Unmöglichkeit (frustration),[1590] die eine Zahl von Ausnahmen zur 'absolute contract rule' gestattet. Grundlegende Entscheidung dafür war Taylor v Caldwell.[1591] Dort entschied das Gericht, dass beide Parteien von ihren vertraglichen Verpflichtungen befreit seien, da die Unmöglichkeit (frustration) der Vertragserfüllung nicht auf das Verschulden einer der beiden Parteien zurückzuführen war.[1592]

Nunmehr ist anerkannt, dass es sich bei der Doktrin der Vertragsbeendigung durch Unmöglichkeit (discharge by frustration) um eine Zusammenfassung all der Fälle handelt, bei denen durch nachträgliche, von den Parteien nicht zu vertretende Unmöglichkeit (frustration) der Vertragszweck vereitelt wurde und der Vertragsgegenstand damit entfällt.[1593] Dies ist dann der Fall, wenn die Erfüllung des Vertrages unmöglich oder rechtswidrig wird oder sich inhaltlich grundlegend von dem unterscheidet, was die Vertragsparteien ursprünglich im Sinn hatten, als sie den

---

1590 In ihrer Konstruktion entspricht sie einer Mischung aus nachträglicher Unmöglichkeit und Wegfall der Geschäftsgrundlage nach dem deutschen Recht vor der Schuldrechtsreform im Jahre 2002, wobei sie, je nach Theorie, aus der sie hergeleitet wird, eher zu ersterer tendiert. So liegt sie u.a. dann vor, wenn die Erfüllung des Vertrags zwar noch möglich ist, sich jedoch als wirtschaftlich sinnlos erweist oder bei persönlicher Erbringung der Leistung durch den Versprechenden für diesen unzumutbar wird.

1591 Taylor v Caldwell [1861-1873] All ER Rep 24.

1592 Taylor v Caldwell [1861-1873] All ER Rep 24. Der Beklagte vermietete eine Konzerthalle an den Kläger für vier vertraglich bestimmte Tage. Die Halle brannte nieder, bevor die erste Veranstaltung des Klägers stattfinden konnte. Der Vertrag enthielt keine spezifische Bestimmung für den Fall, dass das Gebäude zerstört werden würde, bevor der Mietvertrag erfüllt werden konnte. Der Kläger forderte daraufhin vom Beklagten Schadensersatz aufgrund von Vertragsverletzung (breach of contract). Das Gericht entschied, dass beide Parteien von ihren vertraglichen Verpflichtungen befreit seien, da die Zerstörung des Gebäudes nicht auf das Verschulden einer der beiden Parteien zurückzuführen sei. Der Vertrag enthalte eine stillschweigende Vereinbarung, dass, wenn die Erfüllung der Leistungen aufgrund eines unerwarteten und von keiner der Parteien zu vertretenden Ereignisses unmöglich würde, beide Parteien von ihren zukünftigen Leistungen befreit seien. Es ist jedoch selbstverständlich, dass derjenige von seiner Primärpflicht frei werden muss, dem die Erfüllung dieser Pflicht unmöglich ist. Auf das Verschulden kann es für die Leistungsbefreiung grundsätzlich nicht ankommen.

1593 Davis Contractors Ltd v Fareham Urban District Council [1956] AC 696.

Vertrag schlossen. Strittig war lange, worauf die Doktrin der Unmöglichkeit (frustration) sich dogmatisch stützt. So wurde sie u.a. als anerkannte Ausnahme vom Grundsatz pacta sunt servanda aufgrund von Billigkeitsgesichtspunkten (special exception which justice demands[1594]), oder aufgrund einer besonderen Art und Weise der Vertragsauslegung[1595] verstanden.

Im Lichte der ersten Theorie ist die Erklärung Lord Simons in National Carriers Ltd v Panalpina (Northern) Ltd zu lesen:[1596]

> „Frustration of a contract takes place when there supervenes an event (without the fault of either party and for which the contract makes no sufficient provision) which so significantly changes the nature (not merely the expense or onerousness) of the outstanding contractual rights and/or obligations from what the parties could reasonably have contemplated at the time of its execution that it would be unjust to hold them to the literal sense of its stipulations in the new circumstances; in such a case the law declares both parties to be discharged from further performance."[1597]

Im Rahmen der Vertragsauslegungstheorie dagegen hat das House of Lords zur Feststellung, ob ein Fall von Unmöglichkeit (frustration) vorliegt, folgende Prüfung vorgenommen:

> „[F]rustration occurs whenever the law recognizes that without default of either party a contractual obligation has become incapable of being performed because the circumstances in which performance is called for would render it a thing radically different from that which was untertaken by the contract."[1598]

1594 Ho, Betty M. (1999) S. 396

1595 National Carriers Ltd v Panalpina (Northern) Ltd [1981] 2 WLR S. 45, 60.

1596 Hier weist die Doktrin wiederum eine starke Parallele zum früheren Wegfall der Geschäftsgrundlage auf.

1597 National Carriers Ltd v Panalpina (Northern) Ltd [1981] 2 WLR 45, 60, per Lord Simon. Besonders auf die Nachträglichkeit des Ereignisses abstellend Jan Albert (HK) Ltd v Shu Kwong Garment Factory Ltd [1990] 1 HKLR 317, 323.

1598 Davis Contractors Ltd v Fareham Urban District Council [1956] AC 696; Pioneer Shipping Ltd v BTP Tioxide Ltd, The Nema [1981] 3 WLR 292, 304 f.

Ausgehend von dieser Prüfung muss das Gericht den Vertrag daraufhin untersuchen, welche vertraglichen Verpflichtungen die Parteien eingegangen sind und diese anhand der Vertragsnatur und der Umstände des Vertragsschlusses analysieren. Daraufhin muss das Gericht die Verpflichtung im Lichte des Ereignisses, welches angeblich zur Unmöglichkeit (frustration) der Vertragserfüllung führt, betrachten und diese beiden 'Verpflichtungen', die tatsächlich vereinbarte und die nunmehr einzig mögliche, vergleichen, um festzustellen, ob die neue Verpflichtung eine fundamental andere ist als die ursprünglich zwischen den Vertragsparteien vereinbarte.[1599]

Ausgehend von oben dargestellten Theorien und Definitionen kann zusammengefasst werden, dass folgende Elemente vorliegen müssen, um eine Unmöglichkeit (frustration) bejahen zu können:

a) Ein nach Vertragsschluss eintretendes Ereignis muss zu einer grundlegenden Änderung der Natur der vertraglich vereinbarten Rechte und Pflichten führen.

b) Keine der Parteien trägt ein Verschulden an diesem nachträglich eintretenden Ereignis.

c) Die Parteien müssen bei Vertragsschluss die Möglichkeit, dass ein solches Ereignis eintreten könne, nicht bedacht haben und deshalb keine vertragliche Regelung für den Fall des Eintritts eines solchen Ereignisses getroffen haben.

d) Es muss unbillig erscheinen, die Parteien an dem vereinbarten Vertrag festzuhalten.[1600]

1599 Beale, Hugh G. (1999) Bd 1 para 24-014.

1600 Diese Aufzählung lässt den Eindruck entstehen, dass die Doktrin der 'frustration' das Äquivalent zum Wegfall der Geschäftsgrundlage im deutschen Recht bildet. Obwohl es viele Parallelen gibt, ist dem jedoch nicht so. Die Voraussetzungen der 'frustration' werden viel weiter ausgelegt als die des Wegfalls der Geschäftsgrundlage. Des Weiteren ist die bevorzugte Rechtsfolge für den Wegfall der Geschäftsgrundlage, eine Vertragsanpassung, bei der Unmöglichkeit (frustration) eher selten anzutreffen. Der Verfasserin erscheint es deshalb angemessen, die Doktrin der 'frustration' mit 'Unmöglichkeit' zu übersetzen.

Diese Elemente für eine Vertragsbeendigung aufgrund von Unmöglichkeit der Vertragserfüllung (frustration of contract) sollen nachfolgend näher erläutert werden.

5.3.2. Ursachen der Unmöglichkeit (frustration)

Unmöglichkeit (frustration) kann durch verschiedene Ereignisse eintreten. Die häufigsten sind dabei absolute Unmöglichkeit (impossibility) der Leistungserbringung, meist aufgrund des Untergangs der Sache, Zweckverfehlung (failure of commercial purpose) und nachträgliche Rechtswidrigkeit der Vertragserfüllung (illegality).

Unter absoluter Unmöglichkeit (impossibility) aufgrund des Untergangs der Sache ist sowohl der vollständige Untergang der Sache[1601] als auch der Untergang eines wesentlichen Teils der Sache bzw. die Vernichtung der Sache insoweit, als dadurch ihr wirtschaftlicher Zweck vereitelt wird, zu verstehen.[1602] Gesetzlich ist dies für Kaufverträge in der Sale of Goods Ordinance Hongkongs geregelt, die eine Regelung hinsichtlich der Unmöglichkeit (frustration) aufgrund des Untergangs der Kaufsache enthält.[1603] Ein Kaufvertrag über bestimmte, konkretisierte Waren ist danach nichtig (avoided), wenn die Vertragsgegenstände nach Vertragsschluss ohne Verschulden einer der Vertragsparteien untergehen.[1604] Existiert der Vertragsgegenstand weiterhin, das Eigentum allerdings besteht aufgrund einer Enteignung nicht mehr beim Verkäufer, sondern einer anderen Person, dann ist die Sache aus dem Einflussbereich der Parteien gelangt und der Vertrag wird ebenfalls aufgrund von Unmöglichkeit (frustration) hinfällig.[1605]

Ist der Vertrag durch persönliche Leistungserbringung einer Vertragspartei erfüllbar, wie dies z. B. bei Arbeitsverträgen[1606] der Fall ist, führt

---

1601 Taylor v Caldwell [1861-1873] All ER Rep 24

1602 Asfar & Co v Blundell [1896] 1 QB 123, 128.

1603 Sale of Goods Ordinance, Cap. 26 s 9.

1604 Sale of Goods Ordinance, Cap. 26 s 9.

1605 BP Exploration Co (Libya) Ltd v Hunt (No 2) [1982] 1 All ER 925.

1606 Cutter v Powell (1795) 6 TR 320.

der Tod oder die dauernde Unfähigkeit einer Partei ebenfalls zur Unmöglichkeit (frustration). Dauert die Unfähigkeit einer Partei zur Leistungserfüllung so lange, dass nach Auslegung des Vertrags eine Wiederaufnahme der Erfüllung der vertraglichen Verpflichtung eher dem Neuabschluss des Vertrages gleicht, dann liegt auch hier Unmöglichkeit (frustration) vor.[1607] Dies gilt auch, wenn die Vertragserfüllung aufgrund eines Gefängnisaufenthaltes[1608] oder Internierung anderer Art[1609] unmöglich wird.

Kann ein Verkäufer die Kaufsache nicht zur Verfügung stellen, weil sein Zulieferer sie nicht liefern kann, dann tritt nur Unmöglichkeit (frustration) ein, wenn der Zulieferer bzw. die Bezugsquelle für die Kaufsache ver-

---

1607 Zur Illustration Morgan v Manser [1948] 1 KB 184: Der Beklagte engagierte den Kläger im Jahre 1938 als seinen Manager für 10 Jahre. Der Kläger sollte ein ausschließliches Recht auf die Anbahnung aller Engagements des Beklagten haben und einen Anteil aller Einkünfte des Beklagten erhalten. Im Jahre 1940 wurde der Beklagte eingezogen und erst 1946 wieder aus dem Militär entlassen. Im Anschluss nahm er einige Engagements an, welche nicht durch den Kläger zustande gekommen waren. Weiterhin lehnte er eine Zahlung des vereinbarten Anteils an den Kläger ab. Dieser klagte daraufhin. Das Gericht war der Ansicht, dass der ursprüngliche Vertrag auf der Grundlage geschlossen worden war, dass der Beklagte zehn Jahre frei Engagements eingehen konnte. Die Einziehung zum Militär führte zu einer Unterbrechung dieser freien Verfügbarkeit des Beklagten, dass der ursprüngliche Vertrag so gar nicht mehr erfüllt werden konnte. Das Gericht wies die Klage aufgrund von Unmöglichkeit (frustration) ab.
vergl. dagegen aber Storey v Fulham Stell Works (1907) 24 TLR 89: Das Gericht verneinte hier eine Befreiung des Beklagten, eines Arbeitgebers, von der vertraglich geschuldeten Leistung. Dieser hatte mit dem Kläger einen 5-Jahresvertrag ohne vorzeitige Kündigungsmöglichkeit abgeschlossen. Nach zwei Jahren wurde der Kläger ernsthaft krank. Nach einer Erholungsphase erhielt der Kläger im Januar ein ärztliches Attest, welches besagte, dass er für einige Zeit absolute Ruhe brauche, nicht jedoch den genauen Zeitraum dafür angab. Im Mai konnte der Kläger die Arbeit wieder aufnehmen. Zwischenzeitlich, im April, hatte der Beklagte das Arbeitsverhältnis mit dem Kläger einseitig beendet, da er der Ansicht war, der Kläger könne aufgrund seiner Krankheit seine Verpflichtungen aus dem Arbeitsvertrag ohnehin nicht mehr erfüllen. Das Gericht war der Meinung, dass die Krankheit und Abwesenheit des Klägers nicht die Grundlagen des Vertrags berührten und nicht ernsthaft genug gewesen seien, um zu einer Vertragsbeendigung zu führen.

1608 Chakki v United Yeast Co Ltd [1982] 2 All ER 446; FC Shepherd & Co Ltd v Jerrom [1987] 1 QB 301.

1609 Unter v Preston Corporation [1942] 1 All ER 200.

traglich bestimmt wurde. Ist dies nicht der Fall, bleibt der Verkäufer weiterhin zur Leistung verpflichtet.[1610] Ist vertraglich zwischen den Parteien festgelegt worden, auf welche Art und Weise die Erfüllung der vertraglichen Verpflichtung erfolgen soll, so muss Unmöglichkeit (frustration) bejaht werden, wenn die vertraglich festgelegte Art der Erfüllung unmöglich geworden ist.[1611] Gibt der Vertrag Alternativen vor, wenn eine Art der Durchführung fehlschlägt, dann müssen diese erst vollständig ausgeschöpft werden, bevor das Gericht auf Unmöglichkeit (frustration) erkennt.[1612] Enthält ein Vertrag keine Angaben darüber, wie eine vertragliche Verpflichtung zu erfolgen hat, dann wird die Leistung nicht unmöglich, wenn eine Art und Weise der Vertragserfüllung fehlschlägt.[1613]

Die Unmöglichkeit (frustration) durch Verfehlung des wirtschaftlichen Zwecks bereitet größere Schwierigkeiten, da in diesem Fall die Leistungserbringung den Parteien durchaus noch möglich ist. Allerdings erkennt in diesem Fall eine der Parteien, dass die Erbringung der Leistung für sie nach Eintritt des Ereignisses unter den gegebenen vertraglichen oder tatsächlichen Umständen keinen Sinn hat, da ihr entweder durch Erfüllung ihrer eigenen vertraglichen Verpflichtung fundamental höhere Kosten oder ein bedeutend größerer Aufwand als angenommen entstehen, oder die Erfüllung des Leistungsversprechens durch die andere Partei ihr einen bedeutend geringeren Nutzen verschafft, als dies bei Vertragsschluss vorauszusehen war.[1614] Problematisch hierbei ist, dass

---

1610 Howell v Coupland (1876) 1 QBD 258.

1611 Nickoll & Knight v Ashton, Edridge & Co [1901] 2 KB 126, 131.

1612 Seabridge Shipping Ltd v Antco Shipping Ltd, The Furness Bridge [1977] 2 Lloyd's Rep 367, 375.

1613 Tsakiroglou & Co Ltd v Noblee Thorl GmbH [1962] AC 93: Ein Transportvertrag von Port Sudan nach Hamburg enthielt weder Angaben zur Route noch zum Datum der Ankunft im Zielhafen. Da der Suezkanal zum Zeitpunkt geschlossen war, musste das Schiff um das Kap der Guten Hoffnung herum fahren. Dies war mit einem Mehraufwand an Zeit und Kosten verbunden. Nach Ansicht des House of Lords führte die Tatsache, dass eine Vertragserfüllung kostenintensiver wurde, nicht zur Unmöglichkeit (frustration); vgl. auch Shearson Lehman Hutton Inc v Maclaine Watson & Co Ltd [1989] 2 Lloyd's Rep 570.

1614 Ho, Betty M. (1999) S. 403.

eine Befreiung von der vertraglich geschuldeten Leistung aufgrund Unmöglichkeit (frustration) durch die Gerichte nur in den Fällen gewährt werden soll und darf, in denen tatsächlich ein Zustand eingetreten ist, der einer Unmöglichkeit (frustration) der Leistungserbringung gleichkommt. Eine inflationäre Anwendung dieser Rechtsschutzmöglichkeit für den Fall, dass einer Partei ihr Leistungsversprechen Leid tut, soll möglichst ausgeschlossen werden. Hauptbeispiel der Zweckverfehlung (failure of commercial purpose) sind die sogenannten Coronation cases, insbesondere Krell v Henry[1615] in denen die Gerichte Unmöglichkeit (frustration) bejahten. Dagegen wurde in der Entscheidung Herne Bay Steam Boat Co v Hutton[1616] Unmöglichkeit (frustration) verneint, obwohl der Fall gewisse Ähnlichkeiten mit Krell v Henry aufweist und ebenfalls zu den Coronation Cases gehört. Das Gericht war hier der Ansicht, dass beim Chartern eines Schiffes zum Beobachten der (dann nicht stattfindenden) Krönungsfeierlichkeiten über die Besichtigungsmöglichkeiten noch ein weiterer Zweck, nämlich das Vergnügen einer Schiffsfahrt gegeben sei. Dieser Zweck sei jedoch nicht weggefallen, sondern noch erreichbar.[1617] Ebenfalls als wirksam haben die Gerichte einen Vertrag mit

1615 Krell v Henry [1903] 2 KB 740: Dies ist die berühmteste Entscheidung innerhalb der sogenannten Coronation cases. Der Beklagte mietete hier Räumlichkeiten für die Dauer von zwei Tagen an, um die Krönungsfeierlichkeiten für König Edward VII beizuwohnen. Er hinterlegte eine Kaution von £ 25. Auch wenn es nicht ausdrücklich im Vertrag aufgeführt war, welchem Zweck die Miete diente, so waren sich die Parteien doch darüber im Klaren. Die Krönungsfeierlichkeiten wurden aufgrund einer Krankheit des Königs jedoch vertagt. Der Beklagte verweigerte die Zahlung des restlichen Mietzinses, woraufhin der Kläger Klage erhob. Das Gericht wies die Klage ab. Es war der Ansicht, dass zwischen den Parteien Einigkeit über den Zweck der Vermietung herrschte. Da der dem Vertrag zugrundeliegende Zweck durch die Krankheit des Königs nicht mehr erreicht werden konnte, musste das Vertragsverhältnis als beendet betrachtet werden.

1616 Herne Bay Steam Boat Co v Hutton [1903] 2 KB 683.

1617 Herne Bay Steam Boat Co v Hutton [1903] 2 KB 683, 691: In diesem Fall hatten Kläger und Beklagter einen Vertrag geschlossen, durch den der Kläger an den Beklagten ein Dampfschiff vermietete. Der Beklagte wollte das Boot nutzen, um Passagiere zu einer Schiffsparade anlässlich der Krönung Edwards VII. zu bringen. Auch hier wussten beide Parteien vom Zweck der Charter; der Kläger war dem Beklagten sogar noch beim Verkauf der Tickets und beim Catering behilflich. Nachdem die Parade abgesagt worden war, nahm der Beklagte das Schiff nicht zum vertraglich vereinbarten Zweck in Anspruch, woraufhin die Kläger es zur Ausführung ihres normalen Geschäfts nutzseinen gegenseitigen Verpflichtungen erachtet, der Vereinbarungen über den Kauf eines Grundstücks enthielt, das nachträglich auf die Liste der Gebäude von allgemeinem architektonischen und historischen Interesse gesetzt wurde und deshalb einem Wertverlust unterlag. Nach Ansicht des Gerichts ist die Bewertung eines Gebäudes als von architektonischem und historischem Interesse ein Risiko, das jeder Eigentümer eines Gebäudes tragen muss. Die Aufnahme in die besagte Liste musste der Käufer in Betracht ziehen, und das Risiko, dass die Erteilung einer Baugenehmigung aufgrund dessen nicht oder nur erschwert erfolgt, musste er ebenfalls tragen.[1618]

Gestiegene Kosten der eigenen Leistungserfüllung fallen ebenfalls in die Kategorie der Unmöglichkeit aufgrund einer Zweckverfehlung, jedoch genügt dies allein nicht, um einem Schuldner eine Befreiung von seinem Leistungsversprechen zu gewähren.[1619] Geht die Steigerung der Kosten auf Abwertung der Währung zurück, kann ebenfalls keine Unmöglichkeit (frustration) geltend gemacht werden.[1620] Ebenso wenig kann dies bei Währungsschwankungen im internationalen Handel geschehen.[1621]

Stellt sich die Durchführung des Vertrages nachträglich aufgrund eines hinzutretenden Ereignisses als rechtswidrig dar, dann treten dagegen die Wirkungen der Unmöglichkeit (frustration) ein. Hauptbeispiel sind hier die Fälle von Geschäftsbeziehungen, die nach Eintritt eines Krieges rechtswidrig werden, weil sie dazu führten, dass der Geschäftspartner plötzlich

ten. Sie klagten auf Zahlung des Charterlohns. Das Gericht war hier der Meinung, dass die Kenntnis beider Parteien vom eigentlich Zweck des Vertrages und der Wegfall des Zwecks nicht dazu führt, dass der Vertrag aufgrund Wegfalls der Geschäftsgrundlage beendet ist. Wie bei der Miete eines Taxis oder anderen Fahrzeugs liegt hier der Zweck nicht in einem weiter entfernt liegenden Ziel (der Besichtigung der Krönungsparade), sondern in der Miete des Fahrzeugs bzw. Schiffes selbst.

1618 Amalgamed Investment Property v John Walker & Sons [1976] 3 All ER 509.

1619 Davis Contractors Ltd v Fareham Urban District Council [1956] AC 696; Tsakiroglou & Co Ltd v Noblee Thorl GmbH [1962] AC 93.

1620 British Movietonews Ltd v London & District Cinemas Ltd [1952] AC 166, 185; Staffordshire Area Health Authority v South Staffordshire Waterworks Co [1978] 1 WLR 1387, 1395 ff. Obwohl hier keine Unmöglichkeit (frustration) bejaht wurde, gewährte das Gericht eine Kündigungsmöglichkeit für den Vertrag.

1621 Multiservice Bookbinding Ltd v Marden [1979] Ch 84.

zum Feind wurde (trading with the enemy).[1622] Allerdings wird der Vertrag erst rechtswidrig, wenn eine formale Kriegserklärung abgegeben wurde.[1623]

Führen nachträgliche Entscheidungen der Regierung zu einem zeitweiligen Verbot, Geschäfte und Transaktionen der jeweilige Art vorzunehmen, dann hängt die Entscheidung, ob Unmöglichkeit (frustration) eingetreten ist, davon ab, inwieweit sich der aktuelle Vertrag nunmehr grundlegend von dem Vertrag unterscheidet, der ursprünglich abgeschlossen wurde.[1624] Dies wird oft danach bestimmt, über welchen Zeitraum der gesamte Vertrag laufen soll und wie viel Zeit davon durch das temporäre Verbot verloren gegangen ist. So bejahte das House of Lords eine Vertragsbeendigung durch Unmöglichkeit (frustration) bei einem Vertrag über sechs Jahre, bei dem nach zwei Jahren einer Partei die Erfüllung ihres Leistungsversprechens aufgrund einer Anweisung des Rüstungsministeriums, die Arbeiten zu beenden, unmöglich wurde.[1625]

1622 Esposito v Bowden (1857) [1843-1860] All ER 39: Die Parteien schlossen eine Chartervertrag mit dem Inhalt, Weizen in Odessa zu laden. Vor dem vereinbarten Ladetermin brach zwischen England und Russland Krieg aus. Für den Beklagten beinhaltete die Erfüllung seiner vertraglichen Verpflichtung, mit dem Feind Geschäfte zu tätigen. Dies war nach Kriegsausbruch eine rechtswidrige Handlung. Das Gericht entschied daraufhin, dass Unmöglichkeit vorlag, da der Krieg eine Änderung des Rechts bewirkt hatte. Vgl. ebenso: Re Shipton, Anderson & Co and Harrison Bros' Arbitration [1915] 3 KB 676; Ertel Bieber & Co v Rio Tinto Co [1918] AC 260; Re Badische Co Ltd [1921] 2 Ch 331; Fibrosa Spolka Akcyjna v Fairbarn Lawson Combe Barbour Ltd [1943] AC 32.

1623 Atkinson v Ritchie (1809) 10 East 530. Eine Ausnahme dazu bildet die Entscheidung Empresa Exportadora de Azucar v Industria Azucarera Nacional SA, The Playa Larga [1983] 2 Lloyd's Rep 171, 188, wo bereits ernsthafte Spannungen zwischen zwei Staaten zur Unmöglichkeit (frustration) führten. Dies war allerdings nicht Folge davon, dass der Vertrag rechtswidrig geworden war, sondern davon, dass der Vertrag aufgrund der geänderten politischen Lage durch keine der Parteien mehr ausgeführt werden konnte.

1624 Cricklewood Property & Investment Trust Ltd v Leighton's Investment Trust Ltd [1945] AC 221.

1625 Metropolitan Water Board v Dick, Kerr & Co Ldt [1918] AC 119

Dagegen verneinte es Unmöglichkeit (frustration) für einen Pachtvertrag über 99 Jahre.[1626] Pächter und Verpächter hatten sich geeinigt, dass der Pächter auf dem Grundstück Geschäfte errichten würde und einen Teil des Mietzinses, den der Pächter von den Geschäftsinhabern erhalten würde, an den Verpächter weiterleiten würde. Durch den Kriegszustand wurde es dem Pächter untersagt, die Geschäftsgebäude zu errichten. Trotzdem forderte der Verpächter den vertraglich vereinbarten Mietzins aus den (noch nicht errichteten) Geschäftsgebäuden, was der Pächter jedoch ablehnte. Das House of Lords war der Ansicht, dass in Anbetracht der Zeitdauer des Pachtvertrages die kurzzeitige Untersagung durch die Regierung nicht zur Befreiung von den Leistungsversprechen der Parteien führen könne.

> „all that has happened is that for a portion of a span of 99 years the erection of shops on the site has been postponed, with the result that for a time the appellant company will be liable to pay a rent of...in respect of each site, although no shops have been erected thereon."[1627]

Keinen Rechtsschutz gewähren Gerichte bei Unmöglichkeit (frustration), wenn das Ereignis, das zu eben jener Unmöglichkeit (frustration) der Vertragserfüllung führt, durch eine der Partei selbst herbeigeführt wurde (self-induced frustration). Dies ist selbstverständlich, da derjenige, der eine schädigende Handlung begeht, nicht noch Vorteile aus ihr ziehen können soll.[1628]

1626 Cricklewood Property & Investment Trust Ltd v Leighton's Investment Trust Ltd [1945] AC 221, 232, per Lord Russell of Killowen.

1627 Cricklewood Property & Investment Trust Ltd v Leighton's Investment Trust Ltd [1945] AC 221.

1628 Dies stellt eine Ausprägung des Grundsatzes des venire contra factum proprium dar. Jedoch trägt derjenige, der sich darauf beruft, dass die andere Partei das Ereignis, welches zur Unmöglichkeit (frustration) führte, selbst herbeigeführt hat, auch die Beweislast dafür: Joseph Constantine Steamship Line Ltd v Imperial Smelting Corporation Ltd [1942] AC 154, 166, 174 ff., 192, 204.

„[T]he principle of frustration assumes...that the frustration arises without blame or fault on either side. Reliance cannot be placed on a self-induced frustration."[1629]

Beispiele für solche selbst herbeigeführten Fälle von Unmöglichkeit (frustration) sind u.a. der Verzug, der auf der Nichterfüllung von vertraglichen Pflichten durch die den Verzug geltend machende Partei selbst beruht[1630] oder der Einsatz der verfügbaren Betriebsmittel für andere Zwecke als die Erfüllung der vertraglichen Verpflichtungen gegenüber dem Kläger, wodurch sich der Beklagte der Möglichkeit der Vertragserfüllung selbst beraubt hat.[1631] Ähnliches gilt für Arbeitsverhältnisse. Verhindert ein Arbeiter oder Angestellter die Erfüllung seiner vertraglich geschuldeten Leistung selbst, liegt keine Unmöglichkeit (frustration) vor. Er begeht vielmehr eine Vertragsverletzung (breach of contract) und der Arbeitgeber darf ihm daraufhin kündigen.[1632] Das gilt auch, wenn er aufgrund seines schuldhaften Verhaltens eine Gefängnisstrafe erhält und deshalb seine arbeitsvertraglichen Verpflichtungen nicht erfüllen kann. Der Unterschied zu den oben aufgeführten Fällen, in denen die vertragliche Verpflichtung in persönlicher Diensterfüllung besteht und aufgrund von Krankheit, Gefängnisaufenthalt, Internierung etc. unmöglich wird, liegt darin, dass dort im Gegensatz zum hier aufgeführten Fall der Schuldner unverschuldet an der Erfüllung seiner Dienstpflicht gehindert wird.

1629 Maritime National Fish Ltd v Ocean Trawlers Ltd [1935] AC 524, 530, per Lord Wright: Die Unmöglichkeit (frustration) war hier darauf zurückzuführen, dass der Kläger für ein vom Beklagten gechartertes Schiff keine Betriebsgenehmigung erhielt, weil er selbst es nicht als eines der drei Schiffe ausgewählt hatte, die eine Betriebsgenehmigung erhalten sollten.

1630 Paal Wilson & Co A/S v Partenreederei Hannah Blumenthal [1983] 1 AC 854, 910, 919 ff.

1631 J Lauritzen AS v Wijsmuller BV, The Super Servant Two [1990] 1 Lloyd's Rep 1.

1632 Norris v Southhampton City Council [1982] ICR 177. Beachte allerdings auch: FC Shepherd & Co Ltd v Jerrom [1987] 1 QB 301.

5.3.3. Rechtsfolgen der Unmöglichkeit (frustration)

Ähnlich dem deutschen Recht, wonach bei Unmöglichkeit der Leistungserbringung der Vertrag aufrechterhalten und der Schuldner von seinen Primärpflichten, nämlich von seiner Leistung frei wird,[1633] gehen das englische und das Hongkonger Recht davon aus, dass der Vertrag die stillschweigende Übereinkunft enthält, dass bei Unmöglichkeit (frustration) der Vertragserfüllung dieser automatisch beendet wird, ohne dass es dazu einer Erklärung der Parteien bedarf. Die Parteien werden daraufhin ebenfalls von ihren gegenseitigen vertraglichen Verpflichtungen frei.[1634] Dies bezieht sich jedoch nur auf zukünftige Handlungen, d.h. Leistungen, die noch nicht erbracht wurden. Der Vertrag ist damit nicht nichtig (void ab initio).[1635]

Fraglich ist allerdings, wie es sich auswirkt, wenn die Parteien bereits ihre Verpflichtung aus dem Vertrag ganz oder teilweise erfüllt haben. Nach den Grundsätzen des Common Law kann eine Leistung, die bereits vor Eintritt des Ereignisses erbracht wurde, insbesondere bereits gezahlte Summen, nicht zurückgefordert werden.[1636] Bis 1942 galt diese Aussage absolut. Nunmehr ist die Rückforderung zumindest möglich, wenn die Gegenleistung (consideration) vollständig ausgeblieben ist.[1637]

1633 § 275 Abs. 1 BGB. Eine Nichtigkeit des Vertrages wegen der Unmöglichkeit tritt nicht ein.

1634 Hirji Mulji v Cheong Yue Steamship Co Ltd [1926] AC 497, 509.

1635 Compania Naviera General SA v Kerametal Ltd [1983] 1 Lloyd's Rep 373.

1636 Chandler v Webster [1904] 1 KB 493.

1637 Fibrosa Spolka Akcyjna v Fairbarn Lawson Combe Barbour Ltd [1943] AC 32: Hier hatten die Beklagte, ein englisches Unternehmen, und die Klägerin, eine polnische Firma, einen Vertrag abgeschlossen, worin sich die Beklagte verpflichtete, eine Maschine für die Klägerin herzustellen. Die Klägerin zahlte die vertraglich geforderte Anzahlung. Zwei Monate später brach der 2. Weltkrieg aus. Die Klägerin forderte die Anzahlung von der Beklagten daraufhin zurück, was letztere zurückwies. Das House of Lords war der Meinung, dass der Vertrag aufgrund des Kriegsausbruches durch Unmöglichkeit (frustration) beendet sei. Gleichzeitig sprach es der Klägerin die Rückzahlung der bereits gezahlten Anzahlung zu. Es stützte sich dabei auf das gänzliche Fehlen einer Gegenleistung für die Anzahlung. Das House of Lords war sich bewusst, dass diese Entscheidung auch zu unbilligen Ergebnissen führen kann, u.a. wenn dem Zahlungsempfänger durch den Beginn oder Vorbereitungshandlungen der Vertragserfüllung bereits Kosten entstanden sind. Das House of Lords führte dies auf den miss-

Wenn also derjenige, der bereits geleistet hat, auch nur einen einzigen Vorteil aus dem Vertragsverhältnis erhält, kann er das Geld nicht mehr zurückfordern.

Um die Entscheidung Fibrosa v Fairbarn Lawson Combe Barbour Ltd in ihrer Härte zu mildern, konnten nur gesetzliche Regelungen geschaffen werden. In England trat im Jahre 1943 der Law Reform (Frustrated Contracts) Act 1943 in Kraft. Durch ihn sollten die Lücken des Common Law geschlossen werden; insbesondere sollte die Möglichkeit geschaffen werden, Schäden, die aus der Vertragsbeendigung durch Unmöglichkeit (frustration) resultierten, zwischen den Vertragsparteien aufzuteilen.

Im Jahre 1986 folgte Hongkong mit der Law Amendment and Reform (Consolidation) Ordinance.[1638] Die die Unmöglichkeit (frustration) betreffenden Normen finden sich in den Artikeln 16 bis 18. Die dort aufgeführten Regelungen greifen nur ein, wenn durch das Common Law festgestellt wird, dass Unmöglichkeit (frustration) vorliegt. Damit sind lediglich die Rechtsfolgen, nicht jedoch die Voraussetzungen der Unmöglichkeit (frustration) gesetzlich geregelt. Gemäß Section 16(2) der Law Amendment and Reform (Consolidation) Ordinance entfallen Zahlungsversprechen, die vor Eintritt des vertragsbeendigenden Ereignisses abgegeben wurden, während Gelder, die vor Eintritt des Ereignisses bereits gezahlt wurden, zurückgewährt werden müssen. Dies tritt im Gegensatz zu den Grundsätzen des Common Law auch dann ein, wenn bereits ein Teil der Gegenleistung (consideration) erbracht wurde.

Allerdings hat das Gericht auch hinsichtlich der gesetzlichen Regelungen ein Ermessen darin, inwieweit die Rückgewähr eingeschränkt werden kann. Das bedeutet, dass unter Umständen nur ein Teil oder gar nichts rückgewährt werden muss, wenn der zur Rückgewähr verpflichteten Partei zur Erfüllung ihres Leistungsversprechens aus dem Vertrag bereits Kosten erwachsen sind. Des Weiteren kann ein Gericht aufgrund von

---

lichen Umstand zurück, dass das Common Law keine Aufteilung einer Anzahlung für den Fall der Unmöglichkeit (frustration) vorsieht.

1638 Law Amendment and Reform (Consolidation) Ordinance, Cap 23.

Section 16(3) der Law Amendment and Reform (Consolidation) Ordinance eine Partei, die vor Eintritt des Ereignisses einen Vorteil aus dem Vertragsverhältnis erlangt hat, dazu verurteilen, der anderen Partei ausreichend Schadensersatz (damages) zu leisten. Die Höhe der Kompensationszahlungen steht wiederum im Ermessen des Gerichts, darf allerdings den Wert des Vorteils nicht überschreiten. Was unter einem messbaren Vorteil (valuable benefit) zu verstehen ist, wurde in BP Exploration (Libya) Ltd v Hunt durch das House of Lords näher erläutert:

> „Since the benefit may be identified with the product of the plaintiff's performance, great problems arise in the valuation of the benefit. First, how does one solve the problem which arises from the fact that a small service may confer an enormous benefit, and conversely, a very substantial service may confer only a very small benefit? The answer presumably is that at the stage of valuation of the benefit the task of the court is simply to assess the value of the benefit to the defendant... Secondly, at what point in time is the benefit to be valued? If there is a lapse of time between the date of the receipt of the benefit, and the date of frustration, there may in the meanwhile be a substantial variation in the value of the benefit.
>
> ...[T]he plaintiff is to take the risk of depreciation or destruction by the frustrating event. If the effect of the frustrating event on the value of the benefit is to be measured, it must surely be measured on the benefit as at the date of frustration."[1639]

Im Anschluss an die Bewertung, ob ein Vorteil bei der gegnerischen Partei zu verzeichnen ist und die Entscheidung, wie dieser Vorteil zu bewerten ist, muss das Gericht dann die zuzusprechende Summe, die 'just sum' bestimmen, die nicht mit dem Wert des erlangten Vorteils übereinstimmen muss, nach oben hin von diesem jedoch begrenzt wird.[1640] Die Parteien können im Übrigen die Anwendung der gesetzlichen Regelungen der Law Amendment and Reform (Consolidation) Ordinance[1641] ver-

---

1639 BP Exploration Co (Libya) Ltd v Hunt (No 2) [1982] 1 All ER 925, 940, per Robert Goff J.

1640 Law Amendment and Reform (Consolidation) Ordinance, Cap 23 s 16(3).

1641 Law Amendment and Reform (Consolidation) Ordinance, Cap 23.

traglich abbedingen. Ohnehin nicht anwendbar ist die Law Amendment and Reform (Consolidation) Ordinance gemäß Section 17(5) auf Transportverträge, Versicherungsverträge und Kaufverträge über bestimmte, bereits konkretisierte Sachen, die vor Gefahrübergang auf den Käufer untergehen.[1642]

Ist ein Ereignis, welches zur Unmöglichkeit (frustration) führen kann, für beide Parteien bei Vertragsschluss vorhersehbar gewesen, werden die Gerichte nur äußerst zurückhaltend Rechtsschutz gewähren, wenn sich eine Partei dann doch darauf beruft.[1643] Eine Partei, für die ein bestimmtes Ereignis, welches zur Unmöglichkeit (frustration) führt, vorhersehbar war, kann sich nicht darauf berufen, wenn die gegnerische Partei Vertragserfüllung geltend macht.[1644] Trägt eine Partei gegen die Verteidi-

1642 Beatson, Jack (2002) S. 562.

1643 So u.a. Davis Contractors Ltd v Fareham Urban District Council [1956] AC 696: Das House of Lords lehnte Unmöglichkeit (frustration) ab, weil es der Ansicht war, dass die Parteien die Verzögerung der Arbeiten hätten vorhersehen und vertraglich regeln können. Da sie das nicht getan hatten, wurde das Risiko einer solchen Verzögerung, verbunden mit den dadurch entstandenen Kosten, von den Parteien akzeptiert. Die Kosten müssen daher von der Partei getragen werden, welche aufgrund der Umstände des Falles die Gefahr trägt. Eine Unmöglichkeit (frustration) mit der Folge, die Kosten der gegnerischen Partei in Rechnung stellen zu können, lehnte das Gericht deshalb ab.

1644 Walton Harvey Ltd v Walker & Homfrays Ltd [1931] 1 Ch 274, 282ff: Die Beklagte hatte der Klägerin ein vertragliches Recht eingeräumt, eine Reklametafel über einen Zeitraum von sieben Jahren an ihrem Hotel anzubringen. Während dieser Zeit wurde das Hotel aufgrund eines Gesetzes zwangsveräußert und abgerissen. Auf die Klage der Klägerin hin verteidigte sich die Beklagte mit Unmöglichkeit (frustration) aufgrund der Veräußerung und des Abrisses. Das Gericht war der Ansicht, dass diese Verteidigung nicht erfolgreich sein konnte, weil die Veräußerung und der Abriss für die Beklagte vorhersehbar sein mussten: „...the hotel was taken under compulsory powers. ...Those powers, however, had been conferred by an Act of 1920, four years before the date on which the plaintiffs and the defendants entered into the contract or contracts in question. ...[T]he defendants must have known of the existence of the Act and, therefore, of those compulsory powers. In those circumstances, I find myself quite unable to come to the conclusion that the existence of those compulsory powers cannot reasonably supposed to have been in the contemplation of the contracting parties when the contract was made. It seems to me rather that the exercice of those compulsory powers was an event which might have been anticipated and guarded against in the contract."

gung mit Unmöglichkeit (frustration) vor, dass der Vertrag aufgrund der Vorhersehbarkeit des Ereignisses nicht beendet wurde, muss sie darlegen und beweisen, dass diese Vorhersehbarkeit in einen relativ hohem Maß, zumindest zum Teil bezüglich des Ereignisses und seiner Folgen auch in Einzelheiten, und nicht nur als eine Ahnung, gegeben war.

5.3.4. Risikoverteilung bei Unmöglichkeit (frustration)

Selbstverständlich können die Parteien auch vertraglich vereinbaren, wer von ihnen das Risiko für den Fall trägt, dass ein Ereignis eintritt, das zur Unmöglichkeit (frustration) führt. Ist eine solche Risikoverteilung vorgenommen worden, dann ist der Vertrag grundsätzlich nicht beendet und die Parteien können auch nicht von ihren Leistungsversprechen befreit werden.[1645]

Bei Warenkaufverträgen ist davon auszugehen, dass ausdrückliche oder zumindest stillschweigende Vereinbarungen zwischen den Parteien bezüglich der Risikoverteilung gelten. Auch im englischen Recht ist ein Gefahrübergang (passing of risk) bei Warenkaufverträgen bekannt. Geht die Sache unter, nachdem die Gefahr auf den Käufer übergegangen ist, bleibt der Vertrag mit seinen Verpflichtungen, wie z. B. der Kaufpreiszahlungsverpflichtung, bestehen.[1646] Geht bei einem Kauf über bestimmte, konkretisierte Sachen[1647] die Sache ohne Verschulden einer der Parteien unter, bevor die Gefahr auf den Käufer übergehen konnte, dann ist der Vertrag gemäß Section 9 der Sale of Goods Ordinance nichtig (avoided). Handelt es sich dagegen um einen Kaufvertrag über unbestimmte Sachen,[1648] dann bleibt er weiterhin bestehen, es sei denn, der Verkäufer kann nachweisen, dass es sich um das letzte erhältliche Stück handelte.[1649]

1645 Beatson, Jack (2002) S. 547.

1646 Ho, Betty M. (1999) S. 407.

1647 Ein solcher Kaufvertrag ist mit dem deutschen Stückkauf vergleichbar.

1648 Hier sind Parallelen zum (ehemaligen) Gattungskauf des deutschen Rechts erkennbar.

1649 Sale of Goods Ordinance, Cap. 26 s 7(2).

Grundstückskaufverträge werden selten aufgrund von Unmöglichkeit (frustration) beendet. Nach angelsächsischem Recht geht mit Abschluss des Kaufvertrages das Eigentum am Grundstück und damit auch die Gefahr auf den Käufer über. Geht danach die Kaufsache unter, z. B. durch Brand, muss der Käufer dennoch den vollen Kaufpreis zahlen. Dies betrifft auch den Fall, dass ein Käufer ein Grundstück erwirbt, auf dem noch ein Gebäude durch den Verkäufer errichtet werden soll und die schon errichteten Gebäudeteile nach Vertragsschluss zerstört werden.[1650]

Zum Teil ergeben sich Probleme bei der Auslegung der Klauseln, welche die Risikoverteilung unter den Parteien regeln sollen. Ein Gericht wird grundsätzlich davon ausgehen, dass die Vertragsbedingung erfüllbar war und von der Schuldnerpartei auch als solche erkannt wurde:

> „[P]arties to any contract are free to agree upon any terms which they consider appropriate, including a term requiring one of the parties to do the impossible, although it would be highly unusual for parties knowingly so to agree. If they do so agree and if, as is inevitable, he fails to perform, he will be liable in damages. That said, any Court will hesitate for a long time before holding that, as a matter of construction, the parties have contracted for the impossible, particularly in a commercial contract. Parties to such contracts can be expected to contemplate performance, not breach."[1651]

Deshalb muss eine Klausel das Ereignis, das zur Unmöglichkeit (frustration) führen kann, genau bezeichnen. Ist die Klausel zu weit gefasst, wird das Gericht eine Vertragsbeendigung ablehnen.[1652] Unter Umständen

---

1650 Vgl. dazu Treitel, Guenther (2003) S. 895 f. Allerdings wurde Unmöglichkeit (frustration) anerkannt in der Entscheidung des Privy Council auf eine Berufung aus Hongkong hin: Wong Lai Ying and Others v Chinachem Investment Co Ltd [1980] HKLR 1, 8 f.: Dort waren die bereits errichteten Gebäudeteile durch einen Erdrutsch zerstört worden, woraufhin die Arbeiten um drei Jahre verzögert wurden. Der Privy Council erkannte auf Unmöglichkeit (frustration) aufgrund der langen Verzögerung und der daraufhin geänderten Wirtschaftsbedingungen. Dadurch habe sich der Charakter der vertraglichen Verpflichtung grundlegend geändert.

1651 Eurico SpA v Phillipp Brothers, The Epaphus [1987] 2 Lloyd's Rep 215, 218 f., per Donaldson MR.

1652 Claude Neon Ltd v Hardie [1970] Qd R 93.

wird das Gericht aber auch eine Unmöglichkeit der Vertragserfüllung (frustration) bejahen, obwohl die Parteien eine andere Variante der Vertragsbeendigung vertraglich vereinbart haben. So legte der Privy Council in Wong Lai Ying v Chinachem Investment Co Ltd[1653] eine Vertragsklausel, die den Verkäufer zu einer Vertragsauflösung (rescission) im Fall des Eintritts eines unvorhersehbaren Ereignisses außerhalb des Einflussbereichs des Verkäufers ermächtigte, so aus, dass ein unvorhersehbarer Erdrutsch, der zu einer dreijährigen Verzögerung der Vertragserfüllung durch den Verkäufer und damit einer Veränderung des Vertragscharakters führte, nicht von dieser Klausel gedeckt war. Der Vertrag war durch Unmöglichkeit (frustration) beendet worden und nicht, wie der Verkäufer aufgrund der obigen Klausel argumentierte, nur durch ihn auflösbar.[1654]

5.4. Beendigung des Vertrages durch Verletzung vertraglicher Verpflichtungen (discharge by breach)

Eine Vielzahl von Verträgen wird durch eine Vertragsverletzung (discharge by breach) beendet, die in verschiedenen Erscheinungsformen auftreten kann.

5.4.1. Grundlagen der Vertragsverletzung (discharge by breach)

Von einer Vertragsverletzung (breach of contract) wird pauschal immer dann gesprochen, wenn eine der Vertragsparteien ihre vertraglich zugesicherten Leistungen nicht, nicht vollständig oder mangelhaft erbringt bzw. eine vollständige, fehlerfreie Erfüllung des Vertrags ablehnt.[1655]

1653 Wong Lai Ying and Others v Chinachem Investment Co Ltd [1980] HKLR 1.

1654 Wong Lai Ying and Others v Chinachem Investment Co Ltd [1980] HKLR 1, 8; vgl. ebenfalls Metropolitan Water Board v Dick, Kerr & Co Ldt [1918] AC 119, 126 sowie Eurico SpA v Phillipp Brothers, The Epaphus [1987] 2 Lloyd's Rep 215.

1655 Vertragsverletzung (breach of contract) umfasst damit Teile der Rechtsinstitute, die im deutschen Recht als Leistungsstörungen und Gewährleistungsansprüche bekannt sind, jedoch überschneiden sich diese Rechtsinstitute nicht vollständig.

Grundsätzlich stehen der geschädigten Partei daraufhin Ansprüche auf Vertragsbeendigung (termination of contract) und auf Schadensersatz (damages) zu, die unter der Überschrift 'Rechtsfolgen der Vertragsverletzung' näher erläutert werden.[1656] Zur Erklärung sei jedoch vorausgeschickt, dass nicht jede Vertragsverletzung (breach of contract) beide Rechtsfolgen herbeiführt. Während die vertragstreue Partei aufgrund einer Vertragsverletzung (breach of contract) immer Schadensersatz (damages) von der vertragsbrüchigen Partei begehren kann, kommt nur unter bestimmten Umständen der vertragstreuen Partei auch ein Wahlrecht zu, ob sie den Vertrag mit seinen gegenseitigen Verpflichtungen weiterhin bestehen lassen will oder nicht. Grundsätzlich gilt Folgendes:

> „Any breach of contract gives rise to a cause of action; not every breach gives a discharge from liability."[1657]

Da die Rechtsfolgen nicht von den unterschiedlichen Erscheinungsformen der Vertragsverletzung (Verzug, Schlecht- oder gar Nichtleistung) abhängig sind, sondern nur davon, ob eine solche wesentlich ist bzw. welcher Rechtsnatur die verletzte Vertragsbedingung ist, ist es unerheblich, ob der Schuldner verspätet, schlecht oder gar nicht geleistet hat.[1658]

Im angelsächsischen Recht kommt es für die Bejahung einer Vertragsverletzung (breach of contract) nicht auf das Verschulden eines Vertragspartners an. Es wird davon ausgegangen, dass die Vertragsparteien sich auf der Grundlage des Vertrages die gegenseitige Erfüllung garantieren. Im Common Law stellt der synallagmatische Vertrag mithin eine Art Garantieversprechen dar.[1659] Tritt dieser vertraglich garantierte Erfolg nicht ein, kann der Vertragspartner Rechtsschutz begehren. In diesem Kapitel soll untersucht werden, wann ihm welche Arten des Rechtsschutzes zur Verfügung stehen, d.h. welche Rechtsfolgen und –ansprüche eine solche Vertragsverletzung (breach of contract) nach sich zieht. Die Partei, welche die Erfüllung der vertraglich verein-

---

1656 Siehe dazu S. 416 ff.

1657 Beale, Hugh G. (1999) Bd 1, para 25-001.

1658 Beatson, Jack (2002) S. 565 ff.

1659 Bernstorff, Christoph von (2000) S. 77.

barten Verpflichtungen ablehnt bzw. nicht oder schlecht ausführt, wird dabei als 'vertragsbrüchige Partei' (party in default), die gegnerische, Rechtsschutz begehrende Partei als 'vertragstreue Partei' (innocent party oder aggrieved party) bezeichnet.

5.4.2. Arten der Vertragsverletzung (breach of contract)

Die ausdrücklichen (express) und stillschweigend vereinbarten Vertragsbedingungen (implied terms) legen die Verpflichtungen zwischen den Parteien fest. Eine Vertragsverletzung (breach of contract) kann grundsätzlich alternativ oder kumulativ auf drei verschiedene Arten erfolgen.

a) Eine Vertragspartei leugnet ihre Bindung an die vertraglichen Verpflichtungen.

b) Sie versetzt sich durch eine eigene Handlung in eine Lage, die es ihr unmöglich macht, ihre vertraglichen Verpflichtungen zu erfüllen.

c) Sie erfüllt nicht oder nicht vollständig das vertraglich Vereinbarte.[1660]

In jedem dieser Fälle liegt eine Erfüllungsverweigerung (repudiation)[1661] durch die vertragsbrüchige Partei vor. Die Erfüllungsverweigerung (repudiation) durch die vertragsbrüchige Partei kann mithin sowohl ausdrücklich als auch konkludent erfolgen. Im ersten Fall besteht sie in einer Ablehnung der Vertragserfüllung, im zweiten Fall in einer Unfähigkeit, die vertragliche Verpflichtung zu erfüllen und im dritten Fall in einer totalen oder wesentlichen Nicht- bzw. Schlechterfüllung. Dies gilt unabhängig davon, ob die vertragsbrüchige Partei vorsätzlich gehandelt hat oder nicht.[1662] Nicht jede Nichterfüllungshandlung bzw. Erfüllungsunterlassung

---

1660 So Lord Porter in Heyman v Darwins Ltd [1942] AC 356, 397.

1661 Erfüllungsverweigerung (repudiation) ist hier nicht wie im deutschen Recht als ausdrückliche Erklärung der vertragsbrüchigen Partei zu verstehen, eine oder mehrere vertragliche Verpflichtungen nicht erfüllen zu wollen. Hier erfährt der Begriff eine Bedeutung, die einer Zusammenfassung der Begriffe 'Leistungsstörung' und 'Gewährleistung' im deutschen Recht entspricht.

1662 Eine Erfüllungsverweigerung (repudiation) hinsichtlich der vertraglich vereinbarten Vertragsbedingungen ist grundsätzlich eine Vertragsverletzung (breach of contract),

ist als Ablehnung der Vertragserfüllung (repudiation) zu qualifizieren. Diese liegt nur dann vor, wenn die Handlung bzw. Unterlassung, die die Vertragsverletzung (breach of contract) angeblich konstituiert, einen essentiellen Vertragsbestandteil betrifft.[1663]

In den ersten beiden Fällen kann die Erfüllungsverweigerung (repudiation) nicht nur erfolgen, wenn die vertragliche Erfüllungshandlung bereits begonnen hat, sondern auch schon vor diesem Zeitpunkt, d.h. wenn noch keiner der Parteien das Recht zusteht, von der anderen Partei die Erfüllungshandlung zu fordern, etwa aufgrund noch nicht eingetretener Fälligkeit. Wird die Vertragserfüllung abgelehnt, wenn die Erfüllungshandlung noch gar nicht fällig war, so wird von einer antizipierten oder vorweggenommenen Vertragsverletzung (anticipatory breach) gesprochen.[1664] Die dritte oben aufgeführte Erscheinungsform der Vertragsverletzung (breach of contract), die Nicht- bzw. Schlechterfüllung, kann dagegen nur dann auftreten, wenn die Erfüllungshandlung fällig ist oder sogar schon begonnen hat.

5.4.2.1. Erfüllungsverweigerung durch Ablehnung der Vertragserfüllung (repudiation by renunciation)

Eine Ablehnung der Vertragserfüllung liegt dann vor, wenn eine der Parteien anzeigt, dass sie den Vertrag und ihre Verpflichtungen daraus nicht (weiter) erfüllen wird.[1665] Tut sie dies ausdrücklich und unbedingt, dann ist die Ablehnung eindeutig und steht außer Zweifel. Eine Partei kann mitunter aber auch durch konkludentes Verhalten die Erfüllung des Ver-

es sei denn, dass das Recht die Erfüllungsverweigerung entschuldigt. Dies ist z. B. bei Vorliegen der Voraussetzungen einer Unmöglichkeit (frustration) der Fall. In diesem Kapitel wird jedoch keine Unterscheidung zwischen entschuldigter und unentschuldigter Erfüllungsverweigerung hinsichtlich der vertraglichen Verpflichtungen gezogen. Im Fall der unentschuldigten Erfüllungsverweigerung liegt dann eine Vertragsverletzung (breach of contract) vor, die der vertragstreuen Partei die unten aufgeführten Rechtsfolgen und die im Kapitel 'Rechtsfolgen und Rechtsbehelfe' aufgeführten Ansprüche gewährt.

1663 Ho, Betty M. (1999) S. 416.

1664 Dawson, Francis (1981) CLJ 83.

1665 Caines v Smith (1846) 15 M & W 189.

trages ablehnen. Um festzustellen, ob eine Partei durch konkludentes Verhalten angezeigt hat, nicht weiter an der Fortführung des Vertrages festhalten zu wollen, wird zur Prüfung die Sichtweise eines objektiven Beobachters herangezogen.

> „The test of whether an intention is sufficiently evinced by conduct is whether the party renunciating has acted in such a way as to lead a reasonable person to the conclusion that he does not intend to fulfil his part of the contract.“[1666]

Es müssen mithin eindeutige objektive Anhaltspunkte dafür gegeben sein, die darauf schließen lassen, dass sich die vertragsbrüchige Partei nicht länger an den Vertrag gebunden sieht, wie z. B. die Einstellung von Arbeiten auf einer Baustelle oder das Unterlassen der Kaufpreiszahlung. Begeht eine Vertragspartei eine Handlung oder Unterlassung, die nach dieser Prüfung objektiv als Ablehnung der Vertragserfüllung verstanden werden kann, so darf daraus jedoch noch nicht automatisch darauf geschlossen werden, dass eine Ablehnung der Vertragserfüllung tatsächlich vorliegt. Die Partei muss auch subjektiv den Willen haben, die Vertragserfüllung abzulehnen. Die Bedeutung dieses Willens wurde in der Entscheidung Freeth v Burr[1667] betont. Der Käufer hatte in diesem Fall eine Rate für eine Teillieferung aus einem Sukzessivlieferungsvertrag aufgrund der irrtümlichen Annahme, zur Zurückbehaltung der Rate berechtigt zu sein, nicht bezahlt. Keating J. statutierte, dass „an absolute refusal to perform his part of the contract“[1668] durch die Vertragspartei vorliegen muss, während Lord Coleridge forderte, dass die Partei „evince an intention not longer to be bound by the contract“.[1669] Eine ähnliche Sichtweise nahm das House of Lords in Mersey Steel and Iron Co v Nay-

1666 Universal Cargo Carriers Corporation v Citati [1957] 2 QB 401, 436, per Devlin J.

1667 Freeth v Burr (1874) LR 9 CP 208; Dies hat ebenfalls Anwendung gefunden in Aktion Maritime Corp Of Liberia v S. Kasmas & Brothers Ltd [1987] 1 Lloyd's Rep 283, 306 sowie in Mitsubishi Heavy Industries Ltd v Gulf Bank KSC [1997] 1 Lloyd's Rep 343, 350, 354.

1668 Freeth v Burr (1874) LR 9 CP 208, 214, per Keating J.

1669 Freeth v Burr (1874) LR 9 CP 208, 213, per Coleridge CJ.

lor, Benzon & Co[1670] ein. Es lehnte einen Rechtsanspruch auf Vertragsbeendigung (termination of contract) aufgrund einer Vertragsverletzung (breach of contract) ab, da der angeblich vertragsbrüchigen Partei der Wille, eine endgültige Ablehnung der Vertragserfüllung vorzunehmen, gefehlt habe:

> „I cannot ascribe to their (der Beklagten, Anm. der Verf.) conduct, under these circumstances, the character of a renunciation of the contract, a repudiation of the contract, a refusal to fulfil the contract. It is just the reverse; the purchasers were desirous of fulfilling the contract; they were advised that there was a difficulty in the way, and they expressed anxiety that that difficulty should be as soon as possible removed."[1671]

Dem haben sich die Hongkonger Obergerichte ausdrücklich angeschlossen und die subjektive Seite der Ablehnung der Vertragserfüllung betont:

> "Ultimately one has to examine the facts of the case to see whether the non-payment amounted to a repudiation. The principle is to consider whether the circumstances of the non-payment show an intention not to be bound."[1672]

Diese Bedeutung des Willens der angeblich vertragsbrüchigen Partei zur tatsächlichen Ablehnung der Vertragserfüllung ist sehr hoch anzusetzen. Seine Grenzen findet dies jedoch dort, wo eine Partei eine Vertragser-

---

1670 Mersey Steel and Iron Co v Naylor, Benzon & Co (1884) 9 App Cas 434: Die Beklagte schloß mit der Klägerin einen Kaufvertrag über den Erwerb von 5000 t Stahl, lieferbar in Teillieferungen zu je 1000 t. Die Zahlung sollte jeweils innerhalb von drei Tagen nach Empfang der Dokumente erfolgen. Die Klägerin erbrachte auch zwei Teillieferungen. Kurz bevor die Kaufpreiszahlung dafür fällig wurde, wurde Insolvenzantrag für die Klägerin gestellt, weshalb die Beklagte es ablehnte, die Zahlung ohne gerichtliche Erlaubnis zu leisten. Die Klägerin teilte der Beklagten daraufhin mit, dass sie die Zahlungsverweigerung als Vertragsverletzung (breach of contract) betrachte; die Beklagte erklärte sich jedoch weiterhin zur Annahme von Erfüllungsleistungen und zur Kaufpreiszahlung, soweit dies rechtlich möglich war, bereit.

1671 Mersey Steel and Iron Co v Naylor, Benzon & Co (1884) 9 App Cas 434, 441, per Earl of Selborne LC; vgl. auch Sweet & Maxwell Ltd v Universal News Services Ltd [1964] 2 QB 699 sowie Alfred C. Toepfer International GmbH v Itex Itagram Export SA [1993] 1 Lloyd's Rep 360 f.

1672 Creatiles Building Materials Co Ltd v To's Universe Construction Co Ltd [2003] 2 HKLRD 309, 317, per Cheung JA.

füllung ausdrücklich oder konkludent eindeutig ablehnt, auch wenn sie in gutem Glauben gehandelt hat, zur Ablehnung berechtigt zu sein.[1673] Beispielhaft sei hier aufgeführt die Ablehnung eines Lehrers, die Mahlzeiten an der Schule zu überwachen, auch wenn er meint, dass dies nicht zu seinem Aufgabenbereich zähle. Hier darf der Arbeitgeber den Vertrag aufgrund Ablehnung der Vertragserfüllung durch den Arbeitnehmer beenden.[1674]

Die Ablehnung der Vertragserfüllung (renunciation) kann nach Beginn der Erfüllungshandlung erfolgen. Ebenso kann die vertragsbrüchige Partei aber auch bereits vor Fälligkeit der zu erfüllenden Verpflichtung deren Erfüllung ablehnen (anticipatory breach). Die Parteien eines Vertrages haben außer dem Recht auf Erfüllung der vertraglich vereinbarten gegenseitigen Verpflichtungen bei Fälligkeit das Recht auf Aufrechterhaltung der vertraglichen Beziehungen bis zur Fälligkeit und darüber hinaus. Ein Vertrag ist ein solcher bereits mit Vertragsschluss und nicht erst mit Fälligkeit der vertraglichen Verpflichtungen,[1675] weshalb die Ablehnung der Vertragserfüllung vor Fälligkeit bereits eine Vertragsverletzung (breach of contract) ist. Das Prinzip der vorweggenommenen Vertragsverletzung (anticipatory breach) lässt sich wie folgt definieren:

> „The promisee has an inchoate right to the performance of the bargain, which becomes complete when the time for performance has arrived. In the meantime he has a right to have the contract kept open as a subsisting and effective contract. Its unimpaired and unimpeached efficacy may be essential to his interests."[1676]

Somit führt eine Ablehnung der Vertragserfüllung schon dann zu einer Vertragsverletzung (breach of contract), wenn eine Vertragspartei vor Fälligkeit der Erfüllungshandlung der anderen Vertragspartei gegenüber deutlich macht, entweder ausdrücklich oder konkludent, dass sie ihren Teil des Vertrages nicht erfüllen wird. Die vertragstreue Partei hat dann folgende Wahlmöglichkeit: Sie kann die Ablehnung der Vertragserfüllung

---

1673 Farrant v The Woodroffe School [1998] ICR 184.

1674 Gorse v Durham County Council [1971] 1 WLR 775, 782.

1675 Frost v Knight (1872) LR 7 Exch 111.

1676 Frost v Knight (1872) LR 7 Exch 111, 114, per Cockburn CJ.

akzeptieren, den Vertrag als beendet betrachten, womit sie von ihren Verpflichtungen frei wird, und auf Schadensersatz (damages) klagen, unabhängig davon, ob Fälligkeit der Erfüllungshandlungen bereits eingetreten ist oder ob diese noch aussteht.[1677]

Hat eine vertragsbrüchige Partei einmal die Vertragserfüllung abgelehnt (renunciation), dann kann sie diese Ablehnung nicht mehr zurücknehmen und ihre Verpflichtungen aus dem Vertrag dennoch (fristgerecht) erfüllen, sollte die Ablehnung bereits von der vertragstreuen Partei akzeptiert worden sein.[1678]

Die vertragstreue Partei kann aber auch die Ablehnung der Vertragserfüllung (renunciation) wiederum selbst ablehnen und den Vertrag als weiterhin bestehend betrachten. Dies bedeutet, dass der Vertrag mit allen seinen Vorteilen und Risiken für beide Parteien weiter so existiert, als hätte eine Ablehnung der Vertragserfüllung niemals stattgefunden. Sollte also nach einer (vorweggenommenen) Vertragsverletzung (breach of contract) durch Ablehnung der Vertragserfüllung (renunciation), die nicht durch die vertragstreue Partei akzeptiert worden ist, ein Ereignis eingetreten sein, welches den Vertrag aus anderen Gründen vernichtet[1679] oder sollte nunmehr eine Vertragsverletzung (breach of contract) von Seiten der ursprünglich vertragstreuen Partei[1680] erfolgen, so kann die

---

1677 Hochster v De La Tour (1853) 2 El & Bl 678, The Mihalis Angelos [1971] 1 QB 164. Zu beachten ist, dass die Höhe des Schadensersatzes sich zwar nach dem entstandenen Schaden richtet, der Geschädigte allerdings auch einer Schadensminderungspflicht unterliegt.

1678 Xenos v Danube etc Ry. (1863) 13 CBNS 824.

1679 So z. B. in Avery v Bowden (1855) 5 E & B 716: Hier lag zwar keine ausdrückliche oder konkludente Ablehnung der Vertragserfüllung durch den Beklagten vor; das Gericht war jedoch der Ansicht, dass der Vertrag selbst dann aufgrund Rechtswidrigkeit nicht einklagbar und vollstreckbar gewesen wäre, wenn eine Vertragsverletzung (breach of contract) durch Ablehnung der Vertragserfüllung durch den Beklagten vorgelegen hätte. Der Kläger hatte durch sein Verhalten nämlich gezeigt, dass er eine mögliche Ablehnung der Vertragserfüllung nicht akzeptieren und den Vertrag aufrechterhalten wollte. Die später eintretende Rechtswidrigkeit des Vertrages traf damit einen existenten Vertrag; der Kläger konnte sich nicht auf eine Vertragsverletzung (breach of contract) berufen.

1680 Fercometal SARL v Mediterranean Shipping Co SA [1989] AC 788.

ursprünglich vertragsbrüchige Partei, deren Ablehnung der Vertragserfüllung nicht akzeptiert worden war, nun ihrerseits Vorteile aus der Situation ziehen. Sie könnte nun ebenfalls eine Vertragsverletzung (breach of contract) geltend machen.

> "I would add in relation to the aspect of acceptance of breach is that the facts of the present case starkly demonstrate the application of the principle that where a repudiatory breach takes place, in order to terminate the contract, the so-called innocent party must clearly and unequivocally accept the repudiation. If he does not do so, he will run the risk of being in breach himself were he not to perform his side of the bargain and thereby allow the original wrongdoer to 'turn the tables' on him."[1681]

Obige Variante ist zwar rechtlich möglich, in der Praxis allerdings eher selten. Meist wird die vertragstreue Partei die Ablehnung der Vertragserfüllung akzeptieren und sofort Klage erheben. Zumindest ist jedoch unstreitig, dass die vertragstreue Partei nicht grundsätzlich verpflichtet ist, die Ablehnung der Vertragserfüllung zu akzeptieren und die Vertragsbeendigung herbeizuführen. Vielmehr darf sie auch am Vertrag festhalten.[1682]

Eine Vertragsverletzung (breach of contract) kann, wie bereits erwähnt, auch erfolgen, wenn eine Partei, die bereits Teile der Erfüllungshandlung der vertraglichen Verpflichtungen durchgeführt und beendet hat, erklärt, dass sie die restlichen Verpflichtungen nicht erfüllen will und wird. Auch hier hat die vertragstreue Partei wieder die Option, den Vertrag zu beenden oder bestehen zu lassen. Gleichzeitig kann sie Schadensersatzansprüche geltend machen. Sie muss ihre Verpflichtungen aus dem Vertrag nach Akzeptanz der Ablehnung der Vertragserfüllung (renunciation) nicht erfüllen, um Schadensersatz (damages) zu erlangen, sondern es genügt, wenn sie willens und bereits dazu war, die andere Partei dies jedoch ablehnte.[1683]

1681 Bill Chao Keh Lung v Don Xia alias Xiaodong [2003] 680 HKCU 1 para 73, per Ma JA.

1682 Hochster v De La Tour (1853) 2 El & Bl 678.

1683 Cort v Ambergate etc Railway Company (1851) 17 QB 127.

5.4.2.2. Erfüllungsverweigerung (repudiation) durch von einer Partei selbstverursachte Unfähigkeit zur Vertragserfüllung

Wie oben bereits erwähnt, ist auch dann eine Erfüllungsverweigerung (repudiation) zu bejahen, wenn sich eine Partei in eine Lage versetzt, die es ihr unmöglich macht, ihre vertraglichen Verpflichtungen zu erfüllen.[1684] Dies kann durch eine Handlung oder Unterlassung geschehen. In diesem Fall muss die vertragstreue Partei darlegen und beweisen, dass die Erfüllung des Vertrages tatsächlich unmöglich und dies auf ein Verschulden der vertragsbrüchigen Partei zurückzuführen war.[1685]

Auch hier kann die selbstverursachte Unfähigkeit zur Vertragserfüllung bereits vor Fälligkeit einer vertraglichen Verpflichtung oder während der Erfüllungshandlung erfolgen. Findet die Handlung oder Unterlassung, die der Partei die eigene Vertragserfüllung unmöglich macht, vor Fälligkeit der vertraglichen Verpflichtung statt, so hat dies die gleiche Wirkung wie eine ausdrückliche oder konkludente Ablehnung der Vertragserfüllung vor Fälligkeit. Es ist dabei nicht notwendig, dass sich die vertragsbrüchige Partei vorsätzlich (deliberately) in eine die Vertragserfüllung unmöglich machende Lage versetzt:

> „Anticipatory breach was not devised as a whip to be used for the chastisement of deliberate contract-breachers, but from which the shiftless, the dilatory, or the unfortunate to be spared. It is not confined to any particular class of breach, deliberate or blameworthy, or otherwise; it covers all breaches that are bound to happen."[1686]

Auch hier kann die vertragstreue Partei neben der Beendigung des Vertrages und Befreiung von ihrer Pflicht zur Erfüllung des Vertrages[1687] sofort Schadensersatzklage erheben und muss nicht die Fälligkeit der

---

1684 Ist es nicht eine der Parteien des Vertrages, die die Erfüllung der Verpflichtungen unmöglich macht, sondern ein externes Ereignis, welches von keiner der Parteien zu vertreten ist, und den Charakter der gegenseitigen Verpflichtungen grundlegend verändert, liegt keine Vertragsverletzung (breach of contract), sondern Unmöglichkeit (frustration) vor.

1685 Beatson, Jack (2002) S. 574.

1686 Universal Cargo Carriers Corporation v Citati [1957] 2 QB 401, 438, per Lord Devlin.

1687 Bill Chao Keh Lung v Don Xia alias Xiaodong [2003] 680 HKCU 1.

Verpflichtungen der gegnerischen Partei und deren Nichterfüllung abwarten.[1688]

> „The plaintiff has a right to say to the defendant 'You have placed yourself in a situation in which you cannot perform what you have promised; you promised to be ready during the period of seven years; and, during that period, I may at any time tender you the money and call for an assignment, and expect that you should keep yourself ready; but, if I now were to tender you the money, you would not be ready.' That is a breach of the contract."[1689]

Ähnlich wie bei der Ablehnung der Vertragserfüllung nach Beginn der Erfüllungshandlung (renunciation) kann auch eine selbstverursachte Unfähigkeit zur Vertragserfüllung nach Beginn der Erfüllungshandlung eintreten.[1690] Im Zusammenhang damit steht, dass eine Vertragsverletzung (breach of contract) nicht nur dann vorliegt, wenn sich eine Partei der Möglichkeit, den Vertrag zu erfüllen, selbst beraubt, sondern auch dann, wenn sie die andere Vertragspartei an der Erfüllung ihrer vertraglichen Verpflichtung hindert.[1691] Die Gerichte können eine stillschweigend vereinbarte Vertragsbedingung (implied term) insofern in den Vertrag hineinlesen, dass die Parteien sich gegenseitig Zusammenarbeit bei der Vertragserfüllung zusichern. Daraus kann eine Verpflichtung der Parteien konstruiert werden, alles Notwendige zu tun, um die Vertragserfül-

---

1688 Lovelock v Franklyn (1846) 8 QB 371.

1689 Lovelock v Franklyn (1846) 8 QB 371, 378, per Lord Denman CJ; vgl. ebenfalls Universal Cargo Carriers Corporation v Citati [1957] 2 QB 401, 438.

1690 O'Neil v Armstrong [1895] 2 QB 418: Der Kläger war vom Beklagten, dem Kapitän eines japanischen Kriegsschiffes für eine Reise von England nach Yokohama angeheuert worden. Während der Fahrt dorthin erklärte Japan China den Krieg. Dem Kläger wurde daraufhin mitgeteilt, dass er durch den Vertrag unter die Sanktionen des Foreign Enlistment Act 1870 fallen würde, woraufhin er das Schiff verließ und den Beklagten auf Zahlung des vereinbarten Lohnes verklagte. Das Gericht befand für den Kläger, da der Beklagte als Vertreter der japanischen Regierung den Vertrag mit dem Kläger geschlossen hatte und die Vertragserfüllung mithin durch eine Handlung aus der Sphäre des Beklagten, nämlich der japanischen Regierung, für den Kläger unmöglich geworden war. Somit lag auf der Seite des Beklagten eine Vertragsverletzung (breach of contract) vor.

1691 Bremer Vulkan v South India Shipping Co [1981] AC 909. Hier begingen allerdings beide Vertragsparteien einen Vertragsverletzung (breach of contract).

lung zu gewährleisten.[1692] Tut eine Partei dies nicht, obwohl es ihr objektiv möglich war, liegt ebenfalls eine Vertragsverletzung (breach of contract) vor.

5.4.2.3. Vertragsverletzung durch Nicht- bzw. Schlechterfüllung (failure of performance)

Diese Erscheinungsform ist der geläufigste Grund für eine Vertragsbeendigung (termination of contract) durch die vertragstreue Partei aufgrund einer Vertragsverletzung (breach of contract). Allerdings gewährt nicht jede Nicht- bzw. Schlechterfüllung der vertragstreuen Partei das Recht, den Vertrag zu beenden und dadurch von ihren vertraglichen Verpflichtungen befreit zu werden. Es müssen verschiedene Voraussetzungen erfüllt sein.

5.4.2.3.1. Voneinander abhängige Verpflichtungen

In bestimmten Ausnahmefällen ist es möglich, dass sich vertragliche Verpflichtungen unabhängig gegenüber stehen. Dies führt dazu, dass sich eine Vertragspartei nicht darauf berufen kann, von ihren vertraglichen Verpflichtungen befreit zu sein, wenn die andere Partei die ihren nicht oder mangelhaft erfüllt. Darüber hinaus kann die vertragsbrüchige Partei trotz eigener Nicht- oder Schlechterfüllung sogar die Erfüllung der Verpflichtungen durch die andere Partei einklagen und vollstrecken lassen.[1693]

1692 Southern Foundries (1926) Ltd v Shirlaw [1940] AC 701; The Unique Mariner (No 2) [1979] 1 Lloyd's Rep 37: Im Falle, dass eine Genehmigung eines Landes für den Import von Waren erforderlich ist und der Erwerber entgegen der vertraglichen Vereinbarung dem Verkäufer die Informationen für die Erteilung der Genehmigung nicht zur Verfügung stellt, kann der Erwerber den Verkäufer nicht wegen einer Vertragsverletzung (breach of contract) aufgrund von Nichtleistung verklagen, da er selbst die Erfüllung der vertraglichen Verpflichtung durch den Verkäufer verhindert hat; so Kyprianou v Cyprus Textiles Ltd [1958] 2 Lloyd's Rep 60.

1693 Als Beispiel sei hier eine das angelsächsische Recht prägende Entscheidung aufgeführt, wonach bei einem Mietverhältnis die Verpflichtung des Mieters zur Mietzinszahlung und die Verpflichtung des Vermieters zur Reparatur von Mängeln voneinander unabhängig sind. Der Mieter darf nicht aufgrund der Unterlassung des Vermieters, ei-

Grundsätzlich jedoch lässt sich aus den Entscheidungen der Gerichte eine Präferenz erkennen, dass sie eine Interdependenz[1694] der gegenseitigen vertraglichen Verpflichtungen der Parteien annehmen, da die Auslegung des Vertrages mit dem Ergebnis, dass die Verpflichtungen voneinander unabhängig sind, die Parteien nur unzureichend vor den Gefahren schützt, die entstehen, wenn die gegnerische Partei nicht oder nicht ausreichend leistet.[1695] Am deutlichsten lässt sich die gegenseitige Abhängigkeit der vertraglichen Verpflichtungen an Verträgen erkennen, bei denen die Parteien eine Gleichzeitigkeit der Erfüllungshandlungen oder zumindest die Bereitschaft zur Gleichzeitigkeit vereinbart haben; die gegenseitigen Verpflichtungen sind sogenannte 'concurrent conditions'.[1696] Gesetzlich festgelegt ist dies auch in der Sale of Goods Ordinance.[1697] Der Erwerber wird damit von seiner Verpflichtung frei, den Kaufpreis zu bezahlen, wenn der Veräußerer seiner Pflicht, die Waren zu übergeben, nicht nachkommt; im umgekehrten Fall wird der Veräußerer auch von seiner Verpflichtung frei, die Waren zu übergeben, wenn der Erwerber den Kaufpreis nicht zahlt.[1698]

5.1.2.3.2. *Teilbarkeit der Verpflichtung*

Es gibt Verpflichtungen zur vollständigen Vertragserfüllung (entire obligations) und teilbare vertragliche Verpflichtungen (divisible bzw. severable obligations).[1699] Erstere Erscheinungsform ist eher die Ausnahme als die Regel. Sie tritt auf, wenn die gegnerische Vertragspartei nur dann ihre vertraglichen Verpflichtungen (z. B. Zahlung des Werklohnes) erfüllen muss, wenn die andere Partei ihre Verpflichtung bereits vollständig

ne Reparatur an der Mietsache vorzunehmen, die Mietzahlung zurückhalten: Taylor v Webb [1937] 2 KB 283.

1694 Rock Refrigeration Ltd v Jones [1997] 1 All ER 1; zu beachten ist allerdings auch das obiter dictum von Phillips LJ S. 18 f. Dessen Ausführungen neigt der High Court Hongkongs in der Entscheidung Fortune Realty Co Ltd v Chan Hiu Yeung Dick, HCA 1582/2001 (21. Mai 2001) - unrep. zu.

1695 Beatson, Jack (2002) S. 510 ff.

1696 Siehe S. 359 f.

1697 Sale of Goods Ordinance, Cap 26.

1698 Sale of Goods Ordinance, Cap 26 s 30.

1699 Vgl. dazu die Ausführungen auf S. 376 ff.

erfüllt hat (z. B. Fertigstellung eines Maßanzuges), unabhängig vom Grund, weshalb die Fertigstellung und damit die vollständige Erfüllung der Verpflichtung nicht erfolgen konnte. In einem solchen Fall liegt eine Vertragsverletzung (breach of contract) dann vor, wenn eine Partei ihre Verpflichtung nicht vollständig erfüllt.

Wie bereits angedeutet, sind teilbare Verpflichtungen (divisible obligations) häufiger anzutreffen. Eine Nicht- oder Schlechterfüllung nur einer oder einiger aus einer Mehrzahl dieser Verpflichtungen führt grundsätzlich zu Schadensersatzansprüchen (damages), aber nicht zwangsläufig zur Möglichkeit der Vertragsbeendigung (termination of contract) durch die vertragstreue Partei. Letzteres hängt von der Rechtsnatur der verletzten Bedingung ab.

5.4.2.3.3. Wesentliche und unwesentliche Vertragsbedingungen (conditions and warranties)

Nimmt man an, dass die einzelnen vertraglichen Verpflichtungen voneinander abhängig und teilbar sind (divisible obligations), muss festgestellt werden, welcher Rechtsnatur die verletzte Vertragsbedingung ist. Es ist eine allgemein und historisch lang anerkannte Regel, dass eine Vertragsbeendigung (termination of contract) durch die vertragstreue Partei nur dann möglich ist, wenn die verletzte Vertragsbedingung von erhöhter Bedeutung für die Erfüllung des gesamten Vertrages ist, weshalb dies nur bei Nicht- oder Schlechterfüllung einer wesentlichen Vertragsbedingung (condition) möglich ist.[1700] Wie bereits im Kapitel 'Vertragsbedingungen' dargestellt, kann eine solche nur dann als wesentliche Vertragsbedingung (condition) klassifiziert werden, wenn dies gesetzlich[1701] oder durch höchstrichterliche Entscheidung so festgeschrieben ist. Darüber hinaus können die Vertragsparteien ausdrücklich oder still-

---

1700 Zurück geht diese Regel auf Pordage v Cole (1669) 1 Wms Saund 319; Cehave NV v Bremer Handelsgesellschaft [1976] QB 44, 57, 72. Eine der jüngeren englischen Entscheidungen in dieser Hinsicht ist Hurst v Bryk [2000] 2 WLR 740, 747. In Hongkong wird diese Regel ohne eine spezielle richterliche Entscheidung angewandt. Vgl. dazu Ho, Betty M. (1999) S. 117.

1701 Siehe z. B. Sale of Goods Ordinance, Cap. 26 s 12 ff.

schweigend vertraglich festlegen, ob es sich bei einer bestimmten Vertragsklausel um eine wesentliche Vertrags-bedingung (condition) handeln soll oder nicht. Eine Verletzung einer unwesentlichen Vertragsbedingung (warranty) dagegen stellt zwar auch eine Vertragsverletzung (breach of contract) dar, kann aber nicht zu einer Vertragsbeendigung (termination of contract), verbunden mit einer Befreiung von eigenen vertraglichen Verpflichtungen durch die vertragstreue Partei, sondern lediglich zu Schadensersatzansprüchen (damages) führen.[1702]

5.4.2.3.4. Fundamentale Verletzung einer unbestimmten Vertragsbedingung (innominate/intermediate term)

Wie bereits im Kapitel 'Vertragsbedingungen' dargestellt, ist mittlerweile anerkannt, dass neben wesentlichen und unwesentlichen Vertragsbedingungen (conditions und warranties) eine dritte Kategorie von Vertragsbestandteilen immer mehr an Bedeutung gewonnen hat, die sogenannten unbestimmten Vertragsbedingungen (innominate/intermediate terms).[1703] Eine Verletzung einer solchen Vertragsbedingung hat zwar auch einen Schadensersatzanspruch für die verletzte Partei zur Folge, jedoch nicht zwangsläufig die Möglichkeit der Vertragsbeendigung (termination of contract).[1704] Ob letzteres gewährt werden kann, hängt vom Charakter und den tatsächlichen Auswirkungen der Verletzungshandlung ab. Ist die unbestimmte Vertragsbedingung als wesentliche Vertragsbedingung (condition) einzuordnen, steht der vertragstreuen Partei bei Verletzung der Vertragsbedingung neben einem Schadensersatzanspruch (damages) ein Anspruch auf Vertragsbeendigung (termination of contract) zu, wie dies bei Verletzung einer wesentlichen Vertragsbedingung (condition) üblich ist. Wird die unbestimmte Vertragsbedingung (innominate term) dagegen als unwesentliche Vertragsbedingung (warranty) eingeordnet, erwächst aus ihrer Verletzung nur ein Schadensersatzanspruch (damages). Die Gerichte haben jeweils in ihren Entscheidungen eine unterschiedliche Terminologie für die Prü-

---

1702 Ho, Betty M. (1999) S. 118.

1703 Siehe dazu S. 188 ff.

1704 Beatson, Jack (2002) S. 140 f.

fung benutzt, welcher Art die Vertragsbedingung war.[1705] Am häufigsten wird für das Vorliegen einer wesentlichen Vertragsbedingung (condition) gefordert, dass die Vertragsverletzung „the root of the contract“[1706] berühren, „fundamental“[1707] sein oder auch den wirtschaftlichen Zweck des Geschäfts auslöschen („that the commercial purpose of the venture becomes frustrated“)[1708] müsse. Ist dies gegeben, kann die vertragstreue Partei neben dem Schadensersatzanspruch den Vertrag beenden.

5.4.2.3.5. Vertragsverletzung bei Sukzessivlieferungsverträgen

Ein ähnlicher Ansatz wird hinsichtlich der Behandlung von Sukzessivlieferungsverträgen vertreten. Liefert ein Verkäufer ein- oder mehrmalig mangelhafte Waren oder lehnt ein Erwerber die Annahme der Lieferung oder eine Kaufpreiszahlung ein- bzw. mehrmalig ab, dann bedeutet dies nicht notwendigerweise, dass die vertragstreue Partei den Vertrag als beendet und sich von eigenen Verpflichtungen zukünftig als befreit ansehen darf. Sicherlich kann eine solche Vertragsverletzung (breach of contract), wenn sie einen gewissen Umfang erreicht, als eine ausdrückliche oder konkludente Ablehnung der Vertragserfüllung (renunciation) zu verstehen sein, wie sie oben bereits dargestellt wurde. Dann besteht natürlich das Recht der vertragstreuen Partei, den Vertrag zu beenden. Handelt es sich jedoch lediglich um eine Nicht- bzw. Schlechterfüllung, dann muss diese so schwerwiegend sein, dass sie als 'fundamental' oder 'die Wurzeln des Vertrages berührend' zu bezeichnen ist. Dies wurde bereits in Simpson v Crippin[1709] entschieden. Für die Ent-scheidung dar-

---

1705 Siehe dazu ausführlich S. 188 ff.

1706 Hong Kong Fir Shipping Co Limited Kawasaki Kisen Kaisha [1962] 2 QB 26, 64.

1707 Suisse Atlantique Societé d'Armement Maritime SA v NV Rotterdamsche Kolen Centrale [1967] 1 AC 361, 397, 409 f., 421 f., 431.

1708 Trade and Transport Inc v Iino Kaiun Kaisha Ltd, The Angelia [1973] 1 WLR 210, 223.

1709 Simpson v Crippin (1872) LR 8 QB 14. Vgl. ebenfalls Honck v Muller (1881) 7 QBD 92: Der Kläger erklärte sich vertraglich bereit, vom Beklagten 2000 t Roheisen (pig iron) zu erwerben, welche 'im November oder gleichmäßig im November, Dezember und Januar' geliefert werden sollten. Im November verweigerte der Kläger die Annahme, verlangte jedoch die Lieferungen von jeweils einem Drittel für Dezember und Januar. Der Beklagte lehnte dies ab und erklärte, dass er den Vertrag als beendet und sich selbst als von sämtlichen Lieferfristen befreit betrachte. Das Gericht stimmte

über, ob ein solcher Sukzessivlieferungsvertrag durch die vertragstreue Partei beendet werden darf, müssen zwei Faktoren betrachtet werden:

> „first, the ratio quantitatively which the breach bears to the contract as a whole, and secondly the degree of probability or improbability that such a breach will be repeated."[1710]

Die Bedeutung dieses zweiten Faktors, der Höhe der Wahrscheinlichkeit der Wiederholung einer solchen Vertragsverletzung (breach of contract) bei Sukzessivlieferungsverträgen, wurde in der Entscheidung Millar's Karri and Jarrah Co v Weddel[1711] besonders betont:

> „Thus, if the breach is of such a kind, or takes place in such circumstances as reasonably to lead to the inference that similar breaches will be committed in relation to subsequent deliveries, the whole contract may there and then be regarded as repudiated, and may be rescinded. If, for instance, a buyer fails to pay for one delivery in such circumstances as to lead to the inference that he will not be able to pay for subsequent deliveries; or if a seller delivers goods differing from the requirements of the contract, and does so in such circumstances as to lead to the inference that he cannot, or will not, deliver any other kind of goods in the future, the other contracting party will be under no obligation to wait to see what may happen; he can at once cancel the contract and rid himself of the difficulty."[1712]

Daraus lässt sich schließen, dass, je weiter die Parteien in der Vertragserfüllung fortgeschritten sind, es ihnen umso schwerer fallen wird, eine Vertragsbeendigung (termination of contract) zu erklären, wenn die geg-

---

dem zu, da es die Annahmeverweigerung als eine substanzielle Verletzung der Verpflichtung des Klägers zur Annahme einordnete. Vgl. ebenfalls Munro & Co Ltd v Meyer [1930] 2 KB 312.

1710 Maple Flock Co Ltd v Universal Furniture Products (Wembley) Ltd [1934] 1 KB 148, 157, per Lord Hewart CJ.

1711 Millar's Karri and Jarrah Co v Weddel, Turner and Co (1909) 100 LT 128.

1712 Millar's Karri and Jarrah Co v Weddel, Turner and Co (1909) 100 LT 128, 129, per Bigham J. Dieses Zitat in Millar's Karri and Jarrah Co v Weddel belegt noch einmal eindeutig, dass auch Schlechtlieferungen, die nach deutschem Recht der Mängelgewährleistung unterfallen würden, als 'failure of performance' in den Bereich Vertragsverletzung (breach of contract) hineinfallen.

nerische Partei lediglich eine einzige vertragliche Verpflichtung nicht bzw. nicht ausreichend und gemäß der vertraglichen Vereinbarung erfüllt hat.[1713]

5.4.3. Rechtsfolgen der Vertragsverletzung (breach of contract)

Liegt eine Vertragsverletzung (breach of contract) vor, so kommen als Rechtsfolgen, wie oben bereits dargelegt, hauptsächlich die Vertragsbeendigung (termination of contract)[1714] und Schadensersatzansprüche (damages) in Betracht. Es ist mittlerweile zum Teil üblich geworden, statt von einer 'Vertragsbeendigung' (termination of contract) von einer 'Vertragsauflösung' (rescission) zu sprechen, wenn eine Partei das Recht wahrnimmt, sich als Folge einer Vertragsverletzung (breach of contract) der anderen Partei nicht mehr an den Vertrag gebunden zu sehen. Dies ist jedoch nicht vollständig korrekt, wie Lord Porter in Heymans v Darwins Ltd[1715] mit Zustimmung des House of Lords in späteren Entscheidungen[1716] formulierte:

> „To say that the contract is rescinded or has come to an end or has ceased to exist may in individual cases convey the truth with sufficient accuracy, but the fuller expression that the injured party is thereby absolved from future performance of his obligation under the contract is a more exact description of the position. Strictly speaking, to say that on acceptance of the renunciation of a contract the contract is rescinded is incorrect. In such a case the injured party may accept the renunciation as a breach going to the root of the whole of the consideration. By that

1713 Cornwall v Henson [1900] 2 Ch 298, 304.

1714 Die Vertragsbeendigung (discharge by breach), welche in diesem Kapitel behandelt wird, darf nicht verwechselt werden mit der automatischen Befreiung der vertragstreuen Partei von bestimmten vertraglichen Verpflichtungen bei Vertragsverletzung (breach of contract) durch die andere Partei, wie sie in einigen Versicherungsverträgen vorkommt; Bank of Nova Scotia v Hellenic Mutual War Risks Association (Bermuda) Ltd [1992] 1 AC 233.

1715 Heyman v Darwins Ltd [1942] AC 356.

1716 Johnson v Agnew [1980] AC 367, 293; Bank of Boston Connecticut v European Grain and Shipping Ltd [1989] AC 1056, 1098 f. Ebenfalls zustimmend der High Court Hongkongs in Tridant Engineering Co Ltd v Mansion Holdings Ltd & Another, HCCT 3C/1996 (15. Juni 2000) – unrep.

acceptance he is discharged from further performance and may bring an action for damages, but the contract itself is not rescinded."[1717]

Die Vertragsbeendigung (termination of contract) als Folge einer Vertragsverletzung (breach of contract) ist nicht identisch mit der Vertragsauflösung (rescission)[1718] in anderen Fällen, wie z. B. beim Irrtum (mistake). Dort wird mitunter ebenfalls der Begriff 'Vertragsauflösung' (rescission) gebraucht, es handelt sich jedoch um eine Auflösung ab initio, also von Anfang an.[1719] Im Zusammenhang mit der Vertragsverletzung (breach of contract) ist die Vertragsauflösung dagegen auf die Zukunft gerichtet, weshalb es insofern nicht exakt ist, von einer Vertrags'auflösung' zu sprechen.[1720]

Der Vertrag wird auch nicht automatisch durch einen Bruch der vereinbarten Vertragsbedingungen durch eine der Vertragsparteien beendet. Das würde der vertragsbrüchigen Partei die Möglichkeit geben, ihren Verpflichtungen aus dem Vertrag zu entgehen. Der Vertrag kann nur dann beendet werden, wenn obige Voraussetzungen (repudiation/breach of condition bzw. breach of fundamental intermediate term) erfüllt sind und die vertragstreue Partei, der daraufhin eine Wahlmöglichkeit zusteht, diese Wahl auch trifft. Dabei muss sie deutlich machen, dass sie die Wahl der Vertragsbeendigung gerade aufgrund der Vertragsverletzung (breach of contract) trifft. Für Hongkong ist dies in einer Entscheidung aus dem Jahre 2003 erneut betont worden.

"The principles in Vitol S.A. were accepted by this Court in Kar Ho Development Co. Ltd. v Axis Investment Ltd. [2001] 1 HKC 86 where it was held that the conduct relied on as constituting the acceptance of the repudiation must not merely unequivocally convey to the repudiating party that the aggrieved party is treating the contract as at an end, but must

1717 Heyman v Darwins Ltd [1942] AC 356, 399, per Lord Porter.

1718 Oft wird mit dem Begriff 'Vertragsauflösung' (rescission) im englischen Recht auch nur allgemein eine Beendigung eines Vertragsverhältnisses bezeichnet. Damit werden jedoch nicht juristisch eindeutig auch die Rechtsfolgen, welche die Vertragsauflösung nach sich zieht, beschrieben.

1719 Siehe S. 239.

1720 Ho, Betty M. (1999) S. 430.

> also unequivocally convey to the repudiating party that the aggrieved party is treating the contract as at an end because of the repudiating party's repudiatory breach of the contract."[1721]

Eine solche Wahl muss nicht zwangsläufig mit der Folge 'Vertragsbeendigung' getroffen werden. So kann die Partei sich auch, wenn der Vertrag überhaupt noch erfüllbar ist, für die Fortsetzung des Vertragsverhältnisses und weitere Erfüllung der vertraglich vereinbarten Leistungen entscheiden.[1722] Ebenso kann sie auf ihr Recht der Vertragsbeendigung verzichten, die Schlechterfüllung durch die andere Partei akzeptieren und lediglich Schadensersatzansprüche aufgrund der Schlechterfüllung geltend machen.[1723]

Wählt die vertragstreue Partei die Vertragsbeendigung, dann werden die Vertragsparteien von allen Leistungsversprechen aus dem Vertrag, die noch nicht erfüllt wurden, frei. Die ursprüngliche Sichtweise, dass im Falle einer Vertragsverletzung (breach of contract) der Vertrag in jeglicher Hinsicht aufhört zu existieren,[1724] wurde mit der Entscheidung des House of Lords Photo Production Ltd v Securicor Transport Ltd[1725] verworfen. Lord Diplock formulierte in dieser Entscheidung, dass die prinzipiellen Folgen der Wahl der Vertragsbeendigung (termination of contract) aufgrund einer Vertragsverletzung (breach of contract) die Befreiung von noch nicht erfüllten Verpflichtungen aus dem Vertrag sowie ein Schadensersatzanspruch (damages) gegenüber der vertragsbrüchigen Partei sind:

> „Where such an election is made

1721 Bill Chao Keh Lung v Don Xia alias Xiaodong [2003] 680 HKCU 1 para 42, per Cheung JA; vgl. auch Kar Ho Development Co Ltd v Axis Investment Ltd [2001] 1 HKC 86.

1722 Avery v Bowden (1855) 5 E & B 714; White & Carter (Councils) Ltd v McGregor [1962] AC 413; Tai Hing Cotton Mill Ltd v Kamsing Knitting Factory [1979] AC 91; Vitol SA v Norelf [1996] AC 800.

1723 Suisse Atlantique Société d'Armement Maritime SA v NV Rotterdamsche Kolen Centrale [1967] 1 AC 361, 398.

1724 So noch Harbutt's "Plasticine" Ltd v Wayne Tank and Pump Co Ltd [1970] 1 QB 447.

1725 Photo Production Ltd v Securicor Transport Ltd [1980] AC 827.

(a) there is substituted by implication of law for the primary obligations of the party in default which remain unperformed a secondary obligation to pay monetary compensation to the other party for the loss sustained by him in consequence of their non-performance in the future and

(b) the unperformed primary obligations of that other party are discharged."[1726]

Die vertragstreue Partei wird mithin von ihrer Verpflichtung zur Erfüllung der vertraglich vereinbarten Leistungen frei, sie darf diese allerdings auch nicht mehr erfüllen. Des Weiteren kann sie von der anderen, vertragsbrüchigen, Partei nicht mehr die Erfüllung des Vertrages verlangen. Nach der Wahl, den Vertrag zu beenden, muss die vertragstreue Partei weder eine weitere Erfüllung der Vertragspflichten durch die vertragsbrüchige Partei akzeptieren noch muss sie dafür Zahlungen leisten.

Hat sie bereits gezahlt, kann sie die Summe von der vertragsbrüchigen Partei zurückverlangen (action for money had and received),[1727] jedoch nur dann, wenn sie für diese Summe keinerlei Gegenleistung (consideration) erhalten hat.[1728] Ist zum Zeitpunkt der Vertragsbeendigung (termination of contract) eine Forderung gegen die vertragstreue Partei fällig gewesen, aber noch nicht erfüllt worden, so muss diese Partei auch nicht auf die Forderung leisten, wenn sie die Summe im Nachhinein zurückfordern dürfte, z. B. aufgrund eines vollständigen Fehlens einer Gegenleistung (consideration). Die vertragstreue Partei kann alle Zahlungen, die vor Vertragsbeendigung als Kaution zur Sicherheit der Vertragserfüllung bereits durch sie geleistet wurden, zurückhalten bzw. –fordern.[1729] Des Weiteren kann sie sich das Recht vorbehalten, Schadensersatz (damages) für alle Ansprüche zu fordern, die bis zu diesem Zeitpunkt

---

1726 Photo Production Ltd v Securicor Transport Ltd [1980] AC 827 849, per Lord Diplock.

1727 Kwei Tek Chao v British Traders and Shippers Ltd [1954] 2 QB 459, 475.

1728 Goss v Chilcott [1996] AC 788, 798. Allerdings ist diese Fixierung auf das vollständige Ausbleiben der Gegenleistung in immer stärkere Kritik geraten. Es ist damit zu rechnen, dass dieses Kriterium in absehbarer Zeit abgeschwächt werden wird. Siehe dazu auch Burrows, Andrew S. (1993) S. 259 ff.

1729 Damon Compania Naviera SA v Hapag-Lloyd International SA [1985] 1 WLR 435, 450 f.

aufgrund des Vertragsverhältnisses bei ihr entstanden sind.[1730] Rechte, die von der vertragstreuen Partei vor der Vertragsbeendigung (termination of contract) erworben wurden, bleiben ihr erhalten.

Ebenso tritt keine Befreiung der Parteien von einer vertraglichen Verpflichtung ein, welche die Streitbeilegung regelt.[1731] So sind Schiedsgerichtsklauseln, die besagen, dass jegliche Streitigkeit, die sich aus dem Vertragsverhältnis ergibt, ausschließlich durch ein Schiedsgerichtsverfahren zu klären ist, weiterhin gültig.[1732]

Hat die vertragstreue Partei bereits Arbeitsleistungen aufgrund des Vertrags erbracht, Waren an die vertragsbrüchige Partei geliefert oder auf Forderungen aus dem Vertrag geleistet, ohne dass die Gegenleistung (consideration) dafür für die vertragsbrüchige Partei zum Zeitpunkt der Vertragsbeendigung fällig war, kann die vertragstreue Partei diese einklagen. Allerdings kann sie nur aufgrund ungerechtfertigter Bereicherung (unjust enrichment) Zahlung einer Summe quantum meruit bzw. quantum valebat[1733] begehren.[1734]

Rechte und Pflichten, die aus einer Teilerfüllung der vertraglichen Verpflichtungen erwachsen sind, und Ansprüche, die sich aus der Verletzung solcher vertraglicher Pflichten vor dem Zeitpunkt der Vertragsbeendigung ergeben haben, bleiben unberührt.[1735] Diese können auch nach Vertragsbeendigung (termination of contract) sowohl von der vertragstreuen als auch von der vertragsbrüchigen Partei geltend gemacht werden, wenn sie vorher fällig wurden, jedoch noch nicht beglichen wa-

---

1730 Damon Compania Naviera SA v Hapag-Lloyd International SA [1985] 1 WLR 435, 451 f.

1731 Port Jackson Stevedoring Pty Ltd v Salmond and Spraggon (Australia) Pty Ltd [1981] 1 WLR 138, 145.

1732 Heyman v Darwins Ltd [1942] AC 356, 399.

1733 Darunter ist ein Schadensersatzanspruch 'in angemessener Höhe' zu verstehen, der durch das Gericht dem Geschädigten zugesprochen wird. Die 'angemessene Höhe' entspricht grundsätzlich der Höhe des entstandenen Schadens.

1734 Beale, Hugh G. (1999) Bd. 1, para 30-178.

1735 McDonald v Dennys Lascelles Ltd (1933) 48 CLR 457, 477, per Dixon J.

ren.[1736] So bleibt bei Beendigung eines Partnerschaftsvertrages die vertragstreue Partei auch dann Schuldner gegen die Partnerschaft gerichteter Forderungen, wenn diese Forderungen vor Ausscheiden der vertragstreuen Partei aus der Partnerschaft entstanden sind.[1737]

Wählt die vertragstreue Partei die Möglichkeit der Vertragsauflösung oder –beendigung (termination of contract), dann endet damit die Verpflichtung, aber auch das Recht der vertragsbrüchigen Partei, die vertraglich vereinbarten Verpflichtungen zu erfüllen. Allerdings geht die primäre Leistungspflicht der vertragsbrüchigen Partei in eine Sekundärpflicht über, der vertragstreuen Partei Schadensersatz damages für die Vertragsverletzung (breach of contract) zu leisten.[1738] Grundsätzlich sind für die vertragsbrüchige Partei alle bereits vor Vertragsauflösung gezahlten Gelder nicht rückforderbar.[1739] Sie kann somit, im Gegensatz zur vertragstreuen Partei, auch keine Kaution oder Anzahlung, die sie zur Sicherheit auf die Vertragserfüllung an die andere Partei geleistet hat, zurückverlangen. Handelt es sich um einen Kaufvertrag über ein Grundstück, kann sie jedoch, solange der Vertrag nichts Abweichendes vorschreibt, das zurückverlangen, was sie als Teilzahlung auf den Kaufpreis bereits vor Vertragsauflösung geleistet hat.[1740]

Die Ausführungen, die oben zu den Rechtsfolgen einer Vertragsverletzung (breach of contract) auf Seiten der vertragstreuen als auch der vertragsbrüchigen Partei gemacht wurden, stellen lediglich die Rechtsfolgen dar, die allgemein und immer eintreten. Selbstverständlich steht es den Parteien frei, vertraglich andere Regelungen zu treffen. Gerade das angelsächsische Recht gewährt den Parteien einen weiten Gestaltungs-

---

1736 Chatterton v Maclean [1951] 1 All ER 561 (Mietkauf); Hyundai Heavy Industries Co Ltd v Papadopoulos [1980] 1 WLR 1129, 1136 (Werkvertrag); Taylor v Laird (1856) 1 H & N 266 (Arbeitsrecht).

1737 Hurst v Bryk [2000] 2 WLR 740, 754.

1738 Photo Production Ltd v Securicor Transport Ltd [1980] AC 827, 848 ff.; Port Jackson Stevedoring Pty Ltd v Salmond and Spraggon (Australia) Pty Ltd [1981] 1 WLR 138, 145.

1739 Howe v Smith (1884) 27 Ch D 89, 94 f. sowie Workers Trust & Merchant Bank Ltd v Dojap Investment Ltd [1993] AC 573.

1740 Beale, Hugh G. (1999) Bd 1 para 25-050.

spielraum. Die Parteien können mithin u.a. Rechtsfolgen und Rechtsbehelfe, die normalerweise bei Vertragsverletzungen zur Verfügung stehen, ausschließen.[1741] Sie können aber auch bereits im Vorfeld eine bestimmte Schadensersatzsumme für den Fall einer Vertragsverletzung (breach of contract) festlegen.[1742]

Akzeptiert ein Gläubiger eines Darlehens die endgültige Erfüllungsverweigerung (repudiation) durch seinen Schuldner und wählt die Vertragsbeendigung (termination of contract), bedeutet das nicht, dass ein eventueller Bürge nunmehr von seinen Verpflichtungen aus der Bürgschaft frei wird. Er ist weiterhin verpflichtet, auch die Darlehensschuld bzw. Teile davon zu begleichen, die erst nach dem Zeitpunkt der Vertragsbeendigung durch den Gläubiger fällig werden würden.[1743] Des Weiteren haftet er für die fälligen unbezahlten Forderungen vor dem Zeitpunkt der Vertragsbeendigung.[1744] Dies gilt jedoch nicht, wenn diese Forderungen beim Schuldner selbst aus rechtlichen Gründen nicht einforderbar wären.[1745] Allerdings handelt es sich bei dieser Haftung nicht um eine Zahlung aus der primären Bürgenhaftung, sondern um eine sekundäre Haftung aus Schadensersatz (damages), die sich aus dem Schaden ergibt, der aufgrund der Zahlungsverweigerung durch den Schuldner gegenüber dem Gläubiger entsteht .[1746] Eine weitere Folge der Vertragsauflösung betrifft das Kaufrecht. Stimmt bei einem Warenkaufvertrag die Qualität oder Quantität der verkauften und gelieferten Waren nicht mit der vertraglich vereinbarten überein und weist der Käufer sie daraufhin zurück, dann geht das Eigentum daran auf den Verkäufer zurück.[1747]

1741 Beale, Hugh G. (1999) Bd 1 para 27-102; 14-022.

1742 Beale, Hugh G. (1999) Bd 1 para 14-022. Siehe dazu S. 450 ff.

1743 Moschi v Lep Air Services Ltd [1973] AC 331.

1744 Hyundai Heavy Industries Co Ltd v Papadopoulos [1980] 1 WLR 1129, 1152.

1745 Beale, Hugh G. (1999) Bd 1 para 25-050.

1746 Moschi v Lep Air Services Ltd [1973] AC 331; Hsin Chong (Maintenance) Ltd v John Cheung Suen Yue [1981] HKLR 15, 28.

1747 Kwei Tek Chao v British Traders and Shippers Ltd [1954] 2 QB 459, 487; Rosenthal & Sons Ltd v Esmail [1965] 1 WLR 1117, 1131.

5.5. Zwischenergebnis

Im Hinblick auf die Beendigung eines Vertrages sind bisher keine Abweichungstendenzen von den Entscheidungen Englands durch die Gerichte Hongkongs erkennbar. Vielmehr folgen sie weiterhin diesen Entscheidungen und den darin statuierten Prinzipien. Beispielhaft seien hier die Entscheidungen Bill Chao Keh Lung v Don Xia alias Xiaodong,[1748] Kar Ho Development Co Ltd v Axis Investment Ltd[1749] und Creatiles Building Materials Co Ltd v To's Universe Construction Co Ltd[1750] aufgeführt, die dies eindeutig herausstellen.

6. Rechtsbehelfe und Rechtsfolgen (remedies)

Wie oben bereits dargelegt, begeht derjenige, welcher bei der Erfüllung vertraglicher Verpflichtungen die vertraglichen Vereinbarungen, z. B. hinsichtlich der Qualität der Waren oder auch zeitliche Vorgaben, nicht einhält, eine Vertragsverletzung (breach of contract). Im vorangegangenen Kapitel wurden im Rahmen der Vertragsbeendigung (termination of contract) die Voraussetzungen und Möglichkeiten zur Vertragsbeendigung und zum Schadensersatz (damages) durch die vertragstreue Partei als Folge einer Vertragsverletzung (breach of contract) dargestellt; in diesem Kapitel sollen die darüber hinausgehenden Rechtsfolgen und Ansprüche der geschädigten Partei und deren Voraussetzungen dargestellt werden.

Grundsätzlich können folgende Prämissen aufgestellt werden:

a) Jede Vertragsverletzung (breach of contract) gibt der geschädigten Partei das Recht, Schadensersatz (damages) zu verlangen.

b) Unter gewissen Umständen kann die geschädigte Partei die Erfüllung eines vertraglichen Leistungsversprechens gerichtlich einklagen

---

1748 Bill Chao Keh Lung v Don Xia alias Xiaodong [2003] 680 HKCU 1.

1749 Kar Ho Development Co Ltd v Axis Investment Ltd [2001] 1 HKC 86.

1750 Creatiles Building Materials Co Ltd v To's Universe Construction Co Ltd [2003] 2 HKLRD 309.

und vollstrecken lassen, indem das Gericht die vertragsbrüchige Partei zur Vertragserfüllung (specific performance) verurteilt.

c) Darüber hinaus kann die geschädigte Partei gerichtlich eine einstweilige Anordnung (injunction) begehren, welche die Auswirkungen der Vertragsverletzung (breach of contract) minimieren soll oder die Zahlung der vertraglich vereinbarten Summe zum Inhalt hat.

d) Das angelsächsische Recht gewährt mitunter auch Rechtsbehelfe, welche eine Restitution zur Folge haben, so z. B. die Rückgewähr bereits gezahlter Summen, eine angemessene Kompensierung geleisteter Dienste oder Kaufpreiszahlung für gelieferte Waren.

Alle diese Rechtsbehelfe sind gerichtlich einklagbar, begrenzt lediglich durch das Rechtsinstitut der Verjährung[1751] sowie durch Verwirkungstatbestände (estoppel). Grundsätzlich ist die Gewährung von Schadensersatz (damages) im Falle einer Vertragsverletzung (breach of contract) die Norm. Daneben sind jedoch die Gerichte auch bereit, andere Rechtsfolgen auszusprechen, wenn Schadensersatz (damages) keinen angemessenen Rechtsschutz gewähren kann und nicht im berechtigten Interesse der geschädigten Partei liegt.[1752]

6.1. Schadensersatz (damages)

Liegt eine Vertragsverletzung (breach of contract) vor, hat die geschädigte Partei automatisch einen Anspruch auf Schadensersatz (damages). Grundsätzlich muss die geschädigte Partei keinen Schaden (loss) nachweisen; allerdings kann ihr dann auch nur ein 'nominaler' Schadensersatzanspruch zugesprochen werden, selbst wenn tatsächlich ein

---

1751 Da es sich bei diesem, anders als im deutschen Recht, um ein Instrument aus dem Bereich des Prozessrechts handelt, soll es im Rahmen der Rechtsfolgen und Rechtsbehelfe behandelt werden.

1752 Tito v Waddell (No 2), Tito v Attorney-General [1977] 3 All ER 129, 308.

wirtschaftlich messbarer Schaden eingetreten ist.[1753] Die Gewährung dieses nominalen Schadensersatzes erfolgt hauptsächlich in den Fällen, in denen kein Schaden eingetreten ist bzw. dieser Schaden wirtschaftlich nicht messbar und aus diesem Grunde nicht kompensierbar ist und dient dem Zweck klarzustellen, dass die andere Partei eine Vertragsverletzung (breach of contract) begangen hat, auch wenn diese Verletzung nicht zu einem ersatzfähigen Schaden geführt hat.[1754] Will die geschädigte Partei dagegen 'substantial damages' von der schädigenden Partei einfordern, muss sie darlegen und nachweisen, dass eine Vertragsverletzung (breach of contract) durch die andere Partei vorgelegen hat, die kausal zu einem wirtschaftlich erfassbaren Schaden geführt hat.[1755]

6.1.1. Kompensatorischer Charakter des Schadensersatzes (damages)

Auch im angelsächsischen Recht dient der Schadensersatzanspruch im Vertragsrecht[1756] hauptsächlich der Kompensation erlittener Schäden und weist im Gegensatz zum Deliktsrecht[1757] (law of torts) grundsätzlich keinen Strafcharakter (vindictive/exemplary/punitive damages) auf. Die Höhe des Schadensersatzes hängt nicht vom Motiv ab, aus welchem die Vertragsverletzung (breach of contract) erfolgte. Während im Deliktsrecht meist physische Schäden und Verluste zu Schadensersatzansprü-

---

1753 Elpe International (Far East) Ltd v Hewlett Packard (Hong Kong) Ltd [1993] 40 HKCU 1; Kishimoto Sangyo Co Ltd and Another v Akihiro Oba and Others [1996] 1 HKLR 196, 211.

1754 Samsung Hong Kong Ltd v Keen Time Trading Ltd [1998] 2 HKLRD 341, 353. Hier wurde ein nominaler Schadensersatz in Höhe von HK$ 100 gewährt, da ein tatsächlicher Schaden des Klägers trotz einer Vertragsverletzung (breach of contract) durch den Beklagten nicht festgestellt werden konnte.

1755 Ho, Betty M. (1999) S. 436 f.

1756 Vgl. dazu u.a. Broome v Cassell & Co Ltd [1972] AC 1027; A.B. v South West Water Services [1993] QB 507. Bis 1971 waren Schadensersatzansprüche mit Strafcharakter in Hongkong für Verlöbnisbruch zulässig, was jedoch durch die Law Amendment and Reform (Consolidation) Ordinance, Cap 23, geändert wurde.

1757 Die Gewährung dieser punitive damages im Deliktsrecht richtet sich dabei nach den Grundsätzen, welche in der Entscheidung Rookes v Bernard [1964] AC 1129, 1226 ff. formuliert und in Cassell & Co Ltd v Broome [1972] AC 1027 bestätigt wurden.

chen führen, sind es im Vertragsrecht häufig wirtschaftliche oder finanzielle Verluste. Jedoch sind Schadensersatzansprüche nicht nur auf finanzielle Schäden allein begrenzt; auch zur Kompensation von Sachschäden bzw. Schäden an Eigentumsgegenständen, sogar für eine Minderung an Komfort oder für Unannehmlichkeiten kann unter gewissen Umständen Schadenersatz gewährt werden, wie nachfolgend dargestellt wird.

Die Kompensation wird einmalig und bedingungslos in Form einer pauschalen Summe (lump sum) zugespochen.[1758] Schadensersatz (damages) wird in Hongkong regelmäßig in Hongkonger Währung gewährt.[1759] Hat die vertragstreue Partei durch die Vertragsverletzung (breach of contract) tatsächlich überhaupt keinen Schaden erlitten, so hat sie zwar einen Anspruch auf Schadensersatz (damages), dieser wird jedoch als 'nominal' bezeichnet[1760] und stellt eher eine Art moralischen Schadensersatz dar.[1761] Ein solcher nominaler Schadensersatz wird meist in sehr geringfügiger Höhe zugesprochen.[1762]

In der Entscheidung Alfred McAlpine Construction Ltd v Panatown Ltd[1763] hat das House of Lords erneut das Prinzip bestätigt, dass nur für einen tatsächlich entstandenen Schaden auch ein Schadensersatzanspruch geltend gemacht werden kann. So kann z. B. ein Käufer dann nicht 'sub-

---

1758 McGregor, Harvey (1997) para 1.

1759 Dies wird in Hongkong in Analogie zu McGregor, Harvey (1997) para 1, nach dem Schadensersatz in Großbritannien in englischer Währung zugesprochen wird, gehandhabt; siehe dazu Ho, Betty M. (1999) S. 435.

1760 Chinery v Viall (1860) 5 H & N 288.

1761 Er ist nicht zu verwechseln mit dem Schadensersatz für immaterielle Schäden, weil dort jedenfalls ein Schaden, wenngleich auch nur durch das Gericht schätzbar, existiert. Diesen Schadensersatz gibt es auch im Hongkonger Recht. Er zählt jedoch zu den substantiellen Schadensersatzansprüchen.

1762 So wurden in Hongkong z. B. nominale Schadensersatzansprüche in Höhe von HK$ 10 in Lord Energy Ltd v Paul Chen and Another HCA 7124/1991 (4. Juni 1997) – unrep.; Samsung Hong Kong Ltd v Keen Time Trading Ltd [1998] 2 HKLRD 341, 353 oder auch in Höhe von HK$ 1 in der Entscheidung Centaline Property Agency Ltd v Lai Yuk Chun [2002] 2 HKLRD 241, 256 zugesprochen.

1763 Alfred McAlpine Construction Ltd v Panatown Ltd [2000] 3 WLR 946, 961, 987, 999, 1005.

stantial damages' gegenüber dem Verkäufer aufgrund dessen Nichtleistung geltend machen, wenn die Marktpreise im Sinken begriffen sind und der Käufer ohne weitere Umstände die Kaufgegenstände auf dem freien Markt zu einem geringeren als dem ursprünglich mit dem Verkäufer vertraglich vereinbarten Preis erwerben kann.[1764] Die Entscheidung Alfred McAlpine Construction v Panatown Ltd ist bisher nicht durch die Hongkonger Gerichte zitiert worden, jedoch folgt auch Hongkong dem Prinzip, dass ein Schadensersatz (damages) grundsätzlich kompensatorischen Charakter aufweisen muss.[1765]

In obigen Fällen war lediglich zu beurteilen, ob die vertragstreue Partei tatsächlich einen finanziellen Schaden erlitten hat oder nicht. Schwierigkeiten ergeben sich jedoch, wenn der Schaden rein ästhetisch oder subjektiv[1766] ist, bei einem Dritten, der nicht Vertragspartei geworden ist, entsteht oder wo die vertragsbrüchige Partei durch die Vertragsverletzung (breach of contract) einen Vorteil erlangt hat, ohne die vertragstreue Partei jedoch zu schädigen.[1767] Für die Konkretisierung und Bemessung dieser Schadensersatzansprüche müssen Hypothesen und

---

1764 Slater v Hoyle & Smith Ltd [1920] 2 KB 11, 19, 25. Vgl. auch Surrey Country Council v Bredero Homes Ltd [1992] 3 All ER 302: Hier hatte der Kläger dem Beklagten ein Grundstück verkauft, welches der Beklagte nach einem vertraglich vereinbarten Plan bebauen sollte. Nach Erhalt der Baugenehmigung errichtete der Beklagte mehr Gebäude als im Plan festgelegt. Der Kläger hatte zwar Kenntnis davon, klagte aber erst auf Schadensersatz aus Vertragsverletzung (breach of contract) nach Fertigstellung der Gebäude. Das Gericht war der Ansicht, dass der Kläger aufgrund fehlenden Schadens nicht einmal zu nominalem Schadensersatz berechtigt sei. Die Klage sei vielmehr nur ein Versuch gewesen, einen Teil der Gewinne des Beklagten abzuschöpfen, was nicht durch das Vertragsrecht gedeckt sei.

1765 Siehe z. B. Ken John Geissler and Another v Chan Kim Chung and Another [2002] 394 HKCU 1.

1766 Radford v de Froberville [1977] 1 WLR 1262, 1267.

1767 Diese Schwierigkeiten liegen hauptsächlich darin begründet, dass das angelsächsische Recht bei der Beurteilung eines Schadensersatzanspruches häufig außer Acht lässt, dass das Hauptinteresse einer Vertragspartei eben in der Erfüllung der primären Vertragspflichten liegt, und sich zu stark an einem finanziellen Verlust als Folge einer Vertragsverletzung (breach of contract) orientiert. So auch Lord Goff und Lord Millett in Alfred McAlpine Construction Ltd v Panatown Ltd [2000] 3 WLR 946, 973, 1011 f.

Schätzungen herangezogen werden.[1768] Ist z. B. bei einer Ausschreibung ein die Voraussetzungen erfüllendes Angebot nicht beachtet worden, dann ist dem Antragenden damit zumindest die Chance, den Zuschlag zu erhalten, genommen worden. Aus dem Verlust dieser Chance kann, zumindest zu einem gewissen Prozentsatz, ein Schadensersatzanspruch erwachsen.[1769] Allerdings muss die Chance real und messbar sein und darf nicht ausschließlich spekulativen Charakter aufweisen.[1770]

> „That damages may be awarded where a plaintiff shows that he has lost a chance has been established since Richardson v Mellish (1824) 2 Bing 229, 103 ER 294... Chaplin v Hicks is another example of damages being awarded for the loss of a chance...Those damages will be more if the chance was a near certainty and less if the chance merely qualifies as "real or substantial". It will be necessary to look at each of the prospective purchasers to determine that chance."[1771]

In einer weiteren Hongkonger Entscheidung wurde ebenfalls auf eine nicht ausschließlich spekulative Chance abgestellt, eine angemessene und gut bezahlte Arbeit nach einer Kündigung, verbunden mit falschen Behauptungen des Arbeitgebers über die Arbeitnehmerin beim Immigration Department, zu finden. Aus dem Verlust dieser Chance resultierte ein Schadensersatzanspruch.[1772]

Wie oben bereits erwähnt, können neben finanziellen und physischen Schäden auch Vertragsverletzungen (breach of contract), welche zu körperlichen Unannehmlichkeiten führen, einen Schadensersatzanspruch (damages) entstehen lassen.[1773] Auch Lärmerzeugung kann eine solche

---

1768 Simpson v London and North Western Railway Company (1876) 1 QBD 274; Chaplin v Hicks [1911] 2 KB 786.

1769 Chaplin v Hicks (1911) 2 KB 786; Blackpool and Fylde Aero Club Ltd v Blackpool Borough Council [1990] 1 WLR 1195, 1201 ff.

1770 Allied Maples Group v Simmons & Simmons [1995] 1 WLR 1602, 1611.

1771 Ken John Geissler and Another v Chan Kim Chung and Another [2002] 394 HKCU 1 para 25, 37, per Saunder CJ.

1772 Semana Bachicha v Poon Shiu Man [2000] 2 HKLRD 833, 852 f.

1773 Bailey v Bullock [1950] 2 All ER 1167. Ebenso Wong Choi Kiu v Poon Pan Wo (t/a Thorough Construction Co) [1990] HKLY 501.

Unannehmlichkeit und damit einen Schadensersatzanspruch (damages) bewirken.[1774] Jedoch darf nicht davon ausgegangen werden, dass sämtliche negativen Befindlichkeiten, die durch eine Vertragsverletzung (breach of contract) ausgelöst werden, auch zum Schadensersatzanspruch führen. Nicht geltend gemacht werden können grundsätzlich Verärgerung, Frustration, Ängste oder Unwohlsein im psychischen Sinne, selbst wenn die Parteien bei Vertragsschluss solche Folgen bei einer eventuellen Vertragsverletzung (breach of contract) als möglich in Betracht gezogen hatten.[1775] Zum Großteil mag dies daran liegen, dass bei nicht-monetären Schäden die Schwierigkeiten bei der Bemessung des Schadensersatzanspruches der Rechtssicherheit zuwiderlaufen und zu einander widersprechenden Urteilen führen können.

> „Compensation involves the reparation of harm by the delivery of an equivalent of equivalent value. Compensation which takes the monetary form of compensatory damages therefore encounters peculiar difficulties when the harm is non-pecuniary. There is no exact equivalent and no standard measure of assessment by reference to which the harm can be converted into monetary form...This incommensurability gives rise to real danger of indeterminancy and of inconsistent awards."[1776]

Diese Aussage aus dem Jahre 1993 stammt zwar von der Law Commission Englands; sie hat allerdings, nicht nur über das Basic Law, sondern v.a. aufgrund der Konstruktion von Schadensersatzansprüchen (damages), die sich in Hongkong nach den gleichen Grundsätzen wie in England richten, auch für das Hongkonger Vertragsrecht Gültigkeit. Jedoch ist in Hongkong unabhängig von der Schwierigkeit bei der Berechnung solcher Ansprüche in der Entscheidung Semana Bachicha v Poon Shiu Man ein Schadensersatzanspruch ausdrücklich auch für verletzte Ge-

---

1774 Farley v Skinner [2001] 3 WLR 899. Vgl. auch die Entscheidung Centaline Property Agency Ltd v Lai Yuk Chun [2003] 1 HKLRD B8 des Court of Appeal Hongkongs. Dort erklärte sich das Gericht durchaus bereit, den Gründen in Farley v Skinner zu folgen, wandte die Ratio der Entscheidung dann jedoch nicht an, da die Klägerin beweispflichtig geblieben war.

1775 Watts c Morrow [1991] 1 WLR 1421, 1445 f.; bestätigt in Johnson v Gore Wood & Co [2001] 2 WLR 72, 108.

1776 The Law Commission (England) (1993) s 2.12.

fühle der Klägerin aufgrund der falschen Anschuldigungen des Beklagten gewährt worden.[1777]

Allerdings bestehen von diesem Grundprinzip der Nichtgewährung von Schadensersatz (damages) bei psychischen Nachteilen einige Ausnahmen. So steht dem Geschädigten dann ein Schadensersatzersatzanspruch für psychische Leiden (distress) zu, wenn diese eine direkte Folge eines physischen Schadens sind, der durch die Vertragsverletzung (breach of contract) hervorgerufen wurde.[1778] Darüber hinaus wird ein solcher Schadensersatzanspruch auch dann gewährt, wenn der Vertragsinhalt und –zweck in der Verschaffung von Vergnügen, Erholung bzw. in der Vermeidung von Stress oder Ärgernissen besteht, wie dies beispielsweise bei Erholungsreisen der Fall ist.[1779] Bis vor kurzem galt, dass der ausschließliche Vertragszweck die Verschaffung oben genannter Zustände sein müsse. Stellten sie dagegen nur einen Nebeneffekt des wirtschaftlichen Zwecks dar, wurde ein Schadensersatz nicht gewährt.[1780] Kürzlich wurde jedoch durch das House of Lords entschieden, dass obige Faktoren nicht nur dann schutzwürdig sind, wenn sie den einzigen Vertragszweck darstellen, sondern bereits dann, wenn sie 'ein wichtiges Ziel des Vertrages' (an important object of the contract) bilden.[1781]

Obwohl ein Schadensersatzanspruch aus einer Vertragsverletzung (breach of contract) nicht bei Rufschädigungen (injury oder loss of reputation) per se begehrt werden kann,[1782] so kann er doch als Kompensation für Schäden geltend gemacht werden, die als Folge einer Rufschädigung entstanden sind, welche auf einer Vertragsverletzung

1777 Semana Bachicha v Poon Shiu Man [2000] 2 HKLRD 833, 849 f.

1778 Calebar Properties v Stitcher [1984] 1 WLR 287, 299; Johnson v Gore Wood & Co [2001] 2 WLR 72, 92.

1779 Jarvis v Swans Tours Ltd [1973] QB 233; Watts v Morrow [1991] 1 WLR 1421, 1445 f.; Farley v Skinner [2001] 3 WLR 899, 922 f., 926 f.; Johnson v Gore Wood & Co [2001] 2 WLR 72, 96.

1780 Capper, David (2000) 116 LQR 553; Farley v Skinner [2001] 3 WLR 899, 931.

1781 Farley v Skinner [2001] 3 WLR 899, 906 f.

1782 Addis v Gramophone Co Ltd [1909] AC 488.

(breach of contract) beruht.[1783] Auch hier ist wieder zu beachten, dass alle diese Schadensersatzansprüche grundsätzlich keinen Strafcharakter gegen den Schadensverursacher tragen sollen.

6.1.2. Grundlagen der Bemessung eines Schadensersatzanspruches (damages)

Die allgemeine Aussage, dass Schadensersatzansprüche (damages) kompensatorischer Natur sind, ist lediglich ein Ausgangspunkt bei der Bestimmung der Höhe dieses Anspruches. Es gibt verschiedene Ansatzpunkte und Maßstäbe, nach denen die Bemessung der Höhe erfolgen kann. Es ist jedoch unbestritten, dass die Grundlage eines Schadensersatzanspruches (damages) nicht durch den Gewinn des Schädigers, sondern durch den Verlust des Geschädigten bestimmt wird.[1784]

6.1.2.1. Erfüllungsinteresse als Bemessungsgrundlage (performance measure)

Prinzipiell ist die Zielvorgabe bei der Gewährung von Schadensersatz (damages), den Geschädigten so zu stellen, als wenn der Vertrag erfüllt worden wäre, soweit dies wirtschaftlich möglich ist.[1785] Der Geschädigte kann mithin auch eine Kompensation für Schäden verlangen, die als Folge der Vertragsverletzung (breach of contract) entstanden sind, wie z. B. entgangenen Gewinn.[1786]

Um festzustellen, was der Geschädigte erlangt hätte, wenn der Vertrag ordnungsgemäß erfüllt worden wäre, muss geprüft werden, welche Verpflichtungen genau aus dem Vertrag resultieren. Wo der Schädiger die

---

1783 Kpoharor v Woolwich Building Society [1996] 4 All ER 119; Malik v Bank of Credit & Commerce International SA [1998] AC 20, 52 f.; Johnson v Unisys Ltd [2001] 2 WLR 1076, 1096. Sich diesen Entscheidungen anschließend Semana Bachicha v Poon Shiu Man [2000] 2 HKLRD 833.

1784 Beatson, Jack (2002) S. 590.

1785 Robinson v Harman (1848) 1 Ex 850, 855.

1786 Friedmann, Daniel (1995) 111 LQR 628.

Wahl zwischen mehreren Möglichkeiten der Erfüllung hatte, wird der Schadensersatz (damages) nach der Möglichkeit bemessen, welche dem Geschädigten die geringsten Vorteile verschafft hätte.[1787]

In den meisten Fällen besteht der Verlust des Geschädigten in der Differenz zwischen dem Wert einer ordnungsgemäßen Vertragserfüllung und dem Wert der tatsächlich erfolgten Erfüllungshandlungen, der sogenannten 'Wertverringerung' (diminution in value).[1788] In bestimmten Fällen kann der Verlust auch anhand der Kosten bestimmt werden, die entstehen, wenn der Geschädigte die ordnungsgemäße Vertragserfüllung durch einen Dritten vornehmen lässt, die sogenannten 'Heilungskosten' (cost of cure).[1789] Letztere werden allerdings nur dann als Maßstab für einen Schadensersatzanspruch herangezogen, wenn sie nicht völlig außer Verhältnis zum erstrebten Zweck stehen; sind sie unangemessen hoch, sollte nur die Wertdifferenz den Maßstab bilden.[1790]

Darüber hinaus werden mittlerweile immer mehr Schadensersatzansprüche (damages) zugesprochen, auch wenn der Geschädigte zwar keinen finanziellen Schaden erlitten hat, weil kein Wertverlust feststellbar war, wenn jedoch eine berechtigte Erwartung des Geschädigten in die Vertragserfüllung enttäuscht wurde. So wurde im Fall Ruxley Electronics & Constructions Ltd v Forsyth dem Geschädigten allein aufgrund eines

---

1787 Bunge Corporation v Tradax Export SA [1981] 1 WLR 711, 731.

1788 Siehe auch Beatson, Jack (2002) S. 610.

1789 Radford v de Froberville [1977] 1 WLR 1262, 1269 f.; Ruxley Electronics & Constructions Ltd v Forsyth [1996] AC 344. Sind die Heilungskosten geringer als die Wertdifferenz, muss der Geschädigte sich aufgrund seiner Schadensminderungspflicht auf ersteres verweisen lassen.

1790 Ruxley Electronics & Constructions Ltd v Forsyth [1996] AC 344: Der Kläger war vertraglich verpflichtet, beim Beklagten einen Swimmingpool mit einem Tauchbereich von einer bestimmten Tiefe zu bauen. Nach Fertigstellung stellte sich heraus, dass der Tauchbereich (unwesentlich) flacher war, als vertraglich vereinbart. Dies berührte weder seine Eignung zum Tauchen noch den Wert des Swimmingpools, dagegen hätten die Kosten allein für den Ausbau des Pools bis zur vertraglich vereinbarten Tiefe den ursprünglich vereinbarten Preis noch überstiegen. Das House of Lords erkannte deshalb Heilungskosten nicht zu.

Annehmlichkeitsverlustes und obwohl das Werk keiner Wertminderung unterlag £ 2500 zugesprochen.[1791]

> „Pacta sunt servanda...In my opinion there would indeed something be wrong if, on the hypothesis that cost of reinstatement and the depreciation of value were the only available measures of recovery, the rejection of the former necessarily entailed the adoption of the latter...Having taken on the job the contractor is morally as well as legally obliged to give the employer what he stipulated to obtain, and this obligation ought not to be devalued."[1792]

Dies ist eine Reaktion auf die Einsicht, dass der wirtschaftliche Wert allein oft nicht ausschließlich maßgebend für die andere Vertragspartei ist. Einer Vielzahl von Verträgen kommen Nebeneffekte zu, wie beispielsweise die Steigerung von Annehmlichkeiten, die bei der Bemessung eines Schadensersatzanspruches (damages) mehr und mehr berücksichtigt werden, obwohl deren Bestimmung oft Schwierigkeiten bereitet.

6.1.2.2. Vertrauensinteresse als Bemessungsgrundlage (reliance measure)

Ein anderer Ausgangspunkt für die Bemessung eines Schadensersatzanspruches (damages) ist die Zugrundelegung der Kosten, die dem Geschädigten entstanden sind, weil er sich auf eine ordnungsgemäße Vertragserfüllung durch die andere Seite verlassen und deshalb in Erfüllung seiner eigenen vertraglichen Verpflichtungen bereits Ausgaben gehabt hat.[1793] Sogar Kosten, die in Erwartung eines Vertragsschlusses entstanden sind, können in einen solchen Schadensersatzanspruch (damages) einfließen, vorausgesetzt, die Parteien waren sich bei Vertragsschluss darüber im Klaren, dass diese Kosten bei einer Vertragsverletzung (breach of contract) hinfällig werden würden.[1794]

1791 Ruxley Electronics & Constructions Ltd v Forsyth [1996] AC 344.

1792 Ruxley Electronics & Constructions Ltd v Forsyth [1996] AC 344, 360, per Lord Mustill; Farley v Skinner [2001] 3 WLR 899, 913 ff.

1793 Beatson, Jack (2002) S. 599.

1794 Anglia Television Ltd v Reed [1972] QB 60.

Ein Geschädigter kann den Erfüllungsschaden und den Vertrauensschaden nicht kumulativ geltend machen. Dies würde bedeuten, dass er den gleichen Verlust zweimal kompensieren könnte.[1795] Jedoch existiert keine Festlegung der Bemessungsgrundlage des Schadensersatzanspruches (damages) auf bestimmte Arten der Vertragsverletzung (breach of contract). Der Geschädigte kann seinen Schadensersatzanspruch (damages) frei wählen. Mitunter ist es für ihn sogar günstiger, umsonst aufgewendete Kosten als Schadensersatz (damages) zu verlangen als entgangenen Gewinn, da letzterer hypothetisch und damit zum Teil schwer nachweisbar ist.[1796] Kann jedoch der Schädiger beweisen, dass der Geschädigte aus dem ordnungsgemäß erfüllten Vertrag gar nicht profitiert hätte, soll dieser auch nicht die Möglichkeit bekommen, durch die Geltendmachung eines Vertrauensschadens anstelle eines Erfüllungsschadens aus einem wirtschaftlich nachteiligen Geschäft so wenig verlustreich wie möglich 'auszusteigen'.[1797] In einem solchen Fall wird dem Geschädigten höchstens ein nominaler und damit eher symbolischer Schadensersatzanspruch zugesprochen werden, weil man davon ausgeht, dass der Vertrauensschaden dann vom Abschluss des verlustbringenden Vertrages und nicht von der Vertragsverletzung (breach of contract) herrührt.

6.1.2.3. Zinsen (interest)

Zahlt ein Schuldner auf eine Forderung bei Fälligkeit nicht oder verspätet an den Gläubiger, trifft ihn nach dem Common Law grundsätzlich keine Pflicht, Zinsen für die Zeit zu zahlen, in der nicht geleistet worden war, es sei denn, die Zahlung von Zinsen ist ausdrücklich im Vertrag vereinbart worden oder sie lässt sich stillschweigend aus den zwischen den Parteien üblichen Geschäftsabläufen[1798] bzw. aus Handelsbräuchen[1799] ableiten. Allerdings haben die Gerichte aufgrund der Supreme Court

---

1795 Cullinane v British 'Rema' Manufacturing Co Ltd [1954] 1 QB 292.

1796 Anglia Television Ltd v Reed [1972] QB 60; McRae v Commonwealth Disposals Commission (1950) 84 CLR 377.

1797 CCC (London) Films Ltd v Impact Quadrant Films Ltd [1985] QB 16.

1798 Re Marquis of Angelsey [1901] 2 Ch 548.

1799 Dies ist z. B. bei Bankeinlagen der Fall.

Ordinance sowie der Rules of the Supreme Court die Möglichkeit, Zinsen auf Schulden und Schadensersatz (damages) nach ihrem Ermessen zu gewähren.[1800]

Ähnlich verhält es sich mit der Gewährung von Zinseszinsen (compound interest) im Rahmen von Schadensersatzansprüchen.[1801] So verweigerte in der englischen Entscheidung Westdeutsche Landesbank Girozentrale v Islington das Gericht die Gewährung von Zinseszinsen.[1802] Hier befindet sich der Court of Final Appeal Hongkongs allerdings nicht in Übereinstimmung mit dem House of Lords. In der Entscheidung China Everbright – IHD Pacific Ltd v Ch'ng Poh[1803] äußerte Lord Millet NPJ die Ansicht, dass sich durch die Entscheidung Westdeutsche Landesbank Girozentrale v Islington LBC eine unbefriedigende Situation herausgebildet hat, welche nicht mit den Hongkonger Umständen zu vereinen sei:

> „The position in Hong Kong is not necessarily the same. Its history and social attitudes...may be different...I do not think that our Court of Final Appeal should necessarily feel constrained by the majority decision in Westdeutsche Landesbank Girozentrale v Islington London Borough Council [1996] AC 669 to abstain from developing the law in a manner suited to local needs. The question does not arise for decision in the present case, and its determination must await a more appropriate case in the future. Such a case can be fully argued on the basis of Hong Kong conditions, and will raise the question, not whether change should be left to the English Parliament, but whether it should be left to the Legislative Council of Hong Kong. The policy considerations may well not be the same."[1804]

1800 Supreme Court Ordinance, Cap 4 s 48 sowie Rules of the Supreme Court, Cap 4A O 37 r10 (8): "The Court may include in an award of further damages simple interest at such rate as it thinks fit on all or any part thereof for all or any part of the period between the date of notification of the plaintiff's intention to apply for further damages and the date of the award."

1801 Die gleichen Grundsätze gelten auch für die Restitution bzw. ungerechtfertigte Bereicherung (unjust enrichment).

1802 Westdeutsche Landesbank Girozentrale v Islington LBC [1996] 2 AC 669.

1803 China Everbright – IHD Pacific Ltd v Ch'ng Poh [2003] 2 HKLRD 594.

1804 China Everbright – IHD Pacific Ltd v Ch'ng Poh [2003] 2 HKLRD 594, 626, per Lord Millet NPJ.

6.1.3. Kausalität (causation)

Um einen Schadensersatzanspruch geltend machen zu können, muss der Geschädigte nachweisen, dass die Vertragsverletzung (breach of contract) durch die andere Partei tatsächlich zu seinem Schaden geführt hat.[1805] Letztendlich verfolgen die Gerichte bei der Feststellung, ob eine Vertragsverletzung (breach of contract) die Ursache für einen entstandenen Schaden war, einen weiten Ansatz und berufen sich auf den 'common sense'[1806] bei der Interpretation der Tatsachen. Es gibt jedoch einige Regelungen im Common Law, die als Grundlage der Interpretation dienen können. So ist es allgemein anerkannt, dass der Kausalitätszusammenhang zwischen Verletzungshandlung und Schaden nicht unterbrochen wird, wenn der Eintritt eines hinzutretenden und den Schaden verändernden oder vertiefenden Ereignisses wahrscheinlich war.[1807] Entsteht dem Geschädigten ein Schaden, der zum Teil auf einer Vertragsverletzung (breach of contract) des Vertragspartners und zum Teil auf anderen Faktoren, wie z. B. den Handlungen Dritter beruht, kann der Geschädigte unter Umständen dennoch einen Schadensersatzanspruch (damages) gegen den Vertragspartner geltend machen. Dies ist dann der Fall, wenn die Handlung des Dritten vorhersehbar (forseeable) war.[1808] Gibt jedoch z. B. ein Rechtsanwalt in rechtswidriger Weise sein Mandat in einer Sache ab und verteidigt sich der ehemalige Mandant aufgrund fehlender Beratungsalternativen nur unzureichend, indem er u.a. einen fehlerhaften Antrag stellt, so ist diese Handlung des Mandanten nicht wahrscheinlich, der Kausalzusammenhang hier nicht mehr gegeben und die Mandatsabgabe nicht die Ursache für den verlorenen Prozess.[1809]

1805 Galoo Ltd v Bright Grahame Murray [1994] 1 WLR 1360; Young v Purdy [1997] PNLR 130; Richlam Trading Co Ltd v Ashley Trading Ltd HCA 11394/1999 (27. März 2001) – unrep.

1806 Galoo Ltd v Bright Grahame Murray [1994] 1 WLR 1360, 1374 f.

1807 Monarch Steamship Co Ltd v Karlshamms Oljefabriker (A/B) [1949] AC 196.

1808 De la Bere v Peason Ltd [1908] 1 KB 280, 288 ff.

1809 Young v Purdy [1997] PNLR 130; Galoo Ltd v Bright Grahame Murray [1994] 1 WLR 1360, 1374 f.

Im Common Law wird grundsätzlich keine Quotelung oder Reduzierung eines Schadensersatzanspruches (damages) vorgenommen, wenn beide Vertragsparteien an der Entstehung des Schadens mitgewirkt haben. Entweder ist dem Kläger ein Schadensersatzanspruch (damages) in voller Höhe zuzusprechen oder gar nichts.[1810] So kann der Geschädigte, wenn sein Schaden zum Teil auf einer Vertragsverletzung (breach of contract) des Schädigers und zum Teil auf des Geschädigten ureigenstem Verhalten beruht, letzterer trotzdem einen vollen und nicht einen geminderten Schadensersatz (damages) erhalten, es sei denn, sein Verhalten hat den Kausalzusammenhang vollständig unterbrochen.[1811]

Um diesen Zustand zu beseitigen, wurde in Hongkong eine gesetzliche Regelung, allerdings nur für das Deliktsrecht (law of torts) geschaffen. Danach lässt ein Mitverschulden der geschädigten Vertragspartei deren Schadensersatzanspruch (damages) nicht vollständig entfallen. Vielmehr kann ein Gericht nach seinem Ermessen der geschädigten Partei einen geminderten Schadensersatz (damages) zusprechen, unter Berücksichtigung des Anteils des Verschuldens der geschädigten Partei an der Entstehung des Schadens.[1812] Fraglich ist jedoch, ob diese Regelung auch bei Vertragsverletzungen (breach of contract) Anwendung findet. Nach herrschender Ansicht ist dies zumindest der Fall, wenn die Verletzungshandlung gleichzeitig eine Vertragsverletzung (breach of contract) und eine deliktische Handlung (tort) darstellt.[1813]

6.1.4. Zurechenbarkeit des Schadens (remoteness of damages)

Auch wenn der Kausalzusammenhang (causation) bejaht wurde, bedeutet dies nicht automatisch, dass den Schädiger nunmehr eine Haftung für alle Schäden trifft, die dem Geschädigten als Folge der Vertragsverletzung (breach of contract) entstanden sind. Einige Schäden

---

1810 Ho, Betty M. (1999) S. 460.

1811 Lambert v Lewis [1982] AC 225; Beoco Ltd v Alfa Laval Co Ltd [1995] QB 137; County Ltd v Girozentrale Securities [1996] 3 All ER 834

1812 Law Amendment and Reform (Consolidation) Ordinance, Cap. 23 s 21.

1813 Youell v Bland Welch & Co Ltd, The Superhulls Cover Case (No 2) [1990] 2 Lloyd's Rep 431, 459 f. Siehe dazu ebenfalls Ho, Betty M. (1999) S. 461.

können so 'abwegig' oder 'fernliegend' (remote) sein, dass sie nicht mehr dem Schädiger zugerechnet werden können. Hier ergeben sich häufiger Schwierigkeiten als bei der Bestimmung des Kausalzusammenhangs.

Wegweisende Entscheidung bei der Bestimmung der Zurechenbarkeit ist noch immer Hadley v Baxendale,[1814] die allerdings durch nachfolgende Entscheidungen konkretisiert und verfeinert wurde. Diese statuiert, dass ein Schadensersatzanspruch (damages) einer Vertragspartei aufgrund einer Vertragsverletzung (breach of contract) durch die andere Vertragspartei nur dann entsteht, wenn die Schäden solcher Art sind, dass sie

a) natürlicherweise bei einem normalen Verlauf der Dinge aus einer solchen Vertragsverletzung (breach of contract) entstehen („may fairly and reasonably be considered arising naturally, i.e., according to the usual course of things"[1815]), oder aber sie sind

b) solcherart, dass nach den Regeln der Vernunft angenommen werden kann, dass ihr Eintritt durch die Vertragsparteien zum Zeitpunkt des Vertragsschlusses in Erwägung gezogen worden ist („such as may reasonably be supposed to have been in the contemplation of both parties at the time they made the contract“[1816]), vorausgesetzt, dass ihr Eintritt in beiden Fällen eine wahrscheinliche (probable)[1817] Folge der Vertragsverletzung (breach of contract) war.[1818]

Die Folge diese Regel wurde ebenfalls in der Entscheidung Hadley v Baxendale durch Alderson B. so formuliert:

> „[I]f the special circumstances under which the contract was actually made were communicated by the plaintiffs to the defendants, and thus known to both parties, the damages resulting from the breach of such a contract, which they would reasonably contemplate, would be the

---

1814 Hadley v Baxendale (1854) 9 Ex 341.

1815 Hadley v Baxendale (1854) 9 Ex 341, 354.

1816 Hadley v Baxendale (1854) 9 Ex 341, 354.

1817 'Wahrscheinlich' (probable) bedeutet hier wohl nicht mehr als das Bestehen einer Möglichkeit. So auch Lord Dunedin in R & H Hall Ltd v WH Pim (Junior) & Co Ltd (1927) 33 Com Cas 324, 330.

1818 Hadley v Baxendale (1854) 9 Ex 341, 354.

> amount of injury which would ordinarily follow from a breach of contract under these special circumstances so known and communicated. But, on the other hand, if these special circumstances were wholly unknown to the party breaking the contract, he, at the most, could only be supposed to have had in his contemplation the amount of injury which would arise generally, and in the great multitude of cases not affected by any special circumstances, from such a breach of contract. For, had the special circumstances been known, the parties might have specially provided for the breach of contract by special terms as to the damages in that case; and of this advantage it would be very unjust to deprive them."[1819]

In zwei späteren Präzedenzfällen wurde die obige Regel interpretiert und verfeinert. In Victoria Laundry (Winsor) Ltd v Newman Industries Ltd[1820] wurde versucht, die zwei Aspekte der Regel in Hadley v Baxendale, welche letztendlich nur die Ausprägung eines einzigen Grundsatzes sind,[1821] transparenter zu machen. Allgemein wurde formuliert, dass die geschädigte Partei nur insoweit Schadensersatz (damages) aufgrund einer Vertragsverletzung (breach of contract) verlangen kann, wie zum Zeitpunkt des Vertragsschlusses für die Parteien in angemessener Weise vorhersehbar war.[1822] Was zu diesem Zeitpunkt angemessenerweise vorhersehbar war, hängt vom Wissensstand der Parteien bei Vertragsschluss ab. Dieses Wissen besteht zum einen in einer tatsächlichen, positiven Kenntnis von den Umständen, und zum anderen in der Kenntnis, die ein vernünftiger Mensch hinsichtlich des 'normalen Laufs der Dinge' (ordinary course of things) haben muss.[1823] Damit ist der erste Aspekt der zwei-

1819 Hadley v Baxendale (1854) 9 Ex 341, 354 f., per Alderson B.

1820 Victoria Laundry (Winsor) Ltd v Newman Industries Ltd [1949] 2 KB 528: Die Klägerin, eine Wäscherei und Färberei, beabsichtigte, ihr Geschäft zu erweitern und erwarb deshalb von der Beklagten einen neuen Durchlauferhitzer. Dieser sollte am 5. Juni geliefert werden, aufgrund einer Beschädigung wurde er jedoch erst im November geliefert. Die Klägerin klagte auf Schadensersatz aus entgangenen Gewinn, den sie erlangt hätte, wenn der Durchlauferhitzer rechtzeitig geliefert worden wäre. Der Court of Appeal revidierte ein Urteil eines Untergerichts, welches der Klägerin diesen entgangenen Gewinn nicht zugesprochen hatte.

1821 Koufos v C Czarnikow Ltd [1969] 1 AC 350.

1822 Koufos v C Czarnikow Ltd [1969] 1 AC 350, 385, 415.

1823 Dies entspricht in etwa der fahrlässigen Unkenntnis im deutschen Recht.

gliedrigen Regel abgedeckt. Dazu kann aber auch möglicherweise die Spezialkenntnis von darüber hinaus gehenden Tatsachen und besonderen Umständen außerhalb des 'normalen Laufs der Dinge' kommen, die nur demjenigen bekannt sind, der die Verletzungshandlung begeht. Dann greift der zweite Aspekt der Regel ein und gewährleistet, dass auch weitere Schäden ersetzbar sind. Der Schädiger muss dabei nicht genau wissen, welche Schadensersatzansprüche (damages) auf ihn im Falle einer Vertrags-verletzung (breach of contract) zukommen; es genügt, wenn er annehmen konnte, dass ein solcher Schaden zu einem Schadensersatzanspruch (damages) führt. Darüber hinaus muss der Schädiger nicht den Eintritt des Schadens selbst voraussehen. Die Vorhersehbarkeit einer 'ernsthaften Möglichkeit' (serious possibility) oder auch 'realen Gefahr' (real danger) des Schadenseintritts reicht in diesem Falle aus. Die Ausführungen in Victoria Laundry (Windsor) Ltd v Newman Industries Ltd wurden in einer weiteren Entscheidung des House of Lords bestätigt[1824] und finden in Hongkong Anwendung.[1825]

In H Pasons (Livestock) Ltd v Uttley Ingham & Co Ltd[1826] wurden die Aussagen der oben aufgeführten Präzendenzfälle jedoch relativiert. Lord Denning äußerte die Ansicht, dass die Erklärungen des House of Lords in Koufos v C Czarnikow Ltd auf Fälle beschränkt seien, in denen der Geschädigte Ersatz für einen wirtschaftlichen Schaden oder auch für entgangenen Gewinn begehre. Seiner Ansicht nach müssen bei Schadensersatzansprüchen (damages) für Sachschäden bzw. daraus resultierende Aufwendungen des Geschädigten die gleichen Grundsätze wie im Deliktsrecht (law of torts) gelten.[1827] Dort existiert zwar auch die Regel, dass für nicht zurechenbare Schäden kein Schadensersatz verlangt werden kann. Allerdings genügt für die Bejahung eines Schadensersatzanspruches (damages) bereits, dass der Schädiger zum Zeitpunkt der Verletzungshandlung den Eintritt des Schadens angemessenerweise

---

1824 Koufos v C Czarnikow Ltd [1969] 1 AC 350, 385, 415.

1825 Oriental Air Transport Service Ltd v Cargocare Hong Kong [2001] 2 HKLRD 79, 87, wo ein Schadensersatzanspruch auf Zinsen mangels Kenntnis der besonderen Umstände, die zum Schadensersatz führten, verneint wurde.

1826 H Pasons (Livestock) Ltd v Uttley Ingham & Co Ltd [1978] 1 QB 791.

1827 H Pasons (Livestock) Ltd v Uttley Ingham & Co Ltd [1978] 1 QB 791; 803 f.

habe vorhersehen können, wobei eine geringe Möglichkeit (slight possibility) bereits dafür ausreicht. Probleme bereiten diese Unterschiede zwischen den Voraussetzungen im Deliktsrecht (law of torts) und im Vertragsrecht im Besonderen, wenn beide Ansprüche nebeneinander bestehen. Klagt eine Vertragspartei auf Schadensersatz (damages) aus Vertrag, auch wenn sie einen Anspruch aus Delikt (tort) hat, so ist sie schlechter gestellt, weil die Voraussetzungen im Vertragsrecht enger sind als im Deliktsrecht (law of torts).[1828]

Lord Scarman formulierte deshalb in der Entscheidung H Pasons (Livestock) Ltd v Uttley Ingham & Co Ltd,[1829] dass eine Differenzierung zwischen dem Deliktsrecht mit seiner Prüfung, ob eine Zurechenbarkeit des Schadens gegeben ist, wenn dieser 'reasonably foreseeable' ist und dem Vertragsrecht mit der Frage nach der 'reasonable contemplation' rein sprachlicher, nicht jedoch inhaltlicher Natur sei.

> „[I]t [is] absurd that the test for remoteness of damages should, in principle, differ according to the legal classification of the cause of action, though one must recognise that parties to a contract have the right to agree on a measure of damages which may be greater, or less, than the law would offer in the absense of agreement ...[N]onwithstanding the interpretation put on some dicta in C Czarnikow Ltd v Koufos [1969] AC 350, the law is not so absurd to differentiate between contract and tort save in situations where the agreement, or the factual relationship, of the parties with each other requires it in the interest of justice."[1830]

Nunmehr wird die in Hadley v Baxendale aufgestellte zweigliedrige Regel lediglich als Maßstab für den Kenntnisstand der vertragsschließenden Parteien in verschiedenen Situationen verstanden. Bei einem normalen Lauf der Dinge (ordinary course of things) genügt es, wenn ein Schaden angemessenerweise als natürliche Folge einer Vertragsverletzung (breach of contract) vorhersehbar war.[1831] Ein Schaden, welcher

---

1828 Ho, Betty M. (1999) S. 464.

1829 H Pasons (Livestock) Ltd v Uttley Ingham & Co Ltd [1978] 1 QB 791

1830 H Pasons (Livestock) Ltd v Uttley Ingham & Co Ltd [1978] 1 QB 791, 806 f., per Scarman LJ.

1831 Hadley v Baxendale (1854) 9 Ex 341, 354.

aus den normalen Geschäftsabläufen der Parteien resultiert, wird niemals zu fernliegend und damit nicht zurechenbar sein, da vermutet wird, dass die Parteien ihn in ihren Überlegungen in Betracht gezogen haben.[1832] Ein ordentlicher Geschäftsmann muss die gewöhnlichen Praktiken, Verfahrensweisen und Anforderungen des Geschäfts der anderen Partei berücksichtigen.[1833] So wird der Verkäufer aus einem Kaufvertrag schadensersatzpflichtig, wenn er einen Gegenstand bzw. wichtige Teile dafür nicht oder verspätet liefert, die eindeutig dazu bestimmt und geeignet sind, Gewinne zu erwirtschaften.[1834] Der Schadenseintritt ist dann für die vertragsbrüchige Partei bei einem normalen Verlauf der Dinge eindeutig vorhersehbar. Bei Transportverträgen über Gegenstände, die einem Marktwert unterliegen und wiederverkauft werden sollen, ist für die vertragsbrüchige Partei ebenfalls erkennbar, dass bei einer Verzögerung aufgrund der Fluktuationen des Marktes eine Abwertung erfolgen und deshalb ein Schaden eintreten kann. Die vertragsbrüchige Partei hat deshalb den Schaden zu ersetzen, welcher in der Differenz zwischen dem Marktpreis am Tag der urspünglich vereinbarten Lieferung und dem Marktpreis am Tag der tatsächlichen Übergabe besteht.[1835]

Dieser erste Aspekt der zweigliedrigen Regel deckt jedoch nicht die Fälle ab, in denen der Schadenseintritt eine Folge besonderer Umstände ist. Hier greift der zweite Aspekt der Regel ein. In Situationen, in denen besondere Umstände zu einem Schadenseintritt aufgrund einer Vertragsverletzung (breach of contract) führen, kann die geschädigte Partei nur dann einen Schadensersatzanspruch (damages) gegen die vertragsbrüchige Partei geltend machen, wenn letztere die besonderen Umstände, aus denen der Schaden letztlich erwachsen ist, zum Zeitpunkt des Vertragsschlusses entweder kannte[1836] oder angemessenerweise vermutet

---

1832 Monarch Steamship Co Ltd v Karlshamms Oljefabriker (A/B) [1949] AC 196.

1833 Bulk Oil v Sun International [1984] 1 Lloyd's Rep 531, 544.

1834 Victoria Laundry (Winsor) Ltd v Newman Industries Ltd [1949] 2 KB 528.

1835 Koufos v C Czarnikow Ltd [1969] 1 AC 350.

1836 Hadley v Baxendale (1854) 9 Ex 341; Victoria Laundry (Winsor) Ltd v Newman Industries Ltd [1949] 2 KB 528. Vgl. nunmehr auch Jackson v Royal Bank of Scotland Unrep. Lexis Transcript (28. Juni 2000) (CA England). Zustimmend zitiert in Hongkong in

werden darf, dass die Parteien diese Umstände bei Vertragsschluss in ihre Überlegungen einbezogen haben.[1837] So entschied das Gericht in British Columbia etc. Saw-Mill Co Ltd v Nettleship:[1838]

> "[T]he defendant is a carrier, and not a manufacturer of goods supplied for a particular purpose...He is not to be made liable for damages beyond what may fairly be presumed to have been contemplated by the parties at the time of entering into the contract. It must be something which could have been foreseen and reasonably expected, and to which he has assented expressly or impliedly by entering into the contract."[1839]

Es gibt eine, jedoch sehr umstrittene, Ansicht, dass über die Kenntnis der speziellen Umstände hinaus sich die vertragsbrüchige Partei bereits

---

der Entscheidung Richlam Trading Co Ltd v Ashley Trading Ltd, HCA 011394/1999 (27. März 2001) – unrep.

1837 Simpson v London and North Western Railway Company (1876) 1 QBD 274: Der Kläger stellte Geräte her, welche er gewöhnlich auf landwirtschaftlichen Ausstellungen der Öffentlichkeit präsentierte. Nach Beendigung einer solchen Ausstellung betraute er einen Vertreter der Beklagten mit dem Transport einiger Ausstellungsstücke nach Newcastle, wo sie ebenfalls ausgestellt werden sollten. Auf den Unterlagen vermerkte er, dass die Gegenstände unbedingt am 'Montag' in Newcastle sein müssten. Aufgrund Verschuldens der Beklagten kamen die Stücke zu spät in Newcastle an, um noch auf der Ausstellung gezeigt werden zu können. Der Kläger forderte daraufhin von der Beklagten Schadensersatz für entgangenen Gewinn, den er bei der Ausstellung hätte erhalten können.

1838 British Columbia etc. Saw-Mill Co Ltd v Nettleship (1868) LR 3 CP 499: Bei diesem Fall sollte der Beklagte aufgrund eines Transportvertrages eine bestimmte Anzahl mit Kisten, welche Maschinenteile für den Aufbau einer Sägemühle enthielten, nach Vancouver transportieren. Eine der Kisten lieferte er nicht an. Er war sich dabei nicht darüber im Klaren, dass gerade diese Kiste ein wesentliches Teil enthielt, ohne welches die Sägemühle nicht in Betrieb genommen werden konnte. Der Kläger verlangte daraufhin Schadensersatz für das verlorengegangene Teil sowie für den Schaden, der aufgrund des Arbeitsstopps wegen des fehlenden Teils entstanden war. Das Gericht gestand ihm lediglich Schadensersatz für den Verlust des Maschinenteils zu, nicht jedoch für die zeitliche Verzögerung.

1839 British Columbia etc. Saw-Mill Co Ltd v Nettleship (1868) LR 3 CP 499, 505 f., per Bovill CJ. Dagegen befand das Gericht in Simpson v London and North Western Railway Company (1876) 1 QBD 274 die Beklagte für einen aus einem Verzug resultierenden Schaden schadensersatzpflichtig. Der Vertreter der Beklagten hatte Kenntnis von den besonderen Umständen, welche hier in der Dringlichkeit des Transports der Gegenstände zu einer bestimmten Ausstellung lagen. Sie hat deshalb einen Schaden, der aus der Verspätung resultierte, in Betracht ziehen müssen.

bei Vertragsabschluss entweder ausdrücklich (express) oder stillschweigend (implied) damit einverstanden erklärt haben muss, die Haftung für solche außergewöhnlichen Schäden zu übernehmen.[1840] Dieser Theorie von der zusätzlichen vertraglichen Verpflichtung wird jedoch weithin nicht gefolgt.[1841] Grundsätzlich wird angenommen, dass die Kenntnis oder das Kennenmüssen dieser besonderen Umständen genügt, um die vertragsbrüchige Partei haften zu lassen.[1842]

6.1.5. Schadensminderungspflichten (mitigation of damages)

Entsteht einer Partei aufgrund einer Vertragsverletzung (breach of contract) durch die andere Partei ein Schaden, so muss sie alle notwendigen und angemessenen Schritte unternehmen, um den Schaden so gering wie möglich zu halten.[1843] Die geschädigte Partei kann gegen die vertragsbrüchige Partei keinen Schadensersatzanspruch geltend machen, wenn der Schaden letztendlich nicht auf der Verletzungshandlung, sondern auf ihrem eigenen Verhalten nach der Verletzungshandlung beruht.[1844]

Die geschädigte Partei muss zur Schadensverringerung 'angemessen' (reasonable) handeln. Ob eine Handlung 'angemessen' ist, ist eine Frage der tatsächlichen Umstände. So haben es die Gerichte als ange-

---

1840 British Columbia etc. Saw-Mill Co Ltd v Nettleship (1868) LR 3 CP 499, 509.

1841 Koufos v C Czarnikow Ltd [1969] 1 AC 350, 422.

1842 Patrick v Russo-British Grain Export Co Ltd [1972] 2 KB 535, 540.

1843 Bridge, Michael (1989) 105 LQR 398. Oft wird von einer 'Pflicht' der geschädigten Partei gesprochen, den Schaden so gering wie möglich zu halten. Dies ist jedoch irreführend. Die geschädigte Partei darf natürlich so handeln, wie es sie im eigenen Interesse am besten dünkt. Der Geschädigte kann lediglich, wenn er seine 'Pflicht' zur Schadensminderung nicht angemessen erfüllt, keinen oder nur einen eingeschränkten Schadensersatzanspruch gegen den Schädiger geltend machen. Eine Verletzung der Schadensminderungspflicht stellt somit ein Verschulden gegen sich selbst dar. Vgl. dazu auch Sotiros Shipping Inc v Sameiet Solholt [1983] 1 Lloyd's Rep 605.

1844 British Westinghouse Electric Co Ltd v Underground Electric Rys Co of London Ltd [1912] AC 673, 689. Kann der Verkäufer jedoch nach einem Deckungsverkauf an einen Dritten von diesem nicht den Kaufpreis erlangen, so kann er sich an die ursprüngliche vertragsbrüchige Partei halten: Shum Yip – UTC (HK) Co Ltd v Master Co [2000] 2 HKLRD 809, 816.

messen erachtet, dass eine geschädigte Partei Aufwendungen erbrachte, indem sie einen defekten Rotor durch einen gemieteten ersetzte.[1845] Ebenso wurden Prozesskosten für einen Rechtsstreit mit einem Dritten[1846] und Kosten für Werbung zur Sicherung des Unternehmensrufes[1847] als angemessen bezeichnet. Verweigert ein Verkäufer eine fällige Lieferung, kann der Käufer dann keinen Schadensersatz (damages) verlangen, wenn er den Schaden nicht durch einen Deckungskauf gemindert hat, soweit die fragliche Ware erhältlich war.[1848] Unter Umständen kann der Geschädigte sogar verpflichtet sein, ein angemessenes Angebot des Schädigers anzunehmen, um den Schaden gering zu halten.[1849] Die Verpflichtung geht jedoch nicht weiter, als es den normalen Geschäftsabläufen entspricht. Es besteht z. B. keine Verpflichtung des Käufers, Waren von geringerer Qualität zu akzeptieren[1850] oder seine geschäftliche Reputation aufs Spiel zu setzen.[1851] Eine Kürzung des Schadensersatzanspruches findet allerdings nicht statt, wo eine Schadensminderung finanziell zu aufwendig und es der geschädigten Partei aufgrund Geldmangels nicht möglich und zumutbar war, den Schaden zu mindern.[1852]

6.1.6. Bemessung von Schadensersatzansprüchen in Warenkaufverträgen

Bei der Bewertung von Schadensersatzansprüchen (damages) in Kaufverträgen gelten einige Besonderheiten. Diese rühren u.a. daher, dass

---

1845 Bacon v Cooper (Metals) Ltd [1982] 1 All ER 397.

1846 Maritime Transport Overseas GmbH v Unitramp Salen Rederierna AB, The Antaios [1981] 2 Lloyd's Rep 284, 299.

1847 Holden Ltd v Bostock & Co Ltd (1902) 18 TLR 317.

1848 Kaines (UK) v Oesterreichische Warenhandelsgesellschaft Austrowaren Gesellschaft mbH [1993] 2 Lloyd's Rep 1; Coastal (Bermuda) Petroleum Ltd v VTT Vulcan Petroleum (No 2), The Marine Star [1994] 2 Lloyd's Rep 629, 635.

1849 Sotiros Shipping Inc v Sameiet Solholt [1983] 1 Lloyd's Rep 605.

1850 Heaven & Kesterton Ltd v Etablissements Francois Albiac & Cie [1956] 2 Lloyd's Rep 316.

1851 Finlay (James) & Co Ltd v NV Kwik Hoo Tong HM [1929] 1 KB 400.

1852 Clippens Oil Co Ltd v Edinburgh & District Water Trustees [1907] AC 291, 303; Alcoa Minerals of Jamaica Inc v Broderick [2000] 3 WLR 23, 31 f.

das Kaufrecht auch in Hongkong gesetzlich durch die Sale of Goods Ordinance geregelt ist.[1853]

6.1.6.1. Nichtleistung und Verzug

Die Sections 52 und 53 der Sale of Goods Ordinance spiegeln dabei deutlich die oben dargestellten und erklärten Prinzipien wider:

> „The measure of damages is the estimated loss directly and naturally resulting, in the ordinary course of events, from the buyer's breach of contract"[1854]

> "Where there is an available market for the goods in question, the measure of damages is prima facie to be ascertained by the difference between the contract price and the market or current price at the time or times when the goods ought to have been accepted, or, if no time was fixed for acceptance, then at the time of the neglect or refusal to accept."[1855]

Bei einem Kaufvertrag besteht für den Käufer die Verpflichtung, die angebotene Ware auch anzunehmen. Tut er dies nicht, konstituiert die Verweigerung der Annahme (non-acceptance) eine Vertragsverletzung (breach of contract), aus der Schadensersatzansprüche des Verkäufers resultieren können.[1856] Hier wird der Schadensersatzanspruch (damages) nach der Differenz zwischen dem vertraglich vereinbarten Preis und

---

1853 Obwohl in der vorliegenden Arbeit hauptsächlich die Grundsätze des Common Law untersucht werden, sollen hier doch einige Anmerkungen dazu gemacht werden. Zum einen betrifft es eine wichtige vertragsrechtliche Materie, zum anderen aber hat sich um die gesetzlichen Regelungen herum eine relativ große Anzahl von Entscheidungen zur Klarstellung der gesetzlichen Regelungen gebildet, womit wiederum Rekurs auf das Common Law genommen wird.

1854 Sale of Goods Ordinance, Cap 26 s 52 (2) bezogen auf die Nichtannahme; Section 53(2), welcher sich auf die Nichtleistung durch den Verkäufer bezieht, ist fast wortgleich, lediglich 'the buyer's breach' wurde durch 'the seller's breach' ersetzt.

1855 Sale of Goods Ordinance, Cap 26 s 52 (3), bezieht sich auf die Nichtannahme durch den Gläubiger. Section 53(3), welcher sich wiederum auf die Nichtleistung durch den Schuldner bezieht, ist auch hier wieder fast wortgleich. Die Worte 'ought to have been accepted' wird dort durch 'ought to have been delivered', 'fixed for acceptance' durch 'fixed for delivery' und 'refusal to accept' durch 'refusal to deliver' ersetzt.

1856 Sale of Goods Ordinance, Cap 26 s 52 (3).

dem Marktpreis zum Zeitpunkt der vertraglich vereinbarten Annahme bestimmt. Besteht keine solche Differenz, dann kommt es für das Entstehen eines Schadensersatzanspruches darauf an, ob eine andere Art von Schaden eingetreten ist, wie z. B. eine Verringerung des Umfangs der Verkäufe.[1857] Kann auch ein solcher Schaden nicht festgestellt werden, z. B. weil die Nachfrage größer ist als das Angebot, ist der Verkäufer wegen der Verweigerung der Annahme nicht zur Geltendmachung eines Schadensersatzanspruches berechtigt. Ihm wird dann meist nur ein nominaler, also symbolischer Schadensersatz zugesprochen.[1858]

Befindet sich der Käufer im Annahmeverzug (delay), kann auch hier ein Schadensersatzanspruch (damages) des Verkäufers für alle Schäden entstehen, die auf dem Annahmeverzug beruhen inklusive Lagerungs- und Erhaltungskosten für die Kaufsache während des Annahmeverzugs.[1859] Die Höhe des Schadensersatzanspruches bestimmt sich wieder nach den oben dargelegten Regeln.

Bei einer Nichtleistung (non-delivery) des Verkäufers kann der Käufer ebenfalls die Differenz zwischen dem vertraglich vereinbarten Preis und dem Marktpreis zum Zeitpunkt der endgültigen Nichtleistung als Schaden ersetzt verlangen. Hat der Käufer vorgehabt, die Vertragsgegenstände weiterzuveräußern und ohne Wissen des Verkäufers bereits einen Vertrag über den Weiterverkauf abgeschlossen, so ändert dies nichts an der Bemessung des Schadens, auch wenn der Wiederverkaufspreis niedriger oder gar höher liegt als der ursprüngliche Kaufpreis.[1860] War die Absicht des Weiterverkaufs der Gegenstände dem

1857 WL Thompson Ltd v Robinson (Gunmakers) Ltd [1955] Ch 177.

1858 Charter v Sullivan [1957] 2 QB 117.

1859 Sale of Goods Ordinance, Cap 26 s 53(3). Ein Verkäufer, welcher den Kaufpreis noch nicht erhalten hat, kann darüber hinaus verderbliche Güter sofort, und sämtliche Güter nach einer Information an den Käufer verkaufen (Deckungsverkauf) und vom Käufer die aufgrund der Vertragsverletzung (breach of contract) entstandenen Schäden ersetzt verlangen.

1860 William Bros v ET Agius Ltd [1914] AC 510; Great Western Ry v Redmayne (1866) LR 1 CP 329.

Verkäufer dagegen bekannt, kann sich dies dagegen auf die Berechnung des Schadensersatzes auswirken.[1861]

Bei einem Verzug (late delivery) des Verkäufers besteht der Schadensersatzanspruch des Käufers in der Differenz zwischen dem Marktpreis zum vorgesehenen und zum tatsächlichen Lieferzeitpunkt. Probleme ergeben sich dabei, wenn der Käufer die Gegenstände zu einem über dem Marktpreis liegenden Preis verkauft.[1862] Verringert der über Marktpreis liegende Weiterverkauf die Differenz und damit den Schaden, dann kann dies von der schädigenden Partei geltend gemacht werden. Ansonsten wäre der Käufer in der glücklichen Lage, dass er Schadensersatz für einen Schaden erhält, den er nie erlitten hat.[1863]

6.1.6.2. Verletzung einer unwesentlichen Vertragsbedingung (breach of warranty)

Wie oben bereits dargelegt, führt die Verletzung einer unwesentlichen Vertragsbedingung (breach of warranty) nicht zu einer Vertragsbeendigung. Die vertragstreue Partei kann nicht die Annahme der Vertragsgegenstände verweigern, sie kann allerdings Schadensersatzansprüche (damages) geltend machen.[1864] Entscheidend ist auch hier wieder die Art der Berechnung des Schadensersatzanspruches. Entsteht einer Partei aufgrund der Verletzung einer unwesentlichen Vertragsbedingung (warranty) ein Schaden, so besteht der Schadensersatz (damages) in der Differenz des Wertes, welchen die Ware zum Zeitpunkt der Lieferung an den Käufer tatsächlich hatte und welchen sie nach der vertraglichen Vereinbarung haben sollte.[1865]

1861 Coastal International Trading Ltd v Maroil AG [1988] 1 Lloyd's Rep 92.

1862 Wertheim v Chicoutimi Pulp Co Ltd [1911] AC 301.

1863 Wertheim v Chicoutimi Pulp Co Ltd [1911] AC 301, 307 f.

1864 Sale of Goods Ordinance, Cap 26 s 55(1) a). Alternativ kann die vertragstreue Partei auch eine Minderung des Kaufpreises bis zur vollständigen Verweigerung der Kaufpreiszahlung geltend machen: s 55(1) b).

1865 Sale of Goods Ordinance, Cap 25 s 55:
The measure of damages for breach of warranty is the estimated loss directly and naturally resulting, in the ordinary course of events, from the breach of warranty.

Grundsätzlich bleiben Weiterverkäufe, von denen der Verkäufer keine Kenntnis hat, auch hier unbeachtet.[1866] Wenn es jedoch in den Erwägungen der Vertragsparteien angemessenerweise Berücksichtigung finden durfte, dass wahrscheinlich ein solcher Weiterverkauf unter ähnlichen Vertragsbedingungen stattfinden würde, wird ein Gericht diesen Weiterverkauf auch in die Bemessung einbeziehen.[1867] Ein Käufer wird dann vom Verkäufer auch die Schäden ersetzt verlangen können, die ihm dadurch entstanden sind, dass er an den Wiederkäufer Schadensersatz (damages) leisten sowie dadurch, dass er sich möglicherweise gegen eine Klage des Wiederkäufers verteidigen muss.[1868]

Sieht sich der Käufer jedoch keinerlei Schadensersatzansprüchen von Seiten eines Wiederkäufers (mehr) ausgesetzt, kann er in diesem Fall auch nicht die Differenz zwischen dem Wert der vertragsgemäßen Ware und dem Wert der Ware, den sie durch die Verletzung der unwesentlichen Vertragsbedingung (warranty) hat, geltend machen.[1869] Der Court of Appeal Englands befand, dass lediglich die Haftung des Käufers Dritten, nämlich den Wiederkäufern gegenüber, den Maßstab für einen möglichen Schadensersatzanspruch (damages) bildet, wenn die Parteien beide vom Weiterverkauf Kenntnis haben.[1870] Auf diese Weise hätten die Parteien die Wertdifferenz als prima facie-Maßstab, vorgegeben durch Section 55(3) der Sale of Goods Ordinance, für sich abbedungen. Diese

In the case of breach of warranty of quality, such loss is prima facie the difference between the value of the goods at the time of delivery to the buyer and the value they would have had if they had answered to the warranty.The fact that the buyer has set up the breach of warranty in diminution or extinction of the price does not prevent him from maintaining an action for the same breach of warranty if he has suffered further damage.

1866 Slater v Hoyle & Smith Ltd [1920] 2 KB 11, 23; Bence Graphics Ltd v Fasson UK Ltd [1998] QB 87.

1867 Bence Graphics Ltd v Fasson UK Ltd [1998] QB 87.

1868 Hammon & Co v Bussey (1887) 20 QBD 79; vgl. jedoch auch Coastal International Trading Ltd v Maroil AG [1988] 1 Lloyd's Rep 92: Hier war der Weiterverkauf so ungewöhnlich und damit unvorhersehbar, dass ein entgangener Gewinn deshalb nicht zu einem Schadensersatzanspruch führte.

1869 Bence Graphics Ltd v Fasson UK Ltd [1998] QB 87

1870 Bence Graphics Ltd v Fasson UK Ltd [1998] QB 87

Argumentation ist von Seiten der Literatur kritisiert worden.[1871] Sicherlich muss den Kritikern zugestanden werden, dass der Käufer tatsächlich der Vorteile einer ordnungsgemäßen Erfüllung beraubt wurde. Des Weiteren hängt die Gewährung eines Schadensersatzes dann allein von der Tatsache ab, ob ein Wiederkäufer sich entschließt, gegen den Wiederverkäufer vorzugehen oder nicht. Allerdings spricht für die Entscheidung, dass die Höhe eines Schadensersatzanspruches sich grundsätzlich nach dem Verlust beim Käufer und nicht nach dem Gewinn einer anderen Partei richten soll. Beim Käufer jedoch hat dann kein Verlust bzw. Schaden mehr vorgelegen. Auch geht diese Sichtweise mit der Schadensminderungspflicht (duty to mitigrate damages) des Geschädigten einher.[1872] Dort kann der Geschädigte einen Schaden, welcher aufgrund seiner Handlungen abgewendet werden konnte, ebenfalls nicht geltend machen.

6.1.7. Pauschalierter Schadensersatz (agreed oder liquidated damages)

Vertragsparteien machen recht häufig von der Möglichkeit Gebrauch, bereits im Vertrag Vereinbarungen über mögliche Schadensersatzansprüche zu treffen, die im Falle einer Vertragsverletzung (breach of contract) greifen sollen. Diese Vereinbarungen verdrängen nicht das oben dargelegte Prinzip, dass Schadensersatzansprüche der Kompensation von erlittenen Schäden dienen. Es ist eine Frage der angemessenen Auslegung eines Vertrages, ob eine solche Klausel, wie auch immer sie bezeichnet sein mag, tatsächlich den zulässigen Versuch darstellt, einen noch nicht bezifferbaren, in der Zukunft liegenden möglichen Schaden auf ein gewisses Maß an quantitativer Gewissheit zu reduzieren, oder ob es sich dabei um eine Vertragsstrafe (penalty), welche nicht zulässig ist, handelt.[1873]

1871 Treitel, Guenther (1997) 113 LQR 188.

1872 Siehe dazu S. 444 f.

1873 Dunlop Pneumatic Tyre Co Ltd v New Garage and Motor Co Ltd [1915] AC 79.

Vertragsstrafen (penalties) sind im englischen und Hongkonger Recht grundsätzlich unzulässig und damit gerichtlich nicht durchsetzbar.[1874] Das Verbot, Vertragsstrafen vertraglich zu vereinbaren, resultiert aus Equity. Nach deren Regeln wurden als Vertragsstrafen vereinbarte pauschalierte Summen gekappt und lediglich soviel davon der geschädigten Partei zugesprochen, wie ihr tatsächlich als Schaden entstanden ist. Das Common Law hat eine ähnliche Haltung gegenüber Vertragsstrafen eingenommen.[1875] Danach sind sie nicht zulässig, unter gewissen Umständen können sie jedoch partiell durchsetzbar sein. Die Gerichte akzeptieren pauschal vereinbarte Schadensersatzklauseln, soweit sich erkennen lässt, dass es sich dabei zumindest um eine ungefähre Schätzung eines möglichen Schadens handelt, der wahrscheinlich eintreten könnte, sollte eine vertraglich beschriebene Vertragsverletzung (breach of contract) erfolgen. Aber auch wenn es sich nicht um eine Schätzung eines wahrscheinlichen Schadens handelt, werden die Gerichte die vertraglich festgelegte pauschale Schadensersatzsumme akzeptieren, wenn diese geringer ist als ein bei Vertragsverletzung (breach of contract) möglicherweise eintretender Schaden.[1876] Ist die Summe allerdings schikanös (in terrorem) vereinbart worden, wird sie als reine Vertragsstrafe (penalty) verstanden und ist damit nicht vollstreckbar.[1877]

6.1.7.1. Auslegungsregeln (rules of construction)

Wie bereits erwähnt, erfolgt die Einordung einer vertraglichen Bestimmung als Vertragsstrafe (penalty) oder pauschalierter Schadensersatz (liquidated damages) durch Vertragsauslegung, wobei jeweils sowohl die Vertragsbedingungen als auch die äußeren Umstände des Vertrages be-

---

1874 Dunlop Pneumatic Tyre Co Ltd v New Garage and Motor Co Ltd [1915] AC 79. Dem folgt in Hongkong die Entscheidung Polyset Ltd v Panhandat Ltd [2002] 3 HKLRD 319.

1875 Wall v Rederiaktiebolaget Luggude [1915] 3 KB 66, 72 f.

1876 Cellulose Acetate Silk Co Ltd v Widnes Foundry (1925) Ltd [1933] AC 20.

1877 Übersteigt eine als Sicherheit geleistete Anzahlung für einen Vertrag 10% des Gesamtpreises des Vertrages, muss die Partei, welche die Anzahlung empfangen hat beweisen, dass diese Anzahlung angemessen war. Im Fall Sung Wai Kiu & Another v Wong Mei Yin [1997] HKLY 487 überstieg die Anzahlung sogar 80% des Vertragspreises. Es handelte sich somit um eine unzulässige Vertragsstrafe (penalty).

rücksichtigt werden müssen. Maßgebender Zeitpunkt für die Auslegung ist dabei der Vertragsschluss, nicht der Zeitpunkt der Verletzungshandlung.[1878] Bei der Auslegung wird das Gericht natürlich die Bezeichnung der jeweiligen Klausel wahrnehmen, jedoch ist es nicht an diese gebunden; vielmehr wird es dem Inhalt der Klausel mehr Beachtung schenken als der Form.[1879] Als Präzedenzfall für die Bewertung von Vertragsstrafen (penalties) gilt Dunlop Pneumatic Tyre Co Ltd v New Garage and Motor Co Ltd[1880]:

> „It will be held to be a penalty if the sum stipulated for is extravagant and unconscionable in amount in comparison with the greatest loss that could conceivably be proved to have followed from the breach."[1881]

Der Zweck solcher Vertragsvereinbarungen über pauschalierten Schadensersatz (liquidated damages) besteht normalerweise darin, dass die Parteien dadurch eine gewisse Sicherheit und Vorhersehbarkeit der Risiken schaffen wollen. Gerade im geschäftlichen Bereich, in dem die Parteien grundsätzlich in der Lage sind, ihre eigenen Rechte zu wahren, sind die Gerichte deshalb häufig bereit, das zwischen den Parteien Vereinbarte aufrecht zu erhalten. Sie legen auch und gerade in Hongkong dann keine zu strengen Maßstäbe an die Vereinbarungen, um diesen Zweck nicht zu gefährden.[1882] Handelt es sich dagegen um Verbraucher-

1878 Philips Hong Kong Ltd v Attorney General of Hong Kong [1993] 61 Build LR 41.

1879 Union Eagle Ltd v Golden Achievement Ltd [1997] 1 HKLRD 366, 369 f.; Britvic Soft Drinks Ltd v Messer UK Ltd [2002] 1 Lloyd's Rep 20.

1880 Dunlop Pneumatic Tyre Co Ltd v New Garage and Motor Co Ltd [1915] AC 79: Die Klägerin verkaufte diverses Fahrzeugzubehör an die Beklagte mit der Maßgabe, dieses nicht unter dem Listenpreis der Klägerin weiter zu verkaufen. Für jeden Fall der Zuwiderhandlung sollte die Beklagte jeweils £ 5 'pauschalierten Schadensersatz' an die Klägerin zahlen. Die Beklagte verkaufte Gegenstände zu einem geringeren als dem Listenpreis, worauf die Klägerin Klage erhob. Das House of Lords war der Ansicht, es handele sich tatsächlich um eine Schätzung eines voraussichtlich eintretenden Schadens im Falle einer Vertragsverletzung (breach of contract) und damit um einen zulässigen pauschalierten Schadensersatz.

1881 Dunlop Pneumatic Tyre Co Ltd v New Garage and Motor Co Ltd [1915] AC 79, 87, per Lord Dunedin.

1882 Philips Hong Kong Ltd v Attorney General of Hong Kong [1993] 61 Build LR 41.

verträge, speziell um Kauf- oder Werkverträge, wird der Grundsatz des Common Law strenger angewendet.[1883]

Zulässig ist dagegen die Vereinbarung von Sicherheitsleistungen (deposits), die in einer Teilzahlung auf den Kaufpreis bestehen und die ordnungsgemäße Vertragserfüllung sicherstellen sollen. Diese Anzahlungen verfallen, wenn der Erwerber seine vertraglichen Pflichten nicht ordnungsgemäß erfüllt. Gerechtfertigt wird dies mit Hinweis darauf, dass es sich hier nicht um eine Vertragsstrafe, sondern um einen pauschalierten Schadensersatz für den Fall der Nichterfüllung handelt.[1884] Übersteigt allerdings die Anzahlung das allgemein übliche Maß, kann aber auch sie als unzulässige Vertragsstrafe (penalty) qualifiziert werden. Das übliche Maß kann dabei nach Vertragsgegenstand und Vertragsort variieren. Bei Grundstückskaufverträgen in Hongkong ist grundsätzlich eine Sicherheitsleistung von ca. 10% des Kaufpreises angemessen und üblich.[1885]

> "Upon a construction of the relevant provisions in the agreement and in the circumstances of this case, a deposit more than the customary deposit of 10% in Hong Kong may be acceptable. However, I agree,..., that when tho dcpoait in question is judged objectively in the light of all the circumstances, there are no special circumstances which justify the forfeiture of a deposit as high as 35% of the purchase price. That there was an unusually long period before completion is not sufficient. The fact that the parties (by express provision) stated that because of this long period, they required a deposit larger than the customary deposit clearly indicates that what they had in mind was to protect the vendor against its potential loss in a volatile property market. However, it is extravagant and excessive as a deposit and was intended to serve a purpose other than those of a deposit. It is not a reasonable and true deposit and its

1883 Dies ist mittlerweile in England durch die Unfair Terms in Consumer Contracts Regulation gesetzlich geregelt worden. In Hongkong existiert eine solche gesetzliche Regelung jedoch nicht.

1884 Howe v Smith (1884) 27 Ch D 98; bestätigt für Hongkong in der Entscheidung Wan Moon Ling Wandy v Sino Gain Investment Ltd [1997] HKLRD 606, 611.

1885 Silverpole Ltd v China Pride Investment Ltd [1995] 1 HKLR 48, 63 f.

forfeiture does amount to a penalty which justifies intervention by the court."[1886]

Ebenfalls keine Vertragsstrafen (penalties) bilden die sogenannten 'accelerated payment'-Klauseln.[1887] Sie sind häufig in Verträgen mit Ratenzahlungen und in Leasingverträgen zu finden. Dabei verpflichtet sich der Darlehensnehmer o.ä. dem Darlehensgeber eine zusätzliche Summe zu zahlen, wenn er die Darlehenssumme nicht an einem bestimmten Tag, meist bei Fälligkeit, zurückzahlen kann. Davon zu unterscheiden sind Klauseln, die nicht nur eine bereits bestehende Verbindlichkeit 'beschleunigen' sollen, sondern die Verbindlichkeiten erhöhen oder gar neue schaffen. Letztere gelten als Vertragsstrafen (penalties) und damit als unzulässig.[1888] Allerdings handelt es sich dabei um eine widerlegliche Vermutung. Diese Vermutung gilt dann als widerlegt, wenn die Erhöhung der Verbindlichkeit wirtschaftlich gerechtfertigt ist und der Hauptgrund für die Vereinbarung der Klausel nicht in einem Abschreckungseffekt für den Darlehensnehmer lag, eine Vertragsverletzung (breach of contract) zu begehen. So wurde gerichtlich entschieden, dass eine Klausel, nach der die Zinsen auf ein Darlehen ab dem Zeitpunkt der Vertragsverletzung (breach of contract), also der unterbliebenen Rückzahlung des Darlehens, um ein Prozent steigen sollten, keine Vertragsstrafe (penalty) enthielt. Vielmehr werde durch eine solche Klausel das erhöhte Kreditrisiko, was ein nicht zahlungskräftigter Darlehensnehmer birgt, an diesen weitergegeben.[1889]

Wird vereinbart, dass bei einer bestimmten Verletzungshandlung immer dieselbe Schadensersatzsumme, im Gegensatz zu einer Summe jeweils proportional zur Auswirkung der Vertragsverletzung (breach of contract), fällig wird, unabhängig von der Höhe des entstandenen Schadens, kann

---

1886 Polyset Ltd v Panhandat Ltd [2002] 3 HKLRD 319, 335, per Justice Chan PJ.

1887 O'Dea v All States Leasing Systems Pty Ltd (1983) 152 CLR 359; Oresundsvaret Aktiebolag v Marcos Diamantis Lemos, The Angelic Star [1988] 1 Lloyd's Rep 122.

1888 Siehe dazu auch Beatson, Jack (2002) S. 627; Lordsvale Finance Plc v Bank of Zambia [1996] QB 752.

1889 Lordsvale Finance Plc v Bank of Zambia [1996] QB 752. Dem folgt die Hongkonger Entscheidung South China Strategic Ltd v Celsion Corporation HCA 9963/2000 (7. August 2001) – unrep.

ebenfalls darauf geschlossen werden, dass es sich nicht um einen pauschalierten Schadensersatz (liquidated damages), sondern um eine unzulässige Vertragsstrafe (penalty) handelt.[1890] Auch bei der Vereinbarung eines einzelnen festgelegten Betrages als Schadensersatz für eine Vertragsverletzung (breach of contract), so unwesentlich sie auch sein mag, gilt die Vermutung, dass es sich dabei um eine unzulässige Vertragsstrafe (penalty) handelt.

> „Thus the presumption of penalty arises where 'a single lump sum is made payable by way of compensation, on the occurrence of one or more or all several events, some of which may occasion serious and others but trifling damage."[1891]

Wie oben bereits erwähnt, liegt eine Vertragsstrafe (penalty) dann nicht vor, wenn es sich bei der vereinbarten Summe, die im Falle einer Vertragsverletzung (breach of contract) durch die schädigende Partei an die geschädigte Partei zu zahlen ist, um die Schätzung eines möglichen Schadens handelt. Allerdings gibt es Fälle, in denen sich die zukünftige Schadenshöhe nur sehr schwer abschätzen lässt. Dann muss eine an der Vertragsnatur ausgerichtete, zurückhaltende Festsetzung der Schadensersatzsumme (liquidated damages) erfolgen.

> „In the present case there is no question of extortion or of giving a larger sum as liquidated damages for a fixed or ascertained sum...The parties adopted a wise and prudent course, having regard to the nature of the contract and the practical impossibility of an accurate ascertainment of damages."[1892]

So war z. B. im Fall Dunlop Pneumatic Tyre Co Ltd v New Garage and Motor Co Ltd die Bewertung des Schadensersatzanspruches in Höhe von £ 5 für die Unterschreitung des Listenpreises bei einem Weiterverkauf nur sehr grob und allgemein. Dennoch wurde die Vereinbarung durch das House of Lords als zulässig anerkannt. Auch treten mitunter

---

1890 Ford Motor Co v Armstrong (1915) 31 TLR 267.

1891 Lordsvale Finance Plc v Bank of Zambia [1996] QB 752, 763, per Colman J.

1892 Dunlop Pneumatic Tyre Co Ltd v New Garage and Motor Co Ltd [1915] AC 79, 105, per Lord Parmoor.

Schäden nicht-finanzieller Art auf, die besonders kompliziert zu bewerten sind. In Philips Hong Kong Ltd v Attorney General of Hong Kong wurde dafür eine komplexe mathematische Formel für die Berechnung herangezogen, die der Privy Council für vernünftig und angemessen befand.[1893] Aus diesen Entscheidungen lässt sich erkennen, dass die Vertragsbestimmung keinesfalls den tatsächlich eingetretenen Schaden genau beziffern muss, um als zulässiger pauschalierter Schadensersatzanspruch (liquidated damages) zu gelten. Es genügt, wenn erkennbar wird, dass es sich wirklich um die Schätzung eines in der Zukunft möglicherweise eintretenden Schadens handelt. Allerdings handelt es sich bei all diesen Auslegungen um Vermutungen, was die Intentionen der Parteien gewesen sein könnten. Ergibt sich anhand der Umstände die Erkenntnis, dass die Parteien in Wahrheit eine ganz andere Absicht mit der Vereinbarung der Klausel verfolgten, muss dieser Einsicht gefolgt werden.[1894]

Im Common Law kann die Frage, ob die Zahlung einer bestimmten Summe oder auch die Vornahme eine anderen Handlung oder Unterlassung ein pauschalierter Schadensersatzanspruch (liquidated damages) oder aber eine unzulässige Vertragsstrafe (penalty) ist, nur dann aufkommen, wenn zwischen den Parteien vertraglich vereinbart ist, dass sie tatsächlich auch aufgrund einer Vertragsverletzung (breach of contract) fällig werden soll.[1895] Handelt es sich bei einer Zahlungsverpflichtung dagegen um eine andere Erfüllungsmethode[1896] oder ist die Zahlungsverpflichtung bereits mit Vertragsschluss entstanden, wie dies z. B. bei Anzahlungen der Fall ist, dann stellt sich die Frage erst gar nicht. Diese Unterscheidung spielt bei Mietkaufverträgen häufig eine Rolle. Dort sind mitunter Klauseln aufgeführt, nach denen bei (vorzeitiger) Vertragsbeendigung der Verkäufer die Mietgegenstände zurückerhält und die geleisteten Raten behalten darf und darüber hinaus der Mietkäufer eine bestimmte Summe an den Verkäufer als Ersatz für den entgangenen Ge-

1893 Philips Hong Kong Ltd v Attorney General of Hong Kong (1993) 61 Build LR 41, 44 f.

1894 Pye v British Automobile Commercial Syndicate Ltd [1906] 1 KB 425.

1895 Export Credits Guarantee Department v Universal Oil Products Co [1983] 1 WLR 399, 402 f.; Nutting v Baldwin [1995] 1 WLR 201 f.

1896 Golden Bay Realty Pte Ltd v Orchard Twelve Investments Pte Ltd [1991] 1 WLR 981.

winn aus dem Geschäft zahlen muss. Wird der Vertrag aufgrund einer Vertragsverletzung (breach of contract) des Mietkäufers beendet, wird sich eine solche Klausel wahrscheinlich als unzulässige Vertragsstrafe (penalty) darstellen, welche unabhängig vom tatsächlich entstandenen Schaden lediglich dazu dient, den Mietkäufer von einer Vertragsverletzung (breach of contract) abzuhalten.[1897] Wird der Vertrag durch den Mietkäufer dagegen nicht durch eine Vertragsverletzung (breach of contract), z. B. durch den Tod des Mietkäufers beendet, muss nicht entschieden werden, ob eine Vertragsstrafe (penalty) oder ein pauschalierter Schadensersatzanspruch (liquidated damages) vorliegt.

Das bedeutet aber nicht, dass die Klausel nunmehr überhaupt nicht vollstreckbar ist. Ganz im Gegenteil - in einem solchen Fall ist sie immer zulässig, auch wenn sie im Falle einer Vertragsverletzung (breach of contract) unzulässig gewesen wäre.[1898] Dies führt zu dem widersinnigen Ergebnis, dass es für die Vertragspartei mitunter günstiger sein kann, eine Vertragsverletzung (breach of contract) zu begehen und damit eine Vertragsbeendigung zu erreichen, als den Vertrag einvernehmlich und freiwillig zu beenden. In ersterem Fall besteht immerhin die Möglichkeit, dass es sich bei der vertraglichen Vereinbarung um eine unzulässige Vertragsstrafe (penalty) handelt, die dann nicht vollstreckbar ist. Es ist allerdings anzumerken, dass die Gerichte sehr zurückhaltend bei der Anwendung der Regelung des Common Law sind, dass nur bei Vorliegen einer Vertragsverletzung (breach of contract) eine Möglichkeit besteht, eine Klausel durch Vertragsauslegung als unzulässige Vertragsstrafe (penalty) zu qualifizieren.[1899]

6.1.7.2. Bemessung des pauschalierten Schadensersatzes (amounts recoverable)

Hat das Gericht festgestellt, dass es sich bei der vertraglich vereinbarten Summe tatsächlich um einen pauschalierten Schadensersatz (liquidated

---

1897 Lombard North Central Plc v Butterworth [1937] QB 527.

1898 Richco International Ltd v Alfred C Toepfer International GmbH [1991] 1 Lloyd's Rep 136.

1899 Philips Hong Kong Ltd v Attorney General of Hong Kong (1993) 61 Build LR 41.

damages) und nicht um eine Vertragsstrafe (penalty) handelt, kann der Geschädigte die gesamte vereinbarte Summe verlangen, ohne nachweisen zu müssen, dass und in welcher Höhe ein Schaden tatsächlich vorliegt. Dies gilt selbst dann, wenn der tatsächlich entstandene Schaden erheblich geringer ist als die vereinbarte Schadenserssatzsumme.[1900] Allerdings muss er auch diese Summe akzeptieren, wenn der tatsächlich entstandene Schaden größer ist.[1901]

Stellt sich eine Klausel als Vertragsstrafe (penalty) und nicht als pauschalierter Schadensersatz (liquidated damages) dar, so ist sie unzulässig und wird deshalb ignoriert.[1902] Ist ein Schaden entstanden, so muss dieser dann unabhängig von der Vertragsstrafenklausel nach den allgemeinen Maßstäben bemessen werden.[1903] Unter diesen Umständen ist es möglich, dass der Geschädigte sogar eine höhere als die vertraglich vereinbarte Summe begehren kann.[1904] Allerdings kann dies zu dem Ergebnis führen, dass derjenige, der unbilligerweise eine Vertragsstrafe (penalty) in den Vertrag aufnimmt, die dann nicht zulässig ist, noch Vorteile insofern aus seinem Handeln zieht, dass ein nach den allgemeinen Regeln zu gewährender Schadensersatz (damages) letztlich höher liegt als die Summe, die er zulässigerweise als pauschalierten Schadensersatz (liquidated damages) in den Vertrag hätte aufnehmen können, da es dabei auf den Zeitpunkt des Vertragsschlusses ankommt.

6.2. Vertragserfüllung (specific performance)

Neben einem Anspruch aus Schadensersatz (damages) kann der Geschädigte auch andere Ansprüche geltend machen. Dabei handelt es sich um Vertragserfüllung (specific performance) und einstweilige Verfügungen (injunctions). Diese Rechtsbehelfe fußen nicht auf dem Common Law, sondern entspringen der Equity.[1905] Deshalb sind sie grundsätzlich

1900 Wallis v Smith (1882) 20 Ch D 243, 267.
1901 Cellulose Acetate Silk Co Ltd v Widnes Foundry (1925) Ltd [1933] AC 20.
1902 Siehe S. 450 ff.
1903 Beatson, Jack (2002) S. 629.
1904 Wall v Rederiaktiebolaget Luggude [1915] 3 KB 66.
1905 Beatson, Jack (2002) S. 630.

subsidiär zu einem Schadensersatzanspruch des Common Law. Sie finden nur Anwendung, wo das Common Law keine adäquate Rechtsfolge zur Verfügung stellen kann.[1906] Ihre Wirksamkeit beruht auf der Tatsache, dass sie sich als Rechtsbehelfe der Equity gegen die Person des Schuldners richten,[1907] während Schadensersatz (damages) als Rechtsbehelf des Common Law lediglich das Vermögen des Schuldners zum Ziel hat.

Rechtsbehelfe aus dem Bereich der Equity stehen immer im Ermessen des Gerichts (discretionary). Gewährt werden sie nach Berücksichtigung aller Umstände eines Falles unter besonderer Beachtung der Billigkeit der Entscheidung. Dies bedeutet nicht, dass immer dann eine Vertragserfüllung angeordnet werden muss, wenn das Common Law keinen adäquaten Rechtsschutz bietet. Das Gericht darf zwar nicht willkürlich entscheiden, kann aber auch einen Antrag auf einen Rechtsbehelf aus dem Bereich der Equity unter Umständen ablehnen, welche eine Zurückweisung des Antrags im Common Law nicht gerechtfertigt hätten. Hat die Partei, die den Rechtsbehelf begehrt, selbst unfair oder trickreich gehandelt,[1908] oder würde die Gewährung eine außergewöhnliche Härte für die gegnerische Partei bedeuten,[1909] kann es durchaus die Klage abweisen.

6.2.1. Definition und Voraussetzungen der Anordnung der Vertragserfüllung (specific performance)

Eine Anordnung der Vertragserfüllung (order of specific performance) ist eine Entscheidung des Gerichts, durch welche eine Vertragspartei dazu verurteilt wird, die vertraglichen Verpflichtungen, die sie übernommen

---

1906 Tito v Waddell (No 2), Tito v Attorney-General [1977] 3 All ER 129.

1907 Dies bedeutet, dass das Gericht unter Umständen bei Nichtbefolgen der gerichtlichen Anordnung dem Schuldner wegen ungebührlichen Verhaltens gegenüber dem Gericht (contempt of court) ein Bußgeld auferlegen oder sogar seine Haft anordnen kann.

1908 Sang Lee Investment Co v Wing Kwai Investment Co (1983) 127 Sol Jo 410.

1909 Handley Page Ltd v Commissioners of Customs and Excise [1970] 2 Lloyd's Rep 459, 466; Patel and Another v Ali and Another [1984] 1 All ER 978.

hat, vertragsgemäß zu erfüllen.[1910] Dadurch werden die Parteien in eine solche Position versetzt, wie es vertraglich vereinbart war.

Nach traditioneller Ansicht darf Vertragserfüllung (specific performance) nur angeordnet werden, wenn das Common Law oder ein Gesetz keine ausreichenden oder adäquaten Rechtsfolgen zu Verfügung stellen.[1911] Nunmehr ist der Anwendungsbereich weiter geworden. Es ist herschende Meinung, dass Vertragserfüllung (specific performance) dann zugesprochen wird, wenn sie einen umfangreicheren und angemesseneren Rechtsschutz gewährt als dies Schadensersatz (damages) zu leisten imstande ist.

> „[T]he court will decree specific performance only if this will do more perfect and complete justice than an award of damages."[1912]

Dies ist u.a. dann der Fall, wenn es sich beim Kaufgegenstand um sehr seltene, oder gar um Einzelstücke (wie z. B. ein Gemälde von Van Gogh o.ä.) handelt, da hier ein Schadensersatz (damages) keine ausreichende Genugtuung bei einer Vertragsverletzung (breach of contract) bieten kann. Der Käufer ist dann nicht in der Lage, sich anderweitig Ersatz zu beschaffen. Des Weiteren wird grundsätzlich eine Vertragserfüllung angeordnet, wenn der Kaufvertrag den Verkauf und Erwerb eines Grundstückes zum Inhalt hat. Hintergrund dafür ist, dass jedes Grundstück einzigartig ist und Schadensersatz (damages) deshalb oft keine ausreichende Kompensation bieten kann.[1913]

1910 Beatson, Jack (2002) S. 632.

1911 Beswick v Beswick [1968] AC 58; Ryan v Mutual Tontine Westminster Chambers Association [1893] 1 Ch 116, 126. CN Marine Inc v Stena Line A/B, The Stena Nautica (No 2) [1982] 2 Lloyd's Rep 336, 347.

1912 Tito v Waddell (No 2), Tito v Attorney-General [1977] 3 All ER 129, 308, per Megarry VC.

1913 Wellfit Investment Ltd v Poly Commence Ltd and Another [1997] 1 HKLRD 857, 858 f.

6.2.2. Ausnahmen zur Gewährung von Vertragserfüllung (specific performance)

Wie bereits erwähnt, wird das Gericht eine Verurteilung zur Vertragserfüllung grundsätzlich ablehnen, wenn (pauschalierte) Schadensersatzansprüche genügen. Allein die Tatsache, dass eine Klausel hinsichtlich eines pauschalierten Schadensersatzes (liquidated damages) im Vertrag enthalten ist, stellt zwar noch keine Schranke für die Gewährung von Vertragserfüllung (specific performance) dar,[1914] haben sich die Parteien jedoch darauf geeinigt, dass beide Parteien durch Zahlung eines solchen Schadensersatzes den Vertrag beenden können, und tut dies dann auch eine der Parteien, kann die andere Partei auch keine Vertragserfüllung (specific performance) mehr begehren.[1915]

Darüber hinaus wird ein Gericht grundsätzlich nicht auf Vertragserfüllung (specific performance) befinden, wenn die Rechtsfolge nicht für beide Parteien Anwendung finden kann.[1916] Diese Notwendigkeit der Gegenseitigkeit (mutuality) liegt darin begründet, dass es als unbillig erachtet wird, wenn einer Partei bei einer Vertragsverletzung (breach of contract) eine Vertragserfüllung (specific performance) gewährt wird, während die andere Partei lediglich auf einen Schadensersatzanspruch verwiesen wird.[1917] Eine Vertragserfüllung (specific performance) wird somit nicht gewährt, wenn der Kläger zum Zeitpunkt der gerichtlichen Anhörung seine vertragliche Verpflichtung noch nicht erfüllt hat und aus rechtlichen oder tatsächlichen Gründen dazu auch nicht verurteilt werden kann.[1918]

Ferner wird ein Gericht die Anordnung der Vertragserfüllung (specific performance) ablehnen, wenn es sich um höchstpersönliche Verträge

---

1914 Tsoi Ka Lee & Another v Chong Chung Ting & Another [1997] HKLY 488.

1915 Tsoi Ka Lee & Another v Chong Chung Ting & Another [1997] HKLY 488; Lee Tat Kwong v Choi Pui Kei & Another [1991] HKLY 165.

1916 So z. B. Lumley v Ravenscroft [1895] 1 QB 683. Vertragserfüllung konnte deshalb nicht angeordnet werden, da es sich bei einem der Beklagten um einen Minderjährigen handelte. Minderjährige dürfen jedoch nicht zur Vertragserfüllung verurteilt werden.

1917 Price v Strange [1978] Ch 337, 361.

1918 Price v Strange [1978] Ch 337.

handelt. Andernfalls müsste ein Arbeitnehmer für einen ungewollten Arbeitgeber arbeiten und umgekehrt. Deshalb wird bei Arbeitsverträgen grundsätzlich keine Vertragserfüllung gewährt.[1919] Diese Aussage betrifft auch Partnerschaftsverträge.[1920]

Ebenso wenig wird das Gericht Vertragserfüllung (specific performance) anordnen, wenn diese sinnlos oder gar unmöglich ist[1921] oder wenn die Anordnung der Vertragserfüllung (specific performance) die angewiesene Partei zu einer Vertragsverletzung (breach of contract) gegenüber einem Dritten zwingt.[1922] Dies ist in einigen Hongkonger Entscheidungen in Anlehnung an englische Urteile wiederholt bestätigt worden.

> „This type of relief will not in general be ordered when to do so would be ineffectual or unnecessary. It is a vain exercise to try to force one person against his will to co-operate with another and it would not be proper to attempt by order to produce that effect. Equity does nothing in vain."[1923]

Ist ein vertragliches Versprechen ohne Gegenleistung (consideration) abgegeben worden, so wird das Gericht nicht anordnen, dass diese freiwillige Verpflichtung erfüllt werden muss, sogar wenn der Vertrag, der die Verpflichtung enthält, als gesiegelte Urkunde vorliegt.[1924] Da es sich bei solcherart gegebenen Versprechen um freiwillig abgegebene Versprechen handelt, sollen diese nicht mittels einer gerichtlichen Anordnung durchgesetzt werden.[1925]

1919 Johnson v Shrewsbury & Birmingham Railway (1853) 43 ER 358.

1920 Scott v Rayment [1868] LR 7 Eq 112.

1921 Castle v Wilkinson (1870) LR 5 Ch App 534.

1922 La Salle Court Co-operative Building Society Ltd v HA Stewart [1966] HKLR 449, 465 f.

1923 Anstalt Nybro v Hong Kong Resort Co Ltd [1980] HKLR 76, 82, per Lord Lane (PC auf eine Berufung aus Hongkong).

1924 Hier kommen lediglich Schadensersatzansprüche in Betracht.

1925 In Re Parkins [1892] 3 Ch 510; Cannon v Hartley [1949] Ch 213.

6.2.3. Verzicht auf die Rechtsfolge der Vertragserfüllung (waiver of specific performance)

Die Frage des Verzichts auf eine Vertragserfüllung (specific performance) durch den Käufer tauchte in Hongkong häufig im Zusammenhang mit Vorverträgen (provisional agreements) für Grundstückskäufe auf.[1926] Es hat sich dabei die Praxis eingebürgert, dass der Verkäufer die Anzahlung in doppelter Höhe an den Käufer zurückzahlen musste, wenn er vom Vertrag Abstand nehmen wollte. Da die Preise auf dem Grundstücksmarkt in Hongkong lange Zeit stetig gestiegen waren, geschah es häufig, dass der Verkäufer problemlos die Summe in doppelter Höhe der Anzahlung an den ursprünglichen Käufer ausbezahlen konnte, um dann an einen anderen Käufer, der einen höheren Kaufpreis bot, zu verkaufen, während der Käufer gerichtlich Vertragserfüllung (specific performance) begehrte. Es hängt dann von der Auslegung des Vertrages ab, ob es sich bei der Klausel, welche die Rückzahlung der Anzahlung in doppelter Höhe vorsieht, um einen Verzicht auf das Rechtsmittel der Vertragserfüllung (specific performance) durch den Käufer handelt und sich der Verkäufer durch Zahlung der Summe 'freikaufen' kann.[1927] Hongkonger Gerichte haben entschieden, dass der Erwerber auf sein Recht, Vertragserfüllung (specific performance) zu verlangen, nicht verzichtet, solange der Vertrag dies nicht eindeutig klarstellt. Er ist dann auch nicht daran gehindert, diese Rechtsfolge gerichtlich geltend zu machen.[1928]

6.3. Gerichtliche Verfügungen (injunctions)

Ebenso wie die Rechtsfolgenanordnung der Vertragserfüllung (specific performance) stammen die gerichtlichen Verfügungen (injunctions)[1929]

1926 Ho, Betty M. (1999) S. 38, 495 f.

1927 Wong Lai Fan v Lee Ha [1992] 1 HKLR 125, 131 f.; Cheuk Tze Kwok v Leung Yin King [1993] 2 HKLR 169.

1928 Wong Lai Ha v Chung Sau Wah [1994] 2 HKC 646; Wong Shiu Hung v Kwok Sing Leung [1992] 2 HKC 369; Ma Li Sha v Tsang Sui Sin [1992] 317 HKCU 1.

1929 Oft werden die injunctions auch als einstweilige Verfügungen bezeichnet. Dies ist aber nicht ganz korrekt, da es sich nicht ausschließlich um Rechtsbehelfe aus dem

aus dem Bereich der Equity, unterliegen aber nicht so strengen Restriktionen wie die Vertragserfüllung,

> „[T]here would be little justification for refusing an injunction unless...had become disentitled to sue."[1930]

Das Gericht kann durch eine Verfügung (injunction) ein drohendes oder anhaltendes rechtswidriges Verhalten jeglicher Art verhindern oder Unterlassungen durch die Anordnung der Vornahme einer Handlung entgegenwirken. Voraussetzung für die Anordnung einer solchen Verfügung ist, dass der Antragsteller ein Rechtsschutzinteresse aufweist und dass ohne die Verfügung eine Vertragsverletzung (breach of contract) bzw. eine Fortsetzung der Vertragsverletzung (breach of contract) droht,[1931] wodurch der Antragsteller irreparable Schäden davontragen wird.[1932] Auch hier gilt eine Subsidiarität zu den Rechtsbehelfen des Common Law. Es steht außer Zweifel, dass eine Verfügung dann nicht erlassen werden darf, wenn Schadensersatz (damages) die geeignetere Rechtsfolge ist, oder der Erlass unbillig (just and equitable) wäre.[1933] Der Antragsteller muss selbst nach Treu und Glauben gehandelt haben.[1934]

Die Verfügungen werden in Unterlassungsverfügungen (prohibitory injunctions) und Vornahmeverfügungen (mandatory injunctions) unterteilt. Unterlassungsverfügungen (prohibitory injunctions) sind weitaus häufiger anzutreffen als Vornahmeverfügungen (mandatory injunctions). Mit ersteren kann ein Gericht eine Partei anweisen, eine Handlung nicht vorzunehmen oder zu beenden, während mit einer Vornahmeverfügung (man-

---

vorläufigen Rechtsschutz handelt. Vielmehr kann ein Gericht mit einer solchen Verfügung die Unterlassung oder Vornahme von Handlungen erzwingen. Der einstweiligen Verfügung des deutschen Rechts entspricht dagegen die sogenannte interlocutory injunction.

1930 Chan Kam Ming (No 2) v Kwong Lin [1959] HKLR 544, 566, per Hogan CJ folgend Sevin v Deslandes (1860) 30 LJ Ch 457.

1931 Beatson, Jack (2002) S. 638.

1932 Doherty v Allman (1878) LR 3 App Cas 709, 721.

1933 Shell (UK) Ltd v Lostock Garage Ltd [1977] 1 All ER 481.

1934 Au Lung (No 1) v Lam Ho Ling and Another [1962] HKLR 434, 440.

datory injunctions) eine positive Handlung angeordnet wird.[1935] Grundsätzlich wird ein Gericht eine Unterlassungsverfügung (prohibitory injunction) erlassen, wenn eine Partei eine Klausel in einem Vertrag, nach der sie eine bestimmte Handlung nicht vornehmen darf, verletzt oder diese zu verletzen droht.[1936]

Vornahmeverfügungen (mandatory injunctions) stehen ebenso wie Unterlassungsverfügungen im Ermessen des Gerichts, werden aber zurückhaltender als jene gewährt.

> „[T]he court must, inter alia, feel a high degree of assurance that at the trial it will appear that the injunction was rightly granted; and this is a higher standard than it is required for a prohibitory injuction“[1937]

Nur wenn der Antragsteller darlegen und beweisen kann, dass ihm mit sehr hoher Wahrscheinlichkeit ein schwerwiegender Schaden entstehen wird, der sich nicht durch einen Schadensersatz (damages) kompensieren lässt, erlässt das Gericht eine solche Verfügung. Darüber hinaus müssen die Kosten desjenigen, gegen den eine solche Verfügung ergeht, gegen einen möglichen Schaden des Antragstellers abgewogen werden.[1938] Ebenso wenig wie bei Arbeitsverträgen eine Vertragserfüllung (specific performance) gewährt wird, erlässt das Gericht in diesen Fällen eine Verfügung.[1939] Allerdings kann eine solche Verfügung dann bei Dienst- oder Arbeitsverträgen ergehen, wenn sie den Antragsteller

---

1935 Kelsen v Imperial Tobacco Co Ltd [1957] 2 QB 334. Dem folgen die Gerichte Hongkongs z. B. mit der Entscheidung The Incorporated Owners of Yee Fung Garden v Basic Tech Ltd and Another [2003] 58 HKCU 1.

1936 Metropolitan Electric Supply Company, Limited v Ginder [1901] 2 Ch 799; Lok Po Services Ltd & Others v Union Credit Management & Others [1995] HKLY 999.

1937 Shepherd Homes Ltd v Sandham [1971] Ch 340, 351, per Megarry J. Dieser Entscheidung folgte Hongkong mit TKI & Another v New Happy Ltd & Another [1994] HKLY 887.

1938 Diese Voraussetzungen wurden in der Entscheidung Redland Bricks Ltd v Morris & Another [1970] AC 652, 665 formuliert. Vgl. auch Kennard v Cory Brothers and Company Limited [1922] 2 Ch 1 sowie Ying Fung Distillery Ltd v Kin Hing Godown Ltd and Others [1979] HKLR 50, 55.

1939 Page One Records Ltd & Another v Britton and Others (trading as 'The Troggs') & Another [1967] 3 All ER 822.

nicht zwingt, für einen bestimmten Arbeitgeber zu arbeiten bzw. einen bestimmten Arbeitnehmer für sich arbeiten zu lassen.[1940]

6.4. Ungerechtfertigte Bereicherung (unjust enrichment)

Ebenfalls unter der Überschrift 'Rechtsmittel und Rechtsfolgen' ist die ungerechtfertigte Bereicherung (unjust enrichment) anzusiedeln. Dieses Rechtsinstitut entwickelte sich im angelsächsischen Rechtskreis erst relativ spät. Zwar existierten in Common Law und Equity schon immer Regeln zur Rückgewähr von Vorteilen, die entweder ungerechtfertigt erlangt oder zurückgehalten wurden.[1941] Erst in jüngerer Zeit ist allerdings anerkannt, dass diese Regeln nicht einzeln und verstreut im Recht anzusiedeln sind, sondern gemeinsam einen Korpus innerhalb des Common Law[1942] bilden, der sich mit der Rückgewähr dieser Vorteile befasst.

Es werden verschiedene Ansätze vertreten, wobei die Einordnung der ungerechtfertigten Bereicherung (unjust enrichment) bzw. der Restitution als Anspruch aus dem Bereich des Vertragsrechts verstärkt abgelehnt wird.[1943] Sie soll hier dennoch angerissen werden, auch wenn sich die Arbeit grundsätzlich mit dem Vertragsrecht beschäftigt, eben weil z.T. Vertragsrecht bzw. quasivertragliche Prinzipien[1944] als theoretische

---

1940 Lumley v Wagner (1852) 42 ER 687; Warner Brothers Pictures Incorporated v Nelson [1937] 1 KB 209. Vgl. auch Sea Wave Hair Design (WTS) Ltd v Choy Kwong Yiu & Others [1992] HKLY 451: Das Gericht erließ ein Verfügung, durch die die Beklagten angewiesen wurden, den Verstoß gegen eine Wettbewerbsklausel in ihren Arbeitsverträgen zu unterlassen.

1941 Fibrosa Spolka Akcyjna v Fairbarn Lawson Combe Barbour Ltd [1943] AC 32, 61.

1942 Lipkin Gorman v Karpnale Limited [1991] 2 AC 548, 578: Laut der Äußerungen Lord Goffs steht eine Rückgewähr von bereits gezahlten Geldern nicht im Ermessen des Gerichts. Es handele sich dabei um ein Problem des Common Law, nicht der Equity. In der Entscheidung Re Cleadon Trust [1939] 1 Ch 286, 324 formulierte Clauson LJ es wie folgt:
"As Lord Sumner pointed out in Sinclair v Brougham , at p 456, 'There is now no ground left for suggesting as a recognisable 'Equity' the right to recover money in personam merely because it would be the right and fair thing that it should be refunded to the payer.'"

1943 Fibrosa Spolka Akcyjna v Fairbarn Lawson Combe Barbour Ltd [1943] AC 32.

1944 Jones, Gareth (2002) S. 3.

Grundlage herangezogen werden, zum anderen, weil vertragliche Ansprüche und ungerechtfertigte Bereicherung (unjust enrichment) unabhängig von deren Herleitung und theoretischer Basis in praxi eng miteinander verbunden sind.[1945]

6.4.1. Grundlagen des Restitutionsanspruches

Die diesem Rechtsinstitut zugrundeliegenden Theorien waren und sind umstritten. Einer Meinung nach liegt der ungerechtfertigten Bereicherung (unjust enrichment) durchaus ein vertragsrechtliches Prinzip zugrunde. Nach dieser Ansicht muss eine Rückgewähr ungerechtfertigt erlangter Güter erfolgen, wenn und weil ein Empfänger einer solchen Leistung sich durch den Vertrag stillschweigend dazu bereit erklärt hat.[1946] Diese stillschweigende Vereinbarung (implied term) ist jedoch häufig nur eine Fiktion, die in einen Vertrag hineininterpretiert wurde, um dem Kläger den benötigten Rechtsschutz gewähren zu können. Ein solcher Ansatz wird mittlerweile von vielen Stimmen abgelehnt. Er wird als bedeutungsloser, irrelevanter und irreführender Anachronismus bezeichnet.[1947]

> „[T]he law cannot de jure impute promises to repay...which, if made de facto, it would inexorably avoid."[1948]

Aus diesem Grunde wird zunehmend eine Abschaffung dieser Theorie gefordert und versucht, den Tatbestand der ungerechtfertigten Bereicherung auf ein moderneres theoretisches Fundament zu stellen. In einer englischen Entscheidung vom Ende des 20. Jahrhunderts wurde dann auch das Vertragsrecht als Grundlage für die ungerechtfertigte Bereiche-

---

1945 Hier soll allerdings die ungerechtfertigte Bereicherung (unjust enrichment) nur bei Bestehen eines Vertragsverhältnisses zwischen Bereichertem und demjenigen, auf dessen Kosten er bereichert ist, behandelt werden; es würde die Untersuchung in Inhalt und Umfang sprengen, wenn die gesamte Problematik der ungerechtfertigten Bereicherung, auch der außerhalb eines Vertragsverhältnisses, zur Sprache kommen sollte.

1946 Ho, Betty M. (1999) S. 542.

1947 Jones, Gareth (2002) S. 9 f.

1948 Sinclair v Brougham [1914] AC 398, 452, per Lord Sumner.

rung rundweg abgelehnt.[1949] Die nunmehr überwiegende Ansicht ist die Theorie der ungerechtfertigten Bereicherung (unjust enrichment theory), die darin ein Rechtsinstitut sui generis sieht. Die Grundlagen dafür wurden bereits von einem frühen Verfechter dieser Theorie, Lord Mansfield, gelegt:

> „This kind of equitable action, to recover money back, which ought not in justice to be kept, is very beneficial, and therefore much encouraged. It lies only for money which ex aequo et bono, the defendant ought to refund....it lies for money paid by mistake; or upon a consideration which happens to fail; or for money got through imposition (express, or implied;) or extortion; or oppression; or an undue advantage taken of the plaintiff's situation, contrary to laws made for the protection of persons under those circumstances. In one word, the gist of this kind of action is, that the defendant, upon the circumstances of the case, is obliged by the ties of natural justice and Equity to refund the money."[1950]

Eines der grundlegendsten Urteile, welche die Grundlagen und Voraussetzungen eines solchen Anspruches darlegt, ist die aus dem Jahre 1943 stammende Entscheidung Fibrosa Spolka Akcyjna v Fairbarn Lawson Combe Barbour Ltd.[1951] Von dieser Entscheidung gehen auch noch heutige Theorien aus.[1952]

> „It is clear that any civilized system of law is bound to provide remedies for cases of what has been called unjust enrichment or unjust benefit, that is to prevent a man from retaining the money of or some benefit derived from another which it is against conscience that he should keep. Such remedies in English law are generically different form remedies in contract or in tort, and are now recognized to fall within a third category of the Common Law which has been called quasi-contract or restitution."[1953]

1949 Barclays Bank Plc v Glasgow City Council [1992] 3 WLR 827.

1950 Moses v Macferlan (1760) 2 Burr 1005, 1012, per Lord Mansfield.

1951 Fibrosa Spolka Akcyjna v Fairbarn Lawson Combe Barbour Ltd [1943] AC 32.

1952 Jones, Gareth (2002) S. 16.

1953 Fibrosa Spolka Akcyjna v Fairbarn Lawson Combe Barbour Ltd [1943] AC 32, 61, per Lord Wright.

Im Widerspruch dazu hat das House of Lords lange keine allgemeine Doktrin einer ungerechtfertigten Bereicherung anerkannt.

> „[T]here is no general doctrine of unjust enrichment recognised in English law. What it does is to provide specific remedies in particular cases of what might be classified as unjust enrichment in a legal system that is based upon the Civil Law."[1954]

Zunehmend entwickelten sich Ansätze, die Entscheidungen aus dem Bereich der ungerechtfertigten Bereicherung (unjust enrichment) als zusammenhängenden Komplex zu sehen, aus welchem sich ein Prinzip konstituiert:

> [T]he basis for the appellants' claim is to be found in the principle of unjust enrichment, a principle more fully expressed in the Latin formulation, nemo debet locupletari aliena juactura. The principle is equitable in the sense that it seeks to secure a fair and just determination of the rights of the parties concerned in the case. But it is not a principle which is entirely discretionary in its application so as to enable a court in any case to withhold a remedy where all necessary elements for its satisfaction have been established, although there may be circumstances where on grounds which may be described as grounds of public policy a remedy may be refused....The obligation to provide the remedy does not rest on any contractual basis but on the general principle of the Common Law and it may find its expression in a variety of circumstances."[1955]

Die Hongkonger Gerichtsbarkeit hat sich in diesem Punkt fortschrittlich gezeigt. Recht früh befürwortete sie die Theorie einer allgemeinen Doktrin als zusammenhängendes Rechtsgebilde und nicht als einzelne, verstreute Fälle und Entscheidungen. Diese Theorie hat sich hier bereits früh durchgesetzt und wird auch in einigen jüngeren Entscheidungen zustimmend zitiert.[1956] Damit hat Hongkong eine Entwicklung in England

---

1954 Orakpo v Manson Investments Ltd [1978] AC 95, 104, per Lord Diplock.

1955 Banque Financière De La Cité v Parc (Battersea) Ltd & Others [1998] 2 WLR 475, 488 f., per Lord Clyde LJ.

1956 Professional Associates v Polytek Engineering Co Ltd [1986] HKLR 20, 39; Wa Lee Finance Co Ltd v Staryork Investment Ltd and Others [2003] 518 HKCU 1.

vorweggenommen. Dort hat sich diese Theorie nunmehr ebenfalls durchgesetzt.[1957]

6.4.2. Definition der ungerechtfertigten Bereicherung (unjust enrichment)

Ein Anspruch aus ungerechtfertigter Bereicherung (unjust enrichment) ist dann gegeben, wenn eine Partei auf Kosten der anderen Partei einen Vorteil erlangt hat und es unbillig wäre, wenn sie diesen Vorteil behalten dürfte.[1958]

> „[T]he principle of unjust enrichment is capable of elaboration and refinement. It presupposes three things. First, the defendant must have been enriched by the receipt of a benefit. Secondly, that benefit must have been gained at the plaintiff's expense. Thirdly, it would be unjust to allow the defendant to retain that benefit. These three subordinate principles are closely interrelated."[1959]

Allgemein ist anerkannt, dass jemand, der aufgrund eines Vertrages eine Zahlung geleistet, Waren geliefert, eine Dienstleistung erbracht oder ein Werk hergestellt hat, die geleistete Summe zurückfordern bzw. einen Ersatz in Form eines angemessenen Preises (quantum valebat) oder für Waren, Werke oder Dienstleistungen eine angemessene Vergütung (quantum meruit) fordern kann, wenn der Vertrag aufgrund einer Vertragsverletzung (breach of contract) beendet wird.[1960] Dies ist auch dann anerkannt, wenn die Leistung aufgrund eines unwirksamen Vertrages erfolgte, also wenn er nichtig (void), rechtswidrig (illegal) oder aufgrund von Unmöglichkeit (frustration) beendet worden ist bzw. wenn die Übereinkunft zu unbestimmt für einen wirksamen Vertragsschluss war. Nachfolgend soll dies näher erläutert werden.

1957 Jones, Gareth (2002) S. 15 f.

1958 Jones, Gareth (2002) S. 17.

1959 Jones, Gareth (2002) S. 17.

1960 Beatson, Jack (2002) S. 642.

6.4.3. Rückgewähr bereits geleisteter Zahlungen

Die Ansprüche aus ungerechtfertigter Bereicherung (unjust enrichment) können sowohl der unverschuldet handelnden, vertragstreuen Partei, unter Umständen aber auch der Partei zustehen, welche die Vertragsverletzung (breach of contract), Rechtswidrigkeit etc. herbeigeführt hat. Dabei werden unterschiedliche Maßstäbe angelegt.

6.4.3.1. Rückgewähr an die vertragstreue Partei

Die vertragstreue Partei kann aus verschiedenen Gründen Rückgewährsansprüche für geleistete Zahlungen oder erbrachte Leistungen geltend machen. Diese Ansprüche werden ihr großzügiger gewährt als der vertragsbrüchigen Partei. Eine besonders wichtige Erscheinungsform der ungerechtfertigten Bereicherung (unjust enrichment) in vertraglichen Verhältnissen greift beim vollständigen oder teilweisen Ausbleiben der Gegenleistung durch den Vertragspartner. Aber auch Vertragsverletzungen (breach of contract), Verstöße gegen Formerfordernisse oder das fehlende Zustandekommen eines Vertrages können zur Rückgewähr von Leistungen führen.

6.4.3.1.1. Rückgewähr aufgrund Nichtexistenz des Vertrages

Mitunter transferiert eine Partei bereits vor Vertragsschluss Vermögenswerte an die Gegenseite. Brechen die Vertragsverhandlungen danach ohne Ergebnis ab, stellt sich die Frage, wie diese transferierten Vorteile zurückzugewähren sind. Zum Teil übertragen die Parteien auch im Glauben, einen wirksamen Vertrag abgeschlossen zu haben, Vorteile aus diesem nichtexistenten Vertrag auf die andere Partei.

Da aufgrund der Privatautonomie eine Partei sich jederzeit von vertraglichen Verhandlungen zurückziehen kann, ohne ein Haftungsrisiko einzugehen, müssen in Erwartung eines Vertrags erbrachte Geldzahlungen, übertragene Rechte und wirtschaftliche Vorteile grundsätzlich wieder zurückgewährt werden.[1961] Dies ergibt sich häufig bereits daraus, dass für die Leistung keine Gegenleistung (consideration) erbracht wurde. Handelt es sich bei den übertragenen Vorteilen um Dienstleistungen oder sind diese Vorteile bereits verbraucht und der Vorteilsempfänger aus diesem Grunde entreichert, stellt sich die Situation nicht so eindeutig dar Oft ist es für den Kläger schwierig, einen Beweis für einen wirtschaftlichen Vorteil auf der Gegenseite zu erbringen. Jedenfalls muss dann eine Rückgewähr erfolgen, wenn der Empfänger dieser Vorteile auf der Übertragung derselben vor Vertragsschluss bestanden hat.[1962]

> „[T]o expedite performance under that anticipated contract, one requested the other to commence the contract work, and the other complied with that request. If thereafter, as anticipated, a contract was entered into, the work done as requested will be treated as having been performed under that contract; if, contrary to their expectation, no contract was entered into, then the performance of the work is not referable to any contract the terms of which can be ascertained, and the law simply imposes an obligation on the party who made the request to pay a reasonable sum for such work as has been done pursuant to that request, such an obligation sounding in quasi-contract or, as we now say, in restitution."[1963]

Sind die Parteien von einem wirksamen Vertragsschluss ausgegangen, obwohl dies aus diversen Gründen (wie z. B. Unbestimmtheit des Vertragstextes) nicht der Fall war, ist es selbstverständlich, dass eine Rückgewähr der erbrachten Leistungen erfolgen muss.[1964] Ist dagegen ein Vertrag deshalb unwirksam, weil die zum Vertragsschluss nötigen Befugnisse und Berechtigungen fehlten, wurde diese Frage nicht so ein-

---

1961 Attorney-General v Humphreys Estate (Queen's Gardens) Ltd [1987] HKLR 427, 4333 ff. (PC auf eine Berufung aus Hongkong).

1962 British Steel Corporation v Cleveland Bridge Co Ltd [1984] 1 All ER 504; Der Court of Appeal Hongkongs hat sich dem in der Entscheidung Ho Kam Chung v Benny Lau [1991] 256 HKCU 1 angeschlossen.

1963 British Steel Corporation v Cleveland Bridge Co Ltd [1984] 1 All ER 504, 511, per Robert Goff J.

1964 Ho, Betty M. (1999) S. 548 f.

deutig entschieden. So geht die modernere Ansicht dahin, eine Restitution eher abzulehnen.[1965]

6.4.3.1.2. *Ausbleiben der Gegenleistung (failure of consideration)*

Steht einer Vertragspartei das Recht zu, sich aufgrund einer Vertragsverletzung (breach of contract) durch die andere Partei als von ihrer vertraglichen Verpflichtung befreit anzusehen, und wählt sie dieses Recht auch, kann sie alle aufgrund des Vertrages bereits an die andere Partei geleisteten Zahlungen zurückfordern, solange sie keinerlei Gegenleistung (consideration) dafür erhalten hat (total failure of consideration).[1966] Dies wurde in der grundlegenden Entscheidung Kwei Tek Chao v British Traders and Shippers Ltd statuiert.[1967]

> „[I]f goods have been properly rejected, and the price has already been paid in advance, the proper way of recovering the money back is by an action for money paid for a consideration which has wholly failed, i.e. money had and received."[1968]

Das Common Law stellt das Erfordernis des vollständigen Fehlens einer Gegenleistung (consideration) aus zwei verschiedenen Gründen auf.

1965 Guinness Plc v Saunders [1990] 2 AC 663. Vgl. dazu aber auch Craven-Ellis v Cannons Ltd [1936] 2 KB 403, wo das Gericht eine Restitution zumindest auf einer quantum meruit-Basis für geleistete Dienste zusprach. In Guinness Plc v Saunders erklärte das House of Lords die Ungleichbehandlung mit den verschiedenen Gründen für die Unwirksamkeit des Vertrages. Im Fall Craven-Ellis v Cannons Ltd habe die Unwirksamkeit 'technische', also formale Gründe gehabt, da bei der Bestellung des Klägers als Managing Director formale Anforderungen nicht erfüllt worden waren. Diese führe jedoch nicht zur Unwirksamkeit seiner Handlungen, welche er während seiner Tätigkeit als Managing Director vorgenommen habe. Aus diesem Grunde stehe ihm ein Anspruch auf Ausgleich auf quantummeruit-Basis zu. In der Entscheidung Guinness Plc v Saunders dagegen sei der Vertrag aus materiellen Gründen unwirksam gewesen, da der Kläger als Treuhänder der Gesellschaft nicht ohne Zustimmung aller Gesellschafter Vorteile aus der Tätigkeit ziehen dürfe. Aus diesem Grunde sei eine Vergütung quantum meruit nicht zu gewähren.

1966 Kwei Tek Chao v British Traders & Shippers Ltd [1954] 2 QB 459, 475.

1967 Daneben wurde auch die Notwendigkeit des Erfordernis' einer Vertragsverletzung (breach of contract), die zu einer Beendigung des Vertragsverhältnisses nach Ausübung der Option durch die vertragstreue Partei geführt hat, formuliert.

1968 Kwei Tek Chao v British Traders & Shippers Ltd [1954] 2 QB 459, 475, per Devlin J.

Zum einen herrscht innerhalb des Common Law eine Abneigung gegen jegliche Form einer Aufteilung (apportionment) von Ansprüchen etc., v.a. deshalb, weil nicht alle teilweisen Erfüllungshandlungen den gleichen Wert aufweisen und einige mehr oder weniger wertvoll sein können als andere. Es wäre unbillig, einzelne Teilschritte einer zusammenhängenden Vertragserfüllung immer mit dem gleichen Wert anzusetzen, obwohl sie sich nicht gleichwertig gegenüberstehen. Zum anderen ist oft nicht schätzbar, welchen Wert eine Leistung bzw. Teile von ihr tatsächlich haben, so dass sich die tatsächlich erbrachte Gegenleistung (consideration) oft kaum bestimmen lässt. Dies ist insbesondere der Fall, wenn die erbrachte Gegenleistung (consideration) in einer Dienstleistung besteht.[1969]

Das Erfordernis des vollständigen Ausbleibens der Gegenleistung (consideration) war bereits in Hunt v Silk[1970] postuliert worden. Dort war ein Vertrag zu einem bestimmten Teil erfüllt, also eine gewisse Gegenleistung (consideration) erbracht worden, weshalb ein Anspruch auf Rückzahlung der gesamten bereits geleisteten Summe keinen Erfolg hatte.[1971]

Ein vollständiges Ausbleiben der Gegenleistung (consideration) durch den Zahlungsempfänger schließt auch nur die geringste Erfüllungshandlung der vertraglichen Verpflichtung aus. Dadurch erhält eine Partei nicht die Vorteile oder zumindest einen Teil der Vorteile, die ihr aus dem Vertrag zustehen.[1972] Die Bewertung erfolgt aus Sicht desjenigen, der die Zahlung geleistet hat, wobei die Gegenleistung (consideration) vom Zahlungsempfänger ausgehen muss.[1973]

Es erscheint jedoch unbillig, dass jegliche noch so geringfügige Leistungserbringung einer Rückforderung entgegensteht. Zum anderen birgt

---

1969 Vgl. dazu Sumpter v Hedges [1998] 1 QB 673.

1970 Hunt v Silk (1804) 5 East 449.

1971 Hunt v Silk (1804) 5 East 449.

1972 Fibrosa Spolka Akcyjna v Fairbarn Lawson Combe Barbour Ltd [1943] AC 32; Rover International v Cannon Film Sales Ltd (No 3) [1989] 1 WLR 912, 923; Stocznia Gdanska SA v Latvian SS Co [1998] 1 WLR 574, 587 ff.; zustimmend zitiert in Polyset Ltd v Panhandat Ltd [2002] 3 HKLRD 319, 339.

1973 Fibrosa Spolka Akcyjna v Fairbarn Lawson Combe Barbour Ltd [1943] AC 32, 48.

diese Theorie das Problem in sich, dass ein Rückforderungsanspruch immer dann geltend gemacht werden kann, wenn ein absoluter Ausfall jeglicher Gegenleistung (consideration) vorliegt, ohne dass möglicherweise durch den Zahlenden tatsächlich erlangte Vorteile Berücksichtigung finden. So wird bei einem Kaufvertrag dann von einem vollständigen Ausfall der Gegenleistung (consideration) gesprochen, wenn der Verkäufer dem Käufer nicht uneingeschränktes Eigentum am verkauften Gegenstand verschaffen kann. Dass der Käufer aber aufgrund des Besitzes der Sache möglicherweise Vorteile erlangt haben kann, wie beispielsweise eine zeitweise Nutzungsmöglichkeit, wird dabei vollkommen außer Acht gelassen.[1974]

Aufgrund dieser Probleme sind die Gerichte mittlerweile vermehrt bereit, Verträge zu teilen, und so dem Erfordernis des vollkommenen Ausfalls einer Gegenleistung (consideration) gerecht zu werden, indem sich dieser Ausfall immer nur auf einen Teil des Vertrages bezieht, für den er jedoch dann vollständig ist. Dies ist auch ein Ausdruck der Unzufriedenheit der Gerichte mit dieser Doktrin. Eine Wandlung in dieser Hinsicht ist deutlich erkennbar.

> „In cases where consideration can be apportioned or where counter-restitution is relatively simple, insistence on total failure of consideration can be misleading and confusing."[1975]

Unterstützt wird diese Ansicht durch eine Entscheidung des Judicial Committee des Privy Council, durch welche das Erfordernis des vollständigen Ausfalls einer Gegenleistung (consideration) durch eine Trennung verschiedener Vertragsbestandteile, hier der Aufteilung eines

---

1974 Rowland v Divall [1923] 2 KB 500, 504 ff.; Butterworth v Kingsway Motors [1954] 1 WLR 1286, 1294 f.

1975 David Securities Pty Ltd v Commonwealth Bank of Australia (1992) 175 CLR 353, 383, per Mason CJ et al. Diese Entscheidung kann hier nur zu Demonstrationszwecken herangezogen werden, da sie keine formal bindende Wirkung für englische oder Hongkonger Gerichte hat. Sie wurde allerdings schon in einem anderen Zusammenhang (Anfall höherer Zinsen als zulässiger pauschalierter Schadensersatz) in Hongkong für die Entscheidungsfindung herangezogen. Vgl. dazu Japan Leasing (Hong Kong) Ltd v Fully Well Investments Ltd HCMP 4359/1998 (11. Februar 2000) – unrep.

Darlehens in Darlehenssumme und Zinsen, aufgeweicht wurde.[1976] Darüber hinaus hat das House of Lords in jüngster Zeit mit der Entscheidung Westdeutsche Landesbank Girozentrale v Islington LBC Sympathien für eine Neuformulierung der Doktrin geäußert.[1977]

6.4.3.1.3. Herausgabe von aus Vertragsverletzung (discharge by breach) erlangten Gewinnen

Eines der Hauptprinzipien im Vertragsrecht beruht auf dem Gedanken, dass die geschädigte Partei für ihren Schaden Ersatz erhält, nicht dagegen, dass der gegnerischen Partei die erlangten Vorteile genommen werden sollen, die aus einer Vertragsverletzung (breach of contract) herrühren.[1978] Bei der Restitution verhält es sich anders. Dieser liegt der Gedanke zugrunde, dass eine Vertragspartei keine Vorteile aus ihrem eigenen Fehlverhalten ziehen darf. Dies steht ersterem Prinzip zwar nicht direkt entgegen, geht aufgrund seines Strafcharakters aber auch nicht damit einher.

Probleme ergeben sich dort, wo beide Prinzipien miteinander in Konflikt geraten. So kann es vorkommen, dass eine Vertragsverletzung (breach of contract) überhaupt keinen oder nur einen geringen Schaden bei der vertragstreuen Partei hervorgerufen, der vertragsbrüchigen Partei jedoch einen beträchtlichen (wirtschaftlichen) Vorteil verschafft hat.[1979] Hier stellt sich die Frage, ob eine Vertragsverletzung (breach of contract) als Fehlverhalten solcherart behandelt werden darf, dass über eine Kompensation des Schadens der geschädigten Partei hinaus auch Vorteile aus diesem Fehlverhalten von der vertragsbrüchigen auf die vertragstreue Partei transferiert werden dürfen. Mittlerweile ist als Ausnahme vom Grundsatz des Vertragsrechts anerkannt, dass auch erlangte Vorteile aus einer Vertragsverletzung (breach of contract) zurückgewährt werden können; darüber hinaus können solche erlangten Vorteile bei der Be-

---

1976 Goss v Chilcott [1996] AC 788, 798.

1977 Westdeutsche Landesbank Girozentrale v Islington LBC [1996] AC 669, 682 f.

1978 Attorney-General v Blake [2001] 1 AC 268.

1979 Teacher v Calder (1899) 1 F 39; Tito v Waddell (No 2), Tito v Attorney-General [1977] 3 All ER 129.

rechnung des erlittenen Schadens eine Rolle spielen.[1980] Eine solche Vorgehensweise bietet sich an, wenn der Schaden beim Geschädigten deutlich geringer ausgefallen ist als der Vorteil bei der vertragsbrüchigen Partei. Darüber hinaus ist es eine attraktive Rechtsfolge, wenn der entstandene Schaden nichtfinanzieller Art ist, z. B. bei einer Verletzung von Vertraulichkeitsvereinbarungen.[1981]

Erst in jüngerer Zeit hat sich das House of Lords intensiv mit der Frage beschäftigt, in welchem Umfang eine vertragsbrüchige Partei erlangte Vorteile aus einer Vertragsverletzung (breach of contract) zurückgewähren muss.[1982] Es kam dabei zu dem Schluss, dass zwar grundsätzlich die Verluste des Geschädigten die Höhe des Schadensersatzanspruches (damages) bestimmen, in Ausnahmefällen aber, in denen anderweitiger Rechtsschutz wie einstweilige Verfügungen (injunctions) jedoch nicht verfügbar sind oder keinen Sinn haben, auch Gewinne, welche die vertragsbrüchige Partei aus der Vertragsverletzung (breach of contract) erzielt hat, der vertragstreuen Partei zustehen.

> „The law recognises that a party to a contract may have an interest in performance which is not readily measurable in terms of money. On breach the innocent party suffers a loss. He fails to obtain the benefit promised by the other party to the contract. To him the loss may be as important as financially measurable loss, or more so. An award of damages, asessed by reference to financial loss, will not recompense him properly. For him a financially assessed measure of damages is inadequate."[1983]

In einer Entscheidung aus dem Jahre 2003 hat sich der High Court Hongkongs ebenfalls mit dieser Frage befasst und dieser Ansicht des House of Lords, unter Berufung auf die Entscheidung Attorney-General v Blake, angeschlossen.

1980 Jones, Gareth (1983) 99 LQR 443.

1981 Attorney-General v Blake [2001] 1 AC 268; Attorney-General v Guardian Newspapers Ltd (No 2) [1990] 1 AC 109.

1982 Attorney-General v Blake [2001] 1 AC 268.

1983 Attorney-General v Blake [2001] 1 AC 268, 282, per Lord Nicholls of Birkenhead.

„Gains made by a defaulting fiduciary are to be disgorged irrespective of whether the beneficiary had suffered any financially measurable loss; in short, the remedy of an account of profits does not have to bear any resemblance (and often does not) to the disadvantage suffered by the beneficiary."[1984]

Dies macht deutlich, dass die Hongkonger Gerichte der Ansicht sind, dass Vorteile der vertragsbrüchigen Partei, die diese Partei aus der Vertragsverletzung (breach of contract) erlangt hat, durchaus der vertragstreuen Partei zustehen und von dieser geltend gemacht werden können, auch wenn sich diese Vorteile nicht mit den Nachteilen der vertragstreuen Partei decken.

6.4.3.1.4. Rückgewähr bei Vorliegen von den Vertrag ungültig machenden Faktoren (vitiating factors)

Bestand bei Vertragsschluss ein Irrtum nach dem Common Law (mistake) zwischen den Parteien, dann ist dieser Vertrag unwirksam (void).[1985] Alle Leistungen, die aufgrund des Vertrages erbracht wurden, sind von den Parteien zurückzugewähren.[1986] Besteht die Leistung in der Übereignung von Gegenständen, welche bereits verbraucht wurden, ist die Rückgewähr unmöglich. Eine angemessene Vergütung in Geld ist dafür und für geleistete Dienstleistungen nur zu zahlen, wenn der Empfänger der Leistung diese ausdrücklich gefordert oder angenommen hat.[1987]

Ist ein Vertrag rechtswidrig (illegal) und deshalb entweder undurchsetzbar oder gar von Anfang an nichtig, stellt dies jedoch ein Hindernis für eine Herausgabeklage dar, welche sonst aus anderen Gründen durchaus erfolgreich gewesen wäre, z. B. mangels Bereitstellung einer Gegenleistung (consideration). Dies beruht auf dem Grundsatz, dass das

---

1984 Kao Lee & Yip v Koo Hoi Yau Donald and Others [2003] 2 HKC 113, para 134, per Ma J. unter Bezugnahme auf die Entscheidung des House of Lords Attorney General v Blake [2001] 1 AC 268, 279 f.

1985 Siehe dazu S. 239.

1986 Ho, Betty M. (1999) S. 552.

1987 Boulton v Jones (1857) 2 H & N 564.

Recht ein rechtsfeindliches Geschäft nicht bei der Abwicklung, auch nicht bei der Rückabwicklung, unterstützt.

> „The principle of public policy is this; ex dolo malo non oritur actio. No Court will lend its aid to a man who founds his cause of action upon an immoral or an illegal act. If, from the plaintiff's own stating or otherwise, the cause of action appears to arise ex turpi causa, ...the Court says he has not right to be assisted."[1988]

Allerdings gibt es Ausnahmen von diesem Grundsatz: Dient die Regelung gerade dem Schutz des Rechtsschutzsuchenden, dann kann er seinen Rückzahlungsanspruch geltend machen.[1989]

Irreführung (misrepresentation), Zwang (duress) und ungebührliche Beeinflussung (undue influence) führen dazu, dass ein Vertrag vernichtbar (voidable) wird.[1990] Die Rechtsfolge einer solchen Vernichtbarkeit wäre eine Vertragsauflösung (rescission), wenn der Sache nach eine Restitution möglich ist. Das Gericht wird deshalb keine Vertragsauflösung (rescission) anordnen, wenn eine Rückgewähr gar nicht durchführbar ist.[1991]

6.4.3.1.5. Herausgabe des Erlangten wegen Verstoß gegen Formvor-schriften (non-compliance with formal requirements)

Ob eine Rückgewähr bereits geleisteter Vorteile an die andere Partei erfolgen kann, wenn der Vertrag unwirksam ist, weil er die an ihn gestellten Formvorschriften nicht einhält, hängt von der jeweiligen gesetzlichen Regelung ab, wie nachfolgend beispielhaft dargestellt wird.

Entspricht ein Grundstückskaufvertrag nicht den gesetzlichen Anforderungen an seine Form, dann können bereits erbrachte Leistungen, also Zahlung des Kaufpreises für das Grundstück oder Übereignung des Grundstücks an den Erwerber, nicht allein wegen des Formmangels zu-

---

1988 Holman v Johnson (1775) 1 Cowp 341, 343, per Lord Mansfield.
1989 Kaufman v Gerson [1904] 1 KB 591.
1990 Siehe dazu S. 202 ff.
1991 Sheffield Nickel Co v Unwin (1877) 2 QB 214.

rückgefordert werden. Der Vertrag ist wirksam; er ist lediglich nicht durchsetzbar (unenforceable).[1992] Allerdings ist eine Rückgewähr nicht gänzlich ausgeschlossen: Ist keinerlei Gegenleistung (consideration) erbracht worden, kann derjenige, der bereits geleistet hat, seine eigene Leistung zurückfordern.[1993] Ebenso tritt diese Rechtsfolge ein, wenn eine der Parteien eine endgültige Erfüllungsverweigerung (repudiation) deutlich macht.

Verkaufsurkunden (bills of sale), die nicht den formellen Voraussetzungen der Bills of Sale Ordinance[1994] entsprechen, sind unwirksam (void).[1995] Der Darlehensgeber hat deshalb keinen wirksamen Eigentumstitel über die als Sicherheit für die Darlehenssumme gegebenen Sachen in den Händen, weshalb diese dem Sicherungsgeber zurückgegeben werden müssen. Gleichzeitig kann der Darlehensgeber das Darlehen zurückfordern, zuzüglich angemessener Zinsen.[1996]

6.4.3.2. Rückgewähr an die vertragsbrüchige Partei

Wie bereits erwähnt, besteht nicht nur für die vertragstreue Partei das Recht, bereits geleistete Zahlungen auf den Vertrag nach der Vertragsbeendigung aufgrund einer Vertragsverletzung (breach of contract) von der gegnerischen Partei zurückzufordern, sondern auch für die vertragsbrüchige Partei. Dieser Anspruch ist allerdings viel enger gefasst und hängt von der Ausgestaltung des Vertragsverhältnisses ab.

Häufig wird danach unterschieden, ob es sich bei einer bereits geleisteten Zahlung um eine Kaution (deposit) bzw. eine andere Sicherheit für eine ordnungsgemäße Vertragserfüllung des Schuldners dienende Zahlung oder um eine Anzahlung auf den Kaufpreis (part payment) handelt.[1997]

1992 Conveyancing and Property Ordinance, Cap 219 s 3, 5 f.
1993 Siehe S. 473 f.
1994 Bills of Sale Ordinance, Cap 20.
1995 Bills of Sale Ordinance, Cap 20 s 7.
1996 North Central Wagon Finance Co v Brailsford [1962] 1 WLR 1288, 1293.
1997 Beatson, Jack (1991) S. 46 ff.

Ein Anspruch auf Rückgewähr einer bereits geleisteten Summe besteht dann, wenn die Zahlung nicht als Kaution oder als anderweitige Sicherheit für eine ordnungsgemäße Vertragserfüllung gegeben wurde, sondern lediglich eine Anzahlung auf den Kaufpreis darstellt und die Rückgewähr auch nicht ausdrücklich oder stillschweigend durch den Vertrag ausgeschlossen ist.[1998]

Es ist allgemein anerkannt, dass eine Geldsumme, die als Kaution für den nachfolgenden Erwerb von Mobilien oder Immobilien gegeben wurde, eine Sicherheitsleistung für die ordnungsgemäße Durchführung und Erfüllung des Vertrages durch den Erwerber darstellen soll und nicht zurückgefordert werden kann, wenn der Erwerber seinen Teil des Vertrages nicht erfüllt.[1999] Parallel dazu können auch bereits geleistete Ratenzahlungen nicht zurückverlangt werden, wenn der Vertrag vorschreibt, dass diese bei weiterer Nichterfüllung verfallen sollen.

Es ist nicht unüblich in Hongkong, dass 'Kautionen' (deposits), meist auf Grundstückskaufverträge, geleistet werden, bevor überhaupt ein solcher Vertrag wirksam geschlossen worden ist. Sie werden dann auch mit der Formulierung 'subject to contract' an den zukünftigen Verkäufer gezahlt.[2000] Bei diesen 'Kautionen' handelt es sich nicht um Sicherheitsleistungen für die ordnungsgemäße Durchführung des Vertrages, u.a. weil noch gar kein Vertrag besteht. Deshalb kann der Empfänger solcher Leistungen diese auch nicht zurückhalten, sollte es nicht zum Vertragsschluss kommen. Allerdings würde eine vollständige Rückerstattung die Interessen und Erwartungen der Parteien konterkarieren, weshalb ein Hongkonger Gericht in seiner Entscheidung nur auf eine Teilrückzahlung (bei Zahlung der Kaution durch zwei Schecks) befand und somit eine Aufteilung des Verlustes auf beide Parteien favorisierte.[2001]

1998 Dies v British and International Mining and Finance Corporation [1939] 1 KB 724. Dem folgt auch Hongkong mit der Entscheidung Polyset Ltd v Panhandat Ltd [2002] 3 HKLRD 319, 338.

1999 Howe v Smith (1884) 27 Ch D 89; Beatson, Jack (1991) S. 46 ff., 76 f., 90 ff.

2000 Siehe dazu S. 134 f.

2001 Yu Tai Hing Land Agency Ltd v Leung Wing Yin HCA 393/1986 (6. August 1986) – unrep.

Darüber hinaus gelten Ausnahmen vom Grundsatz, wenn eine vertragliche Verfallsregelung für bereits gezahlte Summen Vertragsstrafencharakter trägt und es unbillig wäre, wenn der Zahlungsempfänger die geleistete Summe behalten dürfte.[2002] Da eine Kaution angemessen sein muss, um wirksam vereinbart werden zu können, und eine Angemessenheit nur bei Kautionen bis zu 10% des Kaufpreises bejaht wurde, gilt eine höhere Kaution als Vertragsstrafe (penalty) und kann damit zurückgefordert werden.[2003] Es ist allerdings zu berücksichtigen, dass die Entscheidungen hinsichtlich des Verfalls bereits geleisteter Zahlungen zum Teil unbestimmt sind. Auch wird das Gericht bei handelsrechtlichen Verträgen, in denen Schnelligkeit und Bestimmtheit eine noch größere Rolle spielen, sicherlich weniger geneigt sein, demjenigen Rechtsschutz zu gewähren, welcher eine Zahlung geleistet hat und dann eine Vertragsverletzung (breach of contract) begeht.[2004]

6.4.4. Vergütung für geleistete Dienste und gelieferte Waren

Sind unter einem Vertragsverhältnis Dienste geleistet oder Waren geliefert worden, kann unter Umständen ein Anspruch des Leistenden auf Zahlung eines angemessenen Preises bzw. einer angemessenen Vergütung gegen den Leistungsempfänger entstehen. Er hat dann Anspruch auf Zahlung eines Betrages quantum meruit. Ein solcher Anspruch kann rein vertragsrechtlich sein, z. B. wenn sich aus dem Vertrag selbst eine ausdrückliche (express) oder stillschweigende Vereinbarung (implied term) in dieser Hinsicht ergibt.[2005] Zum anderen kann aber auch das Recht selbst einen solchen Anspruch gewähren, ohne dass die Parteien dies vereinbart haben.[2006]

2002 Workers Trust & Merchant Bank Ltd v Dojap Investment Ltd [1993] AC 573.

2003 Workers Trust & Merchant Bank Ltd v Dojap Investment Ltd [1993] AC 573.

2004 Union Eagle Ltd v Golden Achievement Ltd [1997] 1 HKLRD 366, 370 f.

2005 Birks, Peter (2001) S. 268, 275.

2006 Jones, Gareth (2002) S. 18 ff., 538 ff.

6.4.4.1. *Vertragliche Vergütungsansprüche*

Ein vertraglicher Anspruch auf eine Vergütung quantum meruit kann hauptsächlich in zwei Situationen entstehen: Zum einen dann, wenn zwischen den Parteien zwar keine bestimmte Vergütung für die erbrachten Leistungen vereinbart war, die Leistungserbringung jedoch entweder nur gegen Zahlung einer Vergütung nach den Umständen zu erwarten war bzw. die Parteien davon ausgingen, dass die Leistungserbringung entgeltlich sei.[2007] Die Vergütung muss dann in Höhe einer 'angemessenen Summe'[2008] geleistet werden. Dies ist auch durch die Gerichte Hongkongs anerkannt worden.[2009] So wurde z. B. in der Entscheidung Happy Dynasty Ltd v Wai Kee (Zens) Contstruction and Transportation Co Ltd & Others[2010] dem Kläger eine Vergütung quantum meruit aufgrund einer stillschweigenden vertraglichen Vereinbarung (implied term) zwischen den Parteien gewährt.

Zum zweiten kann ein Anspruch auf Zahlung einer Vergütung quantum meruit entstehen, wenn sich aus dem Verhalten der Parteien eines Vertrages ergibt, dass sie übereingekommen sind, den ursprünglichen Vertrag durch einen neuen Vertrag zu ersetzen. Wenn für diesen neuen Vertrag keine ausdrückliche Angabe zu Preis oder Vergütung vorliegt, muss auch hier die Berechnung quantum meruit herangezogen werden.[2011]

Dieses Prinzip findet auch Anwendung, wenn eine Partei eine Vertragsverletzung (breach of contract) begeht und den Vertrag nur teilweise oder auf eine andere als die vertraglich vereinbarte Art erfüllt. Wählt die vertragstreue Partei nicht die Vertragsbeendigung, sondern die Fortset-

---

2007 Birks, Peter (2001) S. 268, 275.

2008 Paynter v Williams (1833) 1 C & M 810; Batis Maritime Corp v Petroleos Del Mediterraneo SA, The 'Batis' [1990] 1 Lloyd's Rep 345, 352.

2009 Choy Bing Wing (t/a Bing Choy & Associates) v Hong Kong & Shanghai Hotels Ltd [1997] 2 HKLRD No 433.

2010 Happy Dynasty Ltd v Wai Kee (Zens) Contstruction and Transportation Co Ltd & Others [1998] 1 HKLRD 314, 318.

2011 Steven v Bromley and Son [1919] 2 KB 722; Sir Lindsay Parkinson & Co Ltd v Commissioner of Works [1949] 2 KB 632.

zung des Vertragsverhältnisses, indem sie die Teilerfüllung bzw. die geänderte Erfüllung annimmt, schuldet sie der gegnerischen Partei nicht den vertraglich vereinbarten Preis, sondern 'nur' eine Vergütung quantum meruit.[2012] Dies gilt allerdings nur, wenn der vertragstreuen Partei tatsächlich eine Wahlmöglichkeit hinsichtlich der Annahme der Leistung zur Verfügung stand. Ist sie gezwungen, die Leistung wie erbracht anzunehmen, kann nicht davon gesprochen werden, dass sich die vertragstreue Partei bereit erklärt hat, die geänderte Erfüllungshandlung anzunehmen und dafür eine Vergütung quantum meruit auf vertraglicher Basis zu zahlen.[2013]

Ist die vertraglich vereinbarte Leistung teilbar, kann derjenige, der die Leistung unter Begehung einer Vertragsverletzung (breach of contract) teilweise oder inhaltlich verändert erbracht hat, ebenfalls einen solchen Anspruch auf Vergütung quantum meruit geltend machen. Diese Partei ist dann allerdings einer Widerklage auf Schadensersatz (damages), der aus der Vertragsverletzung (breach of contract) resultiert, ausgesetzt.[2014]

6.4.4.2. Vergütungsansprüche des Common Law und der Equity

Wie bereits erwähnt, kann die Herausgabe des Erlangten bzw. einer Vergütung auch angeordnet werden, ohne dass die Parteien dies vertraglich vereinbart haben. Hat die vertragstreue Partei nach einer Vertragsverletzung (breach of contract) durch die andere Partei die Möglichkeit der Vertragsbeendigung gewählt, kann sie, alternativ zu einem Anspruch auf Schadensersatz (damages), auch einen Anspruch auf Vergütung quantum meruit für von ihrer Seite erbrachte Leistungen geltend machen.[2015]

Ist die Möglichkeit der Restitution gegeben, stellt sich die Frage nach den Unterschieden zwischen einer Vergütung quantum meruit und einem

---

2012 De Bernardy v Harding (1853) 8 Ex 822; Steven v Bromley and Son [1919] 2 KB 722, 728.

2013 Bookmakers Afternoon Greyhound Services Ltd v Wilfred Gilbert Staffordshire Ltd [1994] FSR 723.

2014 Taylor v Laird (1856) 1 H & N 266.

2015 Planché v Colburn (1831) 8 Bing 14; De Bernardy v Harding (1853) 8 Ex 822.

Schadensersatzanspruch (damages). Die Inhalte beider Ansprüche können erheblich voneinander abweichen.[2016] Hat sich beispielsweise eine Partei gegenüber der anderen Partei bereit erklärt, ein bestimmtes Werk zu errichten, und macht die Gläubigerpartei eine Erfüllungsverweigerung (repudiation) geltend, wenn die Schuldnerpartei die Hälfte des Werkes fertiggestellt hat, dann könnte letztere wahlweise Schadensersatz (damages) oder Vergütung quantum meruit für die erbrachte Leistung von 50% fordern. Normalerweise wird bevorzugt Schadensersatz (damages) geltend gemacht, weil in diesen auch entgangene Gewinne einfließen. Ein Schadensersatzanspruch würde in der für die Leistung vertraglich vereinbarten Vergütung in voller Höhe abzüglich ersparter Aufwendungen für Arbeitsleistungen und Material bestehen. Ein Anspruch auf Vergütung quantum meruit würde sich dagegen dann anbieten, wenn sich während der Erfüllung der vertraglich vereinbarten Leistung herausgestellt hat, dass die Arbeiten bedeutend aufwendiger und teuerer sind, als bei Vertragsschluss angenommen und der vertraglich vereinbarte Preis deshalb zu niedrig angesetzt wurde. Ein Anspruch auf Vergütung quantum meruit richtet sich nach den tatsächlich entstandenen Kosten und ist nicht auf einen anteiligen Betrag des vertraglich vereinbarten Preises begrenzt.[2017] Deshalb könnte der Schuldner des Werkes bei einer Vergütung quantum meruit seine tatsächlich entstandenen Kosten für die Errichtung des Werkes in Ansatz bringen.

Auch die vertragsbrüchige Partei kann Ansprüche auf Vergütung quantum meruit geltend machen, wenn die vertraglich vereinbarte Leistung teilbar ist.[2018] Dies ist grundsätzlich auch möglich, wo eine solche vertragliche Vereinbarung nicht besteht. Ist die Leistung nicht teilbar, besteht allerdings kein Anspruch der vertragsbrüchigen Partei, ausgenommen, die vertragstreue Partei hat die Teilerfüllung akzeptiert oder anderweitig auf die vollständige Erfüllung verzichtet. Hat die vertragstreue

---

2016 Heyman v Darwins Ltd [1942] AC 356, 398; Batis Maritime Corp v Petroleos Del Mediterraneo SA, The 'Batis' [1990] 1 Lloyd's Rep 345, 353.

2017 Rover International v Cannon Film Sales Ltd (No 3) [1989] 1 WLR 912, 926 f.

2018 Beatson, Jack (2002) S. 652.

Partei die Annahme jedoch eindeutig abgelehnt, kann eine Vergütung quantum meruit nicht beansprucht werden.[2019]

6.5. Verjährung (limitation of action)

Grundsätzlich berührt ein Zeitablauf nicht die Wirksamkeit vertraglicher Verpflichtungen.[2020] Allerdings soll die Geltendmachung veralteter Ansprüche nicht unterstützt werden, denn nach einer längeren Zeitdauer muss Rechtssicherheit für alle Parteien eintreten.[2021] Oft ist es für den Beklagten dann schwierig, noch Beweismaterial beizubringen, mit welchem er sich gegen die Klage verteidigen könnte. Deshalb gelten auch im Hongkonger Recht Verjährungsfristen (limitation of action). Mittlerweile sind viele Aspekte der Verjährung in der Limitation Ordinance[2022] festgelegt. Darüber hinaus hat die Equity eine Reihe von Verwirkungstatbeständen (laches) entwickelt, die einem Kläger, der nicht die nötige Sorgfalt bei der Geltendmachung seines Anspruches hat walten lassen, einen Rechtsbehelf in Equity verwehren.[2023]

Aufgrund der Vielfalt der Rechtsquellen in Hongkong existieren einige Ausnahmen. So finden die Verjährungsfristen nach dem Common Law keine Anwendung, wenn das anwendbare materielle Recht chinesisches Recht (chinese customary law)[2024] ist, soweit es in Hongkong Anwendung findet.[2025]

> „Under Chinese law, it seems to me that the very essence of that substantive law would be subverted...The application of the procedural law of Hong Kong, would necessarily interfere with the substantive Chinese law. ...I am satisfied that the Hong Kong law of limitations, is an „aspect

---

2019 Wiluszynski v Tower Hamlets London Borough Council [1989] ICR 493; British Telecommunications Plc v Ticehurst [1992] ICR 383.

2020 Ho, Betty M. (1999) S. 518.

2021 RB Policies at Lloyd's v Butler [1950] 1 KB 76, 80 f.

2022 Limitation Ordinance, Cap 347.

2023 Mills v Haywood (1877) 6 Ch D 196, 201 f.

2024 Das chinesische Recht (chinese customary law) ist auch nach dem Basic Law eine Rechtsquelle in Hongkong.

2025 Tsang Wing Lung v Tsang Lum [1993] 2 HKLR 22.

> of English law", and that, even though it might be procedural, it would affect the operation of the substantive Chinese law which applies to New Territories land by virtue of s 13 Cap 97. Therefore it must be disregarded."[2026]

Es ist zu beachten, dass es sich bei der Verjährung, anders als im deutschen Recht, um eine Frage des Prozessrechts und nicht des materiellen Rechts handelt. Der Beklagte in einem Prozess muss den Eintritt der Verjährung als Verteidigung selbst vortragen.[2027] Der Kläger kann sich gegen das Vorbringen des Eintritts der Verjährung nicht damit verteidigen, dass er das Bestehen des Anspruches bis nach Verjährungseintritt nicht kannte oder nicht kennen konnte.

Kann der Kläger den Beklagten an einem anderen Gericht mit einer längeren Verjährungsfrist verklagen, dann spielt die Verjährung nach dem Recht Hongkongs keine Rolle; dies gilt auch im umgekehrten Fall.[2028]

6.5.1. Verjährung nach den Grundsätzen des Common Law

Nunmehr ausgehend von der gesetzlichen Regelung der Limitation Ordinance,[2029] die verschiedene Verjährungsfristen enthält, hat das Common Law eine Reihe von Entscheidungen hervorgebracht, welche darlegen, wann ein Anspruch nicht mehr gerichtlich geltend gemacht werden kann.

> „[I]t is a policy of the Limitation Acts that those who go to sleep upon their claims should not be assisted by the courts in recovering their property...and that there shall be an end of litigation, and that protection shall be afforded against stale demands."[2030]

In Hongkong werden durch die Limitation Ordinance zahlreiche Verjährungsfristen für die Geltendmachung verschiedener Ansprüche auf dem

---

2026 Tsang Wing Lung v Tsang Lum [1993] 2 HKLR 22, 27, per Sharwood J.

2027 Ho, Betty M. (1999) S. 518.

2028 Ho, Betty M. (1999) S. 518.

2029 Limitation Ordinance, Cap 347. Diese folgt dem in England verabschiedeten Limitation Act. Selbstverständlich sind bereits vor Inkrafttreten der Limitation Ordinance bzw. des Limitation Act durch die Gerichte Entscheidungen zur Verjährung gefällt worden.

2030 RB Policies at Lloyd's v Butler [1950] 1 KB 76, 81, per Streatfeild J.

Klageweg vorgegeben. Einige dieser Verjährungsfristen, die sich besonders auf Klagen aus Verträgen beziehen, sollen nachfolgend erläutert werden.[2031]

[2031] Limitation Ordinance, Cap 347 s 4: Actions of contract and tort and certain other actions

(1) The following actions shall not be brought after the expiration of 6 years from the date on which the cause of action accrued, that is to say-

(a) actions founded on simple contract or on tort;

(b) actions to enforce a recognizance;

(c) actions to enforce an award, where the submission is not by an instrument under seal;

(d) actions to recover any sum recoverable by virtue of any Ordinance or imperial enactment, other than a penalty or forfeiture or sum by way of penalty or forfeiture:

Provided that-

(i) (Repealed 31 of 1991 s. 4)

(ii) nothing in this subsection shall be taken to refer to any action to which section 6 applies.

(2) An action for an account shall not be brought in respect of any matter which arose more than 6 years before the commencement of the action.

(3) An action upon a specialty shall not be brought after the expiration of 12 years from the date on which the cause of action accrued:

Provided that this subsection shall not affect any action for which a shorter period of limitation is prescribed by any other provision of this Ordinance.

(4) An action shall not be brought upon any judgment after the expiration of 12 years from the date on which the judgment became enforceable, and no arrears of interest in respect of any judgment debt shall be recovered after the expiration of 6 years from the date on which the interest became due.

(5) An action to recover any penalty or forfeiture, or sum by way of penalty or forfeiture, recoverable by virtue of any Ordinance or imperial enactment shall not be brought after the expiration of 2 years from the date on which the cause of action accrued:

Provided that for the purposes of this subsection the expression "penalty" shall not include a fine to which any person is liable on conviction of a criminal offence.

6) Subsection (1) shall apply to an action to recover seamen's wages, but save as aforesaid this section shall not apply to any cause of action within the Admiralty jurisdiction of the High Court which is enforceable in rem.

(7) This section shall not apply to any claim for specific performance of a contract or for an injunction or for other equitable relief, except in so far as any provision thereof may be applied by the court by analogy in like manner as the corresponding enactment contained in the Limitation Act 1980 (1980 c. 58 U.K.) is applied in the English Courts. (Amended 31 of 1991 s. 4)

(8) (Repealed 31 of 1991 s. 4)

6.5.1.1. Gesetzliche Verjährungsfristen

Eine Klage aus einem gewöhnlichen Vertrag (simple contract) ist nach Ablauf von sechs Jahren nach Entstehung des Anspruches verjährt.[2032] Ebenso verjähren Ansprüche auf ausstehende Forderungen (accounts) innerhalb von sechs Jahren nach ihrem Entstehen.[2033] Ein Anspruch aus einem gesiegelten Vertrag (specialty) unterliegt der längeren Verjährungsfrist von zwölf Jahren nach Entstehung des Anspruchs.[2034] Allerdings ist zu beachten, dass lediglich Verpflichtungen, die zu ihrer wirksamen Entstehung der Siegelung bedürfen, diese lange Verjährungsfrist aufweisen. Diente die Siegelung nur formal der Anerkennung oder dem Beweis, dass eine solche Verpflichtung existiert, greift die kurze Verjährungsfrist von sechs Jahren.[2035] Auch eine Klage aus einem gesetzlichen Anspruch genießt die lange Verjährungsfrist von zwölf Jahren, da sie einer Klage aus einem gesiegelten Vertrag (specialty) entspricht.[2036] Soweit eine andere gesetzliche Regelung der Limitation Ordinance eine kürzere als die Verjährungsfrist von zwölf Jahren vorschreibt, dann gilt diese Frist.[2037] Somit kann eine Klage auf Rückforderung von bereits gezahltem Mietzins[2038] oder auf Zinsen aus Hypothekenforderungen[2039] nur innerhalb einer Verjährungsfrist von sechs Jahren nach Entstehung des Anspruchs erhoben werden, auch wenn die Verpflichtungen aus Verträgen mit Urkundscharakter (deeds) resultieren, die eigentlich eine Verjährung von zwölf Jahren genießen.

Eine Klage auf Vollstreckung aus einem Urteil eines Hongkonger Gerichts verjährt ebenfalls in zwölf Jahren von der Rechtskraft des Urteils

---

2032 Limitation Ordinance, Cap 347 s 4(1)(a). Bis 1991 betrug diese Verjährungsfrist gemäß Limitation Ordinance, Cap 347 s 4(1)(i) lediglich drei Jahre, wenn es sich um einen Schadensersatzanspruch für Personenschäden handelte.

2033 Limitation Ordinance, Cap 347 s 4(2).

2034 Limitation Ordinance, Cap 347 s 4(3).

2035 Re Compania de Electricidad de la Provincia de Buenos Aires Ltd [1980] 1 Ch 146, 186.

2036 Collin v Duke of Westminster [1985] 1 QB 581.

2037 Limitation Ordinance, Cap 347 s 4(3).

2038 Limitation Ordinance, Cap 347 s 18.

2039 Limitation Ordinance, Cap 347 s 19(5).

an. Verzugszinsen für Forderungen, über die bereits ein Urteil ergangen ist, können dagegen nur innerhalb von sechs Jahren nachdem sie fällig wurden, eingeklagt werden.[2040] Obwohl dies nicht gesetzlich geregelt ist, verjährt eine Klage auf Vollstreckung aus einem Urteil eines ausländischen Gerichts ebenfalls in sechs Jahren.[2041] Die Limitation Ordinance findet keine Anwendung auf Prozesse der streitigen oder der Schiedsgerichtsbarkeit, für die eine andere gesetzliche Regelung Verjährungsvorschriften enthält.[2042]

Ist der Hauptanspruch bereits verjährt, so können auch daraus resultierende Zinsen nicht mehr geltend gemacht werden, da sie als Nebenleistungen vom Hauptanspruch abhängig sind,[2043] auch wenn die für diesen Anspruch geltende Verjährung grundsätzlich noch nicht eingetreten ist. Dies gilt nicht, wenn eine eigenständige Vereinbarung über die Zahlung von Zinsen zwischen den Parteien besteht.[2044]

6.5.1.2. Berechnung der Verjährungsfrist

Im Allgemeinen beginnt eine Verjährungsfrist mit der Entstehung des Anspruchs und endet entweder mit Klageerhebung oder mit dem Ablauf der Frist. Danach wird eine Klageerhebung unzulässig.[2045]

6.5.1.2.1. Beginn der Verjährung

Die Limitation Ordinance bezieht sich für den Beginn der Verjährung auf das Entstehen des Anspruchs (accrual of action),[2046] definiert dies jedoch nicht. Hier greifen Entscheidungen des Common Law zur Bestimmung, wann ein Anspruch entsteht. Im Falle von Vertragsverletzungen (breach of contract) entsteht ein Anspruch zum Zeitpunkt der Verletzungshand-

---

2040 Limitation Ordinance, Cap 347 s 4(4).
2041 Beale, Hugh G. (1999) Bd 1 para 29-002; Ho, Betty M. (1999) S. 509.
2042 Limitation Ordinance, Cap 347 s 40.
2043 Cheang Thye Phin v Lam Kin Sang [1929] AC 670.
2044 Cheang Thye Phin v Lam Kin Sang [1929] AC 670.
2045 Bowring-Hanbury's Trustee v Bowring-Hanbury [1943] 1 Ch 104, 110.
2046 Siehe z. B. Limitation Ordinance, Cap 347 s 4.

lung, nicht zum Zeitpunkt des Schadenseintritts.[2047] Bei verschiedenen Arten von Rechtsgeschäften liegen auch unterschiedliche Anknüpfungspunkte und damit Zeitpunkte bei der Entstehung eines Anspruchs vor.

So ist es z. B. selbstverständlich, dass ein Anspruch dann entsteht, wenn eine Darlehensrückzahlung an einem bestimmten Termin vertraglich vereinbart wurde und das Darlehen bei Fälligkeit nicht zurückgezahlt wird.[2048] Ist ein Darlehen innerhalb einer bestimmten Frist nach Kündigung rückzahlbar, so entsteht der Anspruch erst mit Ablauf der Frist nach der Kündigung.[2049] Ist jedoch kein bestimmter Termin für die Rückzahlung des Darlehens vereinbart worden bzw. ist ein Darlehen unmittelbar nach Aufforderung bzw. Kündigung (on demand) zurückzuzahlen, könnte man annehmen, die Verjährungsfristen beginnen mit der Kündigung des Darlehens. Im Common Law ist dem jedoch nicht so; die Verjährungsfristen beginnen dann mit Abschluss der Darlehensvereinbarung zu laufen.[2050] Erfolgt innerhalb von sechs Jahren nach Abschluss des Darlehensvertrages keine Aufforderung zur Rückzahlung des Darlehens, verjährt der Anspruch des Darlehensgebers auf Rückzahlung.[2051]

Von der Regel, dass die Verjährungfrist mit Entstehung des Anspruchs zu laufen beginnt und mit ihrem Ablauf oder mit Klageerhebung (respektive Eröffnung eines Schiedsgerichtsverfahrens) endet, gibt es allerdings Ausnahmen. Eine davon greift bei der Eröffnung eines Insolvenzverfahrens sowohl gegen Korporationen als auch gegen natürliche Personen. Meldet eine Gesellschaft oder eine natürliche Person Insolvenz an, dann darf keine Klage gegen sie ohne Zustimmung des Gerichts erhoben werden.[2052] Es wäre unbillig, wenn die Verjährungsfristen weiter- und vielleicht sogar währenddessen ablaufen würden, weil ein Gläubiger dann seiner Ansprüche verlustig werden kann. Deshalb hat die Eröffnung des Insolvenzverfahrens eine ähnliche Wirkung wie eine Klageer-

---

2047 Battley v Faulkner (1820) 3 B & Ald 288.
2048 Re McHenry, Barker's Claim [1894] 3 Ch 290.
2049 Holmes v Kerrison (1810) 2 Taunt 323.
2050 Re Brown's Estate, Brown v Brown [1893] 2 Ch 300.
2051 Beale, Hugh G. (1999) Bd 1 para 29-032.
2052 Bankruptcy Ordinance, Cap. 6 s 12(1).

hebung: sie unterbricht alle Verjährungsfristen für beweisbare Ansprüche gegen das insolvente Unternehmen[2053] oder die insolvente natürliche Person.[2054]

Ebenso beginnt eine Verjährungsfrist nicht mit Entstehung des Anspruchs, wenn das Rechtssubjekt bei Entstehung des Anspruches nicht oder nicht voll geschäftsfähig war,[2055] sondern erst, wenn die mangelnde Geschäftsfähigkeit der Person beendet ist oder wenn sie stirbt. Die Verjährungsfrist beträgt dann sechs Jahre.[2056]

Bei Klagen aus einem betrügerischen Handeln (fraud) des Beklagten[2057] oder auch bei Klagen aufgrund eines Irrtums (mistake) zwischen den Parteien beginnt die Verjährungsfrist erst zu laufen, wenn der Kläger den Betrug, die Verschleierung oder den Irrtum (mistake) entdeckt oder fahrlässig nicht entdeckt hat.[2058] Verletzt eine Partei des Vertrages diesen vorsätzlich auf eine Weise, dass die Vertragsverletzung (breach of contract) nicht sofort erkennbar wird, beginnt die Verjährung erst dann, wenn die geschädigte Partei Kenntnis davon erlangt oder bei angemessener Sorgfalt hätte erlangen können.[2059]

Auch die Aufnahme von Schiedsgerichtsverfahren hat Einfluss auf den Beginn einer Verjährungsfrist. Da in der gesamten Limitation Ordi-

---

2053 Re Art Reproduction Co Ltd [1952] Ch 89; Re General Rolling Stock Co [1872] LR 7 Ch App 646, 649.

2054 Re Cullwick [1918] 1 KB 646, 653.

2055 Z. B. bei Minderjährigen oder geistig Behinderten.

2056 Limitation Ordinance, Cap 347 s 22(1). Dies gilt allerdings nicht, wenn die mangelnde Geschäftsfähigkeit erst einsetzt, wenn der Anspruch bereits entstanden ist.

2057 Sheldon v RHM Outhwaite (Underwriting Agencies) Ltd [1996] AC 102. Ein betrügerisches Handeln (fraud) liegt dann vor, wenn der Beklagte wichtige, den Anspruch betreffende Tatsachen bewusst dem Kläger verschwiegen hat (concealment), unabhängig davon, ob dies vor oder nach Entstehung des Anspruches geschah.

2058 Kleinwort Benson Ltd v Lincoln City Council [1998] 3 WLR 1095.

2059 Dies ist z. B. der Fall, wenn ein Bauunternehmer mangelhafte Materialien verwendet hat (Clark v Woor [1965] 1 WLR 650) oder wenn der Verkäufer eines Grundstücks wider besseres Wissen die Käufer nicht vor Gefahren des Grundstücks warnt, die aus seiner ehemaligen Nutzung als Mülldeponie resultieren (King v Victor Parsons & Co [1973] 1 WLR 29, 41 f.).

nance[2060] bis zum Jahre 1939 lediglich auf Verfahren vor den ordentlichen Gerichten Bezug genommen wurde, musste auf Entscheidungen zurückgegriffen werden. Nach diesen begann die Verjährung erst zum Zeitpunkt des Ausspruches des Schiedsgerichts zu laufen, wenn die Parteien eine Schiedsgerichtsklausel in ihren Vertrag aufgenommen hatten.[2061] Dies führte dazu, dass die Verjährungsfristen unendlich ausgedehnt werden konnten, weshalb mit Section 34(1) eine Norm eingeführt wurde, die bestimmte, dass sämtliche Verjährungsbestimmungen auch für Schiedsgerichtsverfahren gelten sollten. Zur Berechnung der Fristen können deshalb die vertraglichen Vereinbarungen der Parteien hinsichtlich der Entstehung des Anspruchs und des Beginns der Verjährung nun nicht mehr berücksichtigt werden.[2062]

Rühren aus einem schädigenden Ereignis sowohl Ansprüche aus Delikt (tort) als auch aus Vertrag (contract) her,[2063] endet die Verjährung mitunter nicht zum selben Zeitpunkt. Ein Anspruch aus Delikt entsteht im Gegensatz zu Ansprüchen aus Vertrag nicht bereits mit der schädigenden Handlung, sondern erst mit Eintritt des Schadens.[2064] Dies bedeutet, dass deliktische Ansprüche aus derselben schädigenden Handlung noch auf dem Klagewege geltend gemacht werden könnten, wenn die vertraglichen Ansprüche bereits verjährt sind. Früher versuchten die Gerichte, diese Divergenz durch eine Bestimmung des 'wahren' Anspruchs zu vermeiden, indem sie eine Unterscheidung danach trafen, ob aus der schädigenden Handlung die Verletzung einer persönlichen Verpflichtung aus dem Vertrag resultierte:

2060 Limitation Ordinance, Cap 347.

2061 Board of Trade v Cayzer, Irvine & Co [1927] AC 610.

2062 Limitation Ordinance, Cap 347 s 34(2).

2063 Beispielhaft kann hier aufgeführt werden, dass ein Rechtsanwalt, der fahrlässig handelt, sich sowohl aus Vertrag aufgrund einer Vertragsverletzung (breach of contract) als auch aus Delikt wegen Fahrlässigkeit einem Schadensersatzanspruch aussetzt.

2064 Zu Beginn des 19. Jahrhunderts existierte diese Unterscheidung noch nicht. Man nahm an, dass jeweils ein Fehlverhalten zum Schaden geführt hat und der Anspruch deshalb immer mit Begehung der schädigenden Handlung entstand. Vgl. dazu Howell v Young (1826) 5 B & C 259, 266 f.

„The distinction in the modern view, for this purpose, between contract and tort may be put thus: where the breach of duty alleged arises out of a liability independently of the personal obligation undertaken by contract, it is tort, and it may be tort even though there may happen to be a contract between the parties, if the duty in fact arises independently of that contract. Breach of contract occurs where that which is complained of is a breach of duty arising out of the obligations undertaken by the contract."[2065]

In der Entscheidung Esso Petroleum Co Ltd v Mardon[2066] befand das Gericht jedoch, dass die Ansprüche aus Vertrag und aus Delikt nebeneinander bestehen können. Daraufhin wurden in einigen Fällen sowohl eine vertragliche als auch eine deliktische Haftung eines Schädigers bejaht.[2067] Allerdings hat der Privy Council diese englische Entscheidung auf eine Berufung aus Hongkong hin wenig später wieder in Zweifel gezogen:[2068]

„Their Lordships do not believe that there is anything to the advantage of the law's development in searching for a liability in tort where the parties are in a contractual relationship. This is particularly so in a commercial relationship...their Lordships believe it to be correct in principle and necessary for the avoidance of confusion in the law to adhere to the contractual analysis: on principle because it is a relationship in which the parties have, subject to a few exceptions, the right to determine their obligations to each other, and for the avoidance of confusion because dif-

2065 Jarvis v Moy Davies Smith Vandervell & Co [1936] 1 KB 399, 405, per Greer LJ.

2066 Esso Petroleum Co Ltd v Mardon [1976] 2 WLR 583, 595.

2067 Midland Bank Trust Co v Hett Stubbs & Kemp [1979] 1 Ch 384, 433. Dem folgt Bokhary PJ in The Bank of East Asia Ltd v Tsien Wui Marble Factory Ltd & Others and Remo Riva and Others (Third Parties) [2000] 1 HKLRD 268, 348 f.

2068 Tai Hing Cotton Mill Ltd v Liu Chong Hing Bank Ltd [1986] 1 AC 80 (PC auf eine Berufung aus Hongkong): Zwar stützen die Konstellation des Falles und der Wortlaut dieser Entscheidung nicht zwangsläufig die Ansicht, dass das Bestehen einer vertraglichen Verbindung und eine Verletzung derselben eine Haftung aus Deliktsrecht grundsätzlich ausschliessen. Aus den Erklärungen des Gerichts lässt sich jedoch eine Symphatie für diese Ansicht erkennen.

ferent consequences to follow according to whether liability arises from contract or tort, eg in the limitation of action."[2069]

Da es sich bei obiger Entscheidung um eine solche des Privy Council auf eine Berufung aus Hongkong hin handelte, war sie für Hongkong formal bindend, wenn auch nicht für englische Gerichte. Jedoch hat auch der englische Court of Appeal die Entscheidung Tai Hing Cotton Mill Ltd v Liu Chong Hong Bank Ltd befürwortet und sogar zitiert,[2070] und das House of Lords hat diese Entscheidung bestätigt.[2071] Auch andere Gerichte sprechen sich nunmehr eindeutig gegen parallele Haftungen aus Vertrag und Delikt aus:

> „On the more general plane, I think it a pity that English law has elected to recognise concurrent rights of action in contract and tort. Other legal systems seem to manage quite well by limiting attention to the contractual obligations which are, after all, the foundation of the relationship...That precisely the same breach of precisely the same organisation should be capable of generating causes of action which arise at different times is in my judgment an anomaly which our law could well do without."[2072]

Als Konsequenz dessen muss geprüft werden, ob es sich bei dem Anspruch seiner wahren Natur nach eher um einen vertraglichen oder um einen deliktischen Anspruch handelt.[2073]

6.5.1.2.2. Verjährungshindernisse

Die Parteien können die Verjährungsfristen durch Parteivereinbarung verändern, d.h. sie können sie verlängern, verkürzen oder ganz außer Kraft setzen.[2074] Darüber hinaus kann die Verjährung unter besonderen

2069 Tai Hing Cotton Mill Ltd v Liu Chong Hing Bank Ltd [1986] 1 AC 80, 107, per Lord Scarman.

2070 Greater Nottingham Co-operative Society Ltd v Cementation Piling and Foundations Ltd [1989] 1 QB 71.

2071 Scally v Southern Health and Social Services Board [1992] 1 AC 294, 303.

2072 Bell v Peter Browne & Co [1990] 1 QB 495, 511, per Beldam LJ.

2073 Ho, Betty M. (1999) S. 511.

2074 Ein völliger Wegfall einer Verjährungsfrist wird als Freizeichnungsklausel verstanden.

Umständen gehemmt oder unterbrochen werden. Eine wirksame Klageerhebung hemmt den Ablauf der Verjährung. Dafür genügt die Einreichung der Klageschrift noch nicht, sie muss auch wirksam zugestellt worden sein.[2075] Gemäß der Regularien des Supreme Court wird eine Klageschrift, die zwölf Monate nach ihrer Ausstellung nicht zugestellt wird, unwirksam.[2076] Das Gericht kann sie zwar erneuern, es wird dies jedoch nicht tun, wenn die Verjährung bereits eingetreten ist.[2077] Ebenso hemmt der Beginn eines Schiedsgerichtsverfahrens den Lauf der Verjährungsfrist. Setzt ein Gericht anschließend eine Entscheidung eines Schiedsgerichts außer Kraft oder beschließt es die Beendigung des Schiedsgerichtsverfahrens, kann und wird es gleichzeitig beschließen, dass die Zeit zwischen dem Beginn des Schiedsverfahrens und dem Beschluss des Gerichts bei der Berechnung der Verjährungsfrist keine Berücksichtigung findet.[2078]

Auch ein Schuldanerkenntnis (acknowledgement of debt) oder eine Teilzahlung auf eine Schuld (part payment) kann die Verjährungsfrist verlängern. Die Limitation Ordinance legt fest, dass in einem solchen Fall der Anspruch erst zum Zeitpunkt der Abgabe des Schuldanerkenntnis' bzw. der Teilzahlung als entstanden gilt.[2079] Insofern stellen Schuldanerkenntnis und Teilzahlung Unterbrechungstatbestände für die Verjährung dar. Dadurch kann eine Verjährungsfrist wiederholt zu laufen beginnen. Ein Schuldanerkenntnis kann nur dann wirksam die Verjährung unterbrechen, wenn es schriftlich abgegeben wurde und von der Person, die es abgibt bzw. von ihrem Vertreter unterschrieben ist.[2080] Sowohl Schuldanerkenntnis als auch Teilzahlung müssen gegenüber der Person, deren Forderung anerkannt wird oder auf deren Forderung geleistet wird, abgegeben werden.[2081] Es genügt, wenn der Schuldner anerkennt, dass er

---

2075 Ho, Betty M. (1999) S. 516.

2076 The Rules of the Supreme Court, Cap 4A Ord 6 r 8.

2077 Doyle v Kaufman (1877) 3 QBD 7.

2078 Limitation Ordinance, Cap 347 s 34(5).

2079 Limitation Ordinance, Cap 347 s 23(3).

2080 Limitation Ordinance, Cap 347 s 24 (1).

2081 Limitation Ordinance, Cap 347 s 24 (2).

dem Gläubiger die Zahlung schuldet; eine weitergehende Verpflichtung zur Zahlung ist dagegen nicht erforderlich.[2082]

6.5.2. Verjährung nach den Regeln der Equity

Wie bereits erwähnt, können auch die Rechtsfolgen[2083] aus dem Bereich der Equity Schranken unterliegen. Die Regeln der Equity hatten schon immer die Durchsetzung veralteter Ansprüche verweigert, wenn ein Verwirkungstatbestand eingriff.[2084] Die gesetzlichen Regelungen zur Verjährung dagegen wurden zuerst nur auf Klagen im Bereich des Common Law angewendet. Danach bedienten sich auch die Equity-Gerichte dieser Normen und wandten sie analog an.[2085] Dies ist letztendlich auch in der Limitation Ordinance akzeptiert, wonach die Verjährungsfristen zwar nicht direkt für Klagen auf Vertragserfüllung (specific performance), bei Anträgen auf Erlass von Verfügungen (injunctions) oder für andere Rechtsbehelfe aus dem Bereich der Equity gelten, eine analoge Anwendung durch die Gerichte jedoch, soweit gerechtfertigt, zulässig ist.[2086] Dennoch bedeutet diese analoge Anwendung nicht, dass in Equity die Verjährungsfristen besonders lang sind. Vielmehr kann die 'Verjährung' in Equity sogar früher eintreten als sie nach dem Common Law bzw. gesetzlich bestimmt wird.[2087] Dies bestimmt sich nach nachfolgend dargelegten Prinzipien.

6.5.2.1. Nichtdurchsetzbarkeit von Ansprüchen nach Bestätigung des Vertrages (affirmation)

Ein Vertrag kann dann nicht mehr beendet bzw. eine Klage auf Vertragsbeendigung (rescission) kann dann nicht mehr erhoben werden,

---

2082 Surrendra Overseas Ltd v Government of Sri Lanka [1977] 2 All ER 481.

2083 Die Verwirkung greift für die Rechtsfolgen in Equity, welche sind: Vertragsauflösung (rescission), Vertragserfüllung (specific performance), Vertragsberichtigung (rectification) sowie den Rechtsbehelf der gerichtlichen Verfügung (injunction).

2084 Beatson, Jack (2002) S. 659.

2085 Knox v Gye (1872) LR 5 HL 656.

2086 Limitation Ordinance, Cap 347 s 4(7).

2087 Ho, Betty M. (1999) S. 518.

wenn dadurch eine Verwirkung eingetreten ist, dass der Vertrag bestätigt wurde, selbst wenn der Partei ursprünglich das Recht zur Vertragsbeendigung zugestanden hat. Eine Bestätigung (affirmation) eines Vertrages liegt dann vor, wenn die Partei trotz Kenntnis von Umständen, die sie zur Vertragsauflösung (rescission) berechtigen würden, diesen Vertrag als weiterhin existierend behandelt, indem sie z. B. eine weitere Erfüllungsleistung durch die andere Partei annimmt oder auf andere Art kundtut, an den Vertrag auch weiterhin gebunden sein zu wollen. Damit verliert sie ihr Recht zur Vertragsauflösung.[2088] Allerdings muss der Kläger vollumfänglich Kenntnis von den zur Vertragsauflösung (rescission) berechtigenden Tatsachen haben, damit überhaupt eine wirksame Bestätigung des Vertrages von seiner Seite vorliegen kann.[2089] Die Kenntnis betrifft dabei sowohl die Tatsache, dass eine Vertragsverletzung (breach of contract) durch die andere Partei vorlag als auch, dass er nunmehr das Recht hat, den Vertrag zu bestätigen oder eine Vertragsauflösung (rescission) zu verlangen.[2090] Nach Kenntniserlangung von den Tatsachen muss ihm zudem ein angemessener Zeitraum zugestanden werden, um eine Entscheidung über sein weiteres Vorgehen treffen zu können. Verschliesst sich der Kläger absichtlich den offenkundigen Tatsachen und liegt deshalb keine vollumfängliche Kenntnis von seinen Rechten bei ihm vor, so muss er dies gegen sich gelten lassen; eine dennoch vorgenommene Bestätigung des Vertrages, z. B. durch weitere Erfüllung von Verpflichtungen und Annahme von Leistungen der anderen Partei, ist dann wirksam und hindert eine spätere Geltendmachung von Ansprüchen.[2091]

2088 United Shoe Machinery Co of Canada v Brunet [1909] AC 330; Kwei Tek Chao v British Traders & Shippers Ltd [1954] 2 QB 459; North Ocean Shipping Ltd v Hyundai Construction Co Ltd (The Atlantic Baron) [1979] 1 QB 705.

2089 Re Garnett, Gandy v Macauley (1885) 31 Ch D 1.

2090 Peyman v Lanjani [1985] 2 WLR 154, 177 ff. Zustimmend die Hongkonger Entscheidungen Prosper Entertainment Ltd v Ng Yiu Kuen t/a Andy Production House [2002] 1497 HKCU 1 sowie Large Land Investments Ltd v Cheung Siu Kwai [2003] 1 HKLRD 313, 318.

2091 Allcard v Skinner (1887) 36 Ch D 145, 188, 192.

6.5.2.2. Nichtdurchsetzbarkeit von Ansprüchen aufgrund eines Rechtsverzichts (waiver)

Darüber hinaus kann eine vertragstreue Partei auch auf ihr Recht, Vertragsauflösung (rescission) zu verlangen bzw. darauf zu klagen, verzichten (waive). Ein Verzicht (waiver) bedarf zu seiner Wirksamkeit einer eindeutigen Erklärung[2092] gegenüber der anderen Partei. Die Erklärung muss ebenso wie bei der Bestätigung des Vertrages (affirmation) aufgrund vollumfänglicher Kenntnis von den Tatsachen, aus welchen sich die Rechte der geschädigten Partei ergeben, abgegeben werden.[2093] Auch hier muss ihr wieder eine angemessene Zeit zugestanden werden, ihre Möglichkeiten zu überdenken. Ein Untätigbleiben der Partei während dieser Zeit stellt keinen Verzicht (waiver) auf ihre Rechte dar.[2094]

6.5.2.3. Verwirkungstatbestände (laches)

Die eigentlichen Verwirkungstatbestände in Equity, die auch den Zeitfaktor zum Gegenstand haben, werden als 'laches' bezeichnet.[2095] Ein solcher Verwirkungstatbestand greift dann ein, wenn eine derartige Verzögerung bei der Geltendmachung von Rechten auftritt, dass sie ausreicht, einen Anspruch auf Vertragserfüllung (specific performance) oder den Erlass einer Verfügung (injunction) zu verweigern. Formuliert wurde die Doktrin in Lindsay Petroleum Co v Hurd:[2096]

> "Now the doctrine of laches in Courts of Equity is not an arbitrary or a technical doctrine. Where it would be practically unjust to give a remedy, either because the party has, by his conduct, done that which might fairly be regarded as equivalent to a waiver of it, or where by his conduct

2092 Finagrain SA Geneva v Kruse Hamburg [1976] 2 Lloyd's Rep 508, 534, 540, 545; Motor Oil Hellas (Corinth) Refineries SA v Shipping Corp of India (The Kanchenjunga) [1990] 1 Lloyd's Rep 391, 398 f.. Dem stimmen die Gerichte Hongkongs mit der Entscheidung Large Land Investments Ltd v Cheung Siu Kwai [2003] 1 HKLRD 313, 323 f. zu.

2093 Motor Oil Hellas (Corinth) Refineries SA v Shipping Corp of India (The Kanchenjunga) [1990] 1 Lloyd's Rep 391, 398 f.

2094 Allen v Robles [1969] 1 WLR 1193, 1196.

2095 Beatson, Jack (2002) S. 659.

2096 Lindsay Petroleum Co v Hurd (1874) LR 5 PC 221.

> and neglect he has, though perhaps not waiving that remedy, yet put the other party in a situation in which it would not be reasonable to place him if the remedy were afterwards to be asserted, in either of these cases, lapse of time and delay are most material. But in every case, if an argument against relief, which otherwise would be just, is founded upon mere delay, that delay of course not amounting to a bar by any statute of limitations, the validity of that defence must be tried upon principles substantially equitable. Two circumstances, always important in such cases, are, the length of the delay and the nature of the acts done during the interval."[2097]

Somit kann eine Verzögerung bei der Geltendmachung von Ansprüchen u.a. auf Vertragsauflösung (rescission),[2098] Berichtigung (rectification),[2099] Vertragserfüllung (specific performance)[2100] oder auch auf Erlass einer Verfügung (injunction)[2101] zu einer Verjährung oder Verwirkung (bar) führen. Der Kläger muss darlegen, dass er bereit und willens (ready, desirous, prompt and eager) war, seine Rechte geltend zu machen und auszuüben. In diesem Fall kann bereits eine relativ kurze Zeitspanne zur Bejahung der Verwirkung ausreichen.[2102]

Allerdings kann unter besonderen Umständen, insbesondere wenn die Parteien noch über Möglichkeiten der Abhilfe außergerichtlich verhandelt haben, eine Zeitverzögerung bei der Geltendmachung von Rechten unerheblich sein, selbst wenn die Verzögerung länger gedauert hat als die durch das Common Law gewährten Verjährungsfristen.[2103] Allein der

---

2097 Lindsay Petroleum Co v Hurd (1874) LR 5 PC 221, 239, per Sir Barnes Peacock.

2098 Lindsay Petroleum Co v Hurd (1874) LR 5 PC 221.

2099 Beale v Kyte [1907] 1 Ch 564.

2100 Mills v Haywood (1877) 6 Ch D 196. Vgl. aber Lazard Bros & Co Ltd v Fairfield Properties Co (Mayfair) Ltd (1977) 121 Sol.J. 793, wo eine zweijährige Verzögerung nicht zu einer Verjährung eines Anspruches auf Vertragserfüllung aus einem Grundstückskaufvertrag führte.

2101 Shepherd Homes Ltd v Sandham [1971] Ch 340.

2102 First National Reinsurance Co Ltd v Greenfield [1921] 2 KB 260.

2103 Tito v Waddell (No 2), Tito v Attorney-General [1977] 3 All ER 129, 244 ff. Eine Vertragserfüllung wurde der geschädigten Partei nach 17 Jahren hier nicht aufgrund einer zeitlichen Verzögerung verweigert, sondern aufgrund von Unmöglichkeit der Erreichung des Vertragszweckes (futility).

Zeitablauf (lapse of time) genügt nach den Regeln der Equity nämlich nicht, um ein Verfahrenshindernis für einen Rechtsbehelf aus dem Bereich der Equity aufzustellen.[2104] Es gibt Entscheidungen, bei denen 20[2105] oder sogar 60 Jahre[2106] seit Entstehung des Anspruches vergangen waren und dies nicht dazu führte, dass eine Klage nicht mehr erhoben werden konnte. Allerdings hat der Geschädigte in allen diesen Fällen unmittelbar nach Kenntniserlangung Klage erhoben. Auch hindert bloßer Zeitablauf nicht eine Klage auf Vertragsauflösung (rescission) wegen vorsätzlicher Irreführung (fraudulent misrepresentation), vorausgesetzt, der Zeitraum zwischen Kenntnis der anspruchsbegründenden Umstände und Klageerhebung ist nicht so groß, dass er als eine Bestätigung des Vertrages angesehen werden muss.[2107] Handelt es sich dagegen um eine unverschuldete Irreführung (innocent misrepresentation), so gilt zum Schutz der Partei, welche die Irreführung unverschuldet begangen hat, dass auch der bloße Zeitablauf zu einer Verwirkung des Anspruches führen kann.[2108]

6.6. Einwand der Verwirkung wegen Verstoßes gegen Treu und Glauben (estoppel)

Neben den Verwirkungstatbeständen, die v.a. aufgrund Zeitablaufs in Zusammenhang mit der Verjährung (limitation of actions) behandelt werden müssen, existiert noch eine bedeutende selbständige Gruppe von Verwirkungstatbeständen (estoppel), die ebenfalls in Equity angesiedelt sind.[2109] Sie beinhaltet die aus unterschiedlichen Gründen resultierende Verwirkung des Rechts, einen Tatbestand oder eine Rechtsfolge geltend zu machen, weil dies mit Treu und Glauben unvereinbar wäre. Dies kann

---

2104 Beale v Kyte [1907] 1 Ch 564 (Berichtigung wurde nach Ablauf von sechs Jahren noch gewährt).

2105 Re Garnett, Gandy v Macauley (1885) 31 Ch D 1.

2106 Beauchamp v Winn (1873) LR 6 HL 223.

2107 Kwei Tek Chao v British Traders & Shippers Ltd [1954] 2 QB 459, 474 f.

2108 Leaf v International Galleries [1950] 1 All ER 693.

2109 Moorgate Mercantile Co Ltd v Twitchings [1975] 3 All ER 314, 323.

z. B. dann vorliegen, wenn die Geltendmachung der bestimmten Tatsache etc. in Widerspruch zu einem früheren Verhalten stünde.[2110]

> „There is said to be an estoppel where a party is not allowed to say that a certain statement of fact is untrue, whether in reality it is true or not. Estoppel may therefore be defined as a disability whereby a party is precluded from alleging or proving in legal proceedings that a fact is otherwise than it has been made to appear by the matter giving rise to that disability. Estoppel is often described as a rule of evidence, but the whole concept is more correctly viewed as a substantive rule of law."[2111]

Diese Form der Verwirkung (estoppel) kann in verschiedenen Erscheinungsformen auftreten. Die Hauptformen, welche auch im Hongkonger Recht anerkannt sind,[2112] nämlich die Verwirkung durch Abgabe einer bestimmten Erklärung (estoppel by representation), die gebräuchliche Verwirkung (estoppel by convention) sowie 'promissory estoppel' und 'proprietary estoppel' sollen nachfolgend näher erläutert werden.

6.6.1. Verwirkung durch Abgabe einer Erklärung (estoppel by representation)

Der englische Court of Appeal hat folgende Definition einer Verwirkung durch Abgabe einer Erklärung formuliert:

> „[W]here one person (the 'representor') has made a representation to another person (the 'representee') in words, or by acts and conduct, or (being under duty to the representee to speak or act) by silence or inaction, with the intention (actual or presumptive), and with the result, of inducing the representee on the faith of such representation to alter his position to his detriment, the representor, in any litigation which may afterwards take place between him and the representee, is estopped, as against the representee, from making, or attempting to establish by evidence, any averment substantially at variance with his former represen-

---

2110 Hier zeigt sich eine Parallele zum Rechtsgedanken des Verbots des Vorbringens bestimmter Tatsachen, was zu einem 'venire contra factum proprium' führen würde.

2111 Halsbury's Law of England (1992) Bd. 16 para 951.

2112 Siehe dazu auch Ho, Betty M. (1999) S. 526 ff.

tation, if the representee at the proper time, and in the proper manner, objects thereto."[2113]

Die Erklärung gegenüber der anderen Partei muss eine Tatsachenerklärung sein;[2114] Erklärungen zu Absichten[2115] oder Rechtsumständen[2116] genügen nicht. Allerdings ist diese Unterscheidung nicht immer eindeutig zu treffen, weshalb der Begriff der Tatsachenerklärung recht weit gefasst wird.[2117] Die Erklärung kann sowohl ausdrücklich abgegeben werden als auch konkludent. In ersterem Fall muss die Erklärung klar und eindeutig sein.[2118] Ergibt sie sich aus konkludentem Verhalten, ist der Erklärungsgehalt dieses Verhaltens relativ leicht zu bestimmen, solange es in einem positiven Handeln besteht.[2119] Probleme ergeben sich dann, wenn der Erklärungswert sich aus einem Unterlassen bzw. aus einem Schweigen ergibt. Dies kann ohnehin nur dann der Fall sein, wenn überhaupt eine Pflicht des Erklärenden zur Abgabe einer Erklärung oder Vornahme einer Handlung besteht.[2120] Grundsätzlich besteht eine solche Pflicht nicht; es gibt allerdings auch Ausnahmen.[2121] Beispielhaft sei hier eine Formulierung aus einer Hongkonger Entscheidung aufgeführt:

> „Thus, of a man, having a title to an estate, which is offered for sale, and knowing his title, stands by and encourages the sale, or does not forbid it, and thereby another person is induced to purchase the estate, under

---

2113 Hopgood v Brown [1955] 1 All ER 550, 559, per Sir R Evershed MR.

2114 Compania Naviera Vasconzada v Churchill & Sim [1906] 1 KB 237.

2115 Argy Trading Development Co Ltd v Lapid Developments Ltd [1977] 1 WLR 444, 455 f.

2116 Kai Nam v Ma Kam Chan [1956] AC 358, 367 (PC auf eine Berufung aus Hongkong); Chiu Ming Kiang v William Lee Shung [1990] 2 HKC 248.

2117 Ma Ip Hung v Lai Chuen t/a Kin Hing Factory [1957] HKLR 32, 59.

2118 Canada and Dominion Sugar Co Ltd v Canadian National (West Indies) Steamships Ltd [1947] AC 46.

2119 Pacol Ltd v Trade Line Ltd, The Henrik Sif [1982] 1 Lloyd's Rep 456; Janred Properties Ltd v Ente Nazionale Italiano per il Turismo [1989] 2 All ER 444.

2120 Selbstverständlich kann eine solche Pflicht nicht angenommen werden, wenn demjenigen, der eine Erklärung durch Schweigen oder Unterlassen abgibt, das Wissen um den Erklärungswert seines Verhaltens fehlte bzw. er die zugrundeliegenden Tatsachen nicht kannte. Arctic Shipping Co Ltd v Mobilia AB, The Tatra [1990] 2 Lloyd's Rep 51, 58.

2121 Ho, Betty M. (1999) S. 156, 528.

the supposition that the title of the actual vendor is good, the true owner, so standing by and being silent, will be bound by the sale, and neither he nor his privies will be at liberty to dispute the validity of the purchase."[2122]

Um sich auf die Verteidigung der Verwirkung (estoppel) stützen zu können, muss der Erklärungsempfänger darlegen können, dass er sich auf die Erklärung verlassen und seine rechtliche Position aufgrund der Erklärung verändert bzw. nach dieser ausgerichtet hat.[2123] Daraufhin muss dem Erklärungsempfänger ein Schaden (detriment) entstanden sein. Dies ist grundsätzlich der Fall. Schwierigkeiten ergeben sich, wenn der Erklärungsempfänger Regress bei einem Dritten nehmen kann und aus diesem Grunde kein Schaden bei ihm eintritt. Es ist allerdings anerkannt, dass ein Erklärungsempfänger Verwirkung (estoppel) auch dann geltend machen kann, wenn er zwar aufgrund der Erklärung eine Geldzahlung an einen Dritten geleistet hat, diese jedoch von dem Dritten zurückfordern kann.[2124] Erst recht muss dann gelten, dass er sich auf Verwirkung (estoppel) berufen kann, wenn er aufgrund der Erklärung an einen Dritten geleistet hat und keine Rückforderungsrechte mehr geltend machen kann.[2125]

6.6.2. Gebräuchliche Verwirkung (estoppel by convention)

Auch wenn die Parteien keine ausdrückliche oder konkludente Erklärung abgegeben haben, kann eine solche Verwirkung (estoppel) eintreten. Dies ist dann der Fall, wenn die am Vertrag beteiligten Parteien gemeinschaftlich bei Abschluss des Vertrages von einer bestimmten falschen Annahme ausgegangen sind, die sich sowohl auf das Recht als auch auf Tatsachen beziehen kann, und ihr Handeln danach bestimmt haben.[2126]

2122 Li Pui Chuen v Chan Kam Ming and Others [1961] HKLR 495, 537, zitierend Story on Equity (3. Auflage) S. 156.

2123 Bloomenthal v Ford [1897] AC 156.

2124 Compania Naviera Vasconzada v Churchill & Sim [1906] 1 KB 237, 250.

2125 Dixon v Kennaway & Co [1900] 1 Ch 833.

2126 Hiscox v Outhwaite [1991] 2 WLR 1321, 1332 ff. In Hongkonger Entscheidungen, die sowohl vor als auch nach dem Souveränitätswechsel ergingen, wird diese Form der

Wo es ungerecht und unbillig wäre, einer der Parteien ein Abrücken von dieser gemeinsamen Annahme zu gewähren, hat diese Partei eine Berufung auf das ihr eigentlich zustehende Recht verwirkt.[2127] Diese Form der Verwirkung wird als gebräuchliche Verwirkung (estoppel by convention) bezeichnet.[2128]

6.6.3. Verwirkung durch proprietary estoppel

Eine Verwirkung von Rechten durch einen proprietary estoppel tritt dann ein, wenn jemand im Vertrauen auf bereits erworbene oder zukünftig zu erwerbende Nutzungsrechte am Grundstück eines anderen zu seinem eigenen Nachteil handelt und es unbillig wäre, wenn der Eigentümer des Grundstücks später seine Rechte geltend machte.[2129]

Grundlage und Hauptanwendungsgebiet für den proprietary estoppel liegen in den Fällen, in denen jemand wertsteigernde Aufwendungen und Verbesserungen an einem Grundstück in dem Irrglauben durchführt, er habe bereits oder wird zukünftig Eigentum am Grundstück erhalten, wobei der wahre Eigentümer dieses, dem Aufwendenden nachteilige Verhalten unterstützt oder zumindest billigt.[2130]

Verwirkung dem englischen Recht entsprechend angewandt. Vgl. u.a. Chan Ho Har Wane Daisy v The Clearwater Bay Golf and Country Club [1992] 2 HKC 604; Yuen Ching Yuen v Union Insurance Society of Hong Kong Ltd [1998] 2 HKC 294, 203 f.; Schindler Lifts (Hong Kong) Ltd v Ocean Joy Investments Ltd [2003] 1 HKC 438.

2127 Amalgamed Investment & Property Co Ltd v Texas Commerce International Bank [1982] QB 84, 126, 130.

2128 Beatson, Jack (2002) S. 121.

2129 Crabb v Arun DC [1976] Ch 179.

2130 Pasoe v Turner [1979] 1 WLR 431, 436 f.; Gillet v Holt [2001] Ch 210; In der Entscheidung Attorney General v Humphreys Estate (Queen's Gardens) Ltd [1987] HKLR 427 (PC auf eine Berufung aus Hongkong) trat keine Verwirkung (estoppel) ein, da die vorläufigen Vereinbarungen der Parteien 'subject to contract' waren und beiden Parteien bewusst war, dass noch kein Eigentumserwerb stattgefunden hatte.

6.6.4. Verwirkung durch promissory estoppel

Auch beim promissory estoppel handelt es sich um einen Verwirkungstatbestand. Die Doktrin des promissory estoppel wird oft im Zusammenhang mit der Doktrin der Gegenleistung (consideration) für eine vertragliche Verpflichtung behandelt.[2131] Dies beruht darauf, dass im amerikanischen Recht und auch in einigen Entscheidungen innerhalb des Commonwealth ein promissory estoppel unter Umständen eine fehlende Gegenleistung (consideration) substituieren kann. Die Bezeichnung selbst rührt aus dem amerikanischen Rechtsraum her.[2132]

Die Doktrin hat im Hongkonger Recht allerdings einen anderen Inhalt als im amerikanischen Recht und folgt damit den englischen Gepflogenheiten.[2133] Obwohl es auch hier andere Ansätze gibt, ist davon auszugehen, dass sie im englischen Recht nicht zu einem wirksamen Vertragsschluss durch Substitution einer fehlenden Gegenleistung (consideration) führen kann.

> "[I]t would be wrong to extend the doctrine of promissory estoppel, whatever its precise limits at the present day, to the exent of abolishing in a backhanded way the doctrine of consideration."[2134]

Das bedeutet nicht, dass die Doktrin des promissory estoppel und die der Gegenleistung (consideration) überhaupt keine Schnittmengen aufweisen. Ganz im Gegenteil – ein promissory estoppel kann eingreifen, um die Notwendigkeit einer Gegenleistung (consideration) zu umgehen. Allerdings ist dies nur in bereits existierenden vertraglichen Beziehungen der Fall. Der promissory estoppel hat die Funktion 'eines Schildes, nicht die eines Schwertes' („a shield and not a sword").[2135] Er dient der Verteidigung gegen eine Klage aus einem Vertrag. Hat eine Partei aus-

2131 Beatson, Jack (2002) S. 112 ff.

2132 Boyer, Benjamin (1998) 98 U of PLR 459.

2133 Ho, Betty M. (1999) S. 532 ff.

2134 Brikom Investments Ltd v Carr [1979] QB 467, 486, per Roskill LJ; Argy Trading Development Co Ltd v Lapid Developments Ltd [1977] 1 WLR 444, 456 f.; Azov Shipping Co Ltd v Baltic Shipping Co [1999] 2 Lloyd's Rep 159, 175; Thornton Springer v NEM Insurance Co Ltd [2000] 2 All ER 489, 516.

2135 Combe v Combe [1951] 2 KB 215, 224.

drücklich oder durch ihr Verhalten erklärt, sie werde trotz einer fehlenden Gegenleistung (consideration) ihre Rechte aus einem Vertrag nicht geltend machen, kann die andere Partei die Verteidigung des promissory estoppel erheben, wenn dann doch diese Rechte geltend gemacht werden und alle weiteren Voraussetzungen erfüllt sind.[2136] Sie muss dann nicht auf Ansprüche aus diesem Vertrag leisten.[2137]

Eine Klage aus einem Vertrag, der aufgrund einer fehlenden Gegenleistung niemals wirksam zustandekam, ist dagegen nicht unter Hinweis auf einen promissory estoppel möglich. Ein Ersatz der Gegenleistung (consideration) durch einen promissory estoppel bei Vertragsschluss ist im englischen Recht ebenso wie in Hongkong nicht möglich.[2138]

> „Seeing that the principle never stands alone as giving a cause of action in itself, it can never do away with the necessity of consideration when that is an essential part of the cause of action. The doctrine of consideration is too firmly fixed to be overthrown by a side-wind. Its ill-effects have been largely mitigated of late, but it still remains a cardinal necessity of the formation of a contract, though not of its modification or discharge."[2139]

Dem soll auch die Einordnung des promissory estoppels an dieser Stelle Rechnung tragen. Die Problematik wurde in dieser Arbeit im Rahmen der Doktrin der Gegenleistung (consideration) nur kurz angerissen, obwohl sie in einigen Lehrbüchern dort behandelt wird.[2140] Da die Gegenleistung (consideration) aber als ein notwendiger Faktor für einen wirksamen Vertragsschluss dargestellt und eingeordnet wurde, wäre die Doktrin des promissory estoppel dort fehl am Platze.

2136 Siehe S. 510 f.

2137 Ajayi v R T Briscoe (Nigeria) Ltd [1964] 1 WLR 1326.

2138 Beatson, Jack (2002) S. 118 f.

2139 Combe v Combe [1951] 2 KB 215, 220, per Denning LJ.

2140 Beatson, Jack (2002) S. 112 ff.; Treitel, Guenther (2003) S. 107 ff.

6.6.4.1. *Theoretische Grundlagen des promissory estoppel*

Ausgangspunkt für die Entwicklung der Doktrin des promissory estoppel war die Entscheidung Central London Property Ltd v High Trees House Ltd.[2141] Das Gericht berief sich dabei auf die Entscheidung des House of Lords in Hughes v Metropolitan Railway Co, in der erstmals eine solche Verwirkung angedacht wurde.[2142]

> „[I]f parties who have entered into definite and distinct terms involving certain legal results – certain penalties or legal forfeiture – afterwards by their own act or with their own consent enter upon a course of negotiation which has the effect of leading one of the parties to suppose that the strict rights arising under the contract will not be enforced, or will be kept in suspense, or held in abeyance, the person who otherwise might have enforced those rights will not be allowed to enforce them where it would be inequitable having regard to the dealings which have thus been taken place between the parties."[2143]

Spezifiziert wurde diese Aussage durch die Erklärungen Lord Dennings im obiter dictum zur Entscheidung Central London Property Trust Ltd v High Trees House Ltd, dass auch ein bestimmtes Verhalten, wie z. B. die Teilzahlung auf eine Schuld, eine Verwirkung herbeiführen könne. Wird durch den Empfänger die gesamte Summe im Widerspruch zu seinem vorherigen Verhalten eingeklagt, kann der die Teilzahlung Leistende sich auf einen promissory estoppel berufen, wenn die gegnerische Partei die Leistung als schuldbefreiend anerkannt hat.

2141 Central London Property Ltd v High Trees House Ltd [1947] 1 KB 130: Der Kläger verpachtete im Jahre 1937 dem Beklagten einen Wohnblock für die Dauer von 99 Jahren. Aufgrund des Krieges standen im Jahre 1940 viele der Wohnungen leer, weshalb der Kläger sich bereit erklärte, den Pachtzins um die Hälfte zu reduzieren. Als die Wohnungen im Jahre 1945 wieder alle vermietet waren, klagte der Kläger auf Zahlung des ursprünglich vereinbarten Pachtzinses. Das Gericht bejahte des Anspruch des Klägers auf Zahlung des ursprünglichen Pachtzinses, sprach jedoch auch aus, dass der Kläger mit einem solchen Begehren für die Zeit von 1940 bis Kriegsende 1945 nicht durchgedrungen wäre, da er für diesen Zeitraum seine Ansprüche verwirkt habe.

2142 Hughes v Metropolitan Railway Co (1877) 2 App Cas 439.

2143 Hughes v Metropolitan Railway Co (1877) 2 App Cas 439, 448, per Lord Cairns.

> "[A] promise to accept a smaller sum in discharge of a larger sum, if acted upon, is binding nonwithstanding the absence of consideration: and if the fusion of law and Equity leads to this result, so much the better."[2144]

Allerdings führte die Doktrin des promissory estoppel häufig zu Kontroversen. So wurde u.a. kritisiert, dass sie zur Entscheidung Jordan v Money[2145] in Widerspruch stehe, in der die Regel aufgestellt worden war, dass nur eine Erklärung hinsichtlich vergangener oder gegenwärtiger Tatsachen zu einer Verwirkung führen könne, während der promissory estoppel eine Erklärung einer Partei über ein zukünftiges Verhalten beinhaltet.[2146] Es ist allerdings auch formuliert worden, dass die Entscheidung Jordan v Money nicht absolut gilt, sondern dass sie durchaus einigen Ausnahmen unterliegt. Mithin muss ein solcher promissory estoppel zulässig sein.[2147]

6.6.4.2. Voraussetzungen für die Erhebung des Einwands der Verwirkung des promissory estoppel

Um den Einwand der Verwirkung eines bestimmten Rechts erheben zu können, müssen bestimmte Anforderungen an die Erklärung, welche zur Verwirkung führt, erfüllt sein. Das Versprechen muss klar und eindeutig sein.[2148] Es muss sich nicht um eine ausdrückliche Erklärung handeln, sie kann auch stillschweigend oder konkludent abgegeben werden.[2149] Darüber hinaus müsste es, wie auch bei der Verwirkung aufgrund einer Erklärung (estoppel by representation), unbillig sein, wenn der Erklä-

---

2144 Central London Property Ltd v High Trees House Ltd [1947] 1 KB 130, 135, Lord Denning J.

2145 Jordan v Money (1845) 5 HLC 185.

2146 Jordan v Money (1845) 5 HLC 185.

2147 Jackson, David (1965) 81 LQR 223.

2148 Scandinavian Trading Tanker Co AB v Flota Petrolera Ecuatoriana [1983] QB 549.

2149 Hughes v Metroplitan Railway Co (1877) 2 App Cas 439. Allerdings ist es unwahrscheinlich, dass eine Verwirkung eintritt, wo die erreichten prinzipiellen Vereinbarungen, im Gegensatz zum Fall Hughes v Metropolitan Railway Co 'subject to contract' sind: Attorney General v Humphreys Estate (Queen's Gardens) Ltd [1987] HKLR 427 (PC auf eine Berufung aus Hongkong).

rende sein Versprechen zurücknehmen und auf der Geltendmachung seiner ursprünglichen Rechte bestehen dürfte.[2150]

Auch hier muss der Erklärungsempfänger seine Position im Vertrauen auf die abgegebene Erklärung verändert und ihr angepasst haben.[2151] Grundsätzlich ist dies der Fall, wenn er sich aufgrund der Erklärung zu seinem eigenen Nachteil verhalten hat.[2152] Allerdings ist dies nicht immer notwendig; es genügt, wie in der Entscheidung Central London Property Ltd v High Trees House Ltd,[2153] dem auch eine jüngere Hongkonger Entscheidung folgt,[2154] dass der Erklärungsempfänger durch die Erklärung in falscher Sicherheit gewiegt wird, wodurch er seine Angelegenheiten ausgehend von dieser Basis führt und sich dadurch beispielsweise der Möglichkeit beraubt, erneut oder mit anderen potentiellen Geschäftspartnern zu verhandeln, um einen möglicherweise drohenden Schaden abzuwenden.[2155]

6.6.4.3. Rechtsfolge der Verteidigung mit dem promissory estoppel

Liegen obige Voraussetzungen vor, dann kann der Erklärungsempfänger den Einwand der Verwirkung erheben, sollte der Erklärende im Widerspruch zu seiner abgegebenen Erklärung doch seine Rechte geltend machen. Die Doktrin des promissory estoppel führt allerdings nicht zu einem Erlöschen dieser Rechte, sondern lediglich zu einer Suspendierung derselben. Ähnlich wie beim Verzicht (waiver) kann der Erklärende

---

2150 Ein Beispiel dafür, dass es durchaus gerechtfertigt sein kann, wenn sich die versprechende Partei doch auf ihre ursprünglichen Rechte beruft und diese auch geltend macht, trotz der Abgabe einer anders lautenden Erklärung, findet sich in D & C Builders Ltd v Rees [1966] 2 QB 617.

2151 Re Wyvern Developments Ltd [1974] 1 WLR 1097, 1104 f.

2152 Hughes v Metroplitan Railway Co (1877) 2 App Cas 439

2153 Central London Property Ltd v High Trees House Ltd [1947] 1 KB 130.

2154 Dixie Engineering Co Ltd v Vernaltex Co Ltd t/a Wing Wo Engineering Co [2003] 136 HKCU 1

2155 Amalgamed Investment & Property Co Ltd v Texas Commerce International Bank Ltd [1982] QB 84, 108.

nach einer Mitteilung an den Erklärungsempfänger seine Rechte wieder aufleben lassen.[2156]

> „I[]f persons who have contractual rights against others induce by their conduct those against whom they have such rights to believe that such rights will either not be enforced or will be kept in suspense or abeyance for some particular time, those persons will not be allowed by a Court of Equity to enforce the rights until such time has elapsed, without at all events placing the parties in the same position as they were before."[2157]

Es gibt allerdings auch Situationen, in denen der Erklärende sich die Verwirkung entgegen halten lassen muss, ohne dass seine Rechte wieder aufleben können. Dies ist dann der Fall, wenn der Erklärungsempfänger nicht wieder in seine ursprüngliche, vor der Erklärung bestehende Position zurückkehren kann:

> „[T]he promise only becomes final and irrevocable if the promisee cannot resume his position."[2158]

Als Folge davon ist sein Recht de jure auch hier nur suspendiert, de facto allerdings führt dies zu einer Lage, die einem Erlöschen des Rechts gleichkommt, da sie dauerhaft ist.

6.7. Zwischenergebnis

Im letzten Abschnitt des dritten Kapitels wird wiederum erkennbar, dass die in Kapitel II dieser Arbeit aufgestellte These, dass die Gerichte Hongkongs sich noch ganz überwiegend in Übereinstimmung mit der Rechtsprechung der englischen Gerichte befinden, Bestätigung findet, wie nachfolgend noch einmal beispielhaft aufgeführt wird.

2156 Birmingham and District Land Co v L & N W Ry (1888) 40 Ch D 268, 286; Tool Metal Manufacturing Co Ltd v Tungsten Electric Co Ltd [1955] 1 WLR 761.

2157 Birmingham and District Land Co v L & N W Ry (1889) 40 Ch D 268, 286, per Bowen LJ.

2158 Ajayi v R T Briscoe (Nigeria) Ltd [1964] 1 WLR 1326; 1330; Nippon Yusen Kaisha v Pacifica Navegacion SA [1980] 2 Lloyd's Rep 245, 251.

So folgen sie u.a. mit den Entscheidungen Ken John Geissler and Another v Chan Kim Chung and Another[2159] und Semana Bachicha v Poon Shiu Man[2160] der englischen Rechtsprechung, dass bei dem Verlust einer Chance dann ein Schadensersatzanspruch entsteht, wenn diese Chance für den Geschädigten nicht ausschließlich spekulativ, sondern real und messbar war. Ebenso wird diese Parallele in einer Entscheidung aus dem Jahre 2003 zur Herausgabe von Vorteilen, die aufgrund einer Vertragsverletzung durch die vertragsbrüchige Partei erzielt wurden, deutlich, mit der sich der High Court Hongkongs einer Ansicht des House of Lords angeschlossen hat.[2161] Nicht zu vergessen ist die Bezugnahme auf die Rechtsprechung englischer Gerichte in den Entscheidungen Happy Dynasty Ltd v Wai Kee (Zens) Construction and Transportation Co Ltd & Others[2162] sowie Choy Bing Wing (t/a Bing Choy & Associates) v Hong Kong & Shanghai Hotels Ltd,[2163] mit denen Hongkong der englischen Rechtsprechung in der Ansicht folgt, dass eine Vergütung in Höhe einer 'angemessenen Summe'[2164] aufgrund einer stillschweigenden vertraglichen Verpflichtung (implied term) geleistet werden muss, wenn zwischen den Parteien zwar keine bestimmte Vergütung für die erbrachten Leistungen vereinbart war, die Leistungserbringung jedoch entweder nur gegen Zahlung einer Vergütung nach den Umständen zu erwarten war bzw. die Parteien davon ausgingen, dass die Leistungserbringung entgeltlich erfolgen sollte.

2159 Ken John Geissler and Another v Chan Kim Chung and Another [2002] 394 HKCU 1, insoweit der englischen Entscheidung Allied Maples Group v Simmons & Simmons [1995] 1 WLR 1602 folgend.

2160 Semana Bachicha v Poon Shiu Man[2160] [2000] 2 HKLRD 833.

2161 Kao Lee & Yip v Koo Hoi Yau Donald and Others [2003] 2 HKC 113, para 134 unter Bezugnahme auf die Entscheidung des House of Lords Attorney General v Blake [2001] 1 AC 268, 279 f.

2162 Happy Dynasty Ltd v Wai Kee (Zens) Contstruction and Transportation Co Ltd & Others [1998] 1 HKLRD 314, 318.

2163 Choy Bing Wing (t/a Bing Choy & Associates) v Hong Kong & Shanghai Hotels Ltd, [1997] 2 HKLRD No 433.

2164 Paynter v Williams (1833) 1 C & M 810; Batis Maritime Corp v Petroleos Del Mediterraneo SA, The 'Batis' [1990] 1 Lloyd's Rep 345, 352.

Allerdings wird in diesem Abschnitt erstmals auch deutlich, dass die Gerichte Hongkongs durchaus bereit sind, von der englischen Entscheidungspraxis abzuweichen, sollte sich die Notwendigkeit dazu ergeben. So äußerte Lord Millet NPJ in der Entscheidung China Everbright – IHD Pacific Ltd v Ch'ng Poh[2165] die Ansicht, dass sich durch die englische Entscheidung Westdeutsche Landesbank Girozentrale v Islington LBC eine unbefriedigende Situation herausgebildet hat, welche nicht mit den Hongkonger Umständen zu vereinen sei. Aus diesem Grunde entschieden die Richter in der Sache, nämlich hinsichtlich der Gewährung von Zinseszinsen (compound interest), anders als die englischen Gerichte und sprachen einen solchen Anspruch zu.

7. Auswertung der Ergebnisse des dritten Kapitels

Die im dritten Kapitel dargestellten Zwischenergebnisse untermauern die in Kapitel II aufgestellte These, dass die Gerichte Hongkongs sich zwar durchaus der Tatsache bewusst sind, dass sie nach dem Souveränitätswechsel von Entscheidungen der englischen Gerichtsbarkeit in der Sache abweichen dürfen, diese Möglichkeit jedoch momentan grundsätzlich nicht wahrnehmen. Sie folgen nicht nur weitgehend, sondern fast ausschließlich den Entscheidungen des House of Lords und des Privy Council und setzen damit freiwillig die Tradition fort, deren Handhabung während des Status' Hongkongs als Kronkolonie Großbritanniens bindend war.

So stellen die Gerichte Hongkongs an einen Vertragsschluss die gleichen Anforderungen, wie diese durch das House of Lords und das Judicial Committee des Privy Council statuiert werden. Auch bei den vertragsgefährdenden Faktoren waren bislang kaum Abweichungen in der rechtlichen Bewertung erkennbar, obwohl der High Court Hongkongs in der Entscheidung Dao Heng Bank Ltd v Ho Yin Yuk and Another[2166] ausdrücklich eine formale Bindungswirkung der Entscheidungen des House of Lords auf Hongkonger Gerichte verneinte, ihnen dann aus

2165 China Everbright – IHD Pacific Ltd v Ch'ng Poh [2003] 2 HKLRD 594.

2166 Dao Heng Bank Ltd v Ho Yin Yuk and Another [2003] 1 HKLRD 28.

Gründen der Überzeugungskraft aber dennoch folgte. Eine Ausnahme im Rahmen der vertragsgefährdenden Faktoren bildet die Sittenwidrigkeit (unconscionability), bei deren Vorliegen die Gerichte Hongkongs in weitaus höherem Maße als die Gerichte Englands bereit sind, eine Vertragsaufhebung zu gewähren.[2167] Auch im Hinblick auf die Doktrin der Unmittelbarkeit der Vertragsbeziehungen (privity of contract) und die Rechtswirksamkeit von Abtretungen kann festgestellt werden, dass die Hongkonger und die englische Entscheidungspraxis bisher parallel verlaufen, abgesehen von der Tatsache, dass der Court of Appeal Hongkongs deliktische Ansprüche für abtretbar hält,[2168] die in England einem Abtretungsverbot unterliegen. Auch was die Beendigung eines Vertrages betrifft, ob diese nun zwischen den Parteien vereinbart wurde oder aus anderen Gründen eintritt, wie z. B. durch Unmöglichkeit (frustration) oder Vertragsverletzung (breach of contract), stimmen die Gerichte Hongkongs mit den Englands bislang grundsätzlich überein.

Dennoch wird sich, wie in Kapitel II der Arbeit prognostiziert, langfristig eine Veränderung dieser Situation einstellen. Die Gerichte Hongkongs werden nicht dauerhaft sklavisch die Entscheidungen Englands auf- und annehmen, v.a. dann nicht, wenn eine solche blinde Gefolgschaft sich in Hongkong als unpassend oder gar kontraproduktiv erweisen würde. Erste Anzeichen dafür sind bereits ersichtlich. So wurden in den Hongkonger Gerichten Urteile gefällt, mit denen bewusst von der Entscheidungspraxis Englands abgewichen wurde, da diese im konkreten Fall nicht einschlägig war. In der Entscheidung China Everbright – IHD Pacific Ltd v Ch'ng Poh[2169] bejahte der Court of Final Appeal z. B. einen Anspruch auf Zinsenzinsen und entfernte sich damit bewusst von der Praxis in England.

Daraus wird deutlich, dass das englische Fallrecht in Hongkong zwar nicht zwingend, jedoch tatsächlich eine Rechtsquelle von enormer Bedeutung bildet, und sich dies in naher Zukunft wohl auch nicht ändern wird. Im Zweifelsfalle kann somit weiterhin auf den Korpus der Entschei-

---

2167 Lo Wo & Others v Cheung Chan Ka Joseph & Another [2001] 3 HKC 70.

2168 Kamshan Holdings Ltd v Chan Tung Man [2000] 1 HRLRD 1.

2169 China Everbright – IHD Pacific Ltd v Ch'ng Poh [2003] 2 HKLRD 594.

dungen in England zurückgegriffen werden, sollte eine Rechtsfrage in Hongkong noch nicht entschieden worden sein. Mit großer Wahrscheinlichkeit werden sich die Richter Hongkongs diesen Entscheidungen anschließen, solange sie diese für überzeugend, persuasiv, halten. Sollte dies nicht der Fall sein, muss aber auch damit gerechnet werden, dass diese Richter eine eigenständige, neue Entscheidung treffen, die im englischen Fallrecht kein Pendant findet.

IV. Hongkongs langer Weg zum eigenen Vertragsrecht auf der Grundlage des Common Law

In der vorliegenden Arbeit wurde die Frage untersucht, welche Entwicklung das Common Law Englands in der Sonderverwaltungszone Hongkong nehmen wird. Wird es weiterhin wie bis zum 01. Juli 1997 Anwendung finden oder werden die Gerichte Hongkongs einen eigenständigen Weg einschlagen?

Dabei konnte von der Prämisse ausgegangen werden, dass das Basic Law einen rechtlichen Rahmen für diese Entwicklung vorgibt, welcher allerdings missverständlich und uneindeutig ist. Dieses ließ durch die Formulierung in Artikel 8, dass 'the laws previously in force...shall be maintained' die Vermutung aufkommen, dass das Fallrecht Englands in Hongkong in der Form und mit dem Inhalt an Entscheidungen, wie es bis zum 30. Juni 1997 24.00 Uhr existierte, weiterhin in Hongkong anwendbar sei. Anhand rechtstheoretischer Erwägungen wurde untersucht, ob tatsächlich die Entscheidungen englischer Gerichte in Hongkong auch nach dem Souveränitätswechsel eine formale Bindungswirkung entfalten müssen oder ob eine eigenständige Entwicklung des Fallrechts in Hongkong, losgelöst von der Entwicklung des englischen Common Law, möglich ist. Als Ergebnis der Untersuchung im zweiten Kapitel der Arbeit kann statuiert werden, dass eine eigenständige Entwicklung durchaus stattfinden kann. Die Ergebnisse des Kapitels II führen zu dem Schluss, dass das Common Law Englands aufgrund der Formulierungen des Artikel 8 des Basic Law als Rechtskonzept mit seinen Grundsätzen des Präzedenzfallprinzips, der Regeln von Common Law und Equity in Abgrenzung zum parlamentarisch geschaffenen Gesetzesrecht weiterhin Anwendung findet, nicht jedoch der Korpus richterlich geschaffenen Rechts, wie er jeweils in England anwendbar ist. Dieser dient lediglich als optionale Grundlage der Entscheidungsfindung in Hongkong. Eine formale Bindungswirkung englischer Entscheidungen kann somit verneint werden, unabhängig davon, wann diese in England ergangen sind.

Ausgehend von der Verneinung der formalen Bindungswirkung stellte sich die Frage, ob es tatsächlich zu einer solchen Veränderung in der

Hongkonger Rechtsprechung kommen wird. Hier wurde die Entwicklung in anderen Staaten, die das Common Law praktizieren und aus dem ehemaligen British Empire ausgeschieden sind, vergleichend herangezogen. Des Weiteren fanden Faktoren wie die juristische Ausbildung in Hongkong oder die Rechtssprache Berücksichtigung. Die Ergebnisse dieser Untersuchungen lassen den Schluss zu, dass die zukünftige Entwicklung des Hongkonger Rechts kurzfristig und langfristig durchaus unterschiedlich zu bewerten ist. Zeitnah werden sich kaum Abweichungstendenzen innerhalb der Rechtsprechung zeigen. Die Gerichte Hongkongs werden weiterhin in enger Anlehnung an das englische Recht entscheiden.

Langfristig wird sich dieses Bild wandeln. Die Gerichte werden zunehmend von der formaljuristischen Möglichkeit Gebrauch machen, von englischen Entscheidungen abzuweichen. Gestützt wird dies durch die Erfahrungen, die in anderen ehemaligen Staaten des British Empire, wie Australien, Neuseeland oder Kanada, gemacht wurden. Auch die Bemühungen um ein bilinguales Rechtssystem in Hongkong führen zu dieser Schlussfolgerung. Dies ist Ausdruck der zunehmenden Unabhängigkeit Hongkongs von seiner ehemaligen Kolonialmacht. Im Rahmen der Entkolonialisierungdiskussion schrieb Allott, dass die Freiheit der Richter in den ehemaligen Kolonien zur eigenständigen Rechtsfortbildung für die Unabhängigkeit eines Landes und seines Rechtssystems von höchster Bedeutung sei, was auch für die Sonderverwaltungszone Hongkong gilt.

> „[T]he independence and powers of development of African legal systems are at stake. Can the judges in African countries develop the law as they think best so as to fit the circumstances of each country and her peoples? Are they obliged to apply the English view in every case?
>
> My answer is that the judges can and do develop the received Common Law in this way. ...But one cannot overestimate the importance of the creative role of the judiciary...exemplified by the present wealth of case law."[2170]

2170 Allott, Antony (1970) S. 68.

Im dritten Teil der Arbeit wurde untersucht, ob sich diese Aussagen bereits im Vertragsrecht niederschlagen. Hier konnte festgestellt werden, dass die Gerichte Hongkongs sich zwar durchaus ihrer verfassungsmäßig garantierten Selbständigkeit bewusst sind, diese aber bisher noch nicht genutzt haben. Bis auf einige Abweichungen in Detailfragen, wie z. B. der Gewährung von Zinseszins in der Entscheidung China Everbright – IHD Pacific Ltd v Ch'ng Poh,[2171] folgen sie noch immer den Entscheidungen des House of Lords und des Judicial Committee des Privy Council, unabhängig davon, wann diese ergangen sind. Das Vertragsrecht Hongkongs entspricht damit grundsätzlich dem Englands, von wenigen regionalen Besonderheiten abgesehen, wie z. B. dem Einfluss des chinesischen Gewohnheitsrechts. Das Bewusstsein der Abweichungsmöglichkeit innerhalb der Gerichte Hongkongs ist jedoch bereits verwurzelt, so dass es denkbar erscheint, dass Hongkonger Richter in der Sache eine grundlegend andere Entscheidung treffen als dies die englischen Gerichte getan haben, sollte sich die Notwendigkeit dazu ergeben. Bisher war dies im Bereich des Vertragsrechts aber noch nicht der Fall.

Damit ist belegt, dass seit dem Souveränitätswechsel und auch in naher Zukunft eine parallele Entwicklung des englischen und des Hongkonger Vertragsrechts stattfinden wird, während sich langfristig ein eigenständiges Hongkonger Fallrecht herausbilden wird. Dies garantiert die Transparenz und Berechenbarkeit des Hongkonger Vertragsrechts, insbesondere für westliche Rechtswissenschaftler und Praktiker. Damit kann sowohl den wissenschaftlich am Recht Hongkongs Interessierten als auch denjenigen, die im Wirtschaftsleben damit umgehen, ein Leitfaden für ihre Tätigkeiten an die Hand gegeben werden.

Letztendlich hat die Untersuchung, sieben Jahre nach dem Souveränitätswechsel, jedoch recht früh stattgefunden. Um die langfristige Entwicklung des Hongkonger Vertragsrechts beschreiben und prognostizieren zu können, sollte nach Ablauf einiger Jahre noch einmal eine solche Untersuchung durchgeführt werden. Dann kann mit Be-

2171 China Everbright – IHD Pacific Ltd v Ch'ng Poh [2003] 2 HKLRD 594.

stimmtheit gesagt werden, ob sich die Hongkonger Gerichte auch im Vertragsrecht weiterhin englischen Entscheidungen verpflichtet fühlen, oder ob sie auf dem Weg, ein selbständiges, distinktives Hongkonger Vertragsrecht zu schaffen, das weder englisches noch chinesisches Recht ist, ein Stück vorangekommen sind.

INTERNATIONALRECHTLICHE STUDIEN
Beiträge zum Internationalen Privatrecht,
zum Einheitsrecht und zur Rechtsvergleichung

Herausgegeben von Ulrich Magnus

Band 1 Birgit Reimers-Zocher: Beweislastfragen im Haager und Wiener Kaufrecht. 1995.

Band 2 Lenja Vespermann: Schadensersatz bei Beeinträchtigung rechts- oder sittenwidriger Interessen im deutschen und französischen Recht. 1996.

Band 3 Peter Cypra: Die Rechtsbehelfe im Verfahren der Vollstreckbarerklärung nach dem EuGVÜ unter besonderer Berücksichtigung der Ausgestaltung in Deutschland und Frankreich. 1996.

Band 4 Brigitta Lurger: Regulierung und Deregulierung im europäischen Privatrecht. 1997.

Band 5 Uta Gutknecht: Das Nacherfüllungsrecht des Verkäufers bei Kauf- und Werklieferungsverträgen. Rechtsvergleichende Untersuchung zum CISG, zum US-amerikanischen Uniform Commercial Code, zum deutschen Recht und zu dem Vorschlag der Kommission zur Überarbeitung des deutschen Schuldrechts. 1996.

Band 6 Stefan Abel: Die Qualifikation der Schenkung. Zur Methode der Qualifikation im Internationalen Schuldvertragsrecht. 1997.

Band 7 Daniel Kötz: Verkäuferpflichten und Rechtsbehelfe des Käufers im neuen norwegischen Kaufrecht vom 13. Mai 1988 Nr. 27 im Vergleich zum UN-Kaufrecht vom 11. April 1980 (CISG). 1997.

Band 8 Olaf Beier: Grundsätze eines europäischen transportmittelübergreifenden Schadensrechts für den Gütertransport. Eine rechtsvergleichende Untersuchung unter besonderer Berücksichtigung der CMR, der ER/CIM 1990, des WA/HP und der HVR. 1999.

Band 9 Ulrich Krüger: Modifizierte Erfolgshaftung im UN-Kaufrecht. Die Haftungsbefreiung bei Lieferung vertragswidriger Ware gemäß Art. 79 CISG. 1999.

Band 10 Wolf-Henning Hammer: Das Zurückhaltungsrecht gemäß Art. 71 CISG im Vergleich zu den Kaufgesetzen der nordischen Staaten unter Einbeziehung transportrechtlicher Aspekte. Eine rechtsvergleichende Studie. 1999.

Band 11 Ulrich Quay: Der Consulting-Vertrag im Internationalen Privatrecht. 2000.

Band 12 Axel Halfmeier: Die Veröffentlichung privater Tatsachen als unerlaubte Handlung. Eine rechtsvergleichende Untersuchung. 2000.

Band 13 Stephanie Scholz: Lohngleichheit durch Verfahren. Eine Studie zur Förderung der Lohngleichheit durch verfahrensrechtliche Ansätze. 2000.

Band 14 Tarık Cebecioglu: Stellung des Ausländers im Zivilprozeß. Eine rechtsvergleichende Untersuchung des türkischen und deutschen Rechts. 2000.

Band 15 Gunnar Straube: Sozialrechtliche Eingriffsnormen im Internationalen Privatrecht. 2001.

Band 16 Daniela de Lukowicz: Divergenzen in der Rechtsprechung zum CISG. Auf dem Weg zu einer einheitlichen Auslegung und Anwendung? 2001.

Band 17 Mohamed Hassan Fadlalla Ali: Das islamische Ehe- und Kindschaftsrecht im Sudan. Mit Hinweisen zu den Lehren der Islamischen Rechtsschule, der anwendbaren Familienrechtsvorschriften für Nichtmuslime im Sudan und im deutschen Familienrecht. 2001.

Band 18 Ole Lando / Ulrich Magnus / Monika Novak-Stief (Hrsg./eds.): Angleichung des materiellen und des internationalen Privatrechts in der EU. Harmonisation of Substantive and International Private Law. 2003.

Band 19 Florian Schulz: Der Ersatzlieferungs- und Nachbesserungsanspruch des Käufers im internen deutschen Recht, im UCC und im CISG. Eine rechtsvergleichende Untersuchung unter Berücksichtigung der Schuldrechtskommission, der EG-Richtlinie 1999/44/EG und des Diskussionsentwurfs eines Schuldrechtsmodernisierungsgesetzes. 2002.

Band 20 Ingo Janert: Die Aufrechnung im internationalen Vertragsrecht. 2002.

Band 21 Armin Jentsch: Die Erhaltungspflichten des Verkäufers und des Käufers im UN-Kaufrecht im Vergleich zum US-amerikanischen Uniform Commercial Code und zum deutschen Recht. 2002.

Band 22 Martin Taschner: Arbeitsvertragsstatut und zwingende Bestimmungen nach dem Europäischen Schuldvertragsübereinkommen. Einheitliche Auslegung. 2003.

Band 23 Klaus Bitterich: Die Neuregelung des Internationalen Verbrauchervertragsrechts in Art. 29a EGBGB. 2003.

Band 24 Sascha J. Morgenroth: Umsetzung der Verbrauchsgüterkaufrichtlinie in Spanien und Deutschland. Umsetzung der Richtlinie 1999/44/EG des Europäischen Parlaments und des Rates vom 25. Mai 1999 zu bestimmten Aspekten des Verbrauchsgüterkaufs und der Garantien für Verbrauchsgüter in Spanien und Deutschland. 2003.

Band 25 Markus Renfert: Über die Europäisierung der ordre public Klausel. 2003.

Band 26 Henning Mordhorst: Die Behandlung vertraglicher Mobiliarsicherheiten im US-amerikanischen und deutschen Insolvenzrecht. 2003.

Band 27 Hans Markus Wulf: UN-Kaufrecht und eCommerce. Problembereiche bei der Anwendung des Wiener Übereinkommens auf Internet-Verträge. 2003.

Band 28 Julia Kaiser: Freiheit oder Schutz? Die Scheidungsfolgenvereinbarung im deutschen und im englischen Recht. 2003.

Band 29 Astrid Hillebrenner: Die private Zustimmung zu Rechtsgeschäften Dritter im englischen, dänischen und deutschen Recht. 2004.

Band 30 Irene von der Heyde: Das deutsche und italienische internationale Kindschaftsrecht im Rechtsvergleich. Favor filii oder favor filiationis? 2004.

Band 31 Sven-Michael Werner: Recht im Systemwandel. *Ein Land, zwei Systeme* und das Kontinuitätsproblem in Hongkong. 2004.

Band 32 Holger Ellenberger: Wirtschaftsrelevante Kollisionsnormen im japanischen internationalen Privatrecht. 2004.

Band 33 Sebastian Kaufmann: Parol Evidence Rule und Merger Clauses im internationalen Einheitsrecht. 2004.

Band 34 Britta Christina Weber: Eigentumsübertragung und gutgläubiger Erwerb beim Kauf von beweglichen Sachen im vietnamesischen Zivilgesetzbuch von 1995. Eine rechtsvergleichende Analyse unter Berücksichtigung des Eigentumsbegriffs im vietnamesischen Recht. 2004.

Band 35 Alexander von Saucken: Die Reform des österreichischen Schiedsverfahrensrechts auf der Basis des UNCITRAL-Modellgesetzes über die internationale Handelsschiedsgerichtsbarkeit. Ein Diskussionsbeitrag. 2004.

Band 36 Jasnica Garašić: Anerkennung ausländischer Insolvenzverfahren. Teil 1 und Teil 2. Ein Vergleich des kroatischen, des deutschen und des schweizerischen Rechts sowie der Europäischen Verordnung über Insolvenzverfahren, des Istanbuler Übereinkommens und des UNCITRAL-Modellgesetzes. 2005.

Band 37 Eugenia Kurzynsky-Singer: Anknüpfung und Reichweite des Vollmachtsstatuts. 2005.

Band 38 Timo Utermark: Rechtsgeschichte und Rechtsvergleichung bei Ernst Rabel. 2005.

Band 39 Mohamed Lakmes: Die IPR-Anknüpfung der Schuldverträge. Ein Vergleich zwischen dem deutschen und dem syrischen Recht. 2005.

Band 40 Christian Haas: Vertragsstrukturen privatfinanzierter Infrastrukturprojekte. Nationale und internationale Perspektiven. 2005.

Band 41 Tanja Herzog-Engels: Gesellschaftsrechtliche Formvorschriften und Internationales Privatrecht. 2005.

Band 42 Hassan Siahpoosh: Das Familien- und Erbrecht im Iran. 2006.

Band 43 Carola Reifenrath: Das Vertragsrecht Hongkongs und dessen zukünftige Entwicklung. Unter besonderer Berücksichtigung des englischen Common Law. 2006.

www.peterlang.de

Peter Lang · Europäischer Verlag der Wissenschaften

Cornelia Wendel

Der Unilateral Contract

Eine rechtsvergleichende Untersuchung zwischen dem englischen und US-amerikanischen Recht und dem deutschen Recht

Frankfurt am Main, Berlin, Bern, Bruxelles, New York, Oxford, Wien, 2005.
XXX, 273 S.
Europäische Hochschulschriften: Reihe 2, Rechtswissenschaft. Bd. 4121
ISBN 3-631-53636-4 · br. € 51.50*

Der *Unilateral Contract* ist ein spezielles Rechtsinstitut des englischen und US-amerikanischen Rechts: Er ist ein zweiseitiger Vertrag über einen Leistungsaustausch, bei dem sich nur eine der Parteien zur Leistung verpflichtet. Damit scheint er weder in die vertragsrechtliche Dogmatik noch in den Rechtsalltag zu passen. Für tot erklären oder in ein Kuriositätenkabinett verweisen lässt er sich – trotz entsprechender Versuche der Rechtswissenschaft – jedoch nicht. Der *Unilateral Contract* ermöglicht einen interessanten Blick in die historische Werkstatt des *Common Law* und dessen vertragsrechtliche Besonderheiten, die bis heute fortwirken. So erschließt sich auch, warum es ein dem *Unilateral Contract* unmittelbar entsprechendes Rechtsinstitut im deutschen Recht nicht gibt. Bei der Lösung praktischer Fälle kommen beide Rechtssysteme aber auf unterschiedlichen Wegen letztlich doch zu ganz ähnlichen Ergebnissen.

Aus dem Inhalt: Why unearth the decaying corpse? · Der *Unilateral Contract* im englischen und US-amerikanischen Vertragsrecht und seine Rolle in der historischen Entwicklung des *Common Law* Vertragsrechts · Gegenstücke zum *Unilateral Contract* im deutschen Recht (mit historischem Hintergrund) · Die Fallgruppen · Der *Unilateral Contract* als Sonderfall der vertraglichen Risikoverteilung · Exit: The bearded lady

Kolibri 360 GmbH
Ferdinand-Jühlke-Straße 7
99095 Erfurt, Deutschland
produktsicherheit@kolibri360.de

Druck:
CPI Druckdienstleistungen GmbH
im Auftrag der
Kolibri 360 GmbH
Ferdinand-Jühlke-Str. 7
99095 Erfurt